U0665893

悦读天地间

YUEDU TIANDIJIAN

农历天空下的文字之美

（上册）

王 英 主编

中国发展出版社
CHINA DEVELOPMENT PRESS

图书在版编目（CIP）数据

悦读天地间 / 王英主编 . —北京：中国发展出版社，2019.2

ISBN 978-7-5177-0959-6

Ⅰ.①悦… Ⅱ.①王… Ⅲ.①阅读课—教学研究—中学 Ⅳ.① G633.332

中国版本图书馆 CIP 数据核字（2019）第 012058 号

书　　　名：悦读天地间

著作责任者：王　英

出 版 发 行：中国发展出版社

　　　　　　（北京市西城区百万庄大街 16 号 8 层　100037）

标 准 书 号：ISBN 978-7-5177-0959-6

经 销 者：各地新华书店

印 刷 者：北京市密东印刷有限公司

开　　　本：889mm×1194mm　1/16

印　　　张：37

字　　　数：845 千字

版　　　次：2019 年 4 月第 1 版

印　　　次：2019 年 4 月第 1 次印刷

定　　　价：128.00 元

联 系 电 话：（010）68990630　68990692

购 书 热 线：（010）68990682　68990686

网 络 订 购：http://zgfzcbs.tmall.com//

网 购 电 话：（010）88333349　68990639

本 社 网 址：http://www.develpress.com.cn

电 子 邮 件：370118561@qq.com

版权所有·翻印必究

本社图书若有缺页、倒页，请向发行部调换

《悦读天地间》编委会

主　编：王　英

副主编：高　悦　艾　玲　崔铁成

编委会：蔡　雯　翟少华　夏　平

　　　　常玉来　王巧兰　刘肖肖

诉说二十四节气的文字情缘

　　两千五百年前，老子说：天大，地大，道大，人亦大。人在天地间，这是一切有关中国文化命题的讨论起点。在我们内心，都有一颗种子，它包藏着我们自己与文化来处的关联，这颗种子静静地埋藏在我们心中，促使我们去天与地之间寻找文化之源头，见证文字之震撼。

　　《周易》曰："天行健，君子以自强不息；地势坤，君子以厚德载物。"意思是说，自然的运动刚强劲健，君子应像天一样，发奋图强，永不停息；大地的气势厚实和顺，君子应像地一样，增厚美德，容载万物。这是天与地的文化，回过头再来看看我们北方工业大学附属学校的文化，学校秉持着"优势成长教育"的文化理念，期望着我们能够仔仔细细、一点一滴、踏踏实实地发现、发展并发挥自身优势，也如天和地一般，积蓄能量，包容万物，实现生命最大的价值。

　　天与地的精华，如何萃取？身处衔接学段的我们，在《悦读天地间》这套"国学经典诵读"精品阅读教材中，将遨游于天地之间：所谓"修身齐家治国平天下"，从衔接上册《悦读天地间——农历天空下的文字之美》中，我们将品读描写农历二十四节气的经典篇目，感受文字的优美与明丽，读经典，读意蕴，修身养性，增长人生智慧，将经典传统文化内化于心；从衔接下册《悦读天地间——祖国大地上的文字之阔》中，我们将品读描写中国二十个地域文化的经典篇目，感受文字的辽阔与旷达，读经典，读文明，心念天下，传承中华精粹，将经典传统文化外化于行。

　　现在，就让我们一同翻开《悦读天地间——农历天空下的文字之美》这本阅读教材吧！跟随着二十四节气的时光流转，逐渐揭开中国节气智慧的神秘面纱，于或优美、或恬淡、或活泼、或灵动、或热烈的文字中，体味农历天空下中国文字的美丽情愫，品味到阅读的乐趣，让心中这颗集天地智慧于一体的种子悄然发芽。

春雨惊春清谷天，夏满芒夏暑相连。

秋处露秋寒霜降，冬雪雪冬小大寒。

这是中国人熟知的"节气歌"，其中暗含了二十四节气的名称和先后顺序。我们从节气的命名中可以看出，节气的划分充分考虑了季节、气候等自然现象的变化，在节气的指导下，古代农耕社会的中国人安排着自己的生产和生活。二十四节气本为农事而立，今天我们已不必农耕而立国，却为什么越来越多的人重新开始寻找它？

二十四节气，是大自然的诉说，每一个节气都代表自然的一个动态和心声，感染着历代的文人墨客，写出无数优美动人的诗词歌赋，值得我们学习和唱诵。例如，立春节气宋代诗人张轼在《立春偶成》中写道："便觉眼前生意满，东风吹水绿参差。"雨水节气唐代诗人韩愈在《早春呈水部张十八员外》（其一）中写道："天街小雨润如酥，草色遥看近却无。"立夏节气宋代诗人陆游在《幽居初夏》中写道："水满有时观下鹭，草深无处不鸣蛙。"白露节气唐代诗人李白在《玉阶怨》中写道："却下水晶帘，玲珑望秋月。"大寒节气宋代诗人邵雍在《大寒吟》中写道："清日无光辉，烈风正号怒。"古人根据经验，还编制了许多脍炙人口的农谚，比如"清明前后，种瓜点豆"，"小满小满，麦粒渐满"，"芒种忙，麦上场"，"大暑热不透，大热在秋后"等。这些诗词歌赋与经典农谚形神兼备，将二十四节气与天气现象巧妙地结合在一起。

"春来花鸟若为情"，花能解语，鸟可同悲，山川风月，无不有情。大自然是如此的温柔而浪漫，不经意间，一个果实的坠落，就会让我们看到生命之美。《悦读天地间——农历天空下的文字之美》这本阅读教材将我们带到清新自然的大自然中，追随着二十四节气的脚步，细数大自然春夏秋冬每个季节、每个节气中的自然风光之美、人物景物之趣，以二十四节气为主线，穿梭于天地之间，跳跃于"课堂精读——小组选读——主题自读"三个阅读阶梯之间，于阅读中不断发现、发展、发挥自身的优势：

在"课堂精读"中，通过学习单、故事地图、思维导图、辩论会、课本剧富含思趣性的阅读机制带动，我们会进行对比阅读，与诗词作者同赏景、共抒情，激发自己的阅读兴趣，发现自己的阅读优势；

在"小组选读"中，通过小专家读书会这种互动性的阅读机制带动，我们会进行分级阅读，与小组成员同交流、共分享，拓展自己的阅读思维，发展自己的阅读优势；

在"主题自读"中，通过阅读打卡计划这种自主性的阅读机制带动，我们会进行主题阅读，寻找、发现、欣赏更多同主题的文学作品，培养自己的阅读习惯，发挥自己的阅读优势。

在"课堂精读——小组选读——主题自读"三个阅读阶梯中，我们会与数不尽的动人文字不期而遇，让自己遨游在农历的天空下，浸润在传统文化的长河中。如此美丽的文字，将我们带到了日月升沉、四时不息的天地大道之间，闻着沁人心脾的文字香气，继续谱写二十四节气的文字传奇……

目　录

立春历日自当新

立春是二十四节气中的第一个节气，也是春季的第一个节气。古籍《群芳谱》对立春解释为："立，始建也。春气始而建立也"。"立"是"开始"的意思，"春"意味着风和日丽，鸟语花香，意味着万物生长，农家播种。

我国古代将立春节气的十五天分为三候："一候东风解冻，二候蛰虫始振，三候鱼陟负冰。"意思是说，东风送暖，大地开始解冻，立春五日后，蛰居的虫类慢慢在洞中苏醒，再过五日，河里的冰开始溶化，鱼开始到水面上游动，此时水面上还有没完全溶解的碎冰片，如同被鱼负着一般浮在水面。

立春是中国民间重要的传统节日之一。所谓"一年之计在于春"，春是温暖，鸟语花香；春是生长，耕耘播种。立春之日迎春已有三千多年以上历史，中国自官方到民间都极为重视。立春时，天子亲率三公九卿、诸侯大夫去东郊迎春，祈求丰收。回来之后，要赏赐群臣，布德令以施惠兆民。这种活动影响到庶民，使之成为世世代代的全民迎春活动。

过了立春，万物复苏，生机勃勃，大自然的鬼斧神工将自然景色雕刻得美轮美奂，醉人心扉，让我们从文字之中去看景、赏景吧，让美丽的春景尽收眼底。

（一）课堂精读

春天来到，属江南春景最为迷人，阳光普照，四野青绿，百花初放，和煦的春风送来芳草的清香，世间万物都沐浴在令人陶醉的春色中。宋代诗人陆游的《游山西村》和宋代词人辛弃疾的《鹧鸪天·代人赋》，都描写了江南乡村的春色，在他们眼中，春景有何不同呢？

对比阅读

1.《游山西村》（宋·陆游）

游山西村

（宋·陆游）

莫笑农家腊酒浑，丰年留客足鸡豚。

山重水复疑无路，柳暗花明又一村。

箫鼓追随春社近，衣冠简朴古风存。

从今若许闲乘月，拄杖无时夜叩门。

诵读 思考：

问题1：请查阅工具书掌握下列难点字词的意思：

（1）腊酒　（2）足鸡豚　（3）箫鼓　（4）春社　（5）叩门

问题2：全诗围绕哪个字展开？

问题3：诗中写道"莫笑农家腊酒浑"，"腊酒"指腊月里酿造的酒，请问什么是酒发酵的基本物质？酿酒的化学原理是什么？

问题4：全诗体现了山西村的什么特点？

问题5：第五、第六句写游山西村所见，请同学们用自己的话来复述。

问题6：你是如何理解"山重水复疑无路，柳暗花明又一村"这句诗的？

问题7：全诗抒发了作者什么情感？

故事 地图：

文章题目：_____	我的评价星级：☆☆☆☆☆
诗中人物	江南乡村自然风光	江南乡村村民习俗
诗人："出游路线"	诗人："出游情感"

2.《鹧鸪天·代人赋》（宋·辛弃疾）

鹧鸪天·代人赋

（宋·辛弃疾）

陌上柔桑破嫩芽，东邻蚕种已生些。
平岗细草鸣黄犊，斜日寒林点暮鸦。
山远近，路横斜，青旗沽酒有人家。
城中桃李愁风雨，春在溪头荠菜花。

诵读 思考：

问题1：请查阅工具书掌握下列难点字词的意思：

（1）鹧鸪天　（2）陌上柔桑　（3）已生些　（4）寒林　（5）沽酒

问题2：词中写道"东邻蚕种已生些"，蚕是胎生动物还是卵生动物？胎生动物与卵生动物的区别是什么？你能分别试着举出胎生和卵生的几种动物吗？

问题3：词题为"代人赋"，作者为什么要以此为题？

问题4：词的上阕描绘了什么季节什么样的景象？

问题5：词中的一个"破"字，用得非常传神，请简要分析它的表现力。

问题6：词的最后两句作者用了哪种写作手法？表达了什么样的感情？

故事 地图：

文章题目：_____		我的评价星级：☆☆☆☆☆
词中人物	词创作背景	城中景象与乡居生活
上阕近处自然风光		下阕远处自然风光

对比 思考

请同学们思考、讨论并回答以下问题：

问题1：《游山西村》和《鹧鸪天·代人赋》在写作手法上有何不同？

问题2：《游山西村》和《鹧鸪天·代人赋》中分别借景抒情的诗句是什么？

问题3：《游山西村》和《鹧鸪天·代人赋》分别表达了诗人和词人怎样的感情？

✎ 教师精评量表

评价方面	评价内容	评分	
		教师评分	自我评分
阅读情境（20分）	1.学习单/故事地图/辩论会/课本剧按要求填表完成的情况（10分）		
	2.完成学习单/故事地图/辩论会/课本剧任务要求的积极主动性（10分）		
阅读文本（40分）	1.对字、词、句、段的理解情况（10分）		
	2.对文中精彩字、词、句、段的鉴赏情况（10分）		
	3.阅读速度达到规定要求的情况（10分）		
	4.朗读参与情况与背诵完成情况（10分）		
阅读认知过程（40分）	1.带着问题阅读或在阅读中提出问题的情况（10分）		
	2.借助阅读工具搜索信息解决阅读疑难问题的情况（20分）		
	3.参与教师提问及阅读交流的情况（10分）		
评价星级	90~100分：☆☆☆☆☆ 80~90分：☆☆☆☆ 70~80分：☆☆☆ 60~70分：☆☆ 60分以下：☆		

（二）小组选读

❖ 请快速浏览下面与"立春"节气相关的【分级阅读】篇目：唐诗《鸟鸣涧》、散文《春》以及元曲《减字木兰花·立春》，借助工具书掌握陌生字词。

❖ 选择自己感兴趣的篇目大声诵读，并与选择相同篇目的同学组成"专家组"，对篇目的精彩语段及中心思想进行研读和讨论，踊跃发表自己的看法。

❖ 填写下面的任务单，为召开"小专家读书会"做准备，与全班同学分享交流本组的观点和想法吧！

分级阅读

A.《鸟鸣涧》（唐·王维）

> 人闲桂花落，夜静春山空。
> 月出惊山鸟，时鸣春涧中。

B.《春》（朱自清）

盼望着，盼望着，东风来了，春天的脚步近了。

一切都像刚睡醒的样子，欣欣然张开了眼。山朗润起来了，水涨起来了，太阳的脸红起来了。

小草偷偷地从土里钻出来，嫩嫩的，绿绿的。园子里，田野里，瞧去，一大片一大片满是的。坐着，躺着，打两个滚，踢几脚球，赛几趟跑，捉几回迷藏。风轻悄悄的，草软绵绵的。

桃树、杏树、梨树，你不让我，我不让你，都开满了花赶趟儿。红的像火，粉的像霞，白的像雪。花里带着甜味儿；闭了眼，树上仿佛已经满是桃儿、杏儿、梨儿。花下成千成百的蜜蜂嗡嗡地闹着，大小的蝴蝶飞来飞去。野花遍地是：杂样儿，有名字的，没名字的，散在草丛里，像眼睛，像星星，还眨呀眨的。

"吹面不寒杨柳风"，不错的，像母亲的手抚摸着你。风里带来些新翻的泥土的气息，混着青草味儿，还有各种花的香，都在微微润湿的空气里酝酿。鸟儿将巢安在繁花嫩叶当中，高兴起来了，呼朋引伴地卖弄清脆的喉咙，唱出宛转的曲子，与轻风流水应和着。牛背上牧童的短笛，这时候也成天嘹亮地响着。

雨是最寻常的，一下就是三两天。可别恼。看，像牛毛，像花针，像细丝，密密地斜织着，人家屋顶上全笼着一层薄烟。树叶儿却绿得发亮，小草儿也青得逼你的眼。傍晚时候，上灯了，一点点黄晕的光，烘托出一片安静而和平的夜。在乡下，小路上，石桥边，有撑起伞慢慢走着的人，地里还有工作的农民，披着蓑戴着笠。他们的房屋，稀稀疏疏的在雨里静默着。

天上风筝渐渐多了，地上孩子也多了。城里乡下，家家户户，老老小小，也赶趟儿似的，一个个都出来了。舒活舒活筋骨，抖擞抖擞精神，各做各的一份事去。"一年之计在于春"，刚起头儿，有的是工夫，有的是希望。

春天像刚落地的娃娃，从头到脚都是新的，它生长着。

春天像小姑娘，花枝招展的，笑着，走着。

春天像健壮的青年，有铁一般的胳膊和腰脚，领着我们上前去。

C.《减字木兰花·立春》（宋·苏轼）

> 春牛春杖。无限春风来海上。便与春工。染得桃红似肉红。
> 春幡春胜。一阵春风吹酒醒。不似天涯。卷起杨花似雪花。

📚 小专家读书会

我选取的文章题目及级别：＿＿＿＿＿＿（A级/B级/C级）　　我参加的专家组：＿＿＿＿＿＿　　我的评价星级：☆☆☆☆☆

读书会主题：

专家组成员及观点	我的发言	小组讨论纪要

我的收获与感悟：

✐ 组内互评量表

评价方面	评价内容	评分	
		教师评分	自我评分
阅读情境 （20分）	1. 专家组组织成立及分工合作情况（10分）		
	2. "小专家读书会"按要求填表及准备充分情况（10分）		
阅读文本 （30分）	1. 选文级别情况（10分）（A级10分；B级7分；C级5分）		
	2. 选文研读，对字、词、句、段及文章中心思想的理解情况（10分）		
	3. 阅读速度达到规定要求的情况（10分）		
阅读认知过程 （50分）	1. 在专家组研讨中提问与交流情况（10分）		
	2. 通过借助阅读工具搜索信息解决小组中阅读疑难问题的情况（10分）		
	3. 在专家组研讨中个人观点表达情况（20分）		
	4. 在"小专家读书会"中阅读讲解与汇报分享情况（10分）		
评价星级	90～100分：☆☆☆☆☆ 80～90分：☆☆☆☆ 70～80分：☆☆☆ 60～70分：☆☆ 60分以下：☆		

（三）主题自读

　　除夕，又称大年夜、除夕夜、除夜、岁除等，是时值每年农历腊月的最后一个晚上。除，即去除的之意；夕，指夜晚。爆竹声声辞旧岁，除夕就是辞旧迎新、一元复始、万象更新的节日。

　　宋代诗人王安石在七言绝句《元日》一诗中写道："爆竹声中一岁除，春风送暖入屠苏。千门万户曈曈日，总把新桃换旧符"，这首诗描写了新年元日热闹、欢乐和万象更新的动人景象。燃爆竹，饮屠苏酒，换新桃符，处处是欢乐的辞旧迎新气氛。立春历日自当新，让我们一起来寻找、诵读并赏析描写"除夕"的经典篇目，共同迎接新春的到来吧！

◉主题　除夕——爆竹声声辞旧岁

　　从立春之日起，以"除夕"为主题，开始15天的"阅读打卡计划"吧！按照计划，每3天完成一篇篇目的搜索、阅读和赏析。

　　◇ 略读下面3篇【推荐阅读】，理解诗词及文段的基本大意，揣摩"除夕"主题的含义。

　　◇ 搜索5篇有关描写"除夕"的篇目，可以包括古诗词、散文、诗歌、小说选段等多种体裁。

　　◇ 记录自己阅读古诗词及诗歌的方式，阅读篇幅较长的散文、小说选段等尽量保持在每分钟300字。

　　◇ 对阅读的篇目中的精彩语句、段落或是打动自己的内容及思想进行赏析。

　　◇ 将阅读速度、搜索过程、阅读记录、赏析要点等内容填写进"阅读打卡计划记录单"中。

推荐阅读

1.《除夜作》（唐·高适）

　　　　　　　旅馆寒灯独不眠，客心何事转凄然。

　　　　　　　故乡今夜思千里，愁鬓明朝又一年。

2.《除夜有怀》（唐·孟浩然）

　　　　　　　五更钟漏欲相催，四气推迁往复回。

　　　　　　　帐里残灯才去焰，炉中香气尽成灰。

　　　　　　　渐看春逼芙蓉枕，顿觉寒销竹叶杯。

　　　　　　　守岁家家应未卧，相思那得梦魂来。

3.《忆湘西过年》（沈从文）

我生长的家乡是湘西边上一个居民不到一万户的小县城，但是狮子龙灯焰火，半世纪前在湘西各县却极著名。逢年过节，各街坊多有自己的灯。由初一到十二叫"送灯"，只是全城敲锣打鼓各处玩去。白天多大锣大鼓在桥头上表演戏水，或在八九张方桌上盘旋上下。晚上则在灯火下玩蚌壳精，用细乐伴奏。十三到十五叫"烧灯"，主要比赛转到另一方面，看谁家焰火出众超群。

我照例凭顽童资格，和百十个大小顽童，追随队伍各处走去，和大伙在炮仗焰火中消磨。玩灯的不仅要凭气力，还得要勇敢。为表示英雄无畏，每当场坪中焰火上升时，白光直泻数丈，有的还大吼如雷，这些人却不管是"震天雷"还是"猛虎下山"，照例得赤膊上阵，迎面奋勇而前。我们年纪小，还无资格参与这种剧烈活动，只能趁热闹在旁呐喊助威。因为始终能跟随队伍走，马不离群，直到天快发白，大家都烧得个焦头烂额，精疲力尽。队伍中附随着老渔翁和蚌壳精的，蚌壳精照例多选十二三岁面目俊秀姣好男孩子充当，老渔翁白须白发也做得俨然，这时节都现了原形，狼狈可笑。

最后集中到各会馆前点验家伙散场时，正街上江西人开的南货店、布店，福建人开的烟铺，已经放鞭炮烧开门纸迎财神，家住对河的年轻苗族女人，也挑着豆豉萝卜丝担子上街叫卖了。有了这个玩灯烧灯经验底子，长大后读宋代咏灯节事的诗词，便觉得相当面熟，体会也比较深刻。

📚 阅读打卡计划

打卡

| 1 | 2 | 3 | 4 | 5 | 6 | 7 | 8 | 9 | 10 | 11 | 12 | 13 | 14 | 15 |
| □ | □ | □ | □ | □ | □ | □ | □ | □ | □ | □ | □ | □ | □ | □ |

姓名：＿＿＿＿＿
年/月：＿＿＿＿＿
节气：＿＿＿＿＿
主题：＿＿＿＿＿
我的评价星级：
☆☆☆☆☆

篇目1： 体裁： 阅读速度：	篇目2： 体裁： 阅读速度：	篇目3： 体裁： 阅读速度：	篇目4： 体裁： 阅读速度：	篇目5： 体裁： 阅读速度：
篇目搜索过程：	篇目搜索过程：	篇目搜索过程：	篇目搜索过程：	篇目搜索过程：
篇目阅读过程：	篇目阅读过程：	篇目阅读过程：	篇目阅读过程：	篇目阅读过程：
篇目赏析：	篇目赏析：	篇目赏析：	篇目赏析：	篇目赏析：

📝 学生自评量表

评价方面	评价内容	评分	
		教师评分	自我评分
阅读情境 （30分）	1.连续坚持每天阅读打卡的情况（10分）		
	2.合理制定阅读计划并严格、自律地按照阅读计划执行的情况（10分）		
	3.按要求完成每个篇目"找篇目—读篇目—赏篇目"步骤的情况（10分）		
阅读文本 （30分）	1.查找的篇目与阅读主题相吻合的情况（10分）		
	2.阅读方式的选择及阅读速度的达成情况（10分）		
	3.对篇目的理解与鉴赏情况（10分）		
阅读认知过程 （40分）	1.对阅读主题的理解情况（10分）		
	2.独立、灵活地使用搜索工具查找篇目的情况（10分）		
	3.对搜索信息进行归纳总结及分析处理的情况（10分）		
	4.形成积极阅读和自主阅读习惯的情况（10分）		
评价星级	90～100分：☆☆☆☆☆ 80～90分：☆☆☆☆ 70～80分：☆☆☆ 60～70分：☆☆ 60分以下：☆		

◀ 悦 读 者 思 维 ▶

　　在新的一年到来之际，家家户户都会燃放爆竹，用喜庆的爆竹声除旧迎新，这一习俗至今已有两千多年的历史了。可是现在，随着空气被不断破坏，雾霾天气的加剧，过年时我们不再倡导大家燃放烟花爆竹，空气变得清新了，可是"年味儿"却淡了。请你思考，怎样能够在保持与大自然和谐共处的基础上，保留老祖宗留下的文化，保住我们的传统节日和习俗呢？

　　我是这样想的：

第二章

雨水平池草自生

雨水是二十四节气中的第二个节气，也是反映降水现象的节气之一，陆地和海洋表面的水蒸发变成水蒸气，水蒸气上升到一定高度后遇冷变成小水滴，这些小水滴组成了云，它们在云里互相碰撞，合并成大水滴，当它大到空气托不住的时候，就从云中落了下来，形成了雨。雨水节气前后，万物开始萌动，春天就要到了。

我国古代将雨水节气的十五天分为三候："一候獭祭鱼；二候鸿雁来；三候草木萌动。"意思是说，水獭开始捕鱼了，将鱼摆在岸边如同先祭后食的样子，五天过后，大雁开始从南方飞回北方，再过五天，在"润物细无声"的春雨中，草木随地中阳气的上腾而开始抽出嫩芽。从此，大地渐渐开始呈现出一派欣欣向荣的景象。

雨水不仅表明降雨的开始及雨量增多，而且表示气温的升高。雨水后，春风送暖，致病的细菌、病毒易随风传播，故春季传染病常易暴发流行感冒。每个人应该保护好自己，注意锻炼身体，增强抵抗力，预防疾病的发生。

过了雨水，春回大地，春暖人间，在春风雨水的催促下，沁人心脾的气息滋养着身心，春风化雨万物生，让我们一起伴着春雨的到来，于优美的文字中去感受盎然的春景吧！

（一）课堂精读

春雨贵如油，淅淅沥沥的雨丝，如牛毛，如花针，如春姑娘那柔柔的发丝，让人欢喜让人愁。唐代诗人杜甫的《春夜喜雨》与宋代诗人陆游的《临安春雨初霁》，都关注到了滋润万物的春雨，让我们来抄写、朗读并背诵，看看相同的景物在他们心中生发的情感是否相同。

对比阅读

1.《春夜喜雨》（唐·杜甫）

春夜喜雨

（唐·杜甫）

好雨知时节，当春乃发生。

随风潜入夜，润物细无声。

野径云俱黑，江船火独明。

晓看红湿处，花重锦官城。

诵读 思考

问题1：请查阅工具书掌握下列难点字词的意思：

（1）润物　（2）野径　（3）红湿处　（4）花重　（5）锦官城

问题2：诗题为"春夜喜雨"，诗人因何而"喜"？

问题3：这首诗以"好雨"开头，作者称赞春雨的原因是什么？

问题4：诗中写道"好雨知时节"，我国雨季的时间分布规律是什么？

问题5：这首诗的第二联、第三联分别从哪种感觉来写春雨的？

问题6：你认为"随风潜入夜，润物细无声"中哪个词用得好，为什么？

学习 单

我的阅读篇目		我的评价星级	☆☆☆☆☆
诗中不理解的字词			
发现问题与解决问题		解决问题与收获感悟	
老师的阅读问题/我的阅读问题： 1. 2. 3. 4. 5.		我的答案： 1. 2. 3. 4. 5.	
我打算解决问题的办法：（上网查资料/图书馆查资料/询问家长/其他）	为解决问题做个小计划： 第一步： 第二步： 第三步：	赏析我喜欢的诗句：	

我的新疑问：	写下我的读后感受：
1.	
2.	
3.	

2.《临安春雨初霁》（宋·陆游）

临安春雨初霁

（宋·陆游）

世味年来薄似纱，谁令骑马客京华。

小楼一夜听春雨，深巷明朝卖杏花。

矮纸斜行闲作草，晴窗细乳戏分茶。

素衣莫起风尘叹，犹及清明可到家。

诵读 思考

问题1：请查阅工具书掌握下列难点字词的意思：

（1）霁　（2）京华　（3）矮纸　（4）细乳　（5）分茶　（6）素衣

问题2：本诗的颔联是千古名句，请以第一人称用白话将其改写出来。

问题3：有人说，诗中"一夜"两字不可轻轻放过，为什么？

问题4："犹及清明可到家"表明了诗人怎样的态度？

问题5：本诗中景物描写有怎样的特征？试分析景物描写对抒发感情的作用。

学习 单

我的阅读篇目		我的评价星级	☆ ☆ ☆ ☆ ☆
诗中不理解的字词			
发现问题与解决问题		解决问题与收获感悟	
老师的阅读问题/我的阅读问题：		我的答案：	
1.		1.	
2.		2.	
3.		3.	
4.		4.	
5.		5.	

我打算解决问题的办法：（上网查资料/图书馆查资料/询问家长/其他）	为解决问题做个小计划： 第一步： 第二步： 第三步：	赏析我喜欢的诗句：
我的新疑问： 1. 2. 3.		写下我的读后感受：

对比 思考

请同学们思考、讨论并回答以下问题：

问题1：《春夜喜雨》的首句"好雨知时节，当春乃发生"与《临安春雨初霁》的首句"世味年来薄似纱，谁令骑马客京华"，分别使用了怎样的表现手法？

问题2：《春夜喜雨》和《临安春雨初霁》同写"春雨"，作者对春雨的情感却不同，请结合查阅的背景资料，分析为何会有这样的不同。

问题3：你喜欢"春雨"吗？你心目中"春雨"是怎样的？"春雨"带给你的是喜悦还是哀愁？请结合自己的所见所感，展开想象，为"春雨"做一首小诗。

⚖ 教师精评量表

评价方面	评价内容	评分	
		教师评分	自我评分
阅读情境 （20分）	1.学习单/故事地图/辩论会/课本剧按要求填表完成的情况（10分）		
	2.完成学习单/故事地图/辩论会/课本剧任务要求的积极主动性（10分）		
阅读文本 （40分）	1.对字、词、句、段的理解情况（10分）		
	2.对文中精彩字、词、句、段的鉴赏情况（10分）		
	3.阅读速度达到规定要求的情况（10分）		
	4.朗读参与情况与背诵完成情况（10分）		
阅读认知过程 （40分）	1.带着问题阅读或在阅读中提出问题的情况（10分）		
	2.借助阅读工具搜索信息解决阅读疑难问题的情况（20分）		
	3.参与教师提问及阅读交流的情况（10分）		
评价星级	90~100分：☆☆☆☆☆ 80~90分：☆☆☆☆ 70~80分：☆☆☆ 60~70分：☆☆ 60分以下：☆		

（二）小组选读

◇ 请快速浏览下面与"雨水"节气相关的【分级阅读】篇目：唐诗《竹枝词二首》（其一）、《春雨》以及散文《雨》，借助工具书掌握陌生字词。

◇ 选择自己感兴趣的篇目大声诵读，并与选择相同篇目的同学组成"专家组"，对篇目的精彩语段及中心思想进行研读和讨论，踊跃发表自己的看法。

◇ 填写下面的任务单，为召开"小专家读书会"做准备，与全班同学分享交流本组的观点和想法吧！

分级阅读

A.《竹枝词二首》（其一）（唐·刘禹锡）

> 杨柳青青江水平，闻郎岸上踏歌声。
> 东边日出西边雨，道是无晴却有晴。

B.《春雨》（唐·李商隐）

> 怅卧新春白袷衣，白门寥落意多违。
> 红楼隔雨相望冷，珠箔飘灯独自归。
> 远路应悲春晼晚，残宵犹得梦依稀。
> 玉珰缄札何由达，万里云罗一雁飞。

C.《雨》（郁达夫）

周作人先生名其书斋曰"苦雨"，恰正与东坡的喜雨亭名相反。其实，北方的雨，却都可喜，因其难得之故。像今年那么大的水灾，也并不是雨多的必然结果；我们应该责备治河的人，不事先预防，只晓得糊涂搪塞，虚糜国帑，一旦有事，就互相推诿，但救目前。人生万事，总得有个变换，方觉有趣；生之于死，喜之于悲，都是如此，推及天时，又何尝不然？无雨哪能见晴之可爱，没有夜也将看不出昼之光明。

我生长江南，按理是应该不喜欢雨的；但春日暝蒙，花枝枯竭的时候，得几点微雨，又是一位多么可爱的事情！"小楼一夜听春雨"，"杏花春雨江南"，"天街细雨润如酥"，从前的诗人，早就先我说过了。夏天的雨，可以杀暑，可以润禾，它的价值的大，更可以不必再说。而秋雨的霏微凄冷，又是别一种境地，昔人所谓"雨到深秋易作霖，萧萧难会此时心"的诗句，就在说秋雨的耐人寻味。至于秋女士的"秋雨秋风愁煞人"的一声长叹，乃别有怀抱者的托辞，人自愁耳，何关雨事。三冬的寒雨，爱的人恐怕不多。但"江关雁声来渺渺，灯昏宫漏听沉沉"的妙处，若非身历其境者决领悟不到。记得曾宾谷曾以《诗品》中语名诗，叫作《赏雨茅屋斋诗集》。他的诗境如何，我不晓得，但"赏雨茅屋"这四个字，真是多么的有趣！尤其是到了冬初秋晚，正当"苍山寒气深，高林霜叶稀"的时节。

📚 小专家读书会

我选取的文章题目及级别： _____ （A级/B级/C级）	我参加的专家组： _____	我的评价星级： ☆☆☆☆☆

读书会主题：

专家组成员及观点	我的发言	小组讨论纪要

我的收获与感悟：

✍ 组内互评量表

评价方面	评价内容	评分	
		教师评分	自我评分
阅读情境 （20分）	1.专家组组织成立及分工合作情况（10分）		
	2."小专家读书会"按要求填表及准备充分情况（10分）		
阅读文本 （30分）	1.选文级别情况（10分）（A级10分；B级7分；C级5分）		
	2.选文研读，对字、词、句、段及文章中心思想的理解情况（10分）		
	3.阅读速度达到规定要求的情况（10分）		
阅读认知过程 （50分）	1.在专家组研讨中提问与交流情况（10分）		
	2.通过借助阅读工具搜索信息解决小组中阅读疑难问题的情况（10分）		
	3.在专家组研讨中个人观点表达情况（20分）		
	4.在"小专家读书会"中阅读讲解与汇报分享情况（10分）		
评价星级	90～100分：☆☆☆☆☆ 80～90分：☆☆☆☆ 70～80分：☆☆☆ 60～70分：☆☆ 60分以下：☆		

（三）主题自读

水，是生命之源。雨水，则是大自然的馈赠，滋润万千生物的生命。春雨是这世间的精灵，于乍暖还寒之际，随风潜入人间，让枯木得以逢春，种子得以发芽。春雨至，万物生，雨水润泽万物，此时大地回暖，天地间一派开春气象。

唐代诗人韩愈在七言绝句《早春呈水部张十八员外》（其一）一诗中写道："天街小雨润如酥，草色遥看近却无。最是一年春好处，绝胜烟柳满皇都"，这首诗描写了雨水时节的春草之色，大好春景让万物生命萌动。让我们一起来寻找、诵读并赏析描写"生命"的经典篇目，共同沉浸在春雨的滋养中！

主题 生命——春风化雨万物生

从雨水之日起，以"生命"为主题，开始15天的"阅读打卡计划"吧！按照计划，每3天完成一篇篇目的搜索、阅读和赏析。

◇ 略读下面3篇【推荐阅读】，理解诗词及文段的基本大意，揣摩"生命"主题的含义。

◇ 搜索5篇有关描写"生命"的篇目，可以包括古诗词、散文、诗歌、小说选段等多种体裁。

◇ 记录自己阅读古诗词及诗歌的方式，阅读篇幅较长的散文、小说选段等尽量保持在每分钟300字。

◇ 对阅读的篇目中的精彩语句、段落或是打动自己的内容及思想进行赏析。

◇ 将阅读速度、搜索过程、阅读记录、赏析要点等内容填写进"阅读打卡计划记录单"中。

推荐阅读

1.《赋得古原草送别》（唐·白居易）

> 离离原上草，一岁一枯荣。
>
> 野火烧不尽，春风吹又生。

2.《热爱生命》（汪国真）

> 我不去想是否能够成功
>
> 既然选择了远方
>
> 便只顾风雨兼程

我不去想能否赢得爱情

既然钟情于玫瑰

就勇敢地吐露真诚

我不去想身后会不会袭来寒风冷雨

既然目标是地平线

留给世界的只能是背影

我不去想未来是平坦还是泥泞

只要热爱生命

一切，都在意料之中

3.《没有一棵小草自惭形秽》（毕淑敏）

被人邀请去看一棵树，一棵古老的树。大约有五千年的历史，已被唐朝的地震弯折了腰，半匍匐着，依然不倒，享受着人们尊敬的注视。

我混在人群只能感直着脖子虔诚地仰望着古树顶端稀疏的绿叶，一边想，人和树相比是多么的渺小啊。人生出来，肯定是比一粒树种要大很多倍，但人没法长得如树般伟岸。在树小的时候，人是很容易就把树枝、树干折断，甚至把树连根拔起，树就结束了生命。就算是小树长成了大树，归宿也是被人伐了去，修成各种各样实用的物件。长的好好的树，花纹美丽木质出众，也像美女一样，红颜薄命，被人劫掠的可能性更大，于是很多珍贵的树种濒临灭绝。在这一点上，树是不如人的。美女可以人造，树却是不可以人造的。

树比人活的长久，只要假以天年，人是绝对活不过一棵树的。树并不以此傲人，爷爷种下的树，照样以硕硕果实报答那人的孙子或是其他人的后代。

通常情况下，树是绝对不伤人的。即使如前几天报上所载一些村民在树下避雨，遭了雷击致死，那元凶也不是树，而是闪电，树也是受害者。人却是绝对伤树的，地球上森林数量的锐减就是明证，人成了树的天敌。

树比人坚忍。在人不能居住的地方，树却裸身生长着，不需要炉火或是空调的保护。树会帮助人的，在饥谨的时候，人可以扒树的皮来充饥。

很多书籍记载过这棵古树，若是在树群里评选名人的话，这棵古树是一定名列前茅了。很多诗人词人咏颂过这棵古树，如果树把那些词句当作叶子一般披挂起来，一定不堪重负。唐朝的地震不曾把它压倒，这些赞美会让它扑在地上。

树的寿命是如此长久，在我们死后很多年，这棵古树还会枝叶繁茂地生长着。一想到这一点，无边的嫉妒就转成深深的自卑。作为一个人活不了那么久远，伤感让我低下头来，于是我就看到了一棵小草，一棵长在古树之旁的小草。只有细长的两三片叶子，纤细得如同婴儿的睫毛。树叶缝隙的阳光打在草叶的几丝脉络上，再落到地上，阳光变得如绿纱一样漂浮了。

这样一株柔弱的小草，在这样一棵神圣的树底下，一定该俯首称臣必恭必敬了吧？我竭力想从小草身上找出低眉顺眼的谦卑，最后以失望告终。这棵不知名的小草，毫无疑问是非常渺小的。就寿命计算，假设一岁一枯荣，老树很可能见过小草五千辈以前的祖先。就体量计算，老树抵得过千百万小草集合而成的大军。就价值来说，人们千里万里路地赶了来，只为瞻仰老树，我敢肯定没有一个人是为了探望小草。

既然我作为一个人，都在古树面前自惭形秽了，小草你怎能不顶礼膜拜？我这样想着，就蹲下来看着小草。在这样一棵历史久远声名卓著的古树旁边为邻，你岂不要羞愧死了？

小草昂然立着，我向它吐了一口气，它就被吹得蜷曲了身子，但我气息一尽，它就像弹簧般伸展了叶脉，快乐地抖动着，我向它吐了一口气，它还是在弯曲之后怡然挺立。我悲哀地发现，不停地吹下去，我有气绝倒地的一刻，小草却安然。

草是卑微的，但卑微并非指向羞惭。在庄严大树身旁，一棵微不足道的小草都可以毫不自惭形秽地生活着，何况我们万物灵长的人类！

📚 阅读打卡计划

打卡	1	2	3	4	5	6	7	8	9	10	11	12	13	14	15
	☐	☐	☐	☐	☐	☐	☐	☐	☐	☐	☐	☐	☐	☐	☐

姓名：_____
年/月：_____
节气：_____
主题：_____

我的评价星级：
☆☆☆☆☆

篇目1：	篇目2：	篇目3：	篇目4：	篇目5：
体裁：	体裁：	体裁：	体裁：	体裁：
阅读速度：	阅读速度：	阅读速度：	阅读速度：	阅读速度：
篇目搜索过程：	篇目搜索过程：	篇目搜索过程：	篇目搜索过程：	篇目搜索过程：
篇目阅读过程：	篇目阅读过程：	篇目阅读过程：	篇目阅读过程：	篇目阅读过程：
篇目赏析：	篇目赏析：	篇目赏析：	篇目赏析：	篇目赏析：

学生自评量表

评价方面	评价内容	评分	
		教师评分	自我评分
阅读情境（30分）	1. 连续坚持每天阅读打卡的情况（10分）		
	2. 合理制定阅读计划并严格、自律地按照阅读计划执行的情况（10分）		
	3. 按要求完成每个篇目"找篇目—读篇目—赏篇目"步骤的情况（10分）		
阅读文本（30分）	1. 查找的篇目与阅读主题相吻合的情况（10分）		
	2. 阅读方式的选择及阅读速度的达成情况（10分）		
	3. 对篇目的理解与鉴赏情况（10分）		
阅读认知过程（40分）	1. 对阅读主题的理解情况（10分）		
	2. 独立、灵活地使用搜索工具查找篇目的情况（10分）		
	3. 对搜索信息进行归纳总结及分析处理的情况（10分）		
	4. 形成积极阅读和自主阅读习惯的情况（10分）		
评价星级	90～100分：☆☆☆☆☆ 80～90分：☆☆☆☆ 70～80分：☆☆☆ 60～70分：☆☆ 60分以下：☆		

悦 读 者 思 维

　　"生命诚可贵，爱情价更高。若为自由故，二者皆可抛。"这是匈牙利诗人裴多菲创作的一首诗。"生命"和"自由"是古往今来人们讨论最多的话题之一，每个人都有自己的理解和感悟，有人说"生命"最宝贵，有人则认为"自由"最崇高。你如何理解"生命"和"自由"的意义？如何理解它们之间的关系呢？

　　我是这样想的：

第三章

惊蛰未闻雷出地

　　惊蛰是二十四节气中的第三个节气，也是春季的第三个节气。《月令七十二候集解》："二月节，万物出乎震，震为雷，故曰惊蛰。是蛰虫惊而出走矣。" 蛰，就是藏的意思，说的是立春以后，天气开始转暖，春雷初响，惊醒了蛰伏在泥土中冬眠的昆虫，当然，真正惊醒冬眠动物们的是日渐升高的土地温度。

　　我国古代将惊蛰节气的十五天分为三候："一候桃始华；二候仓庚鸣；三候鹰化为鸠。"意思是说，桃花盛开、黄鹂鸣叫、布谷鸟飞来，农谚称"到了惊蛰节，锄头不停歇"，全国由南到北陆续进入了春耕季节。

　　惊蛰节气的雷鸣最引人注意，如"未过惊蛰先打雷，四十九天云不开"。现代气象科学表明，"惊蛰"前后，之所以偶有雷声，是大地湿度渐高而促使近地面热气上升或北上的湿热空气势力较强与活动频繁所致。从我国各地自然物候进程看，由于南北跨度大，春雷始鸣的时间迟早不一。云南南部在1月底前后即可闻雷，而北京的初雷日却在4月下旬。"惊蛰始雷"的说法仅与沿长江流域的气候规律相吻合。

　　"春雷响，万物长"，惊蛰时节正是大好的"九九"艳阳天，气温回升，雨水增多。让我们听闻着雷声，于美丽的文字中去观看春光明媚、农民们闹春耕的景象吧，沐浴在一派融融春光之中！

（一）课堂精读

　　惊蛰，古称"启蛰"，《夏小正》曰："正月启蛰"，它标志着仲春时节的开始。春雷萌动行风雨，面对春燕返巢、雷动风行的惊蛰之象，魏晋诗人陶渊明作了《拟古·仲春遘时雨》一诗，宋代诗人陆游作了《春晴泛舟》一诗，这两首诗分别表现了他们怎样的人生态度？

对比阅读

1.《拟古·仲春遘时雨》（魏晋·陶渊明）

拟古·仲春遘时雨

（魏晋·陶渊明）

仲春遘时雨，始雷发东隅。

众蛰各潜骇，草木纵横舒。

翩翩新来燕，双双入我庐。

先巢故尚在，相将还旧居。

自从分别来，门庭日荒芜。

我心固匪石，君情定何如？

诵读思考

问题1：请查阅工具书掌握下列难点字词的意思：

（1）仲春　（2）遘　（3）蛰　（4）翩翩　（5）先巢　（6）匪石

问题2：诗中哪些诗句能够体现出惊蛰节气的景象？

问题3："自从分别来，门庭日荒芜。我心固匪石，君情定何如？"这四句极具风趣幽默，诗人与燕子进行对话，想要表达什么？

问题4：诗中最后四句采用了什么写作手法？巧妙之处在哪里？

问题5："众蛰各潜骇"指冬眠的昆虫受到了春雷的惊动。你知道需要冬眠的昆虫和动物都有哪些吗？

故事地图

文章题目：_____	我的评价星级：☆☆☆☆☆
诗中景物	惊蛰节气的动物	惊蛰节气的草木
"翩翩新来燕"的景象	诗人与燕子对话

2.《春晴泛舟》（宋·陆游）

春晴泛舟

（宋·陆游）

儿童莫笑是陈人，湖海春回发兴新。

雷动风行惊蛰户，天开地辟转鸿钧。

鳞鳞江色涨石黛，嫋嫋柳丝摇麹尘。

欲上兰亭却回棹，笑谈终觉愧清真。

诵读 思考：

问题1：请查阅工具书掌握下列难点字词的意思：

（1）陈人　（2）鸿钧　（3）石黛　（4）嫋嫋　（5）麹尘

问题2：诗中首句写道"儿童莫笑是陈人"，诗人为何称自己为"陈人"？

问题3：诗中描写惊蛰节气的诗句是哪句？

问题4：诗中最后一句为"笑谈终觉愧清真"，一个"愧"字，表达了诗人怎样的情感？

问题5：诗中写道"雷动风行惊蛰户"，你知道下雨之前为什么会打雷吗？

故事 地图：

文章题目：		我的评价星级：☆☆☆☆☆
诗中景物	惊蛰节气的气象	惊蛰节气的景色
春天泛舟的湖景		诗人留恋春景

对比 思考：

请同学们思考、讨论并回答以下问题：

问题1：《拟古·仲春遘时雨》的"我心固匪石，君情定何如"与《春晴泛舟》的"雷动风行惊蛰户，天开地辟转鸿钧"，分别使用了怎样的表现手法？

问题2：《拟古·仲春遘时雨》和《春晴泛舟》同写"惊蛰之景"，表达的人生态度有何不同？

问题3：春雷乍动、碧波荡漾、桃花盛开的惊蛰节气，带给你一种怎样的感觉？看到惊蛰时节万物生长，你产生了一种怎样的人生态度？

✍ 教师精评量表

评价方面	评价内容	评分	
		教师评分	自我评分
阅读情境（20分）	1. 学习单/故事地图/辩论会/课本剧按要求填表完成的情况（10分）		
	2. 完成学习单/故事地图/辩论会/课本剧任务要求的积极主动性（10分）		
阅读文本（40分）	1. 对字、词、句、段的理解情况（10分）		
	2. 对文中精彩字、词、句、段的鉴赏情况（10分）		
	3. 阅读速度达到规定要求的情况（10分）		
	4. 朗读参与情况与背诵完成情况（10分）		
阅读认知过程（40分）	1. 带着问题阅读或在阅读中提出问题的情况（10分）		
	2. 借助阅读工具搜索信息解决阅读疑难问题的情况（20分）		
	3. 参与教师提问及阅读交流的情况（10分）		
评价星级	90～100分：☆☆☆☆☆ 80～90分：☆☆☆☆ 70～80分：☆☆☆ 60～70分：☆☆ 60分以下：☆		

（二）小组选读

◇ 请快速浏览下面与"惊蛰"节气相关的【分级阅读】篇目：宋诗《市饮》、现代诗《只要明天还在》以及唐诗《观田家》，借助工具书掌握陌生字词。

◇ 选择自己感兴趣的篇目大声诵读，并与选择相同篇目的同学组成"专家组"，对篇目的精彩语段及中心思想进行研读和讨论，踊跃发表自己的看法。

◇ 填写下面的任务单，为召开"小专家读书会"做准备，与全班同学分享交流本组的观点和想法吧！

分级阅读

A.《市饮》（宋·陆游）

学道无多事，消阴服众魔。

春雷惊蛰户，海日浴鲸波。

大勇收全胜，灵襟袭太和。

何妨会稽市，取酒独酣歌。

B.《只要明天还在》（汪国真）

只要春天还在，

我就不会悲哀，

纵使黑夜吞噬了一切，

太阳还可以重新回来。

只要生命还在，

我就不会悲哀，

纵使陷身茫茫沙漠，

还有希望的绿洲存在。

只要明天还在，

我就不会悲哀，

冬雪终会慢慢融化，

春雷定将滚滚而来。

C.《观田家》（唐·韦应物）

微雨众卉新，一雷惊蛰始。

田家几日闲，耕种从此起。

丁壮俱在野，场圃亦就理。

归来景常晏，饮犊西涧水。

饥劬不自苦，膏泽且为喜。

仓廪物宿储，徭役犹未已。

方惭不耕者，禄食出闾里。

小专家读书会

我选取的文章题目及级别：＿＿＿＿＿（A级/B级/C级）　　我参加的专家组：＿＿＿＿＿　　我的评价星级：☆☆☆☆☆

读书会主题：

专家组成员及观点	我的发言	小组讨论纪要

我的收获与感悟：

组内互评量表

评价方面	评价内容	评分	
		教师评分	自我评分
阅读情境（20分）	1. 专家组组织成立及分工合作情况（10分）		
	2. "小专家读书会"按要求填表及准备充分情况（10分）		
阅读文本（30分）	1. 选文级别情况（10分）（A级10分；B级7分；C级5分）		
	2. 选文研读，对字、词、句、段及文章中心思想的理解情况（10分）		
	3. 阅读速度达到规定要求的情况（10分）		
阅读认知过程（50分）	1. 在专家组研讨中提问与交流情况（10分）		
	2. 通过借助阅读工具搜索信息解决小组中阅读疑难问题的情况（10分）		
	3. 在专家组研讨中个人观点表达情况（20分）		
	4. 在"小专家读书会"中阅读讲解与汇报分享情况（10分）		
评价星级	90～100分：☆☆☆☆☆ 80～90分：☆☆☆☆ 70～80分：☆☆☆ 60～70分：☆☆ 60分以下：☆		

（三）主题自读

唐代诗人元稹在《芳树》一诗中写道："春雷一声发，惊燕亦惊蛇"，可见春雷的"威力所在"。春雷，是惊蛰时节带来的信号，春雷一响，惊风色，变年华。一声惊雷，凝聚着大自然的雨露，春雨春风俱，万物便开始放肆生长，农田里也出现了农忙的景象，伴随着轰隆隆的春雷声，春姑娘真正到来了。

元代诗人吴存在《水龙吟·惊蛰》一诗中写道："今朝蛰户初开，一声雷唤苍龙起"，春雷，究竟发挥着怎样巨大的威力？让我们一起来寻找、诵读并赏析描写"雷雨"的经典篇目，共同感受春雷的热烈与震撼！

● 主题　雷雨——一声雷唤苍龙起

从惊蛰之日起，以"雷雨"为主题，开始15天的"阅读打卡计划"吧！按照计划，每3天完成一篇篇目的搜索、阅读和赏析。

◇ 略读下面3篇【推荐阅读】，理解诗词及文段的基本大意，揣摩"雷雨"主题的含义。

◇ 搜索5篇有关描写"雷雨"的篇目，可以包括古诗词、散文、诗歌、小说选段等多种体裁。

◇ 记录自己阅读古诗词及诗歌的方式，阅读篇幅较长的散文、小说选段等尽量保持在每分钟300字。

◇ 对阅读的篇目中的精彩语句、段落或是打动自己的内容及思想进行赏析。

◇ 将阅读速度、搜索过程、阅读记录、赏析要点等内容填写进"阅读打卡计划记录单"中。

推荐阅读

1.《春日词》（宋·欧阳修）

> 红雾初开上晓霞，共惊风色变年华。
> 香车遥认春雷变，庭雪先开玉树花。

2.《闻雷》（唐·白居易）

> 瘴地风霜早，温天气候催。
> 穷冬不见雪，正月已闻雷。
> 震蛰虫蛇出，惊枯草木开。
> 空余客方寸，依旧似寒灰。

3.《雷》（谭剑飞）

好大的雷声，

第一次听到如此响亮的雷声，

令人震撼，

我被它彻底征服了。

在它震耳欲聋的声音中，

我无所遁形，

好像只要它愿意，

随时都可以把我连同屋子炸开。

看着投映在窗壁上一闪即逝的雷光，

突然有种想一睹它真容的好奇，

只是它的声音太大了，

大到令人窒息，令人怯步。

伴随着雷影雷鸣，

屋子里尽是踱来踱去的焦虑脚步，

我知道，

窗外的闪电很美，也很短暂，

可我怎么也没有勇气走过去看一看。

阅读打卡计划

打卡

1	2	3	4	5	6	7	8	9	10	11	12	13	14	15
□	□	□	□	□	□	□	□	□	□	□	□	□	□	□

姓名：_____
年/月：_____
节气：_____
主题：_____
我的评价星级：
☆☆☆☆☆

篇目1：	篇目2：	篇目3：	篇目4：	篇目5：
体裁：	体裁：	体裁：	体裁：	体裁：
阅读速度：	阅读速度：	阅读速度：	阅读速度：	阅读速度：
篇目搜索过程：	篇目搜索过程：	篇目搜索过程：	篇目搜索过程：	篇目搜索过程：
篇目阅读过程：	篇目阅读过程：	篇目阅读过程：	篇目阅读过程：	篇目阅读过程：
篇目赏析：	篇目赏析：	篇目赏析：	篇目赏析：	篇目赏析：

📖 学生自评量表

评价方面	评价内容	评分	
		教师评分	自我评分
阅读情境（30分）	1. 连续坚持每天阅读打卡的情况（10分）		
	2. 合理制定阅读计划并严格、自律地按照阅读计划执行的情况（10分）		
	3. 按要求完成每个篇目"找篇目—读篇目—赏篇目"步骤的情况（10分）		
阅读文本（30分）	1. 查找的篇目与阅读主题相吻合的情况（10分）		
	2. 阅读方式的选择及阅读速度的达成情况（10分）		
	3. 对篇目的理解与鉴赏情况（10分）		
阅读认知过程（40分）	1. 对阅读主题的理解情况（10分）		
	2. 独立、灵活地使用搜索工具查找篇目的情况（10分）		
	3. 对搜索信息进行归纳总结及分析处理的情况（10分）		
	4. 形成积极阅读和自主阅读习惯的情况（10分）		
评价星级	90~100分：☆☆☆☆☆ 80~90分：☆☆☆☆ 70~80分：☆☆☆ 60~70分：☆☆ 60分以下：☆		

悦 读 者 思 维

　　人类是否可以像动物一样进入冬眠状态呢？这是医学家和科学家们正在努力尝试回答的一道难题，虽然医学界已经有了一些非常惊人的突破，但是让人类简单、安全、可靠的进入冬眠还有很长一段路要走。假如人类可以冬眠，地球将会怎样？我们的生活又会变成什么样子呢？冬眠可以带给人类哪些帮助，会带来哪些弊端？我们怎样趋利避害？请展开你的想象，谈谈你的想法吧。

　　我是这样想的：

第四章

春分正欲均天下

春分是二十四节气中的第四个节气，是春季九十天的中分点。《春秋繁露·阴阳出入上下篇》说："春分者，阴阳相半也，故昼夜均而寒暑平。"春分这一天太阳直射地球赤道，南北半球季节相反，北半球是春分，在南半球来说就是秋分。而在南北两极，春分这一天，太阳整日都在地平线上。此后，随着太阳直射点的继续北移，北极附近开始为期6个月的极昼，范围逐渐扩大；南极附近开始为期6个月的极夜，范围逐渐扩大。春分还是伊朗、土耳其、阿富汗、乌兹别克斯坦等国的新年，有3000年的历史。

我国古代将春分节气的十五天分为三候："一候元鸟至；二候雷乃发声；三候始电。"意思是说，春分日后，燕子便从南方飞来了，下雨时天空便要打雷并发出闪电。欧阳修对春分也曾有过一段精彩的描述："南园春半踏青时，风和闻马嘶，青梅如豆柳如眉，日长蝴蝶飞。"无论南方北方，春分节气都是春意融融的大好时节，我国除青藏高原、东北、西北和华北北部地区外都进入明媚的春天，在辽阔的大地上，杨柳青青、莺飞草长、小麦拔节、油菜花香。

春分是春和日丽、万红千翠争媚的时节，昼夜平分，冷热均衡，为一年中最好气候，让我们内心迎着春风，于柔情的文字中感受春天的情意，不负大好春光！

（一）课堂精读

温柔的春景，总能引发人无限的思绪，带给人生命力，带给人希望，也带给人对时间的思考，或让人感动于春光的积极向上，或让人感伤于春光的短暂易逝。宋代诗人苏轼在《浣溪沙·游蕲水清泉寺》和《蝶恋花·春景》中，同写了春景，然而所运用的写作手法和表达的情感是否相同呢？

对比阅读

1.《浣溪沙·游蕲水清泉寺》（宋·苏轼）

浣溪沙·游蕲水清泉寺
（宋·苏轼）

游蕲水清泉寺，寺临兰溪，溪水西流。

山下兰芽短浸溪，松间沙路净无泥，潇潇暮雨子规啼。

谁道人生无再少？门前流水尚能西！休将白发唱黄鸡。

诵读 思考

问题1：请查阅工具书掌握下列难点字词的意思：

（1）浣溪沙　（2）蕲水　（3）短浸溪　（4）潇潇　（5）唱黄鸡

问题2：词中作者描绘了怎样的春景？

问题3："谁道人生无再少？门前流水尚能西！"这两句什么意思？运用了怎样的写作手法？你能找到其他类似的诗句吗？

问题4：这首词表达了作者怎样的人生态度？哪句词能够表现这种人生态度？

问题5：河水多数是向东流的，为何作者说"门前流水尚能西"，你知道河水的流向与什么因素有关吗？

故事 地图

文章题目：_____		我的评价星级：☆☆☆☆☆
词中景物	词中静景的样子	词中动景的样子
雨中的南方初春		词人的精神面貌

2.《蝶恋花·春景》（宋·苏轼）

蝶恋花·春景

（宋·苏轼）

花褪残红青杏小。燕子飞时，绿水人家绕。

枝上柳绵吹又少，天涯何处无芳草。

墙里秋千墙外道。

墙外行人，墙里佳人笑。

笑渐不闻声渐悄，多情却被无情恼。

诵读 思考

问题1：请查阅工具书掌握下列难点字词的意思：

（1）蝶恋花 （2）褪 （3）柳绵 （5）渐消 （5）多情

问题2：本词首句的"褪"字流露出浓郁的情感，请赏析该字的用法。

问题3：本词每一句皆尾字押韵：小、绕、少、草、道、笑、消、恼，请分析押韵的妙处。

问题4："墙外行人，墙里佳人笑。笑渐不闻声渐消，多情却被无情恼"使用了哪种修辞方法？

问题5：词中写道"墙外行人，墙里佳人笑"，请用物理知识解释为何墙外的行人能够听到墙里人的笑声？声音是靠什么传播的？

故事 地图

文章题目：_____		我的评价星级：☆☆☆☆☆
词中景物	"花褪残红青杏小"之景	"绿水人家绕"之景
围墙里面的情景		围墙外面的情景

对比 思考

请同学们思考、讨论并回答以下问题：

问题1：《浣溪沙·游蕲水清泉寺》与《蝶恋花·春景》同出自苏轼之笔，同样面对春景，作者的情感有何不同？

问题2：请结合两首词的作词背景，分析其人生态度之所以不同的原因。

问题3：《浣溪沙·游蕲水清泉寺》与《蝶恋花·春景》这两首词，你更喜欢哪首？

🖊 教师精评量表

评价方面	评价内容	评分	
		教师评分	自我评分
阅读情境（20分）	1.学习单/故事地图/辩论会/课本剧按要求填表完成的情况（10分）		
	2.完成学习单/故事地图/辩论会/课本剧任务要求的积极主动性（10分）		
阅读文本（40分）	1.对字、词、句、段的理解情况（10分）		
	2.对文中精彩字、词、句、段的鉴赏情况（10分）		
	3.阅读速度达到规定要求的情况（10分）		
	4.朗读参与情况与背诵完成情况（10分）		
阅读认知过程（40分）	1.带着问题阅读或在阅读中提出问题的情况（10分）		
	2.借助阅读工具搜索信息解决阅读疑难问题的情况（20分）		
	3.参与教师提问及阅读交流的情况（10分）		
评价星级	90~100分：☆☆☆☆☆ 80~90分：☆☆☆☆ 70~80分：☆☆☆ 60~70分：☆☆ 60分以下：☆		

（二）小组选读

◇ 请快速浏览下面与"春分"节气相关的【分级阅读】篇目：唐诗《早春呈水部张十八员外》（其一）、《春园即事》以及元曲《天净沙·春》，借助工具书掌握陌生字词。

◇ 选择自己感兴趣的篇目大声诵读，并与选择相同篇目的同学组成"专家组"，对篇目的精彩语段及中心思想进行研读和讨论，踊跃发表自己的看法。

◇ 填写下面的任务单，为召开"小专家读书会"做准备，与全班同学分享交流本组的观点和想法吧！

分级阅读

A.《早春呈水部张十八员外》（其一）（唐·韩愈）

> 天街小雨润如酥，草色遥看近却无。
>
> 最是一年春好处，绝胜烟柳满皇都。

B.《春园即事》（唐·王维）

> 宿雨乘轻屐，春寒著弊袍。
>
> 开畦分白水，间柳发红桃。
>
> 草际成棋局，林端举桔槔。
>
> 还持鹿皮几，日暮隐蓬蒿。

C.《天净沙·春》（元·白朴）

> 春山暖日和风，阑干楼阁帘栊，杨柳秋千院中。啼莺舞燕，小桥流水飞红。

小专家读书会

我选取的文章题目及级别： _____ （A级/B级/C级）	我参加的专家组： _____	我的评价星级：☆☆☆☆☆
读书会主题：		
专家组成员及观点	我的发言	小组讨论纪要

我的收获与感悟：

✎ 组内互评量表

评价方面	评价内容	评分	
		教师评分	自我评分
阅读情境（20分）	1. 专家组组织成立及分工合作情况（10分）		
	2. "小专家读书会"按要求填表及准备充分情况（10分）		
阅读文本（30分）	1. 选文级别情况（10分）（A级10分；B级7分；C级5分）		
	2. 选文研读，对字、词、句、段及文章中心思想的理解情况（10分）		
	3. 阅读速度达到规定要求的情况（10分）		
阅读认知过程（50分）	1. 在专家组研讨中提问与交流情况（10分）		
	2. 通过借助阅读工具搜索信息解决小组中阅读疑难问题的情况（10分）		
	3. 在专家组研讨中个人观点表达情况（20分）		
	4. 在"小专家读书会"中阅读讲解与汇报分享情况（10分）		
评价星级	90~100分：☆☆☆☆☆ 80~90分：☆☆☆☆ 70~80分：☆☆☆ 60~70分：☆☆ 60分以下：☆		

（三）主题自读

春分，古时又称为"日中""日夜分""仲春之月"。《明史·历一》说："分者，黄赤相交之点，太阳行至此，乃昼夜平分。"所以，春分的意义，一是指一天时间白天黑夜平分，各为12小时；二是古时以立春至立夏为春季，春分正当春季三个月之中，平分了春季。

在古代有"春分祭日，秋分祭月"一说，是古代帝王春天祭日，秋天祭月的礼制，可以看出太阳和月亮不仅拥有各自独特的美，在古人的心目中更是神圣的。让我们在春分时节一起来寻找、诵读并赏析描写"太阳"的经典篇目，共同感受太阳的明媚娇艳，以及带给我们的阳光和温暖吧！

🎯 主题 太阳——太阳初出光赫赫

从春分之日起，以"太阳"为主题，开始15天的"阅读打卡计划"吧！按照计划，每3天完成一篇篇目的搜索、阅读和赏析。

◇ 略读下面3篇【推荐阅读】，理解诗词及文段的基本大意，揣摩"昼夜"主题的含义。

◇ 搜索5篇有关描写"太阳"的篇目，可以包括古诗词、散文、诗歌、小说选段等多种体裁。

◇ 记录自己阅读古诗词及诗歌的方式，阅读篇幅较长的散文、小说选段等尽量保持在每分钟300字。

◇ 对阅读的篇目中的精彩语句、段落或是打动自己的内容及思想进行赏析。

◇ 将阅读速度、搜索过程、阅读记录、赏析要点等内容填写进"阅读打卡计划记录单"中。

推荐阅读

1.《咏初日》（宋·赵匡胤）

太阳初出光赫赫，千山万山如火发。

一轮顷刻上天衢，逐退群星与残月。

2.《晓日》（唐·韩偓）

天际霞光入水中，水中天际一时红。

直须日观三更后，首送金乌上碧空。

3.《太阳礼赞》（郭沫若）

青沈沈的大海，波涛汹涌着，潮向东方。

光芒万丈地，将要出现了哟——新生的太阳！

天海中的云岛都已笑得来火一样地鲜明！

我恨不得，把我眼前的障碍一概划平！

出现了哟！出现了哟！耿晶晶地白灼的圆光！

从我两眸中有无限道的金丝向着太阳飞放。

太阳哟！我背立在大海边头紧觑着你。

太阳哟！你不把我照得个通明，我不回去！

太阳哟！你请永远照在我的面前，不使退转！

太阳哟！我眼光背开了你时，四面都是黑暗！

太阳哟！你请把我全部的生命照成道鲜红的血流！

太阳哟！你请把我全部的诗歌照成些金色的浮沤！

太阳哟！我心海中的云岛也已笑得来火一样地鲜明了！

太阳哟！你请永远倾听着，倾听着，我心海中的怒涛！

📚 阅读打卡计划

打卡　1　2　3　|　4　5　6　|　7　8　9　|　10　11　12　|　13　14　15

姓名：_____
年/月：_____
节气：_____
主题：_____
我的评价星级：
☆☆☆☆☆

篇目1：体裁：阅读速度：	篇目2：体裁：阅读速度：	篇目3：体裁：阅读速度：	篇目4：体裁：阅读速度：	篇目5：体裁：阅读速度：
篇目搜索过程：	篇目搜索过程：	篇目搜索过程：	篇目搜索过程：	篇目搜索过程：
篇目阅读过程：	篇目阅读过程：	篇目阅读过程：	篇目阅读过程：	篇目阅读过程：
篇目赏析：	篇目赏析：	篇目赏析：	篇目赏析：	篇目赏析：

📝 学生自评量表

评价方面	评价内容	评分	
		教师评分	自我评分
阅读情境（30分）	1. 连续坚持每天阅读打卡的情况（10分）		
	2. 合理制定阅读计划并严格、自律地按照阅读计划执行的情况（10分）		
	3. 按要求完成每个篇目"找篇目—读篇目—赏篇目"步骤的情况（10分）		
阅读文本（30分）	1. 查找的篇目与阅读主题相吻合的情况（10分）		
	2. 阅读方式的选择及阅读速度的达成情况（10分）		
	3. 对篇目的理解与鉴赏情况（10分）		
阅读认知过程（40分）	1. 对阅读主题的理解情况（10分）		
	2. 独立、灵活地使用搜索工具查找篇目的情况（10分）		
	3. 对搜索信息进行归纳总结及分析处理的情况（10分）		
	4. 形成积极阅读和自主阅读习惯的情况（10分）		
评价星级	90～100分：☆☆☆☆☆ 80～90分：☆☆☆☆ 70～80分：☆☆☆ 60～70分：☆☆ 60分以下：☆		

悦读者思维

在每年的春分那一天，世界各地都会有数以千万计的人在做"竖蛋"试验，将一个光滑匀称、刚生下四五天的新鲜鸡蛋，轻手轻脚地在桌子上把它竖起来。这个"中国习俗"如今已经成为了"世界游戏"。"春分到，蛋儿俏"，春分成了竖蛋游戏的最佳时光，这是为什么呢？请你来破解这个奥秘吧。

我是这样想的：

第五章

清明时节雨纷纷

清明是二十四节气中的第五个节气，也是春季的第五个节气。《历书》："春分后十五日，斗指丁，为清明，时万物皆洁齐而清明，盖时当气清景明，万物皆显，因此得名。"清明时节，春意盎然，天气清朗，四野明净，大自然处处显示出勃勃生机，用"清明"称这个时期，是再恰当不过了。

我国古代将清明节气的十五天分为三候："一候桐始华；二候田鼠化为鹌；三候虹始见。"意思是说，清明节气先是白桐花开放，接着喜阴的田鼠不见了，全回到了地下的洞中，然后是雨后的天空可以见到彩虹了。

中华民族传统的清明节大约始于周代，距今已有二千五百多年的历史。清明节后雨水增多，大地呈现春和景明之象，这一时节万物"吐故纳新"，无论是大自然中的植被，还是与自然共处的人体，都在此时换去冬天的污浊，迎来春天的气息，实现由阴到阳的转化。经历史的发展演变，清明节已经超出节气的意义，具有极为丰富的内涵，各地都发展出了不同习俗，而扫墓祭祖、踏青郊游是基本主题。

清明时节雨纷纷，清明节是中国传统节日，又叫踏青节，也是最重要的祭祀节日之一，是祭祖和扫墓的日子。让我们一起踏青而去吧，于明净的文字中感受万物的"吐故纳新"，带着悲悯的心情扫墓祭祖，怀念先人！

（一）课堂精读

寒食清明扫墓之风在唐代十分盛行，清明雨落，思念成疾，潮湿柔软的风，把人的思绪带到了很远的地方，悲凉的景色总能引发作者无限的感慨，触发内心的各种情愫。唐代诗人宋之问的《途中寒食》与白居易的《寒食野望吟》，同写了清明时节的凄凉之景，然而所运用的写作手法和表达的情感是否相同呢?

对比阅读

1.《途中寒食》（唐·宋之问）

途中寒食

（唐·宋之问）

马上逢寒食，途中属暮春。

可怜江浦望，不见洛桥人。

北极怀明主，南溟作逐臣。

故园肠断处，日夜柳条新。

诵读 思考：

问题1：请查阅工具书掌握下列难点字词的意思：

（1）寒食 （2）可怜 （3）怀 （4）故园 （5）柳条新

问题2：诗中首联使用了什么写作手法?

问题3："北极怀明主，南溟作逐臣。"请结合本诗的创作背景，谈谈作者为何这样说?

问题4：本诗特点在于借景抒情，这首诗借什么景，抒什么情?

问题5：寒食节大概在清明节前一二日，是拥有两千余年历史的传统节日，现在，我们将寒食节和清明统称为清明节。你了解哪些关于"寒食节"的相关习俗和历史典故?

学习 单：

我的阅读篇目		我的评价星级	☆ ☆ ☆ ☆ ☆
诗中不理解的字词			
发现问题与解决问题		解决问题与收获感悟	
老师的阅读问题/我的阅读问题： 1. 2. 3. 4. 5.		我的答案： 1. 2. 3. 4. 5.	

我打算解决问题的办法：（上网查资料/图书馆查资料/询问家长/其他）	为解决问题做个小计划： 第一步： 第二步： 第三步：	赏析我喜欢的诗句：
我的新疑问： 1. 2. 3.		写下我的读后感受：

2.《寒食野望吟》（唐·白居易）

寒食野望吟

（唐·白居易）

乌啼鹊噪昏乔木，清明寒食谁家哭。

风吹旷野纸钱飞，古墓垒垒春草绿。

棠梨花映白杨树，尽是死生别离处。

冥冥重泉哭不闻，萧萧暮雨人归去。

诵读 思考

问题1：请查阅工具书掌握下列难点字词的意思：

（1）乌啼 （2）乔木 （3）棠梨 （4）暮雨

问题2：诗中首句写道"乌啼鹊噪昏乔木"，乌鸦和喜鹊为何在这里同时出现？它们的叫声有何异同？

问题3：诗中描写清明扫墓情形的诗句是哪句？

问题4：诗中哪些意向表现出了扫墓的凄凉悲惨情景？

问题5：本诗表达了诗人的哪种情感？

学习 单

我的阅读篇目		我的评价星级	☆☆☆☆☆
诗中不理解的字词			
发现问题与解决问题		解决问题与收获感悟	
老师的阅读问题/我的阅读问题： 1. 2. 3. 4. 5.		我的答案： 1. 2. 3. 4. 5.	

我打算解决问题的办法：（上网查资料/图书馆查资料/询问家长/其他）	为解决问题做个小计划： 第一步： 第二步： 第三步：	赏析我喜欢的诗句：
我的新疑问： 1. 2. 3.		写下我的读后感受：

对比 思考

请同学们思考、讨论并回答以下问题：

问题1：《途中寒食》与《寒食野望吟》同写寒食节看到的景、遇到的事，作者的情感有何不同？

问题2：《途中寒食》与《寒食野望吟》中，分别表现寒食节凄凉气氛的字词有哪些？

问题3：《途中寒食》与《寒食野望吟》哪首诗中景物烘托更为明显？这样写的好处是什么？

教师精评量表

评价方面	评价内容	评分	
		教师评分	自我评分
阅读情境 （20分）	1. 学习单/故事地图/辩论会/课本剧按要求填表完成的情况（10分）		
	2. 完成学习单/故事地图/辩论会/课本剧任务要求的积极主动性（10分）		
阅读文本 （40分）	1. 对字、词、句、段的理解情况（10分）		
	2. 对文中精彩字、词、句、段的鉴赏情况（10分）		
	3. 阅读速度达到规定要求的情况（10分）		
	4. 朗读参与情况与背诵完成情况（10分）		
阅读认知过程 （40分）	1. 带着问题阅读或在阅读中提出问题的情况（10分）		
	2. 借助阅读工具搜索信息解决阅读疑难问题的情况（20分）		
	3. 参与教师提问及阅读交流的情况（10分）		
评价星级	90～100分：☆☆☆☆☆ 80～90分：☆☆☆☆ 70～80分：☆☆☆ 60～70分：☆☆ 60分以下：☆		

（二）小组选读

❖ 请快速浏览下面与"清明"节气相关的【分级阅读】篇目：唐诗《闻王昌龄左迁龙标遥有此寄》、宋词《卜算子·送鲍浩然之浙东》以及散文《清明扫墓》，借助工具书掌握陌生字词。

❖ 选择自己感兴趣的篇目大声诵读，并与选择相同篇目的同学组成"专家组"，对篇目的精彩语段及中心思想进行研读和讨论，踊跃发表自己的看法。

❖ 填写下面的任务单，为召开"小专家读书会"做准备，与全班同学分享交流本组的观点和想法吧！

分级阅读

A.《闻王昌龄左迁龙标遥有此寄》（唐·李白）

> 杨花落尽子规啼，闻道龙标过五溪。
> 我寄愁心与明月，随风直到夜郎西。

B.《卜算子·送鲍浩然之浙东》（宋·王观）

> 水是眼波横，山是眉峰聚。
> 欲问行人去那边？眉眼盈盈处。
> 才始送春归，又送君归去。
> 若到江南赶上春，千万和春住。

C.《清明扫墓》（丰子恺）

清明例行扫墓。扫墓照理是悲哀的事。所以古人说："鸦啼雀噪昏乔木，清明寒食谁家哭。"又说："佳节清明桃李笑，野田荒冢只生愁。"

然而在我幼时，清明扫墓是一件无上的乐事。人们借佛游春，我们是"借墓游春"。我父亲有八首《扫墓竹枝词》：

> 别却春风又一年，梨花似雪柳如烟。
> 家人预理上坟事，五日前头折纸钱。

> 风柔日丽艳阳天，老幼人人笑口开。
> 三岁玉儿娇小甚，也教抱上画船来。

双双画桨荡轻波，一路春风笑语和。

望见坟前堤岸上，松阴更比去年多。

壶榼纷陈拜跪忙，闲来坐憩树阴凉。

村姑三五来窥看，中有谁家新嫁娘。

周围堤岸视桑麻，剪去枯藤只剩花。

更有儿童知算计，松球拾得去煎茶。

荆榛坡上试跻攀，极目云烟杳霭闲。

恰得村夫遥指处，如烟如雾是含山。

纸灰扬起满林风，杯酒空浇奠已终。

却觅儿童归去也，红裳遥在菜花中。

解将锦缆趁斜晖，水上蜻蜓逐队飞。

赢受一番春色足，野花载得满船归。

这里的"三岁玉儿"，就是现在执笔写此文的七十老翁。我的小名叫做"慈玉"。

清明三天，我们每天都去上坟。

第一天，寒食，下午上"杨庄坟"。杨庄坟离镇五六里路，水路不通，必须步行。老幼都不去，我七八岁就参加。茂生大伯挑了一担祭品走在前面，大家跟他走，一路上采桃花，偷新蚕豆，不亦乐乎。

到了坟上，大家息足，茂生大伯到附近农家去，借一只桌子和两只条凳来，于是陈设祭品，依次跪拜。

拜过之后，自由玩耍。有的吃甜麦塌饼，有的吃粽子，有的拔蚕豆梗来作笛子。蚕豆梗是方形的，在上面摘几个洞，作为笛孔。然后再摘一段豌豆梗来，装在这笛的一端，笛便做成。指按笛孔，口吹豌豆梗，发音竟也悠扬可听。可惜这种笛寿命不长。拿回家里，第二天就枯干，吹不响了。

祭扫完毕，茂生大伯去还桌子凳子，照例送两个甜麦塌饼和一串粽子，作为酬谢。然后诸人一同在夕阳中回去。

杨庄坟上只有一株大松树，临着一个池塘。父亲说这叫做"美人照镜"。现在，几十年不去，不知美人是否还在照镜。闭上眼睛，情景宛在目前。

正清明那天，上"大家坟"。这就是去上同族公共的祖坟。坟共有五六处，须用两只船，整整上一天。同族共有五家，轮流作主。白天上坟，晚上吃上坟酒。

这笔费用由祭田开销。祖宗们心计长，恐怕子孙不肖，上不起坟，叫他们变成饿鬼。因此特置几亩祭田，租给农民。轮到谁家主持上坟，由谁家收租。雇船办酒之外，费用总有余裕。因此大家高兴作主。

而小孩子尤其高兴，因为可以整天在乡下游玩，在草地上吃午饭。船里烧出来的饭菜，滋味特别好。因为，据老人们说，家里有灶君菩萨，把饭菜的好滋味先尝了去，而船里没有灶君菩萨，所以船里烧出来的饭菜滋味特别好。

孩子们还有一件乐事，是抢鸡蛋吃。每到一个坟上，除对祖宗的一桌祭品以外，必定还有一只小匾，内设小鱼、小肉、鸡蛋、酒和香烛，是请地主吃的，叫做拜坟墓土地。孩子们中，谁先向坟墓土地叩头，谁先抢得鸡蛋。我难得抢到，觉得这鸡蛋的确比平常的好吃。

上了一天坟回来，晚上是吃上坟酒。酒有四五桌，因为出嫁姑娘也都来吃。吃酒时，长辈总要训斥小辈，被训斥的，主要是乐谦、乐生和月生。因为乐谦盗卖坟树，乐生、月生作恶为非，上坟往往不到而吃上坟酒必到。

第三天上私房坟。我家的私房坟，又称为旗杆坟。去上的就是我们一家人，父母和我们姐弟数人。

吃了早中饭，雇一只客船，慢吞吞地荡去。水路五六里，不久就到。祭扫期间，附近三竺庵里的和尚来问讯，送我们些春笋。我们也到这庵里去玩，看见竹林很大，身入其中，不见天日。

我们终年住在那市井尘嚣中的低小狭窄的百年老屋里，一朝来到乡村田野，感觉异常新鲜，心情特别快适，好似遨游五湖四海。因此我们把清明扫墓当作无上的乐事。我的父亲孜孜兀兀地在穷乡僻壤的蓬门败屋之中度过短促的一生，我想起了感到无限的同情。

📚 小专家读书会

我选取的文章题目及级别：_____（A级/B级/C级）	我参加的专家组：_____	我的评价星级：☆☆☆☆☆

读书会主题：

专家组成员及观点	我的发言	小组讨论纪要

我的收获与感悟：

组内互评量表

评价方面	评价内容	评分	
		教师评分	自我评分
阅读情境（20分）	1. 专家组组织成立及分工合作情况（10分）		
	2. "小专家读书会"按要求填表及准备充分情况（10分）		
阅读文本（30分）	1. 选文级别情况（10分）（A级10分；B级7分；C级5分）		
	2. 选文研读，对字、词、句、段及文章中心思想的理解情况（10分）		
	3. 阅读速度达到规定要求的情况（10分）		
阅读认知过程（50分）	1. 在专家组研讨中提问与交流情况（10分）		
	2. 通过借助阅读工具搜索信息解决小组中阅读疑难问题的情况（10分）		
	3. 在专家组研讨中个人观点表达情况（20分）		
	4. 在"小专家读书会"中阅读讲解与汇报分享情况（10分）		
评价星级	90～100分：☆☆☆☆☆ 80～90分：☆☆☆☆ 70～80分：☆☆☆ 60～70分：☆☆ 60分以下：☆		

（三）主题自读

长亭、杨柳、美酒、明月、古道、夕阳、芳草……这些都是送别诗中常用的景象，"清明时节雨纷纷"，清明时节，也是送别故人与思念亲友的时节，寄托着人们无限的哀思，也深藏着人们浓厚的情意。

"唯有垂杨管别离"，在春季送别，最流行的是"折杨柳"。《送别诗》云："柳条折尽花飞尽，借问行人归不归"，古人出发前，送人者会把远行人一直送到路口，并要折枝相送，虽"礼轻"，但"情意重"。让我们一起来寻找、诵读并赏析描写"送别"的经典篇目，向亲朋好友们表达我们真挚的情意！

主题　送别——唯有垂杨管别离

从清明之日起，以"送别"为主题，开始15天的"阅读打卡计划"吧！按照计划，每3天完成一篇篇目的搜索、阅读和赏析。

◇ 略读下面3篇【推荐阅读】，理解诗词及文段的基本大意，揣摩"送别"主题的含义。

◇ 搜索5篇有关描写"送别"的篇目，可以包括古诗词、散文、诗歌、小说选段等多种体裁。

◇ 记录自己阅读古诗词及诗歌的方式，阅读篇幅较长的散文、小说选段等尽量保持在每分钟300字。

◇ 对阅读的篇目中的精彩语句、段落或是打动自己的内容及思想进行赏析。

◇ 将阅读速度、搜索过程、阅读记录、赏析要点等内容填写进"阅读打卡计划记录单"中。

推荐阅读

1.《黄鹤楼送孟浩然之广陵》（唐·李白）

故人西辞黄鹤楼，烟花三月下扬州。

孤帆远影碧空尽，唯见长江天际流。

2.《渭城曲》（唐·王维）

渭城朝雨浥轻尘，客舍青青柳色新。

劝君更尽一杯酒，西出阳关无故人。

3.《再别康桥》（徐志摩）

轻轻的我走了，

正如我轻轻的来；

我轻轻的招手，

作别西天的云彩。

那河畔的金柳，

是夕阳中的新娘；

波光里的艳影，

在我的心头荡漾。

软泥上的青荇，

油油的在水底招摇；

在康河的柔波里，

我甘心做一条水草！

那榆荫下的一潭，

不是清泉，是天上虹；

揉碎在浮藻间，

沉淀着彩虹似的梦。

寻梦？撑一支长篙，

向青草更青处漫溯；

满载一船星辉，

在星辉斑斓里放歌。

但我不能放歌，

悄悄是别离的笙箫；

夏虫也为我沉默，

沉默是今晚的康桥！

悄悄的我走了，

正如我悄悄的来；

我挥一挥衣袖，

不带走一片云彩。

阅读打卡计划

打卡	1	2	3	4	5	6	7	8	9	10	11	12	13	14	15
□	□	□	□	□	□	□	□	□	□	□	□	□	□	□	□

姓名：_____
年/月：_____
节气：_____
主题：_____
我的评价星级：
☆☆☆☆☆

| 篇目1：
体裁：
阅读速度：
篇目搜索过程：
篇目阅读过程：
篇目赏析： | 篇目2：
体裁：
阅读速度：
篇目搜索过程：
篇目阅读过程：
篇目赏析： | 篇目3：
体裁：
阅读速度：
篇目搜索过程：
篇目阅读过程：
篇目赏析： | 篇目4：
体裁：
阅读速度：
篇目搜索过程：
篇目阅读过程：
篇目赏析： | 篇目5：
体裁：
阅读速度：
篇目搜索过程：
篇目阅读过程：
篇目赏析： |

✐ 学生自评量表

评价方面	评价内容	评分	
		教师评分	自我评分
阅读情境 （30分）	1. 连续坚持每天阅读打卡的情况（10分）		
	2. 合理制定阅读计划并严格、自律地按照阅读计划执行的情况（10分）		
	3. 按要求完成每个篇目"找篇目—读篇目—赏篇目"步骤的情况（10分）		
阅读文本 （30分）	1. 查找的篇目与阅读主题相吻合的情况（10分）		
	2. 阅读方式的选择及阅读速度的达成情况（10分）		
	3. 对篇目的理解与鉴赏情况（10分）		
阅读认知过程 （40分）	1. 对阅读主题的理解情况（10分）		
	2. 独立、灵活地使用搜索工具查找篇目的情况（10分）		
	3. 对搜索信息进行归纳总结及分析处理的情况（10分）		
	4. 形成积极阅读和自主阅读习惯的情况（10分）		
评价星级	90～100分：☆ ☆ ☆ ☆ ☆ 80～90分：☆ ☆ ☆ ☆ 70～80分：☆ ☆ ☆ 60～70分：☆ ☆ 60分以下：☆		

悦 读 者 思 维

祭祀和踏青是清明节传承千年、至今不变的两大主题，人们外出踏青迎接春天的同时，不忘祭祀扫墓，怀念祖先。这两者是否矛盾呢？其实，我们诵读过去的经典名著也是追根溯源的一种体现。那么，在事事论创新、人人讲创造的今天，我们返本追宗的意义何在呢？

我是这样想的：

第六章

谷雨如丝复似尘

谷雨是二十四节气中的第六个节气，也是春季最后一个节气。谷雨是"雨生百谷"的意思，是播种移苗、埯瓜点豆的最佳时节，插秧、播种成为农民们主要的农活，农民从这时起就真正进入了农忙时节。《月令七十二候集解》中说，"三月中，自雨水后，土膏脉动，今又雨其谷于水也……盖谷以此时播种，自下而上也"，故此得名。

我国古代将谷雨节气的十五天分为三候："一候萍始生；二候鸣鸠拂其羽；三候戴任降于桑。"意思是说，谷雨后降雨量增多，浮萍开始生长，接着布谷鸟便开始提醒人们播种了，然后是桑树上开始见到戴胜鸟。

自汉代以来，陕西地区便有在谷雨节气祭祀文祖仓颉的习俗。传说中，仓颉创造文字，功盖天地，黄帝为之感动，以"天降谷子雨"作为其造字的酬劳，从此便有了"谷雨"节，人们在节日里扭秧歌、跑竹马、耍社火、表演武术、敲锣打鼓、演大戏、载歌载舞，表达对仓圣的崇敬和怀念，甚至当地人入学拜师、敬惜字、爱喝红豆稀饭、喜住窑洞、乞雨、乞子，祈福禳灾等习俗也都是与仓颉有关。

谷雨时节，南方地区"杨花落尽子规啼"，柳絮飞落，杜鹃夜啼，牡丹吐蕊，樱桃红熟，自然景物告示人们：时至暮春了。让我们一起踩着暮春的鼓点，于清丽的文字中感受春姑娘最后的脚步，欣赏春天最后的美丽！

（一）课堂精读

暮春时分，春去花落，总是让多愁善感的诗人徒增几分伤感，伤春惜时之情不禁油然而生。一切景语皆情语，诗人在咏叹、惋惜美丽的春天，我们却能透过这种咏叹和惋惜，嗅出春天的美丽。宋代词人晏殊的《浣溪沙·一曲新词酒一杯》与清代词人蒋春霖的《卜算子·燕子不曾来》，都借残春表达了岁月飞逝的悲伤，然而所运用的表现手法是否相同？暮春景色，拥有怎样独特的美丽呢？

对比阅读

1.《浣溪沙·一曲新词酒一杯》（宋·晏殊）

浣溪沙·一曲新词酒一杯
（宋·晏殊）

一曲新词酒一杯。去年天气旧亭台。夕阳西下几时回？

无可奈何花落去，似曾相识燕归来。小园香径独徘徊。

诵读 思考：

问题1：请查阅工具书掌握下列难点字词的意思：

（1）夕阳 （2）西下 （3）几时回 （4）无可奈何 （5）香径

问题2："夕阳西下几时回"，表面上问的是夕阳实际上问的是什么？你能用相关的地理知识回答夕阳几时能够回来吗？

问题3："无可奈何花落去，似曾相识燕归来"是千古名句，试简析这两句好在哪里？

问题4："无可奈何花落去，似曾相识燕归来"，这两句看似写实，其实实中有虚，有情有理，请问是什么情？什么理？

问题5：夕阳西下几时回？一句寓情于景，请简要分析此句抒发了什么样的感情？

问题6：小园香径独徘徊与词中的哪一句相呼应？为什么？

故事 地图：

文章题目：＿＿＿＿＿＿		我的评价星级：☆☆☆☆☆
词中景物	词一首，酒一杯	夕阳西下的景色
伤春惜时的情景		花篮小径中徘徊

2.《卜算子·燕子不曾来》（清·蒋春霖）

卜算子·燕子不曾来

（清·蒋春霖）

燕子不曾来，小院阴阴雨。一角阑干聚落花，此是春归处。

弹泪别东风，把酒浇飞絮：化了浮萍也是愁，莫向天涯去！

诵读 思考：

问题1：请查阅工具书掌握下列难点字词的意思：

（1）卜算子 （2）阑干 （3）落花 （4）弹泪 （5）飞絮

问题2：词中的意象"阴阴雨""落花""飞絮""浮萍"暗示了词人怎样的情怀？

问题3：本词借景抒情，上片写春归，下片写祭柳，分别抒发了词人怎样的感情？

问题4：全词运用了怎样的写作手法？

问题5："化了浮萍也是愁"一句反映了古人认为柳絮落水而化为浮萍的想法，你认为这种想法正确吗？你知道浮萍是如何产生的吗？

故事 地图：

文章题目：_____		我的评价星级：☆☆☆☆☆
词中景物	小院阴雨	柳絮化浮萍
"春归"之景		"祭柳"之景

对比 思考：

请同学们思考、讨论并回答以下问题：

问题1：《浣溪沙·一曲新词酒一杯》与《卜算子·燕子不曾来》一首为宋词，一首为清词，在写作手法上有何不同？

问题2：《浣溪沙·一曲新词酒一杯》与《卜算子·燕子不曾来》同写了暮春之景，在意向选取上有何相同和不同之处？

问题3：《浣溪沙·一曲新词酒一杯》与《卜算子·燕子不曾来》中暮春之景抒发了作者怎样的感情？

📖 教师精评量表

评价方面	评价内容	评分	
		教师评分	自我评分
阅读情境（20分）	1. 学习单/故事地图/辩论会/课本剧按要求填表完成的情况（10分）		
	2. 完成学习单/故事地图/辩论会/课本剧任务要求的积极主动性（10分）		
阅读文本（40分）	1. 对字、词、句、段的理解情况（10分）		
	2. 对文中精彩字、词、句、段的鉴赏情况（10分）		
	3. 阅读速度达到规定要求的情况（10分）		
	4. 朗读参与情况与背诵完成情况（10分）		
阅读认知过程（40分）	1. 带着问题阅读或在阅读中提出问题的情况（10分）		
	2. 借助阅读工具搜索信息解决阅读疑难问题的情况（20分）		
	3. 参与教师提问及阅读交流的情况（10分）		
评价星级	90～100分：☆☆☆☆☆ 80～90分：☆☆☆☆ 70～80分：☆☆☆ 60～70分：☆☆ 60分以下：☆		

（二）小组选读

❖ 请快速浏览下面与"谷雨"节气相关的【分级阅读】篇目：唐诗《晚春》、散文《栀子花》以及《诗经·国风·桃夭》，借助工具书掌握陌生字词。

❖ 选择自己感兴趣的篇目大声诵读，并与选择相同篇目的同学组成"专家组"，对篇目的精彩语段及中心思想进行研读和讨论，踊跃发表自己的看法。

❖ 填写下面的任务单，为召开"小专家读书会"做准备，与全班同学分享交流本组的观点和想法吧！

分级阅读

A.《晚春》（唐·韩愈）

> 草树知春不久归，百般红紫斗芳菲。
>
> 杨花榆荚无才思，惟解漫天作雪飞。

B.《栀子花》（席慕容）

把花市逛了两圈，仍然空手而回。

我原来是想去买一株栀子花的，花市里也有不少盆栽的在展示，却都没有我想要的那一种。

我想要的那种栀子花开起来像大朵的玫瑰一样，重瓣的花朵圆润洁白地舒展着，整株开满的时候，你根本不可能从花前走开，也许终于下定决心离开它，可是在日里夜里那种香气那种形象就一直跟着你，根本没办法将它忘记。

也是因为这样，所以花市里的栀子都无法入选，不是太单薄就是太细小，没有一株能够让我停留。

我把我想要的那种栀子描述给花贩们听，有人说那种品种是有过，但是不容易找到。有人半信半疑。更有人说我一定看错了，世界上哪里会有那么大的栀子花。

而所有的花贩都劝我：

"算了！你找不到那种栀子的了！不如就买眼前这盆吧。你看！它不也开得挺好的，小一点又有什么关系呢？"

我微笑有礼地一一回绝了他们，走出花市，心里竟然有种空落落的感觉。

我想，如果不是曾经遇见过那样美丽的一棵花树，我也许会对眼前的这些都觉得很满意了。在生活里，做个妥协并且乐意接受劝告的人，也没有什么不好。

但是，有些深印在生命里的记忆，却是不容我随意增减，也不容我退让迁就的，哪怕只是一棵小小的花树。

C.《诗经·国风·桃夭》

> 桃之夭夭，灼灼其华。之子于归，宜其室家。
>
> 桃之夭夭，有蕡其实。之子于归，宜其家室。
>
> 桃之夭夭，其叶蓁蓁。之子于归，宜其家人。

小专家读书会

我选取的文章题目及级别：_____（A级/B级/C级） 我参加的专家组：_____ 我的评价星级：☆☆☆☆☆

读书会主题：

专家组成员及观点	我的发言	小组讨论纪要

我的收获与感悟：

组内互评量表

评价方面	评价内容	评分	
		教师评分	自我评分
阅读情境（20分）	1. 专家组组织成立及分工合作情况（10分）		
	2. "小专家读书会"按要求填表及准备充分情况（10分）		
阅读文本（30分）	1. 选文级别情况（10分）（A级10分；B级7分；C级5分）		
	2. 选文研读，对字、词、句、段及文章中心思想的理解情况（10分）		
	3. 阅读速度达到规定要求的情况（10分）		
阅读认知过程（50分）	1. 在专家组研讨中提问与交流情况（10分）		
	2. 通过借助阅读工具搜索信息解决小组中阅读疑难问题的情况（10分）		
	3. 在专家组研讨中个人观点表达情况（20分）		
	4. 在"小专家读书会"中阅读讲解与汇报分享情况（10分）		
评价星级	90～100分：☆☆☆☆☆ 80～90分：☆☆☆☆ 70～80分：☆☆☆ 60～70分：☆☆ 60分以下：☆		

（三）主题自读

古人言"谷雨三朝看牡丹"，意思是谷雨之后三天，就可以看牡丹了。谷雨时节，正是牡丹花开之时，是人们欣赏牡丹的最好季节，因此牡丹花也叫谷雨花。《清嘉录》曰："神祠别馆筑商人，谷雨看花局一新。不信相逢无国色，锦棚只护玉楼春。"至今，我国多地仍保留着谷雨时节举行牡丹花会的习俗，人们徜徉在花海中，感受着春天的气息和生活的美好。

刘禹锡在《赏牡丹》一诗中写道"唯有牡丹真国色，花开时节动京城"，牡丹色泽艳丽，玉笑珠香，富丽堂皇，素有花中之王的美誉。谷雨是春天最后的乐章，岁月静好春意渐尽，让我们一起来寻找、诵读并赏析描写"牡丹"的经典篇目，一起观赏东方"花王"牡丹的富贵之美吧！

主题　牡丹——唯有牡丹真国色

从谷雨之日起，以"牡丹"为主题，开始15天的"阅读打卡计划"吧！按照计划，每3天完成一篇篇目的搜索、阅读和赏析。

❖ 略读下面3篇【推荐阅读】，理解诗词及文段的基本大意，揣摩"牡丹"主题的含义。

❖ 搜索5篇有关描写"牡丹"的篇目，可以包括古诗词、散文、诗歌、小说选段等多种体裁。

❖ 记录自己阅读古诗词及诗歌的方式，阅读篇幅较长的散文、小说选段等尽量保持在每分钟300字。

❖ 对阅读的篇目中的精彩语句、段落或是打动自己的内容及思想进行赏析。

❖ 将阅读速度、搜索过程、阅读记录、赏析要点等内容填写进"阅读打卡计划记录单"中。

推荐阅读

1.《赏牡丹》（唐·刘禹锡）

> 庭前芍药妖无格，池上芙蕖净少情。
>
> 唯有牡丹真国色，花开时节动京城。

2.《白牡丹》（唐·王贞白）

> 谷雨洗纤素，裁为白牡丹。
>
> 异香开玉合，轻粉泥银盘。
>
> 晓贮露华湿，宵倾月魄寒。
>
> 家人淡妆罢，无语倚朱栏。

3.《红牡丹》（唐·王维）

绿艳闲且静，红衣浅复深。

花心愁欲断，春色岂知心。

阅读打卡计划

姓名：＿＿＿＿＿
年/月：＿＿＿＿＿
节气：＿＿＿＿＿
主题：＿＿＿＿＿
我的评价星级：
☆☆☆☆☆

打卡　1　2　3　|　4　5　6　|　7　8　9　|　10　11　12　|　13　14　15

□□□　□□□　□□□　□□□　□□□

篇目1:	篇目2:	篇目3:	篇目4:	篇目5:
体裁:	体裁:	体裁:	体裁:	体裁:
阅读速度:	阅读速度:	阅读速度:	阅读速度:	阅读速度:
篇目搜索过程:	篇目搜索过程:	篇目搜索过程:	篇目搜索过程:	篇目搜索过程:
篇目阅读过程:	篇目阅读过程:	篇目阅读过程:	篇目阅读过程:	篇目阅读过程:
篇目赏析:	篇目赏析:	篇目赏析:	篇目赏析:	篇目赏析:

学生自评量表

评价方面	评价内容	评分	
		教师评分	自我评分
阅读情境（30分）	1. 连续坚持每天阅读打卡的情况（10分）		
	2. 合理制定阅读计划并严格、自律地按照阅读计划执行的情况（10分）		
	3. 按要求完成每个篇目"找篇目—读篇目—赏篇目"步骤的情况（10分）		
阅读文本（30分）	1. 查找的篇目与阅读主题相吻合的情况（10分）		
	2. 阅读方式的选择及阅读速度的达成情况（10分）		
	3. 对篇目的理解与鉴赏情况（10分）		
阅读认知过程（40分）	1. 对阅读主题的理解情况（10分）		
	2. 独立、灵活地使用搜索工具查找篇目的情况（10分）		
	3. 对搜索信息进行归纳总结及分析处理的情况（10分）		
	4. 形成积极阅读和自主阅读习惯的情况（10分）		
评价星级	90～100分：☆☆☆☆☆ 80～90分：☆☆☆☆ 70～80分：☆☆☆ 60～70分：☆☆ 60分以下：☆		

悦读者思维

　　自古以来，谷雨便有采茶、饮茶的习俗，谷雨茶也叫雨前茶，滋味鲜活、香气怡人。有关机构倡议将"谷雨"这天作为"全民饮茶日"，举行各种和茶有关的活动。中国是茶的故乡和发源地，已有近五千年的历史了。茶文化经过几千年的发展，也拥有独特的内涵。请你进一步了解"茶文化"，看看其中包含哪些元素以及精神内涵。

　　我是这样想的：

第七章

立夏将离春去也

立夏是二十四节气中的第七个节气，也是夏季的第一个节气。《月令七十二候集解》："立夏，四月节。立字解见春。夏，假也。物至此时皆假大也。"立夏表即将告别春天，表示盛夏时节的正式开始。"立夏"的"夏"是"大"的意思，是指春天播种的植物已经直立长大了，万物至此皆长大，故名立夏也。

我国古代将立夏节气的十五天分为三候："一候蝼蝈鸣，二候蚯蚓出，三候王瓜生。" 意思是说，这一节气中首先可听到蝼蝈在田间鸣叫，接着可以看到蚯蚓掘土，然后王瓜的蔓藤开始快速攀爬生长。

按照气候学的标准，日平均气温稳定升达22℃以上为夏季开始，"立夏"前后，我国只有福州到南岭一线以南地区是真正的"绿树浓阴夏日长，楼台倒影入池塘"的夏季，而东北和西北的部分地区这时则刚刚进入春季，全国大部分地区平均气温在18℃～20℃上下，正是"百般红紫斗芳菲"的仲春和暮春季节。进入了五月，很多地方槐花也开放了，因此，立夏时节，万物都将繁茂生长。

立夏时节，荷花初生，满目清新，杨万里写下了"小荷才露尖尖角，早有蜻蜓立上头"。让我们一起迎着夏日清爽的风，于淡雅的文字中感受初夏荷香的沁人心脾吧！

（一）课堂精读

立夏到来，春景已去，初夏池塘的荷花含苞待放，惹人怜爱，碧绿荷叶中包围着小荷，垂柳依依，荷香四溢，成为一道亮丽的风景线。宋代诗人杨万里的《小池》与《暮热游荷花池上》（其三），都借夏季的荷花表达了对大自然的热爱之情，让我们来抄写、朗读并背诵，看看他们的写作手法是否相同。

对比阅读

1.《小池》（宋·杨万里）

小池

（宋·杨万里）

泉眼无声惜细流，树阴照水爱晴柔。

小荷才露尖尖角，早有蜻蜓立上头。

诵读 思考：

问题1：请查阅工具书掌握下列难点字词的意思：

（1）泉眼 （2）照水 （3）晴柔 （4）尖尖角 （5）上头

问题2：从"树阴照水"来看，请问水中的倒影是光的折射还是反射？是实像还是虚像？

问题3：诗的三、四两句"小荷才露尖尖角，早有蜻蜓立上头"历来为人们所推崇，原因是什么？

问题4：这首诗写景很别致，能体现"小"的景物有哪些？

问题5：请说说"小荷才露尖尖角"的比喻义。

问题6：在这首小诗中，"小池"表现出一种怎样的意境？

故事 地图：

文章题目：＿＿＿＿＿＿		我的评价星级：☆☆☆☆☆
诗中景物	泉眼惜细流的景象	树阴爱晴柔的景象
小荷露尖角的景象		蜻蜓立上头的景象

2.《暮热游荷花池上》（其三）（宋·杨万里）

暮热游荷花池上（其三）

（宋·杨万里）

细草摇头忽报侬，披襟拦得一西风。

荷花入暮犹愁热，低面深藏碧伞中。

诵读 思考：

问题1：请查阅工具书掌握下列难点字词的意思：

（1）细草 （2）侬 （3）披襟 （4）碧伞

问题2：诗中"细草摇头忽报侬"运用了什么写作手法？

问题3：诗中"披襟拦得一西风"一句中，诗人为何要拦风？

问题4："荷花入暮犹愁热，低面深藏碧伞中"，表达了诗人怎样的心情？

问题5：从荷花的生物特性来看，为何它"低面深藏碧伞中"？

问题6：整首诗写的是"热"，透露出的是"清爽"之情，为何这样说？

故事 地图：

文章题目：＿＿＿＿＿＿		我的评价星级：☆☆☆☆☆
诗中景物	细风摇头的景象	披襟拦风的景象
荷花愁热的景象		荷花藏伞的景象

对比 思考：

请同学们思考、讨论并回答以下问题：

问题1：《小池》与《暮热游荷花池上》（其三）诗人杨万里均以"荷花"为意向，其描写的荷花形象有何不同？

问题2：《小池》与《暮热游荷花池上》（其三）都运用了什么表现手法来刻画"荷"的形象？

问题3：《小池》与《暮热游荷花池上》（其三）两首诗中，诗人借"荷花"共同抒发了什么感情？

📝 教师精评量表

评价方面	评价内容	评分	
		教师评分	自我评分
阅读情境（20分）	1. 学习单/故事地图/辩论会/课本剧按要求填表完成的情况（10分）		
	2. 完成学习单/故事地图/辩论会/课本剧任务要求的积极主动性（10分）		
阅读文本（40分）	1. 对字、词、句、段的理解情况（10分）		
	2. 对文中精彩字、词、句、段的鉴赏情况（10分）		
	3. 阅读速度达到规定要求的情况（10分）		
	4. 朗读参与情况与背诵完成情况（10分）		
阅读认知过程（40分）	1. 带着问题阅读或在阅读中提出问题的情况（10分）		
	2. 借助阅读工具搜索信息解决阅读疑难问题的情况（20分）		
	3. 参与教师提问及阅读交流的情况（10分）		
评价星级	90～100分：☆☆☆☆☆ 80～90分：☆☆☆☆ 70～80分：☆☆☆ 60～70分：☆☆ 60分以下：☆		

（二）小组选读

✧ 请快速浏览下面与"立夏"节气相关的【分级阅读】篇目：宋诗《客中初夏》、宋代散文《爱莲说》以及现代散文《荷花》，借助工具书掌握陌生字词。

✧ 选择自己感兴趣的篇目大声诵读，并与选择相同篇目的同学组成"专家组"，对篇目的精彩语段及中心思想进行研读和讨论，踊跃发表自己的看法。

✧ 填写下面的任务单，为召开"小专家读书会"做准备，与全班同学分享交流本组的观点和想法吧！

分级阅读

A.《客中初夏》（宋·司马光）

四月清和雨乍晴，南山当户转分明。

更无柳絮因风起，惟有葵花向日倾。

B.《爱莲说》（宋·周敦颐）

　　水陆草木之花，可爱者甚蕃。晋陶渊明独爱菊。自李唐来，世人甚爱牡丹。予独爱莲之出淤泥而不染，濯清涟而不妖，中通外直，不蔓不枝，香远益清，亭亭净植，可远观而不可亵玩焉。

　　予谓菊，花之隐逸者也；牡丹，花之富贵者也；莲，花之君子者也。噫！菊之爱，陶后鲜有闻。莲之爱，同予者何人？牡丹之爱，宜乎众矣！

C.《荷花》（叶圣陶）

　　清晨，我到公园去玩，一进门就闻到一阵清香。我赶紧往荷花池边跑去。

　　荷花已经开了不少了。荷叶挨挨挤挤的，像一个个碧绿的大圆盘，白荷花在这些大圆盘之间冒出来。有的才展开两三片花瓣儿。有的花瓣儿全都展开了，露出嫩黄色的小莲蓬。有的还是花骨朵儿，看起来饱胀得马上要破裂似的。

　　这么多的白荷花，一朵有一朵的姿势。看看这一朵，很美；看看那一朵，也很美。如果把眼前的这一池荷花看作一大幅活的画，那画家的本领可真了不起。

　　我忽然觉得自己仿佛就是一朵荷花，穿着雪白的衣裳，站在阳光里。一阵微风吹来，我就翩翩起舞，雪白的衣裳随风飘动。不光是我一朵，一池的荷花都在舞蹈。风过了，我停止舞蹈，静静地站在那儿。蜻蜓飞过来，告诉我清早飞行的快乐。小鱼在脚下游过，告诉我昨夜的好梦……

　　过了好一会儿，我才记起我不是荷花，我是在看荷花呢。

小专家读书会

我选取的文章题目及级别：_____（A级/B级/C级）	我参加的专家组：_____	我的评价星级：☆☆☆☆☆

读书会主题：		
专家组成员及观点	我的发言	小组讨论纪要

我的收获与感悟：

组内互评量表

评价方面	评价内容	评分	
		教师评分	自我评分
阅读情境 （20分）	1. 专家组组织成立及分工合作情况（10分）		
	2. "小专家读书会"按要求填表及准备充分情况（10分）		
阅读文本 （30分）	1. 选文级别情况（10分）（A级10分；B级7分；C级5分）		
	2. 选文研读，对字、词、句、段及文章中心思想的理解情况（10分）		
	3. 阅读速度达到规定要求的情况（10分）		
阅读认知过程 （50分）	1. 在专家组研讨中提问与交流情况（10分）		
	2. 通过借助阅读工具搜索信息解决小组中阅读疑难问题的情况（10分）		
	3. 在专家组研讨中个人观点表达情况（20分）		
	4. 在"小专家读书会"中阅读讲解与汇报分享情况（10分）		
评价星级	90～100分：☆☆☆☆☆ 80～90分：☆☆☆☆ 70～80分：☆☆☆ 60～70分：☆☆ 60分以下：☆		

（三）主题自读

　　知了声声叫夏天，我们总是一听到知了叫，便知道夏天来到了。烈日像一个大火球一般炙烤着大地，而就在这种世界，知了却以它的奔放的歌喉、激情的腔调，还有不知疲惫的精神，在树木上欢乐地唱着歌，不用任何中西乐器伴奏，为人们高唱一曲又一曲轻快的蝉歌，为大自然增添了浓厚的情意，堪称"夏天的歌手"。

　　苏轼在《阮郎归·初夏》一词中写道"绿槐高柳咽新蝉，薰风初入弦"，窗外绿槐阴阴，高高的柳树随风轻动，蝉鸣声戛然而止，和风将初夏的清凉吹入屋内，初夏时节，连知了也在寻觅一丝清爽。让我们一起来寻找、诵读并赏析描写"知了"的经典篇目，一起听闻着知了的叫声，渡过清热的初夏吧！

主题　知了——绿槐高柳咽新蝉

　　从立夏之日起，以"知了"为主题，开始15天的"阅读打卡计划"吧！按照计划，每3天完成一篇篇目的搜索、阅读和赏析。

　　◇ 略读下面3篇【推荐阅读】，理解诗词及文段的基本大意，揣摩"知了"主题的含义。

◇ 搜索5篇有关描写"知了"的篇目，可以包括古诗词、散文、诗歌、小说选段等多种体裁。

◇ 记录自己阅读古诗词及诗歌的方式，阅读篇幅较长的散文、小说选段等尽量保持在每分钟300字。

◇ 对阅读的篇目中的精彩语句、段落或是打动自己的内容及思想进行赏析。

◇ 将阅读速度、搜索过程、阅读记录、赏析要点等内容填写进"阅读打卡计划记录单"中。

推荐阅读

1.《阮郎归·初夏》（宋·苏轼）

绿槐高柳咽新蝉。薰风初入弦。碧纱窗下水沉烟。棋声惊昼眠。

微雨过，小荷翻。榴花开欲然。玉盆纤手弄清泉。琼珠碎却圆。

2.《咏蝉》（唐·骆宾王）

西陆蝉声唱，南冠客思深。

不堪玄鬓影，来对白头吟。

露重飞难进，风多响易沉。

无人信高洁，谁为表予心？

3.《知了》（林清玄）

山上有一种蝉，叫声特别奇异，总是吱的一声向上拔高，沿着树木、云朵，拉高到难以形容的地步。然后，在长音的最后一节突然以低音"了"作结，戛然而止。倾听起来，活脱脱就是：

知——了！

知——了！

这是我第一次听到蝉如此清楚地叫着"知了"，终于让我知道"知了"这个词的形声与会意。从前，我一直以为蝉的幼虫名叫"蜘蟟"，长大蝉蜕之后就叫作"知了"了。

蝉，是这世间多么奇特的动物，它们的幼虫长住地下达一两年的时间，经过如此漫长的黑暗飞上枝头，却只有短短一两星期的生命。所以庄子在《逍遥游》里才会感慨："惠蛄不知春秋！"

蝉的叫声严格说起来，声量应该属噪音一类，因为声音既大又尖，有时可以越过山谷，说它优美也不优美，只有单节没有变化的长音。

但是，我们总喜欢听蝉，因为蝉声里充满了生命力、充满了飞上枝头之后对这个世界的咏叹。如果在夏日正盛，林中听万蝉齐鸣，会使我们心中荡漾，想要学蝉一样，站在山巅长啸。

蝉的一生与我们不是非常接近吗？我们大部分人把半生的光阴用在学习，渴望利用这种学习来获得成功，那种漫长匍匐的追求正如知了一样；一旦我们被世人看为成功，自足的在枝头欢唱，秋天已经来了。

阅读打卡计划

打卡

| 1 | 2 | 3 | 4 | 5 | 6 | 7 | 8 | 9 | 10 | 11 | 12 | 13 | 14 | 15 |

姓名：＿＿＿＿＿
年/月：＿＿＿＿＿
节气：＿＿＿＿＿
主题：＿＿＿＿＿
我的评价星级：
☆☆☆☆☆

篇目1：	篇目2：	篇目3：	篇目4：	篇目5：
体裁：	体裁：	体裁：	体裁：	体裁：
阅读速度：	阅读速度：	阅读速度：	阅读速度：	阅读速度：
篇目搜索过程：	篇目搜索过程：	篇目搜索过程：	篇目搜索过程：	篇目搜索过程：
篇目阅读过程：	篇目阅读过程：	篇目阅读过程：	篇目阅读过程：	篇目阅读过程：
篇目赏析：	篇目赏析：	篇目赏析：	篇目赏析：	篇目赏析：

学生自评量表

评价方面	评价内容	评分	
		教师评分	自我评分
阅读情境（30分）	1. 连续坚持每天阅读打卡的情况（10分）		
	2. 合理制定阅读计划并严格、自律地按照阅读计划执行的情况（10分）		
	3. 按要求完成每个篇目"找篇目—读篇目—赏篇目"步骤的情况（10分）		
阅读文本（30分）	1. 查找的篇目与阅读主题相吻合的情况（10分）		
	2. 阅读方式的选择及阅读速度的达成情况（10分）		
	3. 对篇目的理解与鉴赏情况（10分）		
阅读认知过程（40分）	1. 对阅读主题的理解情况（10分）		
	2. 独立、灵活地使用搜索工具查找篇目的情况（10分）		
	3. 对搜索信息进行归纳总结及分析处理的情况（10分）		
	4. 形成积极阅读和自主阅读习惯的情况（10分）		
评价星级	90～100分：☆☆☆☆☆ 80～90分：☆☆☆☆ 70～80分：☆☆☆ 60～70分：☆☆ 60分以下：☆		

悦读者思维

　　立夏意味着盛大的夏季拉开了序幕，万物生长进入繁茂时期，各色鲜花争相开放、万紫千红、争奇斗艳。花卉不仅拥有美丽的外观、怡人的香气，更有自己的精神魅力和品质，很多国家都有自己的国花，用来作为自己国家的象征，比如荷花是印度和越南的国花，日本的国花是樱花，英国的国花是玫瑰，而雏菊是意大利的国花。而中国目前尚未确立国花。如果请你来为我们的国家确定国花，你会选择哪一种花呢？为什么呢？

　　我是这样想的：

第八章

小满已过枣花落

小满是二十四节气中的第八个节气，也是夏季的第二个季节。《月令七十二候集解》："四月中，小满者，物致于此小得盈满。"小满的含义是夏熟作物的籽粒开始灌浆饱满，但还未成熟，只是小满，还未大满。小满一到，农民们便开始憧憬着庄稼夏收的殷实。

我国古代将小满节气的十五天分为三候："一候苦菜秀，二候靡草死，三候小暑至。"意思是说，小满节气中，苦菜已经枝叶繁茂，而喜阴的一些枝条细软的草类在强烈的阳光下开始枯死，此时麦子开始成熟。从气候特征来看，小满时节中国大部分地区已相继进入夏季，南北温差进一步缩小，降水进一步增多，自然界的植物都比较丰满和茂盛，小麦的籽粒逐渐饱满，夏收作物已接近成熟，春播作物生长旺盛，进入了夏收、夏种、夏管三夏大忙时期。

俗话说"春蚕不吃小满叶"，小满时节，春蚕已经不吃桑叶，开始吐丝结茧，蚕农开始收茧子，煮茧子，架好丝车准备开始缫丝。宋代词人绍定在《缫车》中写道："汝家蚕迟犹未箔，小满已过枣花落"。让我们一起感受古代农耕蚕桑文化特色，体会小满未满、恰好人生的深刻含义吧！

（一）课堂精读

小满时节，初夏的旖旎风光令人驻足凝视。田间，小麦经几场雨水的沐浴，麦穗翠绿油亮，麦芒坚挺如刺，麦花洁白素净，农民们在麦田里观着天色，算着时间，盼望着饱满的青绿能带来沉甸甸的金黄，耀眼的阳光下，浮绿泛金，浓荫碧翠，蔬香四溢。南宋诗人陆游的《初夏绝句》与翁卷的《乡村四月》，都描写了初夏的自然风光与农忙景色，让我们来抄写、朗读并背诵，看看他们表达的情感是否相同。

对比阅读

1.《初夏绝句》（宋·陆游）

初夏绝句

（宋·陆游）

纷纷红紫已成尘，布谷声中夏令新。

夹路桑麻行不尽，始知身是太平人。

诵读 思考

问题1：请查阅工具书掌握下列难点字词的意思：

（1）红紫　（2）夹路　（3）桑麻　（4）太平人

问题2：诗中哪句诗描写初夏景色？

问题3：诗人陆游处于乱世，为何却说"始知身是太平人"？

问题4：在中国历史中，何为"太平盛世"，何为"乱世"？

问题5：诗人描写了一个欣欣向荣的初夏景色，表达了作者怎样的情感？

学习 单

我的阅读篇目		我的评价星级	☆☆☆☆☆
诗中不理解的字词			
发现问题与解决问题		解决问题与收获感悟	
老师的阅读问题/我的阅读问题： 1. 2. 3. 4. 5.		我的答案： 1. 2. 3. 4. 5.	
我打算解决问题的办法：（上网查资料/图书馆查资料/询问家长/其他）	为解决问题做个小计划： 第一步： 第二步： 第三步：	赏析我喜欢的诗句：	
我的新疑问： 1. 2. 3.		写下我的读后感受：	

2.《乡村四月》（宋·翁卷）

乡村四月

（宋·翁卷）

绿遍山原白满川，子规声里雨如烟。

乡村四月闲人少，才了蚕桑又插田。

诵读 思考

问题1：请查阅工具书掌握下列难点字词的意思：

（1）山原　（2）白满川　（3）才了　（4）蚕桑　（5）插田

问题2：诗中哪句诗描写初夏田野风光？

问题3：本诗运用了怎样的写作手法？

问题4：诗的后两句"乡村四月闲人少，才了蚕桑又插田"，表达了作者怎样的情感？

问题5：养蚕是古代中国劳动人民创造的重要技艺，种桑养蚕之法相传源于黄帝时期。你了解养蚕的相关过程和技巧吗？

学习 单

我的阅读篇目		我的评价星级	☆☆☆☆☆
诗中不理解的字词			
发现问题与解决问题		解决问题与收获感悟	
老师的阅读问题/我的阅读问题： 1. 2. 3. 4. 5.		我的答案： 1. 2. 3. 4. 5.	
我打算解决问题的办法：（上网查资料/图书馆查资料/询问家长/其他）	为解决问题做个小计划： 第一步： 第二步： 第三步：	赏析我喜欢的诗句：	
我的新疑问： 1. 2. 3.		写下我的读后感受：	

对比 思考

请同学们思考、讨论并回答以下问题：

问题1：《初夏绝句》与《乡村四月》描写初夏景色有哪些相似之处？选用了哪个相同的意象？

问题2：《初夏绝句》与《乡村四月》中分别描写小满时节农忙景象的诗句是哪句？

问题3：《初夏绝句》与《乡村四月》两首诗中，作者面对初夏景色情感有何不同？

教师精评量表

评价方面	评价内容	评分	
		教师评分	自我评分
阅读情境（20分）	1.学习单/故事地图/辩论会/课本剧按要求填表完成的情况（10分）		
	2.完成学习单/故事地图/辩论会/课本剧任务要求的积极主动性（10分）		
阅读文本（40分）	1.对字、词、句、段的理解情况（10分）		
	2.对文中精彩字、词、句、段的鉴赏情况（10分）		
	3.阅读速度达到规定要求的情况（10分）		
	4.朗读参与情况与背诵完成情况（10分）		
阅读认知过程（40分）	1.带着问题阅读或在阅读中提出问题的情况（10分）		
	2.借助阅读工具搜索信息解决阅读疑难问题的情况（20分）		
	3.参与教师提问及阅读交流的情况（10分）		
评价星级	90～100分：☆☆☆☆☆ 80～90分：☆☆☆☆ 70～80分：☆☆☆ 60～70分：☆☆ 60分以下：☆		

（二）小组选读

❖ 请快速浏览下面与"小满"节气相关的【分级阅读】篇目：唐诗《山亭夏日》《渭川田家》以及宋诗《五绝·小满》，借助工具书掌握陌生字词。

❖ 选择自己感兴趣的篇目大声诵读，并与选择相同篇目的同学组成"专家组"，对篇目的精彩语段及中心思想进行研读和讨论，踊跃发表自己的看法。

❖ 填写下面的任务单，为召开"小专家读书会"做准备，与全班同学分享交流本组的观点和想法吧！

分级阅读

A.《山亭夏日》（唐·高骈）

> 绿树阴浓夏日长，楼台倒影入池塘。
>
> 水晶帘动微风起，满架蔷薇一院香。

B.《渭川田家》（唐·王维）

> 斜阳照墟落，穷巷牛羊归。
>
> 野老念牧童，倚杖候荆扉。
>
> 雉雊麦苗秀，蚕眠桑叶稀。
>
> 田夫荷锄至，相见语依依。
>
> 即此羡闲逸，怅然吟式微。

C.《五绝·小满》（宋·欧阳修）

> 夜莺啼绿柳，皓月醒长空。
>
> 最爱垄头麦，迎风笑落红。

小专家读书会

我选取的文章题目及级别：_____（A级/B级/C级）　　我参加的专家组：_____　我的评价星级：☆☆☆☆☆

读书会主题：

专家组成员及观点	我的发言	小组讨论纪要

我的收获与感悟：

✎ 组内互评量表

评价方面	评价内容	评分	
		教师评分	自我评分
阅读情境（20分）	1. 专家组组织成立及分工合作情况（10分）		
	2. "小专家读书会"按要求填表及准备充分情况（10分）		
阅读文本（30分）	1. 选文级别情况（10分）（A级10分；B级7分；C级5分）		
	2. 选文研读，对字、词、句、段及文章中心思想的理解情况（10分）		
	3. 阅读速度达到规定要求的情况（10分）		
阅读认知过程（50分）	1. 在专家组研讨中提问与交流情况（10分）		
	2. 通过借助阅读工具搜索信息解决小组中阅读疑难问题的情况（10分）		
	3. 在专家组研讨中个人观点表达情况（20分）		
	4. 在"小专家读书会"中阅读讲解与汇报分享情况（10分）		
评价星级	90～100分：☆☆☆☆☆ 80～90分：☆☆☆☆ 70～80分：☆☆☆ 60～70分：☆☆ 60分以下：☆		

（三）主题自读

　　细心观察二十四节气，会发现很多是相对的，有小暑就有大暑，有小雪就有大雪，有小寒就有大寒。只有一个另外，那就是只有小满而没有大满。《说文解字》说："满，盈溢也。"正所谓"水满则溢，月盈则亏"。所以，人生凡事不能"大满"，满则招损。

　　在二十四节气中，小满是一个充满哲学的节气，小满者，满而不损也，满而不盈也，满而不溢也。小满就如这初夏一般，一切都刚刚开始饱满而又未绽放，也和人生一样，凡事都不能满。让我们一起来寻找、诵读并赏析描写"人生"的经典篇目，一起感受"小满"这一人生最佳的状态吧！

◎ 主题 / 人生——只有小满无大满

　　从小满之日起，以"人生"为主题，开始15天的"阅读打卡计划"吧！按照计划，每3天完成一篇篇目的搜索、阅读和赏析。

　　◇ 略读下面3篇【推荐阅读】，理解诗词及文段的基本大意，揣摩"人生"主题的含义。

　　◇ 搜索5篇有关描写"人生"的篇目，可以包括古诗词、散文、诗歌、小说选段等多种体裁。

　　◇ 记录自己阅读古诗词及诗歌的方式，阅读篇幅较长的散文、小说选段等尽量保持在每分钟300字。

　　◇ 对阅读的篇目中的精彩语句、段落或是打动自己的内容及思想进行赏析。

　　◇ 将阅读速度、搜索过程、阅读记录、赏析要点等内容填写进"阅读打卡计划记录单"中。

推荐阅读

1.《生活》（汪国真）

当欢笑淡成沉默，

当信心变成失落，

我走近梦想的脚步，

是否依旧坚定执着；

当笑颜流失在心的沙漠，

当霜雪冰封了亲情承诺，

我无奈的心中，

是否依然碧绿鲜活。

有谁不渴望收获，

有谁没有过苦涩，

有谁不希望生命的枝头挂满丰硕，

有谁愿意让希望变成梦中的花朵。

现实和理想之间，不变的是跋涉，

暗淡与辉煌之间，不变的是开拓。

甩掉世俗的羁绊，

没谁愿意，

让一生在碌碌无为中度过。

整理你的行装，

不同的起点，

可以达到同样辉煌的终点。

人生没有对错，

成功永远属于奋斗者！

2.《过零丁洋》（宋·文天祥）

辛苦遭逢起一经，干戈寥落四周星。

山河破碎风飘絮，身世浮沉雨打萍。

惶恐滩头说惶恐，零丁洋里叹零丁。

人生自古谁无死，留取丹心照汗青。

3.《水调歌头·明月几时有》（宋·苏轼）

丙辰中秋，欢饮达旦，大醉，作此篇，兼怀子由。

明月几时有？把酒问青天。不知天上宫阙，今夕是何年。我欲乘风归去，又恐琼楼玉宇，高处不胜寒。起舞弄清影，何似在人间。

转朱阁，低绮户，照无眠。不应有恨，何事长向别时圆？人有悲欢离合，月有阴晴圆缺，此事古难全。但愿人长久，千里共婵娟。

阅读打卡计划

| 打卡 | 1 | 2 | 3 | 4 | 5 | 6 | 7 | 8 | 9 | 10 | 11 | 12 | 13 | 14 | 15 |

姓名：_____
年/月：_____
节气：_____
主题：_____
我的评价星级：
☆☆☆☆☆

篇目1：
体裁：
阅读速度：
篇目搜索过程：
篇目阅读过程：
篇目赏析：

篇目2：
体裁：
阅读速度：
篇目搜索过程：
篇目阅读过程：
篇目赏析：

篇目3：
体裁：
阅读速度：
篇目搜索过程：
篇目阅读过程：
篇目赏析：

篇目4：
体裁：
阅读速度：
篇目搜索过程：
篇目阅读过程：
篇目赏析：

篇目5：
体裁：
阅读速度：
篇目搜索过程：
篇目阅读过程：
篇目赏析：

学生自评量表

评价方面	评价内容	评分	
		教师评分	自我评分
阅读情境（30分）	1. 连续坚持每天阅读打卡的情况（10分）		
	2. 合理制定阅读计划并严格、自律地按照阅读计划执行的情况（10分）		
	3. 按要求完成每个篇目"找篇目—读篇目—赏篇目"步骤的情况（10分）		
阅读文本（30分）	1. 查找的篇目与阅读主题相吻合的情况（10分）		
	2. 阅读方式的选择及阅读速度的达成情况（10分）		
	3. 对篇目的理解与鉴赏情况（10分）		
阅读认知过程（40分）	1. 对阅读主题的理解情况（10分）		
	2. 独立、灵活地使用搜索工具查找篇目的情况（10分）		
	3. 对搜索信息进行归纳总结及分析处理的情况（10分）		
	4. 形成积极阅读和自主阅读习惯的情况（10分）		
评价星级	90~100分：☆☆☆☆☆		
	80~90分：☆☆☆☆		
	70~80分：☆☆☆		
	60~70分：☆☆		
	60分以下：☆		

悦 读 者 思 维

　　读了关于"人生"的作品，你对"小满人生"有哪些新的认识吗？处于学生时代的我们，追求的还是"满分万岁"，是一种"大满"。那么，你如何看待目前的"大满人生"呢？你觉得它的重要性和意义在哪里呢？它与未来的"小满人生"有什么样的关系呢？

　　我是这样想的：

第九章

芒种初过雨及时

芒种是二十四节气中的第九个节气，也是夏季的第三个季节。《月令七十二候集解》："五月节，谓有芒之种谷可稼种矣。" 芒种的"芒"字，是指麦类等有芒植物的收获，芒种的"种"字，是指谷黍类作物播种的节令。"芒种"二字谐音，表明一切作物都在"忙种"了。所以，"芒种"也称为"忙种"，农民间也称其为"忙着种"。

我国古代将芒种节气的十五天分为三候："一候螳螂生，二候鹏始鸣，三候反舌无声。"意思是说，芒种节气中，螳螂在上一年深秋产的卵因感受到阴气初生而破壳生出小螳螂，喜阴的伯劳鸟开始在枝头出现，并且感阴而鸣，与此相反，能够学习其他鸟鸣叫的反舌鸟，却因感应到了阴气的出现而停止了鸣叫。

芒种初过雨及时，"芒种"到来预示着农民开始了忙碌的田间生活，左河水的《芒种》诗称其气象和农忙的情况为"艳阳辣辣卸衣装，梅雨潇潇涨柳塘。南岭四邻禾壮日，大江两岸麦收忙"。让我们一起感受芒种时节的农忙气氛，和农民们一起忙碌起来吧！

（一）课堂精读

芒种，是一年中最忙的时候，农民们既要播种秋收作物，同时也要争分夺秒，赶在雨季前抢收夏熟作物，同时还要管理好春种作物，"收、种、管"同时交叉进行，真是"收麦如救火，龙口把粮夺"，在农业技术还不发达的古代，农民们辛勤劳作，既辛苦又喜悦。唐代诗人白居易的《观刈麦》与宋代诗人陆游的《时雨》，分别描写了南方与北方芒种时节农民的夏收场面，不同地域的夏收景象是否相同呢？

对比阅读

1.《观刈麦》（唐·白居易）

观刈麦
（唐·白居易）

田家少闲月，五月人倍忙。

夜来南风起，小麦覆陇黄。

妇姑荷箪食，童稚携壶浆，

相随饷田去，丁壮在南冈。

足蒸暑土气，背灼炎天光，

力尽不知热，但惜夏日长。

复有贫妇人，抱子在其旁，

右手秉遗穗，左臂悬敝筐。

听其相顾言，闻者为悲伤。

家田输税尽，拾此充饥肠。

今我何功德，曾不事农桑。

吏禄三百石，岁晏有余粮。

念此私自愧，尽日不能忘。

诵读 思考

问题1：请查阅工具书掌握下列难点字词的意思：

（1）刈　（2）覆陇黄　（3）荷箪食　（4）饷田　（5）丁壮　（6）秉　（7）输税　（8）农桑　（9）三百石　（10）岁晏

问题2："夜来南风起，小麦覆陇黄"，两句诗描绘了怎样的画面？

问题3：全诗的重点应在描绘丁壮刈麦的场面，却又着力刻画了一个拾穗的贫妇的形象，诗人这样写有什么用意？

问题4：本诗都运用了哪些写作手法？

问题5：诗中哪个字最能概括诗人观刈麦后的心情？

问题6：诗中描写了官吏向农民收取租税的情节，请查阅相关资料，进一步了解古代封建社会的税收制度。

课本剧

文章题目：_____
课本剧名称：_____
我的评价星级：☆☆☆☆☆

小组角色分工：　　　小组成员评价星级：
_____　☆☆☆☆☆
_____　☆☆☆☆☆
_____　☆☆☆☆☆
_____　☆☆☆☆☆

故事情节逻辑图

角色对白
_____
_____
_____

服装道具

演出剧照

2.《时雨》（宋·陆游）

时雨

（宋·陆游）

时雨及芒种，四野皆插秧。

家家麦饭美，处处菱歌长。

老我成惰农，永日付竹床。

衰发短不栉，爱此一雨凉。

庭木集奇声，架藤发幽香。

莺衣湿不去，劝我持一觞。

即今幸无事，际海皆农桑；

野老固不穷，击壤歌虞唐。

诵读思考

问题1：请查阅工具书掌握下列难点字词的意思：

（1）插秧　（2）麦饭　（3）菱歌　（4）栉　（5）觞　（6）虞唐

问题2：诗中描写芒种时节农忙景象的诗句是哪两句？

问题3："莺衣湿不去，劝我持一觞"，这两句诗运用了怎样的写作手法？

问题4：诗中最后四句表现出整个国家怎样的一种百姓生活状态？

问题5：本诗表达了作者怎样的情感？

课本剧

文章题目：_____
课本剧名称：_____
我的评价星级：☆☆☆☆☆

小组角色分工：　　　　小组成员评价星级：
　　　　　　　　　　☆☆☆☆☆
_____　☆☆☆☆☆
_____　☆☆☆☆☆
_____　☆☆☆☆☆

故事情节逻辑图

角色对白
_____
_____
_____
_____

服装道具

演出剧照

对比思考

请同学们思考、讨论并回答以下问题：

问题1：《观刈麦》与《时雨》分别描写了芒种时节南方与北方夏收景象，有何不同？

问题2：《观刈麦》与《时雨》中诗人同样看到夏收景象，内心的情感有何不同？

问题3：《观刈麦》与《时雨》两首诗的写作手法有何相同和不同？

教师精评量表

评价方面	评价内容	评分	
		教师评分	自我评分
阅读情境（20分）	1. 学习单/故事地图/辩论会/课本剧按要求填表完成的情况（10分）		
	2. 完成学习单/故事地图/辩论会/课本剧任务要求的积极主动性（10分）		
阅读文本（40分）	1. 对字、词、句、段的理解情况（10分）		
	2. 对文中精彩字、词、句、段的鉴赏情况（10分）		
	3. 阅读速度达到规定要求的情况（10分）		
	4. 朗读参与情况与背诵完成情况（10分）		
阅读认知过程（40分）	1. 带着问题阅读或在阅读中提出问题的情况（10分）		
	2. 借助阅读工具搜索信息解决阅读疑难问题的情况（20分）		
	3. 参与教师提问及阅读交流的情况（10分）		
评价星级	90～100分：☆☆☆☆☆		
	80～90分：☆☆☆☆		
	70～80分：☆☆☆		
	60～70分：☆☆		
	60分以下：☆		

（二）小组选读

❖ 请快速浏览下面与"芒种"节气相关的【分级阅读】篇目：宋诗《四时田园杂兴》、唐诗《北固晚眺》以及宋词《西江月·夜行黄沙道中》，借助工具书掌握陌生字词。

❖ 选择自己感兴趣的篇目大声诵读，并与选择相同篇目的同学组成"专家组"，对篇目的精彩语段及中心思想进行研读和讨论，踊跃发表自己的看法。

❖ 填写下面的任务单，为召开"小专家读书会"做准备，与全班同学分享交流本组的观点和想法吧！

分级阅读

A.《四时田园杂兴》（宋·范成大）

昼出耘田夜绩麻，村庄儿女各当家。
童孙未解供耕织，也傍桑阴学种瓜。

B.《北固晚眺》（唐·窦常）

水国芒种后，梅天风雨凉。
露蚕开晚簇，江燕绕危樯。
山趾北来固，潮头西去长。
年年此登眺，人事几销亡。

C.《西江月·夜行黄沙道中》（宋·辛弃疾）

明月别枝惊鹊，清风半夜鸣蝉。稻花香里说丰年，听取蛙声一片。
七八个星天外，两三点雨山前。旧时茅店社林边，路转溪桥忽见。

小专家读书会

| 我选取的文章题目及级别：_____（A级/B级/C级）　我参加的专家组：_____　我的评价星级：☆☆☆☆☆ |

读书会主题：

| 专家组成员及观点 | 我的发言 | 小组讨论纪要 |

我的收获与感悟：

组内互评量表

评价方面	评价内容	评分	
		教师评分	自我评分
阅读情境（20分）	1. 专家组组织成立及分工合作情况（10分）		
	2. "小专家读书会"按要求填表及准备充分情况（10分）		
阅读文本（30分）	1. 选文级别情况（10分）（A级10分；B级7分；C级5分）		
	2. 选文研读，对字、词、句、段及文章中心思想的理解情况（10分）		
	3. 阅读速度达到规定要求的情况（10分）		
阅读认知过程（50分）	1. 在专家组研讨中提问与交流情况（10分）		
	2. 通过借助阅读工具搜索信息解决小组中阅读疑难问题的情况（10分）		
	3. 在专家组研讨中个人观点表达情况（20分）		
	4. 在"小专家读书会"中阅读讲解与汇报分享情况（10分）		
评价星级	90～100分：☆☆☆☆☆ 80～90分：☆☆☆☆ 70～80分：☆☆☆ 60～70分：☆☆ 60分以下：☆		

（三）主题自读

"芒种"到来，预示着农民就要开始忙碌的农耕生活。芒种的"芒"，指的是有芒作物，就是抢收麦子；芒种的"种"，就是抢种赶茬作物。人们常说："人误地一时，地误人一年。"一个"抢"字，展现出了农民们农耕的艺术，抢时不误农耕季，这正是二十四节气赋予农民的智慧。

一个节气里既包含收获，又包含播种，这在二十四节气中是绝无仅有的，足见芒种节气农事之繁忙、内容之丰富。让我们一起来寻找、诵读并赏析描写"农耕"的经典篇目，一起感受农耕季的忙碌气氛吧！

●主题　农耕——抢时不误农耕季

从芒种之日起，以"农耕"为主题，开始15天的"阅读打卡计划"吧！按照计划，每3天完成一篇篇目的搜索、阅读和赏析。

◇ 略读下面3篇【推荐阅读】，理解诗词及文段的基本大意，揣摩"农耕"主题的含义。

◇ 搜索5篇有关描写"农耕"的篇目，可以包括古诗词、散文、诗歌、小说选段等多种体裁。

◇ 记录自己阅读古诗词及诗歌的方式，阅读篇幅较长的散文、小说选段等尽量保持在每分钟300字。

◇ 对阅读的篇目中的精彩语句、段落或是打动自己的内容及思想进行赏析。

◇ 将阅读速度、搜索过程、阅读记录、赏析要点等内容填写进"阅读打卡计划记录单"中。

推荐阅读

1.《归园田居》（其三）（魏晋·陶渊明）

种豆南山下，草盛豆苗稀。

晨兴理荒秽，带月荷锄归。

道外狭木长，夕露沾我衣。

衣沾不足惜，但使愿无违。

2.《农家》（唐·颜仁郁）

半夜呼儿趁晓耕，羸牛无力渐艰行。

时人不识农家苦，将谓田中谷自生。

3.《大自然的语言》（竺可桢）

立春过后，大地渐渐从沉睡中苏醒过来。冰雪融化，草木萌发，各种花次第开放。再过两个月，燕子翩然归来。不久，布谷鸟也来了。于是转入炎热的夏季，这是植物孕育果实的时期。到了秋天，果实成熟，植物的叶子渐渐变黄，在秋风中簌簌地落下来。北雁南飞，活跃在田间草际的昆虫也都销声匿迹。到处呈现一片衰草连天的景象，准备迎接风雪载途的寒冬。在地球上温带和亚热带区域里，年年如是，周而复始。

几千年来，劳动人民注意了草木荣枯、候鸟去来等自然现象同气候的关系，据以安排农事。杏花开了，就好像大自然在传语要赶快耕地；桃花开了，又好像在暗示要赶快种谷子。布谷鸟开始唱歌，劳动人民懂得它在唱什么："阿公阿婆，割麦插禾。"这样看来，花香鸟语，草长莺飞，都是大自然的语言。

这些自然现象，我国古代劳动人民称它为物候。物候知识在我国起源很早。古代流传下来的许多农谚就包含了丰富的物候知识。到了近代，利用物候知识来研究农业生产，已经发展为一门科学，就是物候学。物候学记录植物的生长荣枯，动物的养育往来，如桃花开、燕子来等自然现象，从而了解随着时节推移的气候变化和这种变化对动植物的影响。

物候观测使用的是"活的仪器"，是活生生的生物。它比气象仪器复杂得多，灵敏得多。物候观测的数据反映气温、湿度等气候条件的综合，也反映气候条件对于生物的影响。应用在农事活动里，比较简便，容易掌握。物候对于农业的重要性就在这里。下面是一个例子。

北京的物候记录，1962年的山桃、杏花、苹果、榆叶梅、西府海棠、丁香、刺槐的花期比1961年迟十天左右，比1960年迟五六天。根据这些物候观测资料，可以判断北京地区1962年农业季节来得较晚。而那年春初种的花生等作物仍然是按照往年日期播种的，结果受到低温的损害。如果能注意到物候延迟，选择适宜的播种日期，这种损失就可能避免。

物候现象的来临决定于哪些因素呢？

首先是纬度。越往北桃花开得越迟，候鸟也来得越晚。值得指出的是物候现象南北差异的日数因季节的差别而不同。中国大陆性气候显著，冬冷夏热。冬季南北温度悬殊，夏季却相差不大。在春天，早春跟晚春也不相同。如在早春三四月间，南京桃花要比北京早开20天，但是到晚春五月初，南京刺槐开花只比北京早10天。所以在华北常感觉到春季短促，冬天结束，夏天就到了。

经度的差异是影响物候的第二个因素。凡是近海的地方，比同纬度的内陆，冬天温和，春天反而寒冷。所以沿海地区的春天的来临比内陆要迟若干天。如大连纬度在北京以南约1°，但是在大连，连翘和榆叶梅的盛开都比北京要迟一个星期。又如济南苹果开花在四月中或谷雨节，烟台要到立夏。两地纬度相差无几，但烟台靠海，春天便来得迟了。

影响物候的第三个因素是高下的差异。植物的抽青、开花等物候现象在春夏两季越往高处越迟，而到秋天乔木的落叶则越往高处越早。不过研究这个因素要考虑到特殊的情况。例如秋冬之交，天气晴朗的空中，在一定高度上气温反比低处高。这叫逆温层。由于冷空气比较重，在无风的夜晚，冷空气便向低处流。这种现象在山地秋冬两季，特别是这两季的早晨，极为显著，常会发现山脚有霜而山腰反无霜。在华南丘陵区把热带作物引种在山腰很成功，在山脚反不适宜，就是这个道理。

此外，物候现象来临的迟早还有古今的差异。根据英国南部物候的一种长期记录，拿1741到1750年十年平均的春初七种乔木油青和开花日期同1921到1930年十年的平均值相比较，可以看出后者比前者早九天。就是说，春天提前九天。

物候学这门科学接近生物学中的生态学和气象学中的农业气象学。物候学的研究首先是为了预报农时，选择播种日期。此外还有多方面的意义。物候资料对于安排农作物区划，确定造林和采集树木种子的日期，很有参考价值，还可以利用来引种植物到物候条件相同的地区，也可以利用来避免或减轻害虫的侵害。中国有很大面积的山区土地可以耕种，而山区的气候、土壤对农作物的适应情况，有很多地方还有待调查。为了便利山区的农业发展，开展山区物候观测是必要的。

物候学是关系到农业丰产的科学，我们要进一步加强物候观测，懂得大自然的语言，争取农业更大的丰收。

阅读打卡计划

打卡

| 1 | 2 | 3 | 4 | 5 | 6 | 7 | 8 | 9 | 10 | 11 | 12 | 13 | 14 | 15 |

姓名：_____
年/月：_____
节气：_____
主题：_____
我的评价星级：
☆☆☆☆☆

篇目1： 体裁： 阅读速度：	篇目2： 体裁： 阅读速度：	篇目3： 体裁： 阅读速度：	篇目4： 体裁： 阅读速度：	篇目5： 体裁： 阅读速度：
篇目搜索过程：	篇目搜索过程：	篇目搜索过程：	篇目搜索过程：	篇目搜索过程：
篇目阅读过程：	篇目阅读过程：	篇目阅读过程：	篇目阅读过程：	篇目阅读过程：
篇目赏析：	篇目赏析：	篇目赏析：	篇目赏析：	篇目赏析：

学生自评量表

评价方面	评价内容	评分	
		教师评分	自我评分
阅读情境 （30分）	1.连续坚持每天阅读打卡的情况（10分）		
	2.合理制定阅读计划并严格、自律地按照阅读计划执行的情况（10分）		
	3.按要求完成每个篇目"找篇目—读篇目—赏篇目"步骤的情况（10分）		
阅读文本 （30分）	1.查找的篇目与阅读主题相吻合的情况（10分）		
	2.阅读方式的选择及阅读速度的达成情况（10分）		
	3.对篇目的理解与鉴赏情况（10分）		
阅读认知过程 （40分）	1.对阅读主题的理解情况（10分）		
	2.独立、灵活地使用搜索工具查找篇目的情况（10分）		
	3.对搜索信息进行归纳总结及分析处理的情况（10分）		
	4.形成积极阅读和自主阅读习惯的情况（10分）		
评价星级	90~100分：☆☆☆☆☆ 80~90分：☆☆☆☆ 70~80分：☆☆☆ 60~70分：☆☆ 60分以下：☆		

悦读者思维

　　芒种时节是农民们最繁忙的时候了，夏熟的作物要收获，夏播的收秋作物要下地，春种的庄稼要管理，可谓样样农事都很"忙"。农耕在封建社会是普通老百姓养家糊口的唯一生计，而农民辛辛苦苦地年年劳作，还是会过着食不果腹的日子，你知道为什么吗？请你结合自己对"封建社会"的了解，谈谈你的认识。

　　我是这样想的：

第十章

夏至阴生景渐催

夏至是二十四节气中的第十个节气，也是夏季的第四个季节。夏至这天，太阳直射地面的位置到达一年的最北端，是北半球各地全年白昼最长的一天，且纬度越高白昼越长。夏至日过后，正午太阳高度开始逐日降低。

天文专家称，夏至是太阳的转折点，这天过后它将走"回头路"，阳光直射点开始从北回归线向南移动，北半球白昼将会逐日减短。夏至日过后，北回归线及其以北地区，正午太阳高度角也开始逐日降低。同时，夏至到来后，夜空星象也逐渐变成夏季星空。中国民间有"吃过夏至面，一天短一线"的说法，我国唐代诗人韦应物的《夏至避暑北池》也曾写到"昼晷已云极，宵漏自此长"。

我国古代将夏至节气的十五天分为三候："一候鹿角解；二候蝉始鸣；三候半夏生。"意思是说，夏至节气中，阴气生而阳气始衰，阳性的鹿角开始脱落，雄性的蝉在夏至后因感阴气之生便鼓翼而鸣，半夏是一种喜阴的药草，因在仲夏的沼泽地或水田中出生所以得名。

夏至时节，雨打芭蕉，江淮一带的"梅雨"季节来到，这时正是江南梅子黄熟期，空气非常潮湿，《夏日杂兴》中写道："夏至阴生景渐催，百年已半亦堪哀"。让我们一起走进梅雨季节，感受灵动文字中的水气与潮湿吧！

（一）课堂精读

夏至一到，意味着梅雨季节即将开始，梅雨是初夏季节长江中下游特有的气候现象，是我国东部地区主要雨带北移过程中在长江流域停滞的结果，梅雨结束，盛夏随之到来。梅雨，丝雨绵绵，雾霭重重，细如针尖，轻似牛毛，如烟似雾，无声无息地下着，潮湿的天气也打湿了诗人们的心绪。唐代诗人柳宗元和杜甫同写了《梅雨》，他们眼中的梅雨季节是否相同？表达的情感是否相同？

对比阅读

1.《梅雨》（唐·柳宗元）

梅雨

（唐·柳宗元）

梅实迎时雨，苍茫值晚春。

愁深楚猿夜，梦断越鸡晨。

海雾连南极，江云暗北津。

素衣今尽化，非为帝京尘。

诵读 思考

问题1：请查阅工具书掌握下列难点字词的意思：

（1）梅雨　（2）梅实　（3）海雾　（4）北津　（5）素衣

问题2：本诗中的颔联塑造了一个怎样的诗人形象？

问题3："素衣今尽化，非为帝京尘"两句诗化用了怎样的典故？

问题4：本诗中的尾联表达了作者怎样的思想情感？

学习 单

我的阅读篇目		我的评价星级	☆ ☆ ☆ ☆ ☆
诗中不理解的字词			
发现问题与解决问题		解决问题与收获感悟	
老师的阅读问题/我的阅读问题：		我的答案：	
1.		1.	
2.		2.	
3.		3.	
4.		4.	
5.		5.	
我打算解决问题的办法：（上网查资料/图书馆查资料/询问家长/其他）	为解决问题做个小计划： 第一步： 第二步： 第三步：	赏析我喜欢的诗句：	
我的新疑问： 1. 2. 3.		写下我的读后感受：	

2.《梅雨》（唐·杜甫）

梅雨

（唐·杜甫）

南京犀浦道，四月熟黄梅。

湛湛长江去，冥冥细雨来。

茅茨疏易湿，云雾密难开。

竟日蛟龙喜，盘涡与岸回。

诵读 思考：

问题1：请查阅工具书掌握下列难点字词的意思：

（1）犀浦道　（2）湛湛　（3）冥冥　（4）茅茨　（5）盘涡

问题2：诗中的"南京"指现在的哪里？

问题3：从诗中可以看出"梅雨时节"有哪些特点？

问题4：从诗人描写的景物可以看出诗人怀有一种怎样的心情？

学习 单：

我的阅读篇目		我的评价星级	☆☆☆☆☆
诗中不理解的字词			
发现问题与解决问题		解决问题与收获感悟	
老师的阅读问题/我的阅读问题： 1. 2. 3. 4. 5.		我的答案： 1. 2. 3. 4. 5.	
我打算解决问题的办法：（上网查资料/图书馆查资料/询问家长/其他）	为解决问题做个小计划： 第一步： 第二步： 第三步：	赏析我喜欢的诗句：	
我的新疑问： 1. 2. 3.		写下我的读后感受：	

对比 思考

请同学们思考、讨论并回答以下问题：

问题1：唐代诗人柳宗元和杜甫同写了《梅雨》，两人眼中的梅雨季节是怎样的？

问题2：诗人柳宗元和杜甫写作《梅雨》的背景是什么？两人在诗中的情感有何不同？

问题3：你眼中的梅雨季节是怎样的？你喜欢这个季节吗？为什么？

教师精评量表

评价方面	评价内容	评分	
		教师评分	自我评分
阅读情境（20分）	1.学习单/故事地图/辩论会/课本剧按要求填表完成的情况（10分）		
	2.完成学习单/故事地图/辩论会/课本剧任务要求的积极主动性（10分）		
阅读文本（40分）	1.对字、词、句、段的理解情况（10分）		
	2.对文中精彩字、词、句、段的鉴赏情况（10分）		
	3.阅读速度达到规定要求的情况（10分）		
	4.朗读参与情况与背诵完成情况（10分）		
阅读认知过程（40分）	1.带着问题阅读或在阅读中提出问题的情况（10分）		
	2.借助阅读工具搜索信息解决阅读疑难问题的情况（20分）		
	3.参与教师提问及阅读交流的情况（10分）		
评价星级	90～100分：☆☆☆☆☆ 80～90分：☆☆☆☆ 70～80分：☆☆☆ 60～70分：☆☆ 60分以下：☆		

（二）小组选读

◇ 请快速浏览下面与"夏至"节气相关的【分级阅读】篇目：宋诗《约客》、老舍小说节选《骆驼祥子》以及宋词《夏日三首》（其一），借助工具书掌握陌生字词。

◇ 选择自己感兴趣的篇目大声诵读，并与选择相同篇目的同学组成"专家组"，对篇目的精彩语段及中心思想进行研读和讨论，踊跃发表自己的看法。

◇ 填写下面的任务单，为召开"小专家读书会"做准备，与全班同学分享交流本组的观点和想法吧！

分级阅读

A.《约客》（宋·赵师秀）

> 黄梅时节家家雨，青草池塘处处蛙。
>
> 有约不来过夜半，闲敲棋子落灯花。

B.《骆驼祥子》（节选）（老舍）

六月十五那天，天热得发了狂。太阳刚一出来，地上已像下了火。一些似云非云、似雾非雾的灰气低低的浮在空中，使人觉得憋气。一点风也没有。祥子在院中看了看那灰红的天，打算去拉晚儿——过下午四点再出去；假若挣不上钱的话，他可以一直拉到天亮：夜间无论怎样也比白天好受一些。

虎妞催着他出去，怕他在家里碍事，万一小福子拉来个客人呢。"你当在家里就好受哪？屋子里一到晌午连墙都是烫的！"

他一声没出，喝了瓢凉水，走了出去。

街上的柳树，像病了似的，叶子挂着层灰土在枝上打着卷；枝条一动也懒得动的，无精打采的低垂着。马路上一个水点也没有，干巴巴的发着些白光。便道上尘土飞起多高，与天上的灰气联接起来，结成一片毒恶的灰沙阵，烫着行人的脸。处处干燥，处处烫手，处处憋闷，整个的老城像烧透的砖窑，使人喘不出气。狗爬在地上吐出红舌头，骡马的鼻孔张得特别的大，小贩们不敢吆喝，柏油路化开；甚至于铺户门前的铜牌也好像要被晒化。街上异常的清静，只有铜铁铺里发出使人焦躁的一些单调的叮叮当当。拉车的人们，明知不活动便没有饭吃，也懒得去张罗买卖：有的把车放在有些阴凉的地方，支起车棚，坐在车上打盹；有的钻进小茶馆去喝茶；有的根本没拉出车来，而来到街上看看，看看有没有出车的可能。那些拉着买卖的，即使是最漂亮的小伙子，也居然甘于丢脸，不敢再跑，只低着头慢慢的走。每一个井台都成了他们的救星，不管刚拉了几步，见井就奔过去；赶不上新汲的水，便和驴马们同在水槽里灌一大气。还有的，因为中了暑，或是发痧，走着走着，一头栽在地上，永不起来。

连祥子都有些胆怯了！拉着空车走了几步，他觉出由脸到脚都被热气围着，连手背上都流了汗。可是，见了座儿，他还想拉，以为跑起来也许倒能有点风。他拉上了个买卖，把车拉起来，他才晓得天气的厉害已经到了不允许任何人工作的程度。一跑，便喘不过气来，而且嘴唇发焦，明知心里不渴，也见水就想喝。不跑呢，那毒花花的太阳把手和脊背都要晒裂。好歹的拉到了地方，他的裤褂全裹在了身上。拿起芭蕉扇扇扇，没用，风是热的。他已经不知喝了几气凉水，可是又跑到茶馆去。两壶热茶喝下去，他心里安静了些。茶由口中进去，汗马上由身上出来，好像身上已是空膛的，不会再藏储一点水分。他不敢再动了。

坐了好久，他心中腻烦了。既不敢出去，又没事可作，他觉得天气仿佛成心跟他过不去。不，他不能服软。他拉车不止一天了，夏天这也不是头一遭，他不能就这么白白的"泡"一天。想出去，可是腿真懒得动，身上非常的软，好像洗澡没洗痛快那样，汗虽出了不少，而心里还不畅快。又坐了会儿，他再也坐不住了，反正坐着也是出汗，不如爽性出去试试。

C.《夏日三首》（其一）（宋·张耒）

> 长夏村墟风日清，檐牙燕雀已生成。
> 蝶衣晒粉花枝舞，蛛网添丝屋角晴。
> 落落疏帘邀月影，嘈嘈虚枕纳溪声。
> 久斑两鬓如霜雪，直欲樵渔过此生。

小专家读书会

我选取的文章题目及级别：_____（A级/B级/C级）	我参加的专家组：_____	我的评价星级：☆☆☆☆☆
读书会主题：		
专家组成员及观点	我的发言	小组讨论纪要

我的收获与感悟：

组内互评量表

评价方面	评价内容	评分	
		教师评分	自我评分
阅读情境（20分）	1. 专家组组织成立及分工合作情况（10分）		
	2. "小专家读书会"按要求填表及准备充分情况（10分）		
阅读文本（30分）	1. 选文级别情况（10分）（A级10分；B级7分；C级5分）		
	2. 选文研读，对字、词、句、段及文章中心思想的理解情况（10分）		
	3. 阅读速度达到规定要求的情况（10分）		
阅读认知过程（50分）	1. 在专家组研讨中提问与交流情况（10分）		
	2. 通过借助阅读工具搜索信息解决小组中阅读疑难问题的情况（10分）		
	3. 在专家组研讨中个人观点表达情况（20分）		
	4. 在"小专家读书会"中阅读讲解与汇报分享情况（10分）		
评价星级	90~100分：☆☆☆☆☆ 80~90分：☆☆☆☆ 70~80分：☆☆☆ 60~70分：☆☆ 60分以下：☆		

（三）主题自读

初夏时节，江淮流域一带经常出现一段持续较长的阴沉多雨天气，此时，器物易霉，故亦称"霉雨"，简称"霉"，又值江南梅子黄熟之时，故亦称"梅雨"或"黄梅雨"。入了梅雨季节后，雨便会断断续续地下，潮湿、闷热的感觉会持续一个月之久。

早在汉代，就有不少关于黄梅雨的谚语，在晋代，已有"夏至之雨，名曰黄梅雨"的记载，自唐宋以来，一些诗词对梅雨更有了许多妙趣横生的描述。"黄梅时节家家雨，青草池塘处处蛙"，这样的情景真是别有一番风趣，梅雨的到来，仿佛让大自然的景物一下子都生动起来了。让我们一起来寻找、诵读并赏析描写"梅雨"的经典篇目，一起感受阴雨绵绵，蛙声连连的水墨诗意吧！

主题 梅雨——黄梅时节家家雨

从夏至之日起，以"梅雨"为主题，开始15天的"阅读打卡计划"吧！按照计划，每3天完成一篇篇目的搜索、阅读和赏析。

◇ 略读下面3篇【推荐阅读】，理解诗词及文段的基本大意，揣摩"梅雨"主题的含义。

◇ 搜索5篇有关描写"梅雨"的篇目，可以包括古诗词、散文、诗歌、小说选段等多种体裁。

◇　记录自己阅读古诗词及诗歌的方式，阅读篇幅较长的散文、小说选段等尽量保持在每分钟300字。

◇　对阅读的篇目中的精彩语句、段落或是打动自己的内容及思想进行赏析。

◇　将阅读速度、搜索过程、阅读记录、赏析要点等内容填写进"阅读打卡计划记录单"中。

推荐阅读

1.《三衢道中》（宋·曾几）

> 梅子黄时日日晴，小溪泛尽却山行。
>
> 绿阴不减来时路，添得黄鹂四五声。

2.《雨巷》（戴望舒）

> 撑着油纸伞，独自
>
> 彷徨在悠长、悠长
>
> 又寂寥的雨巷
>
> 我希望逢着
>
> 一个丁香一样地
>
> 结着愁怨的姑娘
>
> 她是有
>
> 丁香一样的颜色
>
> 丁香一样的芬芳
>
> 丁香一样的忧愁
>
> 在雨中哀怨
>
> 哀怨又彷徨
>
> 她彷徨在这寂寥的雨巷
>
> 撑着油纸伞
>
> 像我一样
>
> 像我一样地
>
> 默默彳亍着
>
> 冷漠、凄清，又惆怅
>
> 她默默地走近
>
> 走近，又投出
>
> 太息一般的眼光

她飘过

像梦一般地

像梦一般地凄婉迷茫

像梦中飘过

一枝丁香地

我身旁飘过这女郎

她静默地远了、远了

到了颓圮的篱墙

走尽这雨巷

在雨的哀曲里

消了她的颜色

散了她的芬芳

消散了，甚至她的

太息般的眼光

丁香般的惆怅

撑着油纸伞，独自

彷徨在悠长、悠长

又寂寥的雨巷

我希望飘过

一个丁香一样地

结着愁怨的姑娘

3.《梅雨笺》（余光中）

梅雨凄凄，要将春泥，

踏出多少个足印，才能接上，你纤纤的足印？

你却只用，一只信封，

就飘然载来了，多少指纹，接我的指纹？

方的邮票，圆的邮戳，

只轻轻地一敲，扁扁的心情，就留下了印烙。

梅雨纷纷，泥泞满城，

你乳白的信纸，像只鸽子，降在我掌心。

如果信笺，是蓝色而浅，

那就有一只青鸟，从你楼上，飞来人间。

📚 阅读打卡计划

打卡　1　2　3　｜　4　5　6　｜　7　8　9　｜　10　11　12　｜　13　14　15

□ □ □ ｜ □ □ □ ｜ □ □ □ ｜ □ □ □ ｜ □ □ □

姓名：_____
年/月：_____
节气：_____
主题：_____
我的评价星级：
☆☆☆☆☆

| 篇目1：
体裁：
阅读速度：
篇目搜索过程：
篇目阅读过程：
篇目赏析： | 篇目2：
体裁：
阅读速度：
篇目搜索过程：
篇目阅读过程：
篇目赏析： | 篇目3：
体裁：
阅读速度：
篇目搜索过程：
篇目阅读过程：
篇目赏析： | 篇目4：
体裁：
阅读速度：
篇目搜索过程：
篇目阅读过程：
篇目赏析： | 篇目5：
体裁：
阅读速度：
篇目搜索过程：
篇目阅读过程：
篇目赏析： |

✍ 学生自评量表

评价方面	评价内容	评分	
		教师评分	自我评分
阅读情境 （30分）	1. 连续坚持每天阅读打卡的情况（10分）		
	2. 合理制定阅读计划并严格、自律地按照阅读计划执行的情况（10分）		
	3. 按要求完成每个篇目"找篇目—读篇目—赏篇目"步骤的情况（10分）		
阅读文本 （30分）	1. 查找的篇目与阅读主题相吻合的情况（10分）		
	2. 阅读方式的选择及阅读速度的达成情况（10分）		
	3. 对篇目的理解与鉴赏情况（10分）		
阅读认知过程 （40分）	1. 对阅读主题的理解情况（10分）		
	2. 独立、灵活地使用搜索工具查找篇目的情况（10分）		
	3. 对搜索信息进行归纳总结及分析处理的情况（10分）		
	4. 形成积极阅读和自主阅读习惯的情况（10分）		
评价星级	90～100分：☆☆☆☆☆ 80～90分：☆☆☆☆ 70～80分：☆☆☆ 60～70分：☆☆ 60分以下：☆		

悦读者思维

　　到了夏至日，人们开始了"夏季的养生之道"，所谓"冬病夏治"，从古至今，人们都会在夏季里从饮食到作息等各个方面来养生。也有人说，心里的健康才是最重要的，"心情好，才会不生病"，"心里的阳光可以驱散病魔"……其实，无论是饮食养生还是心灵的舒畅，都对健康是有益的。你也这样认为吗？你如何看待身体和心理二者与健康的关系呢？

　　我是这样想的：

第十一章

小暑才交雨渐晴

小暑是二十四节气中的第十一个节气，也是夏季的第五个季节。《月令七十二候集解》："六月节……暑，热也，就热之中分为大小，月初为小，月中为大，今则热气犹小也。"暑，表示炎热的意思，小暑为小热，还不十分热，意指天气开始炎热，但还没到最热。小暑前后，除东北与西北地区收割冬、春小麦等作物外，农业生产上主要是忙着田间管理了。"小暑天气热，棉花整枝不停歇。"大部分棉区的棉花开始开花结铃，生长最为旺盛，盛夏高温也是蚜虫、红蜘蛛等多种害虫盛发的季节，适时防治病虫是田间管理上的又一重要环节。

我国古代将小暑节气的十五天分为三候："一候温风至；二候蟋蟀居宇；三候鹰始鸷。"意思是说，小暑日后，大地上便不再有一丝凉风，而是所有的风中都带着热浪，五日后，由于炎热，蟋蟀离开了田野，到庭院的墙角下以避暑热，再过五日，老鹰因地面气温太高而在清凉的高空中活动。

小暑的显著标志是出梅，入伏，四处都是一片炎热，即便是早晨，原野上的朝露、水面上的雾气似乎在瞬间便可了无痕迹。让我们一起走进热气逼人的小暑时节，感受三伏天里的炎热吧！

（一）课堂精读

送走了闷热的梅雨季，却又迎来了小暑。这也预示着盛夏终于来临，天气开始炎热，却还没到最热，但"小暑过，每日热三分"。季节变换，暑气萦绕，让文人骚客不免感怀。唐代诗人杜甫同写了夏日之景《江村》和《夏日叹》，在不同的诗中他眼中的夏日之景是否相同呢？想要表达的情感是否相同？

对比阅读

1.《江村》（唐·杜甫）

江村

（唐·杜甫）

清江一曲抱村流，长夏江村事事幽。

自去自来堂上燕，相亲相近水中鸥。

老妻画纸为棋局，稚子敲针作钓钩。

多病所须唯药物，微躯此外更何求。

诵读 思考：

问题1：请查阅工具书掌握下列难点字词的意思：

（1）清江　（2）稚子　（3）微躯

问题2：请从写景和传情两方面简要分析首句中"抱"字的妙处。

问题3：江村的景物特点是怎样的？

问题4：颈联写了哪两个生活场面？表现了诗人什么样的心境。

问题5：这首诗的诗眼是什么？

辩论 会：

本诗首句"清江一曲抱村流，长夏江村事事幽"中，运用了两个"江"字和两个"村"字，这样的复字用法，你认为好还是不好？大胆说出自己的想法吧！

我的论点：_____	
我的阅读篇目：	我的评价星级：☆☆☆☆☆
引发我产生论点的据子或段落：	
我的论点： 分论点1： 分论点2： 分论点3：	预设辩论时间： 分论点1用时： 分论点2用时： 分论点3用时：
文中可支撑论点的依据： 论据1： 论据2： 论据3：	其他补充论据资料来源：
	其他补充论据：
我的辩论感受：	我产生的新看法：

2.《夏日叹》（唐·杜甫）

夏日叹

（唐·杜甫）

夏日出东北，陵天经中街。

朱光彻厚地，郁蒸何由开。

上苍久无雷，无乃号令乖。

雨降不濡物，良田起黄埃。

飞鸟苦热死，池鱼涸其泥。

万人尚流冗，举目唯蒿莱。

至今大河北，化作虎与豺。

浩荡想幽蓟，王师安在哉。

对食不能餐，我心殊未谐。

眇然贞观初，难与数子偕。

诵读 思考

问题1：请查阅工具书掌握下列难点字词的意思：

（1）朱光　（2）黄埃　（3）流冗　（4）蒿莱　（5）幽蓟

问题2：诗名为《夏日叹》，诗人在"叹"什么？

问题3：诗中描写夏日酷热难耐的诗句是？

问题4："万人尚流冗，举目唯蒿莱"，描写出了怎样的场景？

问题5：诗人在夏夜纳凉时的所见所思，表达了一种怎样的情感？

问题6：此诗前半部分主要写旱灾，后半部分写战乱。请查找资料，了解"安史之乱"的相关知识。

学习 单

我的阅读篇目		我的评价星级	☆☆☆☆☆
诗中不理解的字词			
发现问题与解决问题		解决问题与收获感悟	
老师的阅读问题/我的阅读问题： 1. 2. 3. 4. 5.		我的答案： 1. 2. 3. 4. 5.	

我打算解决问题的办法：（上网查资料/图书馆查资料/询问家长/其他）	为解决问题做个小计划： 第一步： 第二步： 第三步：	赏析我喜欢的诗句：
我的新疑问： 1. 2. 3.		写下我的读后感受：

对比 思考

请同学们思考、讨论并回答以下问题：

问题1：诗人杜甫在《江村》和《夏日叹》中同写了夏日景象，给你的感觉有何不同？为何会有这样的不同？

问题2：《江村》和《夏日叹》中，描写夏日之景分别运用了什么写作手法？

问题3：诗人杜甫在《江村》和《夏日叹》中，分别借夏日之景，表达了自己怎样的情感？

教师精评量表

评价方面	评价内容	评分	
		教师评分	自我评分
阅读情境 （20分）	1. 学习单/故事地图/辩论会/课本剧按要求填表完成的情况（10分）		
	2. 完成学习单/故事地图/辩论会/课本剧任务要求的积极主动性（10分）		
阅读文本 （40分）	1. 对字、词、句、段的理解情况（10分）		
	2. 对文中精彩字、词、句、段的鉴赏情况（10分）		
	3. 阅读速度达到规定要求的情况（10分）		
	4. 朗读参与情况与背诵完成情况（10分）		
阅读认知过程 （40分）	1. 带着问题阅读或在阅读中提出问题的情况（10分）		
	2. 借助阅读工具搜索信息解决阅读疑难问题的情况（20分）		
	3. 参与教师提问及阅读交流的情况（10分）		
评价星级	90～100分：☆☆☆☆☆ 80～90分：☆☆☆☆ 70～80分：☆☆☆ 60～70分：☆☆ 60分以下：☆		

（二）小组选读

❖ 请快速浏览下面与"小暑"节气相关的【分级阅读】篇目：唐诗《小暑六月节》、宋诗《夏夜追凉》以及散文《夏感》，借助工具书掌握陌生字词。

❖ 选择自己感兴趣的篇目大声诵读，并与选择相同篇目的同学组成"专家组"，对篇目的精彩语段及中心思想进行研读和讨论，踊跃发表自己的看法。

❖ 填写下面的任务单，为召开"小专家读书会"做准备，与全班同学分享交流本组的观点和想法吧！

分级阅读

A.《小暑六月节》（唐·元稹）

倏忽温风至，因循小暑来。

竹喧先觉雨，山暗已闻雷。

户牖深青霭，阶庭长绿苔。

鹰鹯新习学，蟋蟀莫相催。

B.《夏夜追凉》（宋·杨万里）

夜热依然午热同，开门小立月明中。

竹深树密虫鸣处，时有微凉不是风。

C.《夏感》（梁衡）

充满整个夏天的是一种紧张、热烈、急促的旋律。

好像炉子上的一锅水在逐渐泛泡、冒气而终于沸腾一样，山坡上的芊芊细草长成了一片密密的厚发，林带上的淡淡绿烟也凝成了一堵黛色长墙。轻飞曼舞的蜂蝶不见了，却换来烦人的蝉儿，潜在树叶间一声声地长鸣。火红的太阳烘烤着一片金黄的大地，麦浪翻滚着，扑打着远处的山，天上的云，扑打着公路上的汽车，像海浪涌着一艘艘舰船。金色主宰了世界上的一切，热风浮动着，飘过田野，吹送着已熟透了的麦子的香味。那春天的灵秀之气经过半年的积蓄，这时已酿成一种磅礴之势，在田野上滚动，在天地间升腾。夏天到了。

夏天的色彩是金黄的。按绘画的观点，这大约有其中的道理。春之色为冷的绿，如碧波，如嫩竹，贮满希望之情；秋之色为热的赤，如夕阳，如红叶，标志着事物的终极。夏正当春华秋实之间，自然应了这中性的黄色——收获之已有而希望还未尽，正是一个承前启后，生命交替的旺季。你看，麦子刚刚割过，田间那挑着七八片绿叶的棉苗，那朝天举着喇叭筒的高粱、玉米，那在地上匍匐前进的瓜秧，无不迸发出旺盛的活力。这时她们已不是在春风微雨中细滋慢长，而是在暑气的蒸腾下，蓬蓬勃发，向秋的终点作着最后的冲刺。

夏天的旋律是紧张的，人们的每一根神经都被绷紧。你看田间那些挥镰的农民，弯着腰，流着汗，只是想着快割，快割；麦子上场了，又想着快打，快打。他们早起晚睡亦够苦了，半夜醒来还要听听窗纸，可是起了风；看看窗外，天空可是遮上了云。麦子打完了，该松一口气了，又得赶快去给秋苗追肥、浇水。"田家少闲月，五月人倍忙"，他们的肩上挑着夏秋两季。

遗憾的是，历代文人不知写了多少春花秋月，却极少有夏的影子。大概，春日融融，秋波澹澹，而夏呢，总是浸在苦涩的汗水里。有闲情逸致的人，自然不喜欢这种紧张的旋律。我却要大声地赞美这个春与秋之间的黄金的夏季。

📚 小专家读书会

我选取的文章题目及级别： _____（A级/B级/C级）	我参加的专家组： _____	我的评价星级：☆☆☆☆☆

读书会主题：

专家组成员及观点	我的发言	小组讨论纪要

我的收获与感悟：

组内互评量表

评价方面	评价内容	评分	
		教师评分	自我评分
阅读情境（20分）	1. 专家组组织成立及分工合作情况（10分）		
	2. "小专家读书会"按要求填表及准备充分情况（10分）		
阅读文本（30分）	1. 选文级别情况（10分）（A级10分；B级7分；C级5分）		
	2. 选文研读，对字、词、句、段及文章中心思想的理解情况（10分）		
	3. 阅读速度达到规定要求的情况（10分）		
阅读认知过程（50分）	1. 在专家组研讨中提问与交流情况（10分）		
	2. 通过借助阅读工具搜索信息解决小组中阅读疑难问题的情况（10分）		
	3. 在专家组研讨中个人观点表达情况（20分）		
	4. 在"小专家读书会"中阅读讲解与汇报分享情况（10分）		
评价星级	90～100分：☆☆☆☆☆ 80～90分：☆☆☆☆ 70～80分：☆☆☆ 60～70分：☆☆ 60分以下：☆		

（三）主题自读

小暑节气，总少不了大雨来袭，小暑农谚道"淋了伏头旱伏尾"，说的便是入伏天气，大雨将至。左河水在《小暑》中写道"地煮天蒸望雨风，偶得雷暴半圆虹"，突然阴云密布，突然一声巨雷，突然瓢泼大雨，大雨后，太阳以满腔的热情拥抱大地，这便是小暑节气的"脾气"。

苏轼在《六月二十七日望湖楼醉书》中写道"黑云翻墨未遮山，白雨跳珠乱入船。卷地风来忽吹散，望湖楼下水如天"，形象地写出了云随风雨疾的场景。让我们一起来寻找、诵读并赏析描写"大雨"的经典篇目，一起喜迎大雨的到来，感受大雨带来的醋畅淋漓吧！

主题　大雨——白雨跳珠乱入船

从小暑之日起，以"大雨"为主题，开始15天的"阅读打卡计划"吧！按照计划，每3天完成一篇篇目的搜索、阅读和赏析。

◇ 略读下面3篇【推荐阅读】，理解诗词及文段的基本大意，揣摩"大雨"主题的含义。

◇ 搜索5篇有关描写"大雨"的篇目，可以包括古诗词、散文、诗歌、小说选段等多种体裁。

◇ 记录自己阅读古诗词及诗歌的方式，阅读篇幅较长的散文、小说选段等尽量保持在每分钟300字。

◇ 对阅读的篇目中的精彩语句、段落或是打动自己的内容及思想进行赏析。

❖ 将阅读速度、搜索过程、阅读记录、赏析要点等内容填写进"阅读打卡计划记录单"中。

推荐阅读

1.《暴雨》（宋·陆游）

> 风怒欲掀屋，雨来如决堤。
>
> 孤灯映窗灭，羁鸟就檐栖。
>
> 暑令方炎赫，秋声忽惨凄。
>
> 传闻涨江水，已断潆东西。

2.《有美堂暴雨》（宋·苏轼）

> 游人脚底一声雷，满座顽云拨不开，
>
> 天外黑风吹海立，浙东飞雨过江来。
>
> 十分潋滟金樽凸，千杖敲铿羯鼓催。
>
> 唤起谪仙泉洒面，倒倾鲛室泻琼瑰。

3.《暴雨筛》（毕淑敏）

南方的女友讲过这样一个故事。

她说，我35岁的时候，考上了一所夜大学。每天下班后，要穿越五条街道去读书。一天傍晚，台风突然来了，暴雨像牛仔的皮带一样宽，翻卷着抽打天地。老师还会不会上课呢？我拿不准。那时，电话还不普及，打探不到确实的消息。考虑了片刻，我穿上雨衣，又撑开一把伞，双重保险，冲出屋门。风雨中，伞立刻被劈开，成了几块碎布。雨衣阴险地背叛了我，涨鼓如帆，拼命要裹挟我去云中。我只有扔了雨衣，连滚带爬。渺无人迹的城市中，我惊惶地想到，是不是只有我一个人这样傻？也许今天根本就不上课。

我迟疑了片刻，但咬紧牙，继续向前。好不容易到了学校，贴身的衣服已像海带一般冷硬，牙齿像上了发条似的打颤。没想到看门的老人说，从老师到学生，除了你，没有一个人来！

那一瞬，我非常绝望。不单是极端的辛苦化为泡沫，更有无穷的委屈和沮丧。

老人看我失魂落魄的样子，让我进他的小屋歇口气。喝着他沏的热茶，我心灰意懒。伴着窗外瀑布般的水龙，老人缓缓地说，你以后会有大出息。我说，我是一个大傻瓜啊。

他说，所有学生里，只有你一个人来上学了。看，暴雨是一个筛子。胆小的，思前想后的，都被它筛了下去，留下了最有胆量和最不怕吃苦的人。

那一瞬，好似空中打了一个闪电，我的心被照得雪亮。也许我不是三千学生当中最聪明的，但今晚的暴雨，让我知道了，我是三千学生中最有胆量和毅力的人。

从那以后，我就多了自信。你晓得，天地万物都会齐来帮助一个自信的人。所以，我就一步步地有了今天的成功。

我说，那位老人，是你人生最重要的导师之一啊。

阅读打卡计划

打卡

| 1 | 2 | 3 | 4 | 5 | 6 | 7 | 8 | 9 | 10 | 11 | 12 | 13 | 14 | 15 |

姓名：_____
年/月：_____
节气：_____
主题：_____
我的评价星级：
☆☆☆☆☆

篇目1：
体裁：
阅读速度：
篇目搜索过程：
篇目阅读过程：
篇目赏析：

篇目2：
体裁：
阅读速度：
篇目搜索过程：
篇目阅读过程：
篇目赏析：

篇目3：
体裁：
阅读速度：
篇目搜索过程：
篇目阅读过程：
篇目赏析：

篇目4：
体裁：
阅读速度：
篇目搜索过程：
篇目阅读过程：
篇目赏析：

篇目5：
体裁：
阅读速度：
篇目搜索过程：
篇目阅读过程：
篇目赏析：

学生自评量表

评价方面	评价内容	评分	
		教师评分	自我评分
阅读情境（30分）	1. 连续坚持每天阅读打卡的情况（10分）		
	2. 合理制定阅读计划并严格、自律地按照阅读计划执行的情况（10分）		
	3. 按要求完成每个篇目"找篇目—读篇目—赏篇目"步骤的情况（10分）		
阅读文本（30分）	1. 查找的篇目与阅读主题相吻合的情况（10分）		
	2. 阅读方式的选择及阅读速度的达成情况（10分）		
	3. 对篇目的理解与鉴赏情况（10分）		
阅读认知过程（40分）	1. 对阅读主题的理解情况（10分）		
	2. 独立、灵活地使用搜索工具查找篇目的情况（10分）		
	3. 对搜索信息进行归纳总结及分析处理的情况（10分）		
	4. 形成积极阅读和自主阅读习惯的情况（10分）		
评价星级	90～100分：☆☆☆☆☆ 80～90分：☆☆☆☆ 70～80分：☆☆☆ 60～70分：☆☆ 60分以下：☆		

悦 读 者 思 维

　　每到小暑节气，我国都会进入每年的"汛期"，很多地方大雨倾盆，导致道路受阻、房屋和街道被淹，为人民的生产、生活带来了很多困扰和损失。目前，我们还没有彻底解决汛涝问题的办法。请你了解我国目前防洪抗汛的相关工作，并提出自己的建议和想法。

　　我是这样想的：

第十二章

自大暑来真畏暑

大暑是夏季最后一个节气。《月令七十二候集解》中说："大暑，六月中。暑，热也，就热之中分为大小，月初为小，月中为大，今则热气犹大也。"大暑节气正值"三伏天"里的"中伏"前后，是一年中最热的时期。

中国劳动人民将大暑分为三候："一候腐草为萤；二候土润溽暑；三候大雨时行。"世上萤火虫约有二千多种，分水生与陆生两种，陆生的萤火虫产卵于枯草上，大暑时，萤火虫卵化而出，所以古人认为萤火虫是腐草变成的；第二候是说天气开始变得闷热，土地也很潮湿；第三候是说时常有大的雷雨会出现，这大雨使暑湿减弱，天气开始向立秋过渡。

大暑节气正值"三伏"，是我国一年中日照最多、气温最高的时期，全国大部分地区干旱少雨，许多地区的气温达35度以上，俗称的"三大火炉"也最旺。根据大暑的热与不热，有不少预测后期天气的农谚有：如短期预示的有"大暑热，田头歇；大暑凉，水满塘"；中期预示的有"大暑热，秋后凉"；长期预示的有"大暑热得慌，四个月无霜""大暑不热，冬天不冷""大暑不热要烂冬"等。

"小暑不见日头，大暑晒开石头"，如此酷热难耐的天气，让多地都干旱少雨，让农作物也开始叹息。让我们一起走进地酷热炎炎的大暑时节，感受炎热夏日中的纳凉趣味吧！

（一）课堂精读

大暑节气，酷热难耐，让人不由地想要到山中避暑，寻觅一丝清凉。古今雅士喜避暑山水清幽处，远离喧嚣，茗碗炉香，深院垂柳，自在逍遥，热风经过山林的洗礼，带来清凉之气。唐代诗人王维的《竹里馆》和李白的《夏日山中》均写了山中避暑的情形，让我们来抄写、朗读并背诵，看看他们的心境是否相同。

对比阅读

1.《竹里馆》（唐·王维）

竹里馆

（唐·王维）

独坐幽篁里，弹琴复长啸。

深林人不知，明月来相照。

诵读 思考：

问题1：请查阅工具书掌握下列难点字词的意思：

（1）竹里馆　（2）幽篁　（3）长啸　（4）相照

问题2：诗中"独坐"与"相照"两个词的用意是什么？

问题3：诗中哪些字词可以体现景物的动静结合？

问题4：本诗表现出了作者一种怎样的人生境界？

问题5：竹子有哪些特性？为何竹林能够避暑？

课本 剧：

文章题目：＿＿＿＿＿＿
课本剧名称：＿＿＿＿＿＿
我的评价星级：☆☆☆☆☆

小组角色分工：　　　小组成员评价星级：
☆☆☆☆☆
☆☆☆☆☆
☆☆☆☆☆
☆☆☆☆☆

故事情节逻辑图

角色对白

服装道具　　　　　　　　演出剧照

2.《夏日山中》（唐·李白）

夏日山中

（唐·李白）

懒摇白羽扇，裸袒青林中。

脱巾挂石壁，露顶洒松风。

诵读 思考：

问题1：请查阅工具书掌握下列难点字词的意思：

（1）白羽扇 （2）裸袒 （3）脱巾 （4）松风

问题2：炎炎夏日，诗人为何说"懒摇白羽扇"？

问题3：诗中每句都用一个动词，请分析它们的妙处。

问题4：诗中哪句诗可以看出诗人感到了凉爽？

课本 剧

文章题目：_____
课本剧名称：_____
我的评价星级：☆☆☆☆☆

小组角色分工： 小组成员评价星级：
☆☆☆☆☆
☆☆☆☆☆
☆☆☆☆☆
☆☆☆☆☆

故事情节逻辑图

角色对白

服装道具

演出剧照

对比 思考：

请同学们思考、讨论并回答以下问题：

问题1：从诗人王维和李白所写的《竹里馆》和《夏日山中》中，哪些诗句可以看出他们是否达到了避暑效果？

问题2：《竹里馆》和《夏日山中》均写了炎炎夏日避暑的情景，在表现手法上是否相同？

问题3：从《竹里馆》和《夏日山中》中可以看出，诗人王维和李白的心境有何不同？

教师精评量表

评价方面	评价内容	评分	
		教师评分	自我评分
阅读情境（20分）	1.学习单/故事地图/辩论会/课本剧按要求填表完成的情况（10分）		
	2.完成学习单/故事地图/辩论会/课本剧任务要求的积极主动性（10分）		
阅读文本（40分）	1.对字、词、句、段的理解情况（10分）		
	2.对文中精彩字、词、句、段的鉴赏情况（10分）		
	3.阅读速度达到规定要求的情况（10分）		
	4.朗读参与情况与背诵完成情况（10分）		
阅读认知过程（40分）	1.带着问题阅读或在阅读中提出问题的情况（10分）		
	2.借助阅读工具搜索信息解决阅读疑难问题的情况（20分）		
	3.参与教师提问及阅读交流的情况（10分）		
评价星级	90～100分：☆☆☆☆☆ 80～90分：☆☆☆☆ 70～80分：☆☆☆ 60～70分：☆☆ 60分以下：☆		

（二）小组选读

◇ 请快速浏览下面与"大暑"节气相关的【分级阅读】篇目：宋诗《纳凉》、唐诗《夏日南亭怀辛大》以及散文《西欧的夏天》（节选），借助工具书掌握陌生字词。

◇ 选择自己感兴趣的篇目大声诵读，并与选择相同篇目的同学组成"专家组"，对篇目的精彩语段及中心思想进行研读和讨论，踊跃发表自己的看法。

◇ 填写下面的任务单，为召开"小专家读书会"做准备，与全班同学分享交流本组的观点和想法吧！

分级阅读

A.《纳凉》（宋·秦观）

携杖来追柳外凉，画桥南畔倚胡床。

月明船笛参差起，风定池莲自在香。

B.《夏日南亭怀辛大》（唐·孟浩然）

山光忽西落，池月渐东上。
散发乘夕凉，开轩卧闲敞。
荷风送香气，竹露滴清响。
欲取鸣琴弹，恨无知音赏。
感此怀故人，中宵劳梦想。

C.《西欧的夏天》（节选）（余光中）

巴黎的所谓夏天，像是台北的深夜，早晚上街，凉风袭时，一件毛衣还不足御寒。如果你走到塞纳河边，风力加上水气，更需要一件风衣才行。下午日暖，单衣便够，可是一走到楼影或树荫里，便嫌单衣太薄。地面如此，地下却又不同。巴黎的地车比纽约、伦敦、马德里的都好，却相当闷热，令人穿不住毛衣。所以地上地下，穿穿脱脱，也颇麻烦。七月在巴黎的街上，行人的衣装，从少女的背心短裤到老妪的厚大衣，四季都有。七月在巴黎，几乎天天都是晴天，有时一连数日碧空无云，入夜后天也不黑下来，只变得深洞洞的暗蓝。巴黎附近无山，城中少见高楼，城北的蒙马特也只是一个矮丘，太阳要到九点半才落到地平线上，更显得昼长夜短，有用不完的下午。不过晴天也会突来霹雳：七月十四日法国国庆那天上午，密特朗总统在香热里榭大道主持阅兵盛典，就忽来一阵大雨，淋得总统和军乐队狼狈不堪。电视的观众看得见雨气之中，乐队长的指挥杖竟失手落地，连忙俯身拾起。

法国北部及中部地势平坦，一望无际，气候却有变化。巴黎北行一小时至卢昂，就觉得冷些；西南行二小时至露娃河中流，气候就暖得多，下午竟颇燠热，不过入夜就凉下来，星月异常皎洁。

再往南行入西班牙，气候就变得干暖。马德里在高台地的中央，七月的午间并不闷热，入夜甚至得穿毛衣。我在南部安达露西亚地区及阳光海岸（CostadelSol）开车，一路又干又热，枯黄的草原，干燥的石堆，大地像一块烙饼，摊在酷蓝的天穹之下，路旁的草丛常因干燥而起火，势颇惊人。可是那是干热，并不令人出汗，和台湾的湿闷不同。

英国则趋于另一极端，显得阴湿，气温也低。我在伦敦的河堤区住了三天，一直是阴天，下着间歇的毛毛雨。即使破晓时露一下朝暾，早餐后天色就阴沉下来了。我想英国人的灵魂都是雨篁，撑开来就是一把黑伞。与我存走过滑铁卢桥，七月的河风吹来，水气阴阴，令人打一个寒噤，把毛衣的翻领拉起，真有点魂断蓝桥的意味了。我们开车北行，一路上经过塔尖如梦的牛津，城楼似幻的勒德洛（Ludlow），古桥野渡的蔡斯特（Chester），雨云始终罩在车顶，雨点在车窗上也未干过，消魂远游之情，不让陆游之过剑门。进入肯布瑞亚的湖区之后，遍地江湖，满空云雨，偶见天边绽出一角薄蓝，立刻便有更多的灰云挟雨遮掩过来。真要怪华兹华斯的诗魂小气，不肯让我一窥他诗中的晴美湖光。从我一夕投宿的鹰头（Hawkshead）小店栈楼窗望出去，沿湖一带，树树含雨，山山带云，很想告诉格拉斯米教堂墓地里的诗翁，我国古代有一片云梦大泽，也出过一位水气逼人的诗宗。

小专家读书会

我选取的文章题目及级别：_____（A级/B级/C级） 我参加的专家组：_____ 我的评价星级：☆☆☆☆☆

读书会主题：		
专家组成员及观点	我的发言	小组讨论纪要

我的收获与感悟：

组内互评量表

评价方面	评价内容	评分	
		教师评分	自我评分
阅读情境（20分）	1. 专家组组织成立及分工合作情况（10分）		
	2. "小专家读书会"按要求填表及准备充分情况（10分）		
阅读文本（30分）	1. 选文级别情况（10分）（A级10分；B级7分；C级5分）		
	2. 选文研读，对字、词、句、段及文章中心思想的理解情况（10分）		
	3. 阅读速度达到规定要求的情况（10分）		
阅读认知过程（50分）	1. 在专家组研讨中提问与交流情况（10分）		
	2. 通过借助阅读工具搜索信息解决小组中阅读疑难问题的情况（10分）		
	3. 在专家组研讨中个人观点表达情况（20分）		
	4. 在"小专家读书会"中阅读讲解与汇报分享情况（10分）		
评价星级	90~100分：☆☆☆☆☆ 80~90分：☆☆☆☆ 70~80分：☆☆☆ 60~70分：☆☆ 60分以下：☆		

（三）主题自读

　　大暑是一年之中最热的时候，并且多地高温酷热、干旱少雨。长江中下游地区有这样的农谚：

"五天不雨一小旱，十天不雨一大旱，一月不雨地冒烟"。旅居新疆的清代诗人肖雄在他的《西疆杂述》诗集中写道："试将面饼贴之砖壁，少顷烙熟，烈日可畏"。既炎热又干旱，这样的大暑节气真是让人退避三舍。

施耐庵《水浒传》第十六回中写道："赤日炎炎似火烧，野田禾稻半枯焦"，非常形象地写出了大暑时节的气候特点，田野里的禾稻都要枯焦，酷热干旱的天气让我们岂不更畏暑？让我们一起来寻找、诵读并赏析描写"干旱"的经典篇目，祈求风雨，呼唤夏日甘霖的到来吧！

主题 干旱——野田禾稻半枯焦

从大暑之日起，以"干旱"为主题，开始15天的"阅读打卡计划"吧！按照计划，每3天完成一篇篇目的搜索、阅读和赏析。

◇ 略读下面3篇【推荐阅读】，理解诗词及文段的基本大意，揣摩"干旱"主题的含义。

◇ 搜索5篇有关描写"干旱"的篇目，可以包括古诗词、散文、诗歌、小说选段等多种体裁。

◇ 记录自己阅读古诗词及诗歌的方式，阅读篇幅较长的散文、小说选段等尽量保持在每分钟300字。

◇ 对阅读的篇目中的精彩语句、段落或是打动自己的内容及思想进行赏析。

◇ 将阅读速度、搜索过程、阅读记录、赏析要点等内容填写进"阅读打卡计划记录单"中。

推荐阅读

1.《红日》（元·施耐庵）

烈日炎炎似火烧，野田禾稻半枯焦。

农夫心内如汤煮，公子王孙把扇摇。

2.《干旱》（简宁）

下雨的时候总会有人伫立窗前

脊背微湿，嘴里吐出烟雾

外面雨丝霏霏，而他的眼睛是

空的。

空的，多年前的一场大火劫掠了全部葱茏。

在一双苦涩的眼睛里你将看不到照耀

在一双苦涩的眼睛里戈壁滩上波涛的残骸凸凹。

我瞠眼目睹爱情在我的怀里

像一条失水的大鱼或我最小的儿子

抽搐着死去

而我束手无措。

夜是湿的。哪里有水

什么样的水，洗润我的眼睛

我如果发问，四周漆黑的群山

将响起许多笑声。

3.《平凡的世界》（节选）（路遥）

在这段日子里，严重的干旱已经把庄稼人的心都烤焦了。太阳像火盆一样高悬在空中，山上的庄稼叶子都快晒干了，所有的绿颜色都开始变灰，阳坡上有的庄稼甚至已经枯黄了。庄稼人出于习惯和本能，依然在这些毫无收获指望的土地上辛勤地劳作着，抚哺这些快要死亡的、用他们的血汗浇灌起来的生命。整个村子已经失去了生气，任何人的脸上都再也看不出一丝的笑容来了。到处都能听到庄稼人的叹息，听见他们忧愁地谈论今冬和明年的生计……现在，只有川道里那点有限的水浇地，庄稼还保持着一些鲜活。这是因为入伏后曾用抽水机浇灌了一次的缘故。但是，这点全村人的命根子也已经危在旦夕。因为东拉河里再也坝不住多少水了——这条本来就不大的河，现在从下山村发源地开始，就被沿途各村庄分别拦截了。至于哭咽河的水，早已经涓滴不剩——那位神话中失恋男人的眼泪也被这火辣辣的太阳烤干了。据村里老庄稼人推断，川道的这点庄稼如果再不浇水，恐怕不出一个星期，就和山上的庄稼差不多一样要完蛋了！

阅读打卡计划

打卡	1	2	3	4	5	6	7	8	9	10	11	12	13	14	15
	□	□	□	□	□	□	□	□	□	□	□	□	□	□	□

姓名：_____
年/月：_____
节气：_____
主题：_____
我的评价星级：
☆☆☆☆☆

篇目1：	篇目2：	篇目3：	篇目4：	篇目5：
体裁：	体裁：	体裁：	体裁：	体裁：
阅读速度：	阅读速度：	阅读速度：	阅读速度：	阅读速度：
篇目搜索过程：	篇目搜索过程：	篇目搜索过程：	篇目搜索过程：	篇目搜索过程：
篇目阅读过程：	篇目阅读过程：	篇目阅读过程：	篇目阅读过程：	篇目阅读过程：
篇目赏析：	篇目赏析：	篇目赏析：	篇目赏析：	篇目赏析：

学生自评量表

评价方面	评价内容	评分	
		教师评分	自我评分
阅读情境（30分）	1. 连续坚持每天阅读打卡的情况（10分）		
	2. 合理制定阅读计划并严格、自律地按照阅读计划执行的情况（10分）		
	3. 按要求完成每个篇目"找篇目—读篇目—赏篇目"步骤的情况（10分）		
阅读文本（30分）	1. 查找的篇目与阅读主题相吻合的情况（10分）		
	2. 阅读方式的选择及阅读速度的达成情况（10分）		
	3. 对篇目的理解与鉴赏情况（10分）		
阅读认知过程（40分）	1. 对阅读主题的理解情况（10分）		
	2. 独立、灵活地使用搜索工具查找篇目的情况（10分）		
	3. 对搜索信息进行归纳总结及分析处理的情况（10分）		
	4. 形成积极阅读和自主阅读习惯的情况（10分）		
评价星级	90～100分：☆☆☆☆☆ 80～90分：☆☆☆☆ 70～80分：☆☆☆ 60～70分：☆☆ 60分以下：☆		

悦 读 者 思 维

精读中的两首诗均描写了"山中闲居"的生活，古代有不少诗人尝试过隐居山林的惬意生活，即使在现代，也有很多人向往或实现了"远离都市，隐居山中"的生活。不过，道家哲学思想也有句话，叫做"小隐隐于野，中隐隐于市，大隐隐于朝"，说的是"归隐"的不同境界。你如何理解和看待"归隐"这种生活方式和思想呢？

我是这样想的：

第十三章

立秋日后无多热

立秋是二十四节气中的第十三个节气，也是秋季的第一个节气，标志着孟秋时节的正式开始。"秋"即指暑去凉来。到了立秋，梧桐树开始落叶，因此有"落叶知秋"的成语。从文字角度来看，"秋"字由禾与火字组成，是禾谷成熟的意思。秋季是天气由热转凉，再由凉转寒的过渡性季节。

我国古代将立秋节气的十五天分为三候："一候凉风至；二候白露生；三候寒蝉鸣。"意思是说，刮风时人们会感觉到凉爽，此时的风已不同于暑天中的热风，早晨大地上会有雾气产生，秋天感阴而鸣的寒蝉也开始鸣叫。

晒秋是一种典型的农俗现象，具有极强的地域特色。在湖南、江西、安徽等生活在山区的村民，由于地势复杂，村庄平地极少，只好利用房前屋后及自家窗台、屋顶架晒或挂晒农作物，久而久之就演变成一种传统农俗现象。这种村民晾晒农作物的特殊生活方式和场景，逐步成了画家、摄影家追逐创造的素材，并塑造出诗意般的"晒秋"称呼。

立秋的到来意味着酷日炎炎的日子即将结束，古人也从这徐徐秋风中体会到了初秋季节的凉爽新意，他们是如何描绘的呢？让我们一起从文字中来感悟吧！

（一）课堂精读

夏去秋至，万物开始凋零，微风拨动着花瓣上羞涩可人的露珠，金黄的麦穗在秋风中摇曳，深红的果实在枝头吵闹，看似悲凉的秋季却带给人们喜悦。《秋词二首》是唐代诗人刘禹锡的组诗作品。两首诗的可贵在于诗人对秋天和秋色的感受与众不同，一反过去文人悲秋的传统，赞颂了秋天的美好，让我们来抄写、朗读并背诵，体会诗中的深刻思想和哲理意蕴吧！

对比阅读

1.《秋词二首》（其一）（唐·刘禹锡）

秋词二首（其一）

（唐·刘禹锡）

自古逢秋悲寂寥，我言秋日胜春朝。

晴空一鹤排云上，便引诗情到碧霄。

诵读 思考

问题1：请查阅工具书掌握下列难点字词的意思：

（1）悲寂寥 （2）朝 （3）晴 （4）碧霄

问题2：诗的第二句描写了秋天怎样的景象？

问题3：这首诗表现了诗人怎样的人生态度和情怀？

问题4：作者采用了怎样的写作手法？

问题5：诗中"鹤"的描写和运用非常别致，请阐述你的分析和理解。

问题6：作者喜爱秋日，中国秋季的主要气候特征是怎样的呢？为何会有四季？一年四季中你最喜欢哪个季节？

学习 单

我的阅读篇目		我的评价星级	☆☆☆☆☆
诗中不理解的字词			
发现问题与解决问题		解决问题与收获感悟	
老师的阅读问题/我的阅读问题： 1. 2. 3. 4. 5.		我的答案： 1. 2. 3. 4. 5.	
我打算解决问题的办法：（上网查资料/图书馆查资料/询问家长/其他）	为解决问题做个小计划： 第一步： 第二步： 第三步：	赏析我喜欢的诗句：	
我的新疑问： 1. 2. 3.		写下我的读后感受：	

2.《秋词二首》（其二）（唐·刘禹锡）

秋词二首（其二）

（唐·刘禹锡）

山明水净夜来霜，数树深红出浅黄。

试上高楼清入骨，岂如春色嗾人狂。

诵读 思考

问题1：请查阅工具书掌握下列难点字词的意思：

（1）深红 （2）浅黄 （3）入骨 （4）嗾

问题2：作者描写了秋天里哪些景物和景色？

问题3："山明水净夜来霜"，请问秋天夜里为何有霜？霜是怎么形成的？

问题4：这首诗的末句运用了什么样的写作手法？

问题5：这首诗表现了作者怎样的思想和心情？

学习 单

我的阅读篇目		我的评价星级	☆ ☆ ☆ ☆ ☆
诗中不理解的字词			
发现问题与解决问题		解决问题与收获感悟	
老师的阅读问题/我的阅读问题： 1. 2. 3. 4. 5.		我的答案： 1. 2. 3. 4. 5.	
我打算解决问题的办法：（上网查资料/图书馆查资料/询问家长/其他）	为解决问题做个小计划： 第一步： 第二步： 第三步：	赏析我喜欢的诗句：	
我的新疑问： 1. 2. 3.		写下我的读后感受：	

对比 思考

请同学们思考、讨论并回答以下问题：

问题1：《秋词两首》（其一）和《秋词两首》（其二）两首诗的主题相同，但各写一面，请做简要阐述和分析。

问题2：《秋词两首》（其一）和《秋词两首》（其二）描写了哪些不同的景象？

问题3：请阅读作者其他作品，并了解作者生平，谈谈你对其作品的印象和感受。

教师精评量表

评价方面	评价内容	教师评分	自我评分
阅读情境 （20分）	1. 学习单/故事地图/辩论会/课本剧按要求填表完成的情况（10分）		
	2. 完成学习单/故事地图/辩论会/课本剧任务要求的积极主动性（10分）		
阅读文本 （40分）	1. 对字、词、句、段的理解情况（10分）		
	2. 对文中精彩字、词、句、段的鉴赏情况（10分）		
	3. 阅读速度达到规定要求的情况（10分）		
	4. 朗读参与情况与背诵完成情况（10分）		
阅读认知过程 （40分）	1. 带着问题阅读或在阅读中提出问题的情况（10分）		
	2. 借助阅读工具搜索信息解决阅读疑难问题的情况（20分）		
	3. 参与教师提问及阅读交流的情况（10分）		
评价星级	90～100分：☆☆☆☆☆ 80～90分：☆☆☆☆ 70～80分：☆☆☆ 60～70分：☆☆ 60分以下：☆		

（二）小组选读

✧ 请快速浏览下面与"立秋"节气相关的【分级阅读】篇目：唐诗《初秋》《忆江上吴处士》以及散文《故都的秋》，借助工具书掌握陌生字词。

✧ 选择自己感兴趣的篇目大声诵读，并与选择相同篇目的同学组成"专家组"，对篇目的精彩语段及中心思想进行研读和讨论，踊跃发表自己的看法。

❖ 填写下面的任务单，为召开"小专家读书会"做准备，与全班同学分享交流本组的观点和想法吧！

分级阅读

A.《初秋》（唐·孟浩然）

不觉初秋夜渐长，清风习习重凄凉。

炎炎暑退茅斋静，阶下丛莎有露光。

B.《忆江上吴处士》（唐·贾岛）

闽国扬帆去，蟾蜍亏复圆。

秋风吹渭水，落叶满长安。

此地聚会夕，当时雷雨寒。

兰桡殊未返，消息海云端。

C.《故都的秋》（郁达夫）

秋天，无论在什么地方的秋天，总是好的；可是啊，北国的秋，却特别地来得清，来得静，来得悲凉。我的不远千里，要从杭州赶上青岛，更要从青岛赶上北平来的理由，也不过想饱尝一尝这"秋"，这故都的秋味。

江南，秋当然也是有的，但草木凋得慢，空气来得润，天的颜色显得淡，并且又时常多雨而少风；一个人夹在苏州上海杭州，或厦门香港广州的市民中间，混混沌沌地过去，只能感到一点点清凉，秋的味，秋的色，秋的意境与姿态，总看不饱，尝不透，赏玩不到十足。秋并不是名花，也并不是美酒，那一种半开、半醉的状态，在领略秋的过程上，是不合适的。

不逢北国之秋，已将近十余年了。在南方每年到了秋天，总要想起陶然亭的芦花，钓鱼台的柳影，西山的虫唱，玉泉的夜月，潭柘寺的钟声。在北平即使不出门去吧，就是在皇城人海之中，租人家一椽破屋来住着，早晨起来，泡一碗浓茶，向院子一坐，你也能看得到很高很高的碧绿的天色，听得到青天下驯鸽的飞声。从槐树叶底，朝东细数着一丝一丝漏下来的日光，或在破壁腰中，静对着像喇叭似的牵牛花（朝荣）的蓝朵，自然而然地也能够感觉到十分的秋意。说到了牵牛花，我以为以蓝色或白色者为佳，紫黑色次之，淡红色最下。最好，还要在牵牛花底，叫长着几根疏疏落落的尖细且长的秋草，使作陪衬。

北国的槐树，也是一种能使人联想起秋来的点缀。像花而又不是花的那一种落蕊，早晨起来，会铺得满地。脚踏上去，声音也没有，气味也没有，只能感出一点点极微细极柔软的触觉。扫街的在树影下一阵扫后，灰土上留下来的一条条扫帚的丝纹，看起来既觉得细腻，又觉得清闲，潜意识下并且还觉得有点儿落寞，古人所说的梧桐一叶而天下知秋的遥想，大约也就在这些深沉的地方。

秋蝉的衰弱的残声，更是北国的特产，因为北平处处全长着树，屋子又低，所以无论在什么地方，都听得见它们的啼唱。在南方是非要上郊外或山上去才听得到的。这秋蝉的嘶叫，在北方可和蟋蟀耗子一样，简直像是家家户户都养在家里的家虫。

还有秋雨哩，北方的秋雨，也似乎比南方的下得奇，下得有味，下得更像样。

在灰沉沉的天底下，忽而来一阵凉风，便息列索落地下起雨来了。一层雨过，云渐渐地卷向了西去，天又晴了，太阳又露出脸来了，著着很厚的青布单衣或夹袄的都市闲人，咬着烟管，在雨后的斜桥影里，上桥头树底下去一立，遇见熟人，便会用了缓慢悠闲的声调，微叹着互答着地说：

"唉，天可真凉了——"（这了字念得很高，拖得很长。）

"可不是吗？一层秋雨一层凉了！"

北方人念阵字，总老像是层字，平平仄仄起来，这念错的歧韵，倒来得正好。

北方的果树，到秋天，也是一种奇景。第一是枣子树，屋角，墙头，茅房边上，灶房门口，它都会一株株地长大起来。像橄榄又像鸽蛋似的这枣子颗儿，在小椭圆形的细叶中间，显出淡绿微黄的颜色的时候，正是秋的全盛时期，等枣树叶落，枣子红完，西北风就要起来了，北方便是沙尘灰土的世界，只有这枣子、柿子、葡萄，成熟到八九分的七八月之交，是北国的清秋的佳日，是一年之中最好也没有的Golden Days。

有些批评家说，中国的文人学士，尤其是诗人，都带着很浓厚的颓废的色彩，所以中国的诗文里，赞颂秋的文字特别的多。但外国的诗人，又何尝不然？我虽则外国诗文念的不多，也不想开出账来，做一篇秋的诗歌散文钞，但你若去一翻英德法意等诗人的集子，或各国的诗文的Anthology来，总能够看到许多关于秋的歌颂和悲啼。各著名的大诗人的长篇田园诗或四季诗里，也总以关于秋的部分，写得最出色而最有味。足见有感觉的动物，有情趣的人类，对于秋，总是一样地特别能引起深沉、幽远、严厉、萧索的感触来的。不单是诗人，就是被关闭在牢狱里的囚犯，到了秋天，我想也一定能感到一种不能自己的深情，秋之于人，何尝有国别，更何尝有人种阶级的区别呢？不过在中国，文字里有一个"秋士"的成语，读本里又有着很普遍的欧阳子的《秋声》与苏东坡的《赤壁赋》等，就觉得中国的文人，与秋的关系特别深了，可是这秋的深味，尤其是中国的秋的深味，非要在北方，才感受得到底。

南国之秋，当然也是有它的特异的地方的，比如廿四桥的明月，钱塘江的秋潮，普陀山的凉雾，荔枝湾的残荷等等，可是色彩不浓，回味不永。比起北国的秋来，正像是黄酒之与白干，稀饭之与馍馍，鲈鱼之与大蟹，黄犬之与骆驼。

秋天，这北国的秋天，若留得住的话，我愿把寿命的三分之二折去，换得一个三分之一的零头。

一九三四年八月在北平

小专家读书会

我选取的文章题目及级别：_____（A级/B级/C级）　　我参加的专家组：_____　　我的评价星级：☆☆☆☆☆

读书会主题：

专家组成员及观点	我的发言	小组讨论纪要

我的收获与感悟：

组内互评量表

评价方面	评价内容	评分	
		教师评分	自我评分
阅读情境（20分）	1. 专家组组织成立及分工合作情况（10分）		
	2. "小专家读书会"按要求填表及准备充分情况（10分）		
阅读文本（30分）	1. 选文级别情况（10分）（A级10分；B级7分；C级5分）		
	2. 选文研读，对字、词、句、段及文章中心思想的理解情况（10分）		
	3. 阅读速度达到规定要求的情况（10分）		
阅读认知过程（50分）	1. 在专家组研讨中提问与交流情况（10分）		
	2. 通过借助阅读工具搜索信息解决小组中阅读疑难问题的情况（10分）		
	3. 在专家组研讨中个人观点表达情况（20分）		
	4. 在"小专家读书会"中阅读讲解与汇报分享情况（10分）		
评价星级	90～100分：☆☆☆☆☆ 80～90分：☆☆☆☆ 70～80分：☆☆☆ 60～70分：☆☆ 60分以下：☆		

（三）主题自读

　　落叶是秋天的使者，它以最美的舞姿向生灵们昭示：秋之将至。之后，落叶回到温厚的泥土中以膜拜的姿态欣赏这场秋的绚然和精彩。是秋让张扬了一夏、身心俱疲的叶得以回归到根的港湾。

　　落叶带来了天高云淡，带来了秋高气爽，更带来了古今文人墨客的低吟浅唱，《淮南子·说山训》中写道："以小见大，见一叶落而知岁之将暮"，宋代唐庚在《文录》引唐人诗："山僧不解数甲子，一叶落知天下秋"。两首诗词都寓意着从一片树叶的凋落便可知道秋天的到来。让我们一起来寻找、诵读并赏析描写"落叶"的经典篇目，共同迎接秋季的到来吧！

✎主题　落叶——一叶落知天下秋

　　从立秋之日起，以"落叶"为主题，开始15天的"阅读打卡计划"吧！按照计划，每3天完成一篇篇目的搜索、阅读和赏析。

　　◇ 略读下面三篇【推荐阅读】，理解诗词及文段的基本大意，揣摩"落叶"主题的含义。

　　◇ 搜索5篇有关描写"落叶"的篇目，可以包括古诗词、散文、诗歌、小说选段等多种体裁。

　　◇ 记录自己阅读古诗词及诗歌的方式，阅读篇幅较长的散文、小说选段等尽量保持在每分钟300字。

　　◇ 对阅读的篇目中的精彩语句、段落或是打断自己的内容及思想进行赏析。

　　◇ 将阅读速度、搜索过程、阅读记录、赏析要点等内容填写进"阅读打卡计划记录单"中。

推荐阅读

1.《秋风辞》（汉·刘彻）

秋风起兮白云飞，草木黄落兮雁南归。

兰有秀兮菊有芳，怀佳人兮不能忘。

泛楼船兮济汾河，横中流兮扬素波。

箫鼓鸣兮发棹歌，欢乐极兮哀情多。

少壮几时兮奈老何！

2.《水仙子·夜雨》（元·徐再思）

一声梧叶一声秋，一点芭蕉一点愁，三更归梦三更后。

落灯花棋未收，叹新丰孤馆人留。

枕上十年事，江南二老忧，都到心头。

3.《落叶赋》（陈夫）

我是不愿过秋的，虽然有着其他季节无法极目的"万山红遍，层林尽染"，但千万生命在这样一个时空里悄无声息的接连交付与殒消，叫人又如何能高兴的起。早年我见过一本出版志摩的散文集子《落叶》，有位编者在书的封面自我卖情与讨好的题了这么一句促销语"浓得化不开的情感"，这一经典语当然也是出自志摩手笔。但此般移花接木的一用，一个唯美的志摩在早逝数年后顿然消失了，一个人性麻木的志摩在世人不经意的一个好意中走来了。何等的冤屈，若他知得世人将自己看作直面叶儿落亡与惨淡时仍能心揣无穷雀跃，那该情何以堪？

相与叶落，反正我是难以高兴的，想来志摩也不会。一片片叶落，一个个生命从此归零既成往事，你可以漠视，可以坐观，可以默默祝它们一路走好，但倘若思忖着逃开，终究只能是想像的份。秋天的叶儿交付生命太过集中，越想不见，它们越要从你的头顶掠过，从你的眼前滑下，停在你敏感的掌心，停在你匆匆的脚间。秋天的叶儿太知道人类情感的软肋，它们在你必经的街道时疏时密的落起叶雨，直到淋得你有所思绪；在你必经的开阔地早早赶去扎起堆，扎得一片死寂，扎得你怅然若失；也会在你必去的山色湖光里飘摇着游弋着，在你朝夕守望的窗台上下纷飞着嘀嗒着，只那么轻轻的一摇，走到哪都相随着它们的身影；只那么偶然的一嘀，整夜的梦都是关乎着它们的情节。

落叶，就这么轻轻的在自己的知音心上一落，给命运相济的知音们带去了太多的沉重，知音里的一群家天下的文人们在看到它们时忽然想到，自己正是无根的随风游子。这群文人带着自信的步履浪迹天涯，但终于有一天停了下来，一个个足以触动内心世界最脆弱的景观令他们惊惶，于是他们第一次开始真正解读自己。看上一阵秋色，又闭上一阵双目，再看一阵，再闭一阵，心不由一酸，一股惨淡、落破、颠沛的失意情怀迅速淹没了内心多年来不知何处是他乡的自由主张，原本以为早不在乎的安居态度还一直在体内强烈的潜伏着。他们害怕了，茫然了，也清醒了。在滕王阁赴宴的王勃看着漫天尽染的秋叶，又看了看满座的陌生宾朋，一个游子毫无存在的羁客伤感滚滚而来。他在《秋日登洪府滕王阁饯别序》中提笔写道："天高地迥，觉宇宙之无穷；兴尽悲来，识盈虚之有数。望长安于日下，目吴会于云间。地势极而南溟深，天柱高而北辰远。关山难越，谁悲失路之人？萍水相逢，尽是他乡之客。"孔绍安"早秋惊落叶，飘零似客心"的真切心境，对于此时正美酒当口的王勃，又何尝不是感同身受。而数年后走在夜郎流放途中的李太白，在面对秃丘上的一株枯蒿几片落叶时更是催人泪下，一位老游子大诗人迫急的故里归属之愿彰露无遗，他几乎卑微与遗憾的悲叹："惭君能卫根，叹我远移足。白日知分照，还归守故园"。

就在这群文人与落叶激烈的交织共鸣时，另一群文人则显得异常平静。他们生活最多的时间与地点就是逗留在自己的寓所，因而没有了故里归属的不解心结，在他们心里只放着淡泊，从不狂热也不诋毁游子世界里的天涯与自由，本着低调而高蹈的活着，本着与落叶相见不惊。在这么一颗颗即便"一箪食，一瓢饮，在陋巷，人不堪其忧"的恬静而知足的心灵面前，落叶一下失去了魔力，世界一下没了声音。看着流水带着落叶，刘禹锡在篦宅中轻吟："斯是陋室，唯吾得馨。"听着头顶落叶的窸窣纷飞，五柳先生在东篱下看了看此刻正气象勃发的南山，无比闲适道："采菊东篱下，悠然见南山。"而结庐小孤山的林逋更是气淡神闲，带着他的鹤子在漫山落英里来来回回，任落霞与孤鹜齐飞。

落叶，是秋放飞的心思，它们有点莫名的诗性悲情，一生中仅仅一次的跳跃便笼络了所有人的心；落叶更有点霸道，它们不放过任何一个能够容身之所，滕王阁、南山、林泉以及你温柔的心房。它们不让你有一点轻松，白天一片一簇的活在你的眼里，夜晚没了灯火便睡在你的梦里。再也无处可逃，躲不进周树人的小楼，躲不进志摩的被窝，我们终将成为它们的知音，也终将在它们面前分流成两群文人，一群往来陋室，一群做客滕王阁。

阅读打卡计划

打卡

| 1 | 2 | 3 | 4 | 5 | 6 | 7 | 8 | 9 | 10 | 11 | 12 | 13 | 14 | 15 |

姓名：_____
年/月：_____
节气：_____
主题：_____
我的评价星级：
☆☆☆☆☆

篇目1： 体裁： 阅读速度：	篇目2： 体裁： 阅读速度：	篇目3： 体裁： 阅读速度：	篇目4： 体裁： 阅读速度：	篇目5： 体裁： 阅读速度：
篇目搜索过程：	篇目搜索过程：	篇目搜索过程：	篇目搜索过程：	篇目搜索过程：
篇目阅读过程：	篇目阅读过程：	篇目阅读过程：	篇目阅读过程：	篇目阅读过程：
篇目赏析：	篇目赏析：	篇目赏析：	篇目赏析：	篇目赏析：

📖 学生自评量表

评价方面	评价内容	评分	
		教师评分	自我评分
阅读情境 （30分）	1. 连续坚持每天阅读打卡的情况（10分）		
	2. 合理制定阅读计划并严格、自律地按照阅读计划执行的情况（10分）		
	3. 按要求完成每个篇目"找篇目—读篇目—赏篇目"步骤的情况（10分）		
阅读文本 （30分）	1. 查找的篇目与阅读主题相吻合的情况（10分）		
	2. 阅读方式的选择及阅读速度的达成情况（10分）		
	3. 对篇目的理解与鉴赏情况（10分）		
阅读认知过程 （40分）	1. 对阅读主题的理解情况（10分）		
	2. 独立、灵活地使用搜索工具查找篇目的情况（10分）		
	3. 对搜索信息进行归纳总结及分析处理的情况（10分）		
	4. 形成积极阅读和自主阅读习惯的情况（10分）		
评价星级	90～100分：☆☆☆☆☆ 80～90分：☆☆☆☆ 70～80分：☆☆☆ 60～70分：☆☆ 60分以下：☆		

悦 读 者 思 维

　　刘禹锡的《秋词二首》写出了作者一反大众的"悲秋"心理，描写了秋天积极、活泼的色彩和景象。中国自古便有"从众"和"求异"两种心理状态。"从众"心理也就是"随大流"、人云亦云，而"求异"心理是做事力求与众不同。你有过类似的两种经历吗？你更倾向于哪种心理呢？请结合自己的亲身经历，谈谈你对这两种心理的认识和评价。

　　我是这样想的：

第十四章

一度暑出处暑时

处暑节气表示炎热即将过去，暑气将于这一天结束，"处"含有躲藏、终止意思。处暑既不同于小暑、大暑也不同于小寒、大寒节气，它是代表气温由炎热向寒冷过渡的节气。天文专家称，处暑当天，太阳直射点已经由"夏至"那天的北纬23°26′，向南移动到北纬11°28′。北京城区，白昼长度已经由夏至的15小时缩短到13小时25分钟，正午太阳高度也由夏至的73°32′降低至61°34′，人们可以明显感觉到太阳开始偏南了。随着太阳高度的继续降低，所带来的热力也随之减弱。

我国古代将处暑节气的十五天分为三候："一候鹰乃祭鸟；二候天地始肃；三候禾乃登。"意思是说，老鹰开始大量捕猎鸟类，天地间万物开始凋零，"禾乃登"的"禾"指的是黍、稷、稻、粱类农作物的总称，"登"即成熟的意思。处暑以后，除华南和西南地区外，我国大部分地区雨季即将结束，降水逐渐减少，水稻成熟收割。尤其是华北、东北和西北地区必须抓紧蓄水、保墒；以防秋种期间出现干旱而延误冬作物的播种期。

处暑之后，秋意渐浓，秋高气爽，正是人们畅游郊野迎秋赏景的好时节，让我们在古诗词中品味处暑时节的浪漫吧！

（一）课堂精读

漫漫秋夜，天高露浓，清冷的月光洒下大地，引得人们数不尽的思念与忧愁。宋代两位女词人李清照和朱淑真在作品《一剪梅·红藕香残玉簟秋》和《秋夜》里均表达了自己夜久无眠的思绪，她们的"秋愁"是否一样呢？

对比阅读

1.《一剪梅·红藕香残玉簟秋》（宋·李清照）

一剪梅·红藕香残玉簟秋

（宋·李清照）

红藕香残玉簟秋。轻解罗裳，独上兰舟。

云中谁寄锦书来？雁字回时，月满西楼。

花自飘零水自流。一种相思，两处闲愁。

此情无计可消除，才下眉头，却上心头。

诵读 思考

问题1：请查阅工具书掌握下列难点字词的意思：

（1）玉簟　（2）兰舟　（3）锦书　（4）雁字

问题2：首句"红藕香残玉簟秋"刻画了怎样的景色？烘托出作者怎样的情怀？

问题3："雁字回时，月满西楼"，请问雁群秋天要飞回哪里？为何大雁总是成群结队？它们为什么要迁徙？

问题4：上阕的后五句按顺序写词人从昼到夜一天内所作之事、所触之景、所生之情，请用自己的话进行复述。

问题5：如何理解"才下眉头，却上心头"这一句？

问题6：你认为这首词的核心词是什么？

故事 地图

文章题目：_____		我的评价星级：☆☆☆☆☆
"红藕香残"户外之景	"玉簟秋"室内之物	词人之思
词人"日"所做之事		词人"晚"所做之事

2.《秋夜》（宋·朱淑真）

秋夜

（宋·朱淑真）

夜久无眠秋气清，烛花频剪欲三更。

铺床凉满梧桐月，月在梧桐缺处明。

诵读 思考：

问题1：请查阅工具书掌握下列难点字词的意思

（1）秋气 （2）清 （3）烛花

问题2：诗中写道"烛花频剪欲三更"，"剪烛"这一动作频频出现在诗词中，它反映了一种怎样的物理现象？

问题3：请思考首句描写了怎样的时间、环境、作者的心态。

问题4：第二句诗描写了作者怎样的活动？

问题5：第三句中的"凉"字是全诗的诗眼，请说说你的理解。

问题6：整首诗抒发了作者怎样的情感？

故事 地图：

文章题目：_____		我的评价星级：☆☆☆☆☆
词中之"时"	漫漫秋夜之景	秋夜所做之事
词中之月		词人之"愁"

对比 思考：

请同学们思考、讨论并回答以下问题：

问题1：《一剪梅·红藕香残玉簟秋》和《秋夜》分别描写了怎样的秋夜图？

问题2：闺怨诗大多都描摹细腻，在《一剪梅·红藕香残玉簟秋》和《秋夜》两首词中是怎样体现的？

问题3：《一剪梅·红藕香残玉簟秋》和《秋夜》两首词分别表现了两位女词人怎样的情感，请谈谈你对这种情感的理解。

✍ 教师精评量表

评价方面	评价内容	评分	
		教师评分	自我评分
阅读情境（20分）	1. 学习单/故事地图/辩论会/课本剧按要求填表完成的情况（10分）		
	2. 完成学习单/故事地图/辩论会/课本剧任务要求的积极主动性（10分）		
阅读文本（40分）	1. 对字、词、句、段的理解情况（10分）		
	2. 对文中精彩字、词、句、段的鉴赏情况（10分）		
	3. 阅读速度达到规定要求的情况（10分）		
	4. 朗读参与情况与背诵完成情况（10分）		
阅读认知过程（40分）	1. 带着问题阅读或在阅读中提出问题的情况（10分）		
	2. 借助阅读工具搜索信息解决阅读疑难问题的情况（20分）		
	3. 参与教师提问及阅读交流的情况（10分）		
评价星级	90～100分：☆ ☆ ☆ ☆ ☆ 80～90分：☆ ☆ ☆ ☆ 70～80分：☆ ☆ ☆ 60～70分：☆ ☆ 60分以下：☆		

（二）小组选读

◇ 请快速浏览下面与"处暑"节气相关的【分级阅读】篇目：宋词《丑奴儿·书博山道中壁》、唐诗《早秋曲江感怀》与散文《北京秋天下午的我》（节选），借助工具书掌握陌生字词。

◇ 选择自己感兴趣的篇目大声诵读，并与选择相同篇目的同学组成"专家组"，对篇目的精彩语段及中心思想进行研读和讨论，踊跃发表自己的看法。

◇ 填写下面的任务单，为召开"小专家读书会"做准备，与全班同学分享交流本组的观点和想法吧！

分级阅读

A.《丑奴儿·书博山道中壁》（宋·辛弃疾）

> 少年不识愁滋味，爱上层楼。爱上层楼，为赋新词强说愁。
>
> 而今识尽愁滋味，欲说还休。欲说还休，却道天凉好个秋。

B.《早秋曲江感怀》（唐·白居易）

> 离离暑云散，袅袅凉风起。
>
> 池上秋又来，荷花半成子。
>
> 朱颜易销歇，白日无穷已。
>
> 人寿不如山，年光急于水。
>
> 青芜与红蓼，岁岁秋相似。
>
> 去岁此悲秋，今秋复来此。

C.《北京秋天下午的我》（节选）（莫言）

　　据说北京的秋天最像秋天，但秋天的北京对于我却只是一大堆凌乱的印象。因为我很少出门，出门也多半是在居家周围的邮局、集市活动，或寄书，或买菜，目的明确，直奔目标而去，完成了就匆匆还家，沿途躲避着凶猛的车辆和各样的行人，几乎从来没有仰起头来，像满怀哲思的屈原或悠闲自在的陶潜一样望一望头上的天。

　　据说北京秋季的天是最蓝的，蓝得好似澄澈的海，如果天上有几朵白云，白云就像海上的白帆。如果再有一群白鸽在天上盘旋，鸽哨声声，欢快中蕴涵着几丝悲凉，天也就更像传说中的北京秋天的天了。但我在北京生活这些年里，几乎没有感受到上个世纪里那些文人笔下的北京的秋天里美好的天。没有了那样的天，北京的秋天就仅仅是一个表现在日历牌上的季节，使生活在用空调制造出来的暧昧温度里、很少出门的人忘记了它。

　　北京秋天的下午，我偶尔去菜市场采买。以前，北京的四季，不但可以从天空的颜色和植物的生态上分辨出来，而且还可以从市场上的蔬菜和水果上分辨出来。但现在的北京，由于交通的便捷和流通渠道的畅通，天南海北的水果一夜之间就可以跨洋越海地出现在市上。尤其是农业科技的进步，使季节对水果的生长失去了制约。比如从前，中秋节时西瓜已经很稀罕，而围着火炉吃西瓜更是一个梦想，但现在，即便是大雪飘飘的天气里，菜市场上，照样有西瓜卖。大冬天卖海南岛生产的西瓜不算稀奇，大冬天卖京郊农村塑料大棚里生产的西瓜也不算稀奇了。市上的水果蔬菜实在是丰富得让人眼花缭乱无所适从，东西多了，就没有好东西了。

北京的秋天最为著名的地方就是香山，而香山的名气多半是因为那每到深秋就红遍了山坡的树叶。长红叶的树木多半是枫树。我猜想，当年曹雪芹曾经爬上过香山观赏过红叶，纳兰性德也上去过，许多达官贵人、社会名流也上去过。周作人在那附近的庙里住过很长时间，写出的文章里秋气弥漫，还有一股子树叶的苦涩味道。我在北京生活了近二十年，始终没去过香山。但似乎对那个地方并不陌生，那漫山遍野的红叶在我的脑海里存在着。如果真去了，肯定失望。我知道看红叶的人比红叶还要多，美景必须静观，热闹处无美景。

现在是北京秋天的一个下午，我打破下午不写作的习惯，坐在书桌前，回忆着古人关于秋天的诗句来结束这篇文章："八月秋高风怒号，卷我屋上三重茅"，"秋风忽洒西园泪，满目山阳笛里人"，"枫叶纷纷落叶多，洞庭秋水晚来波"……古人有"悲秋"之说，大概是因为秋天的景象里昭示着繁华将逝，秋天的气候又暗示着寒冷将至，所以诗中的秋天总是有那么几分无可奈何的凄凉感。但也有唱反调的。李白就说："我觉秋兴逸，谁云秋兴悲"；刘禹锡说："自古逢秋悲寂寥，我言秋日胜春朝"；杜甫说："无边落木萧萧下，不尽长江滚滚来"；黄巢说："待到秋来九月八，我花开放百花杀"；毛泽东说："万木霜天红烂漫，天兵怒气冲霄汉"。但即便是反调文章，也没有把悲变为喜，只不过是把悲凉化为悲壮而已。

小专家读书会

我选取的文章题目及级别：_____（A级/B级/C级）	我参加的专家组：_____	我的评价星级：☆☆☆☆☆

读书会主题：

专家组成员及观点	我的发言	小组讨论纪要

我的收获与感悟：

组内互评量表

评价方面	评价内容	评分	
		教师评分	自我评分
阅读情境（20分）	1. 专家组组织成立及分工合作情况（10分）		
	2. "小专家读书会"按要求填表及准备充分情况（10分）		
阅读文本（30分）	1. 选文级别情况（10分）（A级10分；B级7分；C级5分）		
	2. 选文研读，对字、词、句、段及文章中心思想的理解情况（10分）		
	3. 阅读速度达到规定要求的情况（10分）		
阅读认知过程（50分）	1. 在专家组研讨中提问与交流情况（10分）		
	2. 通过借助阅读工具搜索信息解决小组中阅读疑难问题的情况（10分）		
	3. 在专家组研讨中个人观点表达情况（20分）		
	4. 在"小专家读书会"中阅读讲解与汇报分享情况（10分）		
评价星级	90～100分：☆☆☆☆☆ 80～90分：☆☆☆☆ 70～80分：☆☆☆ 60～70分：☆☆ 60分以下：☆		

（三）主题自读

处暑前后，民间会有庆赞中元的民俗活动，俗称作"七月半"或"中元节"。中元节是中国传统祭祖大节之一，也是流行于汉字文化圈诸国的传统文化节日。每到中元节，家家祭祀祖先，供奉时行礼如仪。海外华人华侨在中元、清明等节日期间会寄批银，否则便会被人认为是对祖宗不敬、对长辈不孝、对妻子不负责任的不成器之下等人。

《礼记·祭统》云："凡治人之道，莫急于礼；礼有五经，莫重于祭。"祭祀是华夏礼典的一部分，是国人对民族本源的尊重和追思，在中华民族的历史中具有深刻的文化意义，是对生命的敬畏，是对孝道的发扬。"祭"是向祖先、向天地汇报工作。"祀"是希望天地祖先对自己未来的新工作给予新的指导、教诲和启发。比如，皇帝御驾亲征要去攻打戎狄国家，在大军出发之前，就会举行祭祀大典。让我们一起来寻找、诵读描写"祭祀"的经典篇目，了解这项民俗活动的过程、礼仪和意义。

主题　祭祀——寂寂焚香在仙观

从处暑之日起，以"祭祀"为主题，开始15天的"阅读打卡计划"吧！按照计划，每3天完成一篇篇目的搜索、阅读和赏析。

◇ 略读下面三篇【推荐阅读】，理解诗词及文段的基本大意，揣摩"祭祀"主题的含义。

◇ 搜索5篇有关描写"祭祀"的篇目，可以包括古诗词、散文、诗歌、小说选段等多种体裁。

　　◇ 记录自己阅读古诗词及诗歌的方式，阅读篇幅较长的散文、小说选段等尽量保持在每分钟300字。

　　◇ 对阅读的篇目中的精彩语句、段落或是打断自己的内容及思想进行赏析。

　　◇ 将阅读速度、搜索过程、阅读记录、赏析要点等内容填写进"阅读打卡计划记录单"中。

推荐阅读

1.《九歌·礼魂》（楚辞·屈原）

> 成礼兮会鼓，传芭兮代舞，姱女倡兮容与。
> 春兰兮秋菊，长无绝兮终古。

2.《中元日赠张尊师》（唐·令狐楚）

> 偶来人世值中元，不献玄都永日闲。
> 寂寂焚香在仙观，知师遥礼玉京山。

3.《回忆中元节》（唐镇河）

　　农历七月十五，云霄人称七月半，又叫中元节，是个仅次于春节的十分隆重的民间节日。

　　据传说，这个节日源于道教的中元节和佛教的盂兰盆节两个民俗节日相结合的产物。

　　道教记载，地藏菩萨的母亲去世后来到阴曹地府，被关在牢房里受到十八层地狱的种种折磨，地藏菩萨是个孝顺的儿子，看到母亲受罪心中不忍，在七月十五这天竟徇私情，让看守牢房的狱警把他母亲偷偷放出来，牢房中的鬼魂趁机蜂拥而出，跑到人间索要食物钱财，以便回去用来生活和打通关节，早日托生。后来，人们把这一天定为中元节，并准备丰盛的酒肉食品祭拜祖先与阴间鬼魂。

　　佛经故事叙述：目连之母堕落饿鬼道中，食物入口即化为烈火，饥苦太甚，命似倒悬。目连求救于佛祖，佛祖令其作盂兰盆，至七月十五日具百味五果于盆中，供养十方僧众，而后，其母得以脱离鬼道，升入天堂。后世因之兴起盂兰盆会。

　　由此可见，"中元节"源于宏扬传统美德的慈善孝心。因为亲情的感召，血脉的延伸，今天，我们以庄重的仪式，虔诚的态度为逝世的先人祭拜烧纸，送去礼物，但区区物品，永远捎不完我们对远去亲人的绵绵哀思和深深怀念。

　　清代文人王凯泰曾有诗云："道场普渡妥幽魂，原有盂兰古意存。却怪红笺贴门首，肉山酒海庆中元。"描绘的便是我们闽南沿海一带民间过中元节的习俗。

　　在云霄，从农历七月初一到三十，不管是城镇或是乡村，都有人轮流做中元节，做节的那天下午，家家户户的门口都会摆上两张一高一矮的桌子，高桌的供品有菜饭、鸡、鸭、鱼、猪肉、香肠等食品应有尽有，以及时鲜蔬菜，名牌白酒和啤酒。矮桌的供品是碗、炉、米，两盘甜糕、两盘水果、三杯清茶，各种食品上面还分别插上一支纸糊的彩色镶边三角旗，里边写着"合家平安"，"大吉利市""五谷丰登""六畜兴旺"等字样。整个祭拜仪式井井有条，当事者的神情虔诚而庄重，点完三柱香以后，还要焚烧寿金大银，接着再酹祭五杯白酒，持续时间大约两个钟头。

中元节祭祀，有的人简单地把它归结为迷信，笔者却有不同的见解，我们给已逝祖先烧几张纸看似古板粗俗，实际上表达一种精神寄托，它蕴含着丰富的思想道德和伦理内涵。这是对离去亲人的一种感激和怀念，是同另一个世界人的一次对话，彼此之间的心灵沟通，是人类种族和精神的一种延续。假如亲人活着的时候，作为晚辈，我们有违背忤逆或照顾不周的地方，在祭祀烧纸的时候，你可以反省自己的行为或过失，哪怕自责检讨几句，也许能求得心理的平衡和宽慰。

看到现在，人们祭拜祖先大都使用机器印刷的花花绿绿的美元、港币，而且大面值的，一张就是十万、百万，加上大小不一的白晃晃、冷冰冰的金元宝，总觉得味道变异，不如手工打印的纸钱来的亲切自然。听长辈说，给阴间的人送钱花，新式的钞票不好使，面值越大找钱越麻烦，最实用的是木头刻成铜钱模型打印出来的纸钱。小时候，过中元节和清明节，我就经常帮父母做这件事。他们告诉我，打纸钱时有许多讲究，最好是嫡亲的后代，一定要男孩，敲打模型的工具必须是木头材料，打印的痕迹不能重叠，规格分明。因此，我在打印时，总是格外仔细认真校准模型的角度，担心打偏了或者钱币模糊，祖先在使用时，遭到拒绝。比较过去，虽然现在钱币多多，五花八门，样子美观，我老是觉得，由后代手工笃笃打印出来的纸钱更能体现出对祖先的一片真情。

过中元节另有一个重要的祭奠仪式，那就是放河灯了。放河灯的目的，是普渡水中的落水鬼和其他孤魂野鬼，俗称："慈航普渡"。云霄民间习惯用细竹条捆扎五色纸，制作各色彩灯，底座上通常点放灯盏或蜡烛，中元夜放在江河之中，任其自由漂浮，顺水流走。有的人家还要在灯上写明亡者姓名。有的把纸张材料巧妙裁剪折叠成一只帆船，把它称做大法船。船上模拟一人手持捻珠，代表目连，有的装扮成慈眉善目的观音菩萨。听说，这样可将一切亡灵超渡到彼岸的极乐世界。皓月当空的夜晚，将纸船与纸灯置放河中，让其顺水漂流。人们根据纸灯的漂浮状况，来判断亡魂是否得救。如果纸灯中途停滞不前或者绕着圆圈打转，被认为让鬼魂拖住了。如果纸灯沉入水底，就推测亡魂脱离苦海，即刻投胎转世了。如果纸灯漂流很远或者靠岸，意味着亡魂幸运到达彼岸世界，晋级神仙行列了。

放河灯，应以漳江中游精彩壮观。漳江河道宽广，碧波清澈，水流舒缓。每当七月十五日夜晚，县城群众聚集漳江岸边的亭台草坪，竞观河灯。各种彩灯争奇斗艳，顺水漂移，小孩子紧盯着自家的灯能漂浮多远，玩到高兴处，腾跳雀跃，拍手欢呼。双手合十的老大妈口中念念有词，颔首祈祷，那种逼真的神态，浓郁的氛围，使人深受感染和触动。

现代女作家萧红《呼兰河传》中的一段文字，是对这种习俗的最好注释："七月十五是个鬼节；死了的冤魂怨鬼，不得托生，缠绵在地狱里非常苦，想托生，又找不着路。这一天若是有个死鬼托着一盏河灯，就得托生。"大概从阴间到阳世的路途，非常幽深黑暗，没有灯光照引，根本看不清路径。所以，放灯被视为一种善举与功德。可见活着的人们，仍然惦记那些孤伶漂流的冤魂怨鬼。

回顾中元节的有关故事、传说，笔者感觉到中元节的祭祀具有双重的含意，一是重温追思缅怀祖先的孝道，"人生百善孝为先"，孝是善良和爱心的浓缩结晶。对于庶民百姓来说，祖先与自己血肉相连，情感相通，孝亲祀祖，它对每一个人心灵的陶冶是任何其他形式所不能替代的。一是"普渡众生"，仰望功德，发扬推己及人，乐善好施的优良传统，让富有人情味的慈悲心怀和博爱思想无限延伸，发扬光大。

阅读打卡计划

打卡　1　2　3　4　5　6　7　8　9　10　11　12　13　14　15

姓名：_____
年/月：_____
节气：_____
主题：_____
我的评价星级：
☆☆☆☆☆

篇目1:	篇目2:	篇目3:	篇目4:	篇目5:
体裁：	体裁：	体裁：	体裁：	体裁：
阅读速度：	阅读速度：	阅读速度：	阅读速度：	阅读速度：
篇目搜索过程：	篇目搜索过程：	篇目搜索过程：	篇目搜索过程：	篇目搜索过程：
篇目阅读过程：	篇目阅读过程：	篇目阅读过程：	篇目阅读过程：	篇目阅读过程：
篇目赏析：	篇目赏析：	篇目赏析：	篇目赏析：	篇目赏析：

学生自评量表

评价方面	评价内容	评分	
		教师评分	自我评分
阅读情境（30分）	1. 连续坚持每天阅读打卡的情况（10分）		
	2. 合理制定阅读计划并严格、自律地按照阅读计划执行的情况（10分）		
	3. 按要求完成每个篇目"找篇目—读篇目—赏篇目"步骤的情况（10分）		
阅读文本（30分）	1. 查找的篇目与阅读主题相吻合的情况（10分）		
	2. 阅读方式的选择及阅读速度的达成情况（10分）		
	3. 对篇目的理解与鉴赏情况（10分）		
阅读认知过程（40分）	1. 对阅读主题的理解情况（10分）		
	2. 独立、灵活地使用搜索工具查找篇目的情况（10分）		
	3. 对搜索信息进行归纳总结及分析处理的情况（10分）		
	4. 形成积极阅读和自主阅读习惯的情况（10分）		
评价星级	90～100分：☆☆☆☆☆ 80～90分：☆☆☆☆ 70～80分：☆☆☆ 60～70分：☆☆ 60分以下：☆		

悦读者思维

　　"祭祀"也意为敬神、求神和祭拜祖先，是华夏礼典的一部分，也是儒家礼仪中的主要部分。中国历代各民族的祭祀都是一门历史文化，具有深刻的文化意义。请你结合自己对祭祀的了解，说一说"祭祀"与"封建迷信"的区别都有哪些？

　　我是这样想的：

第十五章

白露凋花花不残

白露是二十四节气中的第十五个节气，也是秋季的第三个节气，表示孟秋时节的结束和仲秋时节的开始。露水是由于温度降低，水汽在地面或近地物体上凝结而成的水珠。所以，白露实际上是表征天气已经转凉。这时，人们就会明显地感觉到炎热的夏天已过，而凉爽的秋天已经到来了。

俗语云："处暑十八盆，白露勿露身。"这句话的意思是表示，处暑还会热，每天需要用一盆水洗澡，在过了十八天，到了白露节气，就不能赤膊露体了，会着凉受寒。春捂秋冻是一条经典的养生保健要诀，但是，秋冻并非人人皆宜，像那些体质较弱的老人和儿童、糖尿病患者、心脑血管疾病患者、慢性支气管炎患者、哮喘病患者和关节炎患者都不适合"秋冻"。

我国古代将白露节气的十五天分为三候："鸿雁来、玄鸟归、群鸟养羞。"意思是说，鸿雁、玄鸟等候鸟开始自北而往南迁徙。俗话说："花木管时令，鸟鸣报农时"，花草树木、鸟兽飞禽均按照季节活动，因此它们规律性的行动，被看作区分时令节气的重要标志。

古人有不少关于白露的诗词，让我们一起来欣赏这些美妙的诗句吧，看看古人在这个秋色宜人、金风玉露的时节中都做了什么？

（一）课堂精读

"白露"是反映自然界气温变化的节令，到了白露节气，气温会快速下降，秋景显得更加深沉。请抄写、朗读并背诵"诗圣"杜甫的《白露》和《月夜忆舍弟》这两首关于白露节气的诗，让我们一起来看看诗中白露节气是怎样的。

对比阅读

1. 《白露》（唐·杜甫）

白露

（唐·杜甫）

白露团甘子，清晨散马蹄。

圃开连石树，船渡入江溪。

凭几看鱼乐，回鞭急鸟栖。

渐知秋实美，幽径恐多蹊。

诵读思考：

问题1：请查阅工具书掌握下列难点字词的意思：

（1）团　（2）甘子　（3）圃　（4）蹊

问题2：作者笔下的"鱼"和"鸟"分别是怎样的形态，表达了作者怎样的情感？

问题3：如何理解"渐知秋实美，幽径恐多蹊"这句诗？

问题4：请谈一谈诗人描绘了怎样一幅白露秋景图。

故事地图

文章题目：＿＿＿＿＿＿		我的评价星级：☆☆☆☆☆
白露之果实	白露之船	白露之鸟、鱼
白露之晨景		诗人之"恐"

2.《月夜忆舍弟》（唐·杜甫）

月夜忆舍弟

（唐·杜甫）

戍鼓断人行，边秋一雁声。

露从今夜白，月是故乡明。

有弟皆分散，无家问死生。

寄书长不达，况乃未休兵。

诵读 思考：

问题1：请查阅工具书掌握下列难点字词的意思：

（1）戍鼓 （2）边秋 （3）一雁 （4）长 （5）况乃

问题2：请思考诗中哪句描写了战争的紧张氛围？作者是如何描写的？

问题3：诗的颈联和尾联描写作者兄弟离散、毫无消息的境遇，请用自己的话来复述。

问题4：请说说自己对"露从今夜白，月是故乡明"这句诗的理解。

问题5：请分析这首诗的写作背景。

问题6："月是故乡明"写出了作者的思乡之情。我们会发现，农村的夜空相比城市的夜空总是更容易看到繁星闪烁，这是为什么？

故事 地图：

文章题目：	我的评价星级：☆☆☆☆☆
诗中之节令	边塞悲凉之景	故乡之月
诗人对故乡之感怀	诗人之"忧虑"

对比 思考

请同学们思考、讨论并回答以下问题：

问题1：《白露》和《月夜忆舍弟》在写作手法上有哪些异同？

问题2：《白露》和《月夜忆舍弟》分别展现了怎样的意境、表达了作者怎样的情感？

问题3：请从写作年代和背景分析两首诗的不同。

教师精评量表

评价方面	评价内容	评分	
		教师评分	自我评分
阅读情境 （20分）	1. 学习单/故事地图/辩论会/课本剧按要求填表完成的情况（10分）		
	2. 完成学习单/故事地图/辩论会/课本剧任务要求的积极主动性（10分）		
阅读文本 （40分）	1. 对字、词、句、段的理解情况（10分）		
	2. 对文中精彩字、词、句、段的鉴赏情况（10分）		
	3. 阅读速度达到规定要求的情况（10分）		
	4. 朗读参与情况与背诵完成情况（10分）		
阅读认知过程 （40分）	1. 带着问题阅读或在阅读中提出问题的情况（10分）		
	2. 借助阅读工具搜索信息解决阅读疑难问题的情况（20分）		
	3. 参与教师提问及阅读交流的情况（10分）		
评价星级	90～100分：☆☆☆☆☆ 80～90分：☆☆☆☆ 70～80分：☆☆☆ 60～70分：☆☆ 60分以下：☆		

（二）小组选读

❖ 请快速浏览下面与"白露"节气相关的【分级阅读】篇目：唐诗《玉阶怨》、魏晋诗《杂诗》和散文《秋夜》，借助工具书掌握陌生字词。

❖ 选择自己感兴趣的篇目大声诵读，并与选择相同篇目的同学组成"专家组"，对篇目的精彩语段及中心思想进行研读和讨论，踊跃发表自己的看法。

❖ 填写下面的任务单，为召开"小专家读书会"做准备，与全班同学分享交流本组的观点和想法吧！

分级阅读

A.《玉阶怨》（唐·李白）

> 玉阶生白露，夜久侵罗袜。
>
> 却下水晶帘，玲珑望秋月。

B.《杂诗》（魏晋·左思）

> 秋风何冽冽，白露为朝霜。
>
> 柔条旦夕劲，绿叶日夜黄。
>
> 明月出云崖，皦皦流素光。
>
> 披轩临前庭，嗷嗷晨雁翔。
>
> 高志局四海，块然守空堂。
>
> 壮齿不恒居，岁暮常慨慷。

C.《秋夜》（鲁迅）

在我的后园，可以看见墙外有两株树，一株是枣树，还有一株也是枣树。

这上面的夜的天空，奇怪而高，我生平没有见过这样奇怪而高的天空。他仿佛要离开人间而去，使人们仰面不再看见。然而现在却非常之蓝，闪闪地睐着几十个星星的眼，冷眼。他的口角上现出微笑，似乎自以为大有深意，而将繁霜洒在我的园里的野花草上。

我不知道那些花草真叫什么名字，人们叫他们什么名字。我记得有一种开过极细小的粉红花，现在还开着，但是更极细小了，她在冷的夜气中，瑟缩地做梦，梦见春的到来，梦见秋的到来，梦见瘦的诗人将眼泪擦在她最末的花瓣上，告诉她秋虽然来，冬虽然来，而此后接着还是春，蝴蝶乱飞，蜜蜂都唱起春词来了。她于是一笑，虽然颜色冻得红惨惨地，仍然瑟缩着。

枣树，他们简直落尽了叶子。先前，还有一两个孩子来打他们，别人打剩的枣子，现在是一个也不剩了，连叶子也落尽了。他知道小粉红花的梦，秋后要有春；他也知道落叶的梦，春后还是秋。他简直落尽叶子，单剩干子，然而脱了当初满树是果实和叶子时候的弧形，欠伸得很舒服。但是，有几枝还低压着，护定他从打枣的竿梢所得的皮伤，而最直最长的几枝，却已默默地铁似的直刺着奇怪而高的天空，使天空闪闪地鬼睐眼；直刺着天空中圆满的月亮，使月亮窘得发白。

鬼睐眼的天空越加非常之蓝，不安了，仿佛想离去人间，避开枣树，只将月亮剩下。然而月亮也暗暗地躲到东边去了。而一无所有的干子，却仍然默默地铁似的直刺着奇怪而高的天空，一意要制他的死命，不管他各式各样地睐着许多蛊惑的眼睛。

哇的一声，夜游的恶鸟飞过了。

我忽而听到夜半的笑声，吃吃地，似乎不愿意惊动睡着的人，然而四围的空气都应和着笑。夜半，没有别的人，我即刻听出这声音就在我嘴里，我也即刻被这笑声所驱逐，回进自己的房。灯火的带子也即刻被我旋高了。

后窗的玻璃上丁丁地响，还有许多小飞虫乱撞。不多久，几个进来了，许是从窗纸的破孔进来的。他们一进来，又在玻璃的灯罩上撞得丁丁地响。一个从上面撞进去了，他于是遇到火，而且我以为这火是真的。两三个却休息在灯的纸罩上喘气。那罩是昨晚新换的罩，雪白的纸，折出波浪纹的叠痕，一角还画出一枝猩红色的栀子。

猩红的栀子开花时，枣树又要做小粉红花的梦，青葱地弯成弧形了……我又听到夜半的笑声；我赶紧砍断我的心绪，看那老在白纸罩上的小青虫，头大尾小，向日葵子似的，只有半粒小麦那么大，遍身的颜色苍翠得可爱，可怜。

我打一个呵欠，点起一支纸烟，喷出烟来，对着灯默默地敬奠这些苍翠精致的英雄们。

一九二四年九月十五日。

（注：巴金为纪念鲁迅也写了一篇同名文章，请查找这篇文章进行延伸阅读。）

小专家读书会

我选取的文章题目及级别： ＿＿＿＿（A级/B级/C级）	我参加的专家组：＿＿＿＿	我的评价星级：☆☆☆☆☆
读书会主题：		
专家组成员及观点	我的发言	小组讨论纪要

我的收获与感悟：

✐ 组内互评量表

评价方面	评价内容	评分	
		教师评分	自我评分
阅读情境 （20分）	1.专家组组织成立及分工合作情况（10分）		
	2."小专家读书会"按要求填表及准备充分情况（10分）		
阅读文本 （30分）	1.选文级别情况（10分）（A级10分；B级7分；C级5分）		
	2.选文研读，对字、词、句、段及文章中心思想的理解情况（10分）		
	3.阅读速度达到规定要求的情况（10分）		
阅读认知过程 （50分）	1.在专家组研讨中提问与交流情况（10分）		
	2.通过借助阅读工具搜索信息解决小组中阅读疑难问题的情况（10分）		
	3.在专家组研讨中个人观点表达情况（20分）		
	4.在"小专家读书会"中阅读讲解与汇报分享情况（10分）		
评价星级	90～100分：☆☆☆☆☆ 80～90分：☆☆☆☆ 70～80分：☆☆☆ 60～70分：☆☆ 60分以下：☆		

（三）主题自读

大雁是一种大型候鸟，在迁徙时总是几十只、数百只，甚至上千只汇集在一起，互相紧接着列队而飞，古人称之为"雁阵"，阵头都是由老雁引领，壮雁飞得再快，也不会赶超到老雁前边，这是其礼让恭谦之意。大雁的每一次迁徙都要经过大约1～2个月的时间，途中历尽千辛万苦。但它们春天北去，秋天南往，从不失信。不管在何处繁殖，何处过冬，总是非常准时地南来北往，故称秋天为雁天。

大雁为禽中之冠，自古被视为"五常俱全"的灵物，我国古代有很多诗句赞美大雁，例如"八月初一雁门开，鸿雁南飞带霜"，陆游的"雨霁鸡栖早，风高雁阵斜"，韦应物的"万里人南去，三春雁北飞"，《吕氏春秋》中的"孟春之月鸿雁北，孟秋之月鸿雁来"等等。让我们来收集和阅读更多描写"大雁"的作品吧，一起了解这种美丽生灵。

🎓 主题 / 大雁——几回鸿雁来又去

从白露之日起，以"大雁"为主题，开始15天的"阅读打卡计划"吧！按照计划，每3天完成一篇篇目的搜索、阅读和赏析。

◇ 略读下面三篇【推荐阅读】，理解诗词及文段的基本大意，揣摩"大雁"主题的含义。

◇ 搜索5篇有关描写"大雁"的篇目，可以包括古诗词、散文、诗歌、小说选段等多种体裁。

◇ 记录自己阅读古诗词及诗歌的方式，阅读篇幅较长的散文、小说选段等尽量保持在每分钟300字。

◇ 对阅读的篇目中的精彩语句、段落或是打断自己的内容及思想进行赏析。

◇ 将阅读速度、搜索过程、阅读记录、赏析要点等内容填写进"阅读打卡计划记录单"中。

推荐阅读

1.《秋雁》（唐·褚亮）

> 日暮霜风急，羽翮转难任。
>
> 为有传书意，翩翩入上林。

2.《诗经·小雅·鸿雁》

> 鸿雁于飞，肃肃其羽。之子于征，劬劳于野。爰及矜人，哀此鳏寡。
>
> 鸿雁于飞，集于中泽。之子于垣，百堵皆作。虽则劬劳，其究安宅？
>
> 鸿雁于飞，哀鸣嗷嗷。维此哲人，谓我劬劳。维彼愚人，谓我宣骄。

3.《雁》（石钟山）

人们先是看见那只孤雁在村头的上空盘旋，雁发出的叫声凄冷而又孤单。秋天了，正是大雁迁徙的季节，一排排一列列的雁阵，在高远清澈的天空中，鸣唱着向南方飞去。这样的雁阵已经在人们的头顶过了好一阵子了，人们不解的是，为什么这只孤雁长久的不愿离去。

人们在孤雁盘旋的地方，先是发现了一群鹅，那群鹅迷惘地瞅着天空那只孤雁，接着人们在鹅群中看见了那只受伤的母雁。她的一只翅膀垂着，翅膀的根部仍在流血。她在受伤后，没有能力飞行了，于是落到了地面。她应和着那只孤雁的凄叫。在鹅群中，她是那么地显眼，她的神态以及那身漂亮的羽毛使周围的鹅群黯然失色。她高昂着头，冲着天空中那只盘旋的孤雁哀鸣着。她的目光充满了绝望和恐惧。

天空中的雁阵一排排一列列缓缓向南方的天际飞，惟有那只孤雁在天空中盘旋着，久久不愿离去。

天色近晚了，那只孤独的雁留下最后一声哀鸣，犹豫着向南飞去。受伤的雁目送着那只孤雁远去，凄凄凉凉地叫了几声，最后垂下了那颗高贵美丽的头。

这群鹅是张家的，雁无处可去，只能夹在这群呆鹅中，她的心中装满了屈辱和哀伤。那只孤雁是她的丈夫，他们随着家族在飞往南方的途中，她中了猎人的枪弹。于是，她无力飞行了，落在了鹅群中。丈夫在一声声呼唤着她，她也在与丈夫呼应，她抖了几次翅膀，想重返到雁阵的行列中，可每次都失败了。她只能目送丈夫孤单地离去。

张家白白捡了一只大雁，他们喜出望外，人们在张家的门里门外聚满了。大雁他们并不陌生，每年的春天和秋天，大雁就会排着队在他们头顶上飞过，然而这么近地打量着一只活着的大雁，他们还是第一次。

有人说："养起来吧，瞧她多漂亮。"

又有人说："是只母大雁，她下蛋一定比鹅蛋大。"

人们议论着，新奇而又兴奋。

张家的男人和女人已经商量过了，要把她留下来，当成鹅来养，让她下蛋。有多少人吃过大雁蛋呢？她下的蛋一定能卖个好价钱。

张家的男人和女人齐心协力，小心仔细地为她受伤的翅膀敷了药，又喂了她几次鱼的内脏。后来又换了一次药，她的伤就好了。张家的男人和女人在她的伤好前，为了防止她再一次飞起来，剪掉了她翅膀上漂亮而又坚硬的羽毛。

肩伤不再疼痛的时候，她便开始试着飞行了。这个季节并不寒冷。如果能飞走的话，她完全可以找到自己的家族，以及丈夫。她在鹅群中抖着翅膀，做出起飞的动作，刚刚飞出一段距离，便跌落下来。她悲伤地鸣叫着。

人们看到这一幕，都笑着说："瞧，她要飞呢。"

她终于无法飞行了，只能裹挟在鹅群中去野地里寻找吃食，或接受主人的喂养。在鹅群中，她仰着头望着落雪的天空，心里空前绝后地悲凉。她遥想着天空，梦想着南方，她不知道此时此刻同伴们在干什么。她思念自己的丈夫，耳畔又依稀响起丈夫的哀鸣，她的眼里噙满了绝望的泪水。她在一天天地等，一日日地盼，盼望着自己重返天空，随着雁阵飞翔。

一天天，一日日，她在企盼和煎熬中度过。终于等来了春天。一列列雁阵又一次掠过天空，向北方飞来。

她仰着头，凝望着天空掠过的雁阵，发出兴奋的鸣叫。她终于等来了自己的丈夫。丈夫没有忘记她，当听到她的呼唤时，毅然地飞向她的头顶。丈夫又一次盘旋在空中，倾诉着呼唤着。她试着做飞翔的动作，无论她如何挣扎，最后她都在半空中掉了下来。

她彻底绝望了，也不再做徒劳的努力，她美丽的双眼里蓄满泪水，她悲伤地冲着丈夫哀鸣着。

这样的景象又引来了人们的围观，人们议论着，嬉笑着，后来就散去了。

张家的男人说："这只大雁说不定会把天上的那只招下来呢。"

女人说："那样的话，真是太好了，咱们不仅能吃到大雁蛋，还能吃大雁肉了。"

这是天黑时分张家男女主人的对话。张家把鹅群和她赶到了自家院子里，空中的那只大雁仍在盘旋着，声音凄厉绝望。

不知过了多久，这凄厉哀伤的鸣叫消失了。

第二天一早，当张家的男人和女人推开门时，他们被眼前的景象惊呆了：两只雁头颈相交，死死地缠在一起，他们用这种方式自杀了。

僵直的头仍冲着天空，那是他们的梦想。

阅读打卡计划

姓名：_____
年/月：_____
节气：_____
主题：_____
我的评价星级：
☆☆☆☆☆

打卡 1 2 3 | 4 5 6 | 7 8 9 | 10 11 12 | 13 14 15

篇目1:	篇目2:	篇目3:	篇目4:	篇目5:
体裁:	体裁:	体裁:	体裁:	体裁:
阅读速度:	阅读速度:	阅读速度:	阅读速度:	阅读速度:
篇目搜索过程:	篇目搜索过程:	篇目搜索过程:	篇目搜索过程:	篇目搜索过程:
篇目阅读过程:	篇目阅读过程:	篇目阅读过程:	篇目阅读过程:	篇目阅读过程:
篇目赏析:	篇目赏析:	篇目赏析:	篇目赏析:	篇目赏析:

学生自评量表

评价方面	评价内容	评分	
		教师评分	自我评分
阅读情境（30分）	1. 连续坚持每天阅读打卡的情况（10分）		
	2. 合理制定阅读计划并严格、自律地按照阅读计划执行的情况（10分）		
	3. 按要求完成每个篇目"找篇目—读篇目—赏篇目"步骤的情况（10分）		
阅读文本（30分）	1. 查找的篇目与阅读主题相吻合的情况（10分）		
	2. 阅读方式的选择及阅读速度的达成情况（10分）		
	3. 对篇目的理解与鉴赏情况（10分）		
阅读认知过程（40分）	1. 对阅读主题的理解情况（10分）		
	2. 独立、灵活地使用搜索工具查找篇目的情况（10分）		
	3. 对搜索信息进行归纳总结及分析处理的情况（10分）		
	4. 形成积极阅读和自主阅读习惯的情况（10分）		
评价星级	90~100分：☆☆☆☆☆ 80~90分：☆☆☆☆ 70~80分：☆☆☆ 60~70分：☆☆ 60分以下：☆		

悦读者思维

　　白露时节正值9月初，是候鸟大规模南迁的季节。在鸟类大量迁徙的过程中，会经过很多城市，有些人为了某种企图而肆意捕杀候鸟，也有人会为候鸟搭建临时休息的小房子，并为他们准备食物，以便顺利到达南方的目的地。相信你一定是支持后者的，因为我们都懂得爱护和保护鸟类，更懂得人类要与大自然和谐共处的道理。请你想一想，还有哪些方法可以保护这些迁徙的鸟，保证它们顺利南迁，保护它们不受到人类的蓄意伤害呢？

　　我是这样想的：

第十六章

霜雕红叶欲秋分

秋分是二十四节气中的第十六个节气，也是秋季的第四个节气。太阳在这一天到达黄经180°（秋分点），太阳几乎直射地球赤道，全球各地昼夜等长。秋分过后，太阳直射点继续由赤道向南半球推移，北半球各地开始昼短夜长，即一日中白昼短于黑夜；南半球各地开始昼长夜短，即一日中白昼长于黑夜。故秋分也称降分。

我国古代将秋分节气的十五天分为三候："一候雷始收声；二候蛰虫坯户；三候水始涸。"意思是说，秋分后阴气开始旺盛，所以不再打雷了，由于天气变冷，蛰居的小虫开始藏入穴中，由于天气干燥，水汽蒸发快，一些沼泽及水洼处便处于干涸之中。在我国的华北地区有农谚说："白露早，寒露迟，秋分种麦正当时。"谚语中明确规定了播种冬小麦的时间；而"秋分天气白云来，处处好歌好稻栽"则反映出江南地区播种水稻的时间。此外，劳动人民对秋分节气的禁忌也总结成谚语，如"秋分只怕雷电闪，多来米价贵如何"。从2018年起，每年的农历秋分为"中国农民丰收节"。

秋高气爽，天高云淡。漫天落叶的浪漫，几分收获的喜悦，坦荡豁达，酣畅淋漓，都在这秋分时节的秋天里。让我们追随古今文学名家的脚步，一起来踏秋、赏秋、诵秋吧！

（一）课堂精读

秋天，一字一句皆是意，一步一摇都是景。秋，在农夫的眼里是丰收，在画家眼里是一幅优美的画卷，在悲观的人眼里是萧条的象征，那么，秋天在诗人的眼里又是一番怎样的景象呢？让我们来抄写、朗读并背诵白朴的《天净沙·秋》和马致远的《天净沙·秋思》两首元曲，看看秋天在他们的眼里是什么样子的？

对比阅读

1.《天净沙·秋》（元·白朴）

天净沙·秋
（元·白朴）

孤村落日残霞，轻烟老树寒鸦，

一点飞鸿影下。

青山绿水，白草红叶黄花。

诵读 思考：

问题1：请查阅工具书掌握下列难点字词的意思：

（1）天净沙　（2）飞鸿　（3）影下　（4）白草　（5）黄花

问题2：《天净沙·秋》是一首写景散曲，共描绘了12种景物，请思考这12种景物的形态特征都是怎样的。

问题3：请写出作品中代表"萧瑟"气氛的景物。

问题4：请思考文中"飞鸿"的代表寓意。

问题5：这首元曲写出了作者由冷寂惆怅之感到开朗希望的情怀，请结合自己的分析和理解来做进一步阐述。

学习 单：

我的阅读篇目		我的评价星级	☆☆☆☆☆
诗中不理解的字词			
发现问题与解决问题		解决问题与收获感悟	
老师的阅读问题/我的阅读问题： 1. 2. 3. 4. 5.		我的答案： 1. 2. 3. 4. 5.	
我打算解决问题的办法：（上网查资料/图书馆查资料/询问家长/其他）	为解决问题做个小计划： 第一步： 第二步： 第三步：	赏析我喜欢的诗句：	

我的新疑问：	写下我的读后感受：
1.	
2.	
3.	

2.《天净沙·秋思》（元·马致远）

天净沙·秋思

（元·马致远）

枯藤老树昏鸦，小桥流水人家，

古道西风瘦马。

夕阳西下，断肠人在天涯。

诵读 思考：

问题1：请查阅工具书掌握下列难点字词的意思：

（1）昏鸦　（2）古道　（3）西风　（4）天涯

问题2：请标出作品中蕴含凄凉悲苦情调的字。

问题3：意象是指出现在诗歌之中的用以传达作者情感、寄寓作者思想的艺术形象，此曲中排列了十种意象，请找出这十种意象，并做进一步描述。

问题4：最后一句"断肠人在天涯"作为曲眼具有画龙点睛之妙，请结合自己的理解做进一步阐述。

学习 单：

我的阅读篇目		我的评价星级	☆ ☆ ☆ ☆ ☆
诗中不理解的字词			
发现问题与解决问题		解决问题与收获感悟	
老师的阅读问题/我的阅读问题： 1. 2. 3. 4. 5.		我的答案： 1. 2. 3. 4. 5.	
我打算解决问题的办法：（上网查资料/图书馆查资料/询问家长/其他）	为解决问题做个小计划： 第一步： 第二步： 第三步：	赏析我喜欢的诗句：	

我的新疑问：	写下我的读后感受：
1. 2. 3.	

对比 思考

请同学们思考、讨论并回答以下问题：

问题1：《天净沙·秋》和《天净沙·秋思》两首曲都是五句28个字，请说说它们还有哪些共同点。

问题2：请说一说《天净沙·秋》和《天净沙·秋思》两首曲在写作手法、写作特点、取景选材等方面有哪些不同点。

问题3：如果请你来完成一篇"深秋景物图"，你会选择哪些景物和意象？表达自己怎样的情感？是白朴"青山绿水"的明朗、清丽，还是马致远"断肠人在天涯"的凄凉、动人？请尝试完成题为《天净沙·_____》的秋意作品。

📝 教师精评量表

评价方面	评价内容	评分	
		教师评分	自我评分
阅读情境 （20分）	1. 学习单/故事地图/辩论会/课本剧按要求填表完成的情况（10分）		
	2. 完成学习单/故事地图/辩论会/课本剧任务要求的积极主动性（10分）		
阅读文本 （40分）	1. 对字、词、句、段的理解情况（10分）		
	2. 对文中精彩字、词、句、段的鉴赏情况（10分）		
	3. 阅读速度达到规定要求的情况（10分）		
	4. 朗读参与情况与背诵完成情况（10分）		
阅读认知过程 （40分）	1. 带着问题阅读或在阅读中提出问题的情况（10分）		
	2. 借助阅读工具搜索信息解决阅读疑难问题的情况（20分）		
	3. 参与教师提问及阅读交流的情况（10分）		
评价星级	90～100分：☆☆☆☆☆ 80～90分：☆☆☆☆ 70～80分：☆☆☆ 60～70分：☆☆ 60分以下：☆		

（二）小组选读

✧ 请快速浏览下面与"秋分"节气相关的【分级阅读】篇目：宋词《夜将晓出篱门迎凉有感二首》（其二）、南唐词作《相见欢》以及散文《秋天的怀念》，借助工具书掌握陌生字词。

✧ 选择自己感兴趣的篇目大声诵读，并与选择相同篇目的同学组成"专家组"，对篇目的精彩语段及中心思想进行研读和讨论，踊跃发表自己的看法。

✧ 填写下面的任务单，为召开"小专家读书会"做准备，与全班同学分享交流本组的观点和想法吧！

分级阅读

A.《秋夜将晓出篱门迎凉有感二首》（其二）（宋·陆游）

三万里河东入海，五千仞岳上摩天。

遗民泪尽胡尘里，南望王师又一年。

B.《相见欢》（南唐·李煜）

无言独上西楼，月如钩。寂寞梧桐深院、锁清秋。

剪不断，理还乱，是离愁。别是一般滋味在心头。

C.《秋天的怀念》（史铁生）

双腿瘫痪后，我的脾气变得暴怒无常。望着望着天上北归的雁阵，我会突然把面前的玻璃砸碎；听着听着李谷一甜美的歌声，我会猛地把手边的东西摔向四周的墙壁。母亲就悄悄地躲出去，在我看不见的地方偷偷地听着我的动静。当一切恢复沉寂，她又悄悄地进来，眼边红红的，看着我。"听说北海的花儿都开了，我推着你去走走。"她总是这么说。母亲喜欢花，可自从我的腿瘫痪以后，她侍弄的那些花都死了。"不，我不去！"我狠命地捶打这两条可恨的腿，喊着，"我可活什么劲儿！"母亲扑过来抓住我的手，忍住哭声说："咱娘儿俩在一块儿，好好儿活，好好儿活……"

可我却一直都不知道，她的病已经到了那步田地。后来妹妹告诉我，她常常肝疼得整宿整宿翻来覆去地睡不了觉。

那天我又独自坐在屋里，看着窗外的树叶"唰唰啦啦"地飘落。母亲进来了，挡在窗前："北海的菊花开了，我推着你去看看吧。"她憔悴的脸上现出央求般的神色。"什么时候？""你要是愿意，就明天？"她说。我的回答已经让她喜出望外了。"好吧，就明天。"我说。她高兴得一会坐下，一会站起："那就赶紧准备准备。""哎呀，烦不烦？几步路，有什么好准备的！"她也笑了，坐在我身边，絮絮叨叨地说着："看完菊花，咱们就去'仿膳'，你小时候最爱吃那儿的豌豆黄儿。还记得那回我带你去北海吗？你偏说那杨树花是毛毛虫，跑着，一脚踩扁一个……"她忽然不说了。对于"跑"和"踩"一类的字眼，她比我还敏感。她又悄悄地出去了。

她出去了，就再也没回来。

邻居们把她抬上车时，她还在大口大口地吐着鲜血。我没想到她已经病成那样。看着三轮车远去，也绝没有想到那竟是永远的诀别。

邻居的小伙子背着我去看她的时候，她正艰难地呼吸着，像她那一生艰难的生活。别人告诉我，她昏迷前的最后一句话是："我那个有病的儿子和我那个还未成年的女儿……"

又是秋天，妹妹推着我去北海看了菊花。黄色的花淡雅，白色的花高洁，紫红色的花热烈而深沉，泼泼洒洒，秋风中正开得烂漫。我懂得母亲没有说完的话。妹妹也懂。我俩在一块儿，要好好儿活……

小专家读书会

我选取的文章题目及级别：_____（A级/B级/C级）	我参加的专家组：_____	我的评价星级：☆☆☆☆☆

读书会主题：

专家组成员及观点	我的发言	小组讨论纪要

我的收获与感悟：

🖉 组内互评量表

评价方面	评价内容	评分	
		教师评分	自我评分
阅读情境（20分）	1. 专家组组织成立及分工合作情况（10分）		
	2. "小专家读书会"按要求填表及准备充分情况（10分）		
阅读文本（30分）	1. 选文级别情况（10分）（A级10分；B级7分；C级5分）		
	2. 选文研读，对字、词、句、段及文章中心思想的理解情况（10分）		
	3. 阅读速度达到规定要求的情况（10分）		
阅读认知过程（50分）	1. 在专家组研讨中提问与交流情况（10分）		
	2. 通过借助阅读工具搜索信息解决小组中阅读疑难问题的情况（10分）		
	3. 在专家组研讨中个人观点表达情况（20分）		
	4. 在"小专家读书会"中阅读讲解与汇报分享情况（10分）		
评价星级	90~100分：☆☆☆☆☆ 80~90分：☆☆☆☆ 70~80分：☆☆☆ 60~70分：☆☆ 60分以下：☆		

（三）主题自读

秋分节气常常与中秋节相遇，中秋节又称月夕、秋节、追月节、玩月节、拜月节或团圆节，因其恰值三秋之半，故名中秋。中秋节自古便有祭月、赏月、拜月的习俗，以"月之圆兆人之团圆"为寄托思念故乡、思念亲人之情。《礼记》中记载："天子春朝日，秋夕月"，夕月就是祭月亮，说明早在春秋时代，帝王就已经在中秋节开始祭月、拜月了。

在我国古典诗词的百花园中，咏月诗词宛若一簇娇艳的花，绚丽夺目，光彩照人，且常开不败。千秋皓月照诗魂。月亮，从《诗经》的时代开始，一直到现代，没有哪个时代的诗人词客不见而怜之，爱而咏之，美而赞之。咏月诗词在整个古今文学作品中占有相当大的比重，而且有着极其丰富的思想内涵、突出的艺术风格和特色，比如宋代文豪苏轼，中秋欢饮达旦，大醉而作《水调歌头》，借月之圆缺喻人之离合。直到今天，一家人围坐在一起，欣赏皓月当空的美景仍是中秋佳节必不可少的活动之一。快来品读这些美文佳句吧，和亲朋好友一起在中秋团圆之时"举杯邀月，谈笑言欢"。

◉主题　赏月——春花秋月何时了

从秋分之日起，以"赏月"为主题，开始15天的"阅读打卡计划"吧！按照计划，每3天完成一篇篇目的搜索、阅读和赏析。

◇　略读下面三篇【推荐阅读】，理解诗词及文段的基本大意，揣摩"赏月"主题的含义。

◇　搜索5篇有关描写"赏月"的篇目，可以包括古诗词、散文、诗歌、小说选段等多种体裁。

◇　记录自己阅读古诗词及诗歌的方式，阅读篇幅较长的散文、小说选段等尽量保持在每分钟300字。

◇　对阅读的篇目中的精彩语句、段落或是打断自己的内容及思想进行赏析。

◇　将阅读速度、搜索过程、阅读记录、赏析要点等内容填写进"阅读打卡计划记录单"中。

推荐阅读

1.《诗经·国风·陈风·月出》

> 月出皎兮，佼人僚兮，
> 舒窈纠兮，劳心悄兮！
> 月出皓兮，佼人懰兮，
> 舒忧受兮，劳心慅兮！
> 月出照兮，佼人燎兮，
> 舒夭绍兮，劳心惨兮！

2.《春江花月夜》（唐·张若虚）

> 春江潮水连海平，海上明月共潮生。
> 滟滟随波千万里，何处春江无月明！
> 江流宛转绕芳甸，月照花林皆似霰；
> 空里流霜不觉飞，汀上白沙看不见。
> 江天一色无纤尘，皎皎空中孤月轮。
> 江畔何人初见月？江月何年初照人？
> 人生代代无穷已，江月年年只相似。
> 不知江月待何人，但见长江送流水。
> 白云一片去悠悠，青枫浦上不胜愁。
> 谁家今夜扁舟子？何处相思明月楼？

可怜楼上月徘徊，应照离人妆镜台。

玉户帘中卷不去，捣衣砧上拂还来。

此时相望不相闻，愿逐月华流照君。

鸿雁长飞光不度，鱼龙潜跃水成文。

昨夜闲潭梦落花，可怜春半不还家。

江水流春去欲尽，江潭落月复西斜。

斜月沉沉藏海雾，碣石潇湘无限路。

不知乘月几人归，落月摇情满江树。

3.《荷塘月色》（朱自清）

这几天心里颇不宁静。今晚在院子里坐着乘凉，忽然想起日日走过的荷塘，在这满月的光里，总该另有一番样子吧。月亮渐渐地升高了，墙外马路上孩子们的欢笑，已经听不见了；妻在屋里拍着闰儿，迷迷糊糊地哼着眠歌。我悄悄地披了大衫，带上门出去。

沿着荷塘，是一条曲折的小煤屑路。这是一条幽僻的路；白天也少人走，夜晚更加寂寞。荷塘四面，长着许多树，蓊蓊郁郁的。路的一旁，是些杨柳，和一些不知道名字的树。没有月光的晚上，这路上阴森森的，有些怕人。今晚却很好，虽然月光也还是淡淡的。

路上只我一个人，背着手踱着。这一片天地好像是我的；我也像超出了平常的自己，到了另一世界里。我爱热闹，也爱冷静；爱群居，也爱独处。像今晚上，一个人在这苍茫的月下，什么都可以想，什么都可以不想，便觉是个自由的人。白天里一定要做的事，一定要说的话，现在都可不理。这是独处的妙处，我且受用这无边的荷香月色好了。

曲曲折折的荷塘上面，弥望的是田田的叶子。叶子出水很高，像亭亭的舞女的裙。层层的叶子中间，零星地点缀着些白花，有袅娜地开着的，有羞涩地打着朵儿的；正如一粒粒的明珠，又如碧天里的星星，又如刚出浴的美人。微风过处，送来缕缕清香，仿佛远处高楼上渺茫的歌声似的。这时候叶子与花也有一丝的颤动，像闪电般，霎时传过荷塘的那边去了。叶子本是肩并肩密密地挨着，这便宛然有了一道凝碧的波痕。叶子底下是脉脉的流水，遮住了，不能见一些颜色；而叶子却更见风致了。

月光如流水一般，静静地泻在这一片叶子和花上。薄薄的青雾浮起在荷塘里。叶子和花仿佛在牛乳中洗过一样；又像笼着轻纱的梦。虽然是满月，天上却有一层淡淡的云，所以不能朗照；但我以为这恰是到了好处——酣眠固不可少，小睡也别有风味的。月光是隔了树照过来的，高处丛生的灌木，落下参差的斑驳的黑影，峭楞楞如鬼一般；弯弯的杨柳的稀疏的倩影，却又像是画在荷叶上。塘中的月色并不均匀；但光与影有着和谐的旋律，如梵婀玲上奏着的名曲。

荷塘的四面，远远近近，高高低低都是树，而杨柳最多。这些树将一片荷塘重重围住；只在小路一旁，漏着几段空隙，像是特为月光留下的。树色一例是阴阴的，乍看像一团烟雾；但杨柳的丰姿，便在烟雾里也辨得出。树梢上隐隐约约的是一带远山，只有些大意罢了。树缝里也漏着一两点路灯光，没精打采的，是渴睡人的眼。这时候最热闹的，要数树上的蝉声与水里的蛙声；但热闹是它们的，我什么也没有。

忽然想起采莲的事情来了。采莲是江南的旧俗，似乎很早就有，而六朝时为盛；从诗歌里可以约略知道。采莲的是少年的女子，她们是荡着小船，唱着艳歌去的。采莲人不用说很多，还有看采莲的人。那是一个热闹的季节，也是一个风流的季节。梁元帝《采莲赋》里说得好：于是妖童媛女，荡舟心许；鹢首徐回，兼传羽杯；櫂将移而藻挂，船欲动而萍开。尔其纤腰束素，迁延顾步；夏始春余，叶嫩花初，恐沾裳而浅笑，畏倾船而敛裾。

可见当时嬉游的光景了。这真是有趣的事，可惜我们现在早已无福消受了。

于是又记起《西洲曲》里的句子：采莲南塘秋，莲花过人头；低头弄莲子，莲子清如水。今晚若有采莲人，这儿的莲花也算得"过人头"了；只不见一些流水的影子，是不行的。这令我到底惦着江南了。——这样想着，猛一抬头，不觉已是自己的门前；轻轻地推门进去，什么声息也没有，妻已睡熟好久了。

1927年7月，北京清华园

阅读打卡计划

姓名：＿＿＿＿＿
年/月：＿＿＿＿＿
节气：＿＿＿＿＿
主题：＿＿＿＿＿
我的评价星级：
☆☆☆☆☆

打卡 | 1 2 3 | 4 5 6 | 7 8 9 | 10 11 12 | 13 14 15

篇目1:	篇目2:	篇目3:	篇目4:	篇目5:
体裁：	体裁：	体裁：	体裁：	体裁：
阅读速度：	阅读速度：	阅读速度：	阅读速度：	阅读速度：
篇目搜索过程：	篇目搜索过程：	篇目搜索过程：	篇目搜索过程：	篇目搜索过程：
篇目阅读过程：	篇目阅读过程：	篇目阅读过程：	篇目阅读过程：	篇目阅读过程：
篇目赏析：	篇目赏析：	篇目赏析：	篇目赏析：	篇目赏析：

学生自评量表

评价方面	评价内容	评分	
		教师评分	自我评分
阅读情境（30分）	1. 连续坚持每天阅读打卡的情况（10分）		
	2. 合理制定阅读计划并严格、自律地按照阅读计划执行的情况（10分）		
	3. 按要求完成每个篇目"找篇目—读篇目—赏篇目"步骤的情况（10分）		
阅读文本（30分）	1. 查找的篇目与阅读主题相吻合的情况（10分）		
	2. 阅读方式的选择及阅读速度的达成情况（10分）		
	3. 对篇目的理解与鉴赏情况（10分）		
阅读认知过程（40分）	1. 对阅读主题的理解情况（10分）		
	2. 独立、灵活地使用搜索工具查找篇目的情况（10分）		
	3. 对搜索信息进行归纳总结及分析处理的情况（10分）		
	4. 形成积极阅读和自主阅读习惯的情况（10分）		
评价星级	90~100分：☆☆☆☆☆ 80~90分：☆☆☆☆ 70~80分：☆☆☆ 60~70分：☆☆ 60分以下：☆		

悦读者思维

　　阅读了描写"月亮"的作品，你对"月亮"有哪些新的认识吗？古人从"月有阴晴圆缺"体会到了人间的悲欢离合，现代人有的认为，月亮反射太阳的光而照亮了夜空，是无私的表现。你喜欢观察月亮吗？你对月亮的了解多吗？在你心中，月亮这样一个美丽又神秘的事物有什么独特的寓意吗？

　　我是这样想的：

第十七章

寒露入暮愁衣单

寒露是二十四节气中的第十七个节气，也是秋季的第五个节气。寒露的意思是气温比白露时更低，地面的露水更冷，快要凝结成霜了。白露、寒露、霜降三个节气，都表示水汽凝结现象，而寒露是气候从凉爽到寒冷的过渡，夜晚，仰望星空，你会发现星空换季，代表盛夏的"大火星"（天蝎座的心宿二星）已西沉。我们可以隐约听到冬天的脚步声了。

我国古代将寒露节气的十五天分为三候："一候鸿雁来宾；二候雀入大水为蛤；三候菊有黄华。"意思是说，鸿雁排成一字或人字形的队列大举南迁，深秋天寒，雀鸟都不见了，海边突然出现很多蛤蜊，并且贝壳的条纹及颜色与雀鸟很相似，所以便以为是雀鸟变成的，此时菊花也已普遍开放。

寒露之后，露水增多，气温更低。此时我国有些地区会出现霜冻，北方已呈深秋景象，白云红叶，偶见早霜，南方也秋意渐浓，蝉噤荷残。北京人登高习俗更盛，景山公园、八大处、香山等都是登高的好地方。

古人善于将感情融入文采诗词中，似乎给诗句中的景色添加了不少灵魂，现在，让我们一同来欣赏一下古人眼中的寒露时节吧！

（一）课堂精读

深秋暮色之景常常引得文人墨客怀古伤今，尽显无限落拓惆怅之愁绪。《菩萨蛮·平林漠漠烟如织》相传为唐代诗人李白所作，表达了晚秋的愁情离绪的意境，此词受到古人很高的评价，与《忆秦娥·箫声咽》一起被誉为"百代词曲之祖"。让我们一起来抄写、朗读和背诵这两篇佳作吧。

对比阅读

1.《忆秦娥·箫声咽》（唐·李白）

忆秦娥·箫声咽
（唐·李白）

箫声咽，秦娥梦断秦楼月。

秦楼月，年年柳色，灞陵伤别。

乐游原上清秋节，咸阳古道音尘绝。

音尘绝，西风残照，汉家陵阙。

诵读 思考：

问题1：请查阅工具书掌握下列难点字词的意思：

（1）咽　（2）乐游原　（3）清秋节　（4）音尘　（5）陵阙

问题2：请标出词中含有"悲伤"情调的字词。

问题3：王国维在《人间词话》中称此词"以气象胜"，请你说说"气象"一词的含义，并诠释作品是如何"以气象胜"的呢？

问题4：作者采用了怎样的表现手法？

问题5：说一说作品抒发了作者怎样的情感。

学习 单：

我的阅读篇目		我的评价星级	☆ ☆ ☆ ☆ ☆
诗中不理解的字词			
发现问题与解决问题		解决问题与收获感悟	
老师的阅读问题/我的阅读问题： 1. 2. 3. 4. 5.		我的答案： 1. 2. 3. 4. 5.	
我打算解决问题的办法：（上网查资料/图书馆查资料/询问家长/其他）	为解决问题做个小计划： 第一步： 第二步： 第三步：	赏析我喜欢的诗句：	
我的新疑问： 1. 2. 3.		写下我的读后感受：	

2.《菩萨蛮·平林漠漠烟如织》（唐·李白）

菩萨蛮·平林漠漠烟如织

（唐·李白）

平林漠漠烟如织，寒山一带伤心碧。

暝色入高楼，有人楼上愁。

玉阶空伫立，宿鸟归飞急。

何处是归程？长亭更短亭。

诵读 思考

问题1：请查阅工具书掌握下列难点字词的意思：

（1）平林　（2）漠漠　（3）伤心　（4）暝色　（5）亭

问题2：请说一说"平林漠漠烟如织"表达了怎样的情绪？对于全篇起到了什么作用？

问题3：请对"入"字的含义和作用做出解读。

问题4：这首词上下两篇采用了不同的手法，请仔细阅读和思考，说一说作者在上篇和下篇分别侧重描绘了什么呢？

问题5：请分析"宿鸟归飞急"的含义和写作手法。

问题6：请标出作品中所描写的景物都有哪些？

辩论 会

《忆秦娥·箫声咽》和《菩萨蛮·平林漠漠烟如织》的作者是不是诗仙李白，是历来聚讼不决的问题，请同学们通过写作手法、写作背景、写作特点和风格来考察和分析，并展开班级辩论。

我的论点：_____	
我的阅读篇目：	我的评价星级：☆☆☆☆☆
引发我产生论点的据子或段落：	
我的论点： 分论点1： 分论点2： 分论点3：	预设辩论时间： 分论点1用时： 分论点2用时： 分论点3用时：
文中可支撑论点的依据： 论据1： 论据2： 论据3：	其他补充论据资料来源： 其他补充论据：
我的辩论感受：	我产生的新看法：

对比 思考

请同学们思考、讨论并回答以下问题：

问题1：《忆秦娥·箫声咽》与《菩萨蛮·平林漠漠烟如织》在表现手法上有什么不同？如对景物和人物内心的描写是渲染过渡，还是直接表现？

问题2：《忆秦娥·箫声咽》与《菩萨蛮·平林漠漠烟如织》一起被誉为"百代词曲之祖"，请分析它们之间有哪些相同之处？

📝 教师精评量表

评价方面	评价内容	评分	
		教师评分	自我评分
阅读情境（20分）	1. 学习单/故事地图/辩论会/课本剧按要求填表完成的情况（10分）		
	2. 完成学习单/故事地图/辩论会/课本剧任务要求的积极主动性（10分）		
阅读文本（40分）	1. 对字、词、句、段的理解情况（10分）		
	2. 对文中精彩字、词、句、段的鉴赏情况（10分）		
	3. 阅读速度达到规定要求的情况（10分）		
	4. 朗读参与情况与背诵完成情况（10分）		
阅读认知过程（40分）	1. 带着问题阅读或在阅读中提出问题的情况（10分）		
	2. 借助阅读工具搜索信息解决阅读疑难问题的情况（20分）		
	3. 参与教师提问及阅读交流的情况（10分）		
评价星级	90～100分：☆☆☆☆☆ 80～90分：☆☆☆☆ 70～80分：☆☆☆ 60～70分：☆☆ 60分以下：☆		

（二）小组选读

◇ 请快速浏览下面与"寒露"节气相关的【分级阅读】篇目：唐诗《行军九日思长安故园》《登高》以及《诗经·国风·秦风·蒹葭》，借助工具书掌握陌生字词。

◇ 选择自己感兴趣的篇目大声诵读，并与选择相同篇目的同学组成"专家组"，对篇目的精彩语段及中心思想进行研读和讨论，踊跃发表自己的看法。

◇ 填写下面的任务单，为召开"小专家读书会"做准备，与全班同学分享交流本组的观点和想法吧！

分级阅读

A.《行军九日思长安故园》（唐·岑参）

> 强欲登高去，无人送酒来。
>
> 遥怜故园菊，应傍战场开。

B.《登高》（唐·杜甫）

> 风急天高猿啸哀，渚清沙白鸟飞回。
>
> 无边落木萧萧下，不尽长江滚滚来。
>
> 万里悲秋常作客，百年多病独登台。
>
> 艰难苦恨繁霜鬓，潦倒新停浊酒杯。

C.《诗经·国风·秦风·蒹葭》

> 蒹葭苍苍，白露为霜。所谓伊人，在水一方。
>
> 溯洄从之，道阻且长。溯游从之，宛在水中央。
>
> 蒹葭萋萋，白露未晞。所谓伊人，在水之湄。
>
> 溯洄从之，道阻且跻。溯游从之，宛在水中坻。
>
> 蒹葭采采，白露未已。所谓伊人，在水之涘。
>
> 溯洄从之，道阻且右。溯游从之，宛在水中沚。

小专家读书会

我选取的文章题目及级别：_____（A级/B级/C级）	我参加的专家组：_____	我的评价星级：☆☆☆☆☆
读书会主题：		
专家组成员及观点	我的发言	小组讨论纪要
我的收获与感悟：		

✐ 组内互评量表

评价方面	评价内容	评分	
		教师评分	自我评分
阅读情境（20分）	1. 专家组组织成立及分工合作情况（10分）		
	2. "小专家读书会"按要求填表及准备充分情况（10分）		
阅读文本（30分）	1. 选文级别情况（10分）（A级10分；B级7分；C级5分）		
	2. 选文研读，对字、词、句、段及文章中心思想的理解情况（10分）		
	3. 阅读速度达到规定要求的情况（10分）		
阅读认知过程（50分）	1. 在专家组研讨中提问与交流情况（10分）		
	2. 通过借助阅读工具搜索信息解决小组中阅读疑难问题的情况（10分）		
	3. 在专家组研讨中个人观点表达情况（20分）		
	4. 在"小专家读书会"中阅读讲解与汇报分享情况（10分）		
评价星级	90～100分：☆☆☆☆☆ 80～90分：☆☆☆☆ 70～80分：☆☆☆ 60～70分：☆☆ 60分以下：☆		

（三）主题自读

重阳节为每年的农历九月初九日，在寒露节气期间，是最重要的时令节日。重阳节历来有踏秋、登高、赏菊、插茱萸、饮菊花酒等民俗活动，这些活动最早是出于外出躲避灾祸，后来演变为登高望远、观赏秋景、庆祝丰收、喜尝新粮的用意。

九九重阳，因为与"久久"同音，九在数字中又是最大数，在数中最尊贵，有长久长寿的含意，况且秋季也是一年收获的黄金季节，重阳佳节，寓意深远，不仅有登高赏菊的意境，也有关爱和怀念老者的思绪，历代诗词中有不少描写重阳节的佳作。让我们一起来阅读这些美文佳篇吧！

◉ 主题 　重阳——分明佳节是重阳

从寒露之日起，以"重阳"为主题，开始15天的"阅读打卡计划"吧！按照计划，每3天完成一篇篇目的搜索、阅读和赏析。

　◇ 略读下面三篇【推荐阅读】，理解诗词及文段的基本大意，揣摩"重阳"主题的含义。

　◇ 搜索5篇有关描写"重阳"的篇目，可以包括古诗词、散文、诗歌、小说选段等多种体裁。

　◇ 记录自己阅读古诗词及诗歌的方式，阅读篇幅较长的散文、小说选段等尽量保持在每分钟300字。

　◇ 对阅读的篇目中的精彩语句、段落或是打断自己的内容及思想进行赏析。

　◇ 将阅读速度、搜索过程、阅读记录、赏析要点等内容填写进"阅读打卡计划记录单"中。

推荐阅读

1.《秋登兰山寄张五》（唐·孟浩然）

> 北山白云里，隐者自怡悦。
>
> 相望试登高，心飞逐鸟灭。
>
> 愁因薄暮起，兴是清秋发。
>
> 时见归村人，沙行渡头歇。
>
> 天边树若荠，江畔洲如月。
>
> 何当载酒来，共醉重阳节。

2.《采桑子·重阳》 毛泽东

> 人生易老天难老，岁岁重阳，今又重阳，战地黄花分外香。
>
> 一年一度秋风劲，不似春光。胜似春光，寥廓江天万里霜。

3.《背影》（朱自清）

我与父亲不相见已二年余了，我最不能忘记的是他的背影。

那年冬天，祖母死了，父亲的差使也交卸了，正是祸不单行的日子。我从北京到徐州，打算跟着父亲奔丧回家。到徐州见着父亲，看见满院狼藉的东西，又想起祖母，不禁簌簌地流下眼泪。父亲说："事已如此，不必难过，好在天无绝人之路！"

回家变卖典质，父亲还了亏空；又借钱办了丧事。这些日子，家中光景很是惨淡，一半为了丧事，一半为了父亲赋闲。丧事完毕，父亲要到南京谋事，我也要回北京念书，我们便同行。

到南京时，有朋友约去游逛，勾留了一日；第二日上午便须渡江到浦口，下午上车北去。父亲因为事忙，本已说定不送我，叫旅馆里一个熟识的茶房陪我同去。他再三嘱咐茶房，甚是仔细。但他终于不放心，怕茶房不妥帖；颇踌躇了一会。其实我那年已二十岁，北京已来往过两三次，是没有什么要紧的了。他踌躇了一会，终于决定还是自己送我去。我再三劝他不必去；他只说："不要紧，他们去不好！"

我们过了江，进了车站。我买票，他忙着照看行李。行李太多，得向脚夫行些小费才可过去。他便又忙着和他们讲价钱。我那时真是聪明过分，总觉他说话不大漂亮，非自己插嘴不可，但他终于讲定了价钱；就送我上车。他给我拣定了靠车门的一张椅子；我将他给我做的紫毛大衣铺好座位。他嘱我路上小心，夜里要警醒些，不要受凉。又嘱托茶房好好照应我。我心里暗笑他的迂；他们只认得钱，托他们只是白托！而且我这样大年纪的人，难道还不能料理自己么？我现在想想，我那时真是太聪明了。

我说道："爸爸，你走吧。"他望车外看了看，说："我买几个橘子去。你就在此地，不要走动。"我看那边月台的栅栏外有几个卖东西的等着顾客。走到那边月台，须穿过铁道，须跳下去又爬上去。父亲是一个胖子，走过去自然要费事些。我本来要去的，他不肯，只好让他去。我看见他戴着黑布小帽，穿着黑布大马褂，深青布棉袍，蹒跚地走到铁道边，慢慢探身下去，尚不大难。可是他穿过铁道，要爬上那边月台，就不容易了。他用两手攀着上面，两脚再向上缩；他肥胖的身子向左微倾，显出努力的样子。这时我看见他的背影，我的泪很快地流下来了。我赶紧拭干了泪。怕他看见，也怕别人看见。我再向外看时，他已抱了朱红的橘子往回走了。过铁道时，他先将橘子散放在地上，自己慢慢爬下，再抱起橘子走。到这边时，我赶紧去搀他。他和我走到车上，将橘子一股脑儿放在我的皮大衣上。于是扑扑衣上的泥土，心里很轻松似的。过一会儿说："我走了，到那边来信！"我望着他走出去。他走了几步，回过头看见我，说："进去吧，里边没人。"等他的背影混入来来往往的人里，再找不着了，我便进来坐下，我的眼泪又来了。

近几年来，父亲和我都是东奔西走，家中光景是一日不如一日。他少年出外谋生，独力支持，做了许多大事。哪知老境却如此颓唐！他触目伤怀，自然情不能自已。情郁于中，自然要发之于外；家庭琐屑便往往触他之怒。他待我渐渐不同往日。但最近两年不见，他终于忘却我的不好，只是惦记着我，惦记着他的儿子。我北来后，他写了一信给我，信中说道："我身体平安，惟膀子疼痛厉害，举箸提笔，诸多不便，大约大去之期不远矣。"我读到此处，在晶莹的泪光中，又看见那肥胖的、青布棉袍黑布马褂的背影。唉！我不知何时再能与他相见！

阅读打卡计划

❷ 学生自评量表

评价方面	评价内容	评分	
		教师评分	自我评分
阅读情境 （30分）	1. 连续坚持每天阅读打卡的情况（10分）		
	2. 合理制定阅读计划并严格、自律地按照阅读计划执行的情况（10分）		
	3. 按要求完成每个篇目"找篇目—读篇目—赏篇目"步骤的情况（10分）		
阅读文本 （30分）	1. 查找的篇目与阅读主题相吻合的情况（10分）		
	2. 阅读方式的选择及阅读速度的达成情况（10分）		
	3. 对篇目的理解与鉴赏情况（10分）		
阅读认知过程 （40分）	1. 对阅读主题的理解情况（10分）		
	2. 独立、灵活地使用搜索工具查找篇目的情况（10分）		
	3. 对搜索信息进行归纳总结及分析处理的情况（10分）		
	4. 形成积极阅读和自主阅读习惯的情况（10分）		
评价星级	90~100分：☆☆☆☆☆ 80~90分：☆☆☆☆ 70~80分：☆☆☆ 60~70分：☆☆ 60分以下：☆		

◢ 悦 读 者 思 维 ◣

　　在寒露节气里，仰望星空，你会发现星空换季，原来的一些星座不见了，而还能看见的星座也改变了原来在星空中的方位。观星，自古以来都是人们在夜晚的主要活动，古代人仰望星空，会发现物换星移，听见季节的脚步声；科学家们仰望星空，会观察到星座的变化，会发现新的星星；天文爱好者仰望星空，会思索外星人真的存在吗？当你仰望星空，你会思考什么呢？"飞马当空，银河斜挂"是秋季星空典型的标志，秋季里，晴朗的天气和透明的夜空是户外观星的大好时机。让我们一起秋夜观星吧，看看我们能有什么有意义的发现和思考呢？

　　我是这样想的：

第十八章

霜降香山叶染霞

霜降节气含有天气渐冷、初霜出现的意思，是秋季的最后一个节气，也意味着冬天即将开始。我国古代将霜降节气的十五天分为三候："一候豺乃祭兽；二候草木黄落；三候蜇虫咸俯。"意思是说，霜降节气豺狼开始捕获猎物，大地上的树叶枯黄掉落，蜇虫也全在洞中不动不食，垂下头来进入冬眠状态中。

霜是水汽凝成的，水汽怎样凝成霜呢？南宋诗人吕本中在《南歌子·旅思》中写道："驿内侵斜月，溪桥度晚霜。"陆游在《霜月》中写有"枯草霜花白，寒窗月新影。"说明寒霜出现于秋天晴朗的月夜。秋晚没有云彩，地面上如同揭了被，散热很多，温度骤然下降到0℃以下，靠地面不多的水汽就会凝结在溪边、桥间、树叶和泥土上，形成细微的冰针，有的成为六角形的霜花。霜，只能在晴天形成，人说"浓霜猛太阳"就是这个道理。有《霜降》诗云："时逢秋暮露成霜，几份凝结几份阳。荷败千池萧瑟岸，棉白万顷采收忙。"

霜降是个非常"生动"的节气，将小冰晶附着在地面或植物上的可爱之处显露无遗，让我们来看看古人们在这个生动的节气里留下了哪些动人的诗篇吧！

（一）课堂精读

秋天万物肃杀的景象本来就容易使人悲伤，而霜降时节天气更是骤冷，对于去国怀乡的人来说本来就伤感，更何况像范仲淹、叶梦得这样处于战乱之中的词人？让我们来诵读、欣赏《渔家傲·秋思》和《水调歌头·霜降碧天静》两篇宋词，了解在外族入侵、国家动荡之时，文人墨客们所表现出的思想和情怀。

对比阅读

1.《渔家傲·秋思》（宋·范仲淹）

渔家傲·秋思
（宋·范仲淹）

塞下秋来风景异，衡阳雁去无留意。

四面边声连角起，千嶂里，长烟落日孤城闭。

浊酒一杯家万里，燕然未勒归无计。

羌管悠悠霜满地，人不寐，将军白发征夫泪。

诵读 思考：

问题1：请查阅工具书掌握下列难点字词的意思：

（1）衡阳雁去　（2）边声　（3）千嶂　（4）燕然　（5）羌管

问题2："塞下秋来风景异"，请说一说，秋天到了，西北边塞的风光和江南风光有怎样的相同？为何会有这样的不同？

问题3：作者在上片描摹出了一幅寥廓荒僻、萧瑟悲凉的边塞鸟瞰图，请简要复述。

问题4：请说说你对"将军白发征夫泪"一句的理解。

问题5：请解析作品的下片抒发了作者怎样的情怀。

问题6：请分析作品的写作手法。

学习 单：

我的阅读篇目		我的评价星级	☆ ☆ ☆ ☆ ☆
诗中不理解的字词			
发现问题与解决问题		解决问题与收获感悟	
老师的阅读问题/我的阅读问题：		我的答案：	
1.		1.	
2.		2.	
3.		3.	
4.		4.	
5.		5.	
我打算解决问题的办法：（上网查资料/图书馆查资料/询问家长/其他）	为解决问题做个小计划：第一步：第二步：第三步：	赏析我喜欢的诗句：	

| 我的新疑问：
1.
2.
3. | 写下我的读后感受： |

2.《水调歌头·霜降碧天静》（宋·叶梦得）

水调歌头·霜降碧天静
（宋·叶梦得）

霜降碧天静，秋事促西风。寒声隐地，初听中夜入梧桐。起瞰高城回望，寥落关河千里，一醉与君同。叠鼓闹清晓，飞骑引雕弓。

岁将晚，客争笑，问衰翁。平生豪气安在，沈领为谁雄。何似当筵虎士，挥手弦声响处，双雁落遥空。老矣真堪愧，回首望云中。

诵读 思考

问题1：请查阅工具书掌握下列难点字词的意思：
（1）望日　（2）秋事　（3）关河　（4）衰翁　（5）虎士

问题2：请标出上阙中表示季节的字词。

问题3：请描述"叠鼓闹清晓，飞骑引雕弓"二句所写的武士操练、演习骑射的热闹场景。

问题4：请说一说这首词描写了演武场上的哪几种声音。

问题5："老矣真堪愧，回首望云中"一句表现了作者怎样的思想和情怀？

问题6：靖康之变是导致北宋灭亡的一场战乱，请了解相关的历史，进一步理解本词的写作背景。

课本 剧

文章题目：_____
课本剧名称：_____
我的评价星级：☆☆☆☆☆

小组角色分工：　　小组成员评价星级：
_____　☆☆☆☆☆
_____　☆☆☆☆☆
_____　☆☆☆☆☆
_____　☆☆☆☆☆

| 故事情节逻辑图 | 角色对白 |
| | _____
_____
_____ |

服装道具　　　演出剧照

对比 思考

请同学们思考、讨论并回答以下问题：

问题1：请从写作年代和背景分析《渔家傲·秋思》和《水调歌头·霜降碧天静》分别表达了作者怎样的思想和情怀。

问题2：《渔家傲·秋思》和《水调歌头·霜降碧天静》在写作手法、表现手法等方面有哪些不同之处？

问题3：《渔家傲·秋思》和《水调歌头·霜降碧天静》表达季节、景色的诗句分别有哪些？

教师精评量表

评价方面	评价内容	评分	
		教师评分	自我评分
阅读情境（20分）	1.学习单/故事地图/辩论会/课本剧按要求填表完成的情况（10分）		
	2.完成学习单/故事地图/辩论会/课本剧任务要求的积极主动性（10分）		
阅读文本（40分）	1.对字、词、句、段的理解情况（10分）		
	2.对文中精彩字、词、句、段的鉴赏情况（10分）		
	3.阅读速度达到规定要求的情况（10分）		
	4.朗读参与情况与背诵完成情况（10分）		
阅读认知过程（40分）	1.带着问题阅读或在阅读中提出问题的情况（10分）		
	2.借助阅读工具搜索信息解决阅读疑难问题的情况（20分）		
	3.参与教师提问及阅读交流的情况（10分）		
评价星级	90~100分：☆☆☆☆☆ 80~90分：☆☆☆☆ 70~80分：☆☆☆ 60~70分：☆☆ 60分以下：☆		

（二）小组选读

◇ 请快速浏览下面与"霜降"节气相关的【分级阅读】篇目：《人间草木》（节选）、唐诗《山居秋暝》以及宋词《秋日偶成》，借助工具书掌握陌生字词。

◇ 选择自己感兴趣的篇目大声诵读，并与选择相同篇目的同学组成"专家组"，对篇目的精彩语段及中心思想进行研读和讨论，踊跃发表自己的看法。

◇ 填写下面的任务单，为召开"小专家读书会"做准备，与全班同学分享交流本组的观点和想法吧！

分级阅读

A.《人间草木》（节选）（汪曾祺）

秋季广交会上摆了很多盆菊花。广交会结束了，菊花还没有完全开残。有一个日本商人问管理人员："这些花你们打算怎么处理？"答云："扔了！"——"别扔，我买。"他给了一点钱，把开得还正盛的菊花全部包了，订了一架飞机，把菊花从广州空运到日本，张贴了很大的海报："中国菊展。"卖门票，参观的人很多。他捞了一大笔钱。这件事叫我有两点感想：一是日本商人真有商业头脑，任何赚钱的机会都不放过，我们的管理人员是老爷，到手的钱也抓不住。二是中国的菊花好，能得到日本人的赞赏。

中国人长于艺菊，不知始于何年，全国有几个城市的菊花都负盛名，如扬州、镇江、合肥，黄河以北，当以北京为最。

菊花品种甚多，在众多的花卉中也许是最多的。

首先，有各种颜色。最初的菊大概只有黄色的。"鞠有黄华"、"零落黄花满地金"，"黄华"和菊花是同义词。后来就发展到什么颜色都有了。黄色的、白色的、紫的、红的、粉的，都有。挪威的散文家别伦·别尔生说各种花里只有菊花有绿色的，也不尽然，牡丹、芍药、月季都有绿的，但像绿菊那样绿得像初新的嫩蚕豆那样，确乎是没有。我几年前回乡，在公园里看到一盆绿菊，花大盈尺。

其次，花瓣形状多样，有平瓣的、卷瓣的、管状瓣的。在镇江焦山见过一盆"十丈珠帘"，细长的管瓣下垂到地，说"十丈"当然不会，但三四尺是有的。

北京菊花和南方的差不多，狮子头、蟹爪、小鹅、金背大红……南北皆相似，有的连名字也相同。如一种浅红的瓣，极细而卷曲如一头乱发的，上海人叫它"懒梳妆"，北京人也叫它"懒梳妆"，因为得其神韵。

有些南方菊种北京少见。扬州人重"晓色"，谓其色如初日晓云，北京似没有。"十丈珠帘"，我在北京没见过。"枫叶芦花"，紫平瓣，有白色斑点，也没有见过。

我在北京见过的最好的菊花是在老舍先生家里。老舍先生每年要请北京市文联、文化局的干部到他家聚聚，一次是腊月，老舍先生的生日(我记得是腊月二十三)；一次是重阳节左右，赏菊。老舍先生的哥哥很会莳弄菊花。花很鲜艳；菜有北京特点(如芝麻酱炖黄花鱼、"盒子菜")；酒"敞开供应"，既醉既饱，至今不忘。

我不赞成搞菊山菊海，让菊花都按部就班，排排坐，或挤成一堆，闹闹嚷嚷。菊花还是得一棵一棵地看，一朵一朵地看。更不赞成把菊花缚扎成龙、成狮子，这简直是糟蹋了菊花。

B.《山居秋暝》（唐·王维）

> 空山新雨后，天气晚来秋。
> 明月松间照，清泉石上流。
> 竹喧归浣女，莲动下渔舟。
> 随意春芳歇，王孙自可留。

C.《秋日偶成》（宋·程颢）

> 闲来无事不从容，睡觉东窗日已红。
> 万物静观皆自得，四时佳兴与人同。
> 道通天地有形外，思入风云变态中。
> 富贵不淫贫贱乐，男儿到此是豪雄。

小专家读书会

我选取的文章题目及级别：_____（A级/B级/C级）	我参加的专家组：_____	我的评价星级：☆☆☆☆☆

读书会主题：

专家组成员及观点	我的发言	小组讨论纪要

我的收获与感悟：

组内互评量表

评价方面	评价内容	评分	
		教师评分	自我评分
阅读情境（20分）	1. 专家组组织成立及分工合作情况（10分）		
	2. "小专家读书会"按要求填表及准备充分情况（10分）		
阅读文本（30分）	1. 选文级别情况（10分）（A级10分；B级7分；C级5分）		
	2. 选文研读，对字、词、句、段及文章中心思想的理解情况（10分）		
	3. 阅读速度达到规定要求的情况（10分）		
阅读认知过程（50分）	1. 在专家组研讨中提问与交流情况（10分）		
	2. 通过借助阅读工具搜索信息解决小组中阅读疑难问题的情况（10分）		
	3. 在专家组研讨中个人观点表达情况（20分）		
	4. 在"小专家读书会"中阅读讲解与汇报分享情况（10分）		
评价星级	90～100分：☆☆☆☆☆ 80～90分：☆☆☆☆ 70～80分：☆☆☆ 60～70分：☆☆ 60分以下：☆		

（三）主题自读

霜降节气意味着我们进入了深秋季节，这也是赏菊的最佳时节，万千菊花竞放，更是不容错过的美景。据说在汉族古俗中，农历九月俗称"菊月"，菊花象征长寿，许多人都会在这个季节观赏菊花，祈求健康长寿。多闻花香，可以舒缓紧张神经，给人带来轻松愉悦的好心情。

自汉魏以来，便有深秋赏菊、饮菊花酒之俗，晋代诗人陶渊明尤爱菊花，唐代诗人元稹在《菊花》中有"不是花中偏爱菊，此花开尽更无花"的美赞，在宋代，菊花之品种培植繁多，盛况逾越前代，词人晏殊的"槛菊愁烟兰泣露"、朱熹的"尘世难逢一笑，况有紫萸黄菊，堪插满头归"和苏轼的"菊残犹有傲霜枝"均是对菊花的描写。让我们来找一找、读一读关于菊花的名篇佳作，看看菊花为何能得到古今文人雅客的钟爱吧！

◉主题　观菊——露染黄花笑靥深

从霜降之日起，以"咏菊"为主题，开始15天的"阅读打卡计划"吧！按照计划，每3天完成一篇篇目的搜索、阅读和赏析。

◇ 略读下面三篇【推荐阅读】，理解诗词及文段的基本大意，揣摩"观菊"主题的含义。

◇ 搜索5篇有关描写"观菊"的篇目，可以包括古诗词、散文、诗歌、小说选段等多种体裁。

◇ 记录自己阅读古诗词及诗歌的方式，阅读篇幅较长的散文、小说选段等尽量保持在每分钟300字。

◇ 对阅读的篇目中的精彩语句、段落或是打断自己的内容及思想进行赏析。

◇ 将阅读速度、搜索过程、阅读记录、赏析要点等内容填写进"阅读打卡计划记录单"中。

推荐阅读

1.《菊花》（唐·元稹）

> 秋丛绕舍似陶家，遍绕篱边日渐斜。
>
> 不是花中偏爱菊，此花开尽更无花。

2.《饮酒》（其五）（魏晋·陶渊明）

> 结庐在人境，而无车马喧。
>
> 问君何能尔？心远地自偏。
>
> 采菊东篱下，悠然见南山。
>
> 山气日夕佳，飞鸟相与还。
>
> 此中有真意，欲辨已忘言。

3.《菊》（黄廷法）

菊为我黄家家花，如此说还不算霸道。唐时的黄巢是最霸道的，干脆称它为"我花"。此君原是个落第秀才，现有两首咏菊诗存世。其一名为《题不第诗》。诗曰："飒飒西风满院栽，蕊寒香冷蝶难来。他年我若为青帝，报与桃花一处开。"其中可见干云霸气吧！所幸此君终未称帝，不然，谁知道他会不会做出些类似的霸道事来。连秋菊的时令都能篡改，连自然规律都敢藐视，还能指望他能善待他的臣民吗？后来，他写的另一首《题菊花》诗就更显霸气了："待到秋来九月八，我花开罢百花杀。冲天香阵透长安，满城尽带黄金甲。"胡涂诗文本为借物言志，不过这志言得也太过宏大了吧！满城都是身穿黄金宝甲的兵士，老百姓都到哪里去了呢？前几年就有一位最爱玩酷的导演剽窃了他黄巢的创意，拍了一部名唤《满城尽带黄金甲》的电影。整部片子中，除了宣扬暴力、杀戮、嗜血、变态、乱伦、冷酷等个人意志外，还真的找不到一个朴实善良的老百姓，尽是些没有笑脸、没有语言的行尸走肉。偏偏，那些行尸走肉们还践踏在一个用无数菊花铺就的地毯上，暴殄着天物。

还说菊花吧！从屈原的"夕餐秋菊之落英"，到元稹的"不是花中偏爱菊，此花开罢更无花"，再到郑思肖的"宁可枝头抱香死，何曾吹堕北风中"，可以看出，此花在百花之中，也算歌咏得最为繁多了！菊能傲霜，风流标格与傲雪的寒梅相同，故能招来诗词家的千咏万叹，也是自然之理。

文苑里流传着这么一宗关于菊花的诗案，说的是宋朝大学者苏东坡有一天去拜访王荆公时，偶然看到王的书案上有两句墨迹未干的咏菊花诗："昨夜西风过园林，吹落黄花满地金。"（盖黄花一词，古语多指菊花，如："红叶黄花秋意晚"、"明日黄花蝶也愁"等等。）东坡就想了，那菊花本就是"宁可枝头抱香死"之物，哪里会有"吹落黄花满地金"之现象呢？乃提笔在诗句下批注曰："秋花不比春花落，说与诗人仔细吟。"后来，王荆公看到批注后，遂贬东坡至黄州。却说苏东坡到了黄州后，转瞬秋至，有一日百无聊赖地漫步江边，但见一阵西风飒飒吹过，堤岸上的黄菊扑簌簌随风飘落，忽然想起曾批注过的王荆公的诗句来，不觉一怔，遂悟到："看来我真的是孤陋寡闻了，老相国把我贬到这黄州来，莫非就是让我来看这落菊的？"

这宗诗案显然是后人为附庸名士风雅而巧妙杜撰，但也一扫"乌台诗案"的政治阴霾，让人不禁有莞尔之感。

栽菊之道，七分人力，三分天成。百花之中，惟菊最费工夫。自选种培植起，劳力伤神亦始。幼苗着床之后，间苗、保墒、施肥、标记、移栽都要细心去做。稍长，又要掐头、打杈、去叶，防其蔓生。再喷药以防虫、缩节。待花蕾初成，摘去小蕊，让养分专供大瓣，丝毫不能怠慢。既成，还要小心扶持，防风雨摧折花枝，防秋霜冻花容变色。世人但见秋菊婆娑香艳之美丽，难知花农培植养育之辛苦。也有人嫌其荒费时日，便顺其自然，任由生长的，终归就成了荒陌沟渠边散生的野菊，给人以庸杂繁乱之感。

阅读打卡计划

打卡

1	2	3	4	5	6	7	8	9	10	11	12	13	14	15
□	□	□	□	□	□	□	□	□	□	□	□	□	□	□

姓名：_____
年/月：_____
节气：_____
主题：_____

我的评价星级：
☆☆☆☆☆

| 篇目1：
体裁：
阅读速度：

篇目搜索过程：

篇目阅读过程：

篇目赏析： | 篇目2：
体裁：
阅读速度：

篇目搜索过程：

篇目阅读过程：

篇目赏析： | 篇目3：
体裁：
阅读速度：

篇目搜索过程：

篇目阅读过程：

篇目赏析： | 篇目4：
体裁：
阅读速度：

篇目搜索过程：

篇目阅读过程：

篇目赏析： | 篇目5：
体裁：
阅读速度：

篇目搜索过程：

篇目阅读过程：

篇目赏析： |

✐ 学生自评量表

评价方面	评价内容	评分	
		教师评分	自我评分
阅读情境（30分）	1. 连续坚持每天阅读打卡的情况（10分）		
	2. 合理制定阅读计划并严格、自律地按照阅读计划执行的情况（10分）		
	3. 按要求完成每个篇目"找篇目—读篇目—赏篇目"步骤的情况（10分）		
阅读文本（30分）	1. 查找的篇目与阅读主题相吻合的情况（10分）		
	2. 阅读方式的选择及阅读速度的达成情况（10分）		
	3. 对篇目的理解与鉴赏情况（10分）		
阅读认知过程（40分）	1. 对阅读主题的理解情况（10分）		
	2. 独立、灵活地使用搜索工具查找篇目的情况（10分）		
	3. 对搜索信息进行归纳总结及分析处理的情况（10分）		
	4. 形成积极阅读和自主阅读习惯的情况（10分）		
评价星级	90~100分：☆☆☆☆☆ 80~90分：☆☆☆☆ 70~80分：☆☆☆ 60~70分：☆☆ 60分以下：☆		

悦读者思维

　　古人说"霜降杀百草"，说明严霜打过的植物，一点生机也没有，也说"风刀霜剑严相逼"，表达霜是无情的、残酷的。其实，危害庄稼的真正"罪魁祸首"是霜冻，而不是霜。有实验证明，霜不但危害不了庄稼，相反，当水汽凝华时，还能放出大量热来。请你进一步了解"霜"的形成和对农业的影响，为它"正个名"吧！

　　我是这样想的：

第十九章

立冬几夜宿阳台

立冬是二十四节气中的第十九个节气，也是冬季的第一个节气。立，建始也，表示冬季自此开始，冬是终了的意思，有农作物收割后要收藏起来的含意，立冬过后，日照时间将继续缩短，正午太阳高度继续降低。中国民间以立冬为冬季之始，立冬期间，有需进补以度严冬的食俗。

我国古代将立冬节气的十五天分为三候："一候水始冰；二候地始冻；三候雉入大水为蜃。"意思是说，水已经能结成冰，土地也开始冻结，野鸡一类的大鸟便不多见了，而海边却可以看到外壳与野鸡的线条及颜色相似的大蛤，所以古人认为雉到立冬后便变成大蛤了。

立冬是十月的大节，汉魏时期，这天天子要亲率群臣迎接冬气，对为国捐躯的烈士及其家小进行表彰与抚恤，鼓励民众抵御外敌或恶寇的掠夺与侵袭。在民间有祭祖、饮宴、卜岁等习俗，以时令佳品向祖灵祭祀，祈求上天赐给来岁的丰年。

秋尽冬来，寒风料峭，寒而不冷，犹有一丝暖意在字里行间弥漫开来，自是一番惬意与诗情。让我们一起来看看古人对立冬有何感触吧！

（一）课堂精读

立冬时节之后，寒冷将如约而至，树木开始凋零，多地将被皑皑白雪覆盖，刺骨寒风也会一阵阵来袭。唐代两位大诗人李白和杜牧就分别作有《立冬》《初冬夜饮》两首诗作，让我们来读一读，看看他们表达了怎样的思绪？

对比阅读

1.《立冬》（唐·李白）

立冬

（唐·李白）

冻笔新诗懒写，寒炉美酒时温。

醉看墨花月白，恍疑雪满前村。

诵读 思考：

问题1：请查阅工具书掌握下列难点字词的意思：

（1）冻笔　（2）新诗　（3）墨花　（4）月白　（5）恍疑

问题2：请标出本诗中表示动作的字词。

问题3：首句诗中的"懒"字表现了作者怎样的状态。

问题4：请尝试用白话翻译此诗。

故事 地图：

文章题目：_____	我的评价星级：☆☆☆☆☆

"懒写"之因	寒夜之"酒"	"酒醉"之果

"醉看"之景物	"恍疑"之景物

2.《初冬夜饮》(唐·杜牧)

初冬夜饮

(唐·杜牧)

淮阳多病偶求欢，客袖侵霜与烛盘。

砌下梨花一堆雪，明年谁此凭阑干。

诵读 思考：

问题1：请查阅工具书掌握下列难点字词的意思：

（1）淮阳多病 （2）霜 （3）与 （4）砌 （5）阑干

问题2：本诗首句"淮阳多病偶求欢"语意沉痛而措辞委婉，具有笼盖全篇的作用，请说说这句诗表现了作者怎样的境遇和心情。

问题3：请解析第二句诗展现了作者怎样的形象和处境。

问题4：作者用第三句诗勾勒出了一幅怎样的景色？

问题5："砌下梨花一堆雪"，诗人将梨花比作雪花，更有诗写道"忽如一夜春风来，千树万树梨花开"，梨花与雪花有何相像之处？雪花的构造特点是怎样的？

问题6：作者在最后一句用了反问，请谈一谈这一问句妙在何处？

故事 地图：

文章题目：＿＿＿＿＿＿	我的评价星级：☆☆☆☆☆

诗中之地点	"偶求欢"之因	"客袖侵霜"之乡思

"初冬"之景物	"夜饮"之苦闷

对比 思考：

请同学们思考、讨论并回答以下问题：

问题1：《立冬》和《初冬夜饮》两首诗均作于唐代，除此之外，它们还有哪些相同之处？

问题2：《立冬》和《初冬夜饮》表达了两位作者怎样不同的情感？

问题3：请写出《立冬》和《初冬夜饮》中表达作者不同情感的字词。

教师精评量表

评价方面	评价内容	评分	
		教师评分	自我评分
阅读情境（20分）	1. 学习单/故事地图/辩论会/课本剧按要求填表完成的情况（10分）		
	2. 完成学习单/故事地图/辩论会/课本剧任务要求的积极主动性（10分）		
阅读文本（40分）	1. 对字、词、句、段的理解情况（10分）		
	2. 对文中精彩字、词、句、段的鉴赏情况（10分）		
	3. 阅读速度达到规定要求的情况（10分）		
	4. 朗读参与情况与背诵完成情况（10分）		
阅读认知过程（40分）	1. 带着问题阅读或在阅读中提出问题的情况（10分）		
	2. 借助阅读工具搜索信息解决阅读疑难问题的情况（20分）		
	3. 参与教师提问及阅读交流的情况（10分）		
评价星级	90～100分：☆ ☆ ☆ ☆ ☆ 80～90分：☆ ☆ ☆ ☆ 70～80分：☆ ☆ ☆ 60～70分：☆ ☆ 60分以下：☆		

（二）小组选读

◇ 请快速浏览下面与"立冬"节气相关的【分级阅读】篇目：唐诗《逢雪宿芙蓉山主人》《冬柳》以及散文《北平的冬天》，借助工具书掌握陌生字词。

◇ 选择自己感兴趣的篇目大声诵读，并与选择相同篇目的同学组成"专家组"，对篇目的精彩语段及中心思想进行研读和讨论，踊跃发表自己的看法。

◇ 填写下面的任务单，为召开"小专家读书会"做准备，与全班同学分享交流本组的观点和想法吧！

分级阅读

A.《逢雪宿芙蓉山主人》（唐·刘长卿）

日暮苍山远，天寒白屋贫。

柴门闻犬吠，风雪夜归人。

B.《冬柳》（唐·陆龟蒙）

柳汀斜对野人窗，零落衰条傍晓江。

正是霜风飘断处，寒鸥惊起一双双。

C.《北平的冬天》（梁实秋）

说起冬天，不寒而栗。

我是在北平长大的。北平冬天好冷。过中秋不久，家里就忙着过冬的准备，作"冬防"。阴历十月初一屋里就要生火，煤球、硬煤、柴火都要早早打点。摇煤球是一件大事，一串骆驼驮着一袋袋的煤末子到家门口，煤黑子把煤末子背进门，倒在东院里，堆成好高的一大堆。然后等着大晴天，三五个煤黑子带着筛子、耙子、铲子、两爪钩子就来了，头上包块布，腰间褡布上插一根短粗的旱烟袋。煤黑子摇煤球的那一套手艺真不含糊。煤末子摊在地上，中间做个坑，好倒水，再加预先备好的黄土，两个大汉就搅拌起来。搅拌好了就把烂泥一般的煤末子平铺在空地上，做成一大块蛋糕似的，用铲子拍得平平的，光溜溜的，约一丈见方。这时节煤黑子已经满身大汗，脸上一条条黑汗水淌了下来，该坐下休息抽烟了。休息毕，煤末子稍稍干凝，便用铲子在上面横切竖切，切成小方块，像厨师切菜切萝卜一般手法伶俐。然后坐下来，地上倒扣一个小花盆，把筛子放在花盆上，另一人把切成方块的煤末子铲进筛子，便开始摇了，就像摇元宵一样，慢慢的把方块摇成煤球。然后摊在地上晒。一筛一筛的摇，一筛一筛的晒。好辛苦的工作，孩子在一边看，觉得好有趣。

万一天色变，雨欲来，煤黑子还得赶来收拾，归拢归拢，盖上点什么，否则煤被雨水冲走，前功尽弃了。这一切他都乐为之，多开发一点酒钱便可。等到完全晒干，他还要再来收煤，才算完满，明年再见。

煤黑子实在很苦，好像大家并不寄予多少同情。从日出做到日落，疲乏的回家途中，遇见几个顽皮的野孩子，还不免听到孩子们唱着歌谣嘲笑他：

煤黑子，打算盘，你妈洗脚我看见！

我那时候年纪小，好久好久都没有能明白为什么洗脚不可以令人看见。

煤球儿是为厨房大灶和各处小白炉子用的，就是再穷苦不过的人家也不能不预先储备。有"洋炉子"的人家当然要储备的还有大块的红煤白煤，那也是要砸碎了才能用，也需一番劳力的。南方来的朋友们看到北平家家户户忙"冬防"，觉得奇怪，他不知道北平冬天的厉害。

一夜北风寒，大雪纷纷落，那景致有得瞧的。但是有几个人能有谢道韫女士那样从容吟雪的福分。所有的人都被那砭人肌肤的朔风吹得缩头缩脑，各自忙着做各自的事。我小时候上学，背的书包倒不太重，只是要带墨盒很伤脑筋，必须平平稳稳的拿着，否则墨汁要洒漏出来，不堪设想。有几天还要带写英文字的蓝墨水瓶，更加恼人了。如果伸手提携墨盒墨水瓶，手会冻僵。手套没有用。我大姊给我用绒绳织了两个网子，一装墨盒，一装墨水瓶，同时给我做了一副棉手筒，两手伸进筒内，提着从一个小孔塞进的网绳，于是两手不暴露在外而可提携墨盒墨水瓶了。饶是如此，手指关节还是冻得红肿，作奇痒。脚后跟生冻疮更是稀松平常的事。临睡时母亲为我们备热水烫脚，然后钻进被窝，这才觉得一日之中尚有温暖存在。

小专家读书会

我选取的文章题目及级别：_____（A级/B级/C级） 我参加的专家组：_____ 我的评价星级：☆ ☆ ☆ ☆ ☆

读书会主题：

专家组成员及观点	我的发言	小组讨论纪要

我的收获与感悟：

组内互评量表

评价方面	评价内容	评分	
		教师评分	自我评分
阅读情境（20分）	1. 专家组组织成立及分工合作情况（10分）		
	2. "小专家读书会"按要求填表及准备充分情况（10分）		
阅读文本（30分）	1. 选文级别情况（10分）（A级10分；B级7分；C级5分）		
	2. 选文研读，对字、词、句、段及文章中心思想的理解情况（10分）		
	3. 阅读速度达到规定要求的情况（10分）		
阅读认知过程（50分）	1. 在专家组研讨中提问与交流情况（10分）		
	2. 通过借助阅读工具搜索信息解决小组中阅读疑难问题的情况（10分）		
	3. 在专家组研讨中个人观点表达情况（20分）		
	4. 在"小专家读书会"中阅读讲解与汇报分享情况（10分）		
评价星级	90~100分：☆ ☆ ☆ ☆ ☆ 80~90分：☆ ☆ ☆ ☆ 70~80分：☆ ☆ ☆ 60~70分：☆ ☆ 60分以下：☆		

（三）主题自读

古人十分重视季节转换，作为四季循环终点或起点的节气标志，立冬受到格外关注。在当时的农耕社会里，劳动了一年的农民，往往会在立冬这一天休息一下，犒赏一家人的辛苦。谚语"立冬补冬，补嘴空"就是最好的比喻。

《礼记·月令》记载说："立冬之日，天子亲率三公九卿大夫，以迎冬于北郊。还，乃赏死事，恤孤寡。"意思是古时天子有在立冬节气到来之时出郊迎冬之礼，并会赐群臣冬衣、慰问表彰军烈属。民间在立冬时节有迎冬、贺冬、拜冬的习俗。唐代卢照邻的《释疾文·悲夫》："冬也阴气积兮，愁颜者为之鲜欢。" 明代王稚登《立冬》："一点禅灯半轮月，今宵寒较昨宵多。"都是对立冬节气的描写。让我们一起阅读关于立冬节气的美文吧，迎接美丽冬天的到来！

主题　迎冬——未品浓秋已立冬

从立冬之日起，以"迎冬"为主题，开始15天的"阅读打卡计划"吧！按照计划，每3天完成一篇篇目的搜索、阅读和赏析。

◇ 略读下面三篇【推荐阅读】，理解诗词及文段的基本大意，揣摩"迎冬"主题的含义。

◇ 搜索5篇有关描写"迎冬"的篇目，可以包括古诗词、散文、诗歌、小说选段等多种体裁。

◇ 记录自己阅读古诗词及诗歌的方式，阅读篇幅较长的散文、小说选段等尽量保持在每分钟300字。

◇ 对阅读的篇目中的精彩语句、段落或是打断自己的内容及思想进行赏析。

◇ 将阅读速度、搜索过程、阅读记录、赏析要点等内容填写进"阅读打卡计划记录单"中。

推荐阅读

1.《立冬即事二首》（其一）（宋·仇远）

> 细雨生寒未有霜，庭前木叶半青黄。
>
> 小春此去无多日，何处梅花一绽香。

2.《立冬日作》（宋·陆游）

> 室小财容膝，墙低仅及肩。
>
> 方过授衣月，又遇始裘天。
>
> 寸积篝炉炭，铢称布被绵。
>
> 平生师陋巷，随处一欣然。

3.《白马湖之冬》（夏丏尊）

在我过去四十余年的生涯中，冬的情味尝得最深刻的，要算十年前初移居白马湖的时候了。十年以来，白马湖已成了一个小村落，当我移居的时候，还是一片荒野。春晖中学的新建筑巍然矗立于湖的那一面，湖的这一面的山脚下是小小的几间新平屋，住着我和刘君心如两家。此外两三里内没有人烟。一家人于阴历十一月下旬从热闹的杭州移居这荒凉的山野，宛如投身于极带中。

那里的风，差不多日日有的，呼呼作响，好像虎吼。屋宇虽系新建，构造却极粗率，风从门窗隙缝中来，分外尖削，把门缝窗隙厚厚地用纸糊了，缝中却仍有透入。风刮得厉害的时候，天未夜就把大门关上，全家吃毕夜饭即睡入被窝里，静听寒风的怒号，湖水的澎湃。靠山的小后轩，算是我的书斋，在全屋子中风最小的一间，我常把头上的罗宋帽拉得低低地，在洋灯下工作至夜深。松涛如吼，霜月当窗，饥鼠吱吱在承尘上奔窜。我于这种时候深感到萧瑟的诗趣，常独自拨划着炉灰，不肯就睡，把自己拟诸山水画中的人物，作种种幽邈的遐想。现在白马湖到处都是树木了，当时尚一株树木都未种。月亮与太阳都是整个儿的，从上山起直要照到下山为止。太阳好的时候，只要不刮风，那真和暖得不像冬天。一家人都坐在庭间曝日，甚至于吃午饭也在屋外，像夏天的晚饭一样。日光晒到哪里，就把椅凳移到哪里，忽然寒风来了，只好逃难似地各自带了椅凳逃入室中，急急把门关上。在平常的日子，风来大概在下午快要傍晚的时候，半夜即息。至于大风寒，那是整日夜狂吼，要二三日才止的。最严寒的几天，泥地看去惨白如水门汀，山色冻得发紫而黯，湖波泛深蓝色。

下雪原是我所不憎厌的，下雪的日子，室内分外明亮，晚上差不多不用燃灯。远山积雪足供半个月的观看，举头即可从窗中望见。可是究竟是南方，每冬下雪不过一二次。我在那里所日常领略的冬的情味，几乎都从风来。白马湖的所以多风，可以说有着地理上的原因。那里环湖都是山，而北面却有一个半里阔的空隙，好似故意张了袋口欢迎风来的样子。白马湖的山水和普通的风景地相差不远，唯有风却与别的地方不同。风的多和大，凡是到过那里的人都知道的。风在冬季的感觉中，自古占着重要的因素，而白马湖的风尤其特别。

现在，一家僦居上海多日了，偶然于夜深人静时听到风声，大家就要提起白马湖来，说"白马湖不知今夜又刮得怎样厉害哩！"

白马湖之冬，可谓是快意人生！

阅读打卡计划

打卡	1	2	3	4	5	6	7	8	9	10	11	12	13	14	15
	□	□	□	□	□	□	□	□	□	□	□	□	□	□	□

姓名：_____
年/月：_____
节气：_____
主题：_____
我的评价星级：
☆☆☆☆☆

篇目1：	篇目2：	篇目3：	篇目4：	篇目5：
体裁：	体裁：	体裁：	体裁：	体裁：
阅读速度：	阅读速度：	阅读速度：	阅读速度：	阅读速度：
篇目搜索过程：	篇目搜索过程：	篇目搜索过程：	篇目搜索过程：	篇目搜索过程：
篇目阅读过程：	篇目阅读过程：	篇目阅读过程：	篇目阅读过程：	篇目阅读过程：
篇目赏析：	篇目赏析：	篇目赏析：	篇目赏析：	篇目赏析：

学生自评量表

评价方面	评价内容	评分	
		教师评分	自我评分
阅读情境（30分）	1. 连续坚持每天阅读打卡的情况（10分）		
	2. 合理制定阅读计划并严格、自律地按照阅读计划执行的情况（10分）		
	3. 按要求完成每个篇目"找篇目—读篇目—赏篇目"步骤的情况（10分）		
阅读文本（30分）	1. 查找的篇目与阅读主题相吻合的情况（10分）		
	2. 阅读方式的选择及阅读速度的达成情况（10分）		
	3. 对篇目的理解与鉴赏情况（10分）		
阅读认知过程（40分）	1. 对阅读主题的理解情况（10分）		
	2. 独立、灵活地使用搜索工具查找篇目的情况（10分）		
	3. 对搜索信息进行归纳总结及分析处理的情况（10分）		
	4. 形成积极阅读和自主阅读习惯的情况（10分）		
评价星级	90～100分：☆☆☆☆☆ 80～90分：☆☆☆☆ 70～80分：☆☆☆ 60～70分：☆☆ 60分以下：☆		

悦读者思维

　　立冬节气的"贺冬"习俗是我国的传统习俗，人们通过祭祀祖先，进补，穿漂亮的衣服和举办拜师活动等习俗来迎冬、贺冬。在北方地区，冬泳爱好者们则用冬泳来迎接冬天的到来。人们认为，"冬泳对于人的身心健康都有益处"，请你了解冬泳这种冬季运动，分析这句话是否正确，并提出你的论证和主张。

　　我是这样想的：

第二十章

小雪纤纤洗霁色

小雪是二十四节气中的第二十个节气，也是冬季的第二个节气。进入该节气，中国广大地区西北风开始成为常客，气温下降，逐渐降到0℃以下，但大地尚未过于寒冷，虽开始降雪，但雪量不大，故称小雪。此时阴气下降，阳气上升，而致天地不通，阴阳不交，万物失去生机，天地闭塞而转入严冬。黄河以北地区会出现初雪，提醒人们该御寒保暖了。

我国古代将小雪节气的十五天分为三候："一候虹藏不见；二候天气上升地气下降；三候闭塞而成冬。"意思是说，由于天空中的阳气上升，地中的阴气下降，导致天地不通，阴阳不交，所以万物失去生机，天地闭塞而转入严寒的冬天。

"小雪"节气间，夜晚北斗七星的斗柄指向北偏西。每晚20：00以后，您若到户外观星，可见北斗星西沉，而"W"形的仙后座升入高空，她代替北斗星担当起寻找北极星的坐标任务，为观星的人们导航。四边形的飞马座正临空，冬季星空的标识——猎户座已在东方地平线探头儿了。

小雪节气意味着寒冷的天气伴随着我们，处处都是白色，天寒地冻，那么，小雪时节古人还有没有闲情逸致作诗呢？赞颂小雪节气的诗词都有哪些呢？让我们一起来探寻吧！

（一）课堂精读

同学们，在小雪纷飞的天气里，你们会做哪些事呢，是躲在家里取暖、观看雪景，还是到外面堆雪人、打雪仗？有两位古代诗人在雪天为友人送去了思念和敬仰之情，让我们来抄写、朗读并背诵白居易的《问刘十九》和王维的《冬晚对雪忆胡居士家》两首诗，看看他们各自为友人送上了怎样的关怀。

对比阅读

1.《问刘十九》（唐·白居易）

问刘十九
（唐·白居易）

绿蚁新醅酒，红泥小火炉。

晚来天欲雪，能饮一杯无？

诵读 思考

问题1：请查阅工具书掌握下列难点字词的意思：

（1）绿蚁　（2）醅　（3）雪　（4）无

问题2：诗名中的"刘十九"指的是谁？

问题3：请说说"红泥小火炉"表现了一种怎样的氛围和情调？

问题4："绿蚁新醅酒，红泥小火炉"，用小火炉加热米酒，是一种怎样的加热原理？

问题5：全诗表情达意主要靠三个意象的组合来完成的，请说说这三个意象分别是什么？

问题6：诗中作者对色彩进行了合理搭配，共描绘了四种和谐、醒目的颜色，请说说是哪四种？分别是什么景物呢？

故事 地图

文章题目：＿＿＿＿＿		我的评价星级：☆☆☆☆☆
诗中之"雪"	诗中之"酒"	诗中之"炉"
诗中之"人物"		诗中之"友谊"

2.《冬晚对雪忆胡居士家》（唐·王维）

冬晚对雪忆胡居士家

（唐·王维）

寒更传晓箭，清镜览衰颜。

隔牖风惊竹，开门雪满山。

洒空深巷静，积素广庭闲。

借问袁安舍，翛然尚闭关。

诵读 思考

问题1：请查阅工具书掌握下列难点字词的意思：

（1）寒更　（2）晓箭　（3）牖　（4）洒空　（5）积素　（5）翛然

问题2：如何理解"清镜览衰颜"的含义和用意？

问题3：你认为本诗的中心字或词是哪一个？为什么？

问题4：请用自己的话描述诗中所展现的雪景。

问题5：尾联中作者借用了"袁安卧雪"的典故，请进一步分析作者的这一用法表达了怎样的情感。

问题6："寒更传晓箭"中的"更"是古代表示时间的单位，请进一步了解古人用"更"来表示时间的方法。

故事 地图

文章题目：_____		我的评价星级：☆☆☆☆☆
诗人之"颜"	冬雪之"声"	冬雪之"色"
山居之"情境"	诗中之"友谊"	

对比阅读

请同学们思考、讨论并回答以下问题：

问题1：《问刘十九》与《冬晚对雪忆胡居士家》都描写出了冬日的寒冷，诗人是如何刻画的？

问题2：《问刘十九》和《冬晚对雪忆胡居士家》都描写了作者雪中怀念友人的情感，请对比分析两首诗的情调有哪些异同？

问题3：请从写作背景等维度解析两位作者对友人的态度的异同。

✐ 教师精评量表

评价方面	评价内容	评分	
		教师评分	自我评分
阅读情境（20分）	1. 学习单/故事地图/辩论会/课本剧按要求填表完成的情况（10分）		
	2. 完成学习单/故事地图/辩论会/课本剧任务要求的积极主动性（10分）		
阅读文本（40分）	1. 对字、词、句、段的理解情况（10分）		
	2. 对文中精彩字、词、句、段的鉴赏情况（10分）		
	3. 阅读速度达到规定要求的情况（10分）		
	4. 朗读参与情况与背诵完成情况（10分）		
阅读认知过程（40分）	1. 带着问题阅读或在阅读中提出问题的情况（10分）		
	2. 借助阅读工具搜索信息解决阅读疑难问题的情况（20分）		
	3. 参与教师提问及阅读交流的情况（10分）		
评价星级	90～100分：☆☆☆☆☆ 80～90分：☆☆☆☆ 70～80分：☆☆☆ 60～70分：☆☆ 60分以下：☆		

（二）小组选读

❖ 请快速浏览下面与"小雪"节气相关的【分级阅读】篇目：唐诗《夜雪》《对雪》以及《白雪歌送武判官归京》，借助工具书掌握陌生字词。

❖ 选择自己感兴趣的篇目大声诵读，并与选择相同篇目的同学组成"专家组"，对篇目的精彩语段及中心思想进行研读和讨论，踊跃发表自己的看法。

❖ 填写下面的任务单，为召开"小专家读书会"做准备，与全班同学分享交流本组的观点和想法吧！

分级阅读

A.《夜雪》（唐·白居易）

> 已讶衾枕冷，复见窗户明。
>
> 夜深知雪重，时闻折竹声。

B.《对雪》（唐·高骈）

> 六出飞花入户时，坐看青竹变琼枝。
>
> 如今好上高楼望，盖尽人间恶路岐。

C.《白雪歌送武判官归京》（唐·岑参）

> 北风卷地白草折，胡天八月即飞雪。
>
> 忽如一夜春风来，千树万树梨花开。
>
> 散入珠帘湿罗幕，狐裘不暖锦衾薄。
>
> 将军角弓不得控，都护铁衣冷难著。
>
> 瀚海阑干百丈冰，愁云惨淡万里凝。
>
> 中军置酒饮归客，胡琴琵琶与羌笛。
>
> 纷纷暮雪下辕门，风掣红旗冻不翻。
>
> 轮台东门送君去，去时雪满天山路。
>
> 山回路转不见君，雪上空留马行处。

小专家读书会

我选取的文章题目及级别：_____（A级/B级/C级）	我参加的专家组：_____	我的评价星级：☆☆☆☆☆
读书会主题：		
专家组成员及观点	我的发言	小组讨论纪要
我的收获与感悟：		

📝 组内互评量表

评价方面	评价内容	评分	
		教师评分	自我评分
阅读情境 （20分）	1. 专家组组织成立及分工合作情况（10分）		
	2. "小专家读书会"按要求填表及准备充分情况（10分）		
阅读文本 （30分）	1. 选文级别情况（10分）（A级10分；B级7分；C级5分）		
	2. 选文研读，对字、词、句、段及文章中心思想的理解情况（10分）		
	3. 阅读速度达到规定要求的情况（10分）		
阅读认知过程 （50分）	1. 在专家组研讨中提问与交流情况（10分）		
	2. 通过借助阅读工具搜索信息解决小组中阅读疑难问题的情况（10分）		
	3. 在专家组研讨中个人观点表达情况（20分）		
	4. 在"小专家读书会"中阅读讲解与汇报分享情况（10分）		
评价星级	90~100分：☆☆☆☆☆ 80~90分：☆☆☆☆ 70~80分：☆☆☆ 60~70分：☆☆ 60分以下：☆		

（三）主题自读

　　冬天，许多树木落光了叶子，光秃秃的枝条在寒风中瑟瑟发抖，松树依然披着一身绿衣裳，泰然自若地立在石峰上，大雪压顶的时候，它挺直着背脊，托着一团团雪花，形成一幅美丽的风景。松树不怕严寒、不惧酷暑，始终保持苍翠、挺拔的姿态，因为其特有的性格，历来被文人墨客讴歌赞颂，在国人眼中，松树已经成为中华民族挺拔向上、甘于奉献、心胸博大的象征。

　　观赏松树一般要在两个季节，一是如火如荼的夏日，另外就是瑞雪纷飞的冬季。古今现代名家经典作品中向来不缺少赞美松树的佳作。唐代李商隐在《高松》中写道"高松出众木，伴我向天涯。客散初晴候，僧来不语时。"白居易则在《松声》里用"月好好独坐，双松在前轩。西南微风来，潜入枝叶间"形容松树的个性和品格。宋代吴芾在《咏松》中也写到了"古人长抱济人心，道上栽松直到今。今日若能增种植，会看百世长青阴"。清代诗人陆惠心也写了一首同名诗，用"须知傲雪凌霜质，不是繁华队里身"，描写了青松犹如雪中的高士，用其坚韧的品质，在冰雪中锻造着瑰丽卓绝的风景。让我们来读一读描写松树的诗篇佳作，领略青松傲雪凌霜、远去红尘的铁骨丹心。

主题　品松——枯松倒挂倚绝壁

从小雪之日起，以"品松"为主题，开始15天的"阅读打卡计划"吧！按照计划，每3天完成一篇篇目的搜索、阅读和赏析。

◇ 略读下面三篇【推荐阅读】，理解诗词及文段的基本大意，揣摩"品松"主题的含义。

◇ 搜索5篇有关描写"品松"的篇目，可以包括古诗词、散文、诗歌、小说选段等多种体裁。

◇ 记录自己阅读古诗词及诗歌的方式，阅读篇幅较长的散文、小说选段等尽量保持在每分钟300字。

◇ 对阅读的篇目中的精彩语句、段落或是打断自己的内容及思想进行赏析。

◇ 将阅读速度、搜索过程、阅读记录、赏析要点等内容填写进"阅读打卡计划记录单"中。

推荐阅读

1.《赠从弟》（其二）（东汉·刘桢）

> 亭亭山上松，瑟瑟谷中风。
>
> 风声一何盛，松枝一何劲！
>
> 冰霜正惨凄，终岁常端正。
>
> 岂不罹凝寒？松柏有本性。

2.《松》（唐·李峤）

> 郁郁高岩表，森森幽涧陲。
>
> 鹤栖君子树，风拂大夫枝。
>
> 百尺条阴合，千年盖影披。
>
> 岁寒终不改，劲节幸君知。

3.《松树的风格》（陶铸）

去年冬天，我从英德到连县去，沿途看到松树郁郁苍苍，生气勃勃，傲然屹立。虽是坐在车子上，一棵棵松树一晃而过，但它们那种不畏风霜的姿态，却使人油然而生敬意，久久不忘。当时很想把这种感觉写下来，但又不能写成。前两天在虎门和中山大学中文系的师生们座谈时，又谈到这一点，希望青年同志们能和松树一样，成长为具有松树的风格，也就是具有共产主义风格的人。把当时的感觉写出来，与大家共勉。

我对松树怀有敬佩之心不自今日始。自古以来，多少人就歌颂过它，赞美过它，把它作为崇高的品质的象征。

你看它不管是在悬崖的缝隙间也好，不管是在贫瘠的土地上也好，只要有一粒种子——这粒种子也不管是你有意种植的，还是随意丢落的，也不管是风吹来的，还是从飞鸟的嘴里跌落的，总之，只要有一粒种子，它就不择地势，不畏严寒酷热，随处茁壮地生长起来了。它既不需要谁来施肥，也不需要谁来灌溉。狂风吹不倒它，洪水淹不没它，严寒冻不死它，干旱旱不坏它。它只是一味地无忧无虑地生长。松树的生命力可谓强矣！松树要求于人的可谓少矣！这是我每看到松树油然而生敬意的原因之一。

我对松树怀有敬意的更重要的原因却是它那种自我牺牲的精神。你看，松树是用途极广的木材，并且是很好的造纸原料；松树的叶子可以提制挥发油；松树的脂液可制松香、松节油，是很重要的工业原料；松树的根和枝又是很好的燃料。

更不用说在夏天，它用自己的枝叶挡住炎炎烈日，叫人们在如盖的绿荫下休憩；在黑夜，它可以劈成碎片做成火把，照亮人们前进的路。总之一句话，为了人类，它的确是做到了"粉身碎骨"的地步了。

要求于人的甚少，给予人的甚多，这就是松树的风格。

鲁迅先生说的"我吃的是草，挤出来的是牛奶，血"，也正是松树风格的写照。

自然，松树的风格中还包含着乐观主义的精神。你看它无论在严寒霜雪中和盛夏烈日中，总是精神奕奕，从来都不知道什么叫做忧郁和畏惧。

我常想：杨柳婀娜多姿，可谓妩媚极了，桃李绚烂多彩，可谓鲜艳极了，但它们只是给人一种外表好看的印象，不能给人以力量。松树却不同，它可能不如杨柳与桃李那么好看，但它却给人以启发，以深思和勇气，尤其是想到它那种崇高的风格的时候，不由人不油然而生敬意。

我每次看到松树，想到它那种崇高的风格的时候，就联想到共产主义风格。

我想，所谓共产主义风格，应该就是要求人的甚少，而给予人的却甚多的风格；所谓共产主义风格，应该就是为了人民的利益和事业不畏任何牺牲的风格。

每一个具有共产主义风格的人，都应该像松树一样，不管在怎样恶劣的环境下，都能茁壮地生长，顽强地工作，永不被困难吓倒，永不屈服于恶劣环境。每一个具有共产主义风格的人，都应该具有松树那样的崇高品质，人们需要我们做什么，我们就去做什么，只要是为了人民的利益，粉身碎骨，赴汤蹈火，也在所不惜，而且毫无怨言，永远浑身洋溢着革命的乐观主义的精神。

具有这种共产主义风格的人是很多的。在革命艰苦的年代里，在白色恐怖的日子里，多少人不管环境的恶劣和情况的险恶，为了人民的幸福，他们忍受了多少的艰难困苦，做了多少有意义的工作啊！他们贡献出所有的精力，甚至最宝贵的生命。就是在他们临牺牲的一刹那间，他们想的不是自己，而是人民和祖国甚至全世界的将来。然而，他们要求于人的是什么呢？什么也没有。这不由得使我们想起松树的崇高的风格！

在社会主义革命和社会主义建设的日子里，多少人不顾个人的得失，不顾个人的辛劳，夜以继日，废寝忘食，为加速我们的革命和建设而不知疲倦地苦干着。在他们的意念中，一切都是为了把社会主义革命进行到底，为了迅速改变我国"一穷二白"的面貌，为了使人民的生活过得更好。这又不由得使我们想起松树的崇高的风格。

具有这种风格的人是越来越多了。这样的人越多，我们的革命和建设也就会越快。我希望每个人都能像松树一样具有坚强的意志和崇高的品质；我希望每个人都成为具有共产主义风格的人。

📖 阅读打卡计划

打卡　1　2　3　4　5　6　7　8　9　10　11　12　13　14　15

☐☐☐☐☐☐☐☐☐☐☐☐☐☐☐

姓名：_____
年/月：_____
节气：_____
主题：_____
我的评价星级：
☆☆☆☆☆

| 篇目1：
体裁：
阅读速度：
篇目搜索过程：
篇目阅读过程：
篇目赏析： | 篇目2：
体裁：
阅读速度：
篇目搜索过程：
篇目阅读过程：
篇目赏析： | 篇目3：
体裁：
阅读速度：
篇目搜索过程：
篇目阅读过程：
篇目赏析： | 篇目4：
体裁：
阅读速度：
篇目搜索过程：
篇目阅读过程：
篇目赏析： | 篇目5：
体裁：
阅读速度：
篇目搜索过程：
篇目阅读过程：
篇目赏析： |

✐ 学生自评量表

评价方面	评价内容	评分	
		教师评分	自我评分
阅读情境 （30分）	1. 连续坚持每天阅读打卡的情况（10分）		
	2. 合理制定阅读计划并严格、自律地按照阅读计划执行的情况（10分）		
	3. 按要求完成每个篇目"找篇目—读篇目—赏篇目"步骤的情况（10分）		
阅读文本 （30分）	1. 查找的篇目与阅读主题相吻合的情况（10分）		
	2. 阅读方式的选择及阅读速度的达成情况（10分）		
	3. 对篇目的理解与鉴赏情况（10分）		
阅读认知过程 （40分）	1. 对阅读主题的理解情况（10分）		
	2. 独立、灵活地使用搜索工具查找篇目的情况（10分）		
	3. 对搜索信息进行归纳总结及分析处理的情况（10分）		
	4. 形成积极阅读和自主阅读习惯的情况（10分）		
评价星级	90～100分：☆☆☆☆☆ 80～90分：☆☆☆☆ 70～80分：☆☆☆ 60～70分：☆☆ 60分以下：☆		

>>> 悦 读 者 思 维 <<<

　　阅读了描写松树的作品，你对松树有了哪些更深刻的认识？请你更深刻地了解松树这一物种，包括夏季的松树和冬季的松树，说说它们之间有哪些相同和不同？分别给了你怎样的感悟和启迪？

　　我是这样想的：

大雪深寒万木僵

  大雪是二十四节气中的第二十一个节气，也是冬季的第三个节气，标志着仲冬时节的正式开始。《月令七十二候集解》说："大雪，十一月节，至此而雪盛也。"大雪的意思是天气更冷，降雪的可能性比小雪时更大了，并不指降雪量一定很大。人们常说，"瑞雪兆丰年"。严冬积雪覆盖大地，保持地面及作物周围的温度不会因寒流侵袭而降得很低，为冬作物创造了良好的越冬环境。积雪融化时又增加了土壤水分含量，供作物春季生长的需要。雪水中氮化物的含量是普通雨水的5倍，有一定的肥田作用。有"今年麦盖三层被，来年枕着馒头睡"的农谚。

  我国古人将大雪节气的十五天分为三候："一候鹖鴠不鸣；二候虎始交；三候荔挺出。"意思是说，此时因天气寒冷，寒号鸟也不再鸣叫了，此时是阴气最盛时期，所谓盛极而衰，阳气已有所萌动，老虎开始有求偶行为，"荔挺"为兰草的一种，感到阳气的萌动而抽出新芽。

  雪花飞舞、粉妆玉砌的大雪时节正是古人吟诗作赋的好景象，那么，你知道描写大雪节气的古诗词有哪些吗？现在，就让我们一起走进诗歌里的冰雪世界吧！

（一）课堂精读

  大雪节气的到来意味着天空开始下雪了，大雪飞扬，气温也会越来越低。我们会在大雪里玩耍、堆雪人，那么古人会在大雪天气里做什么呢？让我们来读一读刘义庆的文言散文《咏雪》和张岱的小品文《湖心亭看雪》吧！

对比阅读

1.《咏雪》（南北朝·刘义庆）

咏雪

（南北朝·刘义庆）

谢太傅寒雪日内集，与儿女讲论文义。俄而雪骤，公欣然曰："白雪纷纷何所似？"兄子胡儿曰："撒盐空中差可拟。"兄女曰："未若柳絮因风起。"公大笑乐。即公大兄无奕女，左将军王凝之妻也。

诵读 思考

问题1：请查阅工具书掌握下列难点字词的意思：

（1）内集 （2）俄而 （3）雪骤 （4）何所拟 （5）差可拟

问题2：作者刘义庆的著作《世说新语》主要记录魏晋名士的逸闻轶事和玄言清谈，这篇《咏雪》就出于东晋谢安与其子侄辈们的一段即兴对话。请找出文中出现的所有人物，并查阅相关资料，了解这些人物的生平介绍。

问题3：请思考，谢太傅与儿女"讲论文义"，为何忽然说起了雪呢？

问题4：两位儿女分别用"盐"和"柳絮"来形容雪花，你觉得哪个更好？为什么？

问题5：谢太傅听了两位儿女的发言后是如何表态的？

问题6：请运用"5W1H"分析法来归纳和复述本文。

课本 剧

文章题目：_____
课本剧名称：_____
我的评价星级：☆☆☆☆☆

小组角色分工：　　　小组成员评价星级：
_____　☆☆☆☆☆
_____　☆☆☆☆☆
_____　☆☆☆☆☆
_____　☆☆☆☆☆

故事情节逻辑图

角色对白
_____
_____
_____

服装道具

演出剧照

2.《湖心亭看雪》（清·张岱）

湖心亭看雪

（清·张岱）

崇祯五年十二月，余住西湖。大雪三日，湖中人鸟声俱绝。是日更定矣，余挐一小舟，拥毳衣炉火，独往湖心亭看雪。雾凇沆砀，天与云与山与水，上下一白。湖上影子，惟长堤一痕、湖心亭一点，与余舟一芥、舟中人两三粒而已。

到亭上，有两人铺毡对坐，一童子烧酒炉正沸。见余，大喜曰："湖中焉得更有此人！"拉余同饮。余强饮三大白而别。问其姓氏，是金陵人，客此。及下船，舟子喃喃曰："莫说相公痴，更有痴似相公者！"

诵读 思考

问题1：请查阅工具书掌握下列难点字词的意思：

（1）更定　（2）余　（3）挐　（4）毳　（5）沆砀　（6）芥　（7）强饮　（8）大白

问题2：文章开头介绍了故事发生的背景，请做简要描述。

问题3：文中描绘了一幅水墨模糊的湖山夜雪图，请用自己的语言对这一景色进行描述。

问题4：请标出文中对景色描写的"特写镜头"。

问题5：文章后半部分描写了"逢知己之乐"的意外之笔，请分析作者此时的思想和心情。

问题6：请谈谈你对"莫说相公痴，更有痴似相公者！"一句的理解。

问题7：请根据自己的理解，为本文划分段落。

问题8：文章的体裁为小品文，请查阅相关资料，对这种体裁做进一步了解。

课本 剧

文章题目：_____
课本剧名称：_____
我的评价星级：☆☆☆☆☆

小组角色分工：　　小组成员评价星级：
☆☆☆☆☆
☆☆☆☆☆
☆☆☆☆☆
☆☆☆☆☆

故事情节逻辑图

角色对白
_____
_____
_____

服装道具　　　　　　　　　　演出剧照

对比 思考

请同学们思考、讨论并回答以下问题：

问题1：在《咏雪》和《湖心亭看雪》中分别是如何描写"雪"的？

问题2：《咏雪》和《湖心亭看雪》分别描写了两则"雪中故事"，请从文物角度分析两则故事不同的意境。

问题3：请说说《咏雪》和《湖心亭看雪》分别表达了作者怎样的思想和情怀？

⊘ 教师精评量表

评价方面	评价内容	评分	
		教师评分	自我评分
阅读情境（20分）	1.学习单/故事地图/辩论会/课本剧按要求填表完成的情况（10分）		
	2.完成学习单/故事地图/辩论会/课本剧任务要求的积极主动性（10分）		
阅读文本（40分）	1.对字、词、句、段的理解情况（10分）		
	2.对文中精彩字、词、句、段的鉴赏情况（10分）		
	3.阅读速度达到规定要求的情况（10分）		
	4.朗读参与情况与背诵完成情况（10分）		
阅读认知过程（40分）	1.带着问题阅读或在阅读中提出问题的情况（10分）		
	2.借助阅读工具搜索信息解决阅读疑难问题的情况（20分）		
	3.参与教师提问及阅读交流的情况（10分）		
评价星级	90～100分：☆☆☆☆☆ 80～90分：☆☆☆☆ 70～80分：☆☆☆ 60～70分：☆☆ 60分以下：☆		

（二）小组选读

◇ 请快速浏览下面与"大雪"节气相关的【分级阅读】篇目：宋词《十一月四日风雨大作二首》（其二）、近代诗作《沁园春·雪》以及散文《大雪的故乡》，借助工具书掌握陌生字词。

◇ 选择自己感兴趣的篇目大声诵读，并与选择相同篇目的同学组成"专家组"，对篇目的精彩语段及中心思想进行研读和讨论，踊跃发表自己的看法。

❖ 填写下面的任务单，为召开"小专家读书会"做准备，与全班同学分享交流本组的观点和想法吧！

分级阅读

A.《十一月四日风雨大作二首》（其二）（宋·陆游）

> 僵卧孤村不自哀，尚思为国戍轮台。
>
> 夜阑卧听风吹雨，铁马冰河入梦来。

B.《沁园春·雪》（毛泽东）

> 北国风光，千里冰封，万里雪飘。
>
> 望长城内外，惟余莽莽；大河上下，顿失滔滔。
>
> 山舞银蛇，原驰蜡象，欲与天公试比高。
>
> 须晴日，看红装素裹，分外妖娆。
>
> 江山如此多娇，引无数英雄竞折腰。
>
> 惜秦皇汉武，略输文采；唐宗宋祖，稍逊风骚。
>
> 一代天骄，成吉思汗，只识弯弓射大雕。
>
> 俱往矣，数风流人物，还看今朝。

C.《大雪的故乡》（林清玄）

一九八二年十月二十日，当代知名的作家索尔仁尼琴，站在台湾嘉义的"北回归线"标志碑前露出了开心的微笑，他兴奋地说："这是我有生以来，第一次跨上热带的土地。"

看到索尔仁尼琴站在"北回归线"上的形象，给我一种大的感动。那个小小的标志碑上有一个雕塑，是地球交错而过的两条经纬线，北回归线是那横着的一条，一直往北或往南，就到了落雪的寒带。这个纪念碑是站在台湾的南部大平原上，我曾数次路过。每次站在它的前面，遥望远方，心中就升起一种温暖的感觉，它站的地方正是我美丽的沃土。跨过这条"北回归线"，往南方的热带走去，是我童年生长的温暖家。同样的，走过"北回归线"往北渡海的远方，是我的祖父那一辈生长的大雪的故乡。由于这样的情感，站在那条线上，是足以令人幽思徘徊的。

索尔仁尼琴站在北回归线上的形象，使我想起他在一次访问时流露出来对故乡的情感。日本研究俄国文学最杰出的学木村浩，去年九月曾到美国佛蒙特州索尔仁尼琴居住的山庄去访问，他看着窗外佛州茂密的森林问索尔仁尼琴："到了冬天，这一带是否会下大雪？"

索尔仁尼琴将视线转向窗外，注视片刻后，静静地道："虽然每年不尽相同，可是雪相当大，你知道，没有雪，俄国人是活不下去的。"在那一次访问里，索尔仁尼琴还说到："被放逐的时候，我总认为二三年后就能回去的。谁知道一眨眼已经七年了。不过，我是一个乐观主义者，所以坚信一定能够回去的。"谈到这一段话，不禁令我思绪飞奔，索尔仁尼琴对他的俄国故乡是怀着浓重乡愁的。曾在劳改营度过八年岁月，在流刑中罹患癌症幸而未死，最后被流放的索尔仁尼琴，到今天他还热烈地爱着他祖国的土地、森林和人民，盼望有朝一日能返回故土，为他的同胞奉献生命。他的"下着大雪的故乡"是他忧思和呐喊的起源，对着他的人民和国土，索尔仁尼琴有着浓郁的血泪和感情。

我觉得这种对故土的怀思，以及在作品中表现出强烈的家国情味，正是文学中最可珍贵的品质。

由于他的流放，他对那些流离失所的人也就有了特别的关爱和同情。流放隔断了他对故国的联系，但也正是他的流放，使他的同情与关爱自俄国的土地扩散，用明亮的巨眼注视世界，使他从"俄国的索尔仁尼琴"成为"世界的索尔仁尼琴"。

一个人的故乡能给他以后提供一个什么样的背景，我觉得读俄国文学家的作品最能感受深刻。很早以前，我就喜欢俄国的文学，包括托尔斯泰、陀思妥耶夫斯基、契诃夫、高尔基、果戈里等人的作品；甚至到帕斯捷尔纳克（《日瓦戈医生》的作者）、索尔仁尼琴，我觉得俄国文学有一个伟大的传统，这个传统就是由那一片辽阔的土地和忍苦的人民所孕育出来的。虽然在那苦寒的土地上，文学艺术家不时受到挫折，他们却总是像巨树一样，站立在最寒冷的土地上。以前阿·托尔斯泰在巴黎流亡时，写出《苦难的历程》和《彼得大帝》，现在流放在美国的索尔仁尼琴写出《古拉格群岛》、《癌病房》、《一九一四年八月》，都是对他们国土热爱的记述和苦难人民的呼声。

尤其是从十八世纪以后，俄国的文学家、音乐家、舞蹈家更是天才辈出，闪烁着星星一样的光芒，他们之所以伟大，是因为在作品中流露出对人和土地的热爱，充满了强烈的乡土恋情。他们共同具有浓厚的宗教气质，有一种博爱的人道主义精神。

他们强调真正的俄罗斯，那是他们成长的地方，一个落着大雪的故乡。俄罗斯有一首动人的民谣，它是这样歌唱它的土地和苦难：

贝加尔湖呀，

我的母亲，

她温暖着流浪汉的心，

为争取自由挨苦难，

我流浪在贝加尔湖滨，

为争取自由挨苦难，

我流浪在贝加尔湖滨。

中国过去的民谣也有许多类似的歌唱，可是为什么中国经过这么长期的苦难，却没有能产生与俄罗斯文学一样博大的近代作品呢？

小专家读书会

我选取的文章题目及级别：　　　　　　　（A级/B级/C级）　　　我参加的专家组：　　　　　　　我的评价星级：　☆☆☆☆☆

读书会主题：

专家组成员及观点	我的发言	小组讨论纪要

我的收获与感悟：

组内互评量表

评价方面	评价内容	评分	
		教师评分	自我评分
阅读情境（20分）	1. 专家组组织成立及分工合作情况（10分）		
	2. "小专家读书会"按要求填表及准备充分情况（10分）		
阅读文本（30分）	1. 选文级别情况（10分）（A级10分；B级7分；C级5分）		
	2. 选文研读，对字、词、句、段及文章中心思想的理解情况（10分）		
	3. 阅读速度达到规定要求的情况（10分）		
阅读认知过程（50分）	1. 在专家组研讨中提问与交流情况（10分）		
	2. 通过借助阅读工具搜索信息解决小组中阅读疑难问题的情况（10分）		
	3. 在专家组研讨中个人观点表达情况（20分）		
	4. 在"小专家读书会"中阅读讲解与汇报分享情况（10分）		
评价星级	90~100分：☆☆☆☆☆ 80~90分：☆☆☆☆ 70~80分：☆☆☆ 60~70分：☆☆ 60分以下：☆		

（三）主题自读

古人云："大者，盛也，至此而雪盛也"。大雪到来大雪飘，兆示来年年景好，人们盼着在大雪节气中看到，"瑞雪兆丰年"的好兆头。瑞雪兆丰年，意思为适时的冬雪预示着来年是丰收之年。是来年庄稼获得丰收的预兆。语出曲波的《桥隆飙》十九："俗语道：'瑞雪兆丰年'，明年的小麦一定收成好。"

面对一片"江南江北雪漫漫"的白色天地，古人纷纷吟诗作赋来描绘和纪念。比如，唐代诗人祖咏《终南望余雪》："终南阴岭秀，积雪浮云端。"元稹在《大雪十一月节》中所描写的："积阴成大雪，看处乱霏霏。"李白在《北风行》中写道："燕山雪花大如席，片片吹落轩辕台。"让我们在大雪节气里读一读描写"雪"的作品，进一步了解"雪"这一奇妙的景色吧！

🎓主题 咏雪——大雪纷纷是丰年

从大雪之日起，以"咏雪"为主题，开始15天的"阅读打卡计划"吧！按照计划，每3天完成一篇篇目的搜索、阅读和赏析。

◇ 略读下面三篇【推荐阅读】，理解诗词及文段的基本大意，揣摩"咏雪"主题的含义。

◇ 搜索5篇有关描写"咏雪"的篇目，可以包括古诗词、散文、诗歌、小说选段等多种体裁。

◇ 记录自己阅读古诗词及诗歌的方式，阅读篇幅较长的散文、小说选段等尽量保持在每分钟300字。

◇ 对阅读的篇目中的精彩语句、段落或是打断自己的内容及思想进行赏析。

◇ 将阅读速度、搜索过程、阅读记录、赏析要点等内容填写进"阅读打卡计划记录单"中。

推荐阅读

1.《对雪》（唐·杜甫）

战哭多新鬼，愁吟独老翁。

乱云低薄暮，急雪舞回风。

瓢弃尊无绿，炉存火似红。

数州消息断，愁坐正书空。

2.《雪后晚晴》（宋·杨万里）

只知逐胜忽忘寒，小立春风夕照间。

最爱东山晴后雪，软红光里涌银山。

3.《雪》（鲁迅）

暖国的雨，向来没有变过冰冷的坚硬的灿烂的雪花。博识的人们觉得他单调，他自己也以为不幸否耶？江南的雪，可是滋润美艳之至了；那是还在隐约着的青春的消息，是极壮健的处子的皮肤。雪野中有血红的宝珠山茶，白中隐青的单瓣梅花，深黄的磬口的腊梅花；雪下面还有冷绿的杂草。蝴蝶确乎没有；蜜蜂是否来采山茶花和梅花的蜜，我可记不真切了。但我的眼前仿佛看见冬花开在雪野中，有许多蜜蜂们忙碌地飞着，也听得他们嗡嗡地闹着。

孩子们呵着冻得通红，像紫芽姜一般的小手，七八个一齐来塑雪罗汉。因为不成功，谁的父亲也来帮忙了。罗汉就塑得比孩子们高得多，虽然不过是上小下大的一堆，终于分不清是壶卢还是罗汉；然而很洁白，很明艳，以自身的滋润相粘结，整个地闪闪地生光。孩子们用龙眼核给他做眼珠，又从谁的母亲的脂粉奁中偷得胭脂来涂在嘴唇上。这回确是一个大阿罗汉了。他也就目光灼灼地嘴唇通红地坐在雪地里。

第二天还有几个孩子来访问他；对了他拍手，点头，嬉笑。但他终于独自坐着了。晴天又来消释他的皮肤，寒夜又使他结一层冰，化作不透明的模样；连续的晴天又使他成为不知道算什么，而嘴上的胭脂也褪尽了。

但是，朔方的雪花在纷飞之后，却永远如粉，如沙，他们决不粘连，撒在屋上，地上，枯草上，就是这样。屋上的雪是早已就有消化了的，因为屋里居人的火的温热。别的，在晴天之下，旋风忽来，便蓬勃地奋飞，在日光中灿灿地生光，如包藏火焰的大雾，旋转而且升腾，弥漫太空；使太空旋转而且升腾地闪烁。

在无边的旷野上，在凛冽的天宇下，闪闪地旋转升腾着的是雨的精魂……

是的，那是孤独的雪，是死掉的雨，是雨的精魂。

一九二五年一月十八日

阅读打卡计划

打卡　1　2　3　4　5　6　7　8　9　10　11　12　13　14　15

姓名：_____
年/月：_____
节气：_____
主题：_____
我的评价星级：
☆☆☆☆☆

篇目1：	篇目2：	篇目3：	篇目4：	篇目5：
体裁：	体裁：	体裁：	体裁：	体裁：
阅读速度：	阅读速度：	阅读速度：	阅读速度：	阅读速度：
篇目搜索过程：	篇目搜索过程：	篇目搜索过程：	篇目搜索过程：	篇目搜索过程：
篇目阅读过程：	篇目阅读过程：	篇目阅读过程：	篇目阅读过程：	篇目阅读过程：
篇目赏析：	篇目赏析：	篇目赏析：	篇目赏析：	篇目赏析：

学生自评量表

评价方面	评价内容	评分	
		教师评分	自我评分
阅读情境（30分）	1. 连续坚持每天阅读打卡的情况（10分）		
	2. 合理制定阅读计划并严格、自律地按照阅读计划执行的情况（10分）		
	3. 按要求完成每个篇目"找篇目—读篇目—赏篇目"步骤的情况（10分）		
阅读文本（30分）	1. 查找的篇目与阅读主题相吻合的情况（10分）		
	2. 阅读方式的选择及阅读速度的达成情况（10分）		
	3. 对篇目的理解与鉴赏情况（10分）		
阅读认知过程（40分）	1. 对阅读主题的理解情况（10分）		
	2. 独立、灵活地使用搜索工具查找篇目的情况（10分）		
	3. 对搜索信息进行归纳总结及分析处理的情况（10分）		
	4. 形成积极阅读和自主阅读习惯的情况（10分）		
评价星级	90~100分：☆☆☆☆☆ 80~90分：☆☆☆☆ 70~80分：☆☆☆ 60~70分：☆☆ 60分以下：☆		

悦读者思维

我国幅员辽阔，南北地区在地理、气候等方面差距较大。冬季的南方气温相对温和，而北方，尤其东北地区，在大雪时节天气非常寒冷，农事活动相对南方会有所减少，而进入"农闲"时间。怎样才能充分利用这段时间，来助力农业生产呢？请开动脑筋，谈谈自己的想法。

我是这样想的：

第二十二章

冬至阳生春又来

冬至是二十四节气中的第二十二个节气，也是冬季的第四个节气。早在二千五百多年前的春秋时代，中国就已经用土圭观测太阳，测定出了冬至，它是二十四节气中最早制订出的一个。冬至又名"一阳生"，是中国农历中一个重要的节气，也是中华民族的一个传统节日，冬至俗称"数九""冬节""长至节""亚岁"等。冬至开始"数九"，冬至日也就成了"数九"的第一天。关于"数九"，民间流传着的歌谣是这样说的，"一九、二九不出手，三九、四九冰上走，五九、六九沿河看柳，七九河开，八九燕来，九九加一九耕牛遍地走"。

我国古人将冬至节气的十五天分为三候："一候蚯蚓结；二候麋角解；三候水泉动。"意思是说，土中的蚯蚓仍然蜷缩着身体，麋与鹿同科，冬至时节麋感阴气渐退而解角，此时山中的泉水可以流动并且温热。

自古以来，中国传统节日冬至的地位便不亚于新年。那么，在文人墨客心里，冬至又是如何模样呢？让我们一起来欣赏古代冬至的优美诗词，感受寒冬季节里的文化韵味吧！

（一）课堂精读

竹子的枝干挺拔秀丽，婀娜多姿，与"梅""松"共享"岁寒三友"的美称。清代诗人、画家郑燮一生只画兰、竹、石，并写有多篇赏竹、赞竹的佳作。今天，我们来学习他的两首题画诗《竹石》和《潍县署中画竹呈年伯包大丞括》，看看作者通过"竹"表达了自己怎样的思想情怀。

对比阅读

1.《竹石》（清·郑燮）

竹石

（清·郑燮）

咬定青山不放松，立根原在破岩中。

千磨万击还坚劲，任尔东西南北风。

诵读 思考：

问题1：请查阅工具书掌握下列难点字词的意思：

（1）咬定 （2）立根 （3）破岩 （4）任 （5）尔

问题2：本诗开头一个"咬"字，一字千钧，极为有力，而且形象化，请根据自己的理解分析它的表现力。

问题3：请找出诗中其他表现竹子个性特征的字词。

问题4：这首诗是一首题画诗，题于作者郑板桥自己的《竹石图》上，请查找并欣赏作者的这幅画作，思考作者通过这首诗表达了自己怎样的思想情操。

问题5：在作者郑板桥诗、画中，"竹"往往与"石"是分不开的，请说说这首诗中"石头"的作用都有哪些。

问题6："千磨万击还坚劲"中的"千""万"两字写出了全诗的意境，请说说你对这两个字的理解。

问题7：石头是由什么成分组成的？为何它"千磨万击还坚劲"？

学习 单：

我的阅读篇目		我的评价星级	☆☆☆☆☆
诗中不理解的字词			
发现问题与解决问题		解决问题与收获感悟	
老师的阅读问题/我的阅读问题： 1. 2. 3. 4. 5.		我的答案： 1. 2. 3. 4. 5.	

我打算解决问题的办法：（上网查资料/图书馆查资料/询问家长/其他）	为解决问题做个小计划： 第一步： 第二步： 第三步：	赏析我喜欢的诗句：
我的新疑问： 1. 2. 3.		写下我的读后感受：

2.《潍县署中画竹呈年伯包大丞括》（清·郑燮）

潍县署中画竹呈年伯包大丞括

（清·郑燮）

衙斋卧听萧萧竹，疑是民间疾苦声；

些小吾曹州县吏，一枝一叶总关情。

诵读 思考

问题1：请查阅工具书掌握下列难点字词的意思：

（1）衙斋 （2）萧萧 （3）些小 （4）吾曹 （5）关情

问题2：本诗中的第一、第二句交待了诗人的身份和周边的环境，请分别做具体阐释。

问题3：请标出诗中表现诗人的爱民之心与勤政之意的字词。

问题4：请查找相关资料了解作者生平和写作背景，进一步理解这首诗。

问题5：请说说这首诗表达了作者怎样的情怀和志向。

问题6：请总结作者都运用了哪些写作手法。

学习 单

我的阅读篇目		我的评价星级	☆ ☆ ☆ ☆ ☆
诗中不理解的字词			
发现问题与解决问题		解决问题与收获感悟	
老师的阅读问题/我的阅读问题： 1. 2. 3. 4. 5.		我的答案： 1. 2. 3. 4. 5.	

我打算解决问题的办法：（上网查资料/图书馆查资料/询问家长/其他）	为解决问题做个小计划： 第一步： 第二步： 第三步：	赏析我喜欢的诗句：
我的新疑问： 1. 2. 3.		写下我的读后感受：

对比 思考

请同学们思考、讨论并回答以下问题：

问题1：《竹石》和《潍县署中画竹呈年伯包大丞括》是郑板桥的两首托物言志诗，主角都是"竹"，请分析两首诗中对竹子的描写有什么不同？

问题2：《竹石》和《潍县署中画竹呈年伯包大丞括》表达了作者怎样不同的情怀？

问题3：请从写作手法方面对比《竹石》和《潍县署中画竹呈年伯包大丞括》两首诗的异同。

📝 教师精评量表

评价方面	评价内容	评分	
		教师评分	自我评分
阅读情境（20分）	1. 学习单/故事地图/辩论会/课本剧按要求填表完成的情况（10分）		
	2. 完成学习单/故事地图/辩论会/课本剧任务要求的积极主动性（10分）		
阅读文本（40分）	1. 对字、词、句、段的理解情况（10分）		
	2. 对文中精彩字、词、句、段的鉴赏情况（10分）		
	3. 阅读速度达到规定要求的情况（10分）		
	4. 朗读参与情况与背诵完成情况（10分）		
阅读认知过程（40分）	1. 带着问题阅读或在阅读中提出问题的情况（10分）		
	2. 借助阅读工具搜索信息解决阅读疑难问题的情况（20分）		
	3. 参与教师提问及阅读交流的情况（10分）		
评价星级	90～100分：☆☆☆☆☆ 80～90分：☆☆☆☆ 70～80分：☆☆☆ 60～70分：☆☆ 60分以下：☆		

（二）小组选读

❖ 请快速浏览下面与"冬至"节气相关的【分级阅读】篇目：唐诗《子夜吴歌·冬歌》《邯郸冬至夜思家》以及《小至》，借助工具书掌握陌生字词。

❖ 选择自己感兴趣的篇目大声诵读，并与选择相同篇目的同学组成"专家组"，对篇目的精彩语段及中心思想进行研读和讨论，踊跃发表自己的看法。

　　◇ 填写下面的任务单，为召开"小专家读书会"做准备，与全班同学分享交流本组的观点和想法吧！

分级阅读

A.《子夜吴歌·冬歌》（唐·李白）

明朝驿使发，一夜絮征袍。

素手抽针冷，那堪把剪刀。

裁缝寄远道，几日到临洮？

B.《邯郸冬至夜思家》（唐·白居易）

邯郸驿里逢冬至，抱膝灯前影伴身。

想得家中夜深坐，还应说着远行人。

C.《小至》（唐·杜甫）

天时人事日相催，冬至阳生春又来。

刺绣五纹添弱线，吹葭六管动浮灰。

岸容待腊将舒柳，山意冲寒欲放梅。

云物不殊乡国异，教儿且覆掌中杯。

小专家读书会

我选取的文章题目及级别：_____（A级/B级/C级）	我参加的专家组：_____	我的评价星级：☆☆☆☆☆
读书会主题：		
专家组成员及观点	我的发言	小组讨论纪要

我的收获与感悟：

组内互评量表

评价方面	评价内容	评分	
		教师评分	自我评分
阅读情境（20分）	1. 专家组组织成立及分工合作情况（10分）		
	2. "小专家读书会"按要求填表及准备充分情况（10分）		
阅读文本（30分）	1. 选文级别情况（10分）（A级10分；B级7分；C级5分）		
	2. 选文研读，对字、词、句、段及文章中心思想的理解情况（10分）		
	3. 阅读速度达到规定要求的情况（10分）		
阅读认知过程（50分）	1. 在专家组研讨中提问与交流情况（10分）		
	2. 通过借助阅读工具搜索信息解决小组中阅读疑难问题的情况（10分）		
	3. 在专家组研讨中个人观点表达情况（20分）		
	4. 在"小专家读书会"中阅读讲解与汇报分享情况（10分）		
评价星级	90～100分：☆☆☆☆☆ 80～90分：☆☆☆☆ 70～80分：☆☆☆ 60～70分：☆☆ 60分以下：☆		

（三）主题自读

　　竹子挺拔俊秀，刚劲清新，生机盎然，岁寒不凋。有着木的挺拔，藤的柔韧，草一样顽强的生命力，年年从泥土中长出新的生命，赋予了人们许多哲理启迪和人格力量。

　　竹子自古以来均被人们所喜爱和赞颂，有很多古诗词作品对竹子进行了十分形象和生动的描写。比如，唐代诗人李德裕在《竹径》中写道"野竹自成径，绕溪三里余"，裴迪在《竹里馆》中写道："来过竹里馆，日与道相亲。出入惟山鸟，幽深无世人"，杜甫在《严郑公宅同咏竹》中写道"绿竹半含箨，新梢才出墙"，元稹在《新竹》中写道："扶疏多透日，寥落未成丛。惟有团团节，坚贞大小同"，孟浩然在《洗然弟竹亭》中写道"逸气假毫翰，清风在竹林"，均展现出了竹子清逸、坚贞的品质。让我们在冬至节气里读一读描写"竹子"的美文佳作吧，一起来品颂竹子秀逸的神韵和高风亮节的品质。

主题　竹韵——新竹高于旧竹枝

　　从冬至之日起，以"竹韵"为主题，开始15天的"阅读打卡计划"吧！按照计划，每3天完成一篇篇目的搜索、阅读和赏析。

◇ 略读下面三篇【推荐阅读】，理解诗词及文段的基本大意，揣摩"竹韵"主题的含义。

◇ 搜索5篇有关描写"竹韵"的篇目，可以包括古诗词、散文、诗歌、小说选段等多种体裁。

◇ 记录自己阅读古诗词及诗歌的方式，阅读篇幅较长的散文、小说选段等尽量保持在每分钟300字。

◇ 对阅读的篇目中的精彩语句、段落或是打断自己的内容及思想进行赏析。

◇ 将阅读速度、搜索过程、阅读记录、赏析要点等内容填写进"阅读打卡计划记录单"中。

推荐阅读

1.《竹》（唐·李贺）

> 入水文光动，抽空绿影春。
> 露华生笋径，苔色拂霜根。
> 织可承香汗，裁堪钓锦鳞。
> 三梁曾入用，一节奉王孙。

2.《新竹》（清·郑燮）

> 新竹高于旧竹枝，全凭老干为扶持。
> 明年再有新生者，十丈龙孙绕凤池。

3.《井冈翠竹》（袁鹰）

冈山五百里林海里，最使人难忘的是毛竹。

从远处看，郁郁苍苍，重重叠叠，望不到头。到近处看，有的修直挺拔，好似当年山头的岗哨；有的密密麻麻，好似埋伏在深坳时的奇兵，有的看来出世还不久，却也亭亭玉立，别有一番神采。

"井冈山的竹子，是革命的竹子！"井冈山人爱这么自豪地说。

有道是：天下竹子数不清，井冈山竹子头一名。

是的，当年用自己的血和汗保卫过第一个红色政权的战士们，谁不记得井冈山上的翠竹呢？用它搭过帐篷，用它做过梭镖，用它当罐盛过水，当碗蒸过饭，用它做过扁担和吹火筒，在黄洋界和八面山上，还用它摆过三十里竹钉阵，使多少白匪魂飞魄散，鬼哭狼嚎，如今，早就不再用竹钉当武器了，然而谁又把它们忘怀呢？

你看，那边山路上走来了两位老表，一人提着一只竹筒。这是什么？这不是红军的硝盐罐吗？要不，是给山头的红军送饭来了吧？这两只小小的竹筒，能引起老表们冲过白匪封锁线冒着生命危险送上山来的粮食，想起了山上缺粮的年月，红军每天每顿只能用南瓜充饥，但是同志们仍然意气风发地唱："天天吃南瓜，革命打天下！"

你看那毛竹做的扁担，多么坚韧，多么结实，再重的担子也能挑得起，当年毛委员和朱军长带领队伍下山去挑粮食，不就是用这样的扁担么？井冈山革命博物馆里，还陈列着一根写着"朱德的"三个字的扁担，他们肩上挑的，哪里只是粮食？挑的是中国的无产阶级革命！我们的老一辈无产阶级革命家们，正是用井冈山毛竹做的扁担，把这个一副关系全中国人民命运的重担，从井冈山出发，走过漫漫长途，一直挑到北京城。

毛委员和朱军长下山去了，红军下山去了，井冈山的毛竹，同井冈山人民一样，坚贞不屈。血雨腥风，毛竹青了又黄，黄了又青，不向残暴低头，不向敌人弯腰，竹叶烧了，还有竹枝，竹枝断了，还有竹鞭，还有深埋地下的竹根。"野火烧不尽，春风吹又生。"一到春天，漫山遍野，向大地显露着无限的生机，依然是那一望无际的翠竹。

毛竹年年长，为的是向敌人示威：井冈山是压不倒、烧不光的，毛竹年年绿，为的是等待亲人，等待当年用竹筒盛水蒸饭、用竹钉竹枪打白匪的红军，等待自己的英雄子弟。朝也等，暮也等，等了漫长的二十年，二十年过去了，毛竹依旧是那么青翠，那么稠密，井冈山终于换了人间！

为了叫井冈山变得更快，党派来了两千好儿女，同井冈山人民一起来开发这座万宝山，他们上得山来，头一件事就是来竹林里，依靠这青青毛竹盖房落脚，他们踩着当年老红军的脚印，攀山过岭，用竹筒盛水蒸饭。可是，看着那一眼望不到边的毛竹，成年累月地藏在深坳里，不能赶快送到那些需要它们的地方去，怎不叫人心焦！一阵风过，毛竹呼啦啦地响，好像也在焦急地叫喊："快些送我们下山吧，莫要让我们等老了，祖国社会主义建设多么需要我们啊！井冈山上的毛竹据说有一千多万根，轮流砍伐，是永远也吹不完的。可是，怎样叫这一千多万根毛竹顺顺当当砍下山去，是井冈山建设者曾经绞尽脑汁的大事。

如今，你若是在井冈山许多山坳走过，便能看到一条条修长的竹滑道。它们几乎是笔直地从山顶上穿过竹林挂下山来。这便是英雄的井冈山人的业绩。他们在竹林里送走了几百个白天和黑夜，用竹滑道，用水滑道，送出了一百多万根毛竹。这一百多万根毛竹，流去了井冈山人多少汗水，是无法计算的。为了搭起滑道，他们翻越了多少陡峭的悬岩绝壁；为了找寻水路，他们踏遍了多少曲折的幽谷荒滩。冒着大风雪，二百多青年男女来到离茨坪六十多里的深山，要在那周围二十多里没有人烟的林海深处，完成砍伐三十多万根毛竹的任务。漫天风雪，封住山、阻住路，却摇撼不了人们的意志，扑灭不了人们的心头的熊熊烈火。风雪一天比一天大，人们的干劲一天比一天猛，砍下的毛竹一天比一天堆得高，为竹滑道修的架在两座高山之间的竹桥，也在一天比一天往上长。杜鹃花开满山头的时候，英雄们终于唱着凯歌，欢送着亲手砍下的那三十万根毛竹，记它们沿着满山绕的滑道，一路欢唱着飞下山去了。

你看，你看，这不是又一批新砍的毛竹滑下山来了吗？这些青翠的竹子，沿着细长的滑道、穿云钻雾，呼啸而来，它们滑下溪水，转入大河，流进赣江，挤上火车，走上迢迢的征途。井冈山的翠竹啊！去吧，去吧，快快地去吧！多少工地，多少工厂矿山，多少高楼大厦，多少城市和农村，都在殷切的等待着你们！快快地去吧，带去井冈山人民的心愿，带去井冈山人民的干劲，也带去井冈山人民的风格吧！

井冈山的翠竹啊，你是革命的竹子，你不仅曾经为革命建立功勋，而且你现在和将来仍然为社会主义、共产主义大厦继续献出一切。你永远那么青翠，永远那么挺拔，风吹雨打，从不改色；刀砍火烧，永不低头——这正是英雄的井冈山人，也是亿万中国人民的革命气节和革命精神！

阅读打卡计划

打卡 1 2 3 4 5 6 7 8 9 10 11 12 13 14 15

姓名：_____
年/月：_____
节气：_____
主题：_____
我的评价星级：
☆☆☆☆☆

篇目1： 体裁： 阅读速度： 篇目搜索过程： 篇目阅读过程： 篇目赏析：

篇目2： 体裁： 阅读速度： 篇目搜索过程： 篇目阅读过程： 篇目赏析：

篇目3： 体裁： 阅读速度： 篇目搜索过程： 篇目阅读过程： 篇目赏析：

篇目4： 体裁： 阅读速度： 篇目搜索过程： 篇目阅读过程： 篇目赏析：

篇目5： 体裁： 阅读速度： 篇目搜索过程： 篇目阅读过程： 篇目赏析：

学生自评量表

评价方面	评价内容	评分	
		教师评分	自我评分
阅读情境（30分）	1. 连续坚持每天阅读打卡的情况（10分）		
	2. 合理制定阅读计划并严格、自律地按照阅读计划执行的情况（10分）		
	3. 按要求完成每个篇目"找篇目—读篇目—赏篇目"步骤的情况（10分）		
阅读文本（30分）	1. 查找的篇目与阅读主题相吻合的情况（10分）		
	2. 阅读方式的选择及阅读速度的达成情况（10分）		
	3. 对篇目的理解与鉴赏情况（10分）		
阅读认知过程（40分）	1. 对阅读主题的理解情况（10分）		
	2. 独立、灵活地使用搜索工具查找篇目的情况（10分）		
	3. 对搜索信息进行归纳总结及分析处理的情况（10分）		
	4. 形成积极阅读和自主阅读习惯的情况（10分）		
评价星级	90~100分：☆☆☆☆☆ 80~90分：☆☆☆☆ 70~80分：☆☆☆ 60~70分：☆☆ 60分以下：☆		

悦读者思维

　　每年冬至这天，饺子都是必不可少的节日饭。正如谚语所云："十月一，冬至到，家家户户吃水饺。"除了冬至，我们在立冬、春节等传统节日里都会吃饺子。饺子原名"娇耳"，相传是我国医圣张仲景首先发明的，距今已有一千八百多年的历史了。饺子代表中华美食，也蕴含着中华民族的文化，除夕夜，全家人围在一起包饺子的温暖画面，留在每个人的记忆中。你喜欢吃饺子吗？你如何理解饺子与传统文化的关系？你对饺子还有哪些独特的感悟吗？

　　我是这样想的：

第二十三章

细雨小寒生翠屏

　　小寒是二十四节气中的第二十三个节气，也是冬季的第五个节气。对于神州大地而言，标志着一年中最寒冷的日子到来了。俗话说，"冷在三九"，"三九"恰在小寒节气内。进入小寒，年味渐浓，人们开始忙着写春联、剪窗花，赶集买年画、彩灯、鞭炮、香火等，陆续为春节作准备。饮食上，涮羊肉火锅、吃糖炒栗子、烤白薯成为小寒时尚。俗语说"三九补一冬，来年无病痛"，说的就是冬令食羊肉调养身体的做法。

　　我国古人将小寒节气的十五天分为三候："一候雁北乡，二候鹊始巢，三候雉始雊。"意思是说，大雁开始向北迁移，北方到处可见到喜鹊，并且感觉到阳气而开始筑巢，雉在接近四九时会感阳气的生长而鸣叫。

　　在现代人的眼中，小寒是个充满诗意的节日，那么在古代文人墨客的心里，小寒又是如何一番模样呢？隆冬时，小寒至，让我们一起感受小寒时节的文化韵味吧！

（一）课堂精读

　　冬天是个打猎的好季节，到了冬季，树木的生长已然放缓，森林不再似之前那么茂密，在野外狩猎，我们可以看到更远的地方，更容易发现和瞄准猎物。王维和李白两位唐代大诗人都以《观猎》为题目描写了将军狩猎的情景，让我们来读一读，看看他们笔下的狩猎场景都是什么样的呢？

对比阅读

1.《观猎》（唐·王维）

观猎

（唐·王维）

风劲角弓鸣，将军猎渭城。

草枯鹰眼疾，雪尽马蹄轻。

忽过新丰市，还归细柳营。

回看射雕处，千里暮云平。

诵读 思考

问题1：请查阅工具书掌握下列难点字词的意思：

（1）劲　（2）角弓　（3）眼疾　（4）射雕　（5）暮云平

问题2：颔联中的"疾"字和"轻"字可谓细腻传神，请具体分析两字的含义。

问题3："草枯鹰眼疾，雪尽马蹄轻"一句进一步渲染了打猎的气氛，细致地刻画出打猎的场面，请说说你对这句诗义的理解。

问题4：本诗的尾联以写景作结，与篇首呼应，请说说尾联写出了观猎者怎样的心境。

问题5：请标出诗中描写狩猎紧张、肃杀气氛的字词。

故事 地图

文章题目：		我的评价星级：☆☆☆☆☆
冬猎之地点	冬猎之人物	冬猎之景象
猎归之"时"		猎归之"景象"

2.《观猎》（唐·李白）

观猎

（唐·李白）

太守耀清威，乘闲弄晚晖。

江沙横猎骑，山火绕行围。

箭逐云鸿落，鹰随月兔飞。

不知白日暮，欢赏夜方归。

诵读 思考

问题1：请查阅工具书掌握下列难点字词的意思：

（1）晖　（2）横　（3）行围　（4）云鸿　（4）暮

问题2：请查找相关资料，分析本诗的写作背景。

问题3：请用自己的话来复述作者观猎之所见。

问题4：请分析最后一句"不知白日暮，欢赏夜方归"，表达了作者怎样的心情？

问题5："鹰随月兔飞"，月兔，是中国古代神话传说故事中的动物，你能为大家讲讲这个神话故事吗？

故事 地图

文章题目：＿＿＿＿＿		我的评价星级：☆☆☆☆☆
狩猎之时间	狩猎之环境	狩猎之人物
"春归"狩猎之场景		猎归之时间

对比 思考

请同学们思考、讨论并回答以下问题：

问题1：请思考两首《观猎》除了题目相同，还有哪些相同的地方？

问题2：两首《观猎》中均有描写"鹰"的句子，请标出来，并思考两句各自描写了"鹰"怎样的状态。

问题3：请分析两位作者在观猎时的心情有何异同。

教师精评量表

评价方面	评价内容	评分	
		教师评分	自我评分
阅读情境（20分）	1. 学习单/故事地图/辩论会/课本剧按要求填表完成的情况（10分）		
	2. 完成学习单/故事地图/辩论会/课本剧任务要求的积极主动性（10分）		
阅读文本（40分）	1. 对字、词、句、段的理解情况（10分）		
	2. 对文中精彩字、词、句、段的鉴赏情况（10分）		
	3. 阅读速度达到规定要求的情况（10分）		
	4. 朗读参与情况与背诵完成情况（10分）		
阅读认知过程（40分）	1. 带着问题阅读或在阅读中提出问题的情况（10分）		
	2. 借助阅读工具搜索信息解决阅读疑难问题的情况（20分）		
	3. 参与教师提问及阅读交流的情况（10分）		
评价星级	90~100分：☆☆☆☆☆ 80~90分：☆☆☆☆ 70~80分：☆☆☆ 60~70分：☆☆ 60分以下：☆		

（二）小组选读

◇ 请快速浏览下面与"小寒"节气相关的【分级阅读】篇目：东晋诗作《岁暮》、散文《腊八粥》以及唐诗《小寒食舟中作》，借助工具书掌握陌生字词。

◇ 选择自己感兴趣的篇目大声诵读，并与选择相同篇目的同学组成"专家组"，对篇目的精彩语段及中心思想进行研读和讨论，踊跃发表自己的看法。

◇ 填写下面的任务单，为召开"小专家读书会"做准备，与全班同学分享交流本组的观点和想法吧！

分级阅读

A.《岁暮》（东晋·谢灵运）

> 殷忧不能寐，苦此夜难颓。
> 明月照积雪，朔风劲且哀。
> 运往无淹物，年逝觉已催。

B.《腊八粥》（冰心）

　　从我能记事的日子起，我就记得每年农历十二月初八，母亲给我们煮腊八粥。

　　这腊八粥是用糯米、红糖和十八种干果掺在一起煮成的。干果里大的有红枣、桂圆、核桃、白果、杏仁、栗子、花生、葡萄干等等，小的有各种豆子和芝麻之类，吃起来十分香甜可口。母亲每年都是煮一大锅，不但合家大小都吃到了，有多的还分送给邻居和亲友。母亲说：这腊八粥本来是佛教寺煮来供佛的——十八种干果象征着十八罗汉，后来这风俗便在民间通行，因为借此机会，清理厨柜，把这些剩余杂果，煮给孩子吃，也是节约的好办法。最后，她叹一口气说："我的母亲是腊八这一天逝世的，那时我只有十四岁。我伏在她身上痛哭之后，赶忙到厨房去给父亲和哥哥做早饭，还看见灶上摆着一小锅她昨天煮好的腊八粥，现在我每年还煮这腊八粥，不是为了供佛，而是为了纪念我的母亲。"

　　我的母亲是1930年1月7日逝世的，正巧那天也是农历腊八！那时我已有了自己的家，为了纪念我的母亲，我也每年在这一天煮腊八粥。虽然我凑不上十八种干果，但是孩子们也还是爱吃的。抗战后南北迁徙，有时还在国外，尤其是最近的十年，我们几乎连个"家"都没有，也就把"腊八"这个日子淡忘了。

　　今年"腊八"这一天早晨，我偶然看见我的第三代几个孩子，围在桌旁边，在洗红枣，剥花生，看见我来了，都抬起头来说："姥姥，以后我们每年还煮腊八粥吃吧！妈妈说这腊八粥可好吃啦。您从前是每年都煮的。"我笑了，心想这些孩子们真馋。我说："那是你妈妈们小时候的事情了。在抗战的时候，难得吃到一点甜食，吃腊八粥就成了大典。现在为什么还找这个麻烦？"

　　他们彼此对看了一下，低下头去，一个孩子轻轻地说："妈妈和姨妈说，您母亲为了纪念她的母亲，就每年煮腊八粥，您为了纪念您的母亲，也每年煮腊八粥。现在我们为了纪念我们敬爱的周总理，周爷爷，我们也要每年煮腊八粥！这些红枣、花生、栗子和我们能凑来的各种豆子，不是代表十八罗汉，而是象征着我们这一代准备走上各条战线的中国少年，大家紧紧地、融洽地、甜甜蜜蜜地团结在一起……"他一面从口袋里掏出一小张叠得很平整的小日历纸，在一九七六年一月八日的下面，印着"农历乙卯年十二月八日"字样。他把这张小纸送到我眼前说："您看，这是妈妈保留下来的。周爷爷的忌辰，就是腊八！"

　　我没有说什么，只泫然地低下头去，和他们一同剥起花生来。

1979年2月3日凌晨

C.《小寒食舟中作》（唐·杜甫）

佳辰强饭食犹寒，隐几萧条带鹖冠。

春水船如天上坐，老年花似雾中看。

娟娟戏蝶过闲幔，片片轻鸥下急湍。

云白山青万馀里，愁看直北是长安。

小专家读书会

我选取的文章题目及级别：＿＿＿＿（A级/B级/C级）　　我参加的专家组：＿＿＿＿　　我的评价星级：☆☆☆☆☆

读书会主题：

专家组成员及观点	我的发言	小组讨论纪要

我的收获与感悟：

组内互评量表

评价方面	评价内容	评分	
		教师评分	自我评分
阅读情境（20分）	1. 专家组组织成立及分工合作情况（10分）		
	2. "小专家读书会"按要求填表及准备充分情况（10分）		
阅读文本（30分）	1. 选文级别情况（10分）（A级10分；B级7分；C级5分）		
	2. 选文研读，对字、词、句、段及文章中心思想的理解情况（10分）		
	3. 阅读速度达到规定要求的情况（10分）		
阅读认知过程（50分）	1. 在专家组研讨中提问与交流情况（10分）		
	2. 通过借助阅读工具搜索信息解决小组中阅读疑难问题的情况（10分）		
	3. 在专家组研讨中个人观点表达情况（20分）		
	4. 在"小专家读书会"中阅读讲解与汇报分享情况（10分）		
评价星级	90～100分：☆☆☆☆☆ 80～90分：☆☆☆☆ 70～80分：☆☆☆ 60～70分：☆☆ 60分以下：☆		

（三）主题自读

《月令七十二候集解》："十二月节，月初寒尚小，故云。月半则大矣。" 小寒是指天气渐寒，尚未"大寒"。小寒带着一个"小"字，看似不经意，其实寒冷尤甚，在气象记录中，我国很多地区"小寒"都比"大寒"要冷。可以说，"小寒"是二十四节气中最冷的节气，这是因为一年中最冷的隆冬"三九天"就处在"小寒"内，因此才有"小寒胜大寒"之说。

人们常说"数九寒天，冷在三九"。这段时间的寒冷程度，从"一九二九不出手，三九四九冰上走"的俗语中可见一斑。各地流行的气象谚语，也可以佐证，如华北一带有"小寒大寒，滴水成冰"的说法，江南一带有"小寒大寒，冷成冰团"的说法。在古代诗词中，宋代黄庭坚的"江雨蒙蒙作小寒，雪飘五老发毛斑"， 范成大的"辛苦孤花破小寒，花心应似客心酸"，陆游的"忽吹微雨过，便觉小寒生"，都描写了小寒时节的寒冷。同学们，你们是否也感受到了小寒节气带来的"寒冬的问候"呢？我们来寻找并诵读描写"寒冷"的美文吧！

主题 寒冷——寒衣处处催刀尺

从小寒之日起，以"寒冷"为主题，开始15天的"阅读打卡计划"吧！按照计划，每3天完成一篇篇目的搜索、阅读和赏析。

◇ 略读下面三篇【推荐阅读】，理解诗词及文段的基本大意，揣摩"寒冷"主题的含义。

◇ 搜索5篇有关描写"寒冷"的篇目，可以包括古诗词、散文、诗歌、小说选段等多种体裁。

◇ 记录自己阅读古诗词及诗歌的方式，阅读篇幅较长的散文、小说选段等尽量保持在每分钟300字。

◇ 对阅读的篇目中的精彩语句、段落或是打断自己的内容及思想进行赏析。

◇ 将阅读速度、搜索过程、阅读记录、赏析要点等内容填写进"阅读打卡计划记录单"中。

推荐阅读

1.《苦寒吟》（唐·孟郊）

百泉冻皆咽，我吟寒更切。

半夜倚乔松，不觉满衣雪。

竹竿有甘苦，我爱抱苦节。

鸟声有悲欢，我爱口流血。

潘生若解吟，更早生白发。

2.《卖炭翁》（唐·白居易）

卖炭翁，伐薪烧炭南山中。

满面尘灰烟火色，两鬓苍苍十指黑。

卖炭得钱何所营？身上衣裳口中食。

可怜身上衣正单，心忧炭贱愿天寒。

夜来城外一尺雪，晓驾炭车辗冰辙。

牛困人饥日已高，市南门外泥中歇。

翩翩两骑来是谁？黄衣使者白衫儿。

手把文书口称敕，回车叱牛牵向北。

一车炭，千余斤，宫使驱将惜不得。

半匹红绡一丈绫，系向牛头充炭直。

3.《寒冷也是一种温暖》（迟子建）

年是新的，也是旧的。因为不管多么生气勃勃的日子，你过着的时候，它就在不经意间成了老日子了。

在北方，一年的开始和结束都是在寒冷时刻，让人觉得新年是打着响亮的喷嚏登场的，又是带着受了风寒的咳嗽声离去的，但在这喷嚏和咳嗽声之间，还是夹杂着春风温柔的吟唱，夹杂着夏雨滋润万物的淅沥之音和秋日田野上农人们收获的笑声。沾染了这样气韵的北方人的日子，定然是有阴霾也有阳光，有辛酸也有快乐。我每年的日子，大抵是在写作和旅行中度过的。

故乡是我每年必须要住一段时日的地方。在那里，生活因寂静、单纯而显得格外地有韵致。八月，我回到那里。每天早晨，我做的第一件事就是拉开窗帘，打开窗，看青山，呼吸着从山野间吹拂来的清新空气。吃过早饭，我一边喝茶一边写作，或者看书。累了的时候，随便靠在哪里都可以打个盹，养养神。大约是心里松弛的缘故吧，我在故乡很少失眠。每日黄昏，我会准时去妈妈那里吃晚饭。我怕狗，而小城街上游荡着的威猛的狗很多，所以我走在路上的时候，手中往往要攥块石头。夜深了，我进入了梦乡，可来自家园的鲜花却亮堂地怒放着，仿佛想把黑夜照亮。

如果不是因为十月份要赴港，我一定要在故乡住到飞雪来临时。

我去香港两次，但唯有这次时间最长，整整一个月。香港的十月仍然炽热，阳光把我的皮肤晒得黝黑。运动是惹人上瘾的，逢到没有活动的日子，我便穿着一身运动装出门了。去海边，去钻石山的禅院等。有一天下午，我外出归来，乘地铁在乐富站下车后，觉得浑身酸软，困倦难挡，于是就到地铁站对面的联合道公园睡觉去了。别看街上车水马龙的，公园游人极少。我躺在回廊的长椅上，枕着旅行包，听着鸟鸣，闻着花香，睡着了。等我醒来的时候，太阳已经向西了，我听见有人在喊"迟——迟——"，原来是爱尔兰女诗人希斯金，她正坐在与我相邻的椅子上看书呢。我有些不好意思，因为在国外，蜷在公园长椅上睡觉的，基本上都是乞丐。

在香港，我每天晚上跟妈妈通个电话。她一跟我说故乡下雪的时候，我就向她炫耀香港的扶桑、杜鹃开得多么鲜艳，树多么的绿，等等。但时间久了，尤其进入十一月份之后，我忽然对香港的绿感到疲乏了，那不凋的绿看上去是那么苍凉、陈旧！我想念雪花，想念寒冷了。有一天参加一个座谈，当被问起对香港的印象时，我说我可怜这里的"绿"，我喜欢故乡四季分明的气候，想念寒冷。他们一定在想：寒冷有什么好想念的？而他们又怎能知道，寒冷也是一种温暖啊！

📖 阅读打卡计划

打卡　1　2　3　4　5　6　7　8　9　10　11　12　13　14　15

姓名：_____
年/月：_____
节气：_____
主题：_____
我的评价星级：
☆☆☆☆☆

篇目1： 体裁： 阅读速度： 篇目搜索过程： 篇目阅读过程： 篇目赏析：	篇目2： 体裁： 阅读速度： 篇目搜索过程： 篇目阅读过程： 篇目赏析：	篇目3： 体裁： 阅读速度： 篇目搜索过程： 篇目阅读过程： 篇目赏析：	篇目4： 体裁： 阅读速度： 篇目搜索过程： 篇目阅读过程： 篇目赏析：	篇目5： 体裁： 阅读速度： 篇目搜索过程： 篇目阅读过程： 篇目赏析：

✍ 学生自评量表

评价方面	评价内容	评分	
		教师评分	自我评分
阅读情境 （30分）	1. 连续坚持每天阅读打卡的情况（10分）		
	2. 合理制定阅读计划并严格、自律地按照阅读计划执行的情况（10分）		
	3. 按要求完成每个篇目"找篇目—读篇目—赏篇目"步骤的情况（10分）		
阅读文本 （30分）	1. 查找的篇目与阅读主题相吻合的情况（10分）		
	2. 阅读方式的选择及阅读速度的达成情况（10分）		
	3. 对篇目的理解与鉴赏情况（10分）		
阅读认知过程 （40分）	1. 对阅读主题的理解情况（10分）		
	2. 独立、灵活地使用搜索工具查找篇目的情况（10分）		
	3. 对搜索信息进行归纳总结及分析处理的情况（10分）		
	4. 形成积极阅读和自主阅读习惯的情况（10分）		
评价星级	90～100分：☆☆☆☆☆ 80～90分：☆☆☆☆ 70～80分：☆☆☆ 60～70分：☆☆ 60分以下：☆		

悦读者思维

　　迟子建的《寒冷也是一种温暖》表达的是游子对故乡的热爱和眷恋。如今，很多人为了生计，为了梦想，离开自己的家乡，到大城市打工赚钱，比如"北漂"一词，就是形容那些来到北京打拼的外乡人。你如何理解"北漂"这个词？如何理解"漂"字的含义？你如何看待"北漂"这样一个现象呢？

　　我是这样想的：

第二十四章

捧雪飘空交大寒

大寒是冬季的最后一个节气，也是二十四节气中的最后一个节气。大寒是天气寒冷到极点的意思，这时寒潮南下频繁，是我国大部分地区一年中的寒冷时期，风大，低温，地面积雪不化，呈现出冰天雪地、天寒地冻的严寒景象。

我国古人将大寒节气的十五天分为三候："一候鸡乳；二候征鸟厉疾；三候水泽腹坚。"意思是说，到大寒节气便可以孵小鸡了，而鹰隼之类的征鸟，却正处于捕食能力极强的状态中，盘旋于空中到处寻找食物，以补充身体的能量抵御严寒，在一年的最后五天内，水域中的冰一直冻到水中央，且最结实、最厚，孩童们可以尽情在河上溜冰。

大寒节气里，人们开始忙着为过年奔波——赶年集，买年货，写春联，准备各种祭祀供品，扫尘洁物，除旧布新，准备年货，腌制各种腊肠、腊肉，或煎炸烹制鸡鸭鱼肉等各种年肴。同时祭祀祖先及各种神灵，祈求来年风调雨顺。又因为大寒与立春相交接，讲究的人家在饮食上也顺应季节的变化。大寒进补的食物量逐渐减少，多添加些具有升散性质的食物，以适应春天万物的升发。

自古以来，文人雅士都喜爱亲近自然，触景生情，轻声吟诵。大寒时节，让我们一起来品味古诗词中的那些寒寒之美吧！

（一）课堂精读

战争的残酷从古代就被人们所铭记。在风雪交加的冬季里，更是给行军的人们心中增添了凄凉和沧桑。在大寒节气里，让我们来读一读《诗经·小雅·采薇》和《长相思》，了解古代早期和末期的战争都是怎样的。

对比阅读

1.《诗经·小雅·采薇》（节选）

诗经·小雅·采薇（节选）

昔我往矣，杨柳依依。

今我来思，雨雪霏霏。

行道迟迟，载渴载饥。

我心伤悲，莫知我哀！

诵读 思考：

问题1：请查阅工具书掌握下列难点字词的意思：

（1）依依　（2）思　（3）霏霏　（4）迟迟

问题2：请标出作品中描写景色的字词。

问题3：请说说作品表达了从军将士们怎样的生活状态。

问题4：请谈谈你对"我心伤悲，莫知我哀！"一句的理解。

问题5：请诵读《诗经·小雅·采薇》完整篇目，进一步理解作品所表达的内涵和思想感情。

故事 地图：

文章题目：＿＿＿＿＿＿＿		我的评价星级：☆☆☆☆☆
出征时之景色	归来时之景色	出征时之状态
过来时之状态		"我衷"之原因

2.《长相思》（清·纳兰性德）

长相思

（清·纳兰性德）

山一程，水一程，

身向榆关那畔行，夜深千帐灯。

风一更，雪一更，

聒碎乡心梦不成，故园无此声。

诵读 思考

问题1：请查阅工具书掌握下列难点字词的意思：

（1）那畔　（2）千帐灯　（3）更　（4）聒　（5）此声

问题2：词的上片描写了行军跋涉的艰辛，请用自己的语言复述。

问题3：作品中的"榆关"和"故园"分别是今天的哪两个地方？

问题4：请分析"夜深千帐灯"一句的含义以及在词中的作用。

问题5：请说一说作者借由此词所表达的思想和情怀。

故事 地图

文章题目：_____	我的评价星级：☆☆☆☆☆

行军之地点	行军之环境	驻扎之地点

驻扎之环境	故乡之环境

对比 思考

请同学们思考、讨论并回答以下问题：

问题1：《诗经·小雅·采薇》（节选）和《长相思》在写作手法上有何异同？

问题2：《诗经·小雅·采薇》（节选）和《长相思》中对风、雪的描写分别起到了什么作用？

问题3：请分别标出《诗经·小雅·采薇》（节选）和《长相思》中表达"思乡"情怀的字词和句子。

教师精评量表

评价方面	评价内容	评分	
		教师评分	自我评分
阅读情境（20分）	1.学习单/故事地图/辩论会/课本剧按要求填表完成的情况（10分）		
	2.完成学习单/故事地图/辩论会/课本剧任务要求的积极主动性（10分）		
阅读文本（40分）	1.对字、词、句、段的理解情况（10分）		
	2.对文中精彩字、词、句、段的鉴赏情况（10分）		
	3.阅读速度达到规定要求的情况（10分）		
	4.朗读参与情况与背诵完成情况（10分）		
阅读认知过程（40分）	1.带着问题阅读或在阅读中提出问题的情况（10分）		
	2.借助阅读工具搜索信息解决阅读疑难问题的情况（20分）		
	3.参与教师提问及阅读交流的情况（10分）		
评价星级	90~100分：☆☆☆☆☆ 80~90分：☆☆☆☆ 70~80分：☆☆☆ 60~70分：☆☆ 60分以下：☆		

（二）小组选读

✧ 请快速浏览下面与"大寒"节气相关的【分级阅读】篇目：散文《济南的冬天》、宋词《菩萨蛮·归鸿声断残云碧》以及唐诗《村居苦寒》，借助工具书掌握陌生字词。

✧ 选择自己感兴趣的篇目大声诵读，并与选择相同篇目的同学组成"专家组"，对篇目的精彩语段及中心思想进行研读和讨论，踊跃发表自己的看法。

✧ 填写下面的任务单，为召开"小专家读书会"做准备，与全班同学分享交流本组的观点和想法吧！

分级阅读

A.《济南的冬天》（老舍）

对于一个在北平住惯的人，像我，冬天要是不刮风，便觉得是奇迹；济南的冬天是没有风声的。

对于一个刚由伦敦回来的人，像我，冬天要能看得见日光，便觉得是怪事；济南的冬天是响晴的。自然，在热带的地方，日光是永远那么毒，响亮的天气，反有点叫人害怕。可是，在北中国的冬天，而能有温晴的天气，济南真得算个宝地。

设若单单是有阳光，那也算不了出奇。请闭上眼睛想：一个老城，有山有水，全在天底下晒着阳光，暖和安适地睡着，只等春风来把它们唤醒，这是不是个理想的境界？

小山整把济南围了个圈儿，只有北边缺着点口儿。这一圈小山在冬天特别可爱，好像是把济南放在一个小摇篮里，它们安静不动地低声地说："你们放心吧，这儿准保暖和。"真的，济南的人们在冬天是面上含笑的。他们一看那些小山，心中便觉得有了着落，有了依靠。他们由天上看到山上，便不知不觉地想起："明天也许就是春天了吧？这样的温暖，今天夜里山草也许就绿起来了吧？"就是这点幻想不能一时实现，他们也并不着急，因为这样慈善的冬天，干啥还希望别的呢！

最妙的是下点小雪呀。看吧，山上的矮松越发的青黑，树尖上顶着一髻儿白花，好像日本看护妇。山尖全白了，给蓝天镶上一道银边。山坡上，有的地方雪厚点，有的地方草色还露着，这样，一道儿白，一道儿暗黄，给山们穿上一件带水纹的花衣；看着看着，这件花衣好像被风儿吹动，叫你希望看见一点更美的山的肌肤。等到快日落的时候，微黄的阳光斜射在山腰上，那点薄雪好像忽然害了羞，微微露出点粉色。就是下小雪吧，济南是受不住大雪的，那些小山太秀气！

古老的济南，城里那么狭窄，城外又那么宽敞，山坡上卧着些小村庄，小村庄的房顶上卧着点雪，对，这是张小水墨画，也许是唐代的名手画的吧。

那水呢，不但不结冰，倒反在绿萍上冒着点热气，水藻真绿，把终年贮蓄的绿色全拿出来了。天儿越晴，水藻越绿，就凭这些绿的精神，水也不忍得冻上，况且那些长枝的垂柳还要在水里照个影儿呢！看吧，由澄清的河水慢慢往上看吧，空中，半空中，天上，自上而下全是那么清亮，那么蓝汪汪的，整个的是块空灵的蓝水晶。这块水晶里，包着红屋顶，黄草山，像地毯上的小团花的灰色树影。这就是冬天的济南。

B.《菩萨蛮·归鸿声断残云碧》（宋·李清照）

归鸿声断残云碧。背窗雪落炉烟直。烛底凤钗明。钗头人胜轻。

角声催晓漏。曙色回牛斗。春意看花难。西风留旧寒。

C.《村居苦寒》（唐·白居易）

八年十二月，五日雪纷纷。

竹柏皆冻死，况彼无衣民。

回观村闾间，十室八九贫。

北风利如剑，布絮不蔽身。

唯烧蒿棘火，愁坐夜待晨。

乃知大寒岁，农者尤苦辛。

顾我当此日，草堂深掩门。

褐裘覆绁被，坐卧有余温。

幸免饥冻苦，又无垄亩勤。

念彼深可愧，自问是何人。

📖 小专家读书会

我选取的文章题目及级别：_____（A级/B级/C级）　　我参加的专家组：_____　　我的评价星级：☆☆☆☆☆

读书会主题：		
专家组成员及观点	我的发言	小组讨论纪要

我的收获与感悟：

✍ 组内互评量表

评价方面	评价内容	评分	
		教师评分	自我评分
阅读情境（20分）	1. 专家组组织成立及分工合作情况（10分）		
	2. "小专家读书会"按要求填表及准备充分情况（10分）		
阅读文本（30分）	1. 选文级别情况（10分）（A级10分；B级7分；C级5分）		
	2. 选文研读，对字、词、句、段及文章中心思想的理解情况（10分）		
	3. 阅读速度达到规定要求的情况（10分）		
阅读认知过程（50分）	1. 在专家组研讨中提问与交流情况（10分）		
	2. 通过借助阅读工具搜索信息解决小组中阅读疑难问题的情况（10分）		
	3. 在专家组研讨中个人观点表达情况（20分）		
	4. 在"小专家读书会"中阅读讲解与汇报分享情况（10分）		
评价星级	90～100分：☆☆☆☆☆		
	80～90分：☆☆☆☆		
	70～80分：☆☆☆		
	60～70分：☆☆		
	60分以下：☆		

（三）主题自读

梅花是中国十大名花之首，与兰花、竹子、菊花一起列为"四君子"，与松、竹并称为"岁寒三友"。在中国传统文化中，梅以它的高洁、坚强、谦虚的品格，给人以立志奋发的激励。在严寒中，梅开百花之先，独天下而春。

春秋时期的《诗经》中出现了"山有嘉卉，候栗候梅"的描述，人们称梅为"嘉卉"已反映出对梅花的欣赏态度。唐五代时期，咏梅作品大量涌现，上至帝王、名臣，下至布衣百姓，如李世民的"送寒余雪尽，迎岁早梅新"咏梅绝句，以及杜甫、白居易、杜牧、李商隐等一大批咏梅诗人，以不同的心态和审美观写下了流芳千古的咏梅佳句。宋、元时代，梅花文化的发展进入兴盛时期。其作品之多为历朝历代之最，梅花也于此时确立了百花独尊、群芳之首的地位。在咏梅诗创作上，明清两代也是人才辈出，徐渭、高启、方孝孺、李方膺等一批诗人在继承前人的基础上，无论在诗的意境、内涵或是审美观念上都有独到的创新成就。好了，让我们来寻找这些优美的动人诗篇吧，跟着文人墨客们一起欣赏和品读梅花的清丽脱俗与豁达无私的风度。

主题　颂梅——朵朵花开淡墨痕

从大寒之日起，以"颂梅"为主题，开始15天的"阅读打卡计划"吧！按照计划，每3天完成一篇篇目的搜索、阅读和赏析。

◇ 略读下面三篇【推荐阅读】，理解诗词及文段的基本大意，揣摩"颂梅"主题的含义。

◇ 搜索5篇有关描写"颂梅"的篇目，可以包括古诗词、散文、诗歌、小说选段等多种体裁。

◇ 记录自己阅读古诗词及诗歌的方式，阅读篇幅较长的散文、小说选段等尽量保持在每分钟300字。

◇ 对阅读的篇目中的精彩语句、段落或是打断自己的内容及思想进行赏析。

◇ 将阅读速度、搜索过程、阅读记录、赏析要点等内容填写进"阅读打卡计划记录单"中。

推荐阅读

1.《梅》（秋瑾）

本是瑶台第一枝，
谪来尘世具芳姿。
如何不遇林和靖？
漂泊天涯更水涯。

2.《梅雪争春》（徐志摩）

南方新年里有一天下大雪，
我到灵峰去探春梅的消息；
残落的梅萼瓣瓣在雪里腌，
我笑说这颜色还欠三分艳！
运命说：你赶花朝节前回京，
我替你备下真鲜艳的春景：
白的还是那冷翩翩的飞雪，
但梅花是十三龄童的热血！

3.《点绛唇·梅》（宋·朱翌）

流水泠泠，断桥横路梅枝亚。雪花飞下，浑似江南画。

白璧青钱，欲买春无价。归来也，风吹平野，一点香随马。

阅读打卡计划

打卡	1	2	3	4	5	6	7	8	9	10	11	12	13	14	15
	□	□	□	□	□	□	□	□	□	□	□	□	□	□	□

姓名：————
年/月：————
节气：————
主题：————
我的评价星级：
☆☆☆☆☆

篇目1：
体裁：
阅读速度：
篇目搜索过程：
篇目阅读过程：
篇目赏析：

篇目2：
体裁：
阅读速度：
篇目搜索过程：
篇目阅读过程：
篇目赏析：

篇目3：
体裁：
阅读速度：
篇目搜索过程：
篇目阅读过程：
篇目赏析：

篇目4：
体裁：
阅读速度：
篇目搜索过程：
篇目阅读过程：
篇目赏析：

篇目5：
体裁：
阅读速度：
篇目搜索过程：
篇目阅读过程：
篇目赏析：

📝 学生自评量表

评价方面	评价内容	评分	
		教师评分	自我评分
阅读情境 （30分）	1. 连续坚持每天阅读打卡的情况（10分）		
	2. 合理制定阅读计划并严格、自律地按照阅读计划执行的情况（10分）		
	3. 按要求完成每个篇目"找篇目—读篇目—赏篇目"步骤的情况（10分）		
阅读文本 （30分）	1. 查找的篇目与阅读主题相吻合的情况（10分）		
	2. 阅读方式的选择及阅读速度的达成情况（10分）		
	3. 对篇目的理解与鉴赏情况（10分）		
阅读认知过程 （40分）	1. 对阅读主题的理解情况（10分）		
	2. 独立、灵活地使用搜索工具查找篇目的情况（10分）		
	3. 对搜索信息进行归纳总结及分析处理的情况（10分）		
	4. 形成积极阅读和自主阅读习惯的情况（10分）		
评价星级	90～100分：☆☆☆☆☆ 80～90分：☆☆☆☆ 70～80分：☆☆☆ 60～70分：☆☆ 60分以下：☆		

◤ 悦 读 者 思 维 ◢

　　《诗经·小雅·采薇》和《长相思》都描写了古代战争的残酷，而战争从古至今从未停止过。战争为人民的生活带来了灾难，致使人民生存于水火之中，而另一方面，战争也是保卫国家主权、人民权利的必要手段。你如何看待这两种辩证关系？你如何理解和看待战争呢？

　　我是这样想的：

开启二十四节气的人生智慧

　　"感时应物"是中国人传承千年的生活智慧，古人观察四季周而复始，万物循环生息，诞生出二十四节气如此科学而神奇的时间制度与观念，它不仅仅在指导农事方面发挥出了巨大价值，同时代表着华人族群的一种文化归宿，带给人们一种顺应自然的价值观。

　　今天，节气依然是维护国家民族社会生活秩序的根本依据并激励着民族精神："一年之计在于春"，督促我们养成顺应天时勤奋有为；春生夏长秋收冬藏，提示我们认识人的生命节律；大雁南飞春燕归巢，提示海外游子对祖国的情思。二十四节气是我国古代历法的独特创造，更是我们的生存智慧与生活哲学。

　　在阅读《悦读天地间——农历天空下的文字之美》这本教材过程中，我们徜徉于天地，穿越了四季，望见了二十四节气农历天空下祖国大地的各种神采，每个节气都有它的特点，像是大自然精心的安排：

> 立春梅花分外艳，雨水红杏花开鲜；
>
> 惊蛰芦林闻雷报，春分蝴蝶舞花间。
>
> 清明风筝放断线，谷雨嫩茶翡翠连，
>
> 立夏桑果像樱桃，小满养蚕又种田。
>
> 芒种育秧放庭前，夏至稻花如白练；
>
> 小暑风催早豆熟，大暑池畔赏红莲。
>
> 立秋知了催人眠，处暑葵花笑开颜；
>
> 白露燕归又来雁，秋分丹桂香满园。
>
> 寒露菜苗田间绿，霜降芦花飘满天；

立冬报喜献三瑞，小雪鹅毛片片飞。

大雪寒梅迎风狂，冬至瑞雪兆丰年；

小寒游子思乡归，大寒岁底庆团圆。

春天"春风又绿江南岸"之景，夏天"接天莲叶无穷碧"之景，秋天"红藕香残玉簟秋"之景，冬天"梅落繁枝千万片"之景，都是大自然的鬼斧神工。在文人骚客们的诗词歌赋中，我们不仅品尝了一场优美的文字盛宴，更收获了许多人生的智慧。

诗人晏殊在《浣溪沙·一曲新词酒一杯》中写道"一曲新词酒一杯，去年天气旧亭台。夕阳西下几时回？无可奈何花落去，似曾相识燕归来。小园香径独徘徊"。这让我们懂得，有得有失，才是人生，得失是相依的，失之东隅，收之桑榆，人生就是一个不断得失的过程。

诗人苏轼在《水调歌头·明月几时有》中写道"人有悲欢离合，月有阴晴圆缺，此事古难全"。这让我们懂得，人生应该怀有洒脱和旷达的心胸，人生总有分分合合，每个人都难以十全十美，要乐观看待生活中的点点滴滴，正确看待人生中的不完美。

诗人文天祥在《过零丁洋》中写道"人生自古谁无死，留取丹心照汗青。"这让我们懂得，人的一生要活得有价值，要做对国家发展、社会进步有贡献的人，要怀爱国之心，有民族节气，让赤诚的心如火一团，照耀史册，照亮世界。

迪斯雷利说，"诗人是描绘心灵的画家"。一词一句，美丽的文字背后，饱含着诗人无限的情感，掩藏着他们思想和智慧的一串串文字符号，成为连接文人墨客与我们之间的链条。我们边读边思考，或收获一种心境，或收获一个道理，或收获一种人生，于"课堂精读——小组选读——主题自读"三个阅读阶梯之间，发现、发展、发挥着自身的阅读优势，被动情的文字深深吸引，体味着"天行健"的深刻意蕴，为我们的生命注入了无限正能量。

每一部经典，都是历经时间之河千淘万洗之后沉淀下来的思想精华和人生智慧，都值得我们去反复品读和感悟。我们要做一个"善读之人"，更多的人生智慧不仅仅在二十四节气中，而是在更广阔的知识海洋中、文学经典中，等待我们去用心阅读、静心欣赏……

YUEDU TIANDIJIAN

悦读天地间
祖国大地上的文字之阔
（下册）

王 英 主编

中国发展出版社
CHINA DEVELOPMENT PRESS

《悦读天地间》编委会

主　编：王　英

副主编：高　悦　艾　玲　崔铁成

编委会：蔡　雯　翟少华　夏　平

　　　　常玉来　王巧兰　刘肖肖

在行走中叹观祖国
壮丽河山

　　两千五百年前，老子说：天大，地大，道大，人亦大。人在天地间，这是一切有关中国文化命题的讨论起点。在我们内心都有一颗种子，它包藏着我们与文化来处的关联，这颗种子静静地埋藏在我们心中，促使我们去天与地之间寻找文化之源头，见证文字之震撼。

　　《周易》曰："天行健，君子以自强不息；地势坤，君子以厚德载物。"意思是说，自然的运动刚强劲健，君子应像天一样，发奋图强，永不停息；大地的气势厚实和顺，君子应像地一样，增厚美德，容载万物。这是天与地的文化，回过头再来看看我们北方工业大学附属学校的文化，学校秉持着"优势成长教育"的文化理念，期望着我们能够仔仔细细、一点一滴、踏踏实实地发现、发展并发挥自身优势，也如天和地一般，积蓄能量，包容万物，实现生命最大的价值。

　　天与地的精华，如何萃取？身处衔接学段，在《悦读天地间》这套"国学经典诵读"精品阅读教材中，我们将遨游于天地之间：所谓"修身、齐家、治国、平天下"，从衔接上册《悦读天地间——农历天空下的文字之美》中，我们将品读描写农历二十四节气的经典篇目，感受文字的优美与明丽，读经典，读意蕴，修身养性，增长人生智慧，将经典传统文化内化于心；从衔接下册《悦读天地间——祖国大地上的文字之阔》中，我们将品读描写中国二十个地域文化的经典篇目，感受文字的辽阔与旷达，读经典，读文明，心念天下，传承中华精粹，将经典传统文化外化于行。

　　现在，就让我们一同翻开《悦读天地间——祖国大地上的文字之阔》这本阅读教材吧！我们将游遍祖国23个省、5个自治区、4个直辖市和2个特别行政区。黄河流域是中华文明的发源地，我们将沿着这条母亲河领略河洛文化、丝路文化、三秦文化、草原文化、边塞文化、三晋文化、燕赵文化、齐鲁文化、关东文化、安徽文化。再从"世界屋脊"青藏高原出发，随着长江顺流而下，体会高原文化、巴蜀文化、荆楚文化、湖湘文化、岭南文化、赣文化、闽南文化、吴文化、越文化、海派文化。通过这20个富有地方特色的地域文化，来了解我国历史上两大文化和经济中心——黄河流域、长江流域的文明古韵。每一个地域文化都反映了各地文化的历史进程、特点、亮点及其在整个中国文化发展中的地位和作用，也包括那些对各个地区和整个中华民族的进步产生重大影响的重要人物和著作。

当灿烂的太阳跳出东海的碧波，新疆帕米尔高原依然群星闪烁；当北国还是银装素裹的世界，南疆早已洋溢着盎然的春色。如此广袤的地域孕育了丰饶的物产，大自然千百万年的雕琢，数亿年的天地造化，构成了一幅景色旖旎、绚丽多彩的画卷，成就了独步天下的自然山水画廊。黄河，世世代代流淌着母亲的乳汁；长江，岁岁年年奔涌着智慧的巨浪；昂首屹立于世界之巅的珠穆朗玛峰，是中华民族顶天立地的气势和坚忍不拔的象征；万里长城，绵延不绝，那是祖国伟大与强盛的见证；五岳山川，巍巍耸立，是祖国不屈的脊梁。

文人墨客笔下的祖国山川更是形象生动、美轮美奂。大诗人李白《望庐山瀑布》中的"飞流直下三千尺，疑是银河落九天"，写出了庐山瀑布的雄伟绮丽；《长安秋望》中"楼倚霜树外，镜天无一毫"，表达了唐代诗人杜牧对长安城的思念；《望岳》中"会当凌绝顶，一览众山小"，则抒发了杜甫登泰山时的感慨。"西塞山前白鹭飞，桃花流水鳜鱼肥"，是唐代诗人张志和勾勒出的美丽田园风光；"大漠孤烟直，长河落日圆"，写出了王维在大漠边关的无尽感慨；乐府诗句"天苍苍，野茫茫，风吹草低见牛羊"，是对内蒙古草原最为形象的描写；"朱雀桥边野草花，乌衣巷口夕阳斜"，正是刘禹锡笔下的江南古巷。

古人言：读万卷书，行万里路。孔子曾经周游列国，孟子也曾带领学生游历魏、齐、宋、鲁、滕、薛等国。《史记》的作者司马迁22岁开始外出游历——"南游江、淮，上会稽，探禹穴，窥九疑，浮于沅、湘，北涉汶、泗，讲业齐、鲁之都，观孔子之遗风，乡射邹、峄，厄困鄱、薛、彭城，过梁楚以归"。诗仙李白更是游历祖国千山万水。据统计，李白一生游历过18个地方(省、自治区、市)，共到过206州县，登过80多座山，游览过60多条江河川溪和20多个湖潭。《独坐敬亭山》《山中问答》《早发白帝城》《客中作》，这些脍炙人口的千古名篇，都是在游历的旅途中写成的。

读书是静态的，游历是动态的，游历可以增长见闻，正是见过了山、水、江河，司马迁才写出了一个又一个的感人故事，李白才写出了天马行空的壮丽诗篇。《悦读天地间——祖国大地上的文字之阔》这本阅读教材将我们带到广袤的祖国疆土中，走遍祖国大美山川，感受泱泱大国的五千年文化，以20个地域文化为主线，游走于祖国的四面八方，跳跃于"课堂精读——小组选读——主题自读"三个阅读阶梯之间，于阅读中不断发现、发展、发挥自身的优势。

在"课堂精读"中，通过学习单、故事地图、思维导图、辩论会、课本剧富含思趣性的阅读机制带动，我们会进行多文体混合阅读，与作者同赏景、共抒情，激发自己的阅读兴趣，发现自己的阅读优势。

在"小组选读"中，通过小专家读书会这种互动性的阅读机制带动，我们会进行分级阅读，与小组成员同交流、共分享，拓展自己的阅读思维，发展自己的阅读优势。

在"主题自读"中，通过阅读打卡计划这种自主性的阅读机制带动，我们会进行主题阅读，寻找、发现、欣赏更多同主题的文学作品，培养自己的阅读习惯，发挥自己的阅读优势。

在"课堂精读——小组选读——主题自读"三个阅读阶梯中，我们会一边读书，一边行走，纵横古今，俯览万里，欣赏五千年文化之异彩，赞叹中华大好河山之壮丽。让我们在文字中行走，拥抱广阔无垠、辉煌灿烂的祖国吧，去见证她从古至今的魅力。

目　录

洛阳城里见秋风
——河洛文化

  河洛文化指中国的河洛地区，即今河南中西部以洛阳为中心的文化。河洛文化是中华文化的源头之一，是中华民族的主流文化。河洛地区及其外延地区是夏、商、周、汉、魏、晋、南北朝、隋、唐、武周、五代、宋、金等中国正统朝代的核心区和中华文明的核心源头。"中国"一词，最早就出自于河南河洛地区。《尚书·禹贡》将天下分为"九州"，豫州位居天下九州之中，故河南有中国、中原、中州、中土、神州、华夏、中华之称。因为历史上的河南大部分位于黄河以南，故有"河南"之名。

  河南是中华民族与华夏文明的发源地。四大发明中的指南针、造纸术、火药三大技术均发明于河南。从夏朝至宋朝，河南一直是中国的政治、经济、文化和交通中心，先后有20多个朝代建都或迁都河南，中国八大古都中河南有十三朝古都洛阳、八朝古都开封、七朝古都安阳、夏商古都郑州及商丘、南阳、许昌、濮阳等古都，是中国建都朝代最多、建都历史最长、古都数量最多的省份。

  河南自古就有"天下名人，中州过半"之说，有商汤、老子、庄子、墨子、韩非子、范蠡、商鞅、苏秦、吕不韦、李斯、贾谊、张衡、杜甫、韩愈、白居易、刘禹锡、李商隐、李贺、岳飞等历史名人。从古至今，河南留下了无数文人墨客的足迹，让我们一起循着诗词，去感受被文化浸润的河南美景。

（一）课堂精读

1.《盘古开天辟地》（三国·徐整）

世界上有大大小小数百个国家和地区，不管东方还是西方，几乎每一个国家和地区都有自己最美丽的创世纪传说。西方人说世界是上帝创造的，中国人则认为世界在盘古开天辟地之后，女娲创造了人类。盘古开天辟地的故事是古人对人类始祖的神化，它体现出中华民族向往光明，为造福人类社会无私奉献的伟大精神。是谁创造了人类社会，是劳动人民自己，劳动者在劳动中不断进化，他们用群体的智慧不仅创造了丰富的历史文化，也为后人留下许多美好的传说。现在，就让我们来读一读盘古开天辟地的故事，为我们的祖国地域文化之旅打开新的天地吧！

盘古开天辟地
（三国·徐整）

天地浑沌如鸡子。盘古生在其中。万八千岁。

天地开辟。阳清为天。阴浊为地。盘古在其中。一日九变。神于天。圣于地。天日高一丈。地日厚一丈。盘古日长一丈。如此万八千岁。天数极高。地数极深。盘古极长。故天去地九万里，后乃有三皇。

首生盘古。垂死化身。气成风云。声为雷霆。左眼为日。右眼为月。四肢五体为四极五岳。血液为江河。筋脉为地里。肌肉为田土。发为星辰。皮肤为草木。齿骨为金石。精髓为珠玉。汗流为雨泽。身之诸虫。因风所感。化为黎甿。

诵读 思考

问题1：请查阅工具书掌握下列难点字词的意思：

（1）浑沌　（2）阳清　（3）阴浊　（4）雷霆　（5）精髓　（6）黎甿

问题2：请试将全篇文言文翻译成白话文。

问题3：请根据自己的理解，说一说你心目中的盘古是个怎样的人？他具备哪些优秀的品质？

问题4：盘古开天辟地的故事可以带给我们哪些启发呢？有的同学说，我们应该学习盘古坚持不懈、无私奉献的精神；有的同学说，我们应该像盘古一样做个"顶天立地"的人；也有同学说，人类的潜力是无限的，我们应该学会用自己的智慧、信念、毅力、力量去改变世界，甚至创造一个全新的世界。那么，你的感悟和收获是什么呢？

问题5：盘古开天地是一个神话传说，请用物理学的科学知识来解释宇宙是如何形成的？

思维 导图

文章题目：＿＿＿＿＿　　　　　　　我的评价星级：☆☆☆☆☆

天地生成

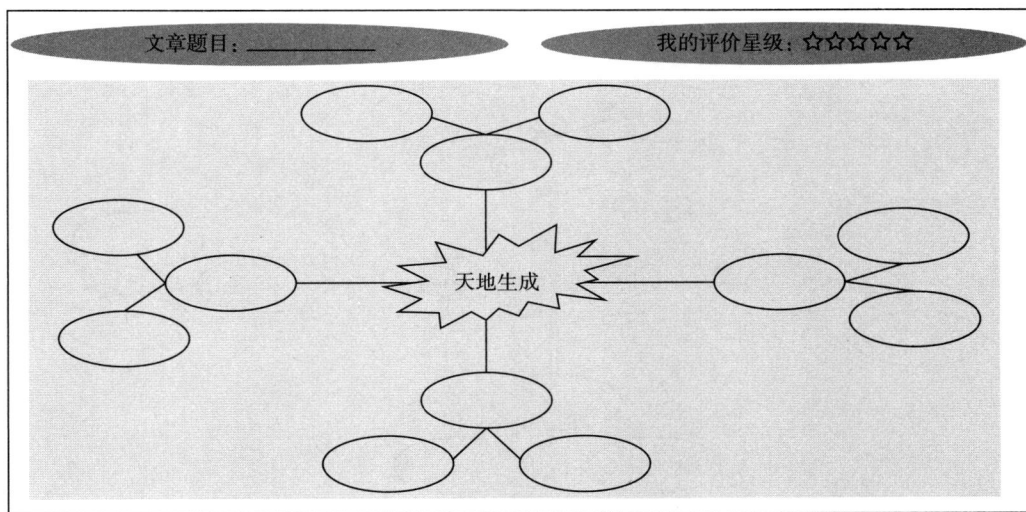

2.《春夜洛城闻笛》（唐·李白）

　　《春夜洛城闻笛》创作于735年（开元二十三年）李白游洛阳时。此诗抒发了作者客居洛阳夜深人静之时被笛声引起的思乡之情，其前两句描写笛声随春风而传遍洛阳城，后两句写因闻笛而思乡。全诗扣紧一个"闻"字，抒写自己闻笛的感受，合理运用想象和夸张，条理通畅，感情真挚，余韵无穷。

春夜洛城闻笛

（唐·李白）

谁家玉笛暗飞声，散入春风满洛城。

此夜曲中闻折柳，何人不起故园情。

诵读 思考

　　问题1：请查阅工具书掌握下列难点字词的意思：

　　（1）玉笛　（2）满　（3）闻　（4）折柳　（5）故园情

　　问题2：第一句中的"暗"字十分恰当，是本句的关键，包含多重意蕴，请尝试进一步分析。

　　问题3：作者写道"散入春风满洛城"，请用物理学的知识解释，笛声真的能够飘满洛阳城吗？

　　问题4：请划出第二句中表达诗人思乡心切的两个字，并做出诠释。

　　问题5：第三、第四句描写诗人自己的情怀，其中"折柳"为全诗点睛之笔。请谈一谈你对"何人不起故园情"一句的理解。

思维导图

文章题目：_____ 我的评价星级：☆☆☆☆☆

思乡之情

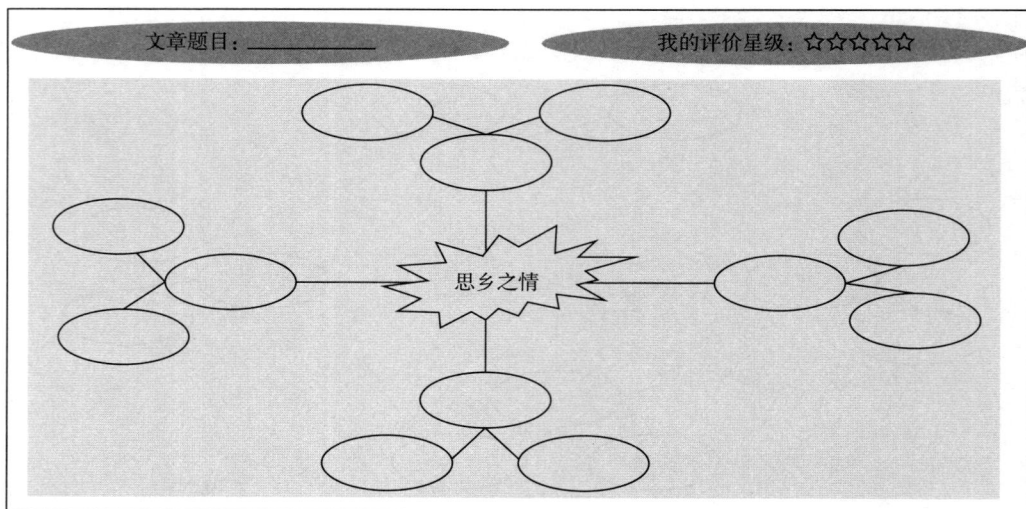

教师精评量表

评价方面	评价内容	评分	
		教师评分	自我评分
阅读情境 （20分）	1. 学习单/故事地图/辩论会/课本剧按要求填表完成的情况（10分）		
	2. 完成学习单/故事地图/辩论会/课本剧任务要求的积极主动性（10分）		
阅读文本 （40分）	1. 对字、词、句、段的理解情况（10分）		
	2. 对文中精彩字、词、句、段的鉴赏情况（10分）		
	3. 阅读速度达到规定要求的情况（10分）		
	4. 朗读参与情况与背诵完成情况（10分）		
阅读认知过程 （40分）	1. 带着问题阅读或在阅读中提出问题的情况（10分）		
	2. 借助阅读工具搜索信息解决阅读疑难问题的情况（20分）		
	3. 参与教师提问及阅读交流的情况（10分）		
评价星级	90~100分：☆☆☆☆☆ 80~90分：☆☆☆☆ 70~80分：☆☆☆ 60~70分：☆☆ 60分以下：☆		

（二）小组选读

　　✧ 请快速浏览下面与"河洛文化"相关的6篇【分级阅读】篇目，借助工具书掌握陌生字词。

　　✧ 从A/B/C三个级别中，选择不同级别中自己感兴趣的2篇大声诵读，并与选择相同篇目的同学组成"专家组"，对篇目的精彩语段及中心思想进行研读和讨论，踊跃发表自己的看法。

　　✧ 填写下面的任务单，为召开"小专家读书会"做准备，与全班同学分享交流本组的观点和想法吧！

分级阅读

A1.《鲁山山行》（宋·梅尧臣）

适与野情惬，千山高复低。

好峰随处改，幽径独行迷。

霜落熊升树，林空鹿饮溪。

人家在何许，云外一声鸡。

A2.《黄河颂》（光未然）

啊，朋友！

黄河以它英雄的气魄，

出现在亚洲的原野；

它表现出我们民族的精神：

伟大而又坚强！

这里，我们向着黄河，

唱出我们的赞歌。

我站在高山之巅，望黄河滚滚，奔向东南。

惊涛澎湃，掀起万丈狂澜；

浊流宛转，结成九曲连环；

从昆仑山下奔向黄海之边，

把中原大地劈成南北两面。

啊！黄河！

你是中华民族的摇篮！

五千年的古国文化，

从你这儿发源；

多少英雄的故事，

在你的身边扮演！

啊！黄河！你伟大坚强，

像一个巨人出现在亚洲平原之上，

用你那英雄的体魄，

筑成我们民族的屏障。

啊！黄河！

你一泻万丈，浩浩荡荡，

向南北两岸伸出千万条铁的臂膀。

我们民族的伟大精神，

将要在你的哺育下发扬滋长！

我们祖国的英雄儿女，

将要学习你的榜样，

像你一样的伟大坚强！

像你一样的伟大坚强！

B1.《虞美人·春花秋月何时了》（唐·李煜）

春花秋月何时了，往事知多少？小楼昨夜又东风，故国不堪回首月明中！

雕栏玉砌应犹在，只是朱颜改。问君能有几多愁？恰似一江春水向东流。

B2.《石壕吏》（唐·杜甫）

暮投石壕村，有吏夜捉人。

老翁逾墙走，老妇出门看。

吏呼一何怒！妇啼一何苦！

听妇前致词：三男邺城戍。

一男附书至，二男新战死。

存者且偷生，死者长已矣！

室中更无人，惟有乳下孙。

有孙母未去，出入无完裙。

老妪力虽衰，请从吏夜归。

急应河阳役，犹得备晨炊。

夜久语声绝，如闻泣幽咽。

天明登前途，独与老翁别。

C1.《中原我军解放南阳》（毛泽东）

　　新华社郑州1948年11月5日电 在人民解放军伟大的胜利的攻势下，南阳守敌王凌云于四日下午弃城南逃，我军当即占领南阳。南阳为古宛县，三国时曹操与张绣曾于此城发生争夺战。后汉光武帝刘秀，曾于此地起兵，发动反对王莽王朝的战争，创立了后汉王朝。民间所传二十八宿，即刘秀的二十八个主要干部，多是出生于南阳一带。在过去一年中，蒋介石极重视南阳，曾于此设立所谓绥靖区，以王凌云为司令官，企图阻遏人民解放军向南发展的道路。上月，白崇禧使用黄维兵团三个军的力量，经营整月，企图打通信阳、南阳间的运输道路，始终未能达到目的。之前最近蒋军因全局败坏，被迫将整个南部战线近百个师的兵力集中于以徐州为中心和以汉口为中心的两个地区，两星期前已放弃开封，现又放弃南阳。从此，河南全境，除豫北之新乡、安阳，豫西之灵宝、阌乡，豫南之确山、信阳、潢川、光山、商城、固始等地尚有残敌外，已全部为我解放（编者注：河南全省共有一百一十一座城市，我军已占一百零一座，敌仅余十座）。1947年七月，南线人民解放军开始向敌后实行英勇的进军以来，一年多时间内，除歼灭了大量的国民党正规部队以外，最大的成绩，就是在大别山区（鄂豫区）、皖西区、豫西区、陕南区、桐柏区、江汉区、江淮区（即皖东一带）恢复和建立了稳固的根据地，创立了七个军区，并极大地扩大了豫皖苏军区老根据地。除江淮军区属于苏北军区管辖外，其余各军区，统属于中原军区管辖。豫皖苏区、豫西区、陕南区、桐柏区现已联成一片，没有敌人的阻隔。这四个军区并已和华北联成一片。我武装力量，除补上野战军和地方军一年多激烈战争的消耗以外，还增加了大约二十万人左右，今后当有更大的发展。白崇禧经常说："不怕共产党凶，只怕共产党生根。"他是怕对了。我们在所有江淮河汉区域，不仅是树木，而且是森林了。不仅生了根，而且枝叶茂盛了。在1937年下半年的一个极短时间内，我们在这一区域曾经过早地执行分配土地的政策，犯了一些策略上的"左"的错误。但是随即纠正了，普遍地利用了抗日时期的经验，执行了减租减息的社会政策和各阶层合理负担的财政政策。这样，就将一切可能联合或中立的社会阶层，均联合或中立起来，集中力量反对国民党反动统治势力及乡村中为最广大群众所痛恨的少数恶霸分子。这一策略，是明显地成功了，敌人已经完全孤立起来。在我强大的野战军和地方军配合打击之下，困守各个孤立据点内的敌人，如像开封、南阳等处，不得不被迫弃城逃窜。南阳守敌王凌云统率的军队是第二军、第六十四军以及一些民团，现向襄阳逃窜。襄阳也是国民党的一个所谓"绥靖区"，第一任司令官康泽被俘后，接手的是从新疆调来的宋希濂。之后最近宋希濂升任了徐州的副总司令兼前线指挥所主任去代替原任的杜聿明。杜聿明则刚从徐州飞到东北，一战惨败，又逃到了葫芦岛。王凌云到襄阳，大概是接替宋希濂当司令官。但是从南阳到襄阳，并没有走得多远，襄阳还是一个孤立据点，王凌云如不再逃，康泽的命运是在等着的。（根据一九四八年十一月九日《人民日报》刊印）

C2.《国风·周南·关雎》（《诗经》）

　　　　　　　关关雎鸠，在河之洲。

　　　　　　　窈窕淑女，君子好逑。

参差荇菜，左右流之。

窈窕淑女，寤寐求之。

求之不得，寤寐思服。

悠哉悠哉，辗转反侧。

参差荇菜，左右采之。

窈窕淑女，琴瑟友之。

参差荇菜，左右芼之。

窈窕淑女，钟鼓乐之。

小专家读书会

篇目1：

我选取的文章题目及级别：_____（A级/B级/C级）	我参加的专家组：_____	我的评价星级：☆☆☆☆☆
读书会主题：		
专家组成员及观点	我的发言	小组讨论纪要
我的收获与感悟：		

篇目2：

我选取的文章题目及级别：_____（A级/B级/C级）	我参加的专家组：_____	我的评价星级：☆☆☆☆☆
读书会主题：		
专家组成员及观点	我的发言	小组讨论纪要
我的收获与感悟：		

组内互评量表

评价方面	评价内容	评分	
		教师评分	自我评分
阅读情境（20分）	1. 专家组组织成立及分工合作情况（10分）		
	2. "小专家读书会"按要求填表及准备充分情况（10分）		
阅读文本（30分）	1. 选文级别情况（10分）（A级5分；B级3分；C级2分）		
	2. 选文研读，对字、词、句、段及文章中心思想的理解情况（10分）		
	3. 阅读速度达到规定要求的情况（10分）		
阅读认知过程（50分）	1. 在专家组研讨中提问与交流情况（10分）		
	2. 通过借助阅读工具搜索信息解决小组中阅读疑难问题的情况（10分）		
	3. 在专家组研讨中个人观点表达情况（20分）		
	4. 在"小专家读书会"中阅读讲解与汇报分享情况（10分）		
评价星级	90～100分：☆☆☆☆☆ 80～90分：☆☆☆☆ 70～80分：☆☆☆ 60～70分：☆☆ 60分以下：☆		

（三）主题自读

请根据自己的兴趣和爱好，从下面两个主题中选择一个感兴趣的主题进行阅读。结合主题提示，每2天完成一篇篇目的搜索、阅读和赏析。现在，让我们开始10天的"阅读打卡计划"吧！

◇ 略读任一主题下的2篇【推荐阅读】，理解篇目主要文意，揣摩该主题的含义。

◇ 搜索5篇与选择主题相关的篇目，可以包括古诗词、散文、诗歌、小说选段等多种体裁。

◇ 记录自己阅读古诗词及诗歌的方式，阅读篇幅较长的散文、小说选段等尽量保持在每分钟400字。

◇ 对阅读篇目中的精彩语句、段落或是打动自己的内容及思想进行赏析。

◇ 将阅读速度、搜索过程、阅读记录、赏析要点等内容填写进"阅读打卡计划记录单"中。

主题1　千古传说传千古

河南有着悠久的历史，神话传说、历史典故十分丰富。如女娲补天、夸父追日、大禹治水、愚公移山、司马光砸缸、梁山伯与祝英台等故事，据考证均发生在河南。让我们继续追溯，读一读中原大地上的美丽传说和神话故事吧。

推荐阅读

1.《夸父追日》（《山海经》）

典故之一

夸父与日逐走，入日；渴，欲得饮，饮于河、渭；河、渭不足，北饮大泽。未至，道渴而死。弃其杖，化为邓林。

——《山海经·海外北经》

典故之二

夸父不量力，欲追日影，逐之于隅谷之际。渴欲得饮，赴饮河、渭。河、渭不足，将走北饮大泽。未至，道渴而死。弃其杖，尸膏肉所浸，生邓林。邓林弥广数千里焉。

——《列子·汤问》

2.《司马光砸缸》（元末·阿鲁图）

司马光字君实，陕州夏县人也。光生七岁，凛然如成人，闻讲《左氏春秋》，爱之，退为家人讲，即了其大指。自是手不释书，至不知饥渴寒暑。群儿戏于庭，一儿登瓮，足跌没水中，众皆弃去，光持石击瓮破之，水迸，儿得活。

主题2 汉魏文章半洛阳

《诗经》是中国第一部诗歌总集，最早的记录为西周初年，《诗经》产生的地域以黄河流域为中心，南到长江北岸，分布在河南、陕西、甘肃、山西、山东、河北、安徽、湖北等地。《诗经》的内容丰富，反映了劳动与爱情、战争与徭役、压迫与反抗、风俗与婚姻、祭祖与宴会，甚至天象、地貌、动物、植物等方方面面。俗话说，最美不过《诗经》，让我们一起掀开《诗经》的美丽面纱吧！

推荐阅读

1.《国风·邶风·凯风》（《诗经》）

凯风自南，吹彼棘心。棘心夭夭，母氏劬劳。

凯风自南，吹彼棘薪。母氏圣善，我无令人。

爰有寒泉？在浚之下。有子七人，母氏劳苦。

睍睆黄鸟，载好其音。有子七人，莫慰母心。

2.《国风·卫风·木瓜》（《诗经》）

> 投我以木瓜，报之以琼琚。匪报也，永以为好也！
>
> 投我以木桃，报之以琼瑶。匪报也，永以为好也！
>
> 投我以木李，报之以琼玖。匪报也，永以为好也！

📚 阅读打卡计划

篇目1： 体裁： 阅读速度： 篇目搜索过程： 篇目阅读过程： 篇目赏析：	篇目2： 体裁： 阅读速度： 篇目搜索过程： 篇目阅读过程： 篇目赏析：	篇目3： 体裁： 阅读速度： 篇目搜索过程： 篇目阅读过程： 篇目赏析：	篇目4： 体裁： 阅读速度： 篇目搜索过程： 篇目阅读过程： 篇目赏析：	篇目5： 体裁： 阅读速度： 篇目搜索过程： 篇目阅读过程： 篇目赏析：

打卡　1　2　3　4　5　6　7　8　9　10　11　12　13　14　15

姓名：＿＿＿＿＿
年/月：＿＿＿＿＿
节气：＿＿＿＿＿
主题：＿＿＿＿＿
我的评价星级：
☆☆☆☆☆

✏ 学生自评量表

评价方面	评价内容	评分	
		教师评分	自我评分
阅读情境 （30分）	1. 连续坚持每天阅读打卡的情况（10分）		
	2. 合理制定阅读计划并严格、自律地按照阅读计划执行的情况（10分）		
	3. 按要求完成每个篇目"找篇目—读篇目—赏篇目"步骤的情况（10分）		
阅读文本 （30分）	1. 查找的篇目与阅读主题相吻合的情况（10分）		
	2. 阅读方式的选择及阅读速度的达成情况（10分）		
	3. 对篇目的理解与鉴赏情况（10分）		
阅读认知过程 （40分）	1. 对阅读主题的理解情况（10分）		
	2. 独立、灵活地使用搜索工具查找篇目的情况（10分）		
	3. 对搜索信息进行归纳总结及分析处理的情况（10分）		
	4. 形成积极阅读和自主阅读习惯的情况（10分）		
评价星级	90～100分：☆☆☆☆☆ 80～90分：☆☆☆☆ 70～80分：☆☆☆ 60～70分：☆☆ 60分以下：☆		

📚 书籍推荐

书目1：《黄河上的古都》（程遂营，中国财政经济出版社）

书目2：《洛阳藏宝中的历史》（冯健，大象出版社）

悦 读 者 思 维

　　有人说，河洛文化是中华文明的摇篮文化；有人说，礼乐文化是河洛文化的核心；有人说，河洛文化最大的特点是具有王都文化的风范；有人说，河洛文化最重要的特征是融汇四方。你是怎么看河洛文化的文化定位的呢？

我是这样想的：	我还可以这样想：

第二章

葡萄美酒夜光杯
——丝路文化

丝路文化指古代陆上丝绸之路途径地区的地域文化。陆上丝绸之路起源于西汉时期，汉武帝派张骞出使西域开辟的以首都长安（今西安）为起点，经甘肃、宁夏、新疆，到中亚、西亚，并连接地中海各国的陆上通道。它的最初作用是运输中国古代出产的丝绸，故称"丝绸之路"。丝路文化涉及西部民族文化、敦煌文化、沙漠文化等，具有鲜明的地域性、民族性、多元性等特征，是一座异彩纷呈的文化资源宝库，不仅为研究文化人类学、宗教人类学、民族学、民俗学、生态文化学等学科提供了宝贵财富，也为文化产业的开发提供了丰富的资源，同时也对我们今天的文化建设具有十分重要的借鉴意义。

我们在这一章里学习的丝路文化主要涵盖新疆、甘肃、宁夏三个地区，历史上都是古丝绸之路的重要通道。其中甘肃跨越八千余年历史，是中华民族和华夏文明的重要发祥地之一，也是中医药学的发祥地之一，被誉为"河岳根源、羲轩桑梓"。宁夏回族自治区得黄河水灌溉而形成了悠久的黄河文明。早在三万年前，宁夏就已有了人类生息的痕迹，历史上是"丝绸之路"的要道，素有"塞上江南"之美誉。新疆在西汉时期正式成为中国领土的一部分，周边与俄罗斯、哈萨克斯坦、吉尔吉斯斯坦、塔吉克斯坦、巴基斯坦等国接壤，是第二座"亚欧大陆桥"的必经之地。

今天，让我们在古今的经典文学作品中重走丝绸之路，细细品味意蕴万千、源远流长的西域文化。

（一）课堂精读

1.《凉州词二首》（其一）（唐·王翰）

《凉州词二首》是唐代诗人王翰的组诗作品。第一首诗渲染了出征前盛大华贵的酒筵以及战士们痛快豪饮的场面，表现了战士们将生死置之度外的旷达、奔放的思想感情。唐人七绝多采用乐府歌词，凉州词就是其中之一。它是按凉州（今甘肃省河西、陇右一带）地方乐调歌唱的。这首诗地方色彩极浓，从标题看，凉州属西北边地；从内容看，葡萄酒是当时西域特产，夜光杯是西域所进，琵琶是西域所产，胡笳是西北流行乐器，这些无一不与西北地域风情密切相关。

凉州词二首（其一）

（唐·王翰）

葡萄美酒夜光杯，欲饮琵琶马上催。

醉卧沙场君莫笑，古来征战几人回？

诵读 思考

问题1：请查阅工具书掌握下列难点字词的意思：

（1）夜光杯 （2）琵琶 （3）催 （4）君

问题2：诗中第一句"葡萄美酒夜光杯"为五光十色、琳琅满目的盛大筵席拉开了帷幕，为全诗定下了基调。请展开丰富的想象，用自己的语言详细描述这一场面。

问题3：请说一说你对"催"字的理解。

问题4：请结合这首诗的创作背景，和大家讲一讲"醉卧沙场"的史实。

问题5：有人说诗中的这场筵席是欢快、热烈的，也有人认为这场盛宴是悲凉、感伤、低沉的。你同意哪种观点呢？请说说你的理由。

课本 剧

请查阅相关资料，了解古代将军、战士出征讨伐、保卫疆土的故事和场面，并以本诗为题材编排课本剧。

文章题目：_____
课本剧名称：_____
我的评价星级：☆☆☆☆☆

小组角色分工： 小组成员评价星级：
☆☆☆☆☆
☆☆☆☆☆
☆☆☆☆☆
☆☆☆☆☆

故事情节逻辑图

角色对白
_____
_____
_____

服装道具

演出剧照

2.《逢入京使》（唐·岑参）

《逢入京使》是唐代诗人岑参创作的名篇之一。此诗描写了诗人远涉边塞，路逢回京使者，托带平安口信，以安慰悬望的家人的典型场面，具有浓烈的人情味。诗文语言朴实，不加雕琢，却包含着两大情怀：思乡之情与渴望功名之情，一亲情一豪情，交织相融，真挚自然，感人至深。

逢入京使

（唐·岑参）

故园东望路漫漫，双袖龙钟泪不干。

马上相逢无纸笔，凭君传语报平安。

诵读 思考

问题1：请查阅工具书掌握下列难点字词的意思：

（1）入京使 （2）漫漫 （3）龙钟 （4）凭 （5）传语

问题2：请查阅相关资料分析作者写这首诗的背景。

问题3：诗中的"双袖龙钟泪不干"一句为下文做了铺垫，请说说作者运用了怎样的修辞手法？表达了怎样的情感？

问题4：请用自己的语言复述这首诗的内容。

问题5："马上相逢无纸笔，凭君传语报平安"，诗人因没有纸笔，请求入京的使者为家人报平安，如果你是这位入京的使者，你会怎样为诗人的家人报平安？请试着写出来吧。

课本剧

请查阅相关资料，了解古代西行之路的场面和故事，并以本诗为题材编排课本剧。

文章题目：_____
课本剧名称：_____
我的评价星级：☆☆☆☆☆

小组角色分工：　　　　小组成员评价星级：
_____　☆☆☆☆☆
_____　☆☆☆☆☆
_____　☆☆☆☆☆
_____　☆☆☆☆☆

故事情节逻辑图

角色对白
_____
_____
_____
_____

服装道具　　　　演出剧照

教师精评量表

评价方面	评价内容	评分	
		教师评分	自我评分
阅读情境（20分）	1. 学习单/故事地图/辩论会/课本剧按要求填表完成的情况（10分）		
	2. 完成学习单/故事地图/辩论会/课本剧任务要求的积极主动性（10分）		
阅读文本（40分）	1. 对字、词、句、段的理解情况（10分）		
	2. 对文中精彩字、词、句、段的鉴赏情况（10分）		
	3. 阅读速度达到规定要求的情况（10分）		
	4. 朗读参与情况与背诵完成情况（10分）		
阅读认知过程（40分）	1. 带着问题阅读或在阅读中提出问题的情况（10分）		
	2. 借助阅读工具搜索信息解决阅读疑难问题的情况（20分）		
	3. 参与教师提问及阅读交流的情况（10分）		
评价星级	90～100分：☆☆☆☆☆		
	80～90分：☆☆☆☆		
	70～80分：☆☆☆		
	60～70分：☆☆		
	60分以下：☆		

（二）小组选读

❖ 请快速浏览下面与"丝路文化"相关的6篇【分级阅读】篇目，借助工具书掌握陌生字词。

❖ 从A/B/C三个级别中，选择不同级别中自己感兴趣的2篇大声诵读，并与选择相同篇目的同学组成"专家组"，对篇目的精彩语段及中心思想进行研读和讨论，踊跃发表自己的看法。

❖ 填写下面的任务单，为召开"小专家读书会"做准备，与全班同学分享交流本组的观点和想法吧！

分级阅读

A1.《伊犁记事诗》（清·洪亮吉）

芒种才过雪不霏，伊犁河外草初肥。

生驹步步行难稳，恐有蛇从鼻观飞。

A2.《酒泉太守席上醉后作》（其一）（唐·岑参）

酒泉太守能剑舞，高堂置酒夜击鼓。

胡笳一曲断人肠，座上相看泪如雨。

B1.《白杨礼赞》（茅盾）

白杨树实在不是平凡的，我赞美白杨树！

汽车在望不到边际的高原上奔驰，扑入你的视野的，是黄绿错综的一条大毡子。黄的是土，未开垦的处女土，几十万年前由伟大的自然力堆积成功的黄土高原的外壳；绿的呢，是人类劳力战胜自然的成果，是麦田。和风吹送，翻起了一轮一轮的绿波——这时你会真心佩服昔人所造的两个字"麦浪"，若不是妙手偶得，便确是经过锤炼的语言的精华。黄与绿主宰着，无边无垠，坦荡如砥，这时如果不是宛若并肩的远山的连峰提醒了你（这些山峰凭你的肉眼来判断，就知道是在你脚底下的），你会忘记了汽车是在高原上行驶。这时你涌起来的感想也许是"雄壮"，也许是"伟大"，诸如此类的形容词；然而同时你的眼睛也许觉得有点倦怠，你对当前的"雄壮"或"伟大"闭了眼，而另一种的味儿在你心头潜滋暗长了——"单调"。可不是？单调，有一点儿吧？

然而刹那间，要是你猛抬眼看见了前面远远有一排——不，或者甚至只是三五株，一株，傲然地耸立，像哨兵似的树木的话，那你的恹恹欲睡的情绪又将如何？我那时是惊奇地叫了一声的。

那就是白杨树，西北极普通的一种树，然而实在不是平凡的一种树。

那是力争上游的一种树，笔直的干，笔直的枝。它的干呢，通常是丈把高，像是加以人工似的，一丈以内绝无旁枝。它所有的丫枝呢，一律向上，而且紧紧靠拢，也像是加以人工似的，成为一束，绝无横斜逸出。它的宽大的叶子也是片片向上，几乎没有斜生的，更不用说倒垂了；它的皮，光滑而有银色的晕圈，微微泛出淡青色。这是虽在北方的风雪的压迫下却保持着倔强挺立的一种树。哪怕只有碗来粗细罢，它却努力向上发展，高到丈许，二丈，参天耸立，不折不挠，对抗着西北风。

这就是白杨树，西北极普通的一种树，然而决不是平凡的树！

它没有婆娑的姿态，没有屈曲盘旋的虬枝，也许你要说它不美丽，——如果美是专指"婆娑"或"横斜逸出"之类而言，那么白杨树算不得树中的好女子；但是它却是伟岸，正直，朴质，严肃，也不缺乏温和，更不用提它的坚强不屈与挺拔，它是树中的伟丈夫！当你在积雪初融的高原上走过，看见平坦的大地上傲然挺立这么一株或一排白杨树，难道你觉得树只是树，难道你就不想到它的朴质，严肃，坚强不屈，至少也象征了北方的农民；难道你竟一点也不联想到，在敌后的广大土地上，到处有坚强不屈，就像这白杨树一样傲然挺立的守卫他们家乡的哨兵！难道你又不更远一点想到这样枝枝叶叶靠紧团结，力求上进的白杨树，宛然象征了今天在华北平原纵横决荡用血写出新中国历史的那种精神和意志。

白杨不是平凡的树。它在西北极普遍，不被人重视，就跟北方农民相似；它有极强的生命力，磨折不了，压迫不倒，也跟北方的农民相似。我赞美白杨树，就因为它不但象征了北方的农民，尤其象征了今天我们民族解放斗争中所不可缺的朴质，坚强，以及力求上进的精神。

让那些看不起民众，贱视民众，顽固的倒退的人们去赞美那贵族化的楠木（那也是直干秀颀的），去鄙视这极常见、极易生长的白杨罢，但是我要高声赞美白杨树！

B2.《戈壁滩的羊群》（曲风）

七八年的春天我是在河西走廊的戈壁滩里度过的。

茫茫的戈壁滩里，除了我们这几个考古队员、民工以及大漠上的稀疏的骆驼刺草以外，似乎就再也见不到别的生命了。在这里，草以及人都显得那样的孱弱和无力，那样缺乏生命的力量感，倒是那些原本没有生命的石头和沙砾却像是一片奔腾不息的河水，显示出野性的骚动，使荒凉的大漠还不至于那么死寂如铁。然而只要羊群在天边出现，那么戈壁滩上的一切都会立即显得黯然失色。

西北的天是高的，云朵是静的，像是谁用棉花为天空打的补丁。然而如果有一片云低回于天边的地平线上，或是从远方的山脚下向你的视野里涌来，那你就应该意识到，它不是云，它是戈壁滩上的羊群。

戈壁滩的羊群是戈壁滩上的一幅激动人心的风景。它缓缓地向你的视野里涌来，就像裹夹着大量泥砂的河水，沉缓，滞重却又强悍有力。它在沙石那静静的波浪之上又掀起了一层白花花的浪涛。有时羊群在远方的祁连山脚下出现，那就让人疑心羊群是在祁连山的雪峰发生雪崩时从山上塌下的一股雪流。在大漠烈日炎烤的寂静中，我们似乎能感觉得到雪流的寒气正穿过沙漠之上的氤氲之气渐渐地透过来，我们仿佛听得到雪崩的呼啸声从上空悠悠掠过。

西北的黄昏比内地来得迟。那天，夕阳在地平线上挣扎着，像是一棵血流汨汨的心脏，那泛滥的血光将天空、大漠染得一片赤色。这时，在离我不远不近的地方正有一个羊群，它们竟然没有动，而是静静地停留在霞光之中。羊群们就像是一群听话的孩子在浴头下沐浴，任霞光泻在它们的身上。羊群那种沉醉在晚霞之中并渴望成为霞光的情景是对生命的一次真诚讴歌和神圣赞美。

我总是为这一幅幅画面所深深打动，内心充满了感动，这种感动时时激荡着我的灵魂，并激发着我的真诚。这些情景在我的脑中仍清晰可见，竟从未被岁月的流水淡化。我从羊群身上感到了一种生命的原始的冲动与力量，这让时时为我们这些文明社会中的高级动物那日益敏感日益衰弱的神经而惭愧不已。

内地的羊怕人怕汽车，西北的羊却有一种无所畏惧的气概。一天傍晚我沿着村子里的街道向村外走去，忽然听到了一片急聚的潮水般的声音，夹杂着羊羔的叫声，越来越近，我知道是羊群回村了。刚拐过一道弯子，我为眼前的情景惊呆了，羊群就在几步之遥的地方，他们在一只威风凛凛的头羊的率领下正浩浩荡荡地向我迎面逼来。两道土墙夹成的街道全被这些横冲直撞的羊填满，他们肆无忌惮地向我走来，根本就没有意识到你是一个人，应该躲开你，在它们的眼里，我成了一粒可怜的沙子，一块可怜的石头，若不是我狼狈地趴到了路旁的土墙上，那我一定会被它们蛮不讲理地冲倒，并泰然自若地踏过。

我想起了初来戈壁滩那天在旅途上看到的情景。当汽车穿过兰州北部的山区进入荒凉的河西走廊时，羊群出现了。它们旁若无人地穿越公路，没有因为一辆汽车的到来而显得慌张甚至加快脚步。汽车在路旁停下来，司机干脆熄了火，等最后一只羊不紧不慢地从路上优雅地走过时才将车重新启动起来。司机是当地人，他在这条公路上跑了近三十年的车，他告诉我们他从未尝试过用汽车去冲散羊群。我似有所悟，这绝不仅仅是对羊群的礼貌与退让，这是对生命应有的尊重。

我们在戈壁滩上的一个古代遗址做了两个月的发掘工作。戈壁滩上气候多变，有时烈日炎炎，有时会狂风大作，飞沙走石。然而只要视野中有羊群出现，一切困苦不堪的感觉就会顿时烟消云散。一次正当一群羊从我们的考古工地经过时，突然间乌云蔽日，狂风挟着沙石劈头盖脑地向我们倾泻过来。我们全扒到了"探方"里，我看到羊也全都蜷伏在地上，待狂风过了，那群羊便一只只站起身来，抖落尘砂继续向前走去。这种镇定自若的生存态度深深地感染了我，刚才准备好了一堆回敬给西北的诅咒，这时我竟说不出口了。隔壁滩上的羊群是戈壁滩上一片片强悍雄浑的白云，它让我们这些文弱书生在这短短的三个月中也日渐强悍起来。有时，我觉得羊群就是一条细致的绵延不断的线，在缝补着戈壁滩的远古和今天。隔壁滩上的生命是不易的，生命的生存是艰难的，草木稀疏，水源枯竭，这就注定了羊群永远是一片飘忽不定的云，在对草与水的寻求之中，羊群呈现出一种与荒凉与死亡与决望相映衬的震撼人心的美。

C1.《一种精神》（白向洋）

丝绸飘逸 瓷器冰冷 传承了一种精神

商队丝绸 寺庙香火 塔群石窟

眺望世界 从古罗马到长安的伟大行程

改变世界格局 引领人类生活、意识和思维

变革历史进程 苦难中坚守信仰与希望

驼铃马队 大漠孤烟进出一代代精神

苦难艰险 心灵常住阳光 精神永在

渺无人烟 长途跋涉 坚守命门

千里迢迢载着葡萄、绘画、舞蹈与经卷

融合了丝绸、瓷器、火药、铁器、造纸和印刷

高僧游学 选岩泉河开凿千年的崖壁石窟

将精神凝固存留大漠深处 整个人类的丝绸情

谁的脚步停止过？谁血脉里没有坚定的信仰？

和平共存深扎沙土 丝绸路上大爱无疆

人类不同民族文化的交汇 方显未来

C2.《罗布泊，消逝的仙湖》（吴刚）

塔克拉玛干沙漠边缘有个罗布泊。自20世纪初瑞典探险家斯文·赫定闯入罗布泊，它才逐渐为人所知。

1980年，中国著名的科学家彭加木在那里进行科学考察失踪；16年后，探险家余纯顺又在那里遇难，更给罗布泊增添了几分神秘色彩。

罗布泊，一望无际的戈壁滩，没有一棵草，一条溪，夏季气温高达70℃。罗布泊，天空中不见一只鸟，没有任何飞禽敢于穿越。

可是，从前的罗布泊不是沙漠。在遥远的过去，那里却是牛马成群、绿林环绕、河流清澈的生命绿洲。

罗布泊，"泊"字左边是三点水啊！

翻开有关西域的历史书籍，你会惊异于罗布泊的热闹繁华。

《汉书·西域传》记载了西域36国在欧亚大陆的广阔腹地画出的绵延不绝的绿色长廊，夏季走入这里与置身江南无异。昔日塔里木盆地丰富的水系滋润着万顷绿地。当年张骞肩负伟大历史使命西出阳关，当他踏上这片想象中荒凉萧瑟的大地时，却被它的美丽惊呆了。映入张骞眼中的是遍地的绿色和金黄的麦浪，从此，张骞率众人开出了著名的丝绸之路。

另据史书记载，在4世纪时，罗布泊水面超过20万平方公里。到了20世纪，还有1000多平方公里水域。斯文·赫定在20世纪30年代进罗布泊时还乘小舟。他坐着船饶有兴趣地在水面上转了几圈，他站在船头四下远眺，感叹这里的美景。回国后，斯文·赫定在他那部著名的《亚洲腹地探险8年》一书中写道：罗布泊使我惊讶，罗布泊像座仙湖，水面像镜子一样，在和煦的阳光下，我乘舟而行，如神仙

一般。在船的不远处几只野鸭在湖面上玩耍，鱼鸥及其他小鸟欢娱地歌唱着……

被斯文·赫定赞誉过的这片水域于20世纪70年代完全消失，罗布泊从此成了令人恐怖的地方。

罗布泊的消亡与塔里木河有着直接关系。

塔里木河全长1321公里，是中国第一、世界第二大内陆河。据《西域水道记》记载，20世纪20年代前，塔里木河下游河水丰盈，碧波荡漾，岸边胡杨丛生，林木苗壮。1925年至1927年，国民党政府一声令下，塔里木河改道向北流入孔雀河汇入罗布泊，导致塔里木河下游干旱缺水，3个村庄的310户村民逃离家园，耕地废弃，沙化扩展。解放后的1952年，塔里木河中游因修筑轮台大坝，又将塔里木河河道改了过来。塔里木河下游生态环境得以好转，胡杨枝重吐绿叶，原来废弃的耕地长出了青草，这里变成牧场。

问题出在近30多年。塔里木河两岸人口激增，水的需求也跟着增加。扩大后的耕地要用水，开采矿藏需要水，水从哪里来？人们拼命向塔里木河要水。几十年间塔里木河流域修筑水库130多座。任意掘堤修引水口138处，建抽水泵站400多处，有的泵站一天就要抽水1万多立方米。

盲目增加耕地用水、盲目修建水库截水、盲目掘堤引水、盲目建泵站抽水，"四盲"像个巨大的吸水鬼，终于将塔里木河抽干了，使塔里木河的长度由60年代的1321公里急剧萎缩到现在（2002年）的不足1000公里，320公里的河道干涸，以致沿岸5万多亩耕地受到威胁。断了水的罗布泊成了一个死湖、干湖。罗布泊干涸后，周边生态环境马上发生变化，草本植物全部枯死，防沙卫士胡杨林成片死亡，沙漠以每年3米至5米的速度向湖中推进。罗布泊很快与广阔无垠的塔克拉玛干大沙漠浑然一体。

罗布泊消失了。

金秋十月，我站到了位于新疆巴音郭楞（蒙古）自治州的塔里木河的大桥上。

放眼望去，塔里木河两岸的胡杨林似一道绿色的长城。

胡杨，维吾尔语称做"托克拉克"，意为"最美丽的树"。胡杨林是牲畜天然的庇护所和栖息地，马、鹿、野骆驼、鹅喉羚、鹭鸶等百余种野生动物在林中繁衍生息，林中还伴着甘草、骆驼刺等多种沙生植物，它们共同组成了一个特殊的生态体系，营造了一个个绿洲，养育着南疆七百五十余万各民族儿女。

如此重要的胡杨林因塔里木河下游的干涸而大面积死亡。1958年，塔里木河流域有胡杨林780万亩，（2002年）现在已减少到420万亩。伴随着胡杨林的锐减，塔里木河流域土地沙漠化面积从66%上升到84%。"沙进人退"在塔里木河下游变成现实，至罗布庄一带的库鲁克库姆与世界第二大沙漠塔克拉玛干沙漠合拢，疯狂地吞噬着夹缝中的绿色长城，从中穿过的218国道已有197处被沙漠掩埋。

我们沿塔里木河向西走出200公里后，绿色长城突然从眼中消失。塔里木河两岸的胡杨林与两边的沙地成了一个颜色。由于缺水，长达数百公里的绿色长城在干渴中崩塌。号称千年不死的胡杨林啊，在忍受了20余年的干渴后终于变成了干枯的"木乃伊"。那奇形怪状的枯枝，那死后不愿倒下的身躯，似在表明胡杨在生命最后时刻的挣扎与痛苦，又像是向谁伸出求救之手！

再向前，我们到了罗布泊的边缘。同来的同志告诉我，再也不能向前走了。若想进入罗布泊，至少要有两辆汽车，必须备足食品和水。我们只得钻出汽车，将目光投向近在咫尺的罗布泊。

站在罗布泊边缘，会突然感到荒漠是大地裸露的胸膛，大地在这里已脱尽了外衣，露出自己的肌肤筋骨。站在罗布泊边缘。你能看清那一道道肋骨的排列走向，看到沧海桑田的痕迹，你会感到这胸膛里面深藏的痛苦与无奈。

罗布泊还能重现往日的生机吗？我问自己。

此时此刻，我们停止了说笑。那一片巨大的黄色沙地深深地刺痛着我们的心，使我们个个心情沉重。30年在历史的长河中只是一瞬。30年前那片胡杨茂密、清水盈盈的湖面就在这瞬间从我们的眼中消失了。

这出悲剧的制造者又是人！

悲剧并没有止住。同样的悲剧仍在其他一些地方上演。

世界著名的内陆湖——青海湖，50年间湖水下降了8.8米，平均每6年下降1米，陆地已向湖中延伸了10多公里；数千年风沙未能掩埋的甘肃敦煌月牙泉，近年来却因当地超采地下水，水域面积从50年代的1.1652万平方米缩小至5397平方米，水深只剩尺余，大有干涸之势……这一切也都是人为的！

救救青海湖，救救月牙泉，救救所有因人的介入而即将成为荒漠的地方！

📚 小专家读书会

篇目1：

我选取的文章题目及级别：_____（A级/B级/C级）	我参加的专家组：_____	我的评价星级：☆☆☆☆☆
读书会主题：		
专家组成员及观点	我的发言	小组讨论纪要

我的收获与感悟：

篇目2：

| 我选取的文章题目及级别：＿＿＿＿＿（A级/B级/C级） | 我参加的专家组：＿＿＿＿＿ | 我的评价星级：☆☆☆☆☆ |

读书会主题：

| 专家组成员及观点 | 我的发言 | 小组讨论纪要 |

我的收获与感悟：

📖 组内互评量表

评价方面	评价内容	评分	
		教师评分	自我评分
阅读情境（20分）	1. 专家组组织成立及分工合作情况（10分）		
	2. "小专家读书会"按要求填表及准备充分情况（10分）		
阅读文本（30分）	1. 选文级别情况（10分）（A级5分；B级3分；C级2分）		
	2. 选文研读，对字、词、句、段及文章中心思想的理解情况（10分）		
	3. 阅读速度达到规定要求的情况（10分）		
阅读认知过程（50分）	1. 在专家组研讨中提问与交流情况（10分）		
	2. 通过借助阅读工具搜索信息解决小组中阅读疑难问题的情况（10分）		
	3. 在专家组研讨中个人观点表达情况（20分）		
	4. 在"小专家读书会"中阅读讲解与汇报分享情况（10分）		
评价星级	90～100分：☆☆☆☆☆ 80～90分：☆☆☆☆ 70～80分：☆☆☆ 60～70分：☆☆ 60分以下：☆		

（三）主题自读

请根据自己的兴趣和爱好，从下面两个主题中选择一个感兴趣的主题进行阅读。结合主题提示，每2天完成一篇篇目的搜索、阅读和赏析。现在，让我们开始10天的"阅读打卡计划"吧！

◇ 略读任一主题下的2篇【推荐阅读】，理解篇目主要文意，揣摩该主题的含义。

◇ 搜索5篇与选择主题相关的篇目，可以包括古诗词、散文、诗歌、小说选段等多种体裁。

◇ 记录自己阅读古诗词及诗歌的方式，阅读篇幅较长的散文、小说选段等尽量保持在每分钟400字。

◇ 对阅读的篇目中的精彩语句、段落或是打动自己的内容及思想进行赏析。

◇ 将阅读速度、搜索过程、阅读记录、赏析要点等内容填写进"阅读打卡计划记录单"中。

🎓 主题1　文学界白衣天使

毕淑敏出生于新疆伊宁，国家一级作家，曾在喜马拉雅山、冈底斯山、喀喇昆仑山交汇的西藏阿里高原部队当兵11年，从事医学工作20年后，开始专业写作。著有《毕淑敏文集》十二卷，长篇小说《红处方》《血玲珑》《女心理师》《鲜花手术》等畅销书。毕淑敏的身份很多，医生、心理师、作家，还有一个就是"生活家"。她的作品多与自己的职业角色有关，笔下文字渗透着睿智和温情。她所有的作品都是对生活的一种诠释，可以说她是一位地地道道的"生活家"，是"文学界的白衣天使"。

推荐阅读

1.《学会看病》（毕淑敏）

儿子长得比我高了。一天，我看他有点儿打蔫儿，就习惯性地摸摸他的头，在这一瞬间的触摸中，我知道他在发烧。

"你病了。"我说。

"噢，可能是病了。我以为是睡觉少了呢。妈妈，我该吃点儿什么药？"他问。

我当过许多年医生，孩子有病，一般都是我在家里给治了，他几乎没有去过医院。这次，当我又准备在家里的储药柜里找药时，却突然怔住了。

"你长大了，你得学会看病。"我说。

"看病还用学吗？您给看看不就行了吗？"他大吃一惊。

"假如我不在家呢？"

"那我就打电话找你。"

"假如……你找不到我呢？"

"那我就……找我爸。"

这样逼问一个生病的孩子也许是一种残忍。但我知道，总有一天他必须独立面对疾病。既然我是母亲，就应该及早教会他看病。

"假如你最终也找不到你爸呢？"

"那我就忍着。反正你们早晚会回家的。"儿子说。

"有些病是不能忍的，早治一分钟是一分钟。得了病最应该做的事情就是上医院。"

"妈妈，您的意思是让我独自去医院看病？"他说。

"正是。"我咬着牙说，生怕自己会改变主意。

"那好吧……"他摸着脑门，不知是虚弱还是思考。

"你到街上去打车，然后到医院。先挂号，记住，要买一个病历本。然后到内科，先到分诊台，护士让你到几号诊室你就到几号，坐在门口等。查体温的时候不要把人家的体温表打碎……"我喋喋不休地指教着。

"妈妈，您不要说了。"儿子沙哑着嗓子说。

我的心立刻就软了。是啊，还毕竟是孩子，而且是病中的孩子。我拉起他滚烫的手，说："妈妈这就领你上医院。"他挣开我的手，说："我不是那个意思。我是说我要去找一枝笔，把您说的看病的过程记下来，我好照着办。"

儿子摇摇晃晃地走了。从他出门的那一分钟起，我就开始后悔。我想我一定是世上最狠心的母亲，在孩子有病的时候，不但不帮助他，还给他雪上加霜。我就是想锻炼他，也该领着他一道去，一路上指点指点，让他先有个印象，以后再按图索骥。这样虽说可能留下不记忆的痕迹，但来日方长，又何必在意这病中的分分秒秒呢？

时间艰涩地流动着，像沙漏坠入我忐忑不安的心房。两个小时过去了，儿子还没有回来。虽然我知道看病是件费时间的事，但我的心还是疼痛地收缩成一团。

虽然我毫无疑义地判定儿子患的只是普通的感冒，如果寻找适宜锻炼看病的病种，这是最好的选择，但我还是深深地谴责自己。假如事情重来一遍，我再也不让他独自去看病了。这一刻，我只要他在我身边！

终于，走廊上响起了熟悉的脚步声，只是较平日拖沓。我开了门，倚在门上。

"我已经学会了看病。打了退烧针，现在我已经好多了。这真是件麻烦的事。不过，也没什么大不了的。"儿子骄傲地宣布。然后又补充说："您让我记的那张纸，有的地方顺序不对。"

我看着他，勇气又渐渐回到心里。我知道应该不断地磨炼他，在这个过程中，也磨炼自己。

孩子，不要埋怨我在你生病时的冷漠。总有一天，你要离我远去，独自面对生活。我预先能帮助你的，就是向你口授一张路线图，它也许不那么准确，但聊胜于无。

2.《孝心无价》（毕淑敏）

　　我不喜欢一个苦孩求学的故事。家庭十分困难，父亲逝去，弟妹嗷嗷待哺，可他大学毕业后，还要坚持读研究生，母亲只有去卖血……我以为那是一个自私的学子。求学的路很漫长，一生一世的事业，何必太在意几年蹉跎？况且这时间的分分秒秒都苦涩无比，需用母亲的鲜血灌溉！一个连母亲都无法挚爱的人，还能指望他会爱谁？把自己的利益放在至高无上位置的人，怎能成为为人类献身的大师？我也不喜欢父母重病在床，断然离去的游子，无论你有多少理由。地球离了谁都照样转动，不必将个人的力量夸大到不可思议的程度。在一位老人行将就木的时候，将他对人世间最后的期冀斩断，以绝望之心在寂寞中远行，那是对生命的大不敬。

　　我相信每一个赤诚忠厚的孩子，都曾在心底向父母许下"孝"的宏愿，相信来日方长，相信水到渠成，相信自己必有功成名就衣锦还乡的那一天，可以从容尽孝。

　　可惜人们忘了，忘了时间的残酷，忘了人生的短暂，忘了世上有永远无法报答的恩情，忘了生命本身有不堪一击的脆弱。

　　父母走了，带着对我们深深的挂念。父母走了，遗留给我们永无偿还的心情。你就永远无以言孝。

　　有一些事情，当我们年轻的时候，无法懂得。当我们懂得的时候，已不再年轻。世上有些东西可以弥补，有些东西永无弥补。

　　"孝"是稍纵即逝的眷恋，"孝"是无法重现的幸福。"孝"是一失足成千古恨的往事，"孝"是生命与生命交接处的链条，一旦断裂，永无连接。

　　赶快为你的父母尽一份孝心。也许是一处豪宅，也许是一片砖瓦。也许是大洋彼岸的一只鸿雁，也许是近在咫尺的一个口信。也许是一顶纯黑的博士帽，也许是作业簿上的一个红五分。也许是一桌山珍海味，也许是一只野果一朵小花。也许是花团锦簇的盛世华衣，也许是一双洁净的旧鞋。也许是数以万计的金钱，也许只是含着体温的一枚硬币……但"孝"的天平上，它们等值。

　　只是，天下的儿女们，一定要抓紧啊！趁你父母健在的光阴。

主题2　平沙莽莽黄入天

　　沙漠是我国西北部地区独有的地质形态。说起沙漠，我们眼前总会浮现出驼铃悠远、黄沙舞风、古道漫漫、丝路绵长的景象，正如李贺笔下的"大漠沙如雪，燕山月似钩"。古今中外不少文学作家对沙漠进行了描写，或者诉说在沙漠中发生的故事，比如三毛的《撒哈拉的故事》。让我们以"沙漠"为主题进行拓展阅读，走进这片广阔无垠的"金色海洋"。

推荐阅读

1.《蓟中作》（唐·高适）

策马自沙漠，长驱登塞垣。

边城何萧条，白日黄云昏。

一到征战处，每愁胡虏翻。

岂无安边书，诸将已承恩。

惆怅孙吴事，归来独闭门。

2.《沙漠里的奇怪现象》（竺可桢）

古代亲身到过沙漠的人，如晋僧法显、唐僧玄奘，都把沙漠说得十分可怕，人们对它也就产生了恐惧的心理。法显著《佛国记》说，沙漠里有很多恶鬼和火热的风，人一遇见就要死亡。沙漠是这样荒凉，空中看不见一只飞鸟，地上看不到一只走兽。举目远看净是沙，弄得人认不出路，只是循着从前死人死马的骨头向前走。玄奘《大唐西域记》卷十二也说，东行入大流沙，沙被风吹永远流动着，过去人马走踏过的脚印，不久就为沙所盖，所以人多迷路。

沙漠真像法显和玄奘所说的那样可怕吗？解放以来，我们的地质部、石油部、中国科学院的工作人员已经好几次横穿新疆塔克拉玛干大戈壁，并没有什么鬼怪离奇的东西阻挡了他们的行进，这是什么缘故呢？

试想法显出发时，只有七个和尚结队同行，而走了不久，就有人不胜其苦开了小差，有人病死途中，最后只留下他一人。玄奘也是单枪匹马深入大戈壁，所谓孙行者、猪八戒、沙和尚等随从人员，那是小说《西游记》中的神话人物，那时既无大队骆驼带了大量清水食品跟上来，更谈不到汽车、飞机来支援，当然就十分困苦了。

沙漠里真有魔鬼吗？在那时人们的知识水平看起来，确像是有魔鬼在作怪。但是人们掌握了自然规律以后，便可把这种光怪陆离的现象说清楚。这种现象在大戈壁夏天中午是常见的。当人们旅行得渴不可耐的时候，忽然看见一个很大的湖，里面蓄着碧蓝的清水，看来并不很远。当人们欢天喜地向大湖奔去的时候，这蔚蓝的湖却总有那么一个距离，所谓"可望而不可即"。阿拉伯人是对沙漠广有经验的民族，阿拉伯语中称这一现象为"魔鬼的海"。这一魔鬼的幻术到了19世纪初叶，才被法国数学家和水利工程师孟奇所戳穿。孟奇随拿破仑的军队到埃及去和英国争夺殖民地，当时法国士兵见到这"魔鬼的海"极为惊奇，就去问孟奇。孟奇深深思考以后，便指出：沙漠中地面被太阳晒得酷热，贴近地面的一层空气温度就比上面一两米的温度高许多。这样由于光线折光和反射的影响，人们产生一种错觉，空中的乔木看来像倒栽在地面上，蔚蓝的天空倒映在地上，便看成是汪洋万顷的湖面了。

若是近地面的空气温度低而上层高，短距离内相差七至八摄氏度，像平直的海边地区有时所遇见的那样，那便可把地平线下寻常所见不到的岛屿、人物统统倒映在天空中，成为空中楼阁，又叫做海市蜃楼。

在沙漠里不但光线会作怪，声音也会作怪。玄奘相信这是魔鬼在迷人，直到如今，住在沙漠中的人们还有相信的。群众把会发出声音的沙地称为"鸣沙"。现在宁夏回族自治区中卫县靠黄河有一个地方名叫鸣沙山，即沙坡头地方，科学院和铁道部等机关在这里设有治沙站。站的后面便是腾格里沙漠。沙漠在此处已紧逼黄河河岸，沙高约一百米，沙坡面南坐北，中呈凹形，有很多泉水涌出，这块沙地向来是人们崇拜的对象。据说，每逢农历端阳节，男男女女便在鸣沙山上聚会，然后纷纷顺着山坡翻滚下来。这时候沙便发出轰隆的巨响，像打雷一样。两年前我和五六个同志曾经走到这鸣沙山顶上慢慢滚下来，果然听到隆隆之声，好像远处汽车在行走似的。据一些专家的意见，只要沙漠面部的沙子是细沙而干燥，含有大量石英，被太阳晒得火热后，经风的吹拂或人马的走动，沙粒移动摩擦起来，便会发出声音，这便是鸣沙。古人说："见怪不怪，其怪自败。"沙漠里的一切怪异现象，其实都是可以用科学道理来说明的。

阅读打卡计划

打卡　1　2　3　4　5　6　7　8　9　10　11　12　13　14　15

□ □ □　□ □ □　□ □ □　□ □ □　□ □ □

姓名：_____
年/月：_____
节气：_____
主题：_____
我的评价星级：
☆☆☆☆☆

篇目1：	篇目2：	篇目3：	篇目4：	篇目5：
体裁：	体裁：	体裁：	体裁：	体裁：
阅读速度：	阅读速度：	阅读速度：	阅读速度：	阅读速度：
篇目搜索过程：	篇目搜索过程：	篇目搜索过程：	篇目搜索过程：	篇目搜索过程：
篇目阅读过程：	篇目阅读过程：	篇目阅读过程：	篇目阅读过程：	篇目阅读过程：
篇目赏析：	篇目赏析：	篇目赏析：	篇目赏析：	篇目赏析：

✐ 学生自评量表

评价方面	评价内容	评分	
		教师评分	自我评分
阅读情境（30分）	1. 连续坚持每天阅读打卡的情况（10分）		
	2. 合理制定阅读计划并严格、自律地按照阅读计划执行的情况（10分）		
	3. 按要求完成每个篇目"找篇目—读篇目—赏篇目"步骤的情况（10分）		
阅读文本（30分）	1. 查找的篇目与阅读主题相吻合的情况（10分）		
	2. 阅读方式的选择及阅读速度的达成情况（10分）		
	3. 对篇目的理解与鉴赏情况（10分）		
阅读认知过程（40分）	1. 对阅读主题的理解情况（10分）		
	2. 独立、灵活地使用搜索工具查找篇目的情况（10分）		
	3. 对搜索信息进行归纳总结及分析处理的情况（10分）		
	4. 形成积极阅读和自主阅读习惯的情况（10分）		
评价星级	90～100分：☆ ☆ ☆ ☆ ☆ 80～90分：☆ ☆ ☆ ☆ 70～80分：☆ ☆ ☆ 60～70分：☆ ☆ 60分以下：☆		

📚 书籍推荐

书目1：《敦煌石窟艺术简史》（赵声良，中国青年出版社）

书目2：《丝绸之路：一部全新的世界史》（彼得·弗兰科潘，浙江大学出版社）

悦读者思维

丝绸之路是中国与西方世界相互了解的最早窗口之一，是中国古代西域少数民族了解先进文化、了解外部世界的通道，是中国古代历史上最伟大的壮举之一，它在中国古代乃至现代发挥着怎样重要的意义呢？

我是这样想的：	我还可以这样想：

第三章

渭城朝雨浥轻尘
——三秦文化

三秦文化特指陕西的地域文化。三秦是指秦朝灭亡后，项羽三分过去的秦国之地，故称三秦。到了近代，三秦泛指陕西所辖的关中、陕北、陕南地区。三秦民风淳朴、高亢，最有地方特色的有秦腔、郿鄠、皮影戏等，民歌以陕北的信天游和陇东的花儿最有代表性。陕北黄土高原上，山连着山，沟接着沟，农夫们赶着牲口走在沟壑里、山梁上，日出而作，日落而息，见景生情，信口编唱信天游，高亢而悠长的曲调与黄土高坡上劳作的背景显得非常自然和谐。

陕西历史悠久，是中华文明的重要发祥地，上古时为雍州、梁州，是炎帝故里及黄帝的葬地。早在80万年前，蓝田猿人就生活在陕西。1953年在西安城东发现的半坡村遗址，展示出6000年前母系氏族社会的进步和文明。陕西自古是帝王建都之地，九个大一统王朝，有4个（秦、西汉、隋、唐）建都西安（咸阳），留下的帝王陵墓共79座，被称为"东方金字塔"。

陕西是古代中国的政治、经济、文化中心之一。从轩辕黄帝在这里铸鼎、分华夏为九州，到中华农耕文明的始祖后稷在这里教稼先民从事农业生产；从中华文字文明的始祖仓颉在这里发明文字，到周文王制定礼乐制度、周武王分封天下；从秦始皇统一中国，到灿烂辉煌的汉唐盛世；从丝绸之路的起点到赐福镇宅圣君钟馗故里。让我们一起走进这一中华文明重要的发祥地吧，一起看看古代长安城的风貌。

（一）课堂精读

1.《送杜少府之任蜀州》（唐·王勃）

《送杜少府之任蜀州》是唐代诗人王勃的作品。此诗意在慰勉友人勿在离别之时悲哀，开合顿挫，气脉流通，意境旷达，堪称送别诗中的不世经典，全诗仅仅四十个字，却纵横捭阖，变化无穷，仿佛在一张小小的画幅上，包容着无数的丘壑，有看不尽的风光，至今广泛流传。

送杜少府之任蜀州

（唐·王勃）

城阙辅三秦，风烟望五津。

与君离别意，同是宦游人。

海内存知己，天涯若比邻。

无为在歧路，儿女共沾巾。

诵读 思考：

问题1：请查阅工具书掌握下列难点字词的意思：

（1）城阙　（2）风烟；（3）宦游　（4）海内　（5）天涯　（6）无为

（7）歧路　（8）沾巾

问题2：请分析本诗起句的对仗写。

问题3：诗中的"海内存知己，天涯若比邻"为远隔千山万水的朋友之间表达深厚情谊的不朽名句，请谈一谈你的理解。

问题4：请说说这首诗表达了作者怎样的志向和情怀。

问题5：长安城是历史上第一座被称为"京"的都城，也是历史上第一座真正意义上的城市，你知道哪些关于长安城的历史事件呢？

课本 剧：

《送杜少府之任蜀州》是作者在长安的时候写的。姓杜的少府将到四川去做官，王勃在长安相送，临别时赠送给他这首送别诗。请将本诗的情景编排为课本剧，演绎出来吧！

文章题目：＿＿＿＿＿＿＿＿	小组角色分工： 小组成员评价星级：
课本剧名称：＿＿＿＿＿＿＿	☆☆☆☆☆
我的评价星级：☆☆☆☆☆	☆☆☆☆☆

故事情节逻辑图 | 角色对白

服装道具 演出剧照

2.《老西安》（贾平凹）

《老西安》是著名作家贾平凹的长篇散文。讲述了千年古都西安的心灵史，以及西路上作者自身情感之旅。老西安留下了太多的贾平凹的足迹。他寻访、陶醉、感念、起笔的过程里，老西安的味道自始至终成就着他。他笔下的老西安，是给了他无数古籍应典、事家胆量、江山风格、黄土厚俗、民间呼应的地方。为追溯这座十三个王朝在此建都的绮丽之城，他用了27年的感受、思想、寻觅、探访，完成了一道文化深旅。这个中国最有张力的大作家，古道厚存，精进每一次行走文明的独孤之旅，凝刻每一块唐砖汉瓦的启迪之约，灵动回归，他的用功都在吸收和融会这座老西安的过程里了。

老西安
（贾平凹）

当我应承了为老西安写一本书后，老实讲，我是有些犯难了，我并不是土生土长的西安人，虽然在这里生活了二十七年，对过去的事情却仍难以全面了解。以别人的经验写老城，如北京、上海、南京、天津、广州，要凭了一大堆业已发黄的照片，但有关旧时西安的照片少得可怜，费尽了心机在数个档案馆里翻腾，又往一些老古董收藏家家中搜寻，得到的尽是一些"西安事变"、"解放西安"的内容，而这些内容国人皆知，哪里又用得着我写呢？

老西安没照片？这让多少人感到疑惑不解，其实，老西安就是少有照片资料。没有照片的老西安正是老西安。西安曾经叫做长安，这是用不着解说的，也用不着多说中国有十三个封建王朝在此建都，尤其汉唐，是国家的政治、经济、军事、文化中心，其城市的恢宏与繁华辉煌于全世界。可宋元之后，国都东迁北移，如人走茶凉，西安遂渐渐衰败。到了二十世纪二三十年代，已经荒废沦落到规模如现今陕西的一个普通县城的大小。在仅有唐城十分之一的那一圈明朝的城墙里，街是土道，铺为平屋，没了城门的空门洞外就是庄稼地、胡基壕、蒿丘和涝地，夜里有猫头鹰飞到钟楼上叫啸，肯定有人家死了老的少的，要在门首用白布草席搭了灵棚哭丧，而黎明出城去报丧的就常见到狼拖着扫帚长尾在田埂上游走。北京、上海已经有洋人的租界了，蹬着高跟鞋拎着小坤包的摩登女郎和穿了西服挂了怀表的先生们生活里大量充斥了洋货，言语里也时不时夹杂了"密司特"之类的英文，而西安街头的墙上，一大片卖大力丸、治花柳病、售虎头万金油的广告里偶尔有一张两张胡蝶的、阮玲玉的烫发影照，普遍地把火柴称做洋火，把肥皂叫成洋碱，充其量有了名为"大芳"的一间照相馆。去馆子里照相，这是多么时髦的事！民间里广泛有着照相会摄去人的魂魄的，照相一定要照全身，照半身有杀身之祸的流言。但照相馆里到底是怎么回事，十分之九点九的人只是经过了照相馆门口向里窥视，立即匆匆走过，同当今的下了岗的工人经过了西安凯悦五星级大酒店门口的感觉是一样的。一位南郊的九十岁的老人曾经对我说过他年轻时与人坐在城南门口的河壕上拉话儿，缘头是由"大芳"照相馆橱窗里蒋介石的巨照说开的，一个说：蒋委员长不知道一天吃的什么饭，肯定是顿顿捞一碗干面，油泼的辣子调得红红的。他说：我要当了蒋委员长，全村的粪都要是我的，谁也不能拾。这老人的哥哥后来在警察局里做事，得势了，也让他和老婆去照相馆照相，"我一进去，"老人说，"人家问全光还是侧光？我倒吓了一跳，照相还要脱光衣服？！我说，我就全光吧，老婆害羞，她光个上半身吧。"

正是因为整个老西安只有那么一两间小小的照相馆，进去照的只是官人、军阀和有钱的人，才导致了今日企图以老照片反映当时的民俗风情的想法落空，也是我在写这本书的时候首先感到了老的西安区别于老的北京、上海、广州的独特处。

但是，西安毕竟是西安，无论说老道新，若要写中国，西安是怎么也无法绕过去的。

诵读 思考

问题1：请仔细通读全文，划出文中的生词和难懂的句子，并查阅资料，为这些字词和句子做注释。

问题2：长安是西安的古称，从"长安"到"西安"，都经历了什么呢？查阅重要的历史事件告诉大家吧。

问题3：打开《老西安》，迎面扑来的全是"味道"，有文物的味道、食物的味道、人物的味道和景物的味道，有黄土味道，也有丝路味道。请细细品读文章，并一一描述你所品尝到的那些"味道"吧。

问题4：文章第二段以"老西安没照片？"为首句，并讲述了"大芳"照相馆的故事，写到人们经过照相馆时的"立即匆匆走过"，以及"同当今的下了岗的工人经过了西安凯悦五星级大酒店门口的感觉是一样的"。请分析当时的人们为何会有这种心理。

问题5：请根据自己的理解，以第一人称即作者的身份，为文章作序。

思维导图

文章题目：_____　　　　我的评价星级：☆☆☆☆☆

味道

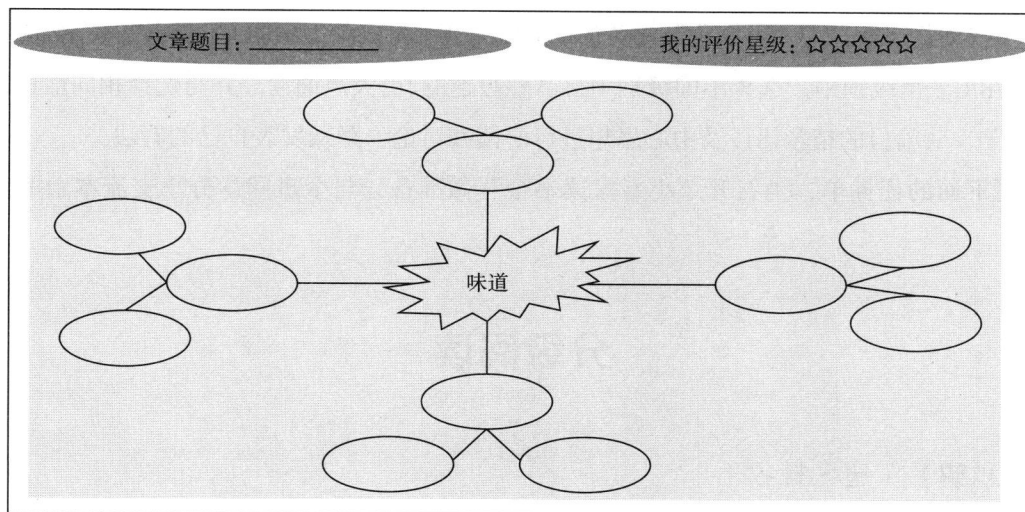

教师精评量表

评价方面	评价内容	评分	
		教师评分	自我评分
阅读情境（20分）	1.学习单/故事地图/辩论会/课本剧按要求填表完成的情况（10分）		
	2.完成学习单/故事地图/辩论会/课本剧任务要求的积极主动性（10分）		
阅读文本（40分）	1.对字、词、句、段的理解情况（10分）		
	2.对文中精彩字、词、句、段的鉴赏情况（10分）		
	3.阅读速度达到规定要求的情况（10分）		
	4.朗读参与情况与背诵完成情况（10分）		
阅读认知过程（40分）	1.带着问题阅读或在阅读中提出问题的情况（10分）		
	2.借助阅读工具搜索信息解决阅读疑难问题的情况（20分）		
	3.参与教师提问及阅读交流的情况（10分）		
评价星级	90～100分：☆☆☆☆☆ 80～90分：☆☆☆☆ 70～80分：☆☆☆ 60～70分：☆☆ 60分以下：☆		

（二）小组选读

◇ 请快速浏览下面与"三秦文化"相关的6篇【分级阅读】篇目，借助工具书掌握陌生字词。

◇ 从A/B/C三个级别中，选择不同级别中自己感兴趣的2篇大声诵读，并与选择相同篇目的同学组成"专家组"，对篇目的精彩语段及中心思想进行研读和讨论，踊跃发表自己的看法。

◇ 填写下面的任务单，为召开"小专家读书会"做准备，与全班同学分享交流本组的观点和想法吧！

分级阅读

A1.《长安秋望》（唐·杜牧）

楼倚霜树外，镜天无一毫。

南山与秋色，气势两相高。

A2.《初贬官过望秦岭》（唐·白居易）

草草辞家忧后事，迟迟去国问前途。

望秦岭上回头立，无限秋风吹白须。

B1.《春望》（唐·杜甫）

国破山河在，城春草木深。

感时花溅泪，恨别鸟惊心。

烽火连三月，家书抵万金。

白头搔更短，浑欲不胜簪。

B2.《秋波媚·七月十六晚登高兴亭望长安南山》（宋·陆游）

秋到边城角声哀，烽火照高台。悲歌击筑，凭高醉酒，此兴悠哉。

多情谁似南山月，特地暮云开。灞桥烟柳，曲江池馆，应待人来。

C1.《咸阳城西楼晚眺》（唐·许浑）

一上高城万里愁，蒹葭杨柳似汀洲。

溪云初起日沉阁，山雨欲来风满楼。

鸟下绿芜秦苑夕，蝉鸣黄叶汉宫秋。

行人莫问当年事，故国东来渭水流。

C2.《终南别业》（唐·王维）

中岁颇好道，晚家南山陲。

兴来每独往，胜事空自知。

行到水穷处，坐看云起时。

偶然值林叟，谈笑无还期。

小专家读书会

篇目1：

我选取的文章题目及级别：_____（A级/B级/C级） 我参加的专家组：_____ 我的评价星级：☆☆☆☆☆

读书会主题：

专家组成员及观点	我的发言	小组讨论纪要

我的收获与感悟：

篇目2：

我选取的文章题目及级别：_____（A级/B级/C级） 我参加的专家组：_____ 我的评价星级：☆☆☆☆☆

读书会主题：

专家组成员及观点	我的发言	小组讨论纪要

我的收获与感悟：

📝 组内互评量表

评价方面	评价内容	评分	
		教师评分	自我评分
阅读情境 （20分）	1. 专家组组织成立及分工合作情况（10分）		
	2. "小专家读书会"按要求填表及准备充分情况（10分）		
阅读文本 （30分）	1. 选文级别情况（10分）（A级5分；B级3分；C级2分）		
	2. 选文研读，对字、词、句、段及文章中心思想的理解情况（10分）		
	3. 阅读速度达到规定要求的情况（10分）		
阅读认知过程 （50分）	1. 在专家组研讨中提问与交流情况（10分）		
	2. 通过借助阅读工具搜索信息解决小组中阅读疑难问题的情况（10分）		
	3. 在专家组研讨中个人观点表达情况（20分）		
	4. 在"小专家读书会"中阅读讲解与汇报分享情况（10分）		
评价星级	90～100分：☆☆☆☆☆ 80～90分：☆☆☆☆ 70～80分：☆☆☆ 60～70分：☆☆ 60分以下：☆		

（三）主题自读

请根据自己的兴趣和爱好，从下面两个主题中选择一个感兴趣的主题进行阅读。结合主题提示，每2天完成一篇篇目的搜索、阅读和赏析。现在，让我们开始10天的"阅读打卡计划"吧！

◇ 略读任一主题下的2篇【推荐阅读】，理解篇目主要文意，揣摩该主题的含义。

◇ 搜索5篇与选择主题相关的篇目，可以包括古诗词、散文、诗歌、小说选段等多种体裁。

◇ 记录自己阅读古诗词及诗歌的方式，阅读篇幅较长的散文、小说选段等尽量保持在每分钟400字。

◇ 对阅读篇目中的精彩语句、段落或是打动自己的内容及思想进行赏析。

◇ 将阅读速度、搜索过程、阅读记录、赏析要点等内容填写进"阅读打卡计划记录单"中。

🎓 主题1 一日看尽长安花

西安，古称"长安"，历史悠久，与雅典、罗马、开罗并称世界四大文明古都，是中华文明和中华民族重要发祥地，丝绸之路的起点。早在100万年前，蓝田古人类就在这里建造了聚落；7000年前的仰韶文化时期，这里已经出现了城垣的雏形；历史上有周、秦、汉、隋、唐等在内的13个朝代在此建都，作为中国首都和政治、经济、文化中心长达1100多年。如此重要的一座城市，一定有无数篇诗章无数首诗词描写西安。下面我们来盘点历史上那些描写"长安城"的优美诗句吧。

推荐阅读

1.《长安春望》（唐·卢纶）

> 东风吹雨过青山，却望千门草色闲。
>
> 家在梦中何日到，春生江上几人还？
>
> 川原缭绕浮云外，宫阙参差落照间。
>
> 谁念为儒逢世难，独将衰鬓客秦关。

2.《登科后》（唐·孟郊）

> 昔日龌龊不足夸，今朝放荡思无涯。
>
> 春风得意马蹄疾，一日看尽长安花。

主题2　群山巍峨观云海

　　陕西地形狭长，地貌复杂，山水川原，各具特色。被誉为中华民族的"父亲山"秦岭贯穿其中。但若问陕西有多少座山？估计没有人能回答，因为陕西境内闻名遐迩的名山太多了。这里有"自古华山一条道"的西岳华山，有"天下第一福地"终南山，有秦岭之巅的太白山，有美如锦绣的骊山等等。陕西的山数不完，看不完，品不完，每一座都让人着迷向往，今天我们就来读一读文人墨客笔下的陕西名山吧。

推荐阅读

1.《山坡羊·骊山怀古》（元·张养浩）

> 骊山四顾，阿房一炬，
>
> 当时奢侈今何处？
>
> 只见草萧疏，水萦纡。
>
> 至今遗恨迷烟树。
>
> 列国周齐秦汉楚。
>
> 赢，都变做了土；
>
> 输，都变做了土。

2.《咏华山》（宋·寇准）

只有天在上，更无山与齐。

举头红日近，回首白云低。

📚 阅读打卡计划

| 打卡 | 1 2 3 | 4 5 6 | 7 8 9 | 10 11 12 | 13 14 15 |

姓名：_____
年/月：_____
节气：_____
主题：_____
我的评价星级：
☆☆☆☆☆

篇目1： 体裁： 阅读速度：	篇目2： 体裁： 阅读速度：	篇目3： 体裁： 阅读速度：	篇目4： 体裁： 阅读速度：	篇目5： 体裁： 阅读速度：
篇目搜索过程：	篇目搜索过程：	篇目搜索过程：	篇目搜索过程：	篇目搜索过程：
篇目阅读过程：	篇目阅读过程：	篇目阅读过程：	篇目阅读过程：	篇目阅读过程：
篇目赏析：	篇目赏析：	篇目赏析：	篇目赏析：	篇目赏析：

✐ 学生自评量表

评价方面	评价内容	评分	
		教师评分	自我评分
阅读情境 （30分）	1. 连续坚持每天阅读打卡的情况（10分）		
	2. 合理制定阅读计划并严格、自律地按照阅读计划执行的情况（10分）		
	3. 按要求完成每个篇目"找篇目—读篇目—赏篇目"步骤的情况（10分）		
阅读文本 （30分）	1. 查找的篇目与阅读主题相吻合的情况（10分）		
	2. 阅读方式的选择及阅读速度的达成情况（10分）		
	3. 对篇目的理解与鉴赏情况（10分）		
阅读认知过程 （40分）	1. 对阅读主题的理解情况（10分）		
	2. 独立、灵活地使用搜索工具查找篇目的情况（10分）		
	3. 对搜索信息进行归纳总结及分析处理的情况（10分）		
	4. 形成积极阅读和自主阅读习惯的情况（10分）		
评价星级	90~100分：☆☆☆☆☆ 80~90分：☆☆☆☆ 70~80分：☆☆☆ 60~70分：☆☆ 60分以下：☆		

书籍推荐

书目1：《古都西安》（贺从容，清华大学出版社）

书目2：《长安：丝绸之路的起点》（朱鸿，新知三联书店）

悦 读 者 思 维

长安不仅是中国唯一的十三朝古都，而且也是汉唐盛世的首都，汉唐盛世是中国封建社会发展的巅峰时期，是当时全世界唯一人口超过百万的国际大都市。明代以后把长安改名为西安，有人则建议，把西安改回原名长安？你看好这种建议吗？为什么？

我是这样想的：	我还可以这样想：

第四章

风吹草低见牛羊
——草原文化

草原文化是指世代生息在草原地区的先民、部落、民族共同创造的一种与草原生态环境相适应的文化，这种文化包括草原人们的生产方式、生活方式以及与之相适应的风俗习惯、社会制度、思想观念、宗教信仰、文学艺术等。

草原文化是中华文化的重要组成部分，主要分布在以内蒙古为中心的我国的北方地区，是中华各区域文化中分布最广的区域文化。历史上，在中原地区建立统一农业区政权的同时，北方草原上的匈奴、鲜卑、柔然、突厥、契丹、蒙古等游牧民族也相继建立了统一游牧区的政权。在此期间，草原文化通过与中原文化长期碰撞、交流、吸收、融合，今天已经演变成为以内蒙古为主要集聚地、蒙古族文化为典型代表、历史悠久、特色鲜明、内涵丰富的文化体系。

考古资料证明，我国北方广大地区是草原文化发祥地，不但分布有许多早期人类活动的遗迹，而且拥有很多可以认证中华文明起源的文化遗存，表明我国北方广大草原地区文化与黄河文化、长江文化一样具有重要战略地位，是灿烂的中华文化的源头，使中华文化既有博大的丰富性和多样性，又充满生机与活力。

内蒙古资源储量丰富，有"东林西矿、南农北牧"之称，草原、森林和人均耕地面积居全中国第一，稀土金属储量居世界首位，同时也是中国最大的草原牧区。让我们一起走进广袤的草原，去感受"风吹草低见牛羊"的自然风光吧！

（一）课堂精读

1.《木兰诗》〔北魏，佚名〕

　　《木兰诗》是一首北朝民歌，宋郭茂倩《乐府诗集》归入《横吹曲辞·梁鼓角横吹曲》中。这是一首长篇叙事诗，讲述了一个叫木兰的女孩，女扮男装，替父从军，在战场上建立功勋，回朝后不愿作官，只求回家团聚的故事，热情赞扬了这位女子勇敢善良的品质、保家卫国的热情和英勇无畏的精神。全诗以"木兰是女郎"来构思木兰的传奇故事，富有浪漫色彩；详略安排极具匠心，虽然写的是战争题材，但着墨较多的却是生活场景和儿女情态，富有生活气息；以人物问答及铺陈、排比、对偶、互文等手法描述人物情态，刻画人物心理，生动细致，神气跃然，使作品具有强烈的艺术感染力。

木兰诗
（佚名）

　　唧唧复唧唧，木兰当户织。不闻机杼声，惟闻女叹息。问女何所思，问女何所忆。女亦无所思，女亦无所忆。昨夜见军帖，可汗大点兵，军书十二卷，卷卷有爷名。阿爷无大儿，木兰无长兄，愿为市鞍马，从此替爷征。

　　东市买骏马，西市买鞍鞯，南市买辔头，北市买长鞭。旦辞爷娘去，暮宿黄河边，不闻爷娘唤女声，但闻黄河流水鸣溅溅。旦辞黄河去，暮至黑山头，不闻爷娘唤女声，但闻燕山胡骑鸣啾啾。

　　万里赴戎机，关山度若飞。朔气传金柝，寒光照铁衣。将军百战死，壮士十年归。

　　归来见天子，天子坐明堂。策勋十二转，赏赐百千强。可汗问所欲，木兰不用尚书郎，愿驰千里足，送儿还故乡。

　　爷娘闻女来，出郭相扶将；阿姊闻妹来，当户理红妆；小弟闻姊来，磨刀霍霍向猪羊。开我东阁门，坐我西阁床，脱我战时袍，著我旧时裳。当窗理云鬓，对镜帖花黄。出门看火伴，火伴皆惊忙：同行十二年，不知木兰是女郎。

　　雄兔脚扑朔，雌兔眼迷离；双兔傍地走，安能辨我是雄雌？

诵读 思考

问题1：请查阅工具书掌握下列难点字词的意思：

（1）唧唧　（2）当户　（3）机杼声　（4）忆　（5）军帖　（6）爷　（7）鞍鞯　（8）溅溅

（9）啾啾　（10）戎机　（11）朔气　（12）金柝　（13）明堂　（14）十二转　（15）强

（16）郭　（17）霍霍　（18）火伴　（19）扑朔　（20）迷离　（21）傍

问题2：本诗讲述了木兰从军的故事，请仔细阅读课文，理清其中的故事情节，看看哪些地方叙述的详细，哪些地方简略？并说一说这样处理的优势。

问题3：文中的"爷、但、户、郭、走"几个字为古今异义，也就是这些字在古文中所表达的意思和现在的意义不同，请分别解释这些字在古代和现在所表达的含义。

问题4：请说说诗中的"扑朔迷离"在文中的原意和现在的延伸意义。

问题5："愿为市鞍马"为省略句，请根据文意写出完整句子，并解释句子的意思。

问题6：请举例说明本诗使用了哪些修辞手法。

问题7：这首诗既表现了木兰的英雄气概，也展现了她的儿女情怀，请结合这两方面的描写描述你心目中木兰的形象和品格。

问题8：木兰从军的故事千百年来广为传颂，请结合课文和自己的理解，用"5W1H"法来复述这个故事。

问题9：《木兰诗》反映了这一时期怎样的政治经济现实？你是怎么看出来的？

课本剧

请查阅相关资料，以及相关电影、电视、舞台剧等作品，以本诗为题材编排课本剧。

文章题目：_____	小组角色分工：	小组成员评价星级：
课本剧名称：_____	_____	☆☆☆☆☆
我的评价星级：☆☆☆☆☆	_____	☆☆☆☆☆
	_____	☆☆☆☆☆
	_____	☆☆☆☆☆

故事情节逻辑图	角色对白
	_____
	_____
	_____

服装道具　　　　　　　　　演出剧照

2.《使至塞上》（唐·王维）

《使至塞上》是唐代诗人王维奉命赴边疆慰问将士途中所作的一首纪行诗，记述出使塞上的旅程以及旅程中所见的塞外风光。此诗既反映了边塞生活，同时也表达了诗人由于被排挤而产生的孤独、寂寞、悲伤之情以及在大漠的雄浑景色中情感得到熏陶、净化、升华后产生的慷慨悲壮之情，显露出一种豁达情怀。

使至塞上

（唐·王维）

单车欲问边，属国过居延。

征蓬出汉塞，归雁入胡天。

大漠孤烟直，长河落日圆。

萧关逢候骑，都护在燕然。

诵读 思考

问题1：请查阅工具书掌握下列难点字词的意思：

（1）使　（2）单车　（3）属国　（4）居延　（5）征蓬　（6）胡天　（7）大漠　（8）候骑

（9）都护　（10）燕然

问题2：请划出诗中的几处地名，并写出这些地名现在的位置。

问题3：请说说颔联中诗人为何以"蓬"和"雁"自比。

问题4：请尝试用其他字替换颈联中的"直"和"圆"，并和老师、同学分享你的想法和感受。

问题5："大漠孤烟直，长河落日圆"，前半句勾勒出"孤烟"这一直线和"大漠"这一平面怎样的一种空间关系？后半句则刻画了圆和地平线怎样的一种位置关系？

问题6：请描述诗中所描写的边塞景象。

思维 导图

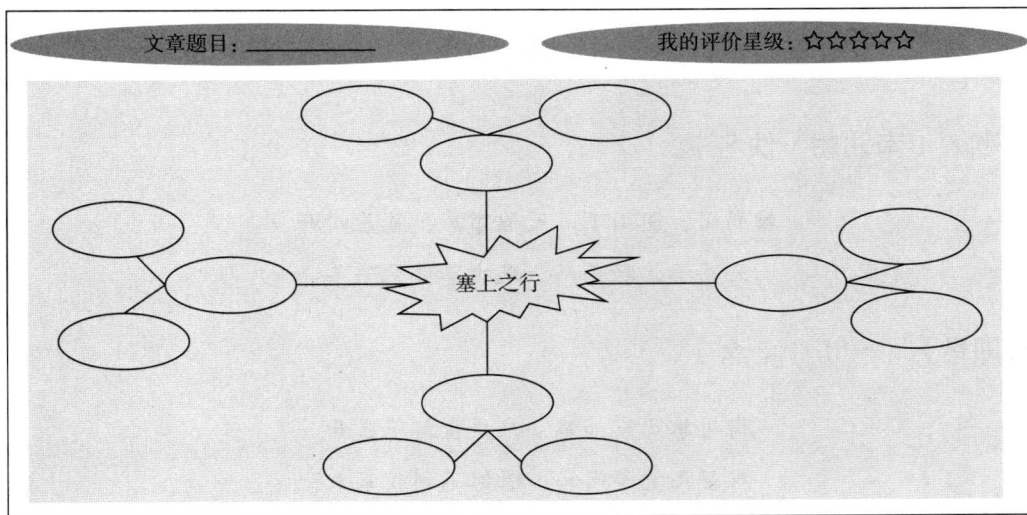

✍ 教师精评量表

评价方面	评价内容	评分	
		教师评分	自我评分
阅读情境（20分）	1. 学习单/故事地图/辩论会/课本剧按要求填表完成的情况（10分）		
	2. 完成学习单/故事地图/辩论会/课本剧任务要求的积极主动性（10分）		
阅读文本（40分）	1. 对字、词、句、段的理解情况（10分）		
	2. 对文中精彩字、词、句、段的鉴赏情况（10分）		
	3. 阅读速度达到规定要求的情况（10分）		
	4. 朗读参与情况与背诵完成情况（10分）		
阅读认知过程（40分）	1. 带着问题阅读或在阅读中提出问题的情况（10分）		
	2. 借助阅读工具搜索信息解决阅读疑难问题的情况（20分）		
	3. 参与教师提问及阅读交流的情况（10分）		
评价星级	90~100分：☆☆☆☆☆ 80~90分：☆☆☆☆ 70~80分：☆☆☆ 60~70分：☆☆ 60分以下：☆		

（二）小组选读

　　❖ 请快速浏览下面与"草原文化"相关的6篇【分级阅读】篇目，借助工具书掌握陌生字词。

　　❖ 从A/B/C三个级别中，选择不同级别中自己感兴趣的2篇大声诵读，并与选择相同篇目的同学组成"专家组"，对篇目的精彩语段及中心思想进行研读和讨论，踊跃发表自己的看法。

　　❖ 填写下面的任务单，为召开"小专家读书会"做准备，与全班同学分享交流本组的观点和想法吧！

分级阅读

A1.《敕勒歌》（南北朝·佚名）

　　　　敕勒川，阴山下。天似穹庐，笼盖四野。

　　　　天苍苍，野茫茫。风吹草低见牛羊。

A2.《内蒙即景》（一）（老舍）

　　　　街排巷比宛如栽，户户窗前花盛开。

　　　　双髻儿童争问客：缘何不到我家来？

B1.《夜上受降城闻笛》（唐·李益）

　　　　回乐峰前沙似雪，受降城外月如霜。

　　　　不知何处吹芦管，一夜征人尽望乡。

B2.《父亲的草原母亲的河》（席慕蓉）

父亲曾经形容草原的清香

让他在天涯海角也从不能相忘

母亲总爱描绘那大河浩荡

奔流在蒙古高原我遥远的家乡

如今终于见到这辽阔大地

站在芬芳的草原上我泪落如雨

河水在传唱着祖先的祝福

保佑漂泊的孩子找到回家的路

啊，父亲的草原

啊，母亲的河

虽然已经不能用不能用母语来诉说

请接纳我的悲伤，我的欢乐

我也是高原的孩子啊

心里有一首歌

歌中有我父亲的草原母亲的河

啊，父亲的草原

啊，母亲的河

虽然已经不能用不能用母语来诉说

请接纳我的悲伤我的欢乐

我也是高原的孩子啊

心里有一首歌

歌中有我父亲的草原母亲的河

我也是高原的孩子啊

心里有一首歌

歌中有我父亲的草原母亲的河

母亲的河

C1.《塞上》（宋·柳开）

鸣骹直上一千尺，天静无风声更干。

碧眼胡儿三百骑，尽提金勒向云看。

C2.《雁门胡人歌》（唐·崔颢）

高山代郡东接燕，雁门胡人家近边。

解放胡鹰逐塞鸟，能将代马猎秋田。

山头野火寒多烧，雨里孤峰湿作烟。

闻道辽西无斗战，时时醉向酒家眠。

小专家读书会

篇目1：

我选取的文章题目及级别：_____（A级/B级/C级）	我参加的专家组：_____	我的评价星级：☆☆☆☆☆
读书会主题：		
专家组成员及观点	我的发言	小组讨论纪要
我的收获与感悟：		

篇目2：

我选取的文章题目及级别：_____（A级/B级/C级）	我参加的专家组：_____	我的评价星级：☆☆☆☆☆
读书会主题：		
专家组成员及观点	我的发言	小组讨论纪要
我的收获与感悟：		

组内互评量表

评价方面	评价内容	评分	
		教师评分	自我评分
阅读情境（20分）	1. 专家组组织成立及分工合作情况（10分）		
	2. "小专家读书会"按要求填表及准备充分情况（10分）		
阅读文本（30分）	1. 选文级别情况（10分）（A级5分；B级3分；C级2分）		
	2. 选文研读，对字、词、句、段及文章中心思想的理解情况（10分）		
	3. 阅读速度达到规定要求的情况（10分）		
阅读认知过程（50分）	1. 在专家组研讨中提问与交流情况（10分）		
	2. 通过借助阅读工具搜索信息解决小组中阅读疑难问题的情况（10分）		
	3. 在专家组研讨中个人观点表达情况（20分）		
	4. 在"小专家读书会"中阅读讲解与汇报分享情况（10分）		
评价星级	90～100分：☆☆☆☆☆ 80～90分：☆☆☆☆ 70～80分：☆☆☆ 60～70分：☆☆ 60分以下：☆		

（三）主题自读

请根据自己的兴趣和爱好，从下面两个主题中选择一个感兴趣的主题进行阅读。结合主题提示，每2天完成一篇篇目的搜索、阅读和赏析。现在，让我们开始10天的"阅读打卡计划"吧！

◇ 略读任一主题下的2篇【推荐阅读】，理解篇目主要文意，揣摩该主题的含义。

◇ 搜索5篇与选择主题相关的篇目，可以包括古诗词、散文、诗歌、小说选段等多种体裁。

◇ 记录自己阅读古诗词及诗歌的方式，阅读篇幅较长的散文、小说选段等尽量保持在每分钟400字。

◇ 对阅读的篇目中的精彩语句、段落或是打动自己的内容及思想进行赏析。

◇ 将阅读速度、搜索过程、阅读记录、赏析要点等内容填写进"阅读打卡计划记录单"中。

主题1 羌笛何须怨杨柳

胡人是古代中国汉人对外族人的称呼。胡人原指中国以北的蒙古高原地区的游牧族群。秦汉时期塞北胡人统一后被汉人称为匈奴，匈奴则自称为胡。后来"胡人"一词则被用来作为中国北方和西方的外族或外国人的泛称。比较著名的胡人民族有突厥、匈奴、鲜卑、契丹、蒙古、吐蕃等。由于外邦的文化与生活习性与内陆人的不一样，所以在属于胡人的事物之前加入了他们的代称——胡，比如胡琴、胡椒、胡麻、胡瓜、胡豆、胡萝卜、胡床、胡服等。在古代中原的文学作品中，也有很多与胡人有关的名篇，让我们来读一读这些作品，了解这些民族以及他们的生活。

推荐阅读

1.《折杨柳歌辞》（南北朝，佚名）

（一）

上马不捉鞭，反折杨柳枝。

蹀座吹长笛，愁杀行客儿。

（二）

腹中愁不乐，愿作郎马鞭。

出入揽郎臂，蹀座郎膝边。

（三）

放马两泉泽，忘不著连羁。

担鞍逐马走，何见得马骑。

（四）

遥看孟津河，杨柳郁婆娑。

我是虏家儿，不解汉儿歌。

（五）

健儿须快马，快马须健儿。

跸跋黄尘下，然后别雄雌。

2.《失题》（辽代·赵延寿）

黄沙风卷半空抛，云重阴山雪满郊。

探水人回移帐就，射雕箭落著弓抄。

鸟逢霜果饥还啄，马渡冰河渴自跑。

占得高原肥草地，夜深生火折林梢。

主题2 长郊草色绿无涯

同学们，你们去过美丽的大草原吗？那里空气清新，没有高楼，没有工厂，没有商铺，没有喧嚣。放眼望去，绿色的草原如同一幅巨大的画铺展在天地间，四野茫茫，无边无际，草浪一波一波地荡漾开去，几朵金黄色的小花儿，点缀绿毯之上，点点滴滴、千姿百态，成群的羊儿像天上的白云，一朵一朵洒落在大草原上。还有牧羊人，三三两两，或似庭前信步，或赛马追逐嬉戏，或是唱着悠扬的蒙古长调。让我们来品读描写草原的优美作品吧，共同走进这片"绿色海洋"。

推荐阅读

1.《赋得古原草送别》（唐·白居易）

> 离离原上草，一岁一枯荣。
> 野火烧不尽，春风吹又生。
> 远芳侵古道，晴翠接荒城。
> 又送王孙去，萋萋满别情。

2.《草原》（老舍）

自幼就见过"天苍苍，野茫茫，风吹草低见牛羊"这类的词句。这曾经发生过不太好的影响，使人怕到北边去。这次，我看到了草原。那里的天比别处的天更可爱，空气是那么清新，天空是那么明朗，使我总想高歌一曲，表示我满心的愉快。在天底下，一碧千里，而并不茫茫。四面都有小丘，平地是绿的，小丘也是绿的。羊群一会儿上了小丘，一会儿又下来，走在哪里都像给无边的绿毯绣上了白色的大花。那些小丘的线条是那么柔美，就像没骨画那样，只用绿色渲染，没有用笔勾勒，于是，到处翠色欲流，轻轻流入云际。这种境界，既使人惊叹，又叫人舒服，既愿久立四望，又想坐下低吟一首奇丽的小诗。在这境界里，连骏马与大牛都有时候静立不动，好像回味着草原的无限乐趣。紫塞，紫塞，谁说的？这是个翡翠的世界。连江南也未必有这样的景色啊！

我们访问的是陈巴尔虎旗的牧业公社。汽车走了一百五十华里，才到达目的地。一百五十里全是草原。再走一百五十里，也还是草原。草原上行车至为洒脱，只要方向不错，怎么走都可以。初入草原，听不见一点声音，也看不见什么东西，除了一些忽飞忽落的小鸟。走了许久，远远地望见了迂回的，明如玻璃的一条带子。河！牛羊多起来，也看到了马群，隐隐有鞭子的轻响。快了，快到公社了。忽然，像被一阵风吹来的，远丘上出现了一群马，马上的男女老少穿着各色的衣裳，骏马疾驰，襟飘带舞，像一条彩虹向我们飞过来。这是主人来到几十里外，欢迎远客。见到我们，主人们立刻拨转马头，欢呼着，飞驰着，在汽车左右与前面引路。静寂的草原，热闹起来：欢呼声，车声，马蹄声，响成一片。车、马飞过了小丘，看见了几座蒙古包。

蒙古包外，许多匹马，许多辆车。人很多，都是从几十里外乘马或坐车来看我们的。我们约请了海拉尔的一位女舞蹈员给我们作翻译。她的名字漂亮——水晶花。她就是陈旗的人，鄂温克族。主人们下了马，我们下了车。也不知道是谁的手，总是热乎乎地握着，握住不散。我们用不着水晶花同志给作翻译了。大家的语言不同，心可是一样。握手再握手，笑了再笑。你说你的，我说我的，总的意思都是民族团结互助！

也不知怎的，就进了蒙古包。奶茶倒上了，奶豆腐摆上了，主客都盘腿坐下，谁都有礼貌，谁都又那么亲热，一点不拘束。不大会儿，好客的主人端进来大盘子的手抓羊肉和奶酒。公社的干部向我们敬酒，七十岁的老翁向我们敬酒。正是：祝福频频难尽意，举杯切切莫相忘！我们回敬，主人再举杯，我们再回敬。这时候鄂温克姑娘们，戴着尖尖的帽儿，既大方，又稍有点羞涩，来给客人们唱民歌。我们同行的歌手也赶紧唱起来。歌声似乎比什么语言都更响亮，都更感人，不管唱的是什么，听者总会露出会心的微笑。

饭后，小伙子们表演套马，摔跤，姑娘们表演了民族舞蹈。客人们也舞的舞，唱的唱，并且要骑一骑蒙古马。太阳已经偏西，谁也不肯走。是呀！蒙汉情深何忍别，天涯碧草话斜阳！

人的生活变了，草原上的一切都也随着变。就拿蒙古包说吧，从前每被呼为毡庐，今天却变了样，是用木条与草杆作成的，为是夏天住着凉爽，到冬天再改装。看那马群吧，既有短小精悍的蒙古马，也有高大的新种三河马。这种大马真体面，一看就令人想起"龙马精神"这类的话儿，并且想骑上它，驰骋万里。牛也改了种，有的重达千斤，乳房像小缸。牛肥草香乳如泉啊！并非浮夸。羊群里既有原来的大尾羊，也添了新种的短尾细毛羊，前者肉美，后者毛好。是的，人畜两旺，就是草原上的新气象之一。

载一九六一年十月十三日《人民日报》

阅读打卡计划

姓名：＿＿＿＿＿＿
年/月：＿＿＿＿＿＿
节气：＿＿＿＿＿＿
主题：＿＿＿＿＿＿
我的评价星级：
☆☆☆☆☆

打卡	1	2	3	4	5	6	7	8	9	10	11	12	13	14	15
	☐	☐	☐	☐	☐	☐	☐	☐	☐	☐	☐	☐	☐	☐	☐

篇目1：	篇目2：	篇目3：	篇目4：	篇目5：
体裁：	体裁：	体裁：	体裁：	体裁：
阅读速度：	阅读速度：	阅读速度：	阅读速度：	阅读速度：
篇目搜索过程：	篇目搜索过程：	篇目搜索过程：	篇目搜索过程：	篇目搜索过程：
篇目阅读过程：	篇目阅读过程：	篇目阅读过程：	篇目阅读过程：	篇目阅读过程：
篇目赏析：	篇目赏析：	篇目赏析：	篇目赏析：	篇目赏析：

学生自评量表

评价方面	评价内容	评分	
		教师评分	自我评分
阅读情境（30分）	1. 连续坚持每天阅读打卡的情况（10分）		
	2. 合理制定阅读计划并严格、自律地按照阅读计划执行的情况（10分）		
	3. 按要求完成每个篇目"找篇目—读篇目—赏篇目"步骤的情况（10分）		
阅读文本（30分）	1. 查找的篇目与阅读主题相吻合的情况（10分）		
	2. 阅读方式的选择及阅读速度的达成情况（10分）		
	3. 对篇目的理解与鉴赏情况（10分）		
阅读认知过程（40分）	1. 对阅读主题的理解情况（10分）		
	2. 独立、灵活地使用搜索工具查找篇目的情况（10分）		
	3. 对搜索信息进行归纳总结及分析处理的情况（10分）		
	4. 形成积极阅读和自主阅读习惯的情况（10分）		
评价星级	90～100分：☆☆☆☆☆ 80～90分：☆☆☆☆ 70～80分：☆☆☆ 60～70分：☆☆ 60分以下：☆		

书籍推荐

书目1：《狼王梦》（沈石溪，浙江少年儿童出版社）

书目2：《草原帝国》（勒内·格鲁塞，江苏人民出版社）

悦 读 者 思 维

草原在调节气候、涵养水源、保持水土、防风固沙等方面发挥着举足轻重的作用，然而，从总体上看，当前草原环境出现了草原退化、沙化、盐渍化、石漠化等问题。草原为何会出现这样的问题呢？我们应该怎样呼吁人们保护草原？

我是这样想的：	我还可以这样想：

第五章

西出阳关无故人
——边塞文化

"边塞"一词特指边疆地区的要塞，如潼关、玉门关、阳关、雁门关、山海关、嘉峪关等具体要塞。"边疆"这个概念强烈反映了古代中国同四周少数民族之间的复杂关系。历代统治者对本王朝疆界的划定以及派兵驻守边疆，其目的就是"攘夷"。所以，民族关系的发展始终伴随战争，而战争又促进了民族间的交流与融合。

边塞诗词是边塞生活的艺术反映，其思想内容极其丰富：可以抒发渴望建功立业、报效国家的豪情壮志；可以状写戍边将士的乡愁、家中思妇的别离之情；可以表现塞外戍边生活的单调艰难、连年征战的残酷艰辛；可以宣泄对黩武开边的不满、对将军贪功启衅的怨情；可以惊叹描摹边地绝域的奇异风光和民风民俗。而诗中流露的也可能是矛盾的复杂的情感：慷慨从军与久戍思乡的无奈；卫国激情与艰苦生活的冲突；献身为国与痛恨庸将无能的悲慨。

因为边塞的生活是丰富多彩的，也是有喜有乐的。因而就造成边塞诗词题材十分广泛，内容异常丰富。因为每个朝代的不同时期或盛或衰，诗词中所表现出来的情调或高昂或低沉，而每个诗人前往边塞的原因不同，目的不同，所抒发出的感情也千差万别，有褒有贬，让我们来一起欣赏吧！

（一）课堂精读

1.《潼关》（清·谭嗣同）

《潼关》是一首谭嗣同14岁时写的七言绝句。公元1878年秋，十四岁的谭嗣同从湖南故乡赴甘肃兰州父亲任所途中，经过陕西潼关，在这里饱览了一番北国山河的壮丽风采，被这北方特有的壮阔风景所震撼，便写下此诗。

潼关

（清·谭嗣同）

终古高云簇此城，秋风吹散马蹄声。
河流大野犹嫌束，山入潼关不解平。

诵读 思考：

问题1：请查阅工具书掌握下列难点字词的意思：

（1）终古　（2）簇　（3）束　（4）山入潼关　（5）解

问题2：请谈一谈这首诗反映了作者当时怎样的愿望和激情。

问题3：请根据自己的理解复述诗中所描写的潼关地区的景象。

问题4：诗中写道"秋风吹散马蹄声"，请问声音的传播受风的影响吗？风速能够影响声音的传播速度吗？

问题5：诗中大河的"犹嫌束"和群山的"不解平"将山水写活了，给读者以强烈的冲击力，请你模仿这种拟人手法编写两句描写"大山"和"河流"的诗句。

思维 导图：

文章题目：_____　　　我的评价星级：☆☆☆☆☆

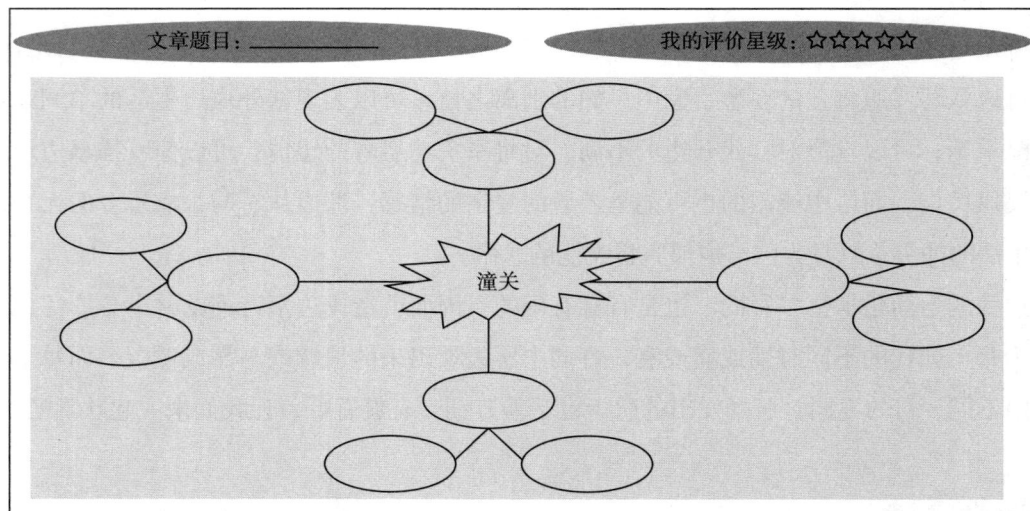

潼关

2.《山坡羊·潼关怀古》（元·张养浩）

《山坡羊·潼关怀古》是元曲作家张养浩的散曲作品。这是他赴陕西救灾途经潼关所作。此曲抚今追昔，从历代王朝的兴衰更替想到人民的苦难，一针见血地点出了封建统治与人民的对立，表现了作者对历史的思索和对人民的同情。全曲采用层层深入的方式，由写景而怀古，再引发议论，将苍茫的景色、深沉的情感和精辟的议论三者完美结合，具有强烈的感染力，字里行间中充满着历史的沧桑感和时代感，既有怀古诗的特色，又有与众不同的沉郁风格。

山坡羊·潼关怀古
（元·张养浩）

峰峦如聚，波涛如怒，山河表里潼关路。

望西都，意踌躇。伤心秦汉经行处，宫阙万间都做了土。

兴，百姓苦；亡，百姓苦。

诵读 思考

问题1：请查阅工具书掌握下列难点字词的意思：

（1）山河表里　（2）意踌躇　（3）经行　（4）宫阙

问题2：请说说你对第一、第二句中"聚"和"怒"的理解。

问题3：请划出前三句中表现潼关雄伟险要形势的字词，并做注释。

问题4：诗中第六、第七句交待了作者发出无限感慨的原因，请做具体的诠释。

问题5：宫阙是指古时帝王所居住的宫殿，是让作者发出深沉感慨的"罪魁祸首"，文中提到了秦汉两代的宫殿，你知道指的是哪两个吗？除此之外，你还知道哪些描写古代宫殿的诗词呢，请找出三个例子。

问题6：本诗把潼关的地形与历史巧妙地结合在一起，寓情于景，触景生情，发出"兴，百姓苦；亡，百姓苦"的千古奇叹。这句话是全曲之眼，是全曲主题的开拓和深化，我们该怎样理解这句话呢？请谈谈你的想法。

学习 单

我的阅读篇目		我的评价星级	☆☆☆☆☆
诗中不理解的字词			
发现问题与解决问题		解决问题与收获感悟	
老师的阅读问题/我的阅读问题： 1. 2. 3. 4. 5.		我的答案： 1. 2. 3. 4. 5.	

我打算解决问题的办法：（上网查资料/图书馆查资料/询问家长/其他）	为解决问题做个小计划： 第一步： 第二步： 第三步：	赏析我喜欢的诗句：
我的新疑问： 1. 2. 3.		写下我的读后感受：

教师精评量表

评价方面	评价内容	评分	
		教师评分	自我评分
阅读情境（20分）	1.学习单/故事地图/辩论会/课本剧按要求填表完成的情况（10分）		
	2.完成学习单/故事地图/辩论会/课本剧任务要求的积极主动性（10分）		
阅读文本（40分）	1.对字、词、句、段的理解情况（10分）		
	2.对文中精彩字、词、句、段的鉴赏情况（10分）		
	3.阅读速度达到规定要求的情况（10分）		
	4.朗读参与情况与背诵完成情况（10分）		
阅读认知过程（40分）	1.带着问题阅读或在阅读中提出问题的情况（10分）		
	2.借助阅读工具搜索信息解决阅读疑难问题的情况（20分）		
	3.参与教师提问及阅读交流的情况（10分）		
评价星级	90~100分：☆☆☆☆☆ 80~90分：☆☆☆☆ 70~80分：☆☆☆ 60~70分：☆☆ 60分以下：☆		

（二）小组选读

◇ 请快速浏览下面与"边塞文化"相关的6篇【分级阅读】篇目，借助工具书掌握陌生字词。

◇ 从A/B/C三个级别中，选择不同级别中自己感兴趣的2篇大声诵读，并与选择相同篇目的同学组成"专家组"，对篇目的精彩语段及中心思想进行研读和讨论，踊跃发表自己的看法。

◇ 填写下面的任务单，为召开"小专家读书会"做准备，与全班同学分享交流本组的观点和想法吧！

分级阅读

A1.《大风歌》（西汉·刘邦）

> 大风起兮云飞扬。
>
> 威加海内兮归故乡。
>
> 安得猛士兮守四方！

A2.《塞下曲·月黑雁飞高》(唐·卢纶)

> 月黑雁飞高，单于夜遁逃。
>
> 欲将轻骑逐，大雪满弓刀。

B1.《陇西行》（唐·王维）

> 十里一走马，五里一扬鞭。
>
> 都护军书至，匈奴围酒泉。
>
> 关山正飞雪，烽火断无烟。

B2.《从军行七首》（其四）（唐·王昌龄）

> 青海长云暗雪山，孤城遥望玉门关。
>
> 黄沙百战穿金甲，不破楼兰终不还。

C1.《雁门太守行》（唐·李贺）

> 黑云压城城欲摧，甲光向日金鳞开。
>
> 角声满天秋色里，塞上燕脂凝夜紫。
>
> 半卷红旗临易水，霜重鼓寒声不起。
>
> 报君黄金台上意，提携玉龙为君死。

C2.《从军行》（唐·杨炯）

> 烽火照西京，心中自不平。
>
> 牙璋辞凤阙，铁骑绕龙城。
>
> 雪暗凋旗画，风多杂鼓声。
>
> 宁为百夫长，胜作一书生。

小专家读书会

篇目1:

我选取的文章题目及级别: _____ （A级/B级/C级）	我参加的专家组: _____	我的评价星级: ☆☆☆☆☆

读书会主题:

专家组成员及观点	我的发言	小组讨论纪要

我的收获与感悟:

篇目2:

我选取的文章题目及级别: _____ （A级/B级/C级）	我参加的专家组: _____	我的评价星级: ☆☆☆☆☆

读书会主题:

专家组成员及观点	我的发言	小组讨论纪要

我的收获与感悟:

组内互评量表

评价方面	评价内容	评分	
		教师评分	自我评分
阅读情境 （20分）	1. 专家组组织成立及分工合作情况（10分）		
	2. "小专家读书会"按要求填表及准备充分情况（10分）		
阅读文本 （30分）	1. 选文级别情况（10分）（A级5分；B级3分；C级2分）		
	2. 选文研读，对字、词、句、段及文章中心思想的理解情况（10分）		
	3. 阅读速度达到规定要求的情况（10分）		
阅读认知过程 （50分）	1. 在专家组研讨中提问与交流情况（10分）		
	2. 通过借助阅读工具搜索信息解决小组中阅读疑难问题的情况（10分）		
	3. 在专家组研讨中个人观点表达情况（20分）		
	4. 在"小专家读书会"中阅读讲解与汇报分享情况（10分）		
评价星级	90～100分：☆☆☆☆☆ 80～90分：☆☆☆☆ 70～80分：☆☆☆ 60～70分：☆☆ 60分以下：☆		

（三）主题自读

　　请根据自己的兴趣和爱好，从下面两个主题中选择一个感兴趣的主题进行阅读。结合主题提示，每2天完成一篇篇目的搜索、阅读和赏析。现在，让我们开始10天的"阅读打卡计划"吧！

　　◇ 略读任一主题下的2篇【推荐阅读】，理解篇目主要文意，揣摩该主题的含义。

　　◇ 搜索5篇与选择主题相关的篇目，可以包括古诗词、散文、诗歌、小说选段等多种体裁。

　　◇ 记录自己阅读古诗词及诗歌的方式，阅读篇幅较长的散文、小说选段等尽量保持在每分钟400字。

　　◇ 对阅读的篇目中的精彩语句、段落或是打动自己的内容及思想进行赏析。

　　◇ 将阅读速度、搜索过程、阅读记录、赏析要点等内容填写进"阅读打卡计划记录单"中。

主题1 长城蜿蜒如箭弦

　　长城（Great Wall），又称万里长城，是中国古代第一军事防御工程，是一道高大、坚固而连绵不断的长垣，用以限隔敌骑的行动。长城不是一道单纯孤立的城墙，而是以城墙为主体，同大量的城、障、亭、标相结合的防御体系。长城修筑的历史可上溯到西周时期，发生在首都镐京（今陕西西安）的著名典故"烽火戏诸侯"就源于此。春秋战国时期列国争霸，互相防守，长城修筑进入第一个高潮，但此时修筑的长度都比较短。秦灭六国统一天下后，秦始皇连接和修缮战国长城，始有"万里长城"之称。明朝是最后一个大修长城的朝代，今天人们所看到的长城多是此时修筑。现在，就让我们从诗词歌赋中认识这一项伟大的世界文化遗产吧。

推荐阅读

1.《饮马长城窟行》（汉乐府民歌）

> 青青河畔草，绵绵思远道。远道不可思，宿昔梦见之。
> 梦见在我傍，忽觉在他乡。他乡各异县，展转不相见。
> 枯桑知天风，海水知天寒。入门各自媚，谁肯相为言！
> 客从远方来，遗我双鲤鱼。呼儿烹鲤鱼，中有尺素书。
> 长跪读素书，书中竟何如？上言加餐食，下言长相忆。

2.《古筑城曲·长城高际天》（宋·陆游）

> 长城高际天，三十万人守。
> 一日诏书来，扶苏先授首。

主题2 春风不度玉门关

边关在古代指的是两国交界的关口，一直沿用到现代。在古代有很多著名的关口，它们的名字中一般都会有一个"关"字，如玉门关、阳关、潼关、嘉峪关、剑门关、娘子关、居庸关、山海关、镇南关、雁门关、平型关。这些关隘是保证一国领土的卫士，因此，也是边塞诗词中的常客，比如我们从小就熟悉的"春风不度玉门关""西出阳关无故人"等。让我们来找一找描写这些边关的作品，读一读那些荡气回肠、感人至深的边关故事吧。

推荐阅读

1.《关山月》（唐·李白）

> 明月出天山，苍茫云海间。
> 长风几万里，吹度玉门关。
> 汉下白登道，胡窥青海湾。
> 由来征战地，不见有人还。

戍客望边色，思归多苦颜。

高楼当此夜，叹息未应闲。

2.《山海关》（清·魏源）

严城当子夜，百道起边声。

岛屿天风起，如闻鸭绿兵。

阅读打卡计划

打卡 | 1 | 2 | 3 | 4 | 5 | 6 | 7 | 8 | 9 | 10 | 11 | 12 | 13 | 14 | 15

姓名：_____
年/月：_____
节气：_____
主题：_____
我的评价星级：
☆☆☆☆☆

篇目1： 体裁： 阅读速度： 篇目搜索过程： 篇目阅读记录： 篇目赏析：	篇目2： 体裁： 阅读速度： 篇目搜索过程： 篇目阅读记录： 篇目赏析：	篇目3： 体裁： 阅读速度： 篇目搜索过程： 篇目阅读记录： 篇目赏析：	篇目4： 体裁： 阅读速度： 篇目搜索过程： 篇目阅读记录： 篇目赏析：	篇目5： 体裁： 阅读速度： 篇目搜索过程： 篇目阅读记录： 篇目赏析：

学生自评量表

评价方面	评价内容	评分	
		教师评分	自我评分
阅读情境 （30分）	1. 连续坚持每天阅读打卡的情况（10分）		
	2. 合理制定阅读计划并严格、自律地按照阅读计划执行的情况（10分）		
	3. 按要求完成每个篇目"找篇目—读篇目—赏篇目"步骤的情况（10分）		
阅读文本 （30分）	1. 查找的篇目与阅读主题相吻合的情况（10分）		
	2. 阅读方式的选择及阅读速度的达成情况（10分）		
	3. 对篇目的理解与鉴赏情况（10分）		
阅读认知过程 （40分）	1. 对阅读主题的理解情况（10分）		
	2. 独立、灵活地使用搜索工具查找篇目的情况（10分）		
	3. 对搜索信息进行归纳总结及分析处理的情况（10分）		
	4. 形成积极阅读和自主阅读习惯的情况（10分）		
评价星级	90～100分：☆☆☆☆☆ 80～90分：☆☆☆☆ 70～80分：☆☆☆ 60～70分：☆☆ 60分以下：☆		

书籍推荐

书目1：《长城踞北：综合卷》（北京市政协教文卫体委员会，北京出版社）

书目2：《秦时明月汉时关：古诗词中的边塞豪情》（詹亮浈，北京工业大学出版社）

悦读者思维

边塞诗，一般都和驻守边疆的将士有关。边疆战士是伟大的，正是因为有这么一群坚强勇敢的保卫者，中国这只靓丽辉煌的雄鸡才永远地屹立在世界的东方。在阿拉曼英联邦士兵墓地当中，有这样一条墓志铭："对于世界，你是一名战士，但是对于我，你是整个世界。"你是如何理解这一墓志铭的呢？

我是这样想的：	我还可以这样想：

第六章

晋祠流水如碧玉
——三晋文化

三晋文化指华夏文化中山西地区的地域文化。因该地在春秋时是晋国的所在地，到战国时则分成韩、赵、魏三国，故称为三晋。晋是黄河流域文化的中心，华夏文明的重要发祥地。民族的融合带来佛教在三晋的发展，它为山西留下云冈石窟与五台寺庙群，成为佛教建筑、石刻、雕塑上的艺术宝库。

山西古称河东，是中华民族发祥地之一，有文字记载的历史达三千年，人文荟萃，拥有丰厚的历史文化遗产，被誉为"华夏文明摇篮"，素有"中国古代文化博物馆"之称，柳宗元称之为"表里山河"。山西的戏曲历史悠久，宋金的社戏、元杂剧、明清梆子都是主要剧种，影响深远。另外，山西的醋、黄土窑洞、民间剪纸亦都表现了三晋文化的特色。山西省现存有国家级重点文物保护单位452处，位居中国第一，其中，大同云冈石窟、平遥古城、五台山为世界文化遗产。山西还是老革命根据地，革命活动遗址和革命文物遍布全省。著名的有八路军总部旧址、黎城黄崖洞八路军兵工厂、文水刘胡兰纪念馆等。

"人说山西好风光"，山西远山如黛，碧水长流，诗仙李白挥毫后的"时时出向城西曲，晋祠流水如碧玉"，"万里洪涛天下奇，飞珠溅玉吼千狮"的壶口瀑布，都为"表里河山"增添了一份典雅的诗情画意。今天，我们一起追随诗人的脚步，探寻山西的美丽风景和文化古韵吧。

（一）课堂精读

1.《太原早秋》（唐·李白）

《太原早秋》是唐代诗人李白创作的一首五言律诗。这首诗通过对早秋自然环境的描写，表现了诗人羁旅他乡，时时刻刻思念自己的家乡和亲人，以及渴望归乡的急切心情。这首诗设喻新奇巧妙，结构严整，感情真挚，格调高远。

太原早秋

（唐·李白）

岁落众芳歇，时当大火流。

霜威出塞早，云色渡河秋。

梦绕边城月，心飞故国楼。

思归若汾水，无日不悠悠。

诵读 思考

问题1：请查阅工具书掌握下列难点字词的意思：

（1）岁落 （2）歇 （3）大火 （4）塞 （5）渡河秋

问题2：请划出首联中表示季节、时令的字词。

问题3：请你用相关的地理知识解释"岁落众芳歇，时当大火流"这一现象。

问题4：诗中的额联运用了"镶嵌"的修辞手法，请进一步诠释，并说说这种修辞手法的作用。

问题5：请谈谈你对颈联中"飞"字的理解。

问题6："以水喻情"是古代诗歌中常用的方法，本诗的尾联便使用了这种方法，请你想一想，还有哪些诗词运用了这种方法，请写出3个例子。

思维 导图

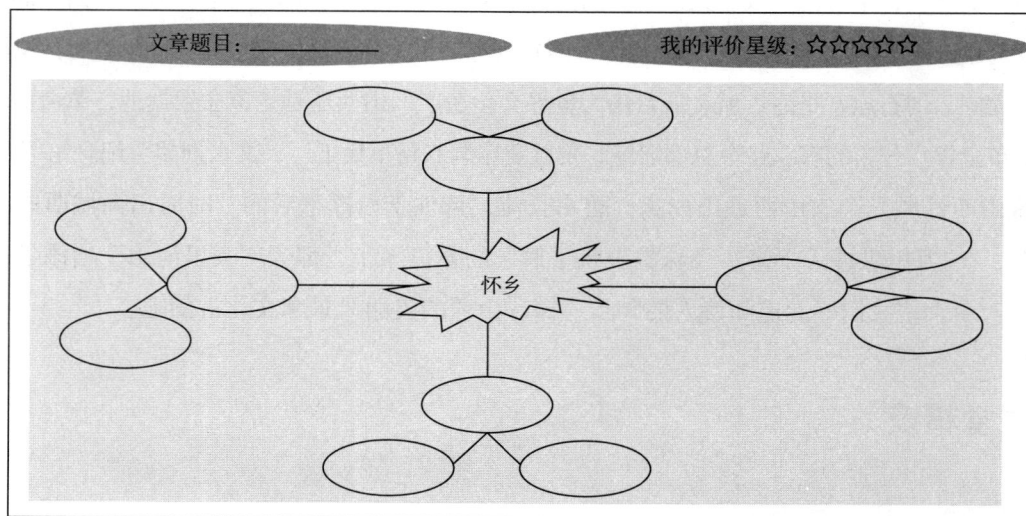

2.《野望》（唐·王绩）

　　《野望》是隋末唐初诗人王绩的作品。此诗描写了隐居之地的清幽秋景，在闲逸的情调中，带着几分彷徨、孤独和苦闷，是王绩的代表作，也是现存唐诗中最早的一首格律完整的五言律诗。全诗言辞自然流畅，风格朴素清新，摆脱了初唐轻靡华艳的诗风，在当时的诗坛上别具一格。

野望
（唐·王绩）

东皋薄暮望，徙倚欲何依。

树树皆秋色，山山唯落晖。

牧人驱犊返，猎马带禽归。

相顾无相识，长歌怀采薇。

诵读 思考：

　　问题1：请查阅工具书掌握下列难点字词的意思：

　　（1）薄暮　（2）徙倚　（3）落晖　（4）犊　（5）采薇

　　问题2：请划出诗中表达作者彷徨心情的字词。

　　问题3：请说说你对"相顾无相识，长歌怀采薇"一句的理解。

　　问题4：请分析作者就山野秋景抒发了自己怎样的情怀。

故事 地图：

文章题目：_____		我的评价星级：☆☆☆☆☆
诗中人物	树林秋色	山岭落日
牧人赶牛	猎人回家	

教师精评量表

评价方面	评价内容	评分	
		教师评分	自我评分
阅读情境（20分）	1. 学习单/故事地图/辩论会/课本剧按要求填表完成的情况（10分）		
	2. 完成学习单/故事地图/辩论会/课本剧任务要求的积极主动性（10分）		
阅读文本（40分）	1. 对字、词、句、段的理解情况（10分）		
	2. 对文中精彩字、词、句、段的鉴赏情况（10分）		
	3. 阅读速度达到规定要求的情况（10分）		
	4. 朗读参与情况与背诵完成情况（10分）		
阅读认知过程（40分）	1. 带着问题阅读或在阅读中提出问题的情况（10分）		
	2. 借助阅读工具搜索信息解决阅读疑难问题的情况（20分）		
	3. 参与教师提问及阅读交流的情况（10分）		
评价星级	90～100分：☆☆☆☆☆ 80～90分：☆☆☆☆ 70～80分：☆☆☆ 60～70分：☆☆ 60分以下：☆		

（二）小组选读

❖ 请快速浏览下面与"三晋文化"相关的6篇【分级阅读】篇目，借助工具书掌握陌生字词。

❖ 从A/B/C三个级别中，选择不同级别中自己感兴趣的2篇大声诵读，并与选择相同篇目的同学组成"专家组"，对篇目的精彩语段及中心思想进行研读和讨论，踊跃发表自己的看法。

❖ 填写下面的任务单，为召开"小专家读书会"做准备，与全班同学分享交流本组的观点和想法吧！

分级阅读

A1.《旅次朔方》（唐·刘皂）

客舍并州数十霜，归心日夜忆咸阳。

无端又渡桑干水，却望并州似故乡。

A2.《除夜太原寒甚》（明·于谦）

寄语天涯客，轻寒底用愁。

春风来不远，只在屋东头。

B1.《登恒山》（明·汪承爵）

云中天下脊，尤见此山尊。

八水皆南汇，群峰尽北蹲。

仙台临日迥，风窟护云屯。

剩有搜奇兴，空怜前路昏。

B2.《云冈》（节选）（郑振铎）

　　我们十一日下午一时二十分由大同车站动身，坐的仍是载重汽车。沿途道路，因为被水冲坏的太多，刚刚修好，仍多崎岖不平处。高坐在车上，被颠簸得头晕心跳，有时猛然一跳，连坐椅都跳了起来。双手紧握着车上的铁条或边栏，不敢放松一下，弄得双臂酸痛不堪。沿武州河而行。中途憩观音堂。堂前有三龙壁，也是明代物。驻扎在堂内的一位营长，指点给我们看道："对山最高处便是马武寨，中有水井，相传是汉时马列武做强盗时所占据的地方。"惜中隔一水，山又太高，不能上去一游。

　　三十华里的路，足足走了一个半钟头。渡过武州河两次，因汽车道是就河边而造的。第一次渡过河后，颉刚便叫道：

　　"云冈看见了！那山边有许多洞窟的就是。"

　　大家都很兴奋。但我只顾着坚握铁条，不遑探身外望，什么也没有见到；一半也因坐的地方不大好。

　　"看见佛字峪了，过了寒泉石窟了。"颉刚继续的指点道，他在三个月之前刚来过一次。

　　啊，啊，现在我也看见，云冈全景展布我们之前。几个大佛的头和肩也可远远的见到。我的心是怦怦的急跳的。想望了许久的一千五百年前的艺术宝窟，现在是要与它相见了。

　　三时到云冈。车停于石窟寺东邻的云冈别墅。这别墅是骑兵司令赵承绶氏建的。这时，他正在那里避暑。因为我们去，他今天便要回大同让给我们住几天。这里，一切的新式设备俱全——除了电灯外。

　　这一天只是草草的一游。只到石窟寺（一作大佛寺）及五伸缩洞走走。别的地方都没有去。

　　登上了大佛寺的三层高楼，才和这寺内的一尊大佛的头部相对。四周都是黄的红的蓝的彩色，都是细致的小佛像及佛饰。有点过于绚丽失真。这都是后人用泥彩修补的。修得很不好，特别是头部，没有一点是仿得像原形的。看来总觉得又稚又弱又猥琐，毫没有原刻的高华生动的气势。这洞内几乎全部是彩画过的，有的原来未毁坏的，其真容也被掩却。想来装修不止一次。最后的一次是光绪十七年兴和王氏所修的。他"购买民院地点，装采五佛洞，并修饰东西两楼，金装大佛金身"。不能不说与云冈有功，特别是购买民地，保存佛窟的一事。向西到五佛洞，也因被装修彩绘而大失原形。反是几个未被"装彩"过的小洞，还保全着高华古朴的态度。

　　游五佛洞时，有巡警跟随着。这个区域是属于他们管辖的；大佛寺的几个窟，便是属于寺僧管辖的。五佛洞西的几个窟，有居民，可负保管之责。再西的无人居的地方，便真索性用泥土封了洞口，在洞外写道："内有手榴弹，游者小心！"一类的话。其实没有被封闭的，无人看管的若干洞，也尽有好东西在那里。据巡长说，他们每夜都派人在外巡察。此地现已属于古物保管会管辖，故比较的不像从前那样容易被毁坏。

五佛洞西，有几尊大佛的头部，远远的可望见。很想立刻便去一游。但暮色渐渐的笼罩上来，像在这古代宝窟之前，挂上了一层纱帘。我们只好打断了游兴，回到云冈别墅。

武州山下，靠近西部，为云冈堡，一名下堡，堡门上有迎薰怀远二额，为万历十四年所立。云冈山上还有一座土诚屹立于上，那便是云冈堡的上堡，明代以大同为重镇，此二堡皆为边防兵的驻所。

晚餐后，在别墅的小亭上闲谈。东部的大佛窟，全在眼前，那两个立柱还朦朦胧胧的可见到。忽听得山下人家有击筑奏筝及吹笛的声音：乐声呜呜，托托的，时断时续。我和颉刚及巨渊寻声而往。听说是娶亲。正在一个古洞的前面，庭际搭了一个小棚，有三个音乐家吹打。贺客不少。新娘盘膝的坐在炕上。

在这古窟宝洞之前，在这天黑星稀的时候，在当前便是一千五百年前雕刻的大佛，便经历了不知多少次的人世浩劫的佛室，听得了这一声声的呜呜托托的乐调，这情怀是怎样，可以分析呢？凄惋？眷恋？舒畅？忧郁？沉闷？啊，这飘荡着的轻纱似的无端的薄愁呀！啊，在罗马斗兽场见到的黑衫党聚会，在埃及的金字塔下听到土人们作乐，在雅典处女庙的古址上见旅客们乘汽车而过，是矛盾？是调和？这永古不能分析的轻纱似的薄愁的情怀！

归来即睡。入睡了许久，中夜醒来，还听见那梆子的托托和笛声的呜呜。他们是彻夜的在奏乐。

C1.《忆旧游寄谯郡元参军》（节选）（唐·李白）

时时出向城西曲，晋祠流水如碧玉。
浮舟弄水箫鼓鸣，微波龙鳞莎草绿。

C2.《抱愧山西》（节选）（余秋雨）

我在山西境内旅行的时候，一直抱着一种惭愧的心情。

长期以来，我居然把山西看成是我国特别贫困的省份之一，而且从来没有对这种看法产生过怀疑。也许与那首动人的民歌《走西口》有关吧，《走西口》山西、陕西都唱，大体是指离开家乡到"口外"去谋生，如果日子过得下去，为什么要一把眼泪一把哀叹地背景离乡呢？也许还受到了赵树理和其他被称之为"山药蛋派"作家群的感染，他们对山西人民贫穷的反抗的描写，以一种朴素的感性力量让人难以忘怀。当然，最具有决定性影响的还是山西东部那个叫做大寨的著名村庄，它一度被当做中国农村的缩影，那是过份了，但在大多数中国人的心目中它作为山西的缩影却是毋庸置疑的。满脸的皱纹，沉重的镢头，贫瘠的山头上开出了整齐的梯田，起早摸黑地种下了一排排玉米……最大的艰苦连接着最低的消费，憨厚的大寨人没有怨言，他们无法想象除了反复折腾脚下的泥土外还有什么其他过日子的方式，而对这些干燥灰黄的泥土又能有什么过高的要求呢？

直到今天，我们都没有资格去轻薄地嘲笑这些天底下最老实、最忠厚的农民。但是，当这个山村突然成了全国朝拜的对象，不远千里而来的参观学习队伍浩浩荡荡地挤满山路的时候，我们就不能不在形式主义的大热闹背后去寻找某种深层的蕴涵了。我觉得，大寨的走红，是因为它的生态方式不经意地碰撞到了当时不少人心中一种微妙的尺度。大家并不喜欢贫困，却又十分担心富裕。大家花费几十年时间参与过的那场社会革命，是以改变贫困为号召的，改变贫困的革命方法是剥夺富裕为了说明这种剥夺的合理性，又必须在逻辑上把富裕和罪恶划上等号。结果，既要改变贫困又不敢问津贫困的反面，只好堵塞一切致富的可能，消除任何利益的差别，以整齐划一的艰苦劳动维持住整齐划一的艰苦生活。因为不存在富裕，也就不存在贫困的感受，与以前更贫困的日子相比还能获得某种安慰。所以也就在心理上消灭了贫困；消灭了贫困又没有被富裕所腐蚀，不追求富裕却又想象着一个朦胧的远景，这就是人们在这个山村中找到的有推广价值的尺度。

当然，一种封闭环境里的心理感受，一种经过着力夸张的精神激情，毕竟无法掩盖事实上的贫困。来自全国各地的参观学习者们看到了一切，眼圈发红，半是感动半是同情。在当时，大寨的名声比山西还响，山西只是大寨的陪衬，陪衬出来的是一个同样的命题：感人的艰苦，惊人的贫困。直到今天，人们可以淡忘大寨，却很难磨去这一有关山西的命题。

但是，这一命题是不公平的。大概是八九年前的某一天，我在翻阅一堆史料的时候发现了一些使我大吃一惊的事实，便急速地把手上的其他工作放下，专心致志地研究起来。很长一段时间，我查检了一本又一本的书籍，阅读了一篇又一篇的文稿，终于将信将疑地接受了这样一个结论：在上一世纪乃至以前相当长的一个时期内，中国最富有的省份不是我们现在可以想象的那些地区，而竟然是山西！直到本世纪初，山西，仍是中国堂而皇之的金融贸易中心。北京、上海、广州、武汉等城市里那些比较像样的金融机构，最高总部大抵都在山西平遥县和太谷县几条寻常的街道间，这些大城市只不过是腰缠万贯的山西商人小试身手的码头而已。

📚 小专家读书会

篇目1：

我选取的文章题目及级别：_____（A级/B级/C级）	我参加的专家组：_____	我的评价星级：☆☆☆☆☆

读书会主题：

专家组成员及观点	我的发言	小组讨论纪要

我的收获与感悟：

篇目2：

我选取的文章题目及级别：_____（A级/B级/C级）　我参加的专家组：_____　我的评价星级：☆☆☆☆☆

读书会主题：

专家组成员及观点	我的发言	小组讨论纪要

我的收获与感悟：

② 组内互评量表

评价方面	评价内容	评分	
		教师评分	自我评分
阅读情境（20分）	1. 专家组组织成立及分工合作情况（10分）		
	2. "小专家读书会"按要求填表及准备充分情况（10分）		
阅读文本（30分）	1. 选文级别情况（10分）（A级5分；B级3分；C级2分）		
	2. 选文研读，对字、词、句、段及文章中心思想的理解情况（10分）		
	3. 阅读速度达到规定要求的情况（10分）		
阅读认知过程（50分）	1. 在专家组研讨中提问与交流情况（10分）		
	2. 通过借助阅读工具搜索信息解决小组中阅读疑难问题的情况（10分）		
	3. 在专家组研讨中个人观点表达情况（20分）		
	4. 在"小专家读书会"中阅读讲解与汇报分享情况（10分）		
评价星级	90（节选）100分：☆☆☆☆☆ 80~90分：☆☆☆☆ 70~80分：☆☆☆ 60~70分：☆☆ 60分以下：☆		

（三）主题自读

　　请根据自己的兴趣和爱好，从下面两个主题中选择一个感兴趣的主题进行阅读。结合主题提示，每2天完成一篇篇目的搜索、阅读和赏析。现在，让我们开始10天的"阅读打卡计划"吧！

◇ 略读任一主题下的2篇【推荐阅读】，理解篇目主要文意，揣摩该主题的含义。

◇ 搜索5篇与选择主题相关的篇目，可以包括古诗词、散文、诗歌、小说选段等多种体裁。

◇ 记录自己阅读古诗词及诗歌的方式，阅读篇幅较长的散文、小说选段等尽量保持在每分钟400字。

◇ 对阅读的篇目中的精彩语句、段落或是打动自己的内容及思想进行赏析。

◇ 将阅读速度、搜索过程、阅读记录、赏析要点等内容填写进"阅读打卡计划记录单"中。

主题1　一代英豪留史册

从古到今山西孕育了许许多多的杰出人物，有关羽、霍去病、武则天、狄仁杰、王勃、王维、柳宗元、温庭筠、司马光、徐向前、刘胡兰、傅作义等等。请寻找这些著名人物的生平和事迹，查找并阅读与他们有关的文章，与他们展开心灵的对话吧。

推荐阅读

1.《女皇》（黄光任）

> 巾帼英才扭乾坤，一代女皇绝古今。
> 虽为妩媚入宫闱，却因智谋赎尼身。
> 孤凤展翅腾龙位，弱女挥手伏众臣。
> 功过论争千秋去，无字碑上遍诗文。

2.《刘胡兰祭》（毛泽东）

> 刘家有女，胡兰是名。
> 云周西村，投身革命。
> 少年即入党，巾帼建奇功。
> 叛徒嘴脸恶，阎匪铡刀凶。
> 烈士信念坚，不为名利动。
> 视死竟如归，坚贞兼英勇。
> 遗范垂后世，风采映苍穹。
> 主席毛泽东，感而撰其铭。
> 落笔仅八字，千载壮忠魂：
> "生的伟大，死的光荣！"

⚫ 主题2 富国强兵变法新

　　法家是三晋思想文化的主体，战国时代著名的法家人物大多出于此地，也正因如此，三晋文化才能在中华古文化中处于显著地位。法家是中国历史上研究国家治理方式的学派，提出了富国强兵、以法治国的思想，它是诸子百家中的一家，战国时期提倡以法制为核心思想的重要学派。《韩非子》是战国时期著名思想家、法家韩非的著作总集。著作中许多当时的民间传说和寓言故事也成为名言和成语典故的出处，比如："千里之堤，毁于蚁穴""以子之矛，攻子之盾""欲速则不达""华而不实，虚而无用"，等等，让我们来重温这一法家著作，体会"富国强兵、变法革新"的法家精髓。

推荐阅读

1.《自相矛盾》（战国·韩非子）

　　楚人有鬻盾与矛者，誉之曰："吾盾之坚，物莫能陷也。"又誉其矛曰："吾矛之利，于物无不陷也。"或曰："以子之矛，陷子之盾，何如？"其人弗能应也。

2.《宋人酤酒》（战国·韩非子）

　　宋人有酤酒者，升概甚平，遇客甚谨，为酒甚美，县帜甚高，著然不售，酒酸。怪其故，问其所知闾长者杨倩。倩曰："汝狗猛耶？"曰："狗猛则酒何故而不售？"曰："人畏焉。或令孺子怀钱挈壶瓮而往沽，而狗迓而龁之，此酒所以酸而不售也。"

　　夫国亦有狗。有道之士怀其术而欲以明万乘之主，大臣为猛狗，迎而龁之。此人主之所以蔽胁，而有道之士所以不用也。

阅读打卡计划

| 打卡 | 1 2 3 | 4 5 6 | 7 8 9 | 10 11 12 | 13 14 15 |

姓名：_____
年/月：_____
节气：_____
主题：_____
我的评价星级：
☆☆☆☆☆

| 篇目1：
体裁：
阅读速度：

篇目搜索过程：

篇目阅读过程：

篇目赏析： | 篇目2：
体裁：
阅读速度：

篇目搜索过程：

篇目阅读过程：

篇目赏析： | 篇目3：
体裁：
阅读速度：

篇目搜索过程：

篇目阅读过程：

篇目赏析： | 篇目4：
体裁：
阅读速度：

篇目搜索过程：

篇目阅读过程：

篇目赏析： | 篇目5：
体裁：
阅读速度：

篇目搜索过程：

篇目阅读过程：

篇目赏析： |

学生自评量表

评价方面	评价内容	评分	
		教师评分	自我评分
阅读情境 （30分）	1. 连续坚持每天阅读打卡的情况（10分）		
	2. 合理制定阅读计划并严格、自律地按照阅读计划执行的情况（10分）		
	3. 按要求完成每个篇目"找篇目—读篇目—赏篇目"步骤的情况（10分）		
阅读文本 （30分）	1. 查找的篇目与阅读主题相吻合的情况（10分）		
	2. 阅读方式的选择及阅读速度的达成情况（10分）		
	3. 对篇目的理解与鉴赏情况（10分）		
阅读认知过程 （40分）	1. 对阅读主题的理解情况（10分）		
	2. 独立、灵活地使用搜索工具查找篇目的情况（10分）		
	3. 对搜索信息进行归纳总结及分析处理的情况（10分）		
	4. 形成积极阅读和自主阅读习惯的情况（10分）		
评价星级	90～100分：☆☆☆☆☆ 80～90分：☆☆☆☆ 70～80分：☆☆☆ 60～70分：☆☆ 60分以下：☆		

书籍推荐

书目1：《厚重山西》（梁衡，北岳文艺出版社）

书目2：《资治通鉴》（司马光，浙江教育出版社）

悦读者思维

法家思想以"富国强兵""依法治国"为核心。依法治国就是依照宪法和法律来治理国家，是国家长治久安的必要保障。"以德治国"是古代儒家"德治"思想的重要体现，对于建设社会主义精神文明和道德体系具有现实和深远意义。你如何理解这两种治国思想？二者之间是矛盾的吗？关于"治国"这件大事，你有什么独到见解吗？

我是这样想的：	我还可以这样想：

第七章

剑外忽传收蓟北
——燕赵文化

燕赵文化是在古代燕国、赵国区域内产生的一种地域文化，燕赵区域的主体是南以黄河为界、东以大海为界、西以太行山为界、北以燕山山脉为界，与今天的河北省大体一致。燕赵文化在战国中期开始形成，到战国后期成熟和定型。其中，燕文化的形成以燕昭王的报复伐齐和燕太子丹的谋刺秦王（即"荆轲刺秦王"）为主要标志。赵文化武勇任侠的特征也形成于战国时期，以赵武灵王的胡服尚武为最主要标志。燕赵文化以"慷慨悲歌、好气任侠"为特征，体现了革新、和乐、包容、求是、忧患、创新等精神。

河北是中华民族的发祥地之一，早在五千多年前，中华民族的三大始祖黄帝、炎帝和蚩尤就在河北由征战到融合，开创了中华文明史。春秋战国时期河北地属燕国和赵国，故有"燕赵大地"之称，汉代属幽州、冀州。唐代为河北道，宋代为河北路，元代为中书省，明清属直隶省。解放战争时期，河北西柏坡为中共中央临时所在地。河北省拥有的省级以上文物保护单位达930处，居全国第一位。拥有长城、承德避暑山庄、清东陵和清西陵3项世界文化遗产；邯郸、保定、承德、正定、山海关、蔚县6个国家级历史文化名城。河北也是万里长城途经距离最长、保存最完好的省份，境内长城遗存达2000多公里。

河北的美丽风光，也是诗词歌赋中的常客。让我们一同追随经典文学作品中那些描写河北风光的经典美句，寻觅身边的美景吧！

（一）课堂精读

1.《观沧海》（东汉·曹操）

《观沧海》选自《乐府诗集》中的《曹操集》。题目"观沧海"是后人根据第一句话加的，原文是《步出夏门行》中的第一章。这首诗是在建安十二年（公元207年）曹操北征乌桓得胜回师途中，行军到海边，途经碣石山，登山观海，一时兴起所作。作者用饱蘸浪漫主义激情的大笔，勾勒出大海吞吐日月、包蕴万千的壮丽景象；描绘了祖国河山的雄伟壮丽，既刻画了高山大海的壮阔，更表达了诗人以景托志，胸怀天下的进取精神。《观沧海》是建安时代以景托志的名篇，也是古典四字绝言诗中出现较早的名作之一。

观沧海
（东汉·曹操）

东临碣石，以观沧海。

水何澹澹，山岛竦峙。

树木丛生，百草丰茂。

秋风萧瑟，洪波涌起。

日月之行，若出其中。

星汉灿烂，若出其里。

幸甚至哉，歌以咏志。

诵读 思考

问题1：请查阅工具书掌握下列难点字词的意思：

（1）临　（2）沧　（3）澹澹　（4）竦峙　（5）萧瑟　（6）星汉

问题2：请分析本文的创作背景。

问题3：请诠释"观"字在全篇所起到的作用。

问题4：请想象并用自己的语言描述作者登山临海所看到的壮阔景象。

问题5：请谈一谈这首诗表达了作者怎样的壮志和胸襟。

问题6："观沧海"是后人根据第一句后加的题目，你能否根据自己的理解重新改一个名字？改成什么？为什么？

问题7："日月之行，若出其中"，意思是说，太阳和月亮的运行，好像是从浩瀚的海洋中发出的，这是作者的一种比喻，你是否知道太阳和月亮实际上是如何运行的呢？

思维导图

文章题目：_____　　　　我的评价星级：☆☆☆☆☆

沧海

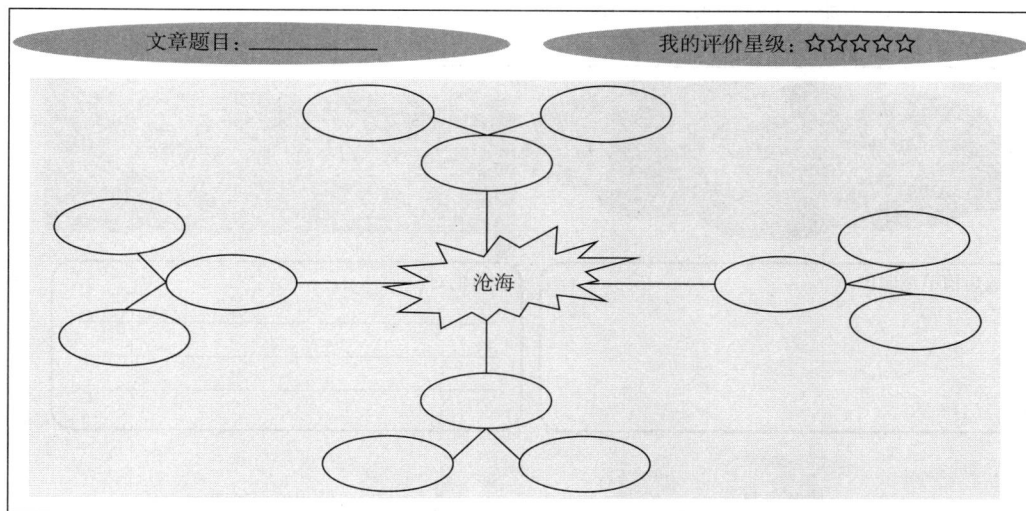

2.《于易水送人》（唐·骆宾王）

　　《于易水送人》是唐代诗人骆宾王创作的一首五绝。骆宾王对自己的际遇愤愤不平，对武则天的统治深为不满，期待时机，要为匡复李唐王朝，干出一番事业。可是在这种时机尚未到来之前的那种沉沦压抑的境遇，更使得诗人陷入彷徨企求的苦闷之中。此诗描述作者在易水送别友人时的感受，并借咏史以喻今，全诗寓意深远，笔调苍凉，曲折地反映了诗人的这种心境。

于易水送人

（唐·骆宾王）

此地别燕丹，壮士发冲冠。

昔时人已没，今日水犹寒。

诵读思考

　　问题1：请查阅工具书掌握下列难点字词的意思：

　　（1）易水　（2）别燕丹　（3）壮士　（4）发冲冠　（5）昔时　（6）没　（7）犹

　　问题2："壮士发冲冠"描写了荆轲别太子丹的悲壮送别场面和人物激昂慷慨的心情，请结合史实，为大家讲讲荆轲的故事。

　　问题3：结合本诗的创作背景，诠释诗人对荆轲所表达的崇敬之意。

　　问题4：诗人在易水边送别友人，同时又描写了荆轲的故事，这种破空而来的笔法，作者是何用意呢？

　　问题5：诗尾的"寒"字为本诗画龙点睛之笔，是本诗最为成功之处，请说说你对"寒"字的理解。

课本剧

请查阅相关资料，了解《荆轲刺秦王》的故事，并以此为题材编排课本剧。

文章题目：_____
课本剧名称：_____
我的评价星级：☆☆☆☆☆

小组角色分工：　　小组成员评价星级：
☆☆☆☆☆
☆☆☆☆☆
☆☆☆☆☆
☆☆☆☆☆

故事情节逻辑图

角色对白

服装道具

演出剧照

教师精评量表

评价方面	评价内容	评分	
		教师评分	自我评分
阅读情境（20分）	1. 学习单/故事地图/辩论会/课本剧按要求填表完成的情况（10分）		
	2. 完成学习单/故事地图/辩论会/课本剧任务要求的积极主动性（10分）		
阅读文本（40分）	1. 对字、词、句、段的理解情况（10分）		
	2. 对文中精彩字、词、句、段的鉴赏情况（10分）		
	3. 阅读速度达到规定要求的情况（10分）		
	4. 朗读参与情况与背诵完成情况（10分）		
阅读认知过程（40分）	1. 带着问题阅读或在阅读中提出问题的情况（10分）		
	2. 借助阅读工具搜索信息解决阅读疑难问题的情况（20分）		
	3. 参与教师提问及阅读交流的情况（10分）		
评价星级	90~100分：☆☆☆☆☆ 80~90分：☆☆☆☆ 70~80分：☆☆☆ 60~70分：☆☆ 60分以下：☆		

（二）小组选读

◇ 请快速浏览下面与"燕赵文化"相关的6篇【分级阅读】篇目，借助工具书掌握陌生字词。

◇ 从A/B/C三个级别中，选择不同级别中自己感兴趣的2篇大声诵读，并与选择相同篇目的同学组成"专家组"，对篇目的精彩语段及中心思想进行研读和讨论，踊跃发表自己的看法。

◇ 填写下面的任务单，为召开"小专家读书会"做准备，与全班同学分享交流本组的观点和想法吧！

分级阅读

A1.《登幽州台歌》（唐·陈子昂）

> 前不见古人，后不见来者。
> 念天地之悠悠，独怆然而涕下！

A2.《己亥杂诗》（其五）（清·龚自珍）

> 浩荡离愁白日斜，吟鞭东指即天涯。
> 落红不是无情物，化作春泥更护花。

B1.《中国石拱桥》（茅以升）

石拱桥的桥洞成弧形，就像虹。古代神话里说，雨后彩虹是"人间天上的桥"，通过彩虹就能上天。我国的诗人爱把拱桥比作虹，说拱桥是"卧虹""飞虹"，把水上拱桥形容为"长虹卧波"。

石拱桥在世界桥梁史上出现得比较早。这种桥不但形式优美，而且结构坚固，能几十年几百年甚至上千年雄跨在江河之上，在交通方面发挥作用。

我国的石拱桥有悠久的历史。《水经注》里提到的"旅人桥"，大约建成于公元282年，可能是有记载的最早的石拱桥了。我国的石拱桥几乎到处都有。这些桥大小不一，形式多样，有许多是惊人的杰作。其中最著名的当推河北省赵县的赵州桥，还有北京丰台区的卢沟桥。

赵州桥横跨在洨河上，是世界著名的古代石拱桥，也是造成后一直使用到现在的最古的石桥。这座桥修建于公元605年左右，到今天已经一千四百多年了，还保持着原来的雄姿。到解放的时候，桥身有些残损了，在人民政府的领导下，经过彻底整修，这座古桥又恢复了青春。

赵州桥非常雄伟，全长50.82米，两端宽9.6米，中部略窄，宽9米。桥的设计完全合乎科学原理，施工技术更是巧妙绝伦。唐朝的张嘉贞说它"制造奇特，人不知其所以为"。这座桥的特点是：

（一）全桥只有一个大拱，长达37.4米，在当时可算是世界上最长的石拱。桥洞不是普通半圆形，而是像一张弓，因而大拱上面的道路没有陡坡，便于车马上下。（二）大拱的两肩上，各有两个小拱。这是创造性的设计，不但节约了石料，减轻了桥身的重量，而且在河水暴涨的时候，还可以增加桥洞的过水量，减轻洪水对桥身的冲击。同时，拱上加拱，桥身也更美观。（三）大拱由28道拱圈拼成，就像这么多同样形状的弓合拢在一起，作成了一个弧形的桥洞。每道拱圈都能独立支撑上面的重量，一道坏了，其他各道不致受到影响。（四）全桥结构匀称，和四周景色配合得十分和谐；桥上的石栏石板也雕刻得古朴美观。唐朝的张鷟说，远望这座桥就像"初月出云，长虹饮涧"。赵州桥高度的技术水平和不朽的艺术价值，充分显示出了我国劳动人民的智慧和力量。桥的主要设计者李春就是一位杰出的工匠，在桥头的碑文里刻着他的名字。

永定河上的卢沟桥，修建于公元1189到1192年间。桥长265米，由11个半圆形的石拱组成，每个石拱长度不一，自16米到21.6米。桥宽约8米，路面平坦，几乎与河面平行。每两个石拱之间有石砌桥墩，把11个石拱联成一个整体。由于各拱相联，所以这种桥叫做联拱石桥。永定河发水时，来势很猛，以前两岸河堤常被冲毁，但是这座桥却极少出事，足见它的坚固。桥面用石板铺砌，两旁有石栏石柱。每个柱头上都雕刻着不同姿态的狮子。这些石刻狮子，有的母子相抱，有的交头接耳，有的像倾听水声，有的像注视行人，千态万状，惟妙惟肖。

早在13世纪，卢沟桥就闻名世界。那时候有个意大利人马可·波罗来过中国，他的游记里，十分推崇这座桥，说它"是世界上独一无二的"，并且特别欣赏桥栏柱上刻的狮子，说它们"共同构成美丽的奇观"。在国内，这座桥也是历来为人们所称赞的。它地处入都要道，而且建筑优美，"卢沟晓月"很早就成为北京的胜景之一。

卢沟桥在我国人民反抗帝国主义侵略战争的历史上，也是值得纪念的。在那里，1937年日本帝国主义发动了对我国的侵略战争。全国人民在中国共产党领导下英勇抗战，终于彻底打败了日本帝国主义。

为什么我国的石拱桥会有这样光辉的成就呢？首先，在于我国劳动人民的勤劳和智慧。他们制作石料的工艺极其精巧，能把石料切成整块大石碑，又能把石块雕刻成各种形象。在建筑技术上有很多创造，在起重吊装方面更有意想不到的办法。如福建漳州的江东桥，修建于八百年前，有的石梁一块就有二百来吨重，究竟是怎样安装上去的，至今还不完全知道。其次，我国石拱桥的设计有优良传统，建成的桥，用料省，结构巧，强度高。再其次，我国富有建筑用的各种石料，便于就地取材，这也为修造石桥提供了有利条件。

两千年来，我国修建了无数的石拱桥。解放后，全国大规模兴建起各种形式的公路桥和铁路桥。其中就有不少石拱桥。1961年，云南省建成了一座世界最长的独拱石桥，名叫"长虹大桥"，石拱长达112.5米。在传统的石拱桥的基础上，我们还造了大量的钢筋混凝土拱桥，其中"双曲拱桥"是我国劳动人民的新创造，是世界上所仅有的。近几年来，全国造了总长二十余万米的这种拱桥，其中最大的一孔，长达150米。我国桥梁事业的飞跃发展，表明了我国社会主义制度的优越性。

B2.《闻官军收河南河北》（唐·杜甫）

剑外忽传收蓟北，初闻涕泪满衣裳。

却看妻子愁何在，漫卷诗书喜欲狂。

白日放歌须纵酒，青春作伴好还乡。

即从巴峡穿巫峡，便下襄阳向洛阳。

C1.《故宫博物院》（黄传惕）

在北京的中心，有一座城中之城，这就是紫禁城。现在人们叫它故宫，也叫故宫博物院。这是明清两代的皇宫，是我国现存的最大最完整的古代宫殿建筑群，有五百多年历史了。

紫禁城的城墙十米多高，有四座城门：南面午门，北面神武门，东西面东华门、西华门。宫城呈长方形，占地72万平方米，有大小宫殿七十多座、房屋九千多间。城墙外是五十多米宽的护城河。城墙的四角上，各有一座玲珑奇巧的角楼。故宫建筑群规模宏大壮丽，建筑精美，布局统一，集中体现了我国古代建筑艺术的独特风格。

从天安门往里走，沿着一条笔直的大道穿过端门，就到午门的前面。午门俗称五凤楼，是紫禁城的正门。走进午门，是一个宽广的庭院，弯弯的金水河像一条玉带横贯东西，河上是五座精美的汉白玉石桥。桥的北面是太和门，一对威武的铜狮守卫在门的两侧。

进了太和门，就到紫禁城的中心——三大殿：太和殿、中和殿、保和殿。三座大殿矗立在七米多高的白石台基上。台基有三层，每层的边缘都用汉白玉栏杆围绕着，上面刻着龙凤流云，四角和望柱下面伸出一千多个圆雕鳌头，嘴里都有一个小圆洞，是台基的排水管道。

太和殿俗称金銮殿，高28米，面积2380多平方米，是故宫最大的殿堂。在湛蓝的天空下，那金黄色的琉璃瓦重檐屋顶，显得格外辉煌。殿檐斗拱、额枋、梁柱，装饰着青蓝点金和贴金彩画。正面是12根红色大圆柱，金琐窗，朱漆门，同台基相互衬映，色彩鲜明，雄伟壮丽。

大殿正中是一个约两米高的朱漆方台，上面安放着金漆雕龙宝座，背后是雕龙屏。方台两旁有六根高大的蟠龙金柱，每根大柱上盘绕着矫健的金龙。仰望殿顶，中央藻井有一条巨大的雕金蟠龙。从龙口里垂下一颗银白色大圆珠，周围环绕着六颗小珠，龙头、宝珠正对着下面的宝座。梁枋间彩画绚丽，有双龙戏珠、单龙翔舞，有行龙、升龙、降龙，多态多姿，龙身周围还衬托着流云火焰。

三大殿建筑在紫禁城的中轴线上，这条线也是北京城的中轴线，向南从午门到天安门延伸到正阳门、永定门，往北从神武门到地安门、鼓楼，全长约八公里。

太和殿是举行重大典礼的地方。皇帝即位、生日、婚礼和元旦等都在这里受朝贺。每逢大典，殿外的白石台基上下跪满文武百官，中间御道两边排列着仪仗，皇帝端坐在宝座上。大殿廊下，鸣钟击磬，乐声悠扬。台基上的香炉和铜龟、铜鹤里点起檀香或松柏枝，烟雾缭绕。

太和殿后面是中和殿。这是一个亭子形方殿，殿顶把四道垂脊攒在一起，正中安放着一个大圆鎏金宝顶，轮廓非常优美。举行大典，皇帝先在这里休息。

中和殿后面是保和殿。雍正后，这里是举行最高一级考试殿试的地方。

从保和殿出来，下了石级，是一片长方形小广场，西起隆宗门，东到景运门。它把紫禁城分为前后两大部分。广场以南，主要建筑是三大殿和东西两侧的文华殿、武英殿，叫"前朝"。广场北面乾清门以内叫"内廷"，是皇帝和后妃们起居生活的地方，主要建筑有乾清宫、交泰殿、坤宁宫和东六宫西六宫。

乾清宫是皇帝处理日常政务，批阅各种奏章的地方，后来还在这里接见外国使节。

乾清宫后面是交泰殿，交泰殿后面是坤宁宫。坤宁宫是皇后宫，也就是皇帝结婚的地方。

乾清宫、交泰殿、坤宁宫称"后三宫"。布局和前三殿基本一样，但庄严肃穆的气氛减少了，彩画图案也有明显的变化。前三殿的图案以龙为主，后三宫凤凰逐渐增加，出现了双凤朝阳、龙凤呈祥的彩画，还有飞凤、舞凤、凤凰牡丹等图案。

后三宫往北就是御花园。御花园面积不很大，有大小建筑二十多座，但毫无拥挤和重复的感觉。这里的建筑布局，环境气氛，和前几部分迥然不同。亭台楼阁、池馆水榭，掩映在青松翠柏之中；假山怪石、花坛盆景、藤萝翠竹，点缀其间。来到这里，仿佛进入苏州园林。

从御花园出顺贞门，就到紫禁城的北门神武门，对面就是景山。景山是明代修建紫禁城的时候，用护城河中挖出的泥土堆起来的，现在成了风景优美的景山公园。站在景山的高处望故宫，重重殿宇，层层楼阁，道道宫墙，错综相连，而井然有序。这样宏伟的建筑群，这样和谐统一的布局，不能不令人惊叹。

C2.《吆喝》（萧乾）

二十年代一位在北京作寓公的英国诗人奥斯伯特·斯提维尔写过一篇《北京的声与色》，把当时走街串巷的小贩用以招徕顾客而做出的种种音响形容成街头管弦乐队，并还分别列举了哪是管乐、弦乐和打击乐器。他特别喜欢听串街的理发师（"剃头的"）手里那把钳形铁铰。用铁板从中间一抽，就会"刺啦"一声发出带点颤巍的金属声响，认为很像西洋乐师们用的定音叉。此外，布贩子手里的拨郎鼓和珠宝玉石收购商打的小鼓，也都给他以快感。当然还有磨剪子磨刀的吹的长号。他惊奇的是，每一乐器，各代表一种行当。而坐在家里的主妇一听，就准知道街上过的什么商贩。

囿于语言的隔阂，洋人只能欣赏器乐。其实，更值得一提的是声乐部分——就是北京街头各种商贩的叫卖。

听过相声《卖布头》或《改行》的，都不免会佩服当年那些叫卖者的本事。得气力足，嗓子脆，口齿伶俐，咬字清楚，还要会现编词儿，脑子快，能随机应变。

我小时候，一年四季不论刮风下雨，胡同里从早到晚叫卖声没个停。

大清早过卖早点的：大米粥呀，油炸果（鬼）的。然后是卖青菜和卖花儿的，讲究把挑子上的货品一样不漏地都唱出来，用一副好嗓子招徕顾客。白天就更热闹了，就像把百货商店和修理行业都拆开来，一样样地在你门前展销。到了夜晚的叫卖声也十分精彩。

"馄饨喂——开锅！"这是特别给开夜车的或赌家们备下的夜宵，就像南方的汤圆。在北京，都说"剃头的挑子，一头热。"其实，馄饨挑子也一样。一头儿是一串小抽屉，里头放着各种半制成的原料：皮儿、馅儿和佐料儿，另一头是一口汤锅。火门一打，锅里的水就沸腾起来。馄饨不但当面煮，还讲究现吃现包。讲究皮要薄，馅儿要大。

从吆喝来说，我更喜欢卖硬面饽饽的：声音厚实，词儿朴素，就一声"硬面——饽饽"，光宣布卖的是什么，一点也不吹嘘什么。

可夜晚过的，并不都是卖吃食的，还有唱话匣子的。大冷天，背了一具沉甸甸的留声机和半箱唱片。唱的多半是京剧或大鼓。我也听过一张不说不唱的叫"洋人哈哈笑"，一张片子从头笑到尾。我心想，多累人啊！我最讨厌胜利公司那个商标了：一只狗蹲坐在大喇叭前头，支棱着耳朵在听唱片。那简直是骂人。

那时夜里还经常过敲小钹的盲人，大概那也属于打击乐吧。"算灵卦！"我心想："怎么不先替你自己算算！"还有过乞丐。至今我还记得一个乞丐叫得多么凄厉动人。他几乎全部用颤音。先挑高了嗓子喊"行好的——老爷——太（哎）太"，过好一会儿，（好像饿得接不上气儿啦）才接下去用低音喊："有那剩饭——剩菜——赏我点儿吃吧！"

四季叫卖的货色自然都不同。春天一到，卖大小金鱼儿的就该出来了，我对卖蛤蟆骨朵儿（蝌蚪）最有好感，一是我买得起，花上一个制钱，就往碗里捞上十来只；二是玩够了还能吞下去。我一直奇怪它们怎么没在我肚子里变成青蛙！一到夏天，西瓜和碎冰制成的雪花酪就上市了。秋天该卖"树熟的秋海棠"了。卖柿子的吆喝有简繁两种。简的只一声"喝了蜜的大柿子"。其实满够了。可那时小贩都想卖弄一下嗓门儿，所以有的卖柿子的不但词儿编得热闹，还卖弄一通唱腔。最起码也得像歌剧里那种半说半唱的道白。一到冬天，"葫芦儿——刚蘸得"就出场了。那时，北京比现下冷多了。我上学时鼻涕眼泪总冻成冰。只要兜里还有个制钱，一听"烤白薯哇真热乎"，就非买上一块不可。一路上既可以把那烫手的白薯揣在袖筒里取暖，到学校还可以拿出来吃可以拿出来大嚼一通。

叫卖实际上就是一种口头广告，所以也得变着法儿吸引顾客。比如卖一种用秫秸秆制成的玩具，就吆喝："小玩艺儿赛活的。"有的吆喝告诉你制作的过程，如城厢里常卖的一种近似烧卖的吃食，就介绍得十分全面："蒸而又炸呀，油儿又白搭。面的包儿来，西葫芦的馅儿啊，蒸而又炸。"也有简单些的，如"卤煮喂，炸豆腐哟"。有的借甲物形容乙物，如"栗子味儿的白薯"或"萝卜赛过梨"。"葫芦儿——冰塔儿"既简洁又生动，两个字就把葫芦（不管是山楂、荸荠还是山药豆的）形容得晶莹可人。卖山里红（山楂）的靠戏剧性来吸引人，"就剩两挂啦"。其实，他身上挂满了那用绳串起的紫红色果子。

有的小贩吆喝起来声音细而高，有的低而深沉。我怕听那种忽高忽低的，也许由于小时人家告诉我卖荷叶糕的是"拍花子的"拐卖儿童的，我特别害怕。他先尖声尖气地喊一声"一包糖来"，然后放低至少八度，来一声"荷叶糕"。这么叫法的还有个卖荞麦皮的。有一回他在我身后"哟"了一声，把我吓了个马趴。等我站起身来，他才用深厚的男低音唱出"荞麦皮耶"。

特别出色的是那种合辙押韵的吆喝。我在小说《邓山东》里写的那个卖炸食的确有其人，至于他替学生挨打，那纯是我瞎编的。有个卖萝卜的这么吆喝："又不糠来又不辣，两捆萝卜一个大。""大"就是一个铜板。甚至有的乞丐也油嘴滑舌地编起快板："老太太（那个）真行好，给个饽饽吃不了。东屋里瞧（那么）西屋里看，没有饽饽赏碗饭。"

现在北京城倒还剩一种吆喝，就是"冰棍——三分勒"。语气间像是五分的减成三分了，其实就是三分一根儿，可见这种带戏剧性的叫卖艺术并没失传。

📚 小专家读书会

篇目1：

篇目2：

✐ 组内互评量表

评价方面	评价内容	评分	
		教师评分	自我评分
阅读情境 （20分）	1. 专家组组织成立及分工合作情况（10分）		
	2. "小专家读书会"按要求填表及准备充分情况（10分）		
阅读文本 （30分）	1. 选文级别情况（10分）（A级5分；B级3分；C级2分）		
	2. 选文研读，对字、词、句、段及文章中心思想的理解情况（10分）		
	3. 阅读速度达到规定要求的情况（10分）		
阅读认知过程 （50分）	1. 在专家组研讨中提问与交流情况（10分）		
	2. 通过借助阅读工具搜索信息解决小组中阅读疑难问题的情况（10分）		
	3. 在专家组研讨中个人观点表达情况（20分）		
	4. 在"小专家读书会"中阅读讲解与汇报分享情况（10分）		
评价星级	90～100分：☆☆☆☆☆ 80～90分：☆☆☆☆ 70～80分：☆☆☆ 60～70分：☆☆ 60分以下：☆		

（三）主题自读

请根据自己的兴趣和爱好，从下面两个主题中选择一个感兴趣的主题进行阅读。结合主题提示，每2天完成一篇篇目的搜索、阅读和赏析。现在，让我们开始10天的"阅读打卡计划"吧！

◇ 略读任一主题下的2篇【推荐阅读】，理解篇目主要文意，揣摩该主题的含义。

◇ 搜索5篇与选择主题相关的篇目，可以包括古诗词、散文、诗歌、小说选段等多种体裁。

◇ 记录自己阅读古诗词及诗歌的方式，阅读篇幅较长的散文、小说选段等尽量保持在每分钟400字。

◇ 对阅读的篇目中的精彩语句、段落或是打动自己的内容及思想进行赏析。

◇ 将阅读速度、搜索过程、阅读记录、赏析要点等内容填写进"阅读打卡计划记录单"中。

➤ 主题1 舍弃自我得真我

老舍（1899年—1966年），生于北京，原名舒庆春，另有笔名絜青、鸿来、非我等，字舍予，是中国现代小说家、作家，语言大师、人民艺术家，新中国第一位获得"人民艺术家"称号的作家。代表作有《骆驼祥子》《四世同堂》《茶馆》。因为老舍生于阴历立春，父母为他取名"庆春"，大概含有庆贺春来、前景美好之意。上学后，老舍自己更名为舒舍予，含有"舍弃自我"，亦即"忘我"的意思。老舍的一生，总是忘我地工作，他是文艺界当之无愧的"劳动模范"。1966年，由于受到文化大革命运动中恶毒的攻击和迫害，老舍被逼无奈之下含冤自沉于北京太平湖。让我们一起来拜读老舍的文学作品，向这位伟大的人民艺术家献上我们诚挚的敬意。

推荐阅读

1.《读书》（老舍）

若是学者才准念书，我就什么也不要说了。大概书不是专为学者预备的；那么，我可要多嘴了。

从我一生下来直到如今，没人盼望我成个学者；我永远喜欢服从多数人的意见。可是我爱念书。

书的种类很多，能和我有交情的可很少。我有决定念什么的全权；自幼儿我就会逃学，愣挨板子也不肯说我爱《三字经》和《百家姓》。对，《三字经》便可以代表一类——这类书，据我看，顶好在判了无期徒刑以后去念，反正活着也没多大味儿。

第二类书也与咱无缘：书上满是公式，没有一个"然而"和"所以"。据说，这类书里藏着打开宇宙秘密的小金钥匙。我倒久想明白点真理，如地是圆的之类；可是这种书别扭，它老瞪着我。书不老老实实的当本书，瞪人干吗呀？我不能受这个气！有一回，一位朋友给我一本《相对论原理》，他说：明白这个就什么都明白了。我下了决心去念这本宝贝书。读了两个"配纸"，我遇上了一个公式。我跟它"相对"了两点多钟！往后边一看，公式还多了去啦！我知道和它们"相对"下去，它们也许不在乎，我还活着不呢？

可是我对这类书，老有点敬意。这类书和第一类有些不同，我看得出。第一类书不是没法懂，而是懂了以后使我更糊涂。以我现在的理解力——比上我七岁的时候，我现在满可以作圣人了——我能明白"人之初，性本善"。明白完了，紧跟着就糊涂了；昨儿个晚上，我还挨了小女儿——玫瑰唇的小天使——一个嘴巴。我知道这个小天使性本不善，她才两岁。第二类书根本就看不懂，可是人家的纸上没印着一句废话；懂不懂的，人家不闹玄虚，它瞪我，或者我是该瞪。

我的心这么一软，便把它好好放在书架上；好打好散，别太伤了和气。这要说到第三类书了。其实这不该算一类；就这么算吧，顺嘴。这类书是这样的：名气挺大，念过的人总不肯说它坏，没念过的人老怪害羞的说将要念。譬如说《元曲》，太炎"先生"的文章，罗马的悲剧，辛克莱的小说，《大公报》——不知是哪儿出版的一本书——都算在这类里，这些书我也都拿起来过，随手便又放下了。这里还就属那本《大公报》有点劲。我不害羞，永远不说将要念。好些书的广告与威风是很大的，我只能承认那些广告作得不错，谁管它威风不威风呢。

"类"还多着呢，不便再说；有上面的三项也就足以证明我怎样的不高明了。该说读的方法。怎样读书，在这里，是个自决的问题；我说我的，没勉强谁跟我学。第一，我读书没系统。借着什么，买着什么，遇着什么，就读什么。不懂的放下，使我糊涂的放下，没趣味的放下，不客气。我不能叫书管着我。

第二，读得很快，而不记住。书要都叫我记住，还要书干吗？书应该记住自己。对我，最讨厌的发问是："那个典故是哪儿的呢？""那句书是怎么来着？"我永不回答这样的考问，即使我记得。我又不是印刷器养的，管你这一套！

读得快，因为我有时候跳过几页去。不合我的意，我就练习跳远。书要是不服气的话，来跳我呀！看侦探小说的时候，我先看最后的几页，省事。

第三，读完一本书，没有批评，谁也不告诉。一告诉就糟："嘿，你读《啼笑因缘》？"要大家都不读《啼笑因缘》，人家写它干吗呢？一批评就糟："尊家这点意见？"我不惹气。读完一本书再打通儿架，不上算。我有我的爱与不爱，存在我自己心里。我爱念什么就念，有什么心得我自己知道，这是种享受，虽然显得自私一点。

再说呢，我读书似乎只要求一点灵感。"印象甚佳"便是好书，我没工夫去细细分析它，所以根本便不能批评。"印象甚佳"有时候并不是全书的，而是书中的一段最入我的味；因为这一段使我对这全书有了好感；其实这一段的美或者正足以破坏了全体的美，但是我不去管；有一段叫我喜欢两天的，我就感谢不尽。因此，设若我真去批评，大概是高明不了。

第四，我不读自己的书，不愿谈论自己的书。"儿子是自己的好"，我还不晓得，因为自己还没有过儿子。有个小女儿，女儿能不能代表儿子，就不得而知。"老婆是别人的好"，我也不敢加以拥护，特别是在家里。但是我准知道，书是别人的好。别人的书自然未必都好，可是至少给我一点我不知道的东西。自己的，一提都头疼！自己的书，和自己的运气，好像永远是一对儿累赘。

第五，哼，算了吧。

2.《猫》（老舍）

猫的性格实在有些古怪。说它老实吧，它的确有时候很乖。它会找个暖和地方，成天睡大觉，无忧无虑，什么事也不过问。可是，赶到它决定要出去玩玩，就会出走一天一夜，任凭谁怎么呼唤，它也不肯回来。说它贪玩吧，的确是呀，要不怎么会一天一夜不回家呢？可是，及至它听到点老鼠的响动啊，它又多么尽职，屏息凝神，一连就是几个钟头，非把老鼠等出来不拉倒！

它要是高兴，能比谁都温柔可亲：用身子蹭你的腿，把脖儿伸出来要求给抓痒，或是在你写稿子的时候，跳上桌来，在纸上踩印几朵小梅花。它还会丰富多腔地叫唤，长短不同，粗细各异，变化多端，力避单调。在不叫的时候，它还会咕噜咕噜地给自己解闷。这可都凭它的高兴。它若是不高兴啊，无论谁说多少好话，它一声也不出，连半个小梅花也不肯印在稿纸上！它倔强得很！

是，猫的确是倔强。看吧，大马戏团里什么狮子、老虎、大象、狗熊甚至于笨驴，都能表演一些玩艺儿，可是谁见过耍猫呢？（昨天才听说：苏联的某马戏团里确有耍猫的，我当然还没亲眼见过。）

这种小动物确是古怪。不管你多么善待它，它也不肯跟着你上街去逛逛。它什么都怕，总想藏起来。可是它又那么勇猛，不要说见着小虫和老鼠，就是遇上蛇也敢斗一斗。它的嘴往往被蜂儿或蝎子螫的肿起来。

赶到猫儿们一讲起恋爱来，那就闹得一条街的人们都不能安睡。它们的叫声是那么尖锐刺耳，使人觉得世界上若是没有猫啊，一定会更平静一些。

可是，及至女猫生下两三个棉花团似的小猫啊，你又不恨它了。它是那么尽责地看护儿女，连上房兜兜风也不肯去了。

郎猫可不那么负责，它丝毫不关心儿女。它或睡大觉，或上房去乱叫，有机会就和邻居们打一架，身上的毛儿滚成了毡，满脸横七竖八都是伤痕，看起来实在不大体面。好在它没有照镜子的习惯，依然昂首阔步，大喊大叫，它匆忙地吃两口东西，就又去挑战开打。有时候，它两天两夜不回家，可是当你以为它可能已经远走高飞了，它却瘸着腿大败而归，直入厨房要东西吃。

过了满月的小猫们真是可爱，腿脚还不甚稳，可是已经学会淘气。妈妈的尾巴，一根鸡毛，都是它们的好玩具，耍上没结没完。一玩起来，它们不知要摔多少跟头，但是跌倒即马上起来，再跑再跌。它们的头撞在门上，桌腿上，和彼此的头上。撞疼了也不哭。

它们的胆子越来越大，逐渐开辟新的游戏场所。它们到院子里来了。院中的花草可遭了殃。它们在花盆里摔跤，抱着花枝打秋千，所过之处，枝折花落。你不肯责打它们，它们是那么生气勃勃，天真可爱呀。可是，你也爱花。这个矛盾就不易处理。

现在，还有新的问题呢：老鼠已差不多都被消灭了，猫还有什么用处呢？而且，猫既吃不着老鼠，就会想办法去偷捉鸡雏或小鸭什么的开开荤。这难道不是问题么？

在我的朋友里颇有些位爱猫的。不知他们注意到这些问题没有？记得二十年前（民国28年）在重庆住着的时候，那里的猫很珍贵，须花钱去买。在当时，那里的老鼠是那么猖狂，小猫反倒须放在笼子里养着，以免被老鼠吃掉。据说，目前在重庆已很不容易见着老鼠。那么，那里的猫呢？是不是已经不放在笼子里，还是根本不养猫了呢？这须打听一下，以备参考。

也记得三十年前（民国18年），在一艘法国轮船上，我吃过一次猫肉。事前，我并不知道那是什么肉，因为不识法文，看不懂菜单。猫肉并不难吃，虽不甚香美，可也没什么怪味道。是不是该把猫都送往法国轮船上去呢？我很难作出决定。

猫的地位的确降低了，而且发生了些小问题。可是，我并不为猫的命运多耽什么心思。想想看吧，要不是灭鼠运动得到了很大的成功，消除了巨害，猫的威风怎会减少了呢？两相比较，灭鼠比爱猫更重要的多，不是吗？我想，世界上总会有那么一天，一切都机械化了，不是连驴马也会有点问题吗？可是，谁能因耽忧驴马没有事作而放弃了机械化呢？

主题2 俗世奇人匠心传

　　《俗世奇人》是2008年作家出版社出版的图书，作者是冯骥才。全书由18个短篇文章连缀构成，各篇文字极精短，半文半白，带有"三言两拍"笔意。书中所讲之事，又多以清末天津市井生活为背景，每篇专讲一个传奇人物生平事迹，素材均收集于长期流传津门的民间传说，故事生动有趣，惟妙惟肖，使人物跃然纸上，令人惊叹不已。作者随想随记，描绘了解放以前出现的社会风土人情，每个人一篇，各不相关，最后写成一书，名为《俗世奇人》。

推荐阅读

1.《泥人张》（冯骥才）

　　手艺道上的人，捏泥人的"泥人张"排第一。而且，有第一，没第二，第三差着十万八千里。

　　泥人张大名叫张明山。咸丰年间常去的地方有两处。一是东北城角的戏院大观楼，一是北关口的饭馆天庆馆。坐在那儿，为了瞧各样的人，也为捏各样的人。去大观楼要看戏台上的各种角色，去天庆馆要看人世间的各种角色。这后一种的样儿更多。

　　那天下雨，他一个人坐在天庆馆里饮酒，一边留神四下里吃客们的模样。这当儿，打外边进来三个人。中间一位穿得阔绰，大脑袋，中溜个子，挺着肚子，架式挺牛，横冲直撞往里走。站在迎门桌子上的"撂高的"一瞅，赶紧吆喝着："益照临的张五爷可是稀客，贵客，张五爷这儿总共三位——里边请！"

　　一听这喊话，吃饭的人都停住嘴巴，甚至放下筷子瞧瞧这位大名鼎鼎的张五爷。当下，城里城外气最冲的要算这位靠着贩盐赚下金山的张锦文。他当年由于为盛京将军海仁卖过命，被海大人收为义子，排行老五。所以又有"海张五"一称。但人家当面叫他张五爷，背后叫他海张五。天津卫是做买卖的地界儿，谁有钱谁横，官儿也怵三分。

　　可是手艺人除外，手艺人靠手吃饭，求谁？怵谁？故此，泥人张只管饮酒，吃菜，西瞧东看，全然没有把海张五当个人物。

　　但是不会儿，就听海张五那边议论起他来。有个细嗓门的说："人家台下一边看戏一边手在袖子里捏泥人。捏完拿出来一瞧，台上的嘛样，他捏的嘛样。"跟着就是海张五的大粗嗓门说："在哪儿捏？在袖子里捏？在裤裆里捏吧！"随后一阵笑，拿泥人张找乐子。

　　这些话天庆馆里的人全都听见了。人们等着瞧艺高胆大的泥人张怎么"回报"海张五。一个泥团儿砍过去？

　　只见人家泥人张听赛没听，左手伸到桌子下边，打鞋底抠下一块泥巴。右手依然端杯饮酒，眼睛也只瞅着桌上的酒菜，这左手便摆弄起这团泥巴来，几个手指飞快捏弄，比变戏法的刘秃子还灵巧。

海张五那边还在不停地找乐子，泥人张这边肯定把那些话在他手里这团泥上全找回来了。随后手一停，他把这泥团往桌上"叭"地一截，起身去柜台结账。

吃饭的人伸脖一瞧，这泥人张真捏绝了！就赛把海张五的脑袋割下来放在桌上一般。瓢似的脑袋，小鼓眼，一脸狂气，比海张五还像海张五。只是只有核桃大小。

海张五在那边，隔着两丈远就看出捏的是他。他朝着正走出门的泥人张的背影叫道："这破手艺也想赚钱，贱卖都没人要。"

泥人张头都没回，撑开伞走了。但天津卫的事没有这样完的——

第二天，北门外估衣街的几个小杂货摊上，摆出来一排排海张五这个泥像，还加了个身子，大模大样坐在那里。而且是翻模子扣的，成批生产，足有一二百个。摊上还都贴着个白纸条，上边使墨笔写着：

贱卖海张五

估衣街上来来往往的人，谁看谁乐。乐完找熟人来看，再一块乐。

三天后，海张五派人花了大价钱，才把这些泥人全买走，据说连泥模子也买走了。泥人是没了，可"贱卖海张五"这事却传了一百多年，直到今儿个。

2.《好嘴杨巴》（冯骥才）

津门胜地，能人如林，此间出了两位卖茶汤的高手，把这种稀松平常的街头小吃，干得远近闻名。这二位，一位赛胖黑敦厚，名叫杨七；一位赛细白精明，人称杨八。杨七杨八，好赛哥俩，其实却无亲无故，不过他俩的爹都姓杨罢了。杨八本名杨巴，由于"巴"与"八"音同，杨巴的年岁长相又比杨七小，人们便错把他当成杨七的兄弟。不过要说他俩的配合，好比左右手，又非亲兄弟可比。杨七手艺高，只管闷头制作；杨巴口才好，专管外场照应，虽然里里外外只这两人，既是老板又是伙计，闹得却比大买卖还红火。

杨七的手艺好，关键靠两手绝活。

一般茶汤是把秫米面沏好后，捏一撮芝麻洒在浮头，这样做香味只在表面，愈喝愈没味儿。杨七自有高招，他先盛半碗秫米面，便洒上一次芝麻，再盛半碗秫米面，沏好后又洒一次芝麻。这样一直喝到见了碗底都有香味。

他另一手绝活是，芝麻不用整粒的，而是先使铁锅炒过，再拿擀面杖压碎。压碎了，里面的香味才能出来。芝麻必得炒得焦黄不糊，不黄不香，太糊便苦；压碎的芝麻粒还得粗细正好，太粗费嚼，太细也就没嚼头了。这手活儿别人明知道也学不来。手艺人的能耐全在手上，此中道理跟写字画画差不多。

可是，手艺再高，东西再好，拿到生意场上必得靠人吹。三分活，七分说，死人说活了，破货变好货，买卖人的功夫大半在嘴上。到了需要逢场作戏、八面玲珑、看风使舵、左右逢源的时候，就更指着杨巴那张好嘴了。

那次，李鸿章来天津，地方的府县道台费尽心思，究竟拿嘛样的吃喝才能把中堂大人哄得高兴？京城豪门，山珍海味不新鲜，新鲜的反倒是地方风味小吃，可天津卫的小吃太粗太土：熬小鱼刺多，容易卡嗓子；炸麻花梆硬，弄不好硌牙。琢磨三天，难下决断，辛亏知府大人原是地面上走街串巷的人物，嘛都吃过，便举荐出"杨家茶汤"；茶汤黏软香甜，好吃无险，众官员一齐称好，这便是杨巴发迹的缘由了。

这日下晌，李中堂听过本地小曲莲花落子，饶有兴味，满心欢喜，撒泡热尿，身爽腹空，要吃点心。知府大人忙叫"杨七杨八"献上茶汤。今儿，两人自打到这世上来，头次里外全新，青裤青褂，白巾白袜，一双手拿碱面洗得赛脱层皮那样干净。他俩双双将茶汤捧到李中堂面前的桌上，然后一并退后五步，垂手而立，说是听候吩咐，实是请好请赏。

李中堂正要尝尝这津门名品，手指尖将碰碗边，目光一落碗中，眉头忽地一皱，面上顿起阴云，猛然甩手"啪"地将一碗茶汤打落在地，碎瓷乱飞，茶汤泼了一地，还冒着热气儿。在场众官员吓懵了，杨七和杨巴慌忙跪下，谁也不知中堂大人为嘛犯怒？

当官的一个比一个糊涂，这就透出杨巴的明白。他眨眨眼，立时猜到中堂大人以前没喝过茶汤，不知道洒在浮头的碎芝麻是嘛东西，一准当成不小心掉上去的脏土，要不哪会有这大的火气？可这样，难题就来了——

倘若说这是芝麻，不是脏东西，不等于骂中堂大人孤陋寡闻，没有见识吗？倘若不加解释，不又等于承认给中堂大人吃脏东西？说不说，都是要挨一顿臭揍，然后砸饭碗子。而眼下顶要紧的，是不能叫李中堂开口说那是脏东西。大人说话，不能改口。必须赶紧想辙，抢在前头说。

杨巴的脑筋飞快地一转两转三转，主意来了！只见他脑袋撞地，"咚咚咚"叩得山响，一边叫道："中堂大人息怒！小人不知道中堂大人不爱吃压碎的芝麻粒，惹恼了大人。大人不记小人过，饶了小人这次，今后一定痛改前非！"说完又是一阵响头。

李中堂这才明白，刚才茶汤上那些黄渣子不是脏东西，是碎芝麻。明白过后便想，天津卫九河下梢，人情练达，生意场上，心灵嘴巧。这卖茶汤的小子更是机敏过人，居然一眼看出自己错把芝麻当做脏土，而三两句话，既叫自己明白，又给自己面子。这聪明在眼前的府县道台中间是绝没有的，于是对杨巴心生喜欢，便说：

"不知者当无罪！虽然我不喜欢吃碎芝麻（他也顺坡下了），但你的茶汤名满津门，也该嘉奖！来人呀，赏银一百两！"

这一来，叫在场所有人摸不着头脑。茶汤不爱吃，反倒奖巨银，为嘛？傻啦？杨巴趴在地上，一个劲儿地叩头谢恩，心里头却一清二楚全明白。

自此，杨巴在天津城威名大震。那"杨家茶汤"也被人们改称做"杨巴茶汤"了。杨七反倒渐渐埋没，无人知晓。杨巴对此毫不内疚，因为自己成名靠的是自己一张好嘴，李中堂并没有喝茶汤呀！

📚 阅读打卡计划 《

打卡　　1　2　3　　4　5　6　　7　8　9　　10　11　12　　13　14　15

姓名：＿＿＿＿＿
年/月：＿＿＿＿＿
节气：＿＿＿＿＿
主题：＿＿＿＿＿
我的评价星级：
☆☆☆☆☆

篇目1： 体裁： 阅读速度： 篇目搜索过程： 篇目阅读过程： 篇目赏析：	篇目2： 体裁： 阅读速度： 篇目搜索过程： 篇目阅读过程： 篇目赏析：	篇目3： 体裁： 阅读速度： 篇目搜索过程： 篇目阅读过程： 篇目赏析：	篇目4： 体裁： 阅读速度： 篇目搜索过程： 篇目阅读过程： 篇目赏析：	篇目5： 体裁： 阅读速度： 篇目搜索过程： 篇目阅读过程： 篇目赏析：

✍ 学生自评量表

评价方面	评价内容	评分	
		教师评分	自我评分
阅读情境 （30分）	1. 连续坚持每天阅读打卡的情况（10分）		
	2. 合理制定阅读计划并严格、自律地按照阅读计划执行的情况（10分）		
	3. 按要求完成每个篇目"找篇目—读篇目—赏篇目"步骤的情况（10分）		
阅读文本 （30分）	1. 查找的篇目与阅读主题相吻合的情况（10分）		
	2. 阅读方式的选择及阅读速度的达成情况（10分）		
	3. 对篇目的理解与鉴赏情况（10分）		
阅读认知过程 （40分）	1. 对阅读主题的理解情况（10分）		
	2. 独立、灵活地使用搜索工具查找篇目的情况（10分）		
	3. 对搜索信息进行归纳总结及分析处理的情况（10分）		
	4. 形成积极阅读和自主阅读习惯的情况（10分）		
评价星级	90～100分：☆☆☆☆☆ 80～90分：☆☆☆☆ 70～80分：☆☆☆ 60～70分：☆☆ 60分以下：☆		

书籍推荐

书目1：《我在故宫修文物》（萧寒，广西师范大学出版社）

书目2：《燕赵古今》（关仁山，中国盲文出版社）

悦 读 者 思 维

　　北京是中华民族的首都，首都和国旗、国徽、国歌一样，是一个国家的标志。2015年，国家提出了"疏解非首都功能"的要求，并加强了相关工作，如推进京津冀一体化、建立雄安新区等。你知道哪些是"首都功能"，哪些是"非首都功能"吗？你如何看待"京津冀一体化"？对于国家"疏解非首都功能"的工作，你有哪些设想和建议吗？

我是这样想的：	我还可以这样想：

第八章

胜日寻芳泗水滨
——齐鲁文化

　　齐鲁文化是先秦时期齐鲁国地盘对照至今山东形成和发展的一种地域文化，包括道家文化、兵家文化、法家文化、墨家文化以及阴阳、纵横、方术、刑、名、农、医等。其中最核心是儒家文化。齐鲁文化的渊源，应追溯到距今5000年以前聚居在齐鲁之地的古老民族——东夷族的发展。自20世纪以来，大量史前考古挖掘出的文物和数千遗址证明这是一个文化发展早、文明程度高的民族。在齐鲁之地上，不仅存在着从8000年前的后李文化到北辛、大汶口文化，再到龙山文化直至距今4000年左右的岳石文化这样一个在文化传统演变上一脉相承又相对独立的文化谱系，而且发现了距今5000年左右众多的城堡遗址和标志着文明发展程度很高的图像文字、陶文以及生产的大量精妙绝伦的蛋壳黑陶及各种手工饰品。

　　山东因居太行山以东而得名，简称"鲁"，先秦时期隶属齐国、鲁国，故而别名齐鲁。山东是儒家文化发源地，儒家思想的创立人有曲阜的孔子、邹城的孟子，以及墨家思想的创始人滕州的墨子、军事家孙子等，均出生于今山东。姜太公在临淄建立齐国，成就了齐桓公、管仲、晏婴、鲍叔牙、孙武、孙膑、邹衍等一大批名人志士；齐国还创建了世界上第一所官方举办、私家主持的高等学府——稷下学宫。

　　山东一直是文人墨客倾心的地方，也因此留下了关于这里的种种美好。今天就让我们跟着这些诗词著作，一起品读文学作品里的山东吧。

（一）课堂精读

1.《望岳》（唐·杜甫）

　　《望岳》是唐代诗人杜甫创作的五言古诗。通过描绘泰山雄伟磅礴的景象，热情赞美了泰山高大巍峨的气势和神奇秀丽的景色，流露出了对祖国山河的热爱之情，表达了诗人不怕困难、敢攀顶峰、俯视一切的雄心和气概，以及卓然独立、兼济天下的豪情壮志。

望岳

（唐·杜甫）

岱宗夫如何？齐鲁青未了。

造化钟神秀，阴阳割昏晓。

荡胸生层云，决眦入归鸟。

会当凌绝顶，一览众山小。

诵读 思考

问题1：请查阅工具书掌握下列难点字词的意思：

（1）岱宗 （2）青未了 （3）荡胸 （4）决眦 （5）会当

问题2：著名的东岳泰山，位于我国地势的第几阶梯？

问题3：请查阅资料，了解这首诗的写作背景。

问题4：请描述"造化钟神秀，阴阳割昏晓"一句所描写的景象。

问题5：第二句中"割"字的用法可谓妙笔生花，请做进一步诠释。

问题6：请说说第三句中的"决眦"表达了作者怎样的心态。

问题7：请说说"会当凌绝顶，一览众山小"的含义，并说说这句诗在我们生活中有何深意？

问题8：请分析文末"小"字的意义和用法。

问题9：请谈谈这首诗抒发了作者怎样的雄心壮志。

思维 导图

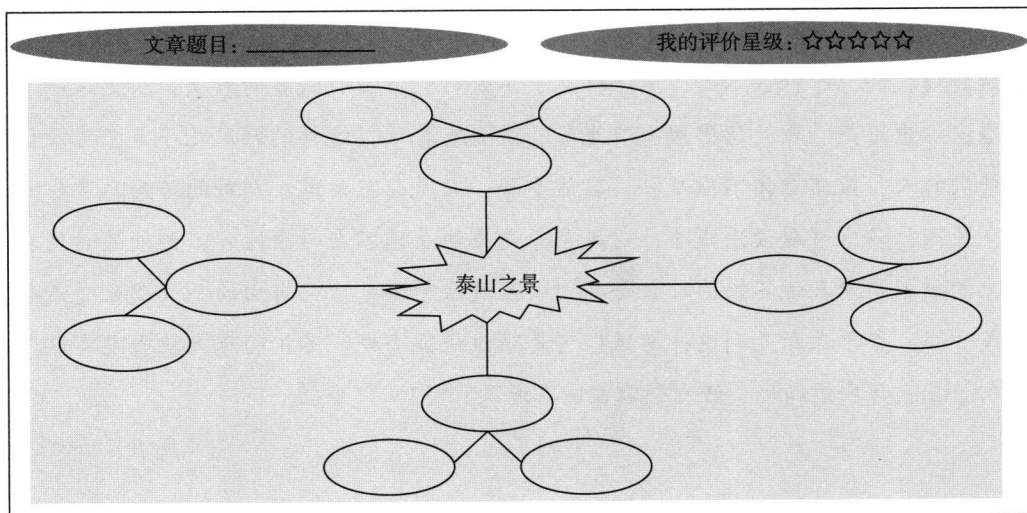

2.《春风》〔老舍〕

《春风》是现代著名作家老舍的一篇散文。文中分别描述了山东两个重要城市：济南和青岛，在春秋两季的景色。请仔细阅读课文，分析两座城市景色有哪些相同和不同。

春风
（老舍）

济南与青岛是多么不相同的地方呢！一个设若比作穿肥袖马褂的老先生，那一个便应当是摩登的少女。可是这两处不无相似之点。拿气候说吧，济南的夏天可以热死人，而青岛是有名的避暑所在；冬天，济南也比青岛冷。但是，两地的春秋颇有点相同。济南到春天多风，青岛也是这样；济南的秋天是长而晴美，青岛亦然。

对于秋天，我不知应爱哪里的：济南的秋是在山上，青岛的是海边。济南是抱在小山里的；到了秋天，小山上的草色在黄绿之间，松是绿的，别的树叶差不多都是红与黄的。就是那没树木的山上，也增多了颜色——日影、草色、石层，三者能配合出种种的条纹，种种的影色。配上那光暖的蓝空，我觉到一种舒适安全，只想在山坡上似睡非睡的躺着，躺到永远。青岛的山——虽然怪秀美——不能与海相抗，秋海的波还是春样的绿，可是被清凉的蓝空给开拓出老远，平日看不见的小岛清楚的点在帆外。这远到天边的绿水使我不愿思想而不得不思想；一种无目的的思虑，要思虑而心中反倒空虚了些。济南的秋给我安全之感，青岛的秋引起我甜美的悲哀。我不知应当爱哪个。

所谓春风，似乎应当温柔，轻吻着柳枝，微微吹皱了水面，偷偷的传送花香，同情的轻轻掀起禽鸟的羽毛。可是，济南与青岛的春风都太粗猛，把两地的春都给吹毁了。济南的风每每在丁香海棠开花的时候把天刮黄，什么也看不见，连花都埋在黄暗中；青岛的风少一些沙土，可是狡猾，在已很暖的时节忽然来一阵或一天的冷风，把一切都送回冬天去，棉衣不敢脱，花儿不敢开，海边翻着愁浪。

两地的风都有时候整天整夜的刮。春夜的微风送来雁叫，使人似乎多些希望。整夜的大风，门响窗户动，使人不英雄的把头埋在被子里；即使无害，也似乎不应该如此。对于我，特别觉得难堪。我生在北方，听惯了风，可也最怕风。听是听惯了，因为听惯才知道那个难受劲儿。它老使我坐卧不安，心中游游摸摸的，干什么不好，不干什么也不好。它常常打断我的希望：听见风响，我懒得出门，觉得寒冷，心中渺茫。春天仿佛应当有生气，应当有花草，这样的野风几乎是不可原谅的！我倒不是个弱不禁风的人，虽然身体不很足壮。我能受苦，只是受不住风。别种的苦处，多少是在一个地方，多少有个原因，多少可以设法减除；对风是干没办法。总不在一个地方，到处随时使我的脑子晃动，像怒海上的船。它使我说不出为什么苦痛，而且没法子避免。它自由的刮，我死受着苦。我不能和风去讲理或吵架。单单在春天刮这样的风！可是跟谁讲理去呢？苏杭的春天应当没有这不得人心的风吧？我不准知道，而希望如此。好有个地方去"避风"呀！

发表于一九三五年三月

诵读 思考：

问题1：请仔细通读全文，划出文中的生词和难懂的句子，并查阅资料，为这些字词和句子做注释。

问题2：请根据对本文的理解，试写出济南与青岛两地在气候上的相同点与不同点，并解释两地气候不同的原因。

问题3：本文题为"春风"，可是为什么前文却用了大量的文字来写济南、青岛秋天的美丽呢？试谈谈自己的认识。

问题4：文中使用了哪些修辞手法，请举例子说明这些修辞手法的表达效果。

问题5：请抄录作品中描写景色的美句。

思维 导图：

请同学们根据自己对文章内容的理解来确定思维导图的"关键词"，关键词不一定只有一个，大家可以小组合作，每个人尝试用不同的关键词来完成思维导图，然后和大家一起交流和分享。

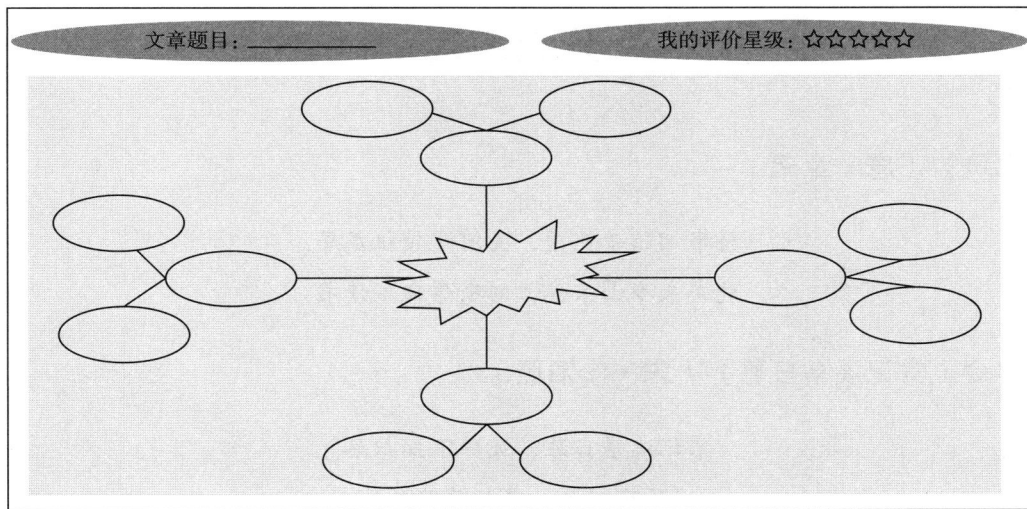

文章题目：＿＿＿＿＿＿　　　　　　　　我的评价星级：☆☆☆☆☆

教师精评量表

评价方面	评价内容	评分	
		教师评分	自我评分
阅读情境（20分）	1.学习单/故事地图/辩论会/课本剧按要求填表完成的情况（10分）		
	2.完成学习单/故事地图/辩论会/课本剧任务要求的积极主动性（10分）		
阅读文本（40分）	1.对字、词、句、段的理解情况（10分）		
	2.对文中精彩字、词、句、段的鉴赏情况（10分）		
	3.阅读速度达到规定要求的情况（10分）		
	4.朗读参与情况与背诵完成情况（10分）		

阅读认知过程 （40分）	1. 带着问题阅读或在阅读中提出问题的情况（10分）		
	2. 借助阅读工具搜索信息解决阅读疑难问题的情况（20分）		
	3. 参与教师提问及阅读交流的情况（10分）		
评价星级	90～100分：☆☆☆☆☆ 80～90分：☆☆☆☆ 70～80分：☆☆☆ 60～70分：☆☆ 60分以下：☆		

（二）小组选读

❖ 请快速浏览下面与"齐鲁文化"相关的6篇【分级阅读】篇目，借助工具书掌握陌生字词。

❖ 从A/B/C三个级别中，选择不同级别中自己感兴趣的2篇大声诵读，并与选择相同篇目的同学组成"专家组"，对篇目的精彩语段及中心思想进行研读和讨论，踊跃发表自己的看法。

❖ 填写下面的任务单，为召开"小专家读书会"做准备，与全班同学分享交流本组的观点和想法吧！

分级阅读

A1.《焚书坑》（唐·章碣）

竹帛烟销帝业虚，关河空锁祖龙居。

坑灰未冷山东乱，刘项原来不读书。

A2.《如梦令·常记溪亭日暮》（宋·李清照）

常记溪亭日暮，沉醉不知归路。

兴尽晚回舟，误入藕花深处。

争渡，争渡，惊起一滩鸥鹭。

B1.《寄王屋山人孟大融》（唐·李白）

我昔东海上，劳山餐紫霞。

亲见安期公，食枣大如瓜。

中年谒汉主，不惬还归家。

朱颜谢春辉，白发见生涯。

所期就金液，飞步登云车。

愿随夫子天坛上，闲与仙人扫落花。

B2.《登泰山而小天下》（战国·孟子）

（二十四）孟子曰："孔子登东山而小鲁，登泰山而小天下，故观于海者难为水，游于圣人之门者难为言。观水有术，必观其澜。日月有明，容光必照焉。流水之为物也，不盈科不行；君子之志于道也，不成章不达。"

C1.《江城子·密州出猎》（宋·苏轼）

老夫聊发少年狂，左牵黄，右擎苍，锦帽貂裘，千骑卷平冈。为报倾城随太守，亲射虎，看孙郎。
酒酣胸胆尚开张。鬓微霜，又何妨！持节云中，何日遣冯唐？会挽雕弓如满月，西北望，射天狼。

C2.《上梁山——鲁西南行简》（峻青）

××兄：

正当阳春三月，鹧鸪声声之际，我应邀去河北省平山温泉，参加太行笔会；南返途中，又应菏泽之邀，做了解一次鲁西南之行。上了梁山，在黑风口当了半天水浒好汉，下得山来，豪兴犹在，禁不住提起笔来，给你写此一信，为的是请你同我一起，分享一点儿梁山风光，水泊豪情。

啊，梁山，这有着浓厚的传奇色彩的地方，在我的童年时代，是怎样强烈地激动过我的好奇的心，撩拨过我那充满了浪漫色彩的想象啊。直到如今，只在一提起梁山泊，我的眼前就会出现一片浩浩碧水，茫茫芦荡。在这烟波浩渺之中，一声响箭起处，几只蚱蜢水舟，从那茂密的芦苇丛中，箭也似地飞将出来。……

啊，这情景，真够豪迈浪漫的了。

嗬，岂止是豪迈浪漫，简直是富有诗情画意呢。

可眼下这水泊梁山，却大非往昔可比了。往日那浩浩荡荡的八百里水泊，如今多已淤积成平原，变成了良田万顷。眼下，正是小麦拔节的季节，一马平川的鲁西南大平原上一片嫩绿，那微风吹动着麦浪，也真酷似那绿色的水泊呢。但，蓼儿洼的遗迹，还是到处可见，除去那一片汪洋的东平湖外，这万顷平原之上，也有不少地方，展现出一片片芦苇丛生的港汊和塘湾。梁山，就座落在这辽阔无垠的平原之上。从很远的地方，就可以望见它那青苍苍的影子。它虽然不能算是十分高大，但却可以使人想见当年那八百里水泊环绕中一山独峙的险要形势。更何况，到得山脚下面，仰头上望那山上岩石嶙峋，陡崖耸立，确是险要雄伟。

爬山了，我走在那乱石纵横崎岖陡峭的上山小道上，心里不禁浮想联翩，泛起一阵阵怀古之幽情。想当年，宋江、武松、林冲、鲁知深等一百○零八条英雄好汉，他们被各自不同的悲惨遭遇，害得有国难奔，有家难投，而最后不得不被逼上梁山，举起了"替天行道"的杏黄大旗。这山道虽然狭小，但它却是那百川之总汇：各路英雄好汉，当初就是像百川细流，从四面八方一起汇聚到这儿，从这条小路上，汇集到那聚义厅前的杏黄旗下来的。

上得山来，第一个去处就是断金亭，当初火□王伦的地方。下得一个山坡，再向前走不大一会儿，只觉得突然飞沙走石，狂风大作，耳边是一片呼呼的风声，身子被风刮得前仰后合。原来，梁山的险要关隘——黑风口到了。

真是名不虚传，这黑风口，果然不同凡响，且不说那地形的险要，光是这风，也令人难以抵挡了。难怪人称这里是"无风三尺浪，有风刮掉头"。

我们的黑旋风李逵，就镇守在这风口上。

如今，这儿竖起了一座李逵的塑像。据说是哪一个美术学院师生的杰作。这像塑得很好，李逵豹眼圆睁，钢须怒张，手执两把板斧，迎着那呼呼的大风，高高地站在山崖之上，黑风口外，把守住了那通往山寨的要道。

好气魄，好威武。真有一夫当关，万夫莫开之慨。不信，试试看，谁能够轻易的从这位黑旋风的板斧底下，进得寨门？

在水浒的众多英雄好汉中，李逵是我深为喜爱的人物之一。我喜爱他的憨厚忠诚，没有半点儿狡诈。我喜爱他的豪爽直率，不见一丝儿虚伪。我甚至喜爱他那种卤莽劲儿；不问青红皂白，劈头就是一顿板斧。虽然由上而演出过"砍倒杏黄旗，大闹忠义堂的"闹剧，但仍不失其天真正直。

朋友，你不是也很喜欢李逵这个人物吗。记得，有一次，你我一起在电视屏幕上看真假李逵戏剧时，你不断地哈哈大笑，连连赞叹说：

"黑旋风真是卤莽得可爱，天真得可爱！"

这黑风口，是通往山上宋江山寨的烟喉之地，有了这位黑旋风的两把板斧，山寨也就可保无虞了。由此也可看出宋江的用人得当，他也是喜爱和相信李逵的忠诚勇猛。

宋江的大本营——聚义厅，就在黑风口上面的虎头峰上。这虎头峰是梁山的主峰，地势最高之处。四周全是悬崖绝壁，陡峭异常。而虎头峰的上面，却十分平坦开阔，当年宋江的聚义厅，就建筑在这片平坦的峰顶上。如今，聚义厅的痕迹已不复存在，但聚义厅前面的石头上，却还有一个碗口在的石窝，传说，这就是当年插杏黄大旗，它令想起那面绣着"替天行道"四个大字的杏黄大旗，高高地耸立在碧波万顷的水泊之上，迎风招展，召唤着四面八方的英雄好汉们的情景。

啊，朋友，不要笑我太迂腐了吧，别怪我把文学作品当成了史实。梁山泊，真的有过英雄聚义呢。尽管《水浒》是小说，有某些虚构的成分，但梁山泊好汉的那一番遗迹和传说，都在无可争辩地证明着这一点。岂止是一杆杏黄旗和旗窝呢。瞧，还有那寨墙，这虎头山四周环绕着的一道道寨墙，它们都是用山石堆砌成的，宽处竟有六七尺厚，最低处也有一人多高。如今虽然已是断垣残壁了，但仍可想见当年的威武之势。

还有马道、练武场、点将台等等遗迹，也都赫然在目。至于活的见证——梁山英雄好汉的后代们，那就更多了。

那银山公社的石庙村，就是阮氏三雄的故里，至今，这个座落在芦花荡里的水乡中，还有三分之一姓阮的，他们都是那浪里白条的后代。

而现在流行于山东、沧州一带的秘宗拳，也就是浪子燕青所传，所以它的另一个名字就叫燕青拳。已故武术家佟忠义，就是燕青拳的高手。

梁山周围的人们，多有习武的传统，历代不乏武林高手，这不能不说是与当年梁山英雄好汉们有关吧。

人生易老，岁月难留，当年梁山泊的好汉们连同他们的轰轰烈烈的英雄业绩，都已随着时间的流逝而烟消云散了。就是那八百里水泊，也经不起沧海桑田的变迁，而淤积成平原，不复再有它那往日的浩瀚之势；但是，那梁山好汉们遗留下来的那种勇于反抗黑暗的官府统治和强暴压迫的精神，以及他们那神采飞扬的英雄形象，却永远传之于千秋万代而不衰。

要不，为什么我们的政府把它定为重点文物保护单位，并拨出款项对梁山进行修整呢。这儿，并非风景胜地，它既没有泰山的雄伟古朴，更没有苏杭的清新秀丽；然而，这却有着自己的独特岁月风貌，它会使得那每一个登临过梁山的人，产生一种传奇的感受、豪放的情怀。

也许正是由于这个原因吧，近几年来，到这梁山来参观、游览的人是越来越多了，甚至有一些有关的会议，比如《水浒》研究会，就是在这儿举行的。

如今，在梁山脚下的一幢房子里，建立了《水浒》陈列馆。那儿阵列着当年水浒好汉们的遗物——兵器和谷物等。可惜，这些遗物收集的还不多，也许是因为陈列馆还刚刚建立的缘故吧。听说，有一艘出土的战船，陈列在济南。由此可见，政府对梁山文物是十分重视的。但是，也有不知重视的人：就在我在黑风口李逵塑像下留连之际，忽然听得对面不远的地方，响起了震耳的炮声，我循声望去，只见西面的山崖上，随着那咚咚的一排响声，冒起了一朵乳白色的烟雾。……

烟雾过处，一大片山崖被炸掉了。

我问一位陪我参观的梁山县的负责同志，这是怎么回事，那位负责同志告诉我，是有人在采石。尽管早在两年以前，政府就已命令禁止在梁山上采石了，但至今还是有人偷偷地开采。

这时，我才注意到：在梁山的山麓，有不少的地方，被采石的炸得斑斑驳驳，破破乱乱，有的地方，甚至把一个小山头也炸平了。如果再不采取有效措施禁止，长此下去要不了几年，这整个梁山，就将被夷为平地不复存在了。

这情况，不能不令人焦虑。

我仰望着李逵的塑像，心情十分沉重。我不禁想到：当年，宋朝的官兵，几度进攻梁山，都没能撼动它一草一木；而今天，梁山好汉的后代们，却把它炸成了这个样子。啊！你，李逵，你还在那里高擎着两把板斧干什么？这采石的炮声，就响在你的脚下，这炸碎的乱石，就飞舞在你的身边，为什么你还是那么一动不动地站在那里？你守得住那黑风口吗？你经得起那二十世纪八十年代的新式炸药的轰炸吗？

啊，朋友，这天晚上，我很久都睡不着，我为我们那可爱的梁山担扰，为那梁山上众多的遗迹，也为我们那可爱的黑旋风塑像担忧。也许，我这担忧是多余的。因我相信，我们的政府和当地人民，还是会采取有效措施，来彻底制止这种少数人的乱采乱炸的行为，来更好地保护和建设这梁山的文物古迹的。

　　这，也请你放心吧，朋友。

　　下次再谈。

　　顺颂

　　近绥！

峻青

一九八四年一月十四日

小专家读书会

篇目1：

我选取的文章题目及级别：_____（A级/B级/C级）	我参加的专家组：_____	我的评价星级：☆☆☆☆☆

读书会主题：

专家组成员及观点	我的发言	小组讨论纪要

我的收获与感悟：

篇目2：

我选取的文章题目及级别：_____（A级/B级/C级）	我参加的专家组：_____	我的评价星级：☆☆☆☆☆

读书会主题：

专家组成员及观点	我的发言	小组讨论纪要

我的收获与感悟：

组内互评量表

评价方面	评价内容	评分	
		教师评分	自我评分
阅读情境（20分）	1. 专家组组织成立及分工合作情况（10分）		
	2. "小专家读书会"按要求填表及准备充分情况（10分）		
阅读文本（30分）	1. 选文级别情况（10分）（A级5分；B级3分；C级2分）		
	2. 选文研读，对字、词、句、段及文章中心思想的理解情况（10分）		
	3. 阅读速度达到规定要求的情况（10分）		
阅读认知过程（50分）	1. 在专家组研讨中提问与交流情况（10分）		
	2. 通过借助阅读工具搜索信息解决小组中阅读疑难问题的情况（10分）		
	3. 在专家组研讨中个人观点表达情况（20分）		
	4. 在"小专家读书会"中阅读讲解与汇报分享情况（10分）		
评价星级	90~100分：☆☆☆☆☆ 80~90分：☆☆☆☆ 70~80分：☆☆☆ 60~70分：☆☆ 60分以下：☆		

（三）主题自读

请根据自己的兴趣和爱好，从下面两个主题中选择一个感兴趣的主题进行阅读。结合主题提示，每2天完成一篇篇目的搜索、阅读和赏析。现在，让我们开始10天的"阅读打卡计划"吧！

◇ 略读任一主题下的2篇【推荐阅读】，理解篇目主要文意，揣摩该主题的含义。

◇ 搜索5篇与选择主题相关的篇目，可以包括古诗词、散文、诗歌、小说选段等多种体裁。

◇ 记录自己阅读古诗词及诗歌的方式，阅读篇幅较长的散文、小说选段等尽量保持在每分钟400字。

◇ 对阅读的篇目中的精彩语句、段落或是打动自己的内容及思想进行赏析。

◇ 将阅读速度、搜索过程、阅读记录、赏析要点等内容填写进"阅读打卡计划记录单"中。

主题1 孔孟之道贯古今

儒家文化是以儒家学说为指导思想的文化流派。儒家学说为春秋时期孔子所创，倡导血亲人伦、现世事功、修身存养、道德理性，其中心思想是恕、忠、孝、悌、勇、仁、义、礼、智、信，其核心是"仁"。儒家学说经历代统治者的推崇，以及孔子后学的发展和传承，使其对中国文化的发展起了决定性的作用，在中国文化的深层观念中，无不打着儒家思想的烙印。儒家本有六经，《诗经》《尚书》《仪礼》《乐经》《周易》《春秋》。秦始皇"焚书坑儒"，据说经秦火一炬，《乐经》从此失传；东汉在此基础上加上《论语》《孝经》，共七经；唐时加上《周礼》《礼记》《春秋公羊传》《春秋穀梁传》《尔雅》，共十二经；宋时加《孟子》，后有宋刻《十三经注疏》传世。让我们来读一读儒家文化的经典著作，汲取孔孟思想的宝贵和精华。

推荐阅读

1.《鱼，我所欲也》（战国·孟子）

鱼，我所欲也；熊掌，亦我所欲也。二者不可得兼，舍鱼而取熊掌者也。生，亦我所欲也；义，亦我所欲也。二者不可得兼，舍生而取义者也。生亦我所欲，所欲有甚于生者，故不为苟得也；死亦我所恶，所恶有甚于死者，故患有所不辟也。如使人之所欲莫甚于生，则凡可以得生者何不用也？使人之所恶莫甚于死者，则凡可以辟患者何不为也？由是则生而有不用也，由是则可以辟患而有不为也。是故所欲有甚于生者，所恶有甚于死者。非独贤者有是心也，人皆有之，贤者能勿丧耳。

一箪食，一豆羹，得之则生，弗得则死。呼尔而与之，行道之人弗受；蹴尔而与之，乞人不屑也。万钟则不辩礼义而受之，万钟于我何加焉！为宫室之美，妻妾之奉，所识穷乏者得我与？乡为身死而不受，今为宫室之美为之；乡为身死而不受，今为妻妾之奉为之；乡为身死而不受，今为所识穷乏者得我而为之；是亦不可以已乎？此之谓失其本心。

2.《大道之行也》（春秋·孔子）

大道之行也，天下为公，选贤与能，讲信修睦。故人不独亲其亲，不独子其子，使老有所终，壮有所用，幼有所长，矜、寡、孤、独、废疾者皆有所养，男有分，女有归。货恶其弃于地也，不必藏于己；力恶其不出于身也，不必为己。是故谋闭而不兴，盗窃乱贼而不作，故外户而不闭，是谓大同。

主题2 泰山嵯峨夏云在

泰山又名岱山、岱宗、岱岳、东岳、泰岳，位于山东省中部，主峰玉皇顶海拔1545米，气势雄伟磅礴，有"五岳之首""五岳之长"五岳之尊"天下第一山"之称。泰山是世界自然与文化遗产，是中华民族的象征，是东方文化的缩影，是"天人合一"思想的寄托之地，是中华民族精神的家园。今天，就让我们从文学作品中走近泰山，一览"天下第一山"的壮丽巍峨吧。

推荐阅读

1.《游泰山六首》（其三）（唐·李白）

平明登日观，举手开云关。

精神四飞扬，如出天地间。

黄河从西来，窈窕入远山。

凭崖览八极，目尽长空闲。

偶然值青童，绿发双云鬟。

笑我晚学仙，蹉跎凋朱颜。

踌躇忽不见，浩荡难追攀。

2.《雨中登泰山》（李健吾）

从火车上遥望泰山，几十年来有好些次了，每次想起"孔子登东山而小鲁，登泰山而小天下"那句话来，就觉得过而不登，像是欠下悠久的文化传统一笔债似的。杜甫的愿望：

"会当凌绝顶，一览众山小"，我也一样有，惜乎来去匆匆，每次都当面错过了。

而今确实要登泰山了，偏偏天公不作美，下起雨来，淅淅沥沥，不像落在地上，倒像落在心里。天是灰的，心是沉的。我们约好了清晨出发，人齐了，雨却越下越大。等天晴吗？想着这渺茫的"等"字，先是憋闷。盼到十一点半钟，天色转白，我不由喊了一句："走吧！"带动年轻人，挎起背包，兴致勃勃，朝岱宗坊出发了。

是烟是雾，我们辨认不清，只见灰蒙蒙一片，把老大一座高山，上上下下，裹了一个严实。古老的泰山越发显得崔嵬了。我们才过岱宗坊，震天的吼声就把我们吸引到虎山水库的大坝前面。七股大水，从水库的桥孔跃出，仿佛七幅闪光黄锦，直铺下去，碰着嶙嶙的乱石，激起一片雪白水珠，脱线一般，撒在洄漩的水面。这里叫作虬在湾：据说虬早已被吕洞宾渡上天了，可是望过去，跳掷翻腾，像又回到了故居。

我们绕过虎山，站到坝桥上，一边是平静的湖水，迎着斜风细雨，懒洋洋只是欲步不前，一边却暗恶叱咤，似有千军万马，躲在绮丽的黄锦底下。黄锦是方便的比喻，其实是一幅细纱，护着一幅没有经纬的精致图案，透明的白纱轻轻压着透明的米黄花纹。——也许只有织女才能织出这种瑰奇的景色。

雨大起来了，我们拐进王母庙后的七真祠。这里供奉着七尊塑像，正面当中是吕洞宾，两旁是他的朋友铁拐李和何仙姑，东西两侧是他的四个弟子，所以叫作七真祠。吕洞宾和他的两位朋友倒也还罢了，站在龛里的两个小童和柳树精对面的老人，实在是少见的传神之作。一般庙宇的塑像，往往不是平板，就是怪诞，造型偶尔美的，又不像中国人，跟不上这位老人这样逼真、亲切。无名的雕塑家对年龄和面貌的差异有很深的认识，形象才会这样栩栩如生。不是年轻人提醒我该走了，我还会欣赏下去的。

我们来到雨地，走上登山的正路，一连穿过三座石坊：一天门、孔子登临处和天阶。水声落在我们后面，雄伟的红门把山挡住。走出长门洞，豁然开朗，山又到了我们跟前。人朝上走，水朝下流，流进虎山水库的中溪陪我们，一直陪到二天门。悬崖峻嶒，石缝滴滴哒哒，泉水和雨水混在一起，顺着斜坡，流进山涧，涓涓的水声变成訇訇的雷鸣。有时候风过云开，在底下望见南天门，影影绰绰，耸立山头，好像并不很远；紧十八盘仿佛一条灰白大蟒，匍匐在山峡当中；更多的时候，乌云四合，层峦叠嶂都成了水墨山水。蹚过中溪水浅的地方，走不太远，就是有名的经石峪，一片大水漫过一亩大小的一个大石坪，光光的石头刻着一部《金刚经》，字有斗来大，年月久了，大部分都让水磨平了。回到正路，雨不知道什么时候已经住了，人走了一身汗，巴不得把雨衣脱下来，凉快凉快。说巧也巧，我们正好走进一座柏树林，阴森森的，亮了的天又变黑了，好像黄昏提前到了人间，汗不但下去，还觉得身子发冷，无怪乎人把这里叫作柏洞。我们抖擞精神，一气走过壶天阁，登上黄岘岭，发现沙石全是赤黄颜色，明白中溪的水为什么黄了。

靠住二天门的石坊，向四下里眺望，我又是骄傲，又是担心。骄傲我已经走了一半的山路，担心自己走不了另一半的山路。云薄了，雾又上来。我们歇歇走走，走走歇歇，如今已经是下午四点多了。困难似乎并不存在，眼面前是一段平坦的下坡土路，年轻人跳跳蹦蹦，走了下去，我也像年轻了一样，有说有笑，跟在他们后头。

我们在不知不觉中，从下坡路转到上坡路，山势陡峭，上升的坡度越来越大。路一直是宽整的，只有探出身子的时候，才知道自己站在深不可测的山沟边，明明有水流，却听不见水声。仰起头来朝西望，半空挂着一条两尺来宽的白带子，随风摆动，想凑近了看，隔着辽阔的山沟，走不过去。我们正在赞不绝口，发现已经来到一座石桥跟前，自己还不清楚是怎么一回事，细雨打湿了浑身上下。原来我们遇到另一类型的飞瀑，紧贴桥后，我们不提防，几乎和它撞个正着。水面有两三丈宽，离地不高，发出一泻千里的龙虎声威，打着桥下奇形怪状的石头，口沫喷的老远。从这时候起，山涧又从左侧转到右侧，水声淙淙，跟我们跟到南天门。

过了云步桥，我们开始走上攀登泰山主峰的盘道。南天门应该近了，由于山峡回环曲折，反而望不见了。野花野草，什么形状也有，什么颜色也有，挨挨挤挤，芊芊莽莽，要把巉岩的山石装扮起来。连我上了一点岁数的人，也学小孩子，掐了一把，直到花朵和叶子全蔫了，才带着抱歉的心情，丢在山涧里，随水漂去。但是把人的心灵带到一种崇高的境界的，却是那些"吸翠霞而夭矫"的松树。它们不怕山高，把根扎在悬崖绝壁的隙缝，身子扭的像盘龙柱子，在半空展开枝叶，像是和狂风乌云争夺天日，又像是和清风白云游戏。有的松树望穿秋水，不见你来，独自上到高处，斜着身子张望。有的松树像一顶墨绿大伞，支开了等你。有的松树自得其乐，显出一副潇洒的模样。不管怎么样，它们都让你觉得它们是泰山的天然的主人，谁少了谁，都像不应该似的。雾在对松山的山峡飘来飘去，天色眼看黑将下来。我不知道上了多少石级，一级又一级，是乐趣也是苦趣，好像从或有生命以来就在登山似的，迈前脚，拖后脚，才不过走完慢十八盘。我靠住升仙坊，仰起头来朝上望，紧十八盘仿佛一架长梯，搭在南天门口。我胆怯了。新砌的石级窄窄的，搁不下整脚。怪不得东汉的应劭，在《泰山封禅仪记》里，这样形容："仰视天门窔辽，如从穴中视天，直上七里，赖其羊肠逶迤，名曰环道，往往有绠索可得而登也，两从者扶挟前人相牵，后人见前人履底，前人已后人顶，如画重累人矣，所谓磨胸捏石扪天之难也。"一位老大爷，斜着脚步，穿花一般，侧着身子，赶到我们前头。一位老大娘，挎着香袋，尽管脚小，也稳稳当当，从我们身边过去。我像应劭说的那样，"目视而脚不随"，抓住铁扶手，揪牢年轻人，走十几步，歇一口气，终于在下午七点钟，上到南天门。

心还在跳，腿还在抖，人到底还是上来了。低头望着新整然而长极了的盘道，我奇怪自己居然也能上来。我走在天街上，轻松愉快，像一个没事人一样。一排留宿的小店，没有名号，只有标记，有的门口挂着一只笊篱，有的窗口放着一对鹦鹉，有的是一根棒槌，有的是一条金牛，地方宽敞的摆着茶桌，地方窄小的只有炕几，后墙紧贴着峥嵘的山石，前脸正对着万丈的深渊。别成一各的还有那些石头。古诗人形容泰山，说"泰山岩岩"，注解人告诉你：岩岩，积石貌。的确这样山顶越发给你这种感觉。有的石头像莲花瓣，有的像大象头，有的像老人，有的像卧虎，有的堕落成桥，有的兀立如柱，有的侧身探海，有的怒目相向。有的什么也不像，黑忽忽的，一动不动堵住你的去路。年月久，传说多，登封台让你想象帝王拜山的盛况，一个光秃秃的地方会有一块石碣，指明是"孔子小天下处"。有的山池叫作洗头盆，据说玉女往常在这里洗过头发；有的山洞叫作白云洞，传说过去往外冒白云，如今不冒白云了，白云在山里依然游来游去。晴朗的天，你正在欣赏"齐鲁青未了"，忽然一阵风来，"荡胸生层云"，转瞬间，便像宋之问在《桂阳三日述怀》里说起的那样，"云海四茫茫"。是云吗？头上明明另有云在。看样子是积雪，要不也是棉絮堆，高高低低，连续不断，一直把天边变成海边。于是阳光掠过，云海的银涛像镀了金，又像着了火，烧成灰烬，不知去向，露出大地的面目。两条白线，曲曲折折，是濑河，是汶河。一个黑点子在碧绿的图案中间移动，仿佛蚂蚁，又冒一缕青烟。你正在指手画脚，说长道短，虚象和真象一时都在雾里消失。

我们没有看到日出的奇景。那要在秋高气爽的时候。不过我们也有自己的独得之乐：我们在雨中看到的瀑布，两天以后下山，已经不那样壮丽了。小瀑布不见，大瀑布变小了。

我们沿着西溪，翻山越岭，穿过果香扑鼻的苹果园，在黑龙潭附近待了老半天。不是下午要赶火车的话，我们还会待下去的。山势和水势在这里别是一种格调，变化而又和谐。山没有水，如同人没有眼睛，似乎少了灵性。我们敢于在雨中登泰山，看到有声有势的飞泉流布，倾盆大雨的时候，恰好又在斗母宫躲过，一路行来，有雨趣而无淋漓之苦，自然也就格外感到意兴盎然。

📚 阅读打卡计划

| 打卡 | 1 | 2 | 3 | 4 | 5 | 6 | 7 | 8 | 9 | 10 | 11 | 12 | 13 | 14 | 15 |

姓名：——————
年/月：——————
节气：——————
主题：——————
我的评价星级：
☆☆☆☆☆

篇目1：
体裁：
阅读速度：
篇目搜索过程：
篇目阅读过程：
篇目赏析：

篇目2：
体裁：
阅读速度：
篇目搜索过程：
篇目阅读过程：
篇目赏析：

篇目3：
体裁：
阅读速度：
篇目搜索过程：
篇目阅读过程：
篇目赏析：

篇目4：
体裁：
阅读速度：
篇目搜索过程：
篇目阅读过程：
篇目赏析：

篇目5：
体裁：
阅读速度：
篇目搜索过程：
篇目阅读过程：
篇目赏析：

学生自评量表

评价方面	评价内容	评分	
		教师评分	自我评分
阅读情境（30分）	1. 连续坚持每天阅读打卡的情况（10分）		
	2. 合理制定阅读计划并严格、自律地按照阅读计划执行的情况（10分）		
	3. 按要求完成每个篇目"找篇目—读篇目—赏篇目"步骤的情况（10分）		
阅读文本（30分）	1. 查找的篇目与阅读主题相吻合的情况（10分）		
	2. 阅读方式的选择及阅读速度的达成情况（10分）		
	3. 对篇目的理解与鉴赏情况（10分）		
阅读认知过程（40分）	1. 对阅读主题的理解情况（10分）		
	2. 独立、灵活地使用搜索工具查找篇目的情况（10分）		
	3. 对搜索信息进行归纳总结及分析处理的情况（10分）		
	4. 形成积极阅读和自主阅读习惯的情况（10分）		
评价星级	90～100分：☆☆☆☆☆ 80～90分：☆☆☆☆ 70～80分：☆☆☆ 60～70分：☆☆ 60分以下：☆		

书籍推荐

书目1：《孔子和他的弟子们》（南怀瑾，东方出版社）

书目2：《孔子的智慧》（林语堂，湖南文艺出版社）

悦读者思维

齐鲁文化讲究"孝道"，孝道是中华民族传统美德的核心，是重要道德伦理规范和做人的最基本原则。这样一种传统美德，却在当今社会人群中产生了不同程度的缺失。你如何看待这个问题？我们该如何呼吁人们尊老敬老？

我是这样想的：	我还可以这样想：

第九章

绝塞寒云冻不开
——关东文化

关东文化是指包括今天的辽宁、吉林、黑龙江在内的地域文化。关于东北地区的文化，学术界还有"黑土文化""黑水文化""长白文化""辽海文化"以及当代特有的"北大荒文化"等称谓。关东文化源远流长，作为一支具有自己独立发展历史和鲜明风格特色的地域性文化，是中华文化多元一体格局中的重要组成部分。关东文化凭借它厚重的历史积淀，多姿多彩的文化内涵，以特有的人文历史、地理风貌、风土人情展示其魅力与特色。在多元一体的中华文化体系中，作为"北雄"的显著代表占有重要的地位。

在东北这块黑土地上，东北人民不仅创造了辉煌灿烂的物质文明，而且创造了具有鲜明特色的关东文化。关东文化具有质实而雄健的品格与气质，这种气质与风格是与关东地域艰苦、严寒、民族众多、生产方式多样联系在一起的。而这种黑土地和冰雪所承载的关东文化又营造了一种关东特有的浓郁、热烈、祥和、红火的文化氛围，在漫长的历史岁月中，特殊的地理条件、独特的生产生活方式、多元文化的碰撞交流、刀与火的历史体验又锤炼和铸就了东北人刚健豁达的个性和勇毅果敢的尚武风气。反映在东北人的性格特征上，豁达、豪爽、简单、仗义、热情好客、直来直去、不拐弯抹角，成为东北人性格特征最好的浓缩和概括。

让我们一起踏上广袤无垠的关东大地，体会黑土地的富饶与豁达，看看冬天的鹅毛大雪和银装素裹、粉妆玉砌的白色世界吧。

（一）课堂精读

1.《哀旅顺》（清·黄遵宪）

　　《哀旅顺》是清代诗人黄遵宪所作的一首七言古体咏史抒情诗。这首诗前十四句极言旅顺港的形势之壮险、战备之精良、军威之雄壮，正是天下无双，固若金汤。最后两句骤然转折，将前文陡然抹倒，金城之固，毁于一旦，于大起大落中寄托了诗人无限的悲愤叹惋。全诗描写生动，语言通俗，格调沉重。

哀旅顺
（清·黄遵宪）

海水一泓烟九点，壮哉此地实天险。

炮台屹立如虎阚，红衣大将威望俨。

下有深池列巨舰，晴天雷轰夜电闪。

最高峰头纵远览，龙旗百丈迎风颭。

长城万里此为堑，鲸鹏相摩图一啖。

昂头侧睨视眈眈，伸手欲攫终不敢。

谓海可填山易撼，万鬼聚谋无此胆。

一朝瓦解成劫灰，闻道敌军蹈背来。

诵读 思考

　　问题1：请查阅工具书掌握下列难点字词的意思：

　　（1）一泓　　（2）烟九点　　（3）虎阚　　（4）俨　　（5）颭　　（6）鲸鹏　　（7）啖　　（8）睨
（9）眈眈

　　问题2：全诗十六句，可分为三个层次，请试着划分，并说说划分的依据。

　　问题3：诗中从哪些诗句可以看出，诗人像是引导读者从飞机上俯瞰辽阔的祖国大地？

　　问题4：诗中以画龙点睛之笔高度概括旅顺失陷惨痛历史的诗句是哪两句？

　　问题5：诗名为"哀旅顺"，表达了作者怎样的情感？

　　问题6：现代古典文学专家霍松林评价这首诗为"诗虽戛然而止，却引人深思，发人深省"，你是如何看待这一评价的？

　　问题7：本诗写于清廷重要军港旅顺失守之后，请查阅资料，还原这一历史事件。

思维 导图

文章题目：＿＿＿＿＿＿＿＿＿＿　　我的评价星级：☆☆☆☆☆

旅顺之哀

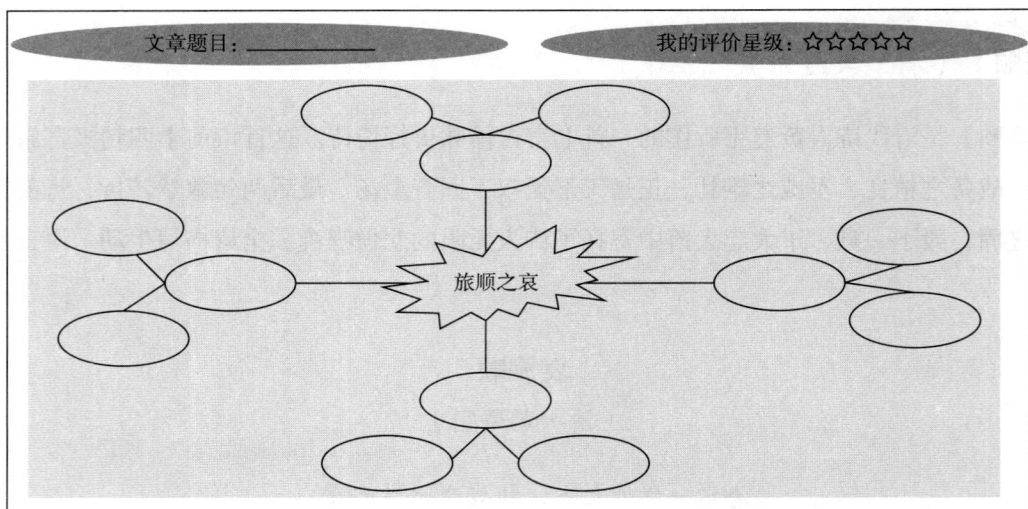

2.《土地的誓言》（端木蕻良）

　　《土地的誓言》是当代作家端木蕻良创作的一篇散文。这是一篇抒情散文，充溢着饱满、深沉的爱国热情，文章中作者抒发了对国土沦丧的压抑之情以及对故乡的深深眷恋。此文的结构看似复杂，实则线索清晰，结构简单。两段文字一气呵成，任由情感的激流倾泻，在结构上有如双峰对峙，又宛若对仗工整的一副长联。

土地的誓言

（端木蕻良）

　　对于广大的关东原野，我心里怀着炽痛的热爱。我无时无刻不听见她呼唤我的名字，我无时无刻不听见她召唤我回去。我有时把手放在我的胸膛上，我知道我的心还是跳动的，我的心还在喷涌着热血，因为我常常感到它在泛滥着一种热情。当我躺在土地上的时候，当我仰望天上的星星，手里握着一把泥土的时候，或者当我回想起儿时的往事的时候，我想起那参天碧绿的白桦林，标直漂亮的白桦树在原野上呻吟；我看见奔流似的马群，深夜嗥鸣的蒙古狗，我听见皮鞭滚落在山涧里的脆响；我想起红布似的高粱，金黄的豆粒，黑色的土地，红玉的脸庞，黑玉的眼睛，斑斓的山雕，奔驰的鹿群，带着松香气味的煤块，带着赤色的足金；我想起幽远的车铃，晴天里马儿戴着串铃在溜直的大道上跑着，狐仙姑深夜的谰语，原野上怪诞的狂风……这时我听到故乡在召唤我，故乡有一种声音在召唤着我。她低低地呼唤着我的名字，声音是那样的急切，使我不得不回去。我总是被这种声音所缠绕，不管我走到哪里，即使我睡得很沉，或者在睡梦中突然惊醒的时候，我都会突然想到是我应该回去的时候了。我必须回去，我从来没想过离开她。这种声音是不可阻止的，是不能选择的。这种声音已经和我的心取得了永远的沟通。当我记起故乡的时候，我便能看见那大地的深层，在翻滚着一种红熟的浆液，这声音便是从那里来的。在那亘古的地层里，有着一股燃烧的洪流，像我的心喷涌着血液一样。这个我是知道的，我常常把手放在大地上，我会感到她在跳跃，和我的心的跳跃是一样的。它们从来没有停息，它们的热血一直在流，在热情的默契里它们彼此呼唤着，终有一天它们要汇合在一起。

土地是我的母亲，我的每一寸皮肤，都有着土粒；我的手掌一接近土地，心就变得平静。我是土地的族系，我不能离开她。在故乡的土地上，我印下我无数的脚印。在那田垄里埋葬过我的欢笑，在那稻颗上我捉过蚱蜢，在那沉重的镐头上留着我的手印。我吃过我自己种的白菜。故乡的土壤是香的。在春天，东风吹起的时候，土壤的香气便在田野里飘扬。河流浅浅地流过，柳条像一阵烟雨似的窜出来，空气里都有一种欢喜的声音。原野到处有一种鸣叫，天空清亮透明，劳动的声音从这头响到那头。秋天，银线似的蛛丝在牛角上挂着，粮车拉粮回来，麻雀吃厌了，这里那里到处飞。稻禾的香气是强烈的，碾着新谷的场院辘辘地响着，多么美丽，多么丰饶……没有人能够忘记她。我必定为她而战斗到底。土地，原野，我的家乡，你必须被解放！你必须站立！夜夜我听见马蹄奔驰的声音，草原的儿子在黎明的天边呼唤。这时我起来，找寻天空中北方的大熊，在它金色的光芒之下，乃是我的家乡。我向那边注视着，注视着，直到天边破晓。我永不能忘记，因为我答应过她，我要回到她的身边，我答应过我一定会回去。为了她，我愿付出一切。我必须看见一个更美丽的故乡出现在我的面前——或者我的坟前。而我将用我的泪水，洗去她一切的污秽和耻辱。

诵读　思考

问题1："我想起那参天碧绿的白桦林，标直漂亮的白桦树在原野上呻吟"，运用了什么修辞手法？

问题2：文中说"黑色的土地"，关东原野的土地为什么是黑色的？黑土有哪些特性，适合生长哪些农作物？

问题3：作者在文中列举了哪些东北特有的景色物产？

问题4：文章结尾一句"为了她，我愿付出一切。我必须看见一个美丽的故乡出现在我的面前——或者我的坟前"的含义是什么？

问题5：文中哪些句子和词语最能表达作者的感情？深情地朗读这些句子，并谈谈你理解和体会。

问题6：为什么文章起初写"关东大地"用"她"来称呼，而到了后面时却又改口说"土地，原野，我的家乡，你必须被解放！你必须站立！"

问题7：如何理解本文的标题"土地的誓言"？

学习单

我的阅读篇目		我的评价星级	☆ ☆ ☆ ☆ ☆
诗中不理解的字词			

发现问题与解决问题		解决问题与收获感悟
老师的阅读问题/我的阅读问题： 1. 2. 3. 4. 5.		我的答案： 1. 2. 3. 4. 5.
我打算解决问题的办法：（上网查资料/图书馆查资料/询问家长/其他）	为解决问题做个小计划： 第一步： 第二步： 第三步：	赏析我喜欢的诗句：
我的新疑问： 1. 2. 3.		写下我的读后感受：

教师精评量表

评价方面	评价内容	评分	
		教师评分	自我评分
阅读情境 （20分）	1. 学习单/故事地图/辩论会/课本剧按要求填表完成的情况（10分）		
	2. 完成学习单/故事地图/辩论会/课本剧任务要求的积极主动性（10分）		
阅读文本 （40分）	1. 对字、词、句、段的理解情况（10分）		
	2. 对文中精彩字、词、句、段的鉴赏情况（10分）		
	3. 阅读速度达到规定要求的情况（10分）		
	4. 朗读参与情况与背诵完成情况（10分）		
阅读认知过程 （40分）	1. 带着问题阅读或在阅读中提出问题的情况（10分）		
	2. 借助阅读工具搜索信息解决阅读疑难问题的情况（20分）		
	3. 参与教师提问及阅读交流的情况（10分）		
评价星级	90～100分：☆ ☆ ☆ ☆ ☆ 80～90分：☆ ☆ ☆ ☆ 70～80分：☆ ☆ ☆ 60～70分：☆ ☆ 60分以下：☆		

（二）小组选读

✧ 请快速浏览下面与"关东文化"相关的6篇【分级阅读】篇目，借助工具书掌握陌生字词。

✧ 从A/B/C三个级别中，选择不同级别中自己感兴趣的2篇大声诵读，并与选择相同篇目的同学组成"专家组"，对篇目的精彩语段及中心思想进行研读和讨论，踊跃发表自己的看法。

✧ 填写下面的任务单，为召开"小专家读书会"做准备，与全班同学分享交流本组的观点和想法吧！

分级阅读

A1.《林海》（老舍）

我总以为大兴安岭奇峰怪石高不可攀。这回有机会看到它，并且走进原始森林，脚踩在积得几尺厚的松针上，手摸到那些古木，才证实这个悦耳的名字是那样亲切与舒服。

大兴安岭这个"岭"字，跟秦岭的"岭"大不一样。这里的岭的确很多，高点的，矮点的，长点的，短点的，横着的，顺着的，可是没有一条使人想起"云横秦岭"那种险境。多少条岭啊，在疾驶的火车上看了几个钟头，看也看不完，看也看不厌。每条岭都是那么温柔，虽然下自山脚，上至岭顶，长满了珍贵的林木，可是谁也不孤峰突起，盛气凌人。

目之所及，哪里都是绿的，的确是林海。群岭起伏是林海的波浪。多少种绿颜色呀：深的，浅的，明的，暗的，绿得难以形容，恐怕只有画家才能够写下这么多的绿颜色来呢！

兴安岭上千般宝，第一应夸落叶松。是的，这里是落叶松的海洋。看，海边上不是有些白色的浪花吗？那是些俏丽的白桦，树干是银白色的。在阳光下，一片青松的边沿，闪动着白桦的银裙，不是像海边上的浪花吗？

两山之间往往流动着清可见底的小河。河岸上有多少野花啊！我是爱花的人，到这里却叫不出那些花的名儿来。兴安岭多么会打扮自己呀：青松做衫，白桦为裙，还穿着绣花鞋。连树与树之间的空隙也不缺乏色彩：松影下开着各种小花，招来各色的小蝴蝶——它们很亲热地落在客人身上。花丛里还隐藏着珊瑚珠似的小红豆，兴安岭中的酒厂所酿造的红豆酒，就是用这些小野果酿成的，味道很好。

看到那数不尽的青松白桦，谁能不向四面八方望一望呢？有多少省市用过这里的木材呀！大至矿井、铁路，小至橡柱、桌椅。千山一碧，万古长青，恰好与广厦、良材联系在一起。所以，兴安岭越看越可爱！它的美丽与建设结为一体，美得并不空洞，叫人心中感到亲切、舒服。

及至看到了林场，这种亲切之感更加深厚了。我们伐木取材，也造林护苗，一手砍，一手栽。我们不仅取宝，也做科学研究，使林海不但能够万古长青，而且可以综合利用。山林中已经有不少的市镇，给兴安岭增添了新的景色，增添了愉快的劳动歌声。人与山的关系日益密切，怎能不使我们感到亲切、舒服呢？我不晓得当初为什么管它叫做兴安岭，由今天看来，它的确含有兴国安邦的意义。

A2.《冰雪的传说》（刘国林）

　　冰天雪地的关东，一年有5个月的结冻期。在那滴水成冰哈气成霜的日子里，咋个活法吆？有人曾打比方："撒尿时得手里捏个棍子，一边撒尿一边敲。若不然就把尿水冻成冰棍了。"你说是不是？其实，没有那么悬乎，这个比方太夸张了。但关东这个地方也确实冷。关东人有"三九四九，棒打不走"之说。最低温度达零下48度。你说冷不冷？但关东人一辈子都喜欢和冰雪打交道。若没有冰雪，他们的生活就像少了盐，没滋味儿了。那啥叫有滋味儿？作者用大量的笔墨写出了关东人与天斗，其乐无穷；与地斗其乐无穷；与大自然斗，其乐无穷……关东人在冰天雪地里如虎添翼、如鱼得水了。不行，举几个例子让你听。你见过曲波作家的《林海雪原》吧，杨子荣率领剿匪小分队就在没膝深的老林子里和土匪斗智斗勇的。作者描写的关东人冰雪的生活，都是真的。可以窥豹一斑。但这只是关东人冰雪生活中的冰山一角。用关东人的歇后语来说，那是戴草帽亲嘴——差远啦！

　　你听说"关东三绝"没有？一绝是马拉爬犁比车快；二绝是百褶皮鞋脚上踹；三绝是大神二神跳起来！还有"关东四奇"呢！一奇是窗户纸糊在外；二奇是大姑娘叼个大烟袋；三奇是养活孩子吊起来；四奇是嘎啦哈孩子爱。还有"棒打狍子瓢舀鱼，野鸡飞到饭锅里"的顺口溜呢，你听说过没有？还有"狼孩"的故事，"狐狸精"的故事，"犴达罕"的故事，"神雕"的故事，"捕熊"的故事，"黄鼠狼"的故事，"露腚鹿"的故事，"猎虎"的故事，"猎野猪"的故事，"大烟炮"的故事，"冬泳"的故事，"炭火盆"的故事，"掏狼窝"的故事，"闯关东"的故事，"抗联"的故事，"雪围子"的故事，"与熊为伍"的故事，"冻吃"的故事，"坛肉"的故事，"水蛎蛄"的故事，"黄豆"的故事，"凿冰窟"的故事……都是天南地北的朋友们闻听未闻、见所未见的新、奇、特的故事，让你大饱眼福的。

　　不想多啰嗦了，你自己看吧，说多了就没意思了。

B1.《采桑子·塞上咏雪花》（清·纳兰性德）

　　　　　　　　非关癖爱轻模样，冷处偏佳。
　　　　　　　　别有根芽，不是人间富贵花。
　　　　　　　　谢娘别后谁能惜，飘泊天涯。
　　　　　　　　寒月悲笳，万里西风瀚海沙。

B2.《呼兰河传》（节选）（萧红）

　　呼兰河这小城里边住着我的祖父。

　　我生的时候，祖父已经六十多岁了，我长到四五岁，祖父就快七十了。

　　我家有一个大花园，这花园里蜂子、蝴蝶、蜻蜓、蚂蚱，样样都有。蝴蝶有白蝴蝶、黄蝴蝶。这种蝴蝶极小，不太好看。好看的是大红蝴蝶，满身带着金粉。

蜻蜓是金的，蚂蚱是绿的，蜂子则嗡嗡地飞着，满身绒毛，落到一朵花上，胖圆圆的就和一个小毛球似的不动了。

花园里边明晃晃的，红的红，绿的绿，新鲜漂亮。

太阳在园子里是特大的，天空是特别高的，太阳的光芒四射，亮得使人睁不开眼睛，亮得蚯蚓不敢钻出地面来，蝙蝠不敢从什么黑暗的地方飞出来。凡是在太阳下的，都是健康的、漂亮的，拍一拍连大树都会发响的，叫一叫就是站在对面的土墙都会回答似的。

花开了，就像花睡醒了似的。鸟飞了，就像鸟上天了似的。虫子叫了，就像虫子在说话似的。一切都活了。都有无限的本领，要做什么，就做什么。要怎么样，就怎么样。都是自由的。倭瓜愿意爬上架就爬上架，愿意爬上房就爬上房。黄瓜愿意开一个谎花，就开一个谎花，愿意结一个黄瓜，就结一个黄瓜。若都不愿意，就是一个黄瓜也不结，一朵花也不开，也没有人问它。玉米愿意长多高就长多高，他若愿意长上天去，也没有人管。蝴蝶随意地飞，一会从墙头上飞来一对黄蝴蝶，一会又从墙头上飞走了一个白蝴蝶。它们是从谁家来的，又飞到谁家去？太阳也不知道这个。

只是天空蓝悠悠的，又高又远。

可是白云一来了的时候，那大团的白云，好像洒了花的白银似的，从祖父的头上经过，好像要压到了祖父的草帽那么低。

我玩累了，就在房子底下找个阴凉的地方睡着了。不用枕头，不用席子，就把草帽遮在脸上就睡了。

后园中有一棵玫瑰。一到五月就开花的。一直开到六月。花朵和酱油碟那么大。开得很茂盛，满树都是，因为花香，招来了很多的蜂子，嗡嗡地在玫瑰树那儿闹着。

别的一切都玩厌了的时候，我就想起来去摘玫瑰花，摘了一大堆把草帽脱下来用帽兜子盛着。在摘那花的时候，有两种恐惧，一种是怕蜂子的勾刺人，另一种是怕玫瑰的刺刺手。好不容易摘了一大堆，摘完了可又不知道做什么了。忽然异想天开，这花若给祖父戴起来该多好看。

祖父蹲在地上拔草，我就给他戴花。祖父只知道我是在捉弄他的帽子，而不知道我到底是在干什么。我把他的草帽给他插了一圈的花，红通通的二三十朵。我一边插着一边笑，当我听到祖父说：

"今年春天雨水大，咱们这棵玫瑰开得这么香。二里路也怕闻得到的。"

就把我笑得哆嗦起来。我几乎没有支持的能力再插上去。等我插完了，祖父还是安然的不晓得。他还照样地拔着垄上的草。我跑得很远的站着，我不敢往祖父那边看，一看就想笑。所以我借机进屋去找一点吃的来，还没有等我回到园中，祖父也进屋来了。

那满头红通通的花朵，一进来祖母就看见了。她看见什么也没说，就大笑了起来。父亲母亲也笑了起来，而以我笑得最厉害，我在炕上打着滚笑。

祖父把帽子摘下来一看，原来那玫瑰的香并不是因为今年春天雨水大的缘故，而是那花就顶在他的头上。

他把帽子放下，他笑了十多分钟还停不住，过一会一想起来，又笑了。

祖父刚有点忘记了，我就在旁边提着说：

"爷爷……今年春天雨水大呀……"

一提起，祖父的笑就来了。于是我也在炕上打起滚来。

就这样一天一天的，祖父，后园，我，这三样是一样也不可缺少的了。

C1.《给流亡异地的东北同胞》（萧红）

沦落在异地的东北同胞们：

当每个中秋的月亮快圆的时候，我们的心总被悲哀装满。想起高粱油绿的叶子，想起白发的母亲或幼年的亲眷。

他们的希望曾随着秋天的满月，在幻想中赊欠了10次。每次都是月亮如期的圆了，而你们的希望却随着高粱的叶子萎落。但是，自从"八一三"之后，上海的炮火响了，中国政府的积极抗战揭开，成了习惯的愁惨的日子，却在炮火的交响里，焕成了鼓动、兴奋和感激。这时，你们一定也流泪了，这是鼓舞的泪，兴奋的泪，感激的泪。

记得抗战以后，第一个可欢笑的"九一八"是怎样纪念的呢？

中国飞行员在这天作了突击的工作。他们对于出云舰的袭击作了出色的成绩。

那夜里，江面上的日本神经质的高射炮手，浪费地惊恐地射着炮弹，用红色的、绿色的、淡蓝色的炮弹把天空染红了。但是我们的飞行员，仍然以精确的技术和沉毅的态度(他们有好多是东北的飞行员)来攻击这摧毁文化、摧残和平的法西斯魔手。几百万的市民都仰起头来寻觅——其实他们什么也看不见的，但他们一定要看，在黑越越的天空里，他们看见了我们民族的自信和人类应有的光辉。

第一个煽惑起东北同胞的思想是：

"我们就要回老家了！"

家乡多么好呀，土地是宽阔的，粮食是充足的，有顶黄的金子，有顶亮的煤，鸽子在门楼上飞，鸡在柳树下啼着，马群越着原野而来，黄豆像潮水似的在铁道上翻涌。

人类对着家乡是何等的怀恋呀，黑人对着"迪斯"痛苦的向往；爱尔兰的诗人夏芝一定要回到那"蜂房一窠，菜畦九垄"的"茵尼斯"去不可；水手约翰·曼殊斐尔(英国桂冠诗人)狂热的要回到海上去。

但是等待了10年的东北同胞，10年如一日，我们心的火越着越亮，而且路子显现得越来越清楚。我们知道我们的路，我们知道我们的作战的位置——我们的位置，就是站在别人的前边的那个位置。我们应该是第一个打开门而是最末走进去的人。

抗战到现在已经遭遇到最艰苦的阶段，而且也就是最后胜利接近的阶段。在杰克·伦敦所写的一篇短篇小说上，描写两个拳师在冲击的斗争里，只系于最后的一拳。而那个可怜的老拳师，所以失败了的原因，也只在少吃了一块"牛扒"。假如事先他能吃得饱一点，胜利一定是他。中国的胜利已经到了这个最后的阶段，而东北人民在这里是决定的一环。

东北流亡同胞们，我们的地大物博，决定了我们的沉着毅勇，正如敌人的家当使他们急功切进一样。在最后的斗争里，谁打得最沉着，谁就会得胜。

我们应该献身给祖国作前卫工作，就如我们应该把失地收复一样，这是我们的命运。

东北流亡同胞，为了失去的土地上的大豆、高粱，努力吧！为了失去的土地上的年老的母亲，努力吧！为了失去的土地上的痛心的一切的记忆，努力吧！

谨此即颂

健康　萧红

C2.《友邦惊诧论》（鲁迅）

只要略有知觉的人就都知道：这回学生的请愿，是因为日本占据了辽吉，南京政府束手无策，单会去哀求国联，而国联却正和日本是一伙。读书呀，读书呀，不错，学生是应该读书的，但一面也要大人老爷们不至于葬送土地，这才能够安心读书。报上不是说过，东北大学逃散，冯庸大学逃散，日本兵看见学生模样的就枪毙吗？放下书包来请愿，真是已经可怜之至。不道国民党政府却在十二月十八日通电各地军政当局文里，又加上他们"捣毁机关，阻断交通，殴伤中委，拦劫汽车，横击路人及公务人员，私逮刑讯，社会秩序，悉被破坏"的罪名，而且指出结果，说是"友邦人士，莫名惊诧，长此以往，国将不国"了！

好个"友邦人士"！日本帝国主义的兵队强占了辽吉，炮轰机关，他们不惊诧；阻断铁路，追炸客车，捕禁官吏，枪毙人民，他们不惊诧。中国国民党治下的连年内战，空前水灾，卖儿救穷，砍头示众，秘密杀戮，电刑逼供，他们也不惊诧。在学生的请愿中有一点纷扰，他们就惊诧了！

好个国民党政府的"友邦人士"！是些什么东西！

即使所举的罪状是真的罢，但这些事情，是无论哪一个"友邦"也都有的，他们的维持他们的"秩序"的监狱，就撕掉了他们的"文明"的面具。摆什么"惊诧"的臭脸孔呢？

可是"友邦人士"一惊诧，我们的国府就怕了，"长此以往，国将不国"了，好像失了东三省，党国倒愈像一个国，失了东三省谁也不响，党国倒愈像一个国，失了东三省只有几个学生上几篇"呈文"，党国倒愈像一个国，可以博得"友邦人士"的夸奖，永远"国"下去一样。

几句电文，说得明白极了：怎样的党国，怎样的"友邦"。"友邦"要我们人民身受宰割，寂然无声，略有"越轨"，便加屠戮；党国是要我们遵从这"友邦人士"的希望，否则，他就要"通电各地军政当局"，"即予紧急处置，不得于事后借口无法劝阻，敷衍塞责"了！

因为"友邦人士"是知道的：日兵"无法劝阻"，学生们怎会"无法劝阻"？每月一千八百万的军费，四百万的政费，作什么用的呀，"军政当局"呀？

写此文后刚一天，就见二十一日《申报》登载南京专电云：

"考试院部员张以宽，盛传前日为学生架去重伤。兹据张自述，当时因车夫误会，为群众引至中大，旋出校回寓，并无受伤之事。至行政院某秘书被拉到中大，亦当时出来，更无失踪之事。"而"教育消息"栏内，又记本埠一小部分学校赴京请愿学生死伤的确数，则云："中公死二人，伤三十人，复旦伤二人，复旦附中伤十人，东亚失踪一人（系女性），上中失踪一人，伤三人，文生氏死一人，伤五人……"，可见学生并未如国府通电所说，将"社会秩序，破坏无余"，而国府则不但依然能够镇压，而且依然能够诬陷，杀戮。"友邦人士"，从此可以不必"惊诧莫名"，只请放心来瓜分就是了。

——写于1931年

📚 小专家读书会

篇目1：

我选取的文章题目及级别：_____（A级/B级/C级） 我参加的专家组：_____ 我的评价星级：☆☆☆☆☆

读书会主题：

专家组成员及观点	我的发言	小组讨论纪要

我的收获与感悟：

篇目2：

我选取的文章题目及级别：_____（A级/B级/C级） 我参加的专家组：_____ 我的评价星级：☆☆☆☆☆

读书会主题：

专家组成员及观点	我的发言	小组讨论纪要

我的收获与感悟：

◈ 组内互评量表

评价方面	评价内容	评分	
		教师评分	自我评分
阅读情境 （20分）	1. 专家组组织成立及分工合作情况（10分）		
	2. "小专家读书会"按要求填表及准备充分情况（10分）		
阅读文本 （30分）	1. 选文级别情况（10分）（A级5分；B级3分；C级2分）		
	2. 选文研读，对字、词、句、段及文章中心思想的理解情况（10分）		
	3. 阅读速度达到规定要求的情况（10分）		
阅读认知过程 （50分）	1. 在专家组研讨中提问与交流情况（10分）		
	2. 通过借助阅读工具搜索信息解决小组中阅读疑难问题的情况（10分）		
	3. 在专家组研讨中个人观点表达情况（20分）		
	4. 在"小专家读书会"中阅读讲解与汇报分享情况（10分）		
评价星级	90～100分：☆☆☆☆☆ 80～90分：☆☆☆☆ 70～80分：☆☆☆ 60～70分：☆☆ 60分以下：☆		

（三）主题自读

请根据自己的兴趣和爱好，从下面两个主题中选择一个感兴趣的主题进行阅读。结合主题提示，每2天完成一篇篇目的搜索、阅读和赏析。现在，让我们开始10天的"阅读打卡计划"吧！

◇ 略读任一主题下的2篇【推荐阅读】，理解篇目主要文意，揣摩该主题的含义。

◇ 搜索5篇与选择主题相关的篇目，可以包括古诗词、散文、诗歌、小说选段等多种体裁。

◇ 记录自己阅读古诗词及诗歌的方式，阅读篇幅较长的散文、小说选段等尽量保持在每分钟400字。

◇ 对阅读的篇目中的精彩语句、段落或是打动自己的内容及思想进行赏析。

◇ 将阅读速度、搜索过程、阅读记录、赏析要点等内容填写进"阅读打卡计划记录单"中。

◉ 主题1 晴空一鹤排云上

在关东大地上，有个地方叫扎龙，扎龙自然保护区芦苇沼泽广袤辽远，湖泊星罗棋布，苇草肥美，鱼虾丰盛，环境幽静，风光绮丽，是鸟类繁衍的"天堂"，其中鹤的种类多，数量大，颇为世人瞩目，素有"鹤的故乡"之称。"一个真实的故事"诉说的是"中国环保烈士第一人"徐秀娟以及徐家一家三代守护丹顶鹤的执着。"晴空一鹤排云上，便引诗情到碧霄"，让我们一起来与关东大地的丹顶鹤做朋友，体会"我愿意为我所热爱的事业付出一切，哪怕是生命"的壮烈情怀吧！

推荐阅读

1.《独鹤》（唐·韦庄）

> 夕阳滩上立裴回，红蓼风前雪翅开。
>
> 应为不知栖宿处，几回飞去又飞来。

2.《白色大鸟的故乡》（张抗抗）

很多年，一直想去叫做扎龙的那个地方。

扎龙那个地名已在耳边盘旋了许多年，带着沼泽地深处水的腥味与草叶的湿润气息，海绵般柔软地吸取了我内心的向往。

只是因为那些白色的大鸟——丹顶鹤。

那群白色的大鸟，从湿地边缘一处高地中结队走出来亮相的时候，一个个长腿长颈、昂首挺胸，洁净而矜持；一身素衣白衫配一顶精巧的小红帽，活像英勇潇洒的斗牛士。

忽听旁侧的养鹤师傅，发出一声类似鹤唳的长鸣，那几十只大鸟先后拉开距离，踮起脚尖，张开阔大的白色翅膀，忽煽着悠悠起飞；一阵强大的气流，如风如雨，从我头顶掠过。

那个时刻，北国的天空中，云朵忽然隐没不见，被盘旋的白鹤覆盖了。那个时刻，北国的夏季，清凉的大雪纷纷，如旗如席，迎风漫卷。

都说鹤通人性，一夫一妻制终身相守。夫妻恩爱平等，令人钦羡。

可是听说曾有一只雄鹤，受到外界诱惑，竟然移情别恋，跟另一只雌鹤远走高飞。它的"原配"痛心至极，最后这只雌鹤离开了扎龙这个伤心之地，不知去向。扎龙湿地的丹顶鹤群中，有过多少感人至深的亲情友爱呢？

然而，仙鹤有爱，却不会有恨。

面对至情而圣洁的仙鹤，人类是否多少会有些愧疚呢？

主题2 我今勿忘国难史

关东大地上，从辽河两岸到松花江畔，从八女投江遗址到杨靖宇将军殉难地，凡是抗日英烈洒下鲜血的地方，都矗立起一座座丰碑。多少仁人志士，舍身救国，浴血疆场。"我自横刀向天笑，去留肝胆两昆仑"，一部不忍卒读的近代史因他们的存在而透出带血的亮色。时至今日，我们仍然不忘国难，让我们一起来铭记"九一八"，用历史促使我们前进。

推荐阅读

1.《"九·一八"十周年书感》（郭沫若）

十年生聚，十年教训，越以沼吴。五年计划，两度完成，苏以抗德。

辽沈沦陷，十载于兹。平津沦陷，五载有余。如水益深，如火益热。

国人沉鼾，不知启发。来日大难，未始有极。如此百年，将何所获。

人十己千，人一己百。立人达人，自立自达。翘首北方，奋飞不得。

2.《九·一八》（鲁迅）

阴天，晌午大风雨。看晚报，已有纪念这纪念日的文章，用风雨作材料了。明天的日报上，必更有千篇一律的作品。空言不如事实，且看看那些记事罢——

戴季陶讲如何救国（中央社）

南京十八日——国府十八日晨举行纪念周，到林森、戴季陶、陈绍宽、朱家骅、吕超、魏怀暨国府职员等四百余人，林主席领导行礼，继戴讲"如何救国"，略谓本日系九一八两周年纪念，吾人于沉痛之余，应想法达到救国目的，救国之道甚多，如道德救国、教育救国、实业救国等，最近又有所谓航空运动及节约运动，前者之动机在于国防与交通上建设，此后吾人应从根本上设法增强国力，不应只知向外国购买飞机，至于节约运动须一面消极的节省消费，一面积极的将金钱用于生产方面。在此国家危急之秋，吾人应该各就自己的职务上尽力量，根据总理的一贯政策，来做整个三民主义的实施。

吴敬恒讲纪念意义（中央社）

南京十八日——中央十八日晨八时举行九一八二周年纪念大会，到中委汪兆铭、陈果夫、邵元冲、陈公博、朱培德、贺耀祖、王祺等暨中央工作人员共六百余人，汪主席，由吴敬恒演讲以精诚团结充实国力，为纪念九一八之意义，阐扬甚多，并指正爱国之道，词甚警惕，至九时始散。

汉口静默停止娱乐（日联社）

汉口十八日——汉口九一八纪念日华街各户均揭半旗，省市两党部上午十时举行纪念会，各戏院酒馆等一律停业，上午十一时全市人民默祷五分钟。

广州禁止民众游行（路透社）

广州十八日——各公署与公共团体今晨均举行九一八国耻纪念，中山纪念堂晨间行纪念礼，演说者均抨击日本对华之侵略，全城汽笛均大鸣，以警告民众，且有飞机于行礼时散发传单，惟民众大游行，为当局所禁，未能实现。

东京纪念祭及犬马（日联社）

东京十八日——东京本日举行九一八纪念日，下午一时在日比谷公会堂举行阵亡军人遗族慰安会，筑地本愿寺举行军马军犬军鸽等之慰灵祭，在乡军人于下午六时开大会，靖国神社举行阵亡军人追悼会。

但在上海怎样呢？先看租界——雨丝风片倍觉消沉

今日之全市，既因雨丝风片之侵袭，愁云惨雾之笼罩，更显黯淡之象。但驾车遍游全市，则殊难得见九一八特殊点缀，似较诸去年今日，稍觉消沉，但此非中国民众之已渐趋于麻木，或者为中国民众已觉悟于过去标语口号之不足恃，只有埋头苦做之一道乎？所以今日之南市闸北以及租界区域，情形异常平安，道途之间，除警务当局多派警探在冲要之区，严密戒备外，简直无甚可以纪述者。

以上是见于《大美晚报》的，很为中国人祝福。至华界情状，却须看《大晚报》的记载了——《今日九一八 华界戒备》公安局据密报防反动

今日为"九一八"，日本侵占东北国难二周纪念，市公安局长文鸿恩，昨据密报，有反动分子，拟借国难纪念为由秘密召集无知工人，乘机开会，企图煽惑捣乱秩序等语，文局长核报后，即训令各区所队，仍照去年"九一八"实施特别戒备办法，除通告该局各科处于今晨十时许，在局长办公厅前召集全体职员，及警察总队第三中队警士，举行"九一八"国难纪念，同时并行纪念周外，并饬督察长李光曾派全体督察员，男女检查员，分赴中华路、民国路、方浜路、南阳桥、唐家湾、斜桥等处，会同各区所警士，在各要隘街衢，及华租界接壤之处，自上午八时至十一时半，中午十一时半至三时，下午三时至六时半，分三班轮流检查行人。南市大吉路公共体育场，沪西曹家渡三角场，闸北谭子湾等处，均派大批巡逻警士，禁止集会游行。制造局路之西，徐家汇区域内主要街道，尤宜特别注意，如遇发生事故，不能制止者，即向丽园路报告市保安处第二团长处置，凡工厂林立处所，加派双岗驻守，红色车巡队，沿城环行驶巡，形势非常壮严。该局侦缉队长卢英，饬侦缉领班陈光炎、陈才福、唐炳祥、夏品山，各率侦缉员，分头密赴曹家渡、白利南路、胶州路及南市公共体育场等处，严密暗探反动分子行动，以资防范，而遏乱萌。公共租界暨法租界两警务处，亦派中西探员出发搜查，以防反动云。

"红色车"是囚车，中国人可坐，然而从中国人看来，却觉得"形势非常壮严"云。记得前两天（十六日）出版的《生活》所载的《两年的教训》里，有一段说——"第二，我们明白谁是友谁是仇了。希特勒在德国民族社会党大会中说：'德国的仇敌，不在国外，而在国内。'北平整委会主席黄郛说：'和共抗日之说，实为谬论；剿共和外方为救时救党上策。'我们却要说'民族的仇敌，不仅是帝国主义，而是出卖民族利益的帝国主义走狗们。'民族反帝的真正障碍在那里，还有比这过去两年的事实指示得更明白吗？"

现在再来一个切实的注脚：分明的铁证还有上海华界的"红色车"！是一天里的大教训！年年的这样的情状，都被时光所埋没了，今夜作此，算是纪念文，倘中国人而终不至被害尽杀绝，则以贻我们的后来者。

是夜，记。

阅读打卡计划

打卡　　1　2　3　｜　4　5　6　｜　7　8　9　｜　10　11　12　｜　13　14　15

☐ ☐ ☐　☐ ☐ ☐　☐ ☐ ☐　☐ ☐ ☐　☐ ☐ ☐

姓名：＿＿＿＿＿＿
年/月：＿＿＿＿＿＿
节气：＿＿＿＿＿＿
主题：＿＿＿＿＿＿
我的评价星级：
☆☆☆☆☆

| 篇目1：
体裁：
阅读速度：

篇目搜索过程：

篇目阅读过程：

篇目赏析： | 篇目2：
体裁：
阅读速度：

篇目搜索过程：

篇目阅读过程：

篇目赏析： | 篇目3：
体裁：
阅读速度：

篇目搜索过程：

篇目阅读过程：

篇目赏析： | 篇目4：
体裁：
阅读速度：

篇目搜索过程：

篇目阅读过程：

篇目赏析： | 篇目5：
体裁：
阅读速度：

篇目搜索过程：

篇目阅读过程：

篇目赏析： |

学生自评量表

评价方面	评价内容	评分	
		教师评分	自我评分
阅读情境 （30分）	1. 连续坚持每天阅读打卡的情况（10分）		
	2. 合理制定阅读计划并严格、自律地按照阅读计划执行的情况（10分）		
	3. 按要求完成每个篇目"找篇目—读篇目—赏篇目"步骤的情况（10分）		
阅读文本 （30分）	1. 查找的篇目与阅读主题相吻合的情况（10分）		
	2. 阅读方式的选择及阅读速度的达成情况（10分）		
	3. 对篇目的理解与鉴赏情况（10分）		
阅读认知过程 （40分）	1. 对阅读主题的理解情况（10分）		
	2. 独立、灵活地使用搜索工具查找篇目的情况（10分）		
	3. 对搜索信息进行归纳总结及分析处理的情况（10分）		
	4. 形成积极阅读和自主阅读习惯的情况（10分）		
评价星级	90～100分：☆☆☆☆☆ 80～90分：☆☆☆☆ 70～80分：☆☆☆ 60～70分：☆☆ 60分以下：☆		

书籍推荐

书目1：《我的世界下雪了》（迟子建，浙江文艺出版社）

书目2：《呼兰河传》（萧红，北京联合出版公司）

悦读者思维

　　1931年"九一八"事变是日本帝国主义侵华的开端，东北沦陷，日本开始了对东北长达14年的奴役和殖民统治。这是东北的耻辱，更是国家的耻辱。"勿忘国耻"永远是爱国主义教育的第一课。"勿忘国耻"，才能振兴中华，但有人觉得，"国耻"一词听起来太过消极。你如何理解"国耻"一词？对于消极的观点，你有什么想法？我们常听到文化自信、道路自信、制度自信，你认为当代中国人该如何做到"自信"呢？

我是这样想的：	我还可以这样想：

第十章

白墙青瓦山水明
——安徽文化

安徽是中国史前文明的重要发祥地之一。在繁昌县人字洞发现距今约250万年前人类活动遗址，在和县龙潭洞发掘的三四十万年前旧石器时代的"和县猿人"遗址，表明远古时期已有人类生息繁衍在安徽这块土地上。

安徽文化主要由淮河文化、徽州文化、皖江文化、庐州文化等组成。其中徽州文化最具特色和代表性，徽州文化也称徽文化，指古代徽州一府六县物质文明和精神文明的总和。其内容主要有徽商、徽州历史名人、新安理学、新安医学、徽州戏曲、新安画派、徽派篆刻、徽派版画、徽州工艺、徽州刻书、徽州文献、徽派建筑、徽州民俗，等等。

徽州文化是一个极具地方特色的区域文化，其内容广博、深邃，深切透露了东方社会与文化之谜，包容了中国后期封建社会民间经济、社会、生活与文化的基本内容，被誉为是后期中国封建社会的典型标本。学术界对其的研究已发展成一门相对独立的地方学——"徽学"，被誉为是与敦煌学和藏学并列的中国三大走向世界的地方显学之一。现在，就让我们一起走进白墙青瓦的淡雅安徽吧。

（一）课堂精读

1.《陋室铭》（唐·刘禹锡）

　　《陋室铭》是唐代诗人刘禹锡所创作的一篇托物言志骈体铭文。全文短短八十一字，作者借赞美陋室抒写自己志行高洁，安贫乐道，不与世俗同流合污的意趣，也反映了作者自命清高、孤芳自赏的思想。文章层次明晰，先以山水起兴，点出"斯是陋室，惟吾德馨"的主旨，接着从室外景、室内人、室中事方面着笔，渲染陋室不陋的高雅境界，并引古代俊彦之居、古代圣人之言强化文意，以反问作结，余韵悠长。

陋室铭

（唐·刘禹锡）

　　山不在高，有仙则名。水不在深，有龙则灵。斯是陋室，惟吾德馨。苔痕上阶绿，草色入帘青。谈笑有鸿儒，往来无白丁。可以调素琴，阅金经。无丝竹之乱耳，无案牍之劳形。南阳诸葛庐，西蜀子云亭。孔子云：何陋之有？

诵读 思考

　　问题1：请查阅工具书掌握下列难点字词的意思：

　　（1）铭　（2）名　（3）斯　（4）馨　（5）鸿儒　（6）白丁　（7）素琴　（8）金经

　　（9）丝竹　（10）案牍　（11）形

　　问题2：猜读法是指在读书过程中，根据已知的内容来推测未知内容，比如，由标题猜测正文的内容，由上句猜测下句，由开头猜测结尾，从文章体裁、段落、词句出发做出合理的推测。请尝试用猜读法诵读本篇课文。

　　问题3：请查阅相关资料，了解本文的创作背景。

　　问题4："山不在高，有仙则名。水不在深，有龙则灵"是脍炙人口的名言佳句，颇有哲理诗的精警和含蕴。请谈一谈你对这句诗的理解。

　　问题5："苔痕上阶绿，草色入帘青"是写室外之景，请说说作者为何要描写陋室之外的"苔"和"草"呢？

　　问题6：本文是一篇托物言志的铭文，请思考文章表现了作者怎样的生活态度和情操。

　　问题7：请说说你对"无丝竹之乱耳，无案牍之劳形"一句的含义的理解。

　　问题8：文章结尾引用孔子的"何陋之有"，有什么含义？请联系全文说说你的理解。

　　问题9：请说一说本文运用了哪些写作手法。

　　问题10：请结合自己对本文的理解展开想象，说一说你眼前的这一"陋室"以及作者的生活是什么样子的？

学习单

我的阅读篇目		我的评价星级	☆☆☆☆☆
诗中不理解的字词			
发现问题与解决问题		解决问题与收获感悟	
老师的阅读问题/我的阅读问题： 1. 2. 3. 4. 5.		我的答案： 1. 2. 3. 4. 5.	
我打算解决问题的办法：（上网查资料/图书馆查资料/询问家长/其他）	为解决问题做个小计划： 第一步： 第二步： 第三步：	赏析我喜欢的诗句：	
我的新疑问： 1. 2. 3.		写下我的读后感受：	

2.《黄山绝壁松》（冯骥才）

　　黄山，在我们看来无疑是以一块块似云如风的石头闻名，而冯骥才先生《黄山绝壁松》笔调清新俊逸，语言优美隽永，是一篇感人心魄的精致美文。如果认真地去品味文章中的每一句、每一段，我们便会有美不胜收之感之美，它美在立意，美在形象，美在语言，美在结构。从和石头顽强拼搏的野松入手，将一副崭新的画面展现在我们的面前。俗话说："鸡蛋碰石头，不自量力"，但是松树并没有像别的事物那样畏惧，它用自己的毅力、耐力、努力，最终取得了成功。温室中的花朵并不动人，只有经过一番磨砺、拼搏才能突破自己。

黄山绝壁松
（冯骥才）

　　黄山以石奇云奇松奇名天下。然而登上黄山，给我以震动的是黄山松。

　　黄山之松布满黄山。由深深的山谷至大大小小的山顶，无处无松。可是我说的松只是山上的松。

　　山上有名气的松树颇多。如迎客松、望客松、黑虎松、连理松等等，都是游客们争相拍照的对象。但我说的不是这些名松，而是那些生在极顶和绝壁上不知名的野松。

　　黄山全是石峰。裸露的巨石侧立千仞，光秃秃没有土壤，尤其那些极高的地方，天寒风疾，草木不生，苍鹰也不去那里，一棵棵松树却破石而出，伸展着优美而碧绿的长臂，显示其独具的气质。世人赞叹它们独绝的姿容，很少去想在终年的烈日下或寒飙中，它们是怎样存活和生长的？

一位本地人告诉我，这些生长在石缝里的松树，根部能够分泌一种酸性的物质，腐蚀石头的表面，使其化为养份被自己吸收。为了从石头里寻觅生机，也为了牢牢抓住绝壁，以抵抗不期而至的狂风的撕扯与摧折，它们的根日日夜夜与石头搏斗着，最终不可思议地穿入坚如钢铁的石体。细心便能看到，这些松根在生长和壮大时常常把石头从中挣裂！还有什么树木有如此顽强的生命力？

我在迎客松后边的山崖上仰望一处绝壁，看到一条长长的石缝里生着一株幼小的松树。它高不及一米，却旺盛而又有活力。显然曾有一颗松籽飞落到这里，在这冰冷的石缝间，什么养料也没有，它却奇迹般生根发芽，生长起来。如此幼小的树也能这般顽强？这力量是来自物种本身，还是在一代代松树坎坷的命运中磨砺出来的？我想，一定是后者。我发现，山上之松与山下之松决不一样。那些密密实实拥挤在温暖的山谷中的松树，干直枝肥，针叶鲜碧，慵懒而富态；而这些山顶上绝壁松却是枝干瘦硬，树叶黑绿，矫健又强悍。这绝壁之松是被恶劣与凶险的环境强化出来的。它虬劲和富于弹性的树干，是长期与风雨搏斗的结果；它远远地伸出的枝叶是为了更多地吸取阳光……这一代代艰辛的生存记忆，已经化为一种个性的基因，潜入绝壁松的骨头里。为此，它们才有着如此非凡的性格与精神。

它们站立在所有人迹罕至的地方。那些荒峰野岭的极顶，那些下临万丈的悬崖峭壁，那些凶险莫测的绝境，常常可以看到三两棵甚至只有一棵孤松，十分夺目地立在那里。它们彼此姿态各异，也神情各异，或英武，或肃穆，或孤傲，或寂寞。远远望着它们，会心生敬意；但它们——只有站在这些高不可攀的地方，才能真正看到天地的浩荡与博大。

于是，在大雪纷飞中，在夕阳残照里，在风狂雨骤间，在云烟明灭时，这些绝壁松都像一个个活着的人：像站立在船头镇定又从容地与激浪搏斗的艄公，战场上永不倒下的英雄，沉静的思想者，超逸又具风骨的文人……在一片光亮晴空的映衬下，它们的身影就如同用浓墨画上去的一样。

但是，别以为它们全像画中的松树那么漂亮。有的枝干被飓风吹折，暴露着断枝残干，但另一些枝叶仍很苍郁；有的被酷热与冰寒打败，只剩下赤裸的枯骸，却依旧尊严地挺立在绝壁之上。於是，一个强者应当有的品质——刚强、坚韧、适应、忍耐、奋取与自信，它全都具备。

现在可以说了，在黄山这些名绝天下的奇石奇云奇松中，石是山的体魄，云是山的情感，而松——绝壁之松是黄山的灵魂。

诵读 思考

问题1：请说一说文中"山上的松"和"山下的松"有哪些不同点。

问题2：本文运用了许多修辞手法，请你举例说明这些修辞手法的作用。

问题3：阅读全文后，你对黄山绝壁松最深刻的印象是什么。

问题4：请划出文中表现黄山绝壁松品格的字词。

问题5：黄山位于我国地势的第几阶梯？属于什么地形区和什么气候区？

思维导图

文章题目：_____ 　　我的评价星级：☆☆☆☆☆

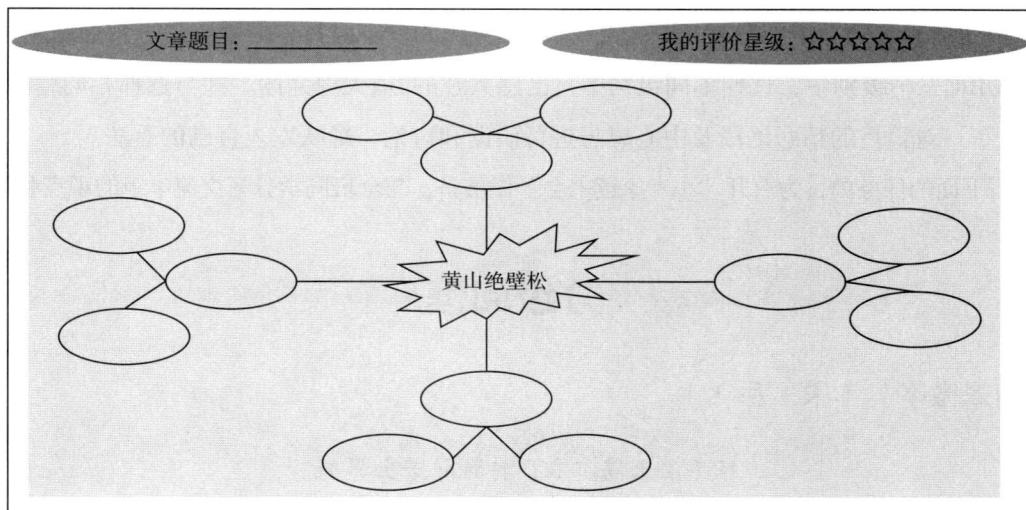

黄山绝壁松

教师精评量表

评价方面	评价内容	评分	
		教师评分	自我评分
阅读情境（20分）	1. 学习单/故事地图/辩论会/课本剧按要求填表完成的情况（10分）		
	2. 完成学习单/故事地图/辩论会/课本剧任务要求的积极主动性（10分）		
阅读文本（40分）	1. 对字、词、句、段的理解情况（10分）		
	2. 对文中精彩字、词、句、段的鉴赏情况（10分）		
	3. 阅读速度达到规定要求的情况（10分）		
	4. 朗读参与情况与背诵完成情况（10分）		
阅读认知过程（40分）	1. 带着问题阅读或在阅读中提出问题的情况（10分）		
	2. 借助阅读工具搜索信息解决阅读疑难问题的情况（20分）		
	3. 参与教师提问及阅读交流的情况（10分）		
评价星级	90～100分：☆☆☆☆☆ 80～90分：☆☆☆☆ 70～80分：☆☆☆ 60～70分：☆☆ 60分以下：☆		

（二）小组选读

✧ 请快速浏览下面与"安徽文化"相关的6篇【分级阅读】篇目，借助工具书掌握陌生字词。

✧ 从A/B/C三个级别中，选择不同级别中自己感兴趣的2篇大声诵读，并与选择相同篇目的同学组成"专家组"，对篇目的精彩语段及中心思想进行研读和讨论，踊跃发表自己的看法。

✧ 填写下面的任务单，为召开"小专家读书会"做准备，与全班同学分享交流本组的观点和想法吧！

分级阅读

A1.《池州翠微亭》（宋·岳飞）

> 经年尘土满征衣，特特寻芳上翠微。
>
> 好水好山看不足，马蹄催趁月明归。

A2.《滁州西涧》（唐·韦应物）

> 独怜幽草涧边生，上有黄鹂深树鸣。
>
> 春潮带雨晚来急，野渡无人舟自横。

B1.《南陵道中》（唐·杜牧）

> 南陵水面漫悠悠，风紧云轻欲变秋。
>
> 正是客心孤迥处，谁家红袖凭江楼。

B2.《采桑子·轻舟短棹西湖好》（宋·欧阳修）

> 轻舟短棹西湖好，绿水逶迤，芳草长堤，隐隐笙歌处处随。
>
> 无风水面琉璃滑，不觉船移，微动涟漪，惊起沙禽掠岸飞。

C1.《宣州谢朓楼饯别校书叔云》（唐·李白）

> 弃我去者，昨日之日不可留；
>
> 乱我心者，今日之日多烦忧。
>
> 长风万里送秋雁，对此可以酣高楼。
>
> 蓬莱文章建安骨，中间小谢又清发。
>
> 俱怀逸兴壮思飞，欲上青天览明月。
>
> 抽刀断水水更流，举杯销愁愁更愁。
>
> 人生在世不称意，明朝散发弄扁舟。

C2.《卖油翁》（宋·欧阳修）

陈康肃公善射，当世无双，公亦以此自矜。尝射于家圃，有卖油翁释担而立，睨之久而不去。见其发矢十中八九，但微颔之。

康肃问曰："汝亦知射乎？吾射不亦精乎？"翁曰："无他，但手熟尔。"康肃忿然曰："尔安敢轻吾射！"翁曰："以我酌油知之。"乃取一葫芦置于地，以钱覆其口，徐以杓酌油沥之，自钱孔入，而钱不湿。因曰："我亦无他，惟手熟尔。"康肃笑而遣之。

此与庄生所谓解牛斫轮者何异？

📚 小专家读书会

篇目1：

我选取的文章题目及级别：_____（A级/B级/C级）	我参加的专家组：_____	我的评价星级：☆☆☆☆☆
读书会主题：		
专家组成员及观点	我的发言	小组讨论纪要
我的收获与感悟：		

篇目2：

我选取的文章题目及级别：_____（A级/B级/C级）	我参加的专家组：_____	我的评价星级：☆☆☆☆☆
读书会主题：		
专家组成员及观点	我的发言	小组讨论纪要
我的收获与感悟：		

📎 组内互评量表

评价方面	评价内容	评分	
		教师评分	自我评分
阅读情境（20分）	1. 专家组组织成立及分工合作情况（10分）		
	2. "小专家读书会"按要求填表及准备充分情况（10分）		
阅读文本（30分）	1. 选文级别情况（10分）（A级5分；B级3分；C级2分）		
	2. 选文研读，对字、词、句、段及文章中心思想的理解情况（10分）		
	3. 阅读速度达到规定要求的情况（10分）		
阅读认知过程（50分）	1. 在专家组研讨中提问与交流情况（10分）		
	2. 通过借助阅读工具搜索信息解决小组中阅读疑难问题的情况（10分）		
	3. 在专家组研讨中个人观点表达情况（20分）		
	4. 在"小专家读书会"中阅读讲解与汇报分享情况（10分）		
评价星级	90～100分：☆☆☆☆☆ 80～90分：☆☆☆☆ 70～80分：☆☆☆ 60～70分：☆☆ 60分以下：☆		

（三）主题自读

请根据自己的兴趣和爱好，从下面两个主题中选择一个感兴趣的主题进行阅读。结合主题提示，每2天完成一篇篇目的搜索、阅读和赏析。现在，让我们开始10天的"阅读打卡计划"吧！

❖ 略读任一主题下的2篇【推荐阅读】，理解篇目主要文意，揣摩该主题的含义。

❖ 搜索5篇与选择主题相关的篇目，可以包括古诗词、散文、诗歌、小说选段等多种体裁。

❖ 记录自己阅读古诗词及诗歌的方式，阅读篇幅较长的散文、小说选段等尽量保持在每分钟400字。

❖ 对阅读的篇目中的精彩语句、段落或是打动自己的内容及思想进行赏析。

❖ 将阅读速度、搜索过程、阅读记录、赏析要点等内容填写进"阅读打卡计划记录单"中。

🏔 主题1 黄山归来不看岳

黄山，世界文化与自然双重遗产，中华十大名山之一，被称为天下第一奇山。黄山位于安徽省南部黄山市境内，是安徽旅游的标志，是中国十大风景名胜唯一的山岳风光。黄山原名"黟山"，因峰岩青黑，遥望苍黛而名。后因传说轩辕黄帝曾在此炼丹，故改名为"黄山"。黄山代表景观有"四绝三瀑"，四绝：奇松、怪石、云海、温泉；三瀑：人字瀑、百丈泉、九龙瀑。黄山迎客松是安徽人民热情友好的象征，承载着拥抱世界的东方礼仪文化。明朝旅行家徐霞客登临黄山时赞叹："薄海内外之名山，无如徽之黄山。登黄山，天下无山，观止矣！"被后人引申为"五岳归来不看山，黄山归来不看岳"。现在，就让我们从古今文人的诗词歌赋中饱览黄山的秀美风光吧。

推荐阅读

1.《赠黄山胡公求白鹇》（并序）（唐·李白）

闻黄山胡公有双白鹇，盖是家鸡所伏，自小驯狎，了无惊猜，以其名呼之，皆就掌取食。然此鸟耿介，尤难畜之，余平生酷好，竟莫能致。而胡公辍赠于我，唯求一诗。闻之欣然，适会宿意，援笔三叫，文不加点以赠之。

请以双白璧，买君双白鹇。

白鹇白如锦，白雪耻容颜。

照影玉潭里，刷毛琪树间。

夜栖寒月静，朝步落花闲。

我愿得此鸟，玩之坐碧山。

胡公能辍赠，笼寄野人还。

2.《送温处士归黄山白鹅峰旧居》（唐·李白）

黄山四千仞，三十二莲峰。

丹崖夹石柱，菡萏金芙蓉。

伊昔升绝顶，下窥天目松。

仙人炼玉处，羽化留馀踪。

亦闻温伯雪，独往今相逢。

采秀辞五岳，攀岩历万重。

归休白鹅岭，渴饮丹砂井。

凤吹我时来，云车尔当整。

去去陵阳东，行行芳桂丛。

回溪十六度，碧嶂尽晴空。

他日还相访，乘桥蹑彩虹。

主题2 天下枭强当孟德

　　曹操字孟德，今安徽亳州人，东汉末年杰出的政治家、军事家、文学家、书法家，三国中曹魏政权的奠基人。曹操军事上精通兵法，重贤爱才，为此不惜一切代价将看中的潜能分子收于麾下；生活上善诗歌，抒发自己的政治抱负，并反映汉末人民的苦难生活，气魄雄伟，慷慨悲凉；散文亦清峻整洁，开启并繁荣了建安文学，给后人留下了宝贵的精神财富，鲁迅评价其为"改造文章的祖师"。今天，让我们来阅读与曹操有关的文学佳作，从多个角度来认识这位三国时期的一代枭雄。

推荐阅读

1.《步出夏门行——艳》（东汉·曹操）

云行雨步，超越九江之皋。

临观异同，心意怀犹豫，不知当复何从？

经过至我碣石，心惆怅我东海。

2.《蒿里行》（东汉·曹操）

关东有义士，兴兵讨群凶。

初期会盟津，乃心在咸阳。

军合力不齐，踌躇而雁行。

势利使人争，嗣还自相戕。

淮南弟称号，刻玺于北方。

铠甲生虮虱，万姓以死亡。

白骨露于野，千里无鸡鸣。

生民百遗一，念之断人肠。

阅读打卡计划

打卡　1　2　3　4　5　6　7　8　9　10　11　12　13　14　15

☐☐☐☐☐☐☐☐☐☐☐☐☐☐☐

姓名：_____
年/月：_____
节气：_____
主题：_____
我的评价星级：
☆☆☆☆☆

| 篇目1：
体裁：
阅读速度：
篇目搜索过程：
篇目阅读过程：
篇目赏析： | 篇目2：
体裁：
阅读速度：
篇目搜索过程：
篇目阅读过程：
篇目赏析： | 篇目3：
体裁：
阅读速度：
篇目搜索过程：
篇目阅读过程：
篇目赏析： | 篇目4：
体裁：
阅读速度：
篇目搜索过程：
篇目阅读过程：
篇目赏析： | 篇目5：
体裁：
阅读速度：
篇目搜索过程：
篇目阅读过程：
篇目赏析： |

学生自评量表

评价方面	评价内容	评分	
		教师评分	自我评分
阅读情境 （30分）	1. 连续坚持每天阅读打卡的情况（10分）		
	2. 合理制定阅读计划并严格、自律地按照阅读计划执行的情况（10分）		
	3. 按要求完成每个篇目"找篇目—读篇目—赏篇目"步骤的情况（10分）		
阅读文本 （30分）	1. 查找的篇目与阅读主题相吻合的情况（10分）		
	2. 阅读方式的选择及阅读速度的达成情况（10分）		
	3. 对篇目的理解与鉴赏情况（10分）		
阅读认知过程 （40分）	1. 对阅读主题的理解情况（10分）		
	2. 独立、灵活地使用搜索工具查找篇目的情况（10分）		
	3. 对搜索信息进行归纳总结及分析处理的情况（10分）		
	4. 形成积极阅读和自主阅读习惯的情况（10分）		
评价星级	90～100分：☆☆☆☆☆ 80～90分：☆☆☆☆ 70～80分：☆☆☆ 60～70分：☆☆ 60分以下：☆		

📚**书籍推荐**《

书目1：《黑白曹操》《秦涛，中国民主法制出版社》

书目2：《徽派建筑风景速写》（孙贵兵，安徽美术出版社）

悦 读 者 思 维

提起曹操，人们会不约而同地想到"治世之能臣，乱世之奸雄"的评语。为何用这样一句话评价曹操呢？在你眼中曹操是怎样的一个人呢？	
我是这样想的：	我还可以这样想：

第十一章

遥望玉龙雪生烟
——高原文化

　　高原文化指我国西南青藏高原和云贵高原的地域文化，包括西藏、青海、云南、贵州四个地区。青藏高原文化是指历史上活动在青藏高原上的各个民族的传统文化的综合，它具有若干综合性文化的特征。云贵高原是中国少数民族种类最多的地区，各民族保留了丰富多彩的文化传统，是古人类起源与扩散的重要地区，历史上存在着夜郎、南诏、大理国等地方民族政权，创造了灿烂的西南夷文化。

　　自元朝始，中央政权便对西藏行使有效管辖。藏族人民是中华民族大家庭中的重要一员。青海因境内有国内最大的内陆咸水湖——青海湖而得名，有着"世界屋脊"的美称，以及"天河锁钥""海藏咽喉""金城屏障""西域之冲"和"玉塞咽喉"等称谓，是长江、黄河、澜沧江的发源地，被誉为"三江源""中华水塔""江河源头"。

　　云南是人类文明的重要发祥地之一，是距今170万年前的中国和亚洲最早人类元谋人的生活之地，战国时期，是滇族部落的生息之地。贵州也是古人类发祥地之一，远古人类化石和远古文化遗存发现颇多，早在24万年前，就有人类栖息繁衍。

　　各民族文化在历史发展的过程中，既有矛盾与冲突，又有交流与兼容，呈现出各文化之间双向互动的多元发展模式。各民族文化之间的涵化、影响和依存共同构筑了高原多元一体的文化态势，从而孕育出了不同于其他地域文学的独特的多民族文学，让我们一起共赏多民族的风情与韵味吧！

（一）课堂精读

1.《出塞作》（唐·王维）

《出塞作》是唐代诗人王维的边塞诗，此诗写得很有特色，它反映了当时的战斗情况，用两相对比的写法，先写吐蕃的强悍，气势咄咄逼人，造成心理上的紧张；再写唐军雍容镇静，应付裕如，有攻有守，以一种压倒对方的凌厉气势夺取最后的胜利，暗寓出诗人赞颂唐军对吐蕃作战的胜利，表现了盛唐时期国力的强盛和诗人自豪、喜悦的心情。

出塞作

（唐·王维）

居延城外猎天骄，白草连天野火烧。
暮云空碛时驱马，秋日平原好射雕。
护羌校尉朝乘障，破虏将军夜渡辽。
玉靶角弓珠勒马，汉家将赐霍嫖姚。

诵读 思考

问题1：请查阅工具书掌握下列难点字词的意思：
（1）天骄 （2）白草 （3）暮云 （4）碛 （5）乘障 （6）珠勒 （7）霍嫖姚

问题2：诗的首联描写打猎声势之盛，来渲染边关剑拔弩张的形势，请用自己的语言对此场景进行描述。

问题3：颔联是对吐蕃族人的描写，请仔细品读，并查阅相关资料，说一说你心中的吐蕃健儿的形象和性格特征。

问题4：诗中的颈联采用了对仗的手法，突出了军队的气势。请分析句中"朝"字和"夜"字的含义和用法。

问题5：本诗采用对比的写法，先写敌人的勇悍和嚣张气焰，再写大唐守边将士不畏强敌、敢于战斗、敢于胜利的精神。请划出诗中突出这一写法的字词，并具体分析这种写作手法。

问题6："汉家将赐霍嫖姚"中的"霍嫖姚"是指霍去病，请结合史实讲一讲骁勇善战的霍去病将军。

学习单

我的阅读篇目		我的评价星级	☆☆☆☆☆
诗中不理解的字词			
发现问题与解决问题		解决问题与收获感悟	
老师的阅读问题/我的阅读问题： 1. 2. 3. 4. 5.		我的答案： 1. 2. 3. 4. 5.	
我打算解决问题的办法：（上网查资料/图书馆查资料/询问家长/其他）	为解决问题做个小计划： 第一步： 第二步： 第三步：	赏析我喜欢的诗句：	
我的新疑问： 1. 2. 3.		写下我的读后感受：	

2.《青海高原一株柳》（陈忠实）

《青海高原一株柳》描写了在青海高原这个以狂风、干旱为常态的恶劣环境中，生长着一株粗壮挺拔的柳树。作者由此展开了丰富的联想，以家乡灞河的柳树作对比，想象青海高原上的柳树怎样克服重重苦难，突破重重障碍，穿过九十九条死亡之路，在一线希望之中成就了一片绿阴。

青海高原一株柳
（陈忠实）

这是一株柳，一株在平原在水边极其平常的柳树。

这是一株神奇的柳树，神奇到令我望而生畏的柳树，它伫立在青海高原上。

在青海高原，每走一处，面对广袤无垠、青草覆盖的原野，寸草不生、青石嶙峋的山峰，深邃的蓝天和凝滞的云团，心头便弥漫着古典边塞诗词的悲壮和苍凉。走到李家峡水电站总部的大门口，我一眼就瞅见了这株大柳树，不由得"哦"了一声。

这是我在高原见到的唯一的一株柳树。我站在这里，目力所及，背后是连绵的铁铸一样的青山，近处是呈现着赭红色的起伏的原地，根本看不到任何一棵树。没有树族的原野显得尤其简洁而开阔，也显得异常的苍茫。这株柳树怎么会生长起来壮大起来，造成高原如此壮观的一方独立的风景？

这株柳树大约有两合抱粗，浓密的树叶覆盖出百十余平方米的树阴。树干和树枝呈现出生铁铁锭的色泽，粗实而坚硬。叶子如此之绿，绿得苍郁，绿得深沉，自然使人感到高寒和缺水对生命颜色的独特锻铸。它巍巍然撑立在高原之上，给人以生命伟力的强大感召。

我便抑制不住自己的猜测和想象：风从遥远的河川把一粒柳絮卷上高原，随意抛散到这里，那一年恰遇好雨水，它有幸萌发了。风把一团团柳絮抛散到这里，生长出一片幼柳，随之而来的持续的干旱把这一茬柳树苗子全毁了，只有这一株柳树奇迹般地保存了生命。自古以来，人们也许年复一年看到过，一茬一茬的柳树苗子在春天冒出又在夏天旱死，也许熬过了持久的干旱，却躲不过更为严酷的寒冷，干旱和寒冷绝不宽容任何一条绿色的生命活到一岁。然而这株柳树却造就了一个不可思议的奇迹。

我依然沉浸在想象的世界里：长到这样粗的一株柳树，经历过多少虐杀生灵的高原风雪，冻死过多少次又复苏过来；经历过多少场铺天盖地的雷轰电击，被劈断了枝干又重新抽出了新条。它无疑经受过一次又一次摧毁，却能够一回又一回起死回生。这是一种多么顽强的精神。

我家乡的灞河以柳树名贯古今，历代诗家词人为那里的柳枝柳絮倾洒过多少墨汁和泪水。然而面对青海高原的这一株柳树，我却崇拜到敬畏的境地了。是的，家乡灞河边的柳树确有让我自豪的历史，每每吟诵那些折柳送别的诗篇，都会抹浓一层怀恋家园的乡情。然而，家乡水边的柳树却极易生长，随手折一条柳枝插下去，就发芽，就生长，三两年便成为一株婀娜多姿、风情万种的柳树了；漫天飞扬的柳絮飘落到沙滩上，便急骤冒出一片又一片芦苇一样的柳丛。青海高原上的这一株柳树，为保存生命却要付出怎样的难以想象的艰苦卓绝的努力？同是一种柳树，生活的道路和命运相差何远？

这株柳树没有抱怨命运，也没有畏怯生存之危险和艰难，而是聚合全部身心之力与生存环境抗争，以超乎想象的毅力和韧劲生存下来，终于造成了高原上的一方壮丽的风景。命运给予它的几乎是九十九条死亡之路，它却在一线希望之中成就了一片绿阴。

诵读 思考

问题1：请思考，文章以青海高原的柳树为题，为什么文中又描写了家乡灞河边的柳树呢？

问题2：请说一说课文第二句中，作者为什么对柳树"望而生畏"呢？

问题3：请谈谈你心中的青海高原的柳树具备哪些品质。

问题4：学习了这篇课文，你获得了哪些启迪呢？

问题5：作者家乡灞河的柳树与青海高原的柳树有何不同，从地理生长条件的角度说说为何会有这样的不同？

思维导图

文章题目：＿＿＿＿＿＿＿＿　　　　我的评价星级：☆☆☆☆☆

柳树

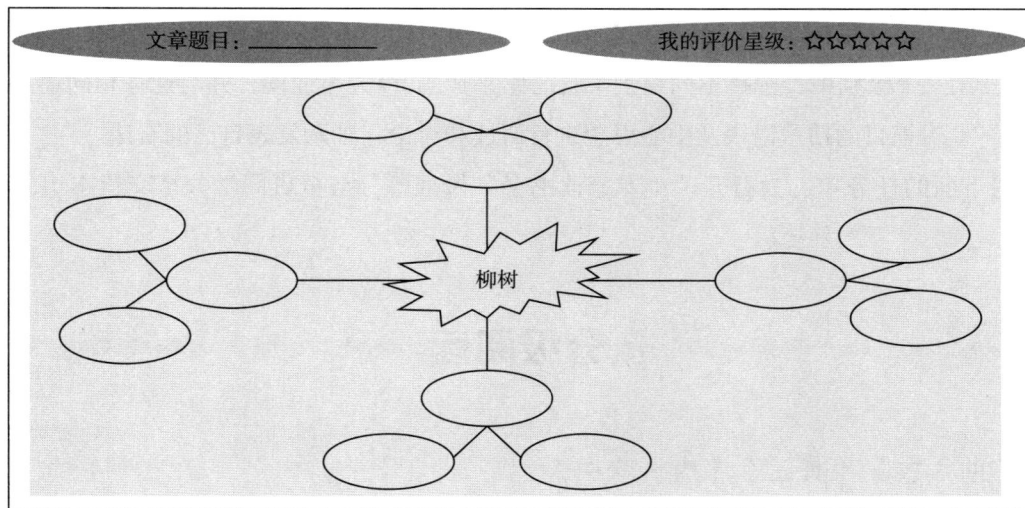

教师精评量表

评价方面	评价内容	评分	
		教师评分	自我评分
阅读情境（20分）	1.学习单/故事地图/辩论会/课本剧按要求填表完成的情况（10分）		
	2.完成学习单/故事地图/辩论会/课本剧任务要求的积极主动性（10分）		
阅读文本（40分）	1.对字、词、句、段的理解情况（10分）		
	2.对文中精彩字、词、句、段的鉴赏情况（10分）		
	3.阅读速度达到规定要求的情况（10分）		
	4.朗读参与情况与背诵完成情况（10分）		
阅读认知过程（40分）	1.带着问题阅读或在阅读中提出问题的情况（10分）		
	2.借助阅读工具搜索信息解决阅读疑难问题的情况（20分）		
	3.参与教师提问及阅读交流的情况（10分）		
评价星级	90~100分：☆☆☆☆☆ 80~90分：☆☆☆☆ 70~80分：☆☆☆ 60~70分：☆☆ 60分以下：☆		

（二）小组选读

❖ 请快速浏览下面与"高原文化"相关的6篇【分级阅读】篇目，借助工具书掌握陌生字词。

❖ 从A/B/C三个级别中，选择不同级别中自己感兴趣的2篇大声诵读，并与选择相同篇目的同学组成"专家组"，对篇目的精彩语段及中心思想进行研读和讨论，踊跃发表自己的看法。

❖ 填写下面的任务单，为召开"小专家读书会"做准备，与全班同学分享交流本组的观点和想法吧！

================ **分级阅读** ================

A1.《塞下曲六首》（其三）（唐·李白）

> 骏马似风飙，鸣鞭出渭桥。
>
> 弯弓辞汉月，插羽破天骄。
>
> 阵解星芒尽，营空海雾消。

A2.《西藏》（海子）

> 西藏，一块孤独的石头坐满整个天空
>
> 没有任何夜晚能使我沉睡
>
> 没有任何黎明能使我醒来
>
> 一块孤独的石头坐满整个天空
>
> 他说：在这一千年里我只热爱我自己
>
> 一块孤独的石头坐满整个天空
>
> 没有任何泪水使我变成花朵
>
> 没有任何国王使我变成王座

B1.《我在西藏阿里，面壁雪山11年》（毕淑敏）

我在西藏阿里，面壁雪山，度过了11年。在天的尽头，人容易忧郁。在语言的尽头，人有希望重生。

一个人的肉身是有诞生之所的，通常是故乡或是父母漂泊中的营地。灵魂也是有出生地的。我灵魂的故乡是在西藏阿里。那时我是一个16岁多一点的小女兵，对高原充满了畏惧。

在阿里宝蓝色丝绒一般的天空上，镶嵌着碎钻般的众星。每一颗星都是一只神眼，目不转睛地看着你。对视得久了，你会看到星星有悠长的睫毛也会疲倦地眨眼。再看下去，你会被星空催眠，泛起一种扑升而去融入鸿宇的冲动。你会坚信，你的前生必是一颗星。你还坚信，你的后世也是一颗星。在星与星的旅程中，是这一刻的生而为人，坚守在阿里的雪原上，做一名勇敢的边防军人。

1971年1月，在阿里最严寒的日子，我们连续一个月徒步行军拉练。夜卧冰榻朝饮雪汁，操练卫国的本领。因为几乎天天露营，要留出野炊和搭帐篷的时间，不可抵达得太晚。每日半夜响起号角，打起背包睡眼惺忪跌跌撞撞地出发。

黎明前最黑暗的时刻，队列迅疾前行。凭着武器碰撞的细微声响，判定前进的方向。皮帽子被呼出的白气笼罩，马上凝结成冰花，眉宇被浓霜镀满，肩头上好像蜷缩着一匹银狐。我们攀登极高的山脉，突破几百万年人类进化的极限，寸寸肌体痛楚不堪。

匆匆行进了几十公里，口渴了。就地休憩的号角吹起，我们停步，摇摇军用水壶，无声无息。壶内的水都冻成了冰，拧开壶盖，倒置水壶，也不会一滴水珠流出。头天晚上灌水壶的时候，万不能灌满。不留出充分余地，结冰后钢壶会炸裂。

口渴是要解决的，这是战斗力的一部分。有人把汽油泼向一丛低矮灌木，开始发动打火机。噼里啪啦几十下，才有一朵微弱火苗燃起，我们用冻僵的手指，将水壶从保温壳里剥出来，投入火中。它像水雷一样渐渐变得通体赤红。火苗熄灭后，我们在灌木丛中寻回自己的水壶。轻晃之后，侧耳细听，壶里有了小溪般的潺潺声响。冰壶轻微融化，终于有水喝了。

水那样稀少，拢共十滴吧，已是天赐佳酿。我们一滴滴品尝着，润泽咽喉。我突然闻到了雪朵的寒香，听到了连续不断的冰峰形成猛烈回声，看到红色旗帜傲然飘扬。一抹霞光以迅雷不及掩耳之势，跃出冰冷山巅，之后迅速膨胀，染出瑰丽奇幻的色彩，起伏云阵的辉煌灿烂让人惊骇莫名。它们并不是静止的，上下腾挪翻滚，内含亮晶晶的微粒。这一个刹那，好像是亿万萤火虫的巨巢，焦灼着等待放飞。下一个刹那，如一池拥塞锦鲤，搅得满天通红。再下一个刹那，它们断然变成秋风肃杀，墨云金边，雷霆万钧……在霞光下，我陡然明白了生命的意义。我有幸在自己的青年时代，在旷远冰寒的阿里高原服役，为祖国尽忠，是我无上的荣耀。时光只要善用，都有价值，只要你紧紧把握住青春的光阴，努力学习认真工作，和战友们相亲相爱，就会奠定你一生顽强成长的轨迹原点。

在阿里，我承受过无与伦比的磨难，攀登过藏羚羊都会避闪的高崖，咀嚼干燥到令人作呕的脱水菜，青春的胴体除了军服，再未披过其他任何颜色……不管那时的我多么哀伤，甚至想到过自戕，然我终于不曾脱逃。现在，当我年过花甲时光飞逝，我珍视自己的青春经历。我想告诉亲爱的战友们，这是多么好的感觉啊。

B2.《花溪一日间》（陈伯吹）

见故国之旗鼓；感生平于畴日。——丘迟

烽火几乎燃烧到了贵阳，我怀念着花溪，拉开了心幕，涌出一年前的回忆。这旧梦：温暖，美丽，依然像珍珠一般的鲜明。

经由图云关，到达贵阳。在城郊已望见了数十个烟囱；又看见了热闹的市街，富丽的店肆，以及熙来攘往的人们。虽然阴晦的天空，依旧暴露了"天无三日晴"的姿态；然而"地无三寸平，人无三分银"的谚语的迹痕，似乎杳不可见了。

贵阳，已非旧时面目，曾经有人赞美她说："地狱变成天堂"！其然？岂其然乎？所可惜的，只是高物价的天堂！

朋友很诚恳地向我说："过贵阳而不上花溪，如入宝山而空手归来"！

这是多么诱人而且有力的劝告，于是我在候西南公路局的交通车时间里，在仅有的旅费中，支付了八个钟点，两百元法币，给了花溪；这也许是最最吝啬的一个游客了。

天空有微雨，却又仿佛射出阳光来，这是江南的一种养花天气，是阴晴莫测的天色，所以在旅店门口踟蹰了好久，这又是"不成大事"的书生的坏脾气。侍役却在旁边告诉我说：

"先生！贵州的天气，在这早春的季节，老是这么样的；白天不大会下雨，可是一到黑夜，又得细雨绵绵了。"

我感谢他，也佩服他的善观气色，终于走出了门口。

在雨丝时飘时止，阳光欲露又掩的间歇里，蹄声得得，上坡下坡，我坐在荡动的马车上，断然上花溪去了。行行重行行，直等到走了两个半钟点以后，才迟迟地到了望眼欲穿的花溪。游客们都说"这马跑得不错；车子还快的"。我想到"路遥知马力"，一腔怨愤，也随着马的疲惫的嘘气声中，忽然间消失了。恰好此时淡淡的阳光，透出云层，把山野耀得微亮，精神不觉也就爽快起来。先在镇上小饭店里，吃了一顿简单的饭，因为时候已近午刻了。然后大踏步地走向花溪，可是失望得很，那是一块多么平凡的地方，和普通的乡村一模一样。

不过，如果你嚼过橄榄的话，你就得爱它那样的滋味；她给予你的味道，也正是如此，当你在"盛名之下，其实难副"的失望里，会愈走愈高兴，愈看愈惬意，直等到你走完了，看完了，还依恋地不忍和她分手。

真的，如实说来，花溪的确没有什么特致难忘的景色，或者艳丽动人的地方。她的美：只是在山，水，树木，花草，甚至于村舍和田野的均匀和配合，远在艺术的美感律上，所谓"多样的统一"。她是盘谐和的彩色，她是一幅匀称的图案，她是一个健康美丽的少女，只浓装，不浓抹。

我打从一条宽阔的田畦上走去，爬登蛇山亭。在亭里眺望到的是广大的地野，绿油油的一大片，下了山，绕过尚武俱乐部，再登观瀑亭。近看潺潺乱窜的瀑水，远眺黑压压一堆的碧云窝，以及整齐的仲家的房屋，那全是苗人的老家，令人涌起一股怀古的幽情。略低的柏亭，在另一座小山上和它遥遥相对，四周围护着翠柏。旗亭在它的脚下，国旗正飘扬在翠柏与红梅之上，从悠闲中扬起一股庄严来。防校亭在它的侧面，放鹤亭在它的后面，坝上桥在它的前面。又慢步下了山。在绿水白浪之上，慢慢地蹁过坝上桥，沿溪走着，左转再登××堂。在这里，可以鸟瞰全个花溪，景物历历可数；连田野里耕田的农人，山崖下凿石开道的劳工，伛偻徐行的贩夫，都成为点缀花溪景色的分子。花溪的美妙，即感动此，她与大自然打成了一片。至少在我个人的感觉上以为如此。徘徊了许久，尽量的从各个不同的角度上去饱餐景色，几乎不想拾级而下了。既然走了下来，行地走着，走过麟山，这是沿花溪旁最高的一座山，从历乱的丛林的隙缝中，可以辨认出上面有一座跃跃欲飞的飞云阁来。可惜石滑泥湿，要用最大的努力才能爬得上去，怕的是登了上去，恣意四望，不肯下来，在再思三思之下，只得割爱。痴立在下面，抬头凝望了好一会儿，仿佛自己已经跃登了上去，效法阿Q的精神胜利，祈求山灵勿笑。再沿着花溪曲曲走回去，淙淙的水声，一直在后边欢送着。

一路走，一路低着头，默然地思量：

山冈，田野，溪水，划子，丛林，草坪，花圃，曲桥，农场，村舍，亭阁，沙洲，石屿，假山，鱼塘，这一些，装点了花溪的静的美。

风声，鸟声，笑语声溶化在淙淙的瀑声，潺潺的水流声中，配合上日丽，山青，水绿，田碧，松苍，柏翠，桥栏红，浪花白，以及花香，蚕豆香，就只有这一些，交织成花溪的声色之美。

"真正的平凡，也就是不平凡！"我自语着，不觉已经踱出了一座辉煌的牌楼，那是算出了花溪了。

在驱向归路的马车里，随着颠簸的律动，思潮一起一落，那些溪的景色，不绝地在我眼底里翻映。我想，如果我在天朗气清，风和日暖的暮春佳日，来尽情地鉴赏花溪，岂不更好吗？于是我埋怨我自己来得太早了。

当马车进入贵阳市的界石时，天空又飘起雨丝来，愈近贵阳，天色愈阴晦起来。我却又庆幸着能够安然来往于花溪后个晴日间，纵然马车来回坐去了六个钟头，也不能不说是幸运了。何况如今还是战时时期呢？

烽火几乎燃烧到贵阳，我怀念着花溪，闭上了心幕，珍藏着这鲜明的回忆，不晴她给心里的风雨侵蚀。更默祷贵阳无恙，为前方却敌的将士祝福。

C1.《昆明的雨》（汪曾祺）

宁坤要我给他画一张画，要有昆明的特点。我想了一些时候，画了一幅：右上角画了一片倒挂着的浓绿的仙人掌，末端开出一朵金黄色的花；左下画了几朵青头菌和牛肝菌。题了这样几行字：

"昆明人家常于门头挂仙人掌一片以辟邪，仙人掌悬空倒挂，尚能存活开花。于此可见仙人掌生命之顽强，亦可见昆明雨季空气之湿润。雨季则有青头菌、牛肝菌，味极鲜腴。"我想念昆明的雨。

我以前不知道有所谓雨季。"雨季"，是到昆明以后才有了具体感受的。

我不记得昆明的雨季有多长，从几月到几月，好像是相当长的。但是并不使人厌烦。因为是下下停停、停停下下，不是连绵不断，下起来没完。而且并不使人气闷。我觉得昆明雨季气压不低，人很舒服。

昆明的雨季是明亮的、丰满的，使人动情的。城春草木深，孟夏草木长。昆明的雨季，是浓绿的。草木的枝叶里的水分都到了饱和状态，显示出过分的、近于夸张的旺盛。

我的那张画是写实的。我确实亲眼看见过倒挂着还能开花的仙人掌。旧日昆明人家门头上用以辟邪的多是这样一些东西：一面小镜子，周围画着八卦，下面便是一片仙人掌，——在仙人掌上扎一个洞，用麻线穿了，挂在钉子上。昆明仙人掌多，且极肥大。有些人家在菜园的周围种了一圈仙人掌以代替篱笆。——种了仙人掌，猪羊便不敢进园吃菜了。仙人掌有刺，猪和羊怕扎。

　　昆明菌子极多。雨季逛菜市场，随时可以看到各种菌子。最多，也最便宜的是牛肝菌。牛肝菌下来的时候，家家饭馆卖炒牛肝菌，连西南联大食堂的桌子上都可以有一碗。牛肝菌色如牛肝，滑，嫩，鲜，香，很好吃。炒牛肝菌须多放蒜，否则容易使人晕倒。青头菌比牛肝菌略贵。这种菌子炒熟了也还是浅绿色的，格调比牛肝菌高。菌中之王是鸡㙡，味道鲜浓，无可方比。鸡㙡是名贵的山珍，但并不真的贵得惊人。一盘红烧鸡㙡的价钱和一碗黄焖鸡不相上下，因为这东西在云南并不难得。有一个笑话：有人从昆明坐火车到呈贡，在车上看到地上有一棵鸡㙡，他跳下去把鸡㙡捡了，紧赶两步，还能爬上火车。这笑话用意在说明昆明到呈贡的火车之慢，但也说明鸡㙡随处可见。有一种菌子，中吃不中看，叫做干巴菌。乍一看那样子，真叫人怀疑：这种东西也能吃？！颜色深褐带绿，有点像一堆半干的牛粪或一个被踩破了的马蜂窝。里头还有许多草茎、松毛、乱七八糟！可是下点功夫，把草茎松毛择净，撕成蟹腿肉粗细的丝，和青辣椒同炒，入口便会使你张目结舌：这东西这么好吃？！还有一种菌子，中看不中吃，叫鸡油菌。都是一般大小，有一块银圆那样大，的溜圆，颜色浅黄，恰似鸡油一样。这种菌子只能做菜时配色用，没甚味道。

　　雨季的果子，是杨梅。卖杨梅的都是苗族女孩子，戴一顶小花帽子，穿着扳尖的绣了满帮花的鞋，坐在人家阶石的一角，不时吆唤一声："卖杨梅——"，声音娇娇的。她们的声音使得昆明雨季的空气更加柔和了。昆明的杨梅很大，有一个乒乓球那样大，颜色黑红黑红的，叫做"火炭梅"。这个名字起得真好，真是像一球烧得炽红的火炭！一点都不酸！我吃过苏州洞庭山的杨梅、井冈山的杨梅，好像都比不上昆明的火炭梅。

　　雨季的花是缅桂花。缅桂花即白兰花，北京叫做"把儿兰"（这个名字真不好听）。云南把这种花叫做缅桂花，可能最初这种花是从缅甸传入的，而花的香味又有点像桂花，其实这跟桂花实在没有什么关系。——不过话又说回来，别处叫它白兰、把儿兰，它和兰花也挨不上呀，也不过是因为它很香，香得像兰花。我在家乡看到的白兰多是一人高，昆明的缅桂是大树！我在若园巷二号住过，院里有一棵大缅桂，密密的叶子，把四周房间都映绿了。缅桂盛开的时候，房东（是一个五十多岁的寡妇）就和她的一个养女，搭了梯子上去摘，每天要摘下来好些，拿到花市上去卖。她大概是怕房客们乱摘她的花，时常给各家送去一些。有时送来一个七寸盘子，里面摆得满满的缅桂花！带着雨珠的缅桂花使我的心软软的，不是怀人，不是思乡。

　　雨，有时是会引起人一点淡淡的乡愁的。李商隐的《夜雨寄北》是为许多久客的游子而写的。我有一天在积雨少住的早晨和德熙从联大新校舍到莲花池去。看了池里的满池清水，看了作比丘尼装的陈圆圆的石像（传说陈圆圆随吴三桂到云南后出家，暮年投莲花池而死），雨又下起来了。莲花池边有一条小街，有一个小酒店，我们走进去，要了一碟猪头肉，半市斤酒（装在上了绿釉的土磁杯里），坐了下来。雨下大了。酒店有几只鸡，都把脑袋反插在翅膀下面，一只脚着地，一动也不动地在檐下站着。酒店院子里有一架大木香花。昆明木香花很多。有的小河沿岸都是木香。但是这样大的木香却不多见。一棵木香，爬在架上，把院子遮得严严的。密匝匝的细碎的绿叶，数不清的半开的白花和饱涨的花骨朵，都被雨水淋得湿透了。我们走不了，就这样一直坐到午后。四十年后，我还忘不了那天的情味，写了一首诗：

　　莲花池外少行人，野店苔痕一寸深。浊酒一杯天过午，木香花湿雨沉沉。我想念昆明的雨。

一九八四年五月十九日

C2.《驿路梨花》（彭荆风）

　　山，好大的山啊！起伏的青山一座挨一座，延伸到远方，消失在迷茫的暮色中。

　　这是哀牢山南段的最高处。这么陡峭的山，这么茂密的树林，走上一天，路上也难得遇见几个人。夕阳西下，我们有点着急了，今夜要是赶不到山那边的太阳寨，只有在这深山中露宿了。

　　同行老余是在边境地区生活过多年的人。正走着，他突然指着前面叫了起来："看，梨花！"

　　白色梨花开满枝头，多么美丽的一片梨树林啊！

　　老余说："这里有梨树，前边就会有人家。"

　　一弯新月升起了，我们借助淡淡的月光，在忽明忽暗的梨树林里走着。山间的夜风吹得人脸上凉凉的，梨花的白色花瓣轻轻飘落在我们身上。

　　"快看，有人家了。"

　　一座草顶、竹篾泥墙的小屋出现在梨树林边。屋里漆黑，没有灯也没有人声。这是什么人的房子呢？

　　老余打着电筒走过去，发现门是从外扣着的。白木门板上用黑炭写着两个字："请进！"

　　我们推开门进去。火塘里的灰是冷的，显然，好多天没人住过了。一张简陋的大竹床铺着厚厚的稻草。倚在墙边的大竹筒里装满了水，我尝了一口，水清凉可口。我们走累了，决定在这里过夜。

　　老余用电筒在屋里上上下下扫射了一圈，又发现墙上写着几行粗大的字："屋后边有干柴，梁上竹筒里有米，有盐巴，有辣子。"

　　我们开始烧火做饭。温暖的火、喷香的米饭和滚热的洗脚水，把我们身上的疲劳、饥饿都撵走了。我们躺在软软的干草铺上，对小茅屋的主人有说不尽的感激。我问老余："你猜这家主人是干什么的？"老余说："可能是一位守山护林的老人。"

　　正说着，门被推开了。一个须眉花白的瑶族老人站在门前，手里提着一杆明火枪，肩上扛着一袋米。

　　"主人"回来了。我和老余同时抓住老人的手，抢着说感谢的话；老人眼睛瞪得大大的，几次想说话插不上嘴。直到我们不做声了，老人才笑道："我不是主人，也是过路人呢！"

　　我们把老人请到火塘前坐下，看他也是又累又饿，赶紧给他端来了热水、热饭。老人笑了笑："多谢，多谢，说了半天还得多谢你们。"

　　看来他是个很有穿山走林经验的人。吃完饭，他燃起一袋旱烟笑着说："我是给主人家送粮食来的。"

　　"主人家是谁？"

　　"不晓得。"

　　"粮食交给谁呢？"

"挂在屋梁上。"

"老人家，你真会开玩笑。"

他悠闲地吐着烟，说："我不是开玩笑。"停了一会儿，又接着说："我是红河边上过山岩的瑶家，平常爱打猎。上个月，我追赶一群麂子，在老林里东转西转迷失了方向，不知怎么插到这个山头来了。那时候，人走累了，干粮也吃完了，想找个寨子歇歇，偏偏这一带没有人家。我正失望的时候，突然看到了这片梨花林和这小屋，屋里有柴、有米、有水，就是没有主人。吃了用了人家的东西，不说清楚还行？我只好撕了片头巾上的红布、插了根羽毛在门上，告诉主人，有个瑶家人来打扰了，过几天再来道谢……"

说到这里，他用手指了指门背后："你们看，那东西还在呢！"

一根白羽毛钉在红布上，红白相衬很好看。老人家说到这里，停了一会，又接着说下去："我到处打听小茅屋的主人是哪个，好不容易才从一个赶马人那里知道个大概，原来对门山头上有个名叫梨花的哈尼小姑娘，她说这大山坡上，前不着村后不挨寨，她要用为人民服务的精神来帮助过路人。"

我们这才明白，屋里的米、水、干柴，以及那充满了热情的"请进"二字，都是出自那哈尼小姑娘的手。多好的梨花啊！

瑶族老人又说："过路人受到照料，都很感激，也都尽力把用了的柴、米补上，好让后来人方便。我这次是专门送粮食来的。"

这天夜里，我睡得十分香甜，梦中恍惚在那香气四溢的梨花林里漫步，还看见一个身穿着花衫的哈尼小姑娘在梨花丛中歌唱……

第二天早上，我们没有立即上路，老人也没有离开，我们决定把小茅屋修葺一下，给屋顶加点草，把房前屋后的排水沟再挖深一些。一个哈尼小姑娘都能为群众着想，我们真应该向她学习。

我们正在劳动，突然梨树丛中闪出了一群哈尼小姑娘。走在前边的约莫十四五岁，红润的脸上有两道弯弯的修长的眉毛和一对晶莹的大眼睛。我想："她一定是梨花。"

瑶族老人立即走到她们面前，深深弯下腰去，行了个大礼，吓得小姑娘们像小雀似的蹦开了，接着就哈哈大笑起来："老爷爷，你给我们行这样大的礼，不怕折损我们吗？"老人严肃地说："我感谢你们盖了这间小草房。"

为头的那个小姑娘赶紧摇手："不要谢我们！不要谢我们！房子是解放军叔叔盖的。"

接着，小姑娘向我们讲述了房子的来历。十多年前，有一队解放军路过这里，在树林里过夜，半夜淋了大雨。他们想，这里要有一间给过路人避风雨的小屋就好了，第二天早上就砍树割草盖起了房子。她姐姐恰好过这边山上来抬菌子，好奇地问解放军叔叔："你们要在这里长住？"解放军说："不，我们是为了方便过路人。是雷锋同志教我们这样做的。"她姐姐很受感动。从那以后，常常趁砍柴、拾菌子、找草药的机会来照料这小茅屋。

原来她还不是梨花。我问："梨花呢？"

"前几年出嫁到山那边了。"

不用说，姐姐出嫁后，是小姑娘接过任务，常来照管这小茅屋。

我望着这群充满朝气的哈尼小姑娘和那洁白的梨花，不由得想起了一句诗："驿路梨花处处开。

📚 小专家读书会

篇目1：

我选取的文章题目及级别：_____（A级/B级/C级）	我参加的专家组：_____	我的评价星级：☆☆☆☆☆

读书会主题：

专家组成员及观点	我的发言	小组讨论纪要

我的收获与感悟：

篇目2：

我选取的文章题目及级别：_____（A级/B级/C级）	我参加的专家组：_____	我的评价星级：☆☆☆☆☆

读书会主题：

专家组成员及观点	我的发言	小组讨论纪要

我的收获与感悟：

🖊 组内互评量表

评价方面	评价内容	评分	
		教师评分	自我评分
阅读情境（20分）	1. 专家组组织成立及分工合作情况（10分）		
	2. "小专家读书会"按要求填表及准备充分情况（10分）		
阅读文本（30分）	1. 选文级别情况（10分）（A级5分；B级3分；C级2分）		
	2. 选文研读，对字、词、句、段及文章中心思想的理解情况（10分）		
	3. 阅读速度达到规定要求的情况（10分）		
阅读认知过程（50分）	1. 在专家组研讨中提问与交流情况（10分）		
	2. 通过借助阅读工具搜索信息解决小组中阅读疑难问题的情况（10分）		
	3. 在专家组研讨中个人观点表达情况（20分）		
	4. 在"小专家读书会"中阅读讲解与汇报分享情况（10分）		
评价星级	90～100分：☆☆☆☆☆ 80～90分：☆☆☆☆ 70～80分：☆☆☆ 60～70分：☆☆ 60分以下：☆		

（三）主题自读

　　请根据自己的兴趣和爱好，从下面两个主题中选择一个感兴趣的主题进行阅读。结合主题提示，每2天完成一篇篇目的搜索、阅读和赏析。现在，让我们开始10天的"阅读打卡计划"吧！

　　◇ 略读任一主题下的2篇【推荐阅读】，理解篇目主要文意，揣摩该主题的含义。

　　◇ 搜索5篇与选择主题相关的篇目，可以包括古诗词、散文、诗歌、小说选段等多种体裁。

　　◇ 记录自己阅读古诗词及诗歌的方式，阅读篇幅较长的散文、小说选段等尽量保持在每分钟400字。

　　◇ 对阅读的篇目中的精彩语句、段落或是打动自己的内容及思想进行赏析。

　　◇ 将阅读速度、搜索过程、阅读记录、赏析要点等内容填写进"阅读打卡计划记录单"中。

🎓 主题1　多元共生民族魂

　　中国文化是以华夏文化为基础，充分整合全国各地域和各民族文化要素而形成的文化。各少数民族文化同根共组，在长期生活和实践中创造出富有本民族特色的物质和精神文明，涵盖饮食、衣着、住宅、生产工具，以及语言、文字、文学、科学、艺术、哲学、宗教、风俗、节日和传统等方方面面。青藏高原和云贵高原地区汇集了我国最多的少数民族种类，让我们来收集描写少数民族文化的名篇佳作，领略灿烂的、各具风情的民族文化吧。

推荐阅读

1.《火把节之歌》（王充闾）

这是一个火的民族，它的历史就是一条火的长河。

一年一度最隆重的节日——火把节，实际上是彝家古老的祭火节。

在凉山彝族群众心目中，火是圣物，它能够净化一切。年节祭品要一一在火上转三圈，或将一块石头烧过，经淬水冒出蒸汽，再将祭品在上面绕三圈以除掉一切污浊。他们视火为神物，视锅庄、火塘为神之所在，严禁人畜践踏与跨越。猎人、牧人常用的引火绳，在家要挂在屋壁上方，用后只能用手压灭而不许用唾沫淹灭。火是中心，哪里有了火，哪里便会围上一圈人，火成了凝聚人们的轴心。

人类最初一代的文明，是被火焰照亮的。世界上许多民族都有关于火的崇拜、火的禁忌的习俗。然而，像我国彝族那样，把火的崇拜神圣化，并以节日形式固定下来，同预祝丰收相结合，却是不多见的。

关于火把节，当地流传着这样一个传说：很久很久以前的一个夏天，旱情十分严重，庄稼长得瘦弱不堪。可是，天神仍然派出差役，下界催租逼债。人们苦苦求饶，还是颗粒不留，统统被收走。这激怒了英雄惹地豪星，决心把这个恶差除掉，结果在六月二十四这天，在比赛摔跤时，把他摔死了。正当人们欢庆胜利的时候，天神放出天虫，遮天蔽日的天虫转眼之间便把一片片庄稼吞噬净尽。豪星看了心痛如焚，情急生智，动员男女老幼采来蒿杆扎成火把，漫山遍野燃烧起来，经过九天九夜的激战，终于消灭了天虫，保住了即将收获的庄稼。后来，人们为了纪念这位英雄，也为了祈祷丰收，年年都点燃火把，久而久之，就形成了火把节。

我们来到凉山时，恰好赶上了农历六月二十四的彝族火把节。吃过早饭，大家就乘车来到普格县五道箐乡拖木沟的一处非常开阔的草坪，四周天然隆起，形似看台，上上下下已经坐满了人，据说达三万多。彝家有一句谚语：过年是嘴巴的节日，火把节是眼睛的节日。意思是，过年讲究吃好喝好，而火把节讲究的是穿戴打扮，好玩耐看。放眼望去，尽是姑娘们的七彩裙、花头帕、绣花坎肩和小伙子们的白披毡、蓝披毡、花腰带，好像一个硕大无朋的五彩花环罩在青苍的碧野上。

最先出场表演的是彝家女儿，她们打着黄油伞，相互牵着三角彩巾，围成一个又一个圆圈，唱起了优美动人的"朵乐荷"。歌声美，舞步轻，织成了一条情韵绵绵的女儿河，又好似一朵朵太阳花在蓝天下缓缓滚动。最能充分展示这种美的姿彩的，是已有千年历史的选美活动。选美，既看姑娘们的身材容貌、穿着打扮，又要看她们的仪态丰采，还要看平时的道德品行，包括对待父母长辈的表现。评委们都是山寨中德高望重的老人，他们一整天在过节人群中寻觅、拣选，反复比较、协商，评判意见颇具权威性，没有人会怀疑、指责。每次火把节每个场地只选三名，一旦评出，便成为姑娘们心仪的目标，小伙子心中的偶像。哪家出了美女，哪家的瓦板房四周，晚间便口弦声不断，清晨背水路上的脚印最多。

过去我总以为，处于比较封闭状态下的民族，未必会追求强度的刺激、激烈的变换和一定程度的紧张。可是，来到凉山之后，却发现这里的精神生活，更适应那种紧张、热烈的现代生活方式。这从场上观众对于摔跤、赛马、斗牛、斗羊是那样的投入，那样的兴致勃勃、全神贯注，便可以看得出来。它说明广大彝族地区较之追求宁静、安适，以农业文明为主的汉族地区，更具活力，更为开放，"生命之光"发射得更充分。这也许由于彝族地区长久以来，生产、生活的流动性大，获取生活资料艰难，自然条件恶劣等情况，促成了其生命力旺盛，神经系统一直保持较高的激活与兴奋水平。

天色暗了下来，人们在街前广场上，点燃起干蒿扎成的火把，排成长长的队伍，高声唱着火把节祝歌，走向田野，走向山岗。于是，漫山遍野都响起了："朵乐荷，朵乐荷，烧死猪羊牛马瘟，烧死吃庄稼的害虫，烧那穿不暖的鬼，烧那吃不饱的魔。朵乐荷，朵乐荷！"

由于火把节适值盛夏，田里秧苗正处于旺盛的生长期，也正是各种危害庄稼的昆虫繁殖的高峰期。当火把在四野燃起，那些害虫便迅速攒聚趋光，一齐葬身火海。所以火把确有除害保苗的实效。时间已到深夜，登高四望，但见漫山遍野，到处都有金龙飞舞，起伏游动，浩荡奔腾，人们仿佛置身于火的世界。城市里也同时施放礼花，把光明送到天上，让暗淡的长天也大放异彩。古人有诗云："云披红日恰含山，列炬参差竞往还。万朵莲花开海市，一天星斗下人间。"可说是真实而确切的写照。

山在燃烧，水在燃烧，天空在燃烧。与此相应合，人们的情绪也在燃烧，激扬、纵放，沉浸在极度的兴奋之中。面对着星河火海，我也不禁手之舞之，足之蹈之，高声朗诵起郭沫若的《凤凰涅槃》中的诗句："我们生动，我们自由，我们雄浑，我们悠久。一切的一，悠久。一的一切，悠久……火便是你。火便是我。火便是他。火便是火。翱翔！翱翔！欢唱！欢唱！"

火把节自始至终体现了一种狂欢精神，但更重要的是反映了现代人的一种精神需求。从更广泛的集体心理来说，人们都愿意借助这个节日，营造一种规模盛大的、自己也参与其中的欢乐氛围，使身心放松、亢奋，一反平日那种循规蹈矩、按部就班的生活秩序，而同时又不被他人认为是出格离谱、荡检逾闲。

（人民日报海外版2006-5-24）

2.《云南的歌会》（沈从文）

云南本是个诗歌的家乡，路南和迤西歌舞早著名全国，这一回却更加丰富了我的见闻。

这是种生面别开的场所，对调子的来自四方，各自蹲踞在松树林子和灌木丛沟凹处，彼此相去虽不多远，却互不见面。唱的多是情歌酬和，却有种种不同方式。或见景生情，即物起兴，用各种丰富譬喻，比赛机智才能。或用提问题方法，等待对方答解。或互嘲互赞，随事押韵，循环无端。也唱其他故事，贯穿古今，引经据典，当事人照例一本册，滚瓜熟，随口而出。在场的既多内行，开口即见高低，含糊不得，所以不是高手，也不敢轻易搭腔。那次听到一个年轻妇女一连唱败了三个对手，逼得对方哑口无言，于是轻轻地打了个吆喝，表示胜利结束，从荆条丛中站起身子，理理发，拍拍绣花围裙上的灰土，向大家笑笑，意思像是说，"你们看，我唱赢了"，显得轻松快乐，拉着同行女伴，走过江米酒担子边解口渴去了。

这种年轻女人在昆明附近村子中多的是。性情开朗活泼，劳动手脚勤快，生长得一张黑中透红枣子脸，满口白白的糯米牙，穿了身毛蓝布衣裤，腰间围个钉满小银片扣花葱绿布围裙，脚下穿双云南乡下特有的绣花透孔鞋，油光光辫发盘在头上。不仅唱歌十分在行，而且大年初一和同伴各个村子里去打秋千(用马皮做成三丈来长的秋千条，悬挂在高树上)，蹬个十来下就可平梁，还悠游自在，若无其事！

在昆明乡下，一年四季，早晚都可以听到各种美妙有情的歌声。由呈贡赶火车进城，向例得骑一匹老马，慢吞吞地走十里路。有时赶车不及，还得原路退回。这条路得通过些果树林、柞木林、竹子林和几个大半年开满杂花的小山坡。马上一面欣赏土坎边的粉蓝色报春花，在轻和微风里不住点头，总令人疑心那个蓝色竟像是有意模仿天空而成的；一面就听各种山鸟呼朋唤侣，和身边前后三三五五赶马女孩子唱着各种本地悦耳好听的山歌。有时面前三五步路旁边，忽然出现个花茸茸的戴胜鸟，矗起头顶花冠，瞪着个油亮亮的眼睛，好像对于唱歌也发生了兴趣，经赶马女孩子一喝，才扑着翅膀掠地飞去。这种鸟大白天照例十分沉默，可是每在晨光熹微中，却欢喜坐在人家屋脊上，"郭公郭公"反复叫个不停。最有意思的是云雀，时常从面前不远草丛中起飞，一面扶摇盘旋而上，一面不住唱歌，向碧蓝天空中钻去，仿佛要一直钻透蓝空。伏在草丛中的云雀群，却带点鼓励的意思相互应和。直到穷目力看不见后，忽然又像个小流星一样，用极快速度下坠到草丛中，和其他同伴会合，于是另外几只云雀又接着起飞。赶马女孩子年纪多不过十四五岁，嗓子通常并没经过训练，有的还发哑带沙，可是在这种环境气氛里，出口自然，不论唱什么，都充满一种淳朴本色美。

大伙儿唱得最热闹的叫"金满斗会"。有一次，由村子里人发起，到时候住处院子两楼和那道长长屋廊下，集合了乡村男女老幼百多人，六人围坐一桌，足足坐满了三十来张矮方桌，每桌各自轮流低声唱《十二月花》，和其他本地好听曲子。声音虽极其轻柔，合起来却如一片松涛，在微风荡动中舒卷张弛不定，有点龙吟凤哕意味。仅是这个唱法就极其有意思。唱和相续，一连三天才散场。来会的妇女占多数，和逢年过节差不多，一身收拾得清洁索利，头上手中到处是银光闪闪，使人不敢认识。我以一个客人身份挨桌看去，很多人都像面善，可叫不出名字。随后才想起这里是村子口摆小摊卖酸泡梨的，那里有城门边挑水洗衣的，打铁箍桶的工匠，小杂货商店的管事，乡村土医生和阉鸡匠，更多的自然是赶马女孩子、不同年龄的农民和四处飘乡赶集卖针线花样的老太婆，原来熟人真不少!集会表面说是避疫免灾，主要作用还是传歌。由老一代把记忆中充满智慧和热情的东西，全部传给下一辈。反复唱下去，到大家熟习为止。因此在场年老人格外兴奋活跃，经常每桌轮流走动。主要作用既然是在照规矩传歌，那么不问唱什么都不犯忌讳。就中最当行出色的是一个吹鼓手，年纪已过七十，牙齿早脱光了，却能十分热情整本整套地唱下去。除爱情故事，此外嘲烟鬼，骂财主，样样在行，真像是一个"歌库"（这种人在我们家乡则叫做歌师傅）。小时候常听老太婆口头语，"十年难逢金满斗"，意思是盛会难逢，参加后才知道原来如此。

主题2 云随凉月下西南

西南风光是瑰丽、秀美的。青藏高原和云贵高原赋予这里悠久的历史文化和富饶的自然资源，如云南的丽江古城、三江并流、石林、哈尼梯田、崇圣寺三塔、玉龙雪山、洱海、滇池、西双版纳热带雨林，贵州的黄果树瀑布、梵净山，西藏神秘的布达拉宫、大昭寺，青海境内的青海湖和纳木错。让我们从文学作品中来欣赏这些奇丽、峻美的景色吧。

推荐阅读

1.《黄果树听瀑》（李有贵）

黄果树瀑布，一部大自然的杰作。车到黄果树风景区，便闻一阵"哗哗"之声自远处飘来，若微风拂过树梢，渐近渐响，最后潮水般涌漫过来，盖过了人喧马啸，天地间只存下一片奔泻的水声了。

透过树隙，便见一条白帘挂在岩壁上，上面折为三叠，似一阔幅白绢正从机杼上吐泻而下，那"哗哗"水声合成了千万架织布机的大合奏，响遏行云。

我们去时，正遇上枯水季节，瀑布的水势并不宏大，远不如徐霞客在游记中所描写的那般摄人心魄。所以游者甚为寥落，连街上的不少店铺都早早关门打烊了。据当地人介绍，盛水季节，瀑布激出的水花雨雾腾空而上，随风飘飞，漫天浮游，高达数百米，落于瀑布右侧高岩上的黄果树小镇，造成"银寸洒金街"的奇景。可惜我们去得不是时候，无缘一睹其壮观，留下了一点遗憾。

黄果树瀑布落在一片群山环抱的谷地，我们自西面顺着石阶下行，山径寂寥无人，"哗哗"的瀑布声在山谷间震荡着、回响着，似千百架低音提琴在奏鸣、在轰响。

至谷底，我们坐在水边的一块岩石上，隔着一口小小的绿潭，那一幅白帘般的瀑布，仿佛一伸手便可撩过来拭脸似的，它跃入涧底激起的烟雾般的水珠，直扑到我们脸上，沁凉沁凉的。黄果树瀑布虽不如庐山瀑布挂得那么长，但远比它宽阔，所以气势十分雄壮。当年徐霞客描写道："上溪悬捣，万练飞空，溪上石如莲叶下覆，叶剜三门，水由叶上漫顶而下。"描写得准确形象，令人叹服。

瀑声如雷轰鸣，山回谷应，我们仿佛置身于圆形乐池中，四周乐声奏鸣，人若浮身于一片声浪，每个细胞都灌满了活力，让人真正感受到自然的伟大与恢宏。

我们久坐岩上，任沁凉的飞珠扑上火热的脸庞，沾湿薄薄的衣衫。我们聆听着訇然作响的瀑声，只觉得自己的胸臆在扩展，似张开的山谷，那瀑布便直跃而进，挟来大自然生生不息的活力，回荡着大自然纯正清脆的音响。

离开潭边，我们循着石径登上溪旁的一个平台，绿树掩映间，有一座徐霞客塑像，他正遥对瀑布，作凝神谛听状，他完全沉醉了，如痴，如迷。此时此地此刻，我们也完全沉醉了，如痴，如迷。

2.《高原名城——大理》（周沙尘）

大理，美丽、神奇的地方。

三月，暮春的风光确实迷人：翠绿斑斓的田野，萦云载雪的苍山，碧蓝澄澈的洱海；香风满道，芳气袭人，是何等令人心驰神往啊！

四月，蝴蝶泉边"真蝶千万，缤纷络绎，五色焕然"。泉边的蝴蝶树像一个美丽的少女在俯身梳洗，婀娜多姿的身影倒映在泉水里，使人仿佛看到影片《五朵金花》中的主人公金花就在眼前。

七月，鸟吊山上"众鸟千百，为群其会，鸣呼啁晰"。从前，猎人堆薪燃火，群鸟破雾冲向火光，几无生还。现在，人们把过去的举火捕鸟一变而为燃火观鸟的娱乐活动。每当仲秋时节，青年结伴来到鸟吊山上，聚会对歌，观赏"百鸟朝凤"的自然奇观。

大理，确像一幅妖娆千态的画面，连空气也是甜丝丝的。它位于云贵高原的西北方向，横断山脉的云岭、怒山纵贯其间，金沙江逶迤西北，澜沧江、怒江奔腾南泻，真是群峰竞秀，江河流芳。大理这一派艳丽的高原景色，使它成为遐迩闻名的风光游览区。

大理的历史是古老的。洱海区域遍布着新石器时代的遗址；公元前二世纪，汉武帝就在这里设置了郡县；公元八至十三世纪，在中原王朝的扶植下，这里曾有过以国家形式出现的地方政权，这就是历史上的南诏古国和大理国。"南诏""大理"的出现，结束了西南民族地区的分散状态，为努力推广汉文化和中原等地的先进生产技术，开发边疆，统一祖国以及加强民族团结建立了历史功勋。从这个时代起，白族人民在吸收汉文化的同时，努力创造了本民族的璀璨的历史文化。那屹立千年的大理三塔，造型优美的剑川石窟，誉称为佛教圣地的鸡足山建筑群，两千多年前建造的博南古道上的霁虹桥，无一不显示了大理地区的悠久历史和人民的惊人创造力。

大理的古城离现在大理白族自治州首府下关市约十三公里，城楼至今嵌着"大理"两个赭色大字。唐朝的南诏国、宋代的大理国，都在这里建都。南诏最早建都的地方，叫太和城，即今太和村，位于下关和大理城的中途。古道旁一所房子内矗立的德化碑，刻有南诏的群臣歌颂南诏王的功绩。

大理的物产十分丰富，珍禽异兽，名贵树木，花草虫鱼自不用说。单说有千年以上开采历史的大理石吧：它以天然花纹美丽，色彩斑斓，而中外闻名。走进点苍山下的大理石厂成品展览室，真是目迷五色。各种款式的大理石屏和装饰品，画面有的像长河落日，有的若江上烟雾，有的似云中仙女，有的如崖上松鹰，有的俨然是奔驰的骏马，有的宛若溪边小饮的稚鹿，全是天然生成，一点也无须画师点染。

大理的茶誉传欧亚两洲。有一种"雷响茶"，每盅只需斟浓茶二三滴，茶水就呈琥珀色，晶莹透亮，浓香扑鼻，令人垂涎不止。沱茶，不但在大理享有盛名，而且早已名扬海外。法国《快报》刊登文章评论说："沱茶的清香气使人想起农村院落的芬芳。"

大理有奇花。明代文人杨慎（升庵）对大理茶花曾经吟唱道："绿叶红英斗雪开，黄蜂粉蝶不曾来，海边珠树无颜色，羞把琼枝照玉台。"的确，大理茶花美就美在她盛开于黄蜂粉蝶不曾来的冬末和早春，她如同梅花一样具有抗严寒斗霜雪的气质，但比之梅花的傲千奇枝，却别具"绿叶红英"的气派。在春寒料峭、白雪耀眼的时节，千树万树火焰般的茶花迎风起舞，这是何等令人精神奋发的景象啊！这也就养成了白族人民爱养花、尊崇花的习惯。"家家流水，户户茶花"，早已成了人们形容大理古城的佳话。

大理的风景名胜更是比比皆是。巍峨粗犷的苍山与绮丽、妩媚的洱海互相依衬，构成和谐的高原景色。

苍山，又名点苍山。在白族人民心中，它是神圣的山峦。有一首白族民歌："金鸡爱栖三塔顶，老虎不离点苍山。"虎和鸡曾经是白族先民顶礼膜拜的图腾。苍山共有十九座山峰。峰与峰之间夹着十八条清澈的溪水，东注洱海。从北面的云弄峰到南面的斜阳峰，峰峰溪溪都有个象征美好吉祥的名字，无不令人神往。

洱海是个明媚的高原湖泊。在无风的日子里泛舟洱海，仿佛在干净透明的蓝天上航行，给人以宁静而悠远的感觉。身旁闪过的岛屿、岩穴、沙洲、林木、村舍，无不令人赏心悦目。在250平方公里的海面上，拥有三岛、四洲、五湖和九曲之胜景。四洲中的大鹤洲上，一到暮春三月，成百上千的白鹭飞来这儿产卵。九十天后，小白鹭跟随大白鹭远走高飞，到天南海北去旅行。

洱海，变幻离奇，气象万千。朝北望，浩荡汪洋，烟波无际。向西看，纤细秀美，形如新月，真是"万貌不可为喻"！

已逝去的时光所折射成的美好传说，也极其丰富。"望夫云"，说的是南诏王的公主与樵夫相爱的悲剧；蝴蝶泉的传说，更是中外闻名：每年农历四月甘五日，为蝴蝶盛会之日，游人云集。双双彩蝶，绕清泉飞来飞去，忽儿依附树枝连须钩足倒悬水面，清泉蝶影，实乃绝景；忽儿惊飞乱散，泉水斑斑驳驳，五颜六色，不可捉摸，足以迷人。相传这些美丽的蝴蝶是三个殉情的男女所变的。

大理，高傲与柔美相生，巍峨与秀丽共存，幻想与神奇并发，风情独具，景物宜人。难怪外国人称它为"东方的瑞士"。在建设社会主义精神文明的今天，它定会以更为明洁的风采迎接慕名而来的远方游客。

阅读打卡计划

打卡

| 1 | 2 | 3 | 4 | 5 | 6 | 7 | 8 | 9 | 10 | 11 | 12 | 13 | 14 | 15 |

姓名：_____
年/月：_____
节气：_____
主题：_____
我的评价星级：
☆ ☆ ☆ ☆ ☆

篇目1：
体裁：
阅读速度：
篇目搜索过程：
篇目阅读过程：
篇目赏析：

篇目2：
体裁：
阅读速度：
篇目搜索过程：
篇目阅读过程：
篇目赏析：

篇目3：
体裁：
阅读速度：
篇目搜索过程：
篇目阅读过程：
篇目赏析：

篇目4：
体裁：
阅读速度：
篇目搜索过程：
篇目阅读过程：
篇目赏析：

篇目5：
体裁：
阅读速度：
篇目搜索过程：
篇目阅读过程：
篇目赏析：

学生自评量表

评价方面	评价内容	评分	
		教师评分	自我评分
阅读情境（30分）	1. 连续坚持每天阅读打卡的情况（10分）		
	2. 合理制定阅读计划并严格、自律地按照阅读计划执行的情况（10分）		
	3. 按要求完成每个篇目"找篇目—读篇目—赏篇目"步骤的情况（10分）		
阅读文本（30分）	1. 查找的篇目与阅读主题相吻合的情况（10分）		
	2. 阅读方式的选择及阅读速度的达成情况（10分）		
	3. 对篇目的理解与鉴赏情况（10分）		
阅读认知过程（40分）	1. 对阅读主题的理解情况（10分）		
	2. 独立、灵活地使用搜索工具查找篇目的情况（10分）		
	3. 对搜索信息进行归纳总结及分析处理的情况（10分）		
	4. 形成积极阅读和自主阅读习惯的情况（10分）		
评价星级	90～100分：☆ ☆ ☆ ☆ ☆ 80～90分：☆ ☆ ☆ ☆ 70～80分：☆ ☆ ☆ 60～70分：☆ ☆ 60分以下：☆		

书籍推荐

书目1：《藏地密码》（何马，重庆出版社）

书目2：《青藏光芒》（马丽华，北京十月文艺出版社）

悦 读 者 思 维

中国是一个统一的多民族国家，又是一个多宗教的国家。高原上少数民族众多，不同民族的宗教信仰和民族文化都应该被尊重。面对少数民族的多元文化，我们应该持有怎样的态度？

我是这样想的：	我还可以这样想：

第十二章

巴山夜雨涨秋池
——巴蜀文化

巴蜀文化指四川省、重庆市的文化。巴文化以重庆为中心，蜀文化则主要覆盖四川省，战国之后巴、蜀交融，二者有着各自的特点和明显的区别，却又在一定程度上有着割舍不断的关系。巴文化、蜀文化源远流长，已有5000余年发展历程，在中国上古三大文化体系中占有重要地位，与齐鲁文化、三晋文化等地的地域文化共同构成辉煌灿烂的中国文明。

巴蜀大地是中华民族的又一摇篮，是人类文明的发祥地之一。从秦汉到近、现代，巴蜀地域诞生了司马相如、扬雄、陈子昂、李白、苏轼、张木式、杨升庵、张问陶、李调元、郭沫若、巴金等文化巨匠，在许多文化领域，诸如汉赋、唐诗、宋词、巴学、蜀学、史学、道教、天文、易学等方面都处于全国前列。

巴蜀的文化和宗教与齐鲁的儒学、三晋的法学、荆楚的道家，共同形成了祖国古代文化的显著特色。巴蜀地区也是西南丝绸之路的出发点和主经之地，自古与西南各族和南亚各国保持着密切交往，巴蜀文化影响了西南各族乃至南亚诸国，使巴蜀文化冲破了自身的地域特色进而具有大西南意义和国际文化交流意义，让我们走进高山仰止、巫山云雨的巴蜀大地，一起欣赏神奇瑰丽的巴蜀山水吧。

（一）课堂精读

1.《峨眉山月歌》（唐·李白）

　　《峨眉山月歌》是唐代伟大诗人李白的诗作。这是李白初次出四川时创作的一首依恋家乡山水的诗，写诗人在舟中所见的夜景：峨眉山上空高悬着半轮秋月，平羌江水中流动着月亮映影。全诗连用五个地名，通过山月和江水展现了一幅千里蜀江行旅图，语言自然流畅，构思新颖精巧，意境清朗秀美，充分显示了青年李白的艺术天赋。

峨眉山月歌
（唐·李白）

峨眉山月半轮秋，影入平羌江水流。
夜发清溪向三峡，思君不见下渝州。

诵读 思考

　　问题1：请查阅工具书掌握下列难点字词的意思：
　　（1）半轮秋　（2）影　（3）发清溪　（4）君　（5）下
　　问题2：请描述"影入平羌江水流"一句所描绘的景象。
　　问题3：请标出诗中的5个地名，并在地图上利用这5个地方画出一条"千里蜀江行旅图"。
　　问题4：请说一说诗人借助山月表达了自己怎样的思想感情。

思维 导图

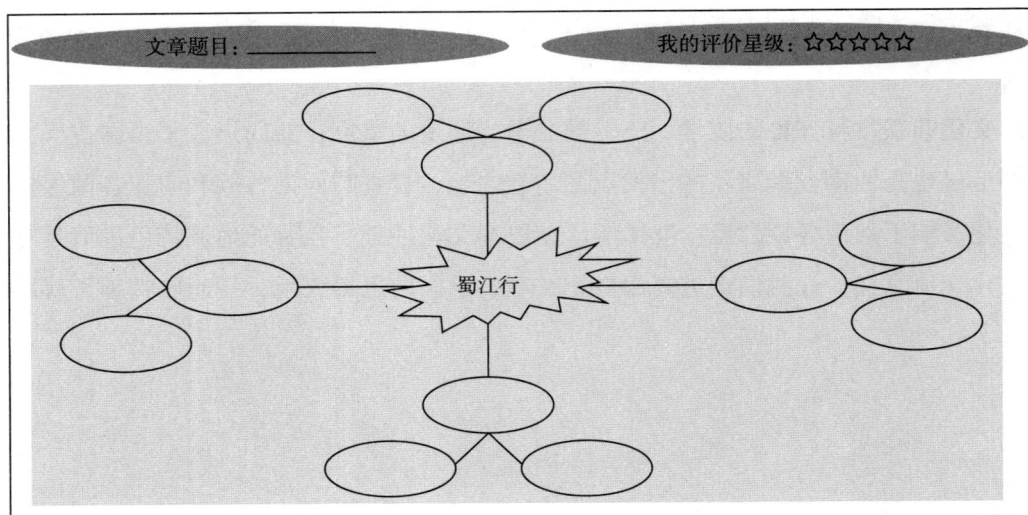

2.《夜雨寄北》（唐·李商隐）

　　《夜雨寄北》是晚唐诗人李商隐身居异乡巴蜀，写给远在长安的妻子（或友人）的一首抒情七言绝句，是诗人给对方的复信。这首诗即兴写来，写出了诗人刹那间情感的曲折变化。语言朴实，在遣词、造句上看不出修饰的痕迹。与李商隐的大部分诗词表现出来的的辞藻华美，用典精巧，长于象征、暗示的风格不同，这首诗却质朴、自然，同样也具有"寄托深而措辞婉"的艺术特色。

夜雨寄北

（唐·李商隐）

君问归期未有期，巴山夜雨涨秋池。

何当共剪西窗烛，却话巴山夜雨时。

诵读 思考

　　问题1：请查阅工具书掌握下列难点字词的意思：

　　（1）寄北　（2）君　（3）秋池　（4）何当　（6）共　（7）却话

　　问题2：请分析首句中的一问一答和第二句中的景色所表达的含义和作者的情感。

　　问题3：诗中的"共剪""却话"是由作者当前的境况所激发的对于未来欢乐的憧憬，请做具体阐述。

　　问题4：诗中的"期"字和"巴山夜雨"均出现了两次，打破诗词写作常规，构成了音调与章法的回环往复之妙，请根据自己的理解具体分析这种写法的用意和作用。

　　问题5："巴山夜雨涨秋池"，揭示了一种天气现象，结合四川的地形解释"巴山夜雨"形成的原因。

思维 导图

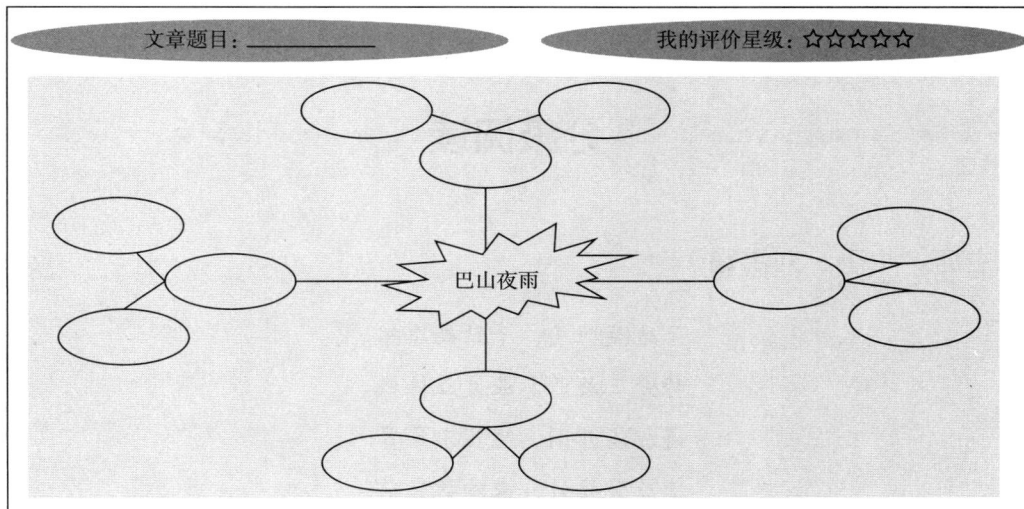

📝 教师精评量表

评价方面	评价内容	评分	
		教师评分	自我评分
阅读情境（20分）	1.学习单/故事地图/辩论会/课本剧按要求填表完成的情况（10分）		
	2.完成学习单/故事地图/辩论会/课本剧任务要求的积极主动性（10分）		
阅读文本（40分）	1.对字、词、句、段的理解情况（10分）		
	2.对文中精彩字、词、句、段的鉴赏情况（10分）		
	3.阅读速度达到规定要求的情况（10分）		
	4.朗读参与情况与背诵完成情况（10分）		
阅读认知过程（40分）	1.带着问题阅读或在阅读中提出问题的情况（10分）		
	2.借助阅读工具搜索信息解决阅读疑难问题的情况（20分）		
	3.参与教师提问及阅读交流的情况（10分）		
评价星级	90～100分：☆☆☆☆☆ 80～90分：☆☆☆☆ 70～80分：☆☆☆ 60～70分：☆☆ 60分以下：☆		

（二）小组选读

◇ 请快速浏览下面与"巴蜀文化"相关的6篇【分级阅读】篇目，借助工具书掌握陌生字词。

◇ 从A/B/C三个级别中，选择不同级别中自己感兴趣的2篇大声诵读，并与选择相同篇目的同学组成"专家组"，对篇目的精彩语段及中心思想进行研读和讨论，踊跃发表自己的看法。

◇ 填写下面的任务单，为召开"小专家读书会"做准备，与全班同学分享交流本组的观点和想法吧！

分级阅读

A1.《蜀先主庙》（唐·刘禹锡）

天地英雄气，千秋尚凛然。

势分三足鼎，业复五铢钱。

得相能开国，生儿不象贤。

凄凉蜀故妓，来舞魏宫前。

A2.《蜀相》（唐·杜甫）

> 丞相祠堂何处寻，锦官城外柏森森。
> 映阶碧草自春色，隔叶黄鹂空好音。
> 三顾频烦天下计，两朝开济老臣心。
> 出师未捷身先死，长使英雄泪满襟。

B1.《病起书怀》（宋·陆游）

> 病骨支离纱帽宽，孤臣万里客江干。
> 位卑未敢忘忧国，事定犹须待阖棺。
> 天地神灵扶庙社，京华父老望和銮。
> 出师一表通今古，夜半挑灯更细看。

B2.《三峡》（北魏·郦道元）

自三峡七百里中，两岸连山，略无阙处。重岩叠嶂，隐天蔽日，自非亭午夜分，不见曦月。

至于夏水襄陵，沿溯阻绝。或王命急宣，有时朝发白帝，暮到江陵，其间千二百里，虽乘奔御风，不以疾也。

春冬之时，则素湍绿潭，回清倒影，绝巘多生怪柏，悬泉瀑布，飞漱其间，清荣峻茂，良多趣味。

每至晴初霜旦，林寒涧肃，常有高猿长啸，属引凄异，空谷传响，哀转久绝。故渔者歌曰："巴东三峡巫峡长，猿鸣三声泪沾裳。"

C1.《西昌月》（高缨）

西昌有不少特产，诸如香稻、毛皮、水果、鸭和良马。此外还有月亮。将月亮列为特产，岂不怪哉！然而"建昌月"的美名古已有之，并且传闻甚远。凡是从成都陆路来西昌的旅人，谁不饱赏清溪的古城劲风，领略雅安的桥头烟雨？而西昌，则另有一番景色。但见芦山叠翠邛湖凝蓝，山水十分清丽。到了中旬夜，便可见西昌明月了，落霞风风湮灭，苍山托出月华，恰似一染的水晶盘，挂于墨蓝色的天壁；满天竟无一丝游云，纯粹是个光的世界。不论何处来的旅人，步入月光之中，踏过白杨的阴影，心怀怎不豁然开朗！于是，他们便自然而然地，又说"建昌月"的美名，像携带著名特产似的，传送到远方去。

可是，对于我们久居西昌的人来说，这月亮是毫不为奇的。大家忙于生产和工作，谁有那种"对影成三人"的闲情逸趣？有时盼雨心切，倒对它大为反感哩！然而，西昌月毕竟是美好的，出色的，特别是当人们心情好的时刻。

一次，我为赶路下乡，天不亮就起身了。微亏的月亮正好悬在半空，似乎有心为我探路。西昌城还未醒来，轻风吹过它的梦境。月光下的楼檐、街树、电线杆，印出浓重的影子，黑白分明，恰如一幅木刻版画。

我轻快地走在洋灰马路上。忽听见背后传来沙沙足音，五六个人影飞似的走来，人人挑一担黄桶，扁担闪闪悠悠的。其中一个妇女，侧头看我一眼，头帕下的眼睛在月光中闪亮。

"哎呀，这不是老高么？"她欢笑道。

"你是吕大嫂吧，这样早就进城了？"我说。

"嗯，来挑粪，赶着给小春追肥……"

一旁有个粗嗓门的人说："不早罗，二队的人马都跑到前头了……"

朦胧中我把他认了出来，因笑道："呵，老曾，你也来啦！"

吕大嫂笑道"积肥是大事，党员还能不带头？"

人们从我肩旁飞快地擦过去我加速脚步也跟不上。走在最前面的那个小姑娘，头也不回，只用清脆的声音对我说："哪天到我们队上来？麦子都出齐了，绿油油的……"

沙沙的足音远了，人们的身影在月下飘过，消失在城楼的倒影里……

目送着这些辛勤的、欢乐的西昌人，我怎不由衷地赞美西昌月！

前些日，我来到安宁河畔的公社里。夜晚，公社召开生产队干部会，讨论管理小春和大春备耕诸事。会后，夜已深了。大家说笑着回家去。满天星斗，如千万粒碎银一般。我借依稀星光，踏过田间的石板路。有两个人走在前面，与我相隔三五丈远，我虽看不清他们，却从说话声里，知道一个是生产队长，一个是会计。

小溪淙淙地响，四野分外寂静。两个人边走边说——

队长："伙伴，我们绕路去看看秧田。"

会计："白天才去看过，半夜三更还去看个啥？"

队长："小秧在翻大芽了，看看是不是在扯露水……"

会计："这还要你操心么，管秧田的周大爷，哪年出过拐？……"

队长："要去检查一下。不看一眼，睡不着瞌睡。"

会计："嗨，又不是手板头的麻雀，放不得手。"

队长："你就是不关心生产，只晓得敲算盘！"

会计："吧，给我扣好大个帽儿；要得，走，走看秧田……"

微风吹来两个人的笑声。走了几步，又说起话儿——

会计："黑咕隆咚的，咋个看得清嘛！"

队长："你看，月亮出来了……"

果真，月亮出来了。一弯弯闪闪的月牙儿，像一把银打的镰刀，从墨黑的山峰上伸了出来；又似一只白玉盏，倾倒出清水一样的月光……黛绿色的田野，悄悄升起了薄雾。一只莺哥儿，不知藏在何处啼唱，声音如一串响铃。她告诉甜睡的人们：夏天到了，麦收和栽秧的季节走来了……

然而，西昌月仍以春天为最好。著名唐诗《春江花月夜》给人留下难忘的印象，但那美妙的意境，毕竟是陈旧了。西昌春月，更有一番崭新的情趣。

月出邛海，清光如昼。天上水上，不知哪只玉兔更为皎洁。遍岸烟柳，摇曳着村庄的灯火，芦苇丛中，停泊着晚归的鱼船。而田野上，哪里有月光，哪里便有菜花麦穗的清香……县委书记踏着月色，从生产队回到公社的院落里。他有一种习惯，老院子，坐在小凳上歇息。院晨有几株桃和一树梨，花全开了，月光筛过花枝，在地上印出素雅的图案。我同公社的干部们，陪他坐在树荫下，随意聊天。不一会，门外传来一阵说话声，七八个人迈着大步走进来，县委书记站起来迎接他们，我们也连忙端凳子，请大家坐下。这是书记方才从村里邀约来的社员和小队干部们。起初，也是随意聊天，说说笑笑，毫无拘束之感。一阵清风吹过，将花瓣儿摇了下来，纷纷落在人们的衣襟上。

县委书记亲切地说："你们都是办庄稼的好把式，我请你们来，是想跟大家商量商量，咱们怎样把今年的大春生产搞得更好……"随后，他又用爽朗的声调，谈到全县的形势、任务和目前存在的某些困难。老大爷抽着叶子烟，默默地点着头，把淡淡的烟雾吐到月光中去。年轻人的眼睛闪闪发光；大嫂子把睡在怀里的娃娃轻轻摇晃着……人们三言两语发表着自己的意见。有人说，一定要把小秧管好，秧好半年春；有人说，最要紧的是按时栽插；有的又说，三分栽种七分管理，要以薅草为重……县委书记微眯着眼睛，仔细听大家说话，似乎是要从千丝万缕中，理出细致的经纬。他熄掉烟头，微笑说："咱们商量商量，今年我们一定要把好五个关口，这就是……"农民们注目倾听着，从他的谈吐中，不论是涉及小秧管理、栽种、薅草、施肥和水浆管理的各种问题，我都感到像是在阅读一部生产经验的活书，而这部书上，又写着许多有趣的文字。听到有趣的地方，大家都笑了起来……

悬于半空的圆月，似乎在聆听我们说笑声。

老大爷说："对，我们定要把好这五关。书记的话，正合我的心意！"

一个中年人说，他们队的耕地面积大，工作也还没做到家，还得下把狠劲，才能赶上先进队。

县委书记笑道："这就要把大春准备工作早做好，要采取'笨鸟先飞'的办法呀，只要不断往前飞，就不会落后……"

那中年人爽声说："要得，我们就来个笨鸟先飞！"

三两只灰鹭，从月光中无声地飞了过去。也许，这田间的飞禽，把月色当成了白昼，竟提早向邛海游去……

又一阵如雨的花瓣飘落下来。桃、梨就要结果了……

县委书记送人们走出门，还特地对老人们说："老大爷，要慢慢走。"

老大爷回过头说："不要紧，有月亮哩……"

我伫立门外，展望为白纱似的月色所迷蒙着的广阔田野、村庄和稀疏灯火，倾听着人们远去的足音。我似乎看见千万社员，正在挥汗欢笑，收打着金子般的稻谷……

古人爱把月亮比之如镜，这比喻已十分落套了。然而，我仍愿借来这天上明镜，照一角西昌的侧影。

西昌月是美好的、出色的；望月的西昌人也是美好的、出色的。但是，这月，难道仅仅属于西昌，难道果真如传闻所说，是西昌的"特产"吗？不，"海上明月共潮生"，祖国万里江山，日中月下，何时何地，不是光辉灿烂！然而，对于我们久居西昌的人来说，又怎不把西昌月，当做自己的水晶盘？写到此处，我真的是不能自圆其说了。

1962年4月于西昌

C2.《茅屋为秋风所破歌》〔唐·杜甫〕

八月秋高风怒号，卷我屋上三重茅。茅飞渡江洒江郊，高者挂罥长林梢，下者飘转沉塘坳。

南村群童欺我老无力，忍能对面为盗贼。公然抱茅入竹去，唇焦口燥呼不得，归来倚杖自叹息。

俄顷风定云墨色，秋天漠漠向昏黑。布衾多年冷似铁，娇儿恶卧踏里裂。床头屋漏无干处，雨脚如麻未断绝。自经丧乱少睡眠，长夜沾湿何由彻！

安得广厦千万间，大庇天下寒士俱欢颜！风雨不动安如山。呜呼！何时眼前突兀见此屋，吾庐独破受冻死亦足！

📚 小专家读书会

篇目1：

我选取的文章题目及级别：_____（A级/B级/C级）	我参加的专家组：_____	我的评价星级：☆☆☆☆☆
读书会主题：		
专家组成员及观点	我的发言	小组讨论纪要
我的收获与感悟：		

篇目2：

我选取的文章题目及级别：_____（A级/B级/C级） 我参加的专家组：_____ 我的评价星级：☆ ☆ ☆ ☆ ☆

读书会主题：		
专家组成员及观点	我的发言	小组讨论纪要

我的收获与感悟：

组内互评量表

评价方面	评价内容	评分	
		教师评分	自我评分
阅读情境 （20分）	1. 专家组组织成立及分工合作情况（10分）		
	2. "小专家读书会"按要求填表及准备充分情况（10分）		
阅读文本 （30分）	1. 选文级别情况（10分）（A级5分；B级3分；C级2分）		
	2. 选文研读，对字、词、句、段及文章中心思想的理解情况（10分）		
	3. 阅读速度达到规定要求的情况（10分）		
阅读认知过程 （50分）	1. 在专家组研讨中提问与交流情况（10分）		
	2. 通过借助阅读工具搜索信息解决小组中阅读疑难问题的情况（10分）		
	3. 在专家组研讨中个人观点表达情况（20分）		
	4. 在"小专家读书会"中阅读讲解与汇报分享情况（10分）		
评价星级	90～100分：☆ ☆ ☆ ☆ ☆ 80～90分：☆ ☆ ☆ ☆ 70～80分：☆ ☆ ☆ 60～70分：☆ ☆ 60分以下：☆		

（三）主题自读

请根据自己的兴趣和爱好，从下面两个主题中选择一个感兴趣的主题进行阅读。结合主题提示，每2天完成一篇篇目的搜索、阅读和赏析。现在，让我们开始10天的"阅读打卡计划"吧！

◇ 略读任一主题下的2篇【推荐阅读】，理解篇目主要文意，揣摩该主题的含义。

◇ 搜索5篇与选择主题相关的篇目，可以包括古诗词、散文、诗歌、小说选段等多种体裁。

◇ 记录自己阅读古诗词及诗歌的方式，阅读篇幅较长的散文、小说选段等尽量保持在每分钟400字。

◇ 对阅读的篇目中的精彩语句、段落或是打动自己的内容及思想进行赏析。

◇ 将阅读速度、搜索过程、阅读记录、赏析要点等内容填写进"阅读打卡计划记录单"中。

主题1 三峡星河影动摇

长江三峡又名峡江或大三峡，西起重庆市奉节县白帝城，东至湖北宜昌市南津关，全长193千米，沿途两岸奇峰陡立、峭壁对峙，自西向东依次为瞿塘峡、巫峡、西陵峡。重庆市巫山县境内，有大宁河小三峡、马渡河小小三峡。还有"水下碑林"白鹤梁、"东方神曲之乡"丰都鬼城，以及建筑风格奇特的石宝寨、"巴蜀胜境"张飞庙、蜀汉皇帝刘备的托孤堂、龙骨坡巫山文化遗址等景观。三峡风光雄奇壮丽，举世闻名，让我们一起阅读相关的文学作品，身临其境，体会妙如仙境的峡中神韵吧。

推荐阅读

1.《入峡次巴东》（唐·白居易）

> 不知远郡何时到，犹喜全家此去同。
>
> 万里王程三峡外，百年生计一舟中。
>
> 巫山暮足沾花雨，陇水春多逆浪风。
>
> 两片红旌数声鼓，使君艛艓上巴东。

2.《上三峡》（唐·李白）

> 巫山夹青天，巴水流若兹。
>
> 巴水忽可尽，青天无到时。
>
> 三朝上黄牛，三暮行太迟。
>
> 三朝又三暮，不觉鬓成丝。

主题2　鼎分天下一言中

蜀汉指三国时期刘备建立的汉室政权，成都作为蜀汉政权的中心在蜀汉文化乃至三国文化里都占有核心地位，散发着古色古香的蜀汉气息，延续着金戈铁马的三国气魄，沿袭着鞠躬尽瘁的忠义精神，流传着千古智圣的诸葛神韵。三国蜀汉文化的中心遗迹是成都武侯祠，另外还有惠陵、永陵、桓侯祠、衣冠庙等古迹。让我们来查找相关的文学作品，一起回到那个金戈铁马的年代。

推荐阅读

1.《武侯祠前的沉思》（节选）（梁衡）

中国历史上有无数个名人，但没有谁能像诸葛亮这样引起人们长久不衰的怀念；中国大地上有无数座祠堂，但没有哪一座能像成都武侯祠这样，让人生出无限的崇敬、无尽的思考和深深的遗憾。这座带有传奇色彩的建筑，令海内外所有的崇拜者一提起它就产生一种神秘的向往。

武侯祠坐落成都市区略偏南的闹市。两棵古榕为屏，一对古狮拱卫，当街一座朱红飞檐的庙门。你只要往门口一站，一种尘世暂离而圣地在即的庄严肃穆之感便油然而生。进门是一庭院，满院绿树披道，杂花映目，一条50米长的甬道直达二门，路两侧各有唐代、明代的古碑一座。这绿荫的清凉和古碑的幽远先教你有一种感情的准备，我们将去造访一位1500年前的哲人。进二门又一座四合庭院，约50米深，刘备殿飞檐翘角，雄踞正中，左右两廊分别供着28位文臣武将。过刘备殿，下11阶，穿过庭，又一四合院，东西南三面以回廊相通，正北是诸葛亮殿。由诸葛亮殿顺一红墙翠竹夹道就到了祠的西部——惠陵，这是刘备的墓，夕阳抹过古冢老松，教人想起遥远的汉魏。由诸葛亮殿向东有门通向一片偌大的园林。这些树、殿、陵都被一线红墙环绕，墙外车马喧，墙内柏森森。诸葛亮能在1500年后享此祀地，并前配天子庙，右依先帝陵，千多年来香火不绝，这气象也真绝无仅有了。

公元234年，诸葛亮在进行他一生的最后一次对魏作战时病死军中。一时国倾梁柱，民失相父，举国上下莫不痛悲，百姓请建祠庙，但朝廷以礼不合，不许建祠。于是每年清明节，百姓就于野外对天设祭，举国痛呼魂兮归来。这样过了30年，民心难违，朝廷才允许在诸葛亮殉职的定军山建第一座祠，不想此例一开，全国武侯祠林立。成都最早建祠是在西晋，以后多有变迁。先是武侯祠与刘备庙毗邻，诸葛祠前香火旺，刘备庙前车马稀。明朝初年，帝室之胄朱椿来拜，心中很不是滋味，下令废武侯祠，只在刘备殿旁附带供诸葛亮。不想事与愿违，百姓反把整座庙称武侯祠，香火更甚。到清康熙年间，为解决这个矛盾，干脆改建为君臣合庙，刘备在前，诸葛亮在后，以后朝廷又多次重申，这祠的正名为昭烈庙（刘备谥号昭烈帝），并在大门上悬以巨匾。但是朝朝代代，人们总是称它为武侯祠，直到今天。"文化大革命"曾经疯狂地破坏了多少文物古迹，但武侯祠却片瓦未损，至今每年还有200万人来拜访。这是一处供人感怀、抒情的所在，一个借古证今的地方。

我穿过一座又一座的院落，悄悄地向诸葛亮殿走去。这殿不像一般佛殿那样深暗，它曾为丞相治事之地，殿柱矗立，贯天地正气，殿门前敞，容万民之情。诸葛亮端坐在正中的龛台上，头戴纶巾，手持羽扇，正凝神沉思。往事越千年，历史的风尘不能掩遮他聪慧的目光，墙外车马的喧闹也不能把他从沉思中唤醒。他的左右是其子诸葛瞻，其孙诸葛尚。瞻与尚在诸葛亮死后都为蜀汉政权战死沙场。殿后有铜鼓三面，为丞相当初治军之用，已绿锈斑驳，却余威尚存。我默对良久，隐隐如闻金戈铁马声。殿的左右两壁书着他的两篇名文，左为《隆中对》，条分缕析，预知数十年后天下事；右为《出师表》，慷慨陈词，痛表一颗忧国忧民心。我透过他深沉的目光，努力想从中发现这位东方"思想家"的过去。我看到他在国乱家衰之时，布衣粗茶，耕读山中；我看到他初出茅庐，羽扇轻轻一挥，80万曹兵灰飞烟灭；我看到他在斩马谡时那一滴难言的浊泪；我看到他在向后主自报家产时那一颗坦然无私的心。记得小时读《三国》，总希望蜀国能赢，那实在不是为了刘备，而是为了诸葛亮。这样一位才比天高，德昭宇宙的人不赢，真是天理不容。但他还是输了，上帝为中国历史安排了一出最雄壮的悲剧。

假如他生在古周、盛唐，他会成为周公、魏征；假如上天再给他十年时间（活到63岁不算老吧），他也许会再造一个盛汉；假如他少一点愚忠，真按刘备的遗言，将阿斗取而代之，也许会又建一个什么新朝。我胸中四海翻腾作着这许多的假如，1500年前诸葛亮输给了曹魏，却赢了从此以后所有人的心。我从大殿上走下，沿着回廊在院中漫步。这个天井式的院落像一个历史的隧道，我们随手可翻检到唐宋遗物，甚至还可驻足廊下与古人、故人聊上几句。杜甫是到这祠里做客次数最多的。他的名句"出师未捷身先死，长使英雄泪满襟"，唱出了这个悲剧的主调。院东有一块唐碑，正面、背面、两侧或文或诗，密密麻麻，都与杜甫作着悲壮的唱酬。唐人的碑文说："若天假之年，则继大汉之祀，成先生之志，不难矣。"元人的一首诗叹道："正统不惭传千古，莫将成败论三分。"明人的一首诗简直恨历史不能重写了："托孤未付先君望，恨入岷江昼夜流。"南面东西两廊的墙上嵌着岳飞草书的前后《出师表》，笔走龙蛇，倒海翻江，黑底白字在幽暗的廊中如长夜闪电，我默读着"临表涕泣，不知所云"，读着"汉贼不两立，王业不偏安"，看那墨痕如涕如泪，笔锋如枪如戟，我听到了这两位忠臣良将遥隔900年的灵魂共鸣。这座天井式的祠院1500年来就这样始终为诸葛亮的英气所笼罩，并慢慢积聚而成为一种民族魂。我看到一个个的后来者，他们在这里扼腕叹息、仰天长呼或沉思默想。他们中有诗人，有将军，有朝廷的大臣，有封疆大吏，甚至还有割据巴蜀的草头王。但不管是什么人，不管来自什么出身，负有什么使命，只要在这个天井小院里一站，就受到一种庄严的召唤。人人都为他的凛然正气所感召，都为他的忠义之举而激动，都为他的淡泊之志所净化，都为他的聪明才智所倾倒。人有才不难，历史上如秦桧那样的大奸也有歪才；有德也不难，天下与人为善者不乏其人，难得是德才兼备，有才又肯为天下人兴利，有功又不自傲。

历史早已过去，我们现在追溯旧事，也未必对"曹贼"那样仇恨，但对诸葛亮却更觉亲切。这说明诸葛亮在那场历史斗争中并不单纯地为克曹灭魏，他不过是要实现自己的治国理想，是在实践自己的做人规范，他在试着把聪明才智发挥到极限，蜀、魏、吴之争不过是这三种实验的一个载体。他借此实现了作为一个人，一个历史伟人的价值。史载公元347年，"桓温征蜀，犹见武侯时小吏，年百余岁。温问曰：'诸葛丞相今谁与比？'答曰：'诸葛在时，亦不觉异，自公没后，不见其比。'"此事未必可信，但诸葛亮确实实现了超时空的存在。古往今来有两种人，一种人为现在而活，拼命享受，死而后已；一种人为理想而生，鞠躬尽瘁，死而后已。一个人不管他的官位多大，总要还原为人；不管他的寿命多长，总要变为鬼；而只有极少数人才有幸被百姓筛选，历史擢拔为神，享四时之祀，得到永恒。

我在祠中盘桓半日，临别时又在武侯像前伫立一会儿，他还是那样，目光泉水般的明净，手中的羽扇轻轻抬起，一动也不动。

2.《咏怀古迹五首》（其五）（唐·杜甫）

> 诸葛大名垂宇宙，宗臣遗像肃清高。
> 三分割据纡筹策，万古云霄一羽毛。
> 伯仲之间见伊吕，指挥若定失萧曹。
> 运移汉祚终难复，志决身歼军务劳。

阅读打卡计划

打卡　1　2　3　4　5　6　7　8　9　10　11　12　13　14　15

姓名：_____
年/月：_____
节气：_____
主题：_____
我的评价星级：
☆☆☆☆☆

篇目1： 体裁： 阅读速度：	篇目2： 体裁： 阅读速度：	篇目3： 体裁： 阅读速度：	篇目4： 体裁： 阅读速度：	篇目5： 体裁： 阅读速度：
篇目搜索过程：	篇目搜索过程：	篇目搜索过程：	篇目搜索过程：	篇目搜索过程：
篇目阅读过程：	篇目阅读过程：	篇目阅读过程：	篇目阅读过程：	篇目阅读过程：
篇目赏析：	篇目赏析：	篇目赏析：	篇目赏析：	篇目赏析：

学生自评量表

评价方面	评价内容	评分	
		教师评分	自我评分
阅读情境（30分）	1. 连续坚持每天阅读打卡的情况（10分）		
	2. 合理制定阅读计划并严格、自律地按照阅读计划执行的情况（10分）		
	3. 按要求完成每个篇目"找篇目—读篇目—赏篇目"步骤的情况（10分）		
阅读文本（30分）	1. 查找的篇目与阅读主题相吻合的情况（10分）		
	2. 阅读方式的选择及阅读速度的达成情况（10分）		
	3. 对篇目的理解与鉴赏情况（10分）		
阅读认知过程（40分）	1. 对阅读主题的理解情况（10分）		
	2. 独立、灵活地使用搜索工具查找篇目的情况（10分）		
	3. 对搜索信息进行归纳总结及分析处理的情况（10分）		
	4. 形成积极阅读和自主阅读习惯的情况（10分）		
评价星级	90~100分：☆☆☆☆☆ 80~90分：☆☆☆☆ 70~80分：☆☆☆ 60~70分：☆☆ 60分以下：☆		

书籍推荐

书目1：《巴山夜雨》（张恨水，团结出版社）

书目2：《文化不苦旅：重走诸葛亮北伐之路》（马伯庸，四川人民出版社）

悦 读 者 思 维

司马懿评价诸葛亮为"天下奇才也"，康熙评价诸葛亮为"史上鞠躬尽瘁、死而后已者，唯诸葛亮能为之"，毛泽东评价诸葛亮为"诸葛亮的理政和品德我是推崇的"。历代名人对诸葛亮的评价多为赞赏，他有哪些优缺点呢？你会如何评价他？

我是这样想的：	我还可以这样想：

第十三章

楚江鳞鳞绿如酿
——荆楚文化

　　荆楚文化因楚国和楚人而得名，是周代至春秋战国时期在江汉流域兴起的一种地域文化。主要指以当今湖北地区为主要辐射地的古代荆楚历史文化。故湖北人往往将本省称为"荆楚大地"。

　　荆楚文化是华夏民族文化的重要组成部分，源远流长，博大精深，自春秋战国时期起，便放射出璀璨夺目的光芒。从主张"天生烝民，有物有则"的尹吉甫，到主张"先成民而后致力于神"的季梁；从帮助越王勾践"施民所善、去民所恶"的文种，到"上下而求索"的屈原；从张扬"南方之强"的老庄，到两度作楚兰陵令而晚年退居兰陵从事著述的荀况等；一代代哲人的深沉睿智，使荆楚文化之树获得了丰厚的滋养。湖北还具有光荣的革命传统，从武昌辛亥首义到新中国成立，为中国革命胜利作出了重要贡献。新民主主义革命时期，湖北有70万革命英雄献出了宝贵生命。

　　湖北省位居华中腹地，是中华文明的重要发祥地之一。先秦时期，从哲学到文学，产生了老子、庄子、屈原，历经800年，楚国创造了灿烂的楚文化。荆楚文化作为一种具有鲜明地域特色的文化，其内涵可概括为十大系列，即炎帝神农文化、楚国历史文化、秦汉三国文化、清江巴土文化、名山古寺文化、长江三峡文化、地方戏曲文化、民间艺术文化、江城武汉文化、现代革命文化。让我们一起走进人杰地灵的荆楚大地吧！

（一）课堂精读

1.《黄鹤楼》（唐·崔颢）

　　《黄鹤楼》是唐代诗人崔颢创作的一首七言律诗，此诗描写了在黄鹤楼上远眺的美好景色，是一首吊古怀乡之佳作。前四句写登临怀古，后四句写站在黄鹤楼上的所见所思。诗虽不协律，但音节嘹亮而不拗口。信手而就，一气呵成，成为历代所推崇的珍品。这首诗在当时就很有名，传说李白登黄鹤楼，有人请李白题诗，他说："眼前有景道不得，崔颢题诗在上头。"

黄鹤楼

（唐·崔颢）

昔人已乘黄鹤去，此地空余黄鹤楼。

黄鹤一去不复返，白云千载空悠悠。

晴川历历汉阳树，芳草萋萋鹦鹉洲。

日暮乡关何处是？烟波江上使人愁。

诵读 思考

　　问题1：请查阅工具书掌握下列难点字词的意思：

　　（1）昔人　（2）悠悠　（3）晴川　（4）历历　（5）萋萋　（6）乡关　（7）烟波

　　问题2：在首联与颔联的描写中，仙人驾鹤"一去不复返"所表达的是一种怎样的感慨和心绪？请说说你的想法。

　　问题3：诗篇所展现的整幅画面上，交替出现的有黄鹤楼的近景、远景、日景、晚景，变化奇妙，气象恢宏。请想象此时你自己登上了黄鹤楼，你的眼前是怎样一幅美丽的画面呢？

　　问题5：此诗用了很多古体诗的句法，在平仄、对仗等方面"犯下"一些律诗写法的大忌，请你找出一个例子，并进行分析。

　　问题6：请划出诗中的叠声词，并简述这种词的用法和作用。

　　问题7：请说说你对"日暮乡关何处是？烟波江上使人愁"一句的理解。

　　问题8：黄鹤楼的建筑特色是各层大小屋顶，交错重叠，翘角飞举，仿佛是展翅欲飞的鹤翼，请从建筑设计的角度说一说这样设计的理由。

学习单

我的阅读篇目		我的评价星级	☆ ☆ ☆ ☆ ☆
诗中不理解的字词			
发现问题与解决问题		解决问题与收获感悟	
老师的阅读问题/我的阅读问题： 1. 2. 3. 4. 5.		我的答案： 1. 2. 3. 4. 5.	
我打算解决问题的办法：（上网查资料/图书馆查资料/询问家长/其他）	为解决问题做个小计划： 第一步： 第二步： 第三步：	赏析我喜欢的诗句：	
我的新疑问： 1. 2. 3.		写下我的读后感受：	

2.《早寒江上有怀》（唐·孟浩然）

　　《早寒江上有怀》是唐代诗人孟浩然所作的一首怀乡思归的抒情诗。全诗透露出诗人在长安碰壁之后的牢骚和惘然，思乡之情和写景之句浑然一体，深沉含蓄，中间两联自然成对，毫无斧凿痕迹，显示了诗人的艺术功力。

早寒江上有怀
（唐·孟浩然）

木落雁南度，北风江上寒。

我家襄水曲，遥隔楚云端。

乡泪客中尽，孤帆天际看。

迷津欲有问，平海夕漫漫。

诵读思考

　　问题1：请查阅工具书掌握下列难点字词的意思：

　　（1）木落　　（2）曲　　（3）楚云端　　（4）乡泪　　（5）津　　（6）平海　　（7）漫漫

　　问题2：请用地理气象知识解释"木落雁南度"这一自然现象。

问题3：诗中的首联描写了一幅深秋景象，请用自己的语言描述这一景象，以及作者当时的感受。

问题4：请说一说"遥隔楚云端"中"隔"字所代表的含义。

问题5："迷津欲有问"用了《论语》中子路问津的典故，请查阅相关资料，了解这一典故。

问题6：请说说本诗末句"平海夕漫漫"表达了作者怎样的心情。

问题7：这是一首思乡诗，请划出你认为表达作者思乡之情最强烈的一句，并说说你的理由。

思维导图

文章题目：＿＿＿＿＿＿　　　　　我的评价星级：☆☆☆☆☆

思乡

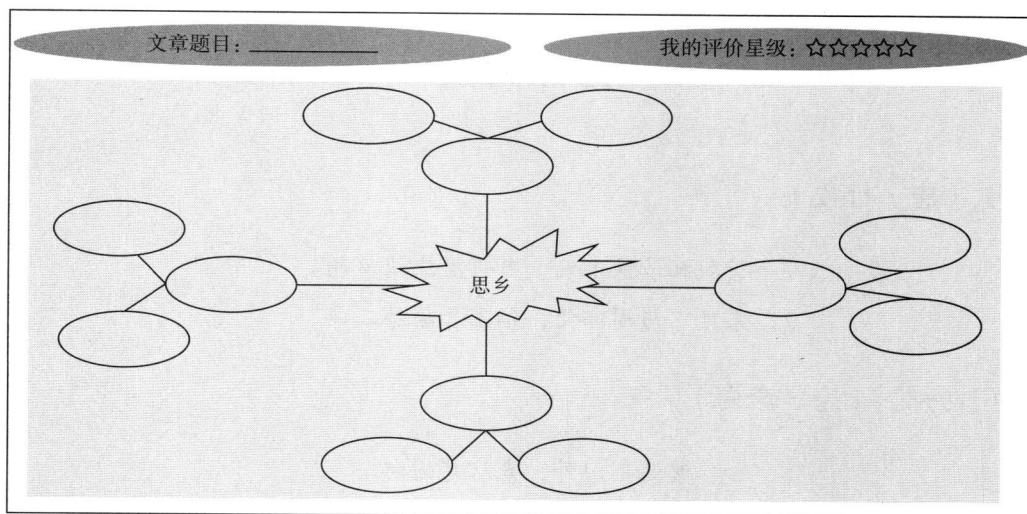

教师精评量表

评价方面	评价内容	评分	
		教师评分	自我评分
阅读情境（20分）	1. 学习单/故事地图/辩论会/课本剧按要求填表完成的情况（10分）		
	2. 完成学习单/故事地图/辩论会/课本剧任务要求的积极主动性（10分）		
阅读文本（40分）	1. 对字、词、句、段的理解情况（10分）		
	2. 对文中精彩字、词、句、段的鉴赏情况（10分）		
	3. 阅读速度达到规定要求的情况（10分）		
	4. 朗读参与情况与背诵完成情况（10分）		
阅读认知过程（40分）	1. 带着问题阅读或在阅读中提出问题的情况（10分）		
	2. 借助阅读工具搜索信息解决阅读疑难问题的情况（20分）		
	3. 参与教师提问及阅读交流的情况（10分）		
评价星级	90~100分：☆☆☆☆☆ 80~90分：☆☆☆☆ 70~80分：☆☆☆ 60~70分：☆☆ 60分以下：☆		

（二）小组选读

◇ 请快速浏览下面与"荆楚文化"相关的6篇【分级阅读】篇目，借助工具书掌握陌生字词。

◇ 从A/B/C三个级别中，选择不同级别中自己感兴趣的2篇大声诵读，并与选择相同篇目的同学组成"专家组"，对篇目的精彩语段及中心思想进行研读和讨论，踊跃发表自己的看法。

◇ 填写下面的任务单，为召开"小专家读书会"做准备，与全班同学分享交流本组的观点和想法吧！

分级阅读

A1.《赤壁》（唐·杜牧）

> 折戟沉沙铁未销，自将磨洗认前朝。
> 东风不与周郎便，铜雀春深锁二乔。

A2.《渡荆门送别》（唐·李白）

> 渡远荆门外，来从楚国游。
> 山随平野尽，江入大荒流。
> 月下飞天镜，云生结海楼。
> 仍怜故乡水，万里送行舟。

B1.《汉江临眺》（唐·王维）

> 楚塞三湘接，荆门九派通。
> 江流天地外，山色有无中。
> 郡邑浮前浦，波澜动远空。
> 襄阳好风日，留醉与山翁。

B2.《西塞山怀古》（唐·刘禹锡）

> 王濬楼船下益州，金陵王气黯然收。
> 千寻铁锁沉江底，一片降幡出石头。
> 人世几回伤往事，山形依旧枕寒流。
> 今逢四海为家日，故垒萧萧芦荻秋。

C1.《记承天寺夜游》（苏轼）

元丰六年十月十二日夜，解衣欲睡，月色入户，欣然起行。念无与为乐者，遂至承天寺寻张怀民。怀民亦未寝，相与步于中庭。庭下如积水空明，水中藻、荇交横，盖竹柏影也。何夜无月？何处无竹柏？但少闲人如吾两人者耳。

C2.《念奴娇·赤壁怀古》（宋·苏轼）

大江东去，浪淘尽，千古风流人物。

故垒西边，人道是，三国周郎赤壁。

乱石穿空，惊涛拍岸，卷起千堆雪。

江山如画，一时多少豪杰。

遥想公瑾当年，小乔初嫁了，雄姿英发。

羽扇纶巾，谈笑间，樯橹灰飞烟灭。

故国神游，多情应笑我，早生华发。

人生如梦，一尊还酹江月。

小专家读书会

篇目1：

我选取的文章题目及级别：_____（A级/B级/C级）　　我参加的专家组：_____　　我的评价星级：☆☆☆☆☆
读书会主题：

专家组成员及观点	我的发言	小组讨论纪要

我的收获与感悟：

篇目2：

我选取的文章题目及级别： _____ （A级/B级/C级） 　　我参加的专家组： _____ 　　我的评价星级： ☆☆☆☆☆

读书会主题：

专家组成员及观点	我的发言	小组讨论纪要

我的收获与感悟：

⊘ 组内互评量表

评价方面	评价内容	评分	
		教师评分	自我评分
阅读情境 （20分）	1. 专家组组织成立及分工合作情况（10分）		
	2. "小专家读书会"按要求填表及准备充分情况（10分）		
阅读文本 （30分）	1. 选文级别情况（10分）（A级5分；B级3分；C级2分）		
	2. 选文研读，对字、词、句、段及文章中心思想的理解情况（10分）		
	3. 阅读速度达到规定要求的情况（10分）		
阅读认知过程 （50分）	1. 在专家组研讨中提问与交流情况（10分）		
	2. 通过借助阅读工具搜索信息解决小组中阅读疑难问题的情况（10分）		
	3. 在专家组研讨中个人观点表达情况（20分）		
	4. 在"小专家读书会"中阅读讲解与汇报分享情况（10分）		
评价星级	90~100分：☆☆☆☆☆ 80~90分：☆☆☆☆ 70~80分：☆☆☆ 60~70分：☆☆ 60分以下：☆		

（三）主题自读

请根据自己的兴趣和爱好，从下面两个主题中选择一个感兴趣的主题进行阅读。结合主题提示，每2天完成一篇篇目的搜索、阅读和赏析。现在，让我们开始10天的"阅读打卡计划"吧！

◇ 略读任一主题下的2篇【推荐阅读】，理解篇目主要文意，揣摩该主题的含义。

◇ 搜索5篇与选择主题相关的篇目，可以包括古诗词、散文、诗歌、小说选段等多种体裁。

◇ 记录自己阅读古诗词及诗歌的方式，阅读篇幅较长的散文、小说选段等尽量保持在每分钟400字。

◇ 对阅读的篇目中的精彩语句、段落或是打动自己的内容及思想进行赏析。

◇ 将阅读速度、搜索过程、阅读记录、赏析要点等内容填写进"阅读打卡计划记录单"中。

主题1 眼中战国成争鹿

战国是中国历史上继春秋时期之后的大变革时期，上承春秋乱世，中续百家争鸣，后启大秦帝国，是中国的思想、学术、科技、军事以及政治发展的黄金时期，史称"百家争鸣"。与此同时，图强求存的各诸侯国展开了许多举世闻名的变法和改革，在统一中国的过程中，战国时代也塑造了中央集权的君主专制社会的雏形。《战国策》是战国时期的著作，汇集百家学说，闪烁着博大精深的智慧之光。

推荐阅读

1.《唐雎不辱使命》（《战国策》）

秦王使人谓安陵君曰："寡人欲以五百里之地易安陵，安陵君其许寡人！"安陵君曰："大王加惠，以大易小，甚善；虽然，受地于先王，愿终守之，弗敢易！"秦王不说。安陵君因使唐雎使于秦。

秦王谓唐雎曰："寡人以五百里之地易安陵，安陵君不听寡人，何也？且秦灭韩亡魏，而君以五十里之地存者，以君为长者，故不错意也。今吾以十倍之地，请广于君，而君逆寡人者，轻寡人与？"唐雎对曰："否，非若是也。安陵君受地于先王而守之，虽千里不敢易也，岂直五百里哉？"

秦王怫然怒，谓唐雎曰："公亦尝闻天子之怒乎？"唐雎对曰："臣未尝闻也。"秦王曰："天子之怒，伏尸百万，流血千里。"唐雎曰："大王尝闻布衣之怒乎？"秦王曰："布衣之怒，亦免冠徒跣，以头抢地耳。"唐雎曰："此庸夫之怒也，非士之怒也。夫专诸之刺王僚也，彗星袭月；聂政之刺韩傀也，白虹贯日；要离之刺庆忌也，仓鹰击于殿上。此三子者，皆布衣之士也，怀怒未发，休祲降于天，与臣而将四矣。若士必怒，伏尸二人，流血五步，天下缟素，今日是也。"挺剑而起。

秦王色挠，长跪而谢之曰："先生坐！何至于此！寡人谕矣：夫韩、魏灭亡，而安陵以五十里之地存者，徒以有先生也。"

2.《邹忌讽齐王纳谏》（《战国策》）

邹忌修八尺有余，而形貌昳丽。朝服衣冠，窥镜，谓其妻曰："我孰与城北徐公美？"其妻曰："君美甚，徐公何能及君也？"城北徐公，齐国之美丽者也。忌不自信，而复问其妾曰："吾孰与徐公美？"妾曰："徐公何能及君也？"旦日，客从外来，与坐谈，问之客曰："吾与徐公孰美？"客曰："徐公不若君之美也。"明日徐公来，孰视之，自以为不如；窥镜而自视，又弗如远甚。暮寝而思之，曰："吾妻之美我者，私我也；妾之美我者，畏我也；客之美我者，欲有求于我也。"

于是入朝见威王，曰："臣诚知不如徐公美。臣之妻私臣，臣之妾畏臣，臣之客欲有求于臣，皆以美于徐公。今齐地方千里，百二十城，宫妇左右莫不私王，朝廷之臣莫不畏王，四境之内莫不有求于王：由此观之，王之蔽甚矣。"

王曰："善。"乃下令："群臣吏民能面刺寡人之过者，受上赏；上书谏寡人者，受中赏；能谤讥于市朝，闻寡人之耳者，受下赏。"令初下，群臣进谏，门庭若市；数月之后，时时而间进；期年之后，虽欲言，无可进者。燕、赵、韩、魏闻之，皆朝于齐。此所谓战胜于朝廷。

✿主题2 人人化则天下化

老庄，是老子和庄子的并称（类似孔孟），也指老学与庄学的合称。借而代指道家老庄学派学说。道家主张"清静无为""顺应天道""逍遥齐物"等思想，其核心是"人法地、地法天、天法道、道法自然"，老庄学派不主张满口大慈悲、大智慧、大觉悟的假道德，认为这些不过是愚弄人的幌子。要德行合一，以己推人，自化，人人化则天下化。是以出世的精神做入世的事情的思想学派。老子的《道德经》和庄子的《庄子》是老庄思想的经典著作，是道家哲学思想的重要来源，对传统哲学、科学、政治、宗教等产生了深刻影响。让我们来读一读这两部文化名著，感受"人人化则天下化"的思想精髓吧。

推荐阅读

1.《道德经》（节选）（春秋·老子）

第一章

道可道，非常道；名可名，非常名。

无名，万物之始，有名，万物之母。

故常无欲，以观其妙，常有欲，以观其徼。

此两者，同出而异名，同谓之玄，玄之又玄，众妙之门。

第四十九章

善者，吾善之；不善者，吾亦善之；德善。信者，吾信之；不信者，吾亦信之；德信。

2.《庄子·逍遥游》（节选）（战国·庄子）

北冥有鱼，其名为鲲。鲲之大，不知其几千里也；化而为鸟，其名为鹏。鹏之背，不知其几千里也；怒而飞，其翼若垂天之云。是鸟也，海运则将徙于南冥。南冥者，天池也。《齐谐》者，志怪者也。《谐》之言曰："鹏之徙于南冥也，水击三千里，抟扶摇而上者九万里，去以六月息者也。"野马也，尘埃也，生物之以息相吹也。

阅读打卡计划

打卡	1	2	3	4	5	6	7	8	9	10	11	12	13	14	15
	□	□	□	□	□	□	□	□	□	□	□	□	□	□	□

姓名：_____
年/月：_____
节气：_____
主题：_____
我的评价星级：
☆☆☆☆☆

篇目1:
体裁:
阅读速度:
篇目搜索过程:
篇目阅读过程:
篇目赏析:

篇目2:
体裁:
阅读速度:
篇目搜索过程:
篇目阅读过程:
篇目赏析:

篇目3:
体裁:
阅读速度:
篇目搜索过程:
篇目阅读过程:
篇目赏析:

篇目4:
体裁:
阅读速度:
篇目搜索过程:
篇目阅读过程:
篇目赏析:

篇目5:
体裁:
阅读速度:
篇目搜索过程:
篇目阅读过程:
篇目赏析:

📖 学生自评量表

评价方面	评价内容	评分	
		教师评分	自我评分
阅读情境 （30分）	1. 连续坚持每天阅读打卡的情况（10分）		
	2. 合理制定阅读计划并严格、自律地按照阅读计划执行的情况（10分）		
	3. 按要求完成每个篇目"找篇目—读篇目—赏篇目"步骤的情况（10分）		
阅读文本 （30分）	1. 查找的篇目与阅读主题相吻合的情况（10分）		
	2. 阅读方式的选择及阅读速度的达成情况（10分）		
	3. 对篇目的理解与鉴赏情况（10分）		
阅读认知过程 （40分）	1. 对阅读主题的理解情况（10分）		
	2. 独立、灵活地使用搜索工具查找篇目的情况（10分）		
	3. 对搜索信息进行归纳总结及分析处理的情况（10分）		
	4. 形成积极阅读和自主阅读习惯的情况（10分）		
评价星级	90～100分：☆☆☆☆☆ 80～90分：☆☆☆☆ 70～80分：☆☆☆ 60～70分：☆☆ 60分以下：☆		

📚 书籍推荐 《

书目1：《上上长江》（刘醒龙，作家出版社）

书目2：《三国演义》（罗贯中，安徽教育出版社）

悦 读 者 思 维

关羽大意失荆州败走麦城，真的是大意吗？有的人认为是因为关羽傲慢的个性，有的人则认为荆州之失，责任不全在关羽，有多种原因。你是如何看待"关羽大意失荆州"这一历史事件的？

我是这样想的：	我还可以这样想：

第十四章

遥望洞庭山水翠
——湖湘文化

　　湖湘文化是指湖南地区的地域文化。在文化重心南移的大背景下，湖南成为以儒学文化为正统的省区，被学者称为"潇湘洙泗""荆蛮邹鲁"。岳麓书院讲堂所悬的"道南正脉"匾额，显示着湖湘文化所代表的儒学正统，无论是周敦颐、张南轩，还是王船山、曾国藩，他们的学术思想、学术追求，都是以正统的孔孟之道为目标。

　　湖湘文化的基本精神包括"淳朴重义""勇敢尚武""经世致用""自强不息"四个方面，"淳朴"即敦厚雄浑、未加修饰、不受拘束的生猛活脱之性。"重义"即强烈的正义感和向群性。"勇敢尚武"即临难不惧、视死如归的精神。"经世致用"即重视实践的务实精神，是实践理性与"天下兴亡，匹夫有责"的参与意识的集中体现，这一普遍性范畴一旦与英雄主义相结合，就成为一种"当今天下，舍我其谁"的"敢为天下先"的豪迈气概，给湖湘文化提供了明确的奋斗目标。"自强不息"是"天行健"的宇宙精神的基本形态，而在湖湘文化中，则将它列为"人极"的范畴，视为文化的"极则"。这就赋予了湖湘文化独特的哲学依据。正是由于这点，湖湘文化具有了"独立不羁，遁世不闷"的特殊品格。

　　湖南是华夏文明的重要发祥地之一，相传炎帝神农氏在此种植五谷、织麻为布、制作陶器，坐落于炎陵县西部的炎帝陵成为凝聚中华民族的精神象征；舜帝明德天下，足历洞庭，永州九嶷山为其陵寝之地。湖南自古盛植木芙蓉，五代时就有"秋风万里芙蓉国"之说，让我们一起走进美丽的"芙蓉国"吧。

（一）课堂精读

1.《江南逢李龟年》（唐·杜甫）

　　《江南逢李龟年》是唐代大诗人杜甫的作品。此诗是杜甫绝句中最有情韵、最富含蕴的一篇。开首二句是追忆昔日与李龟年的接触，寄寓诗人对开元初年鼎盛的眷怀；后两句是对国事凋零，艺人颠沛流离的感慨。诗中抚今思昔，世境离乱，年华盛衰，人情聚散，时代沧桑，人生巨变，都浓缩在这短短的二十八字中。全诗语言极平易，而含意极深远，包含着非常丰富的社会生活内容，表达了出时世凋零丧乱与人生凄凉飘零之感。

江南逢李龟年

（唐·杜甫）

岐王宅里寻常见，崔九堂前几度闻。

正是江南好风景，落花时节又逢君。

诵读 思考：

　　问题1：请查阅工具书掌握下列难点字词的意思：

　　（1）李龟年　（2）岐王　（3）寻常　（4）崔九　（5）江南　（6）落花时节

　　问题2：诗中前二句是追忆昔日与李龟年的接触，寄寓了诗人怎样的感怀呢？

　　问题3："落花时节又逢君"中"落花"一词的寓意很多，请说说你的理解。

　　问题4：请分析作者采用了哪些写作手法。

课本 剧：

　　请查阅相关资料，了解唐朝盛世的景象，以及安史之乱的历史和影响，并以本诗为题材编排课本剧。

文章题目：＿＿＿＿＿＿＿
课本剧名称：＿＿＿＿＿＿＿
我的评价星级：☆☆☆☆☆

小组角色分工：　　　小组成员评价星级：
＿＿＿＿＿　☆☆☆☆☆
＿＿＿＿＿　☆☆☆☆☆
＿＿＿＿＿　☆☆☆☆☆
＿＿＿＿＿　☆☆☆☆☆

故事情节逻辑图

角色对白
＿＿＿＿＿＿＿＿＿＿＿＿＿
＿＿＿＿＿＿＿＿＿＿＿＿＿
＿＿＿＿＿＿＿＿＿＿＿＿＿

服装道具　　　　　　演出剧照

2.《望洞庭湖赠张丞相》（唐·孟浩然）

　　《望洞庭湖赠张丞相》是唐代诗人孟浩然的作品。此诗是一首投赠之作，通过描述面临烟波浩森的洞庭湖欲渡无舟的感叹以及临渊羡鱼的情怀，曲折地表达了诗人希望张九龄予以援引之意。全诗以望洞庭湖起兴，由"欲济无舟楫"过渡，对于本来是藉以表意的洞庭湖，进行了泼墨山水般的大笔渲绘，呈现出八百里洞庭的阔大境象与壮伟景观，取得撼人心魄的艺术效果，使此诗实际上成为山水杰作。

望洞庭湖赠张丞相
（唐·孟浩然）

八月湖水平，涵虚混太清。

气蒸云梦泽，波撼岳阳城。

欲济无舟楫，端居耻圣明。

坐观垂钓者，徒有羡鱼情。

诵读 思考

　　问题1：请查阅工具书掌握下列难点字词的意思：

　　（1）涵虚　（2）混太清　（3）气蒸　（4）撼　（5）楫　（6）端居

　　问题2："八月湖水平"与"气蒸云梦泽"写出了南方8月份的什么气候特征？

　　问题3：请说一说"欲济无舟楫"中"舟楫"一词的用法和作用。

　　问题4：在末句中，诗人巧妙地运用了"临渊羡鱼，不如退而结网"（《淮南子·说林训》）中的古语，请查阅资料了解这一典故的意义，并分析作者引用这一典故的目的。

　　问题5：请根据自己的理解描述诗中的洞庭湖景象。

　　问题6：这是孟浩然投赠给张九龄的干谒诗，也就是一封"自我推荐信"，请结合这首诗的写作手法谈一谈推荐信的写法。

故事 地图

文章题目：＿＿＿＿＿		我的评价星级：☆☆☆☆☆
诗中人物	洞庭湖水势	洞庭湖水汽
渡湖之困		垂钓之景

教师精评量表

评价方面	评价内容	评分	
		教师评分	自我评分
阅读情境 （20分）	1.学习单/故事地图/辩论会/课本剧按要求填表完成的情况（10分）		
	2.完成学习单/故事地图/辩论会/课本剧任务要求的积极主动性（10分）		
阅读文本 （40分）	1.对字、词、句、段的理解情况（10分）		
	2.对文中精彩字、词、句、段的鉴赏情况（10分）		
	3.阅读速度达到规定要求的情况（10分）		
	4.朗读参与情况与背诵完成情况（10分）		
阅读认知过程 （40分）	1.带着问题阅读或在阅读中提出问题的情况（10分）		
	2.借助阅读工具搜索信息解决阅读疑难问题的情况（20分）		
	3.参与教师提问及阅读交流的情况（10分）		
评价星级	90～100分：☆☆☆☆☆ 80～90分：☆☆☆☆ 70～80分：☆☆☆ 60～70分：☆☆ 60分以下：☆		

（二）小组选读

◇ 请快速浏览下面与"湖湘文化"相关的6篇【分级阅读】篇目，借助工具书掌握陌生字词。

◇ 从A/B/C三个级别中，选择不同级别中自己感兴趣的2篇大声诵读，并与选择相同篇目的同学组成"专家组"，对篇目的精彩语段及中心思想进行研读和讨论，踊跃发表自己的看法。

◇ 填写下面的任务单，为召开"小专家读书会"做准备，与全班同学分享交流本组的观点和想法吧！

分级阅读

A1.《城西访友人别墅》（唐·雍陶）

澧水桥西小路斜，日高犹未到君家。

村园门巷多相似，处处春风枳壳花。

A2.《湘江曲》（唐·张籍）

湘水无潮秋水阔，湘中月落行人发。

送人发，送人归，白蘋茫茫鹧鸪飞。

B1.《渔翁》（唐·柳宗元）

渔翁夜傍西岩宿，晓汲清湘燃楚竹。

烟销日出不见人，欸乃一声山水绿。

回看天际下中流，岩上无心云相逐。

B2.《登岳阳楼》（唐·杜甫）

昔闻洞庭水，今上岳阳楼。

吴楚东南坼，乾坤日夜浮。

亲朋无一字，老病有孤舟。

戎马关山北，凭轩涕泗流。

C1.《踏莎行·郴州旅舍》（宋·秦观）

雾失楼台，月迷津渡。桃源望断无寻处。可堪孤馆闭春寒，杜鹃声里斜阳暮。

驿寄梅花，鱼传尺素。砌成此恨无重数。郴江幸自绕郴山，为谁流下潇湘去。

C2.《溪居》（唐·柳宗元）

久为簪组累，幸此南夷谪。

闲依农圃邻，偶似山林客。

晓耕翻露草，夜榜响溪石。

来往不逢人，长歌楚天碧。

小专家读书会

篇目1：

我选取的文章题目及级别：_____（A级/B级/C级）　我参加的专家组：_____　我的评价星级：☆☆☆☆☆

读书会主题：

专家组成员及观点	我的发言	小组讨论纪要

我的收获与感悟：

篇目2：

组内互评量表

评价方面	评价内容	评分	
		教师评分	自我评分
阅读情境 （20分）	1. 专家组组织成立及分工合作情况（10分）		
	2. "小专家读书会"按要求填表及准备充分情况（10分）		
阅读文本 （30分）	1. 选文级别情况（10分）（A级5分；B级3分；C级2分）		
	2. 选文研读，对字、词、句、段及文章中心思想的理解情况（10分）		
	3. 阅读速度达到规定要求的情况（10分）		
阅读认知过程 （50分）	1. 在专家组研讨中提问与交流情况（10分）		
	2. 通过借助阅读工具搜索信息解决小组中阅读疑难问题的情况（10分）		
	3. 在专家组研讨中个人观点表达情况（20分）		
	4. 在"小专家读书会"中阅读讲解与汇报分享情况（10分）		
评价星级	90～100分：☆☆☆☆☆ 80～90分：☆☆☆☆ 70～80分：☆☆☆ 60～70分：☆☆ 60分以下：☆		

（三）主题自读

　　请根据自己的兴趣和爱好，从下面两个主题中选择一个感兴趣的主题进行阅读。结合主题提示，每2天完成一篇篇目的搜索、阅读和赏析。现在，让我们开始10天的"阅读打卡计划"吧！

- ◇ 略读任一主题下的2篇【推荐阅读】，理解篇目主要文意，揣摩该主题的含义。
- ◇ 搜索5篇与选择主题相关的篇目，可以包括古诗词、散文、诗歌、小说选段等多种体裁。
- ◇ 记录自己阅读古诗词及诗歌的方式，阅读篇幅较长的散文、小说选段等尽量保持在每分钟400字。
- ◇ 对阅读的篇目中的精彩语句、段落或是打动自己的内容及思想进行赏析。
- ◇ 将阅读速度、搜索过程、阅读记录、赏析要点等内容填写进"阅读打卡计划记录单"中。

主题1 遥望洞庭山水色

洞庭湖，古称云梦、九江和重湖，洞庭湖之名，始于春秋战国时期，因湖中洞庭山（即今君山）而得名。洞庭湖是历史上重要的战略要地、中国传统文化发源地，湖区名胜繁多，以岳阳楼为代表的历史胜迹是重要的旅游文化资源。在我国所有的著名湖泊中，有关洞庭湖的名人名句最多，如李白的《秋登巴陵望洞庭》，孟浩然的《洞庭湖寄阎九》，刘禹锡的《望洞庭》，元稹的《洞庭湖》等，让我们从文学经典中一览美丽的湖光山色吧。

推荐阅读

1.《舟泛洞庭》（唐·杜甫）

> 蛟室围青草，龙堆拥白沙。
>
> 护江盘古木，迎棹舞神鸦。
>
> 破浪南风正，收帆畏日斜。
>
> 云山千万叠，底处上仙槎。

2.《望洞庭》（唐·刘禹锡）

> 湖光秋月两相和，潭面无风镜未磨。
>
> 遥望洞庭山水翠，白银盘里一青螺。

主题2 一代伟人领风骚

毛泽东，湖南湘潭人，是中国人民的领袖，马克思主义者，伟大的无产阶级革命家、战略家和理论家，中国共产党、中国人民解放军和中华人民共和国的主要缔造者和领导人。毛主席也是一位诗人，他的诗词意境宏大、气势磅礴、景物明丽、富含哲理，具有浪漫主义色彩，并蕴含许多典故。他在诗词中热情地讴歌革命的人生理想，赞美为实现理想而进行的壮丽的斗争。让我们来阅读毛主席的壮美诗篇吧，从文学中走近这位光辉的伟人。

推荐阅读

1.《沁园春·长沙》（毛泽东）

独立寒秋，湘江北去，橘子洲头。

看万山红遍，层林尽染；漫江碧透，百舸争流。

鹰击长空，鱼翔浅底，万类霜天竞自由。

怅寥廓，问苍茫大地，谁主沉浮？

携来百侣曾游。忆往昔峥嵘岁月稠。

恰同学少年，风华正茂；书生意气，挥斥方遒。

指点江山，激扬文字，粪土当年万户侯。

曾记否，到中流击水，浪遏飞舟？

2.《七律·到韶山》（毛泽东）

别梦依稀咒逝川，故园三十二年前。

红旗卷起农奴戟，黑手高悬霸主鞭。

为有牺牲多壮志，敢教日月换新天。

喜看稻菽千重浪，遍地英雄下夕烟。

阅读打卡计划

打卡	1	2	3	4	5	6	7	8	9	10	11	12	13	14	15
	□	□	□	□	□	□	□	□	□	□	□	□	□	□	□

姓名：_____
年/月：_____
节气：_____
主题：_____
我的评价星级：
☆☆☆☆☆

篇目1：	篇目2：	篇目3：	篇目4：	篇目5：
体裁：	体裁：	体裁：	体裁：	体裁：
阅读速度：	阅读速度：	阅读速度：	阅读速度：	阅读速度：
篇目搜索过程：	篇目搜索过程：	篇目搜索过程：	篇目搜索过程：	篇目搜索过程：
篇目阅读过程：	篇目阅读过程：	篇目阅读过程：	篇目阅读过程：	篇目阅读过程：
篇目赏析：	篇目赏析：	篇目赏析：	篇目赏析：	篇目赏析：

🖊 学生自评量表

评价方面	评价内容	评分	
		教师评分	自我评分
阅读情境（30分）	1. 连续坚持每天阅读打卡的情况（10分）		
	2. 合理制定阅读计划并严格、自律地按照阅读计划执行的情况（10分）		
	3. 按要求完成每个篇目"找篇目—读篇目—赏篇目"步骤的情况（10分）		
阅读文本（30分）	1. 查找的篇目与阅读主题相吻合的情况（10分）		
	2. 阅读方式的选择及阅读速度的达成情况（10分）		
	3. 对篇目的理解与鉴赏情况（10分）		
阅读认知过程（40分）	1. 对阅读主题的理解情况（10分）		
	2. 独立、灵活地使用搜索工具查找篇目的情况（10分）		
	3. 对搜索信息进行归纳总结及分析处理的情况（10分）		
	4. 形成积极阅读和自主阅读习惯的情况（10分）		
评价星级	90～100分：☆☆☆☆☆ 80～90分：☆☆☆☆ 70～80分：☆☆☆ 60～70分：☆☆ 60分以下：☆		

📚 书籍推荐 ≪

书目1：《曾国藩》（唐浩明，北京联合出版公司）

书目2：《毛主席为青少年选的阅读诗词》（叶燕，中国人民大学出版社）

悦 读 者 思 维

　　中国人民领袖毛泽东是湖南湘潭人，他为新中国的成立做出了巨大的贡献，世界名人对他也尤为敬佩。斯大林指出："看来这是一位天才的统帅，……表现出了大无畏精神和雄才大略……中国将来是未来的世界革命中心，你们的毛泽东同志就是世界革命的领袖。" 美国前总统尼克松说："无论人们对毛泽东有怎样的看法，谁也否认不了他是一位战斗到最后一息的战士。" 美国前总统福特指出："毛泽东的著作给人类文化留下了深刻的印记。他确实是我们时代的一位杰出人物。"在你的眼中，我们敬爱的毛主席是怎样的呢？

我是这样想的：	我还可以这样想：

第十五章

不辞长作岭南人
——岭南文化

　　岭南文化是指中国岭南地区文化，主要包括广东、广西、海南、香港、澳门地区，是中华民族灿烂文化中最具特色和活力的地域文化之一，涵盖学术、文学、绘画、书法、音乐、戏曲、工艺、建筑、园林、民俗、宗教、饮食、语言、侨乡文化等众多内容。从地域上看，岭南文化又分为广东文化、桂系文化和海南文化三大块，尤其以属于广东文化的广府文化、广东客家文化和潮汕文化为主，构成了汉族岭南文化的主体。

　　岭南文化源远流长。历史上，在汉民族的形成和发展，在维护国家统一、民族团结等多方面，岭南文化都作出了不可磨灭的贡献，在中华民族文化的发展史上居于重要地位，起着重要作用。改革开放以来，岭南文化以其独有的多元、务实、开放、兼容、创新等特点，采中原之精粹，纳四海之新风，融汇升华，自成宗系，在中华大文化之林独树一帜，对岭南地区乃至全国的经济、社会发展起着积极的推动作用，是中华民族灿烂文化中最具特色和活力的地域文化之一。

　　岭南学术思想吸取由中原传入的儒、法、道、佛各家思想并进行创新，孕育出不同风格的思想流派。在近代，岭南得风气之先，中西文化交流，孕育和产生出以康有为、孙中山等为代表的近代中国的一代先进人物。岭南的文学艺术雅俗并茂，岭南画派、粤剧具有浓郁的地方特色，电影就是最先从岭南传出的。让我们一起来领略岭南独特的文化风韵吧。

（一）课堂精读

1.《惠州一绝二首》（其二）（宋·苏轼）

　　《惠州一绝二首》又叫《食荔枝》，是苏轼所作的七绝诗。苏轼在绍圣三年（1096）作于惠州，此《食荔枝》题下有两首，这里选第二首，苏轼在诗中表现了其两难心境。岭南两广一带在宋时为蛮荒之地，罪臣多被流放至此。迁客逐臣到这里，往往颇多哀怨嗟叹之辞，而苏东坡则不然，他在这首七绝中表现出其素有的乐观旷达、随遇而安的精神风貌。

惠州一绝二首（其二）
（宋·苏轼）

罗浮山下四时春，卢橘杨梅次第新。

日啖荔枝三百颗，不辞长作岭南人。

诵读 思考

　　问题1：请查阅工具书掌握下列难点字词的意思：

　　（1）罗浮山　（2）卢橘　（3）次第新　（4）啖　（5）辞

　　问题2：此诗写于作者苏轼被贬南迁的背景下，请查阅相关资料，了解"古代流放之刑"的知识。

　　问题3：作者在此诗中表达了一种避世遁俗的心态。但是他那忧国忧民的情怀使其无法真正不闻天下事。请回忆自己曾经读过的表达苏轼牵挂国运民生情怀的诗词，和老师、同学们交流分享。

　　问题4：苏东坡因仕途坎坷曾经想避世遁俗，又因恋恋不忘国运民生终于没能做到归隐山林，请根据"日啖荔枝三百颗，不辞长作岭南人"一句对他这种出世与入世两难的心境进行具体描述。

学习 单

我的阅读篇目		我的评价星级	☆☆☆☆☆
诗中不理解的字词			
发现问题与解决问题		解决问题与收获感悟	
老师的阅读问题/我的阅读问题： 1. 2. 3. 4. 5.		我的答案： 1. 2. 3. 4. 5.	

我打算解决问题的办法：（上网查资料/图书馆查资料/询问家长/其他）	为解决问题做个小计划： 第一步： 第二步： 第三步：	赏析我喜欢的诗句：
我的新疑问： 1. 2. 3.		写下我的读后感受：

2.《过零丁洋》（宋·文天祥）

《过零丁洋》是宋代大臣文天祥在1279年经过零丁洋时所作的诗作。此诗前二句，诗人回顾平生；中间四句紧承"干戈寥落"，明确表达了作者对当前局势的认识；末二句是作者对自身命运的一种毫不犹豫的选择。全诗表现了慷慨激昂的爱国热情和视死如归的高风亮节，以及舍生取义的人生观，是中华民族传统美德的崇高表现。

过零丁洋
（宋·文天祥）

辛苦遭逢起一经，干戈寥落四周星。
山河破碎风飘絮，身世浮沉雨打萍。
惶恐滩头说惶恐，零丁洋里叹零丁。
人生自古谁无死？留取丹心照汗青。

诵读 **思考**

问题1：请查阅工具书掌握下列难点字词的意思：

（1）干戈 （2）寥落 （3）四周星 （4）絮 （5）萍 （6）零丁 （7）汗青

问题2：首联两句讲述了一关个人、一关国家的两件事，请结合史实对这句诗的内容做具体分析。

问题3：请划出诗中表达国破家亡、无依无附的字词。

问题4：请思考本诗采用了哪些写作手法。

问题5：末句"人生自古谁无死？留取丹心照汗青"为表现爱国热情、视死如归的名句，请说说自己对这句诗的理解。

学习单

我的阅读篇目		我的评价星级	☆☆☆☆☆
诗中不理解的字词			

发现问题与解决问题		解决问题与收获感悟
老师的阅读问题/我的阅读问题： 1. 2. 3. 4. 5.		我的答案： 1. 2. 3. 4. 5.
我打算解决问题的办法：（上网查资料/图书馆查资料/询问家长/其他）	为解决问题做个小计划： 第一步： 第二步： 第三步：	赏析我喜欢的诗句：
我的新疑问： 1. 2. 3.		写下我的读后感受：

教师精评量表

评价方面	评价内容	评分	
		教师评分	自我评分
阅读情境 （20分）	1. 学习单/故事地图/辩论会/课本剧按要求填表完成的情况（10分）		
	2. 完成学习单/故事地图/辩论会/课本剧任务要求的积极主动性（10分）		
阅读文本 （40分）	1. 对字、词、句、段的理解情况（10分）		
	2. 对文中精彩字、词、句、段的鉴赏情况（10分）		
	3. 阅读速度达到规定要求的情况（10分）		
	4. 朗读参与情况与背诵完成情况（10分）		
阅读认知过程 （40分）	1. 带着问题阅读或在阅读中提出问题的情况（10分）		
	2. 借助阅读工具搜索信息解决阅读疑难问题的情况（20分）		
	3. 参与教师提问及阅读交流的情况（10分）		
评价星级	90～100分：☆☆☆☆☆ 80～90分：☆☆☆☆ 70～80分：☆☆☆ 60～70分：☆☆ 60分以下：☆		

（二）小组选读

❖ 请快速浏览下面与"岭南文化"相关的6篇【分级阅读】篇目，借助工具书掌握陌生字词。

❖ 从A/B/C三个级别中，选择不同级别中自己感兴趣的2篇大声诵读，并与选择相同篇目的同学组成"专家组"，对篇目的精彩语段及中心思想进行研读和讨论，踊跃发表自己的看法。

❖ 填写下面的任务单，为召开"小专家读书会"做准备，与全班同学分享交流本组的观点和想法吧！

分级阅读

A1.《七子之歌·澳门》（闻一多）

你可知妈港不是我的真名姓？

我离开你的襁褓太久了，母亲！

但是他们掳去的是我的肉体，

你依然保管我内心的灵魂。

那三百年来梦寐不忘的生母啊！

请叫儿的乳名，

叫我一声"澳门"！

母亲！我要回来，母亲！

A2.《茶叶碎铜》（朱千华）

白牛茶的神秘与奇特，为茶叶史所罕见。太神奇了，令人难以置信。此茶产于大瑶山深处的罗香乡白牛村。故名。罗香乡，怎么读都好听。我从县城驱车八十公里，就是来看白牛村。这是大瑶山腹地。周围青山环抱，罗香河自西向东蜿蜒，流经集镇。不远处即为大瑶山原始森林。白牛村就在这里。

大凡原始森林，总有奇花异草。大瑶山的原始森林内，低山处，峡谷旁长着许多古老的野茶树。在罗香乡的向导指引下，我特地去看了那些古茶。野茶树不计其数，树姿直立。叶色绿，椭圆形，叶缘微波，叶齿细而密。嫩芽梢绿色，茸毛少。树高三四米。枝繁叶茂，虬髯苍劲。

晴时早晚遍地雾，阴雨时节满山云。这样的云雾滋润，出好茶就不奇怪了。这就是白牛村。为了验证那个神奇的传说，我决定在白牛村住下。房东谭姓。一家三口，以茶为业。屋虽简陋，满室茶香。老谭先为我泡一杯陈茶。他告诉我，这里的瑶胞都有收藏老茶的习惯。谷雨前采制。偶有痢疾，咳嗽，饮此茶即能治愈。老茶待客，也是白牛村人的习俗。白牛茶外形与常茶并无多少区别。外形翠绿，显毫，香味清高，味甘和，略浓。

我对老谭说，我是来买茶的。他说，知道，不然来这深山老林做什么。我说，既然你卖茶，我买茶。我们又住在一起，这买卖基本上做成了。只是，你的白牛茶，真的那么牛吗。老谭说，嘿嘿，嘿嘿。你想要我露一手啊。不难。你买我的茶，我当然要露一手给你看，让你看看我的白牛茶，是不是真的牛。他的脸上露出诡异的笑，仿佛早就看透了我的用心。

我知道，那个神秘的时刻就要到来。那天中午，我在大瑶山深处的白牛村与老谭一起喝稔子酒。我吃过稔子。当地人叫山稔。这是一种生长在山上的野果，很甜。酒喝完了，谭家母女俩把桌子收拾干净。继续喝白牛茶。末了，老谭从陶罐里摸出一个铜版，交给女儿去洗净。

不一会，谭女把洗净的铜钱交到我手上。这是一个普通的铜钱，开元通宝。一元硬币大，但没有硬币那么厚。我把铜钱检查一遍，确认是真铜钱。递给老谭。谭女打开一个铁罐，倒出一些白牛茶。

老谭用手捏住一撮白牛茶放入口中。轻轻咀嚼。约两分钟，再把那枚铜钱放入口中。继续嚼之。这时，屋里一片寂静，谁也没有出声，所有的眼睛都盯着老谭的嘴，看他像老牛嚼草一样，不停地咀嚼。我听到他嘴里开始有某种声音。啪。啪。像嚼软骨一样。最后，茶叶嚼碎了，那硬硬的铜钱，也被嚼碎了。

一枚硬硬的铜钱，被老谭轻而易举地嚼碎。传说已久的白牛茶碎铜现象，如此真切又令人难以置信地出现在我面前。那个传说是：真正的白牛茶，与铜钱放在一起咀嚼，能嚼碎铜钱者为真，反之为伪。老谭满脸自豪神色，不是因为嚼碎了铜钱，而是他家炒制的茶，已被证明是上好的白牛茶了。

附记：关于白牛茶碎铜钱的现象，至今没有确切的解释。很多茶叶专家都来亲自嚼过铜钱。例如，1985年，桂林茶科所曾邀请我国著名茶叶专家庄晚芳教授亲临试嚼，结果真能嚼碎铜钱。当时庄教授有感赋诗一首：

> 不少传闻流古今，西山白毫碧云天；
> 铜钱嚼碎表优劣，石乳奇茗永世珍。

B1.《题大庾岭北驿》（唐·宋之问）

> 阳月南飞雁，传闻至此回。
> 我行殊未已，何日复归来。
> 江静潮初落，林昏瘴不开。
> 明朝望乡处，应见陇头梅。

B2.《六月二十日夜渡海》（宋·苏轼）

> 参横斗转欲三更，苦雨终风也解晴。
> 云散月明谁点缀？天容海色本澄清。
> 空余鲁叟乘桴意，粗识轩辕奏乐声。
> 九死南荒吾不恨，兹游奇绝冠平生。

C1.《儋耳》（宋·苏轼）

霹雳收威暮雨开，独凭栏槛倚崔嵬。

垂天雌霓云端下，快意雄风海上来。

野老已歌丰岁语，除书欲放逐臣回。

残年饱饭东坡老，一壑能专万事灰。

C2.《岭南江行》（唐·柳宗元）

瘴江南去入云烟，望尽黄茆是海边。

山腹雨晴添象迹，潭心日暖长蛟涎。

射工巧伺游人影，飓母偏惊旅客船。

从此忧来非一事，岂容华发待流年。

📚 小专家读书会

篇目1：

我选取的文章题目及级别： _____ （A级/B级/C级）	我参加的专家组： _____	我的评价星级：☆☆☆☆☆
读书会主题：		
专家组成员及观点	我的发言	小组讨论纪要
我的收获与感悟：		

篇目2：

我选取的文章题目及级别：_____（A级/B级/C级）　我参加的专家组：_____　我的评价星级：☆☆☆☆☆

| 读书会主题： |

| 专家组成员及观点 | 我的发言 | 小组讨论纪要 |

我的收获与感悟：

组内互评量表

评价方面	评价内容	评分	
		教师评分	自我评分
阅读情境（20分）	1. 专家组组织成立及分工合作情况（10分）		
	2. "小专家读书会"按要求填表及准备充分情况（10分）		
阅读文本（30分）	1. 选文级别情况（10分）（A级5分；B级3分；C级2分）		
	2. 选文研读，对字、词、句、段及文章中心思想的理解情况（10分）		
	3. 阅读速度达到规定要求的情况（10分）		
阅读认知过程（50分）	1. 在专家组研讨中提问与交流情况（10分）		
	2. 通过借助阅读工具搜索信息解决小组中阅读疑难问题的情况（10分）		
	3. 在专家组研讨中个人观点表达情况（20分）		
	4. 在"小专家读书会"中阅读讲解与汇报分享情况（10分）		
评价星级	90~100分：☆☆☆☆☆ 80~90分：☆☆☆☆ 70~80分：☆☆☆ 60~70分：☆☆ 60分以下：☆		

（三）主题自读

请根据自己的兴趣和爱好，从下面两个主题中选择一个感兴趣的主题进行阅读。结合主题提示，每2天完成一篇篇目的搜索、阅读和赏析。现在，让我们开始10天的"阅读打卡计划"吧！

◇ 略读任一主题下的2篇【推荐阅读】，理解篇目主要文意，揣摩该主题的含义。

◇ 搜索5篇与选择主题相关的篇目，可以包括古诗词、散文、诗歌、小说选段等多种体裁。

◇ 记录自己阅读古诗词及诗歌的方式，阅读篇幅较长的散文、小说选段等尽量保持在每分钟400字。

◇ 对阅读的篇目中的精彩语句、段落或是打动自己的内容及思想进行赏析。

◇ 将阅读速度、搜索过程、阅读记录、赏析要点等内容填写进"阅读打卡计划记录单"中。

主题1　桂林山水甲天下

桂林山水是对桂林旅游资源的总称，中国十大风景名胜之一。桂林山水是中国山水的代表，典型的喀斯特地形构成了别具一格的风格。桂林山水"山青、水秀、洞奇、石美"，包括山、水、喀斯特岩洞、石刻等，其境内的山水风光举世闻名，千百年来享有"桂林山水甲天下"的美誉。让我们在文学经典作品中感受"舟行碧波上，人在画中游"的美妙感受吧。

推荐阅读

1.《桂林》（唐·李商隐）

> 城窄山将压，江宽地共浮。
> 东南通绝域，西北有高楼。
> 神护青枫岸，龙移白石湫。
> 殊乡竟何祷，箫鼓不曾休。

2.《漓江春雨》（陈淼）

漓江我去过许多次，每次去的感觉都有点不一样。有人说，漓江风光依山而转，因水而美，每逢雨季，江上的景色更为秀丽。此次的阳朔之行，进一步得到了证实。听说张艺谋先生在阳朔搞了个《印象·刘三姐》，很好看，很吸引人的眼球，为此，那一年的春天，我与一群文友慕名再来。

时值仲春，桂林地区春雨绵绵，我们在桂林乘船而下，只见漓江上烟波浩渺，细雨蒙蒙，群山笼罩于轻纱薄雾之中，若隐若现，浮云穿行于奇峰之间，宛如蓬莱仙境……此时继续游船江中，犹如穿行在一幅千姿百态的泼墨水彩画里，极为曼妙。漓江上拥有世界上规模最大、风景最美的岩溶山水游览区，生态环境极美极佳，一直被人们誉为"甲绝天下"。而游览漓江，有一个绝妙之处，就是不愁天气变化，晴看青峰阴看雨，漓江的春雨就是一绝美景，就连徐悲鸿这位不是山水画的画家，也曾被漓江的烟雨打动，画下了著名的《漓江春雨》。《漓江春雨》这幅画让我们感受的不是古代封建社会文人山水画高蹈淡泊的避世情调，而是清新的现实生活气息，带有积极向上的入世精神。

从桂林到阳朔约83公里的水程的漓江，也是人们常常赞美的"百里画廊"。乘坐游船在清澈的漓江上慢慢行驶，两岸青山林立，峰影倒映，站在甲板上，看着一座又一座的山峰拔地而起，有的形如少女、有的状如月亮、还有的似极了雄狮骏马……奇峰罗列，让人目不暇接。一路畅游，雄狮峰、秀才看榜、仙人坐车、八仙过海、蚂蝗渡、状元峰、野鸡倒挂、九马归槽、阳朔纪事碑等美景陆续进入眼帘，让人感叹"百里画廊"那"怪姿更万端，异彩尽群变"的韵味风姿。在快九马归槽处，有文友开始兴奋起来，"这是第五套二十元人民币图案的地方。"随着文友的一声尖叫声，大伙儿都开始摸摸自己的钱包，寻找这张二十元的人民币，有的找到了，有的没有找到。我找出了一张20元人民币和此刻的山水比较了一下，真是栩栩如生、惟妙惟肖。

春雨像牛毛，似花针，如细丝，密密地斜织着，淅淅沥沥，如丝如缕将天地交织在一起，把整个漓江都笼罩在一片烟雨朦胧之中。"随风潜入夜，润物细无声。"杜甫这句诗写得多好啊！是的，严冬一过，如烟如丝的春雨，又悄悄的来到人间。她催促大地苏醒，她给春天增添生机。我们坐在游船上，欣赏细细春雨织成的美丽图案。那蒙蒙的细雨像烟雾、像薄纱一样笼罩大地，使漓江呈现出如诗如画的景象。细雨滋润着漓江两岸的树木花草，木树醒来了，柳树的树枝也变软了，吐出米粒大的嫩芽；微风吹佛，轻轻摆动，像一群身穿纱裙的仙女在翩翩起舞。好像有谁在指挥似的，鸟儿们也扇着翅膀，在柳枝上放开歌喉，欢快地唱起了春天的赞歌。桃花、迎春花等花木都禁不住张开了笑脸，欣喜地沐浴在雨抚摸的嫩绿的小草也不甘示弱，抖抖身子钻出地面，给大地披上一身毛茸茸的绿装，显得十分美丽，这树、这花、这草构成了只有春雨才能描绘的绚丽图画。

我见过一望无际的大海，我见过水平如镜的湖，也见过飞流直下三千尺、疑是银河落九天的瀑布，却从未看见过漓江这样清澈的江水。漓江的水真清，尽管淅淅沥沥的毛毛雨下个不停，但丝毫也没有影响到漓江水的清澈度。有时候能看到成群结队的鱼儿在水中游得正欢；漓江的水丰厚，仲春是漓江的丰水期，一河江水满满地填充着河床，此时，漓江就像山间的小路，而漓江的水就像小路中的沙子一般，细腻，光滑，舒服；漓江的水好静，静的仿佛是江水固定住了一般，只停留在那一刻给我们观赏；漓江的水温柔，柔得使人忍不住要去抚摸她，却又不忍碰皱她。微风掠起的波浪，好像亭亭的舞女拖着裙幅。她是那样软，那样嫩。

阳朔到了，经过几个小时的航行，中午十二点多钟，我们乘坐的游船靠岸了。我们在一家位于碧莲峰下的春暖花开客栈下榻，客栈距西街仅一分钟步程，闹中取静，客栈老板很热情也很健谈，他告诉我们："他的客栈是驴友、自助游、背包客的心灵驿站，休憩、发呆、结伴、观光的理想会所，并且提供阳朔各种旅游咨询。"他向我们推介了杨堤，我们见时间还早，决定去游览一下。"桂林山水甲天下，阳朔山水甲桂林。"杨堤位于阳朔县北部，属于典型的"喀斯特"溶岩地貌区，境内群山耸立，山多地少，素有"九山半水半分田"之称。田园、青山、倒影，花儿香，鸟儿鸣，蜂儿忙，人儿悠，山与水、人与物融为一体，一派南国风光。"杨堤烟雨"，是欣赏漓江烟雨最好的地方，也是漓江精华的开始，高潮的到来。杨堤漓江景区主要以坐竹筏游漓江为主，从杨堤漂到兴坪，途经鲤鱼挂壁、童子拜观音、神笔峰、浪石风光、雄狮爬五指山、老人守苹果、八仙过江、九马画山、终点20元人民币背景图案处。

从兴坪回来，春暖花开客栈的老板已经帮我们买好了晚上观看《印象·刘三姐》的票，贵宾席B1区每人320元，晚上八点开演。当晚，天空中依然飘落着毛毛雨，我们与数千观众一样，身着雨衣，神情专注地观看演出。《印象·刘三姐》是大型桂林·漓江山水剧场之核心工程，是全国第一部"山水实景演出"，近千名演员和两百匹战马的大型实景演出，整个演出时间约一个小时。《印象·刘三姐》体现了一种淋漓尽致的豪华气派，利用目前国内最大规模的环境艺术灯光工程及独特的烟雾效果工程，创造出如诗如梦的视觉效果。传统演出是在剧院有限的空间里进行，这场演出则以自然造化为实景舞台，放眼望去，漓江的水，桂林的山，化为中心的舞台，给人宽广的视野和超然的感受。传统的舞台演出，是人的创作，而"山水实景演出"是人与上帝共同的创作。在《印象·刘三姐》中，山峰的隐现、水镜的倒影、烟雨的点缀、竹林的轻吟、月光的披洒随时都会进入演出，成为美妙的插曲。"一篙船歌，述说着雨夜渔火的遐想"，刘三姐的乡亲们那醇美的歌声，如痴如醉，飘荡过来了。晴天的漓江，清风倒影特别迷人；可烟雨的漓江，赐给人们的却是另外一种美的享受；它秀的是桂林山水，秀的是民俗风情，秀出了那种天人合一的境界。它启用了目前国内最大规模的环境艺术灯光工程，独特的烟雾效果工程及其隐藏式的音响展现出了"红色、绿色、蓝色、金色、银色"五大主题色彩系列，将刘三姐的山歌、民族风情、漓江渔火、山水圣地等元素创新组合，不着痕迹的溶入山水，还原于自然，给人以强烈的视觉及听觉冲击，达到了如诗如梦的效果，被喻为上帝与人的杰作，让你感受到前所未有的震撼，实为看了终身难忘，不看终身遗憾。事后，证实了不看的确是会遗憾终身。2017年8月，因负债14亿元，提出了破产重整申请。其运营公司桂林广维文华旅游文化产业有限公司十多亿债务缠身，资不抵债，宣告破产。《印象·刘三姐》也最终成为了历史烟云。

阳光普照下的漓江风光很美，春雨绵绵中的漓江更加迷人、美丽。

◆主题2 水落沙滩倍有情

同学们，你们见过大海吗？大海就像天空一样广阔无边，一望无际。它不仅孕育着生命，更是一种精神的象征。当我们面对大海博大的胸怀，就好像人的心灵面向着无限辽远。大海还给予我们灿烂的阳光、细目柔软的沙滩、迎风飞翔的海鸥和美丽的贝壳。让我们在文学作品里畅游美丽、神奇的大海吧。

推荐阅读

1.《致大海》（舒婷）

大海的日出

引起多少英雄由衷的赞叹

大海的夕阳

招惹多少诗人温柔的怀想

多少支在峭壁上唱出的歌曲

还由海风日夜

日夜地呢喃

多少行在沙滩上留下的足迹

多少次向天边扬起的风帆

都被海涛秘密

秘密地埋葬

有过咒骂，有过悲伤

有过赞美，有过荣光

大海——变幻的生活

生活——汹涌的海洋

哪儿是儿时挖掘的穴

哪里有初恋并肩的踪影

呵，大海

就算你的波涛

能把记忆涤平

还有些贝壳

撒在山坡上

如夏夜的星

也许漩涡眨着危险的眼

也许暴风张开贪婪的口

呵，生活

固然你已断送

无数纯洁的梦

也还有些勇敢的人

如暴风雨中

疾飞的海燕

傍晚的海岸夜一样冷静

冷夜的山岩死一般严峻

从海岸的山岩

多么寂寞我的影

从黄昏到夜阑

多么骄傲我的心

"自由的元素"呵

任你是佯装的咆哮

任你是虚伪的平静

任你掠走过去的一切

一切的过去——

这个世界

有沉沦的痛苦

也有苏醒的欢欣

2.《海滩拾贝》（秦牧）

在艺术摄影中，常常看到这样的画面：无边无际的海滩上，一个人俯身在拾些什么；天上漂浮着云彩，远处激溅着浪花……。这样的画面引人走进一个哲理和诗情水乳交融的境界。

这种情景是很引人入胜的。但是这样的画图，人却不难走到里面去。一个人只要到海滩去拾拾贝壳，就会很自然地变成那种影片里面的人物了。

许许多多的人都有爱贝壳的习性。有些人生活趣味本来很少，但一见到贝壳却会爱不释手，一跑到海滩去捡起贝壳来就往往兴奋得像个小孩。在这方面，似乎我们中有许多人还保持着我们远代的老祖先的审美观念，他们曾经震惊于贝壳的美丽，一致同意把贝壳采用做货币。也许由于爱贝壳的人的众多吧，广州文化公园的水产馆里陈列贝壳的那些玻璃柜旁总是挤满了观众。广州近年还有一间有趣的商店出现，它专门贩卖贝壳和珊瑚。香港也有这一类的商店。因为这样的缘故，现在开到南海群岛去的船只，就不止是运的海味、鸟粪，还有运贝壳和珊瑚的了。

但是从商店里买回来的贝壳，比较自己从海滩亲自捡回来的，风味毕竟不同。无论商店里的贝壳是怎样的五光十色，实际上比我们在海滩上所见到的，却总要贫乏得多。

凡是有海滩的地方，就有贝壳。但是有些著名的海滩，那种贝壳丰富的情形，却不是一般的小海滩可以比拟的。像海南岛三亚附近渔村一带的海滩，你走到上面去，可以发现每一步都有贝壳，而且构造千奇百怪，用句古话来形容，真可以说是"鬼斧神工"。据到过西沙群岛的人说，那边的情形就更可观了。要找到特别美丽、离奇的贝壳就得到特别荒僻的小岛去。贝壳究竟有多少种呢？这样的题目正像问天上的星，问地上的树，问草丛里的昆虫，问碳水化合物有多少种那样的不易回答。有一些专门收集贝壳的"贝壳迷"，他们像古币迷、邮票迷……收集古币、邮票那样地搜集着贝壳。据说，世界各个角落的贝壳是千差万别的。有一个贝壳迷花了近十年心血，搜集到几千种远东出产的贝壳，而这，在贝壳所有品种中所占的仍然是一个很小的百分比。

令人目迷五色的各种贝壳，有大得像一颗椰子、一顶帽子、一枝喇叭的，它们的名字就叫做"椰子螺"、"唐冠贝"、"天狗螺"。也有一些小得像颗珍珠，可以让女孩子串起来做项链的。它们有形形色色的状貌，因此人们也就给起了一些五花八门的名字。像伞的叫做"伞贝"，像钟的叫做"钟螺"，像小扇的叫做"扇贝"，像蜘蛛的叫做"蜘蛛螺"，像骷髅的叫做"骨贝"，还有鹅掌贝、鸭脚贝、冬菇贝等等。有一些贝壳，只从它们的名字就可以想见它们令人惊艳的容貌，像锦身贝、凤凰贝、花瓣贝、初雪贝等就是。还有一些贝壳，给人叫做"波斯贝"、"高丽贝"，使人想见古代各国船舶往来，外国商人拿出新奇的贝壳来，人们围观啧啧赞美的情景。种类无比丰富的贝壳，使人不禁想起了一切瓷器的精品。所有歌咏瓷器的诗句，美丽的贝壳都可以当之无愧。像什么"大邑烧瓷轻且坚，扣如哀玉锦城传"啦，什么"雨过天青云破处，这般颜色作将来"啦，许多贝壳的模样儿、颜色儿，完全足以体现那种神韵。你细细看海滩上的贝壳，它们有像白陶的，有像幼瓷的，有的像上了釉，有的颜色复杂，竟像是"窑变"的产品。历史家们考据出来：地球上的各个区域，古代的人们日中为市的时代，一般都曾经采用贝壳做过流通手段，当铜和金还在地下酣睡的时候，这些海滩小动物建造的小房子就已经信用卓著地成为人们的良币了。在殷墟里面，和牛骨龟甲混在一起的，也还有贝币；说明三千五百年前这些奇妙的小东西已经普遍被人们用作交易的媒介了。直到今天，我们的文字里，许许多多和价值有关的字，像"财"、"宝"、"买"、"卖"、"赏"、"赐"、"贵"、"贱"等等，不写简笔字的时候，都还留有个"贝"字在里头。这情形，使我们想起了古代各洲的人们，在海滩上拾到美丽的贝壳的时候，那种欣赏赞叹的情景。在这方面，好像对自然景物的审美观念，千万代的人类之间，也还有一脉相通之处似的。自然，贝壳不容易损坏，不容易伪造，尤其是使它在人类货币史上占有光荣一席的主要原因。几千年前的贝币，我们今天在博物馆里看到的不是还很完好么？至于那么一种小玩意儿，似乎直到今天聪明的人类也还未能制造出一枚赝品来。

爱贝壳的不仅是初到海滩的人们。渔民和在沿海区域的一切居民，实际上也都是爱贝壳的。从这一点看来，可以说爱美的心理原很普遍。初到海滩的人兴高采烈地捡着贝壳，渔民和他们的孩子看到你那一种发痴的模样儿，也许抿着嘴善意地嘲笑着。但其实他们何曾不捡贝壳呢？只是他们"曾经沧海难为水"，一般平凡的贝壳，他们不放在眼里罢了。许多渔民的家庭，其实都藏有几枚美丽的贝壳，当我有一次在海南岛三亚附近的海滩上捡贝壳时，一个渔家老妇笑嘻嘻而又慷慨地说："来，我送两个给你。"于是她返身登上高脚的渔家棚屋里，拿出一个"小海星"和两枚"星宝贝"来像给小孩似的给了我。也还有一些渔家小孩，看到客人们拾贝壳拾得入了迷，也从他的家里拿出几枚美丽的贝壳让你看看的。一比较，你就知道他们目力不凡，通常的那种粗陶器或者素色瓷器似的贝壳他们是看不上眼的。他们所捡的贝壳都是像髹了上等采釉的珍品。例如那种"眼球贝"，四围一圈宝蓝色或墨绿色，中心雪白的地方有许多美丽的斑点。类似这样的东西，住在海边的人们才肯俯身去拾起来。

海滩上的人们和城市里的贝壳商店，也有把贝壳制成各种用具的。有的人用贝壳做成饭瓢水勺，有的用贝壳做了台灯。还有的人用各种各样的贝壳堆成假石山，有一些贝壳适宜做塔，有些可以做桥，有的可以做垂钓渔翁的斗笠。海南的渔村里就常有这样一些"贝壳石山"出卖，正像农民中有许多工艺美术家一样，这是渔民工艺美术家们的杰作。贝壳的工艺美术，在中国原有很悠久的历史。像"嵌螺钿"，那种用精磨过的贝壳，嵌在雕镂和髹漆过的器具上面的工艺美术，在中国已有千年左右的历史。当玻璃还没有大量制造和流行的时候，有一种半透明的叫做"窗贝"的贝壳，已经被人用来代替玻璃。人们用贝壳做各种器具的历史是很悠久的，而且一直盛行不衰，看来这类工艺美术将来还要大放光彩。最近，粤东又有人用它来制造客厅里悬挂的屏条了，贝壳在这些屏条上给砌成了美丽的字画。

我们在海滩的时候，就是不去思念贝壳在人类生活上的价值，也没有找到什么珍奇的品种，我觉得，单是在海滩俯身拾贝这回事，本身就使人踏入一种饶有意味的境界。试想想：海水受月亮的作用，每天涨潮二次，在高潮线和低潮线之间有这么一片海滩。这里熙熙攘攘地生长着各种小生物，不怕干燥的贝壳一直爬到高潮线，害怕干燥的就盘桓在低潮线，这两线之间，生物的类别何止千种万种！潮水来了，石头上的杜蛎、藤壶、海滩里的蛤贝，纷纷伸手忙碌地扑食着浮游生物，潮水退了，它们就各各忙着闭壳和躲藏。这看似平静的一片海滩，原来整天在演着生存的竞争。这看似单纯的一片海滩，内容竟是这样的丰富，单是贝类样式之多就令人眼花缭乱。这看似很少变化的一片海滩，其实岩石正在旅行，动物正在生死，正在进化退化。人对万事万物的矛盾、复杂、联系、变化的辩证规律认识不足时，常常招致许多的不幸。而一个人在海滩漫步，东捡一个花螺、西拾一块雪贝，却是很容易从中领会这种事物之间复杂、变化的道理的。因此，我说，一个人在海滩走着走着，多多地看和想，那情调很像走进一个哲理和诗的境界。

当你拾着贝壳，在那辽阔的海滩上留下两行转眼消灭的脚印时，我想每个肯多想一想的人都会感到个人的渺小，但看着那由亿万的沙粒积成的沙滩和亿万的水滴汇成的海洋，你又会感到渺小和伟大原又是极其辩证地统一着的。没有无数的渺小，就没有伟大。离开了集体，伟大又一化而为渺小。那个从落地的苹果悟出万有引力的牛顿常到海滩去的，他在临终的床上说过这样的话："我不知道世人怎样看我，但我自己却以为我是在未知的真理的大海前面，在海滩上拾一些光滑的石块或者美丽的贝壳就引以为乐的小孩……"这一段话是很感人的。人到海滩去常常可以纯真地变成小孩，感悟骄傲的可笑和自卑的无聊，把这历史常常馈赠给我们每个人的讨厌的礼物，像抛掉一块破瓦片似的抛到海里去。

我抚弄着从海滩上拾回来的贝壳，常常想起的就是这么一些事物……

阅读打卡计划

打卡 1 2 3 4 5 6 7 8 9 10 11 12 13 14 15

姓名：_____
年/月：_____
节气：_____
主题：_____
我的评价星级：
☆☆☆☆☆

篇目1： 体裁： 阅读速度：	篇目2： 体裁： 阅读速度：	篇目3： 体裁： 阅读速度：	篇目4： 体裁： 阅读速度：	篇目5： 体裁： 阅读速度：
篇目搜索过程：	篇目搜索过程：	篇目搜索过程：	篇目搜索过程：	篇目搜索过程：
篇目阅读过程：	篇目阅读过程：	篇目阅读过程：	篇目阅读过程：	篇目阅读过程：
篇目赏析：	篇目赏析：	篇目赏析：	篇目赏析：	篇目赏析：

学生自评量表

评价方面	评价内容	评分	
		教师评分	自我评分
阅读情境 （30分）	1. 连续坚持每天阅读打卡的情况（10分）		
	2. 合理制定阅读计划并严格、自律地按照阅读计划执行的情况（10分）		
	3. 按要求完成每个篇目"找篇目—读篇目—赏篇目"步骤的情况（10分）		
阅读文本 （30分）	1. 查找的篇目与阅读主题相吻合的情况（10分）		
	2. 阅读方式的选择及阅读速度的达成情况（10分）		
	3. 对篇目的理解与鉴赏情况（10分）		
阅读认知过程 （40分）	1. 对阅读主题的理解情况（10分）		
	2. 独立、灵活地使用搜索工具查找篇目的情况（10分）		
	3. 对搜索信息进行归纳总结及分析处理的情况（10分）		
	4. 形成积极阅读和自主阅读习惯的情况（10分）		
评价星级	90~100分：☆☆☆☆☆ 80~90分：☆☆☆☆ 70~80分：☆☆☆ 60~70分：☆☆ 60分以下：☆		

书籍推荐

书目1：《悦读澳门》（吴志良，作家出版社）

书目2：《岭南草木状》（梁永基，花城出版社）

悦读者思维

我们国家对岭南地域的澳门，实行"一国两制"基本国策，即"一个国家，两种制度"，是指在一个中国的前提下，国家的主体坚持社会主义制度，香港、澳门、台湾保持原有的资本主义制度长期不变。对这一国策，你如何理解，它的优越性在哪里？

我是这样想的：	我还可以这样想：

第十六章

江西山水真吾邦
——赣文化

赣文化泛指今江西地区从古至今所创造的物质文明和精神文明的所有成果。赣文化在上古时代脱胎于越文化、吴文化，在两千多年中不断和中原文化融合，最终发展成赣文化。赣文化是中华民族文化的子系统。经长期发展，它又派生出一系列自己的文化分支，构成层次丰富、脉络清晰的脉络。赣文化包含了浔阳文化、豫章文化、临川文化、庐陵文化、袁州文化、赣南客家文化等诸多子系统。其铜文化、瓷文化、书院文化、禅道文化、戏曲文化、傩文化、江西诗派、江西词派、江西画派、风水文化、江西理学、江西心学等，各自构成了相对独立的系统，它们对中华民族文化史有着重大的推进作用。

江西素有文章节义之邦的美誉，是赣文化的精髓所在，核心意义为："文、章、节、义"。可以说自古以来文章与节义并重，不仅是对赣文化主体精神的评判之一，而且是江西人士遵循的人生信条和追求目标。注重自身修行也是江西人的重要思想。儒学的纲常道德历来都是江西人最为标准的价值取向。

江西文人的哲学思想带动其他学术领域的一并强盛。陶渊明开创中国田园诗的新天地，欧阳修领军古文革新运动，王安石率先倡导道德性命之学，刘敞等带动宋人评议汉儒之风，黄庭坚的"脱胎换骨、点石成金"之诗风更发展出江西诗派的惊然出世，杨万里文采活脱之特色使其远超同辈，汤显祖的戏剧更是建立元曲之基础。让我们来一起走进江西文人的内心世界吧。

（一）课堂精读

1.《菩萨蛮·书江西造口壁》（宋·苏轼）

《菩萨蛮·书江西造口壁》是宋代著名词人辛弃疾任江西提点刑狱驻节赣江途经造口时所作的词。此词写作者登郁孤台（今江西省赣州市城区西北部贺兰山顶）远望，"借水怨山"，抒发国家兴亡的感慨。全词对朝廷苟安江南的不满和自己一筹莫展的愁闷，却是淡淡叙来，不瘟不火，以极高明的比兴手法，表达了蕴藉深沉的爱国情思，艺术水平高超，堪称词中瑰宝。

菩萨蛮·书江西造口壁

（宋·苏轼）

郁孤台下清江水，中间多少行人泪。西北望长安，可怜无数山。

青山遮不住，毕竟东流去。江晚正愁余，山深闻鹧鸪。

诵读 思考

问题1：请查阅工具书掌握下列难点字词的意思：

（1）无数山　（2）江晚　（3）愁余　（4）山深　（5）鹧鸪

问题2：请查阅历史资料，了解宋代建炎年间，高宗和隆祐太后被金兵追剿的相关历史，以掌握本词的写作背景。

问题3：著名爱国词人辛弃疾在本词中运用比兴手法，表达了深深的爱国情思。请你查阅相关资料，结合课文，了解"比兴"这一写作手法。

问题4：郁孤台为江西贺兰山顶的一处平台，请思考作者将"郁孤台"这个名字放在词首，起到了什么作用呢？

问题5：请结合史实分析"中间多少行人泪"这句话的含义。

问题6：诗人写道"西北望长安，可怜无数山"，从江西眺望西北的长安，跨越了几个省份？中间著名的山有哪几座？

问题7：请说说你对"青山遮不住，毕竟东流去"一句的理解。

问题8：末句"江晚正愁余，山深闻鹧鸪。"应合开头"郁孤台"的意象。请结合自己的理解，谈一谈作者通过这首词表达了怎么样的思想情怀。

学习单

我的阅读篇目		我的评价星级	☆ ☆ ☆ ☆ ☆
诗中不理解的字词			
发现问题与解决问题		解决问题与收获感悟	
老师的阅读问题/我的阅读问题： 1. 2. 3. 4. 5.		我的答案： 1. 2. 3. 4. 5.	
我打算解决问题的办法：（上网查资料/图书馆查资料/询问家长/其他）	为解决问题做个小计划： 第一步： 第二步： 第三步：	赏析我喜欢的诗句：	
我的新疑问： 1. 2. 3.		写下我的读后感受：	

2.《滕王阁》（唐·王勃）

《滕王阁》是唐代诗人王勃创作的一首七言古诗。这首诗附在作者的名篇《滕王阁序》后，概括了序的内容。全诗在空间、时间双重维度展开对滕王阁的吟咏，笔意纵横，穷形尽象，语言凝练，感慨遥深。气度高远，境界宏大，与《滕王阁序》真可谓双璧同辉，相得益彰。

滕王阁

（唐·王勃）

滕王高阁临江渚，佩玉鸣鸾罢歌舞。

画栋朝飞南浦云，珠帘暮卷西山雨。

闲云潭影日悠悠，物换星移几度秋。

阁中帝子今何在？槛外长江空自流。

诵读 思考

问题1：请查阅工具书掌握下列难点字词的意思：

（1）渚　（2）佩玉鸣鸾　（3）画栋　（4）日悠悠　（5）物换星移　（6）槛

问题2：滕王阁为江南三大名楼之一，请查阅相关资料，了解其外观、建筑历史等知识。

问题3：首联点出滕王阁的形势并遥想当年兴建此阁时豪华繁盛的宴会情景，请用自己的语言描述这一情景。

问题4：请说一说额联中"南浦的云""西山的雨"表达出了一种怎样的意境。

问题5：请说说你对"闲云潭影日悠悠，物换星移几度秋"一句的理解。

问题6：请分别划出诗中表示"空间"和"时间"的字词。

问题7：唐诗一般多用实字，即名词，而宋诗多用虚字，请查阅相关资料，了解诗词中"实字"和"虚字"的用法。

问题9：诗的结尾使用了"对偶句"，很有特色，请查阅资料，了解"对偶句"的概念和用法。

思维 导图

文章题目：_____　　　　我的评价星级：☆☆☆☆☆

滕王阁

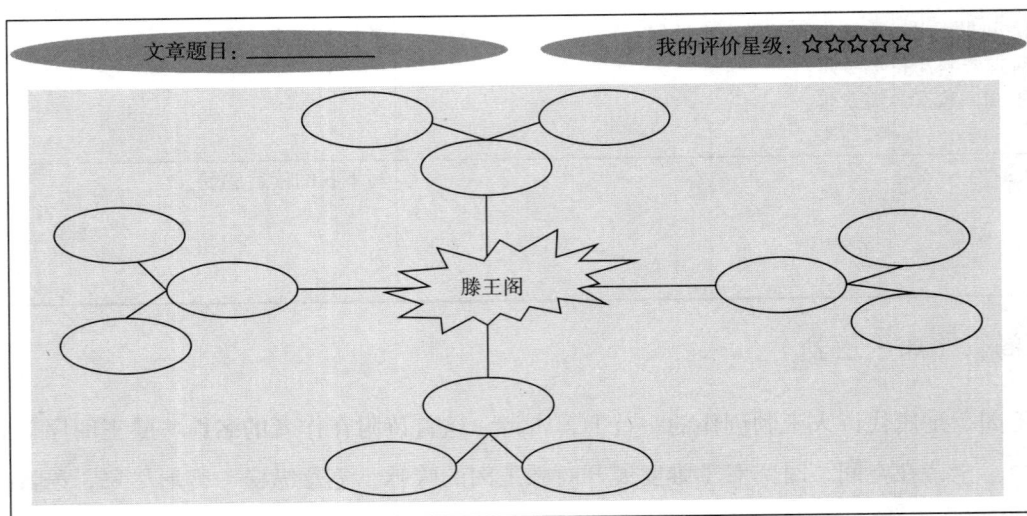

教师精评量表

评价方面	评价内容	评分	
		教师评分	自我评分
阅读情境（20分）	1.学习单/故事地图/辩论会/课本剧按要求填表完成的情况（10分）		
	2.完成学习单/故事地图/辩论会/课本剧任务要求的积极主动性（10分）		
阅读文本（40分）	1.对字、词、句、段的理解情况（10分）		
	2.对文中精彩字、词、句、段的鉴赏情况（10分）		
	3.阅读速度达到规定要求的情况（10分）		
	4.朗读参与情况与背诵完成情况（10分）		
阅读认知过程（40分）	1.带着问题阅读或在阅读中提出问题的情况（10分）		
	2.借助阅读工具搜索信息解决阅读疑难问题的情况（20分）		
	3.参与教师提问及阅读交流的情况（10分）		
评价星级	90～100分：☆☆☆☆☆ 80～90分：☆☆☆☆ 70～80分：☆☆☆ 60～70分：☆☆ 60分以下：☆		

（二）小组选读

❖ 请快速浏览下面与"赣文化"相关的6篇【分级阅读】篇目，借助工具书掌握陌生字词。

❖ 从A/B/C三个级别中，选择不同级别中自己感兴趣的2篇大声诵读，并与选择相同篇目的同学组成"专家组"，对篇目的精彩语段及中心思想进行研读和讨论，踊跃发表自己的看法。

❖ 填写下面的任务单，为召开"小专家读书会"做准备，与全班同学分享交流本组的观点和想法吧！

分级阅读

A1.《鄱阳湖的鸟》（涂东云）

日出喷薄，水染耀金，万只竞游的白天鹅在鄱阳湖七彩斑斓的镜面上成了美丽的剪影，宛如水上一朵朵袅娜的白莲。它们时而挺脖昂首，神气如同将军；时而曲颈低头，娴雅胜似仙子；时而交颈私语，传递爱的信息；时而对鸣对话，同步旋转水上芭蕾。草地上的天鹅像白雪公主那么美丽，双腿一蹬，跃出一个优美的弧度，身躯展现天鹅完美的曲线。"嘎嘎"此起彼伏的叫唤声，犹如抖动的丝绸飘逸着轻柔的交响曲，极富艺术感染力。

仙鹤是芭蕾舞艺术之神。绰绰身姿，婷婷仙骨，纤纤细腿，在水上表演贴水飞翔舞，时而衔水信步，时而展翼齐霞。当我醉心与它们共舞时，数百只灰鹤一字排开，群起而飞，在没有指挥的前提下，能做到动作整齐划一，排成V形。还有数百只白鹤队高鸣而飞，发出的声音如清耳悦心的笙箫过于云霞。

大雁好像是经过特种训练，也许它们具备了天才的禀赋，先是小队形排成人字，再排成一字，再排成W字，再排成V字形，非常和谐统一。还有那成千上万只大雁突然从对岸的草丛中钻出来，领头雁会带领它们一面飞一面仰颈高鸣。霎时，天上、水中全是密匝匝一片。

原来人间的舞蹈都来源于鸟类的动作模仿。人与鸟如此互通灵性。人与鸟融于鄱阳湖空灵妙境的舞台，共同找到了舞的魂魄。跳《天鹅湖》的世界顶级舞蹈演员雅娜库洛娃，为了跳好《天鹅湖》，每天坚持模仿天鹅的每一个动作；杨丽萍每天坚持在树林里观察孔雀的每一个微妙的动作，一练就是10年；甄嬛跳《惊鸿舞》是模仿秋雁苦练多年，赵飞燕能跳出《飞燕舞》也是与燕子一起苦练10年。她们都是通过细腻地观察鸟的习性和动作去探讨领悟，执著地追求，苦练本领，创作出优美的舞蹈，达到艺术的最高境界，可见"台上一分钟，台下十年功"。人生的舞台亦如鄱阳湖给予万灵展示才能的舞台，心有多大，舞台就有多大。心中的志向有多远，就能"天高任鸟飞"飞多远。

天人合一，人与鸟共同沐浴在大自然中成为一家，陶醉在鄱阳湖天然的优美旋律中。当灵性的鸟轻柔地抚慰着我们的心灵时，我们就会不那么追名逐利，贪图虚名。我们的思想就不会在物欲横流中陷于浮躁。对自然的护卫，就是对大自然的爱，就是对宇宙的大爱。

A2.《景德镇的瓷器》（佚名）

景德镇是世界闻名的瓷都，瓷器素以"薄如纸，明如镜，白如玉，声如磬"这四大特点而名扬四海。你如果到过景德镇，逛过琳琅满目的瓷器市场，一定会被品种齐全、色彩艳丽的各种瓷器所吸引。

你看，那典雅素净的青花，色彩艳丽的粉彩，万紫千红的古彩，五彩缤纷的彩虹色釉和似鸡血初凝的祭红、豇豆红、凤衣彩、紫玫瑰色、茶叶末色，真是让人眼花缭乱！还有那被称为"色中之王"的"三阳开泰"更引人注目。它乌黑闪亮的釉面上呈现出三处扁圆形的红釉，红釉四周呈现出黄、青、绿各色光泽，恰似三颗太阳喷薄而出，美丽极了。

这里的瓷器不但色彩美丽，而且品种繁多，应有尽有。有配套的日用瓷、礼品瓷、文具瓷，还有工艺精美的装饰瓷和小巧玲珑的旅游瓷等。

日用瓷中，青花梧桐餐具和青花玲珑餐具最受中外人士欢迎，远销海外。青花梧桐餐具上有精心描绘的山、水、路、桥、楼台、亭阁、树木、庭院、小鸟和人物等，一应俱全，恰似一幅壮观的山水画。不论是在宴会席上，还是在家庭餐桌上，摆上它就会给饭菜增添色彩。青花玲珑餐具更加惹人喜爱，它四周是由米粒形状的圆形孔眼构成的。它明净剔透，细致精巧，有着明晰优雅的艺术特色，呈现出玉一般的质地美。

装饰瓷造型奇特，瓷质细腻，也是颇受欢迎的。其中，最普遍、数量最多的是"五子罗汉"。那个罗汉咧开大嘴笑嘻嘻的，五个顽皮的小瓷人爬在他身上嬉戏，真有趣！装饰瓷中最名贵的要数薄胎瓷了。薄胎瓷俗称蛋壳瓷，薄似蝉翼，亮如玻璃，轻若浮云。对着光看去，好像彩云追月，披露含雾，似画中有画，静中有动。故这种瓷的制作工艺被人们称为"神技"。

景德镇的瓷器曾经多次夺得国际博览会金奖，为中国赢得了不少的荣誉。

B1.《湖口望庐山瀑布泉》（唐·张九龄）

> 万丈红泉落，迢迢半紫氛。
>
> 奔流下杂树，洒落出重云。
>
> 日照虹霓似，天清风雨闻。
>
> 灵山多秀色，空水共氤氲。

B2.《晚泊浔阳望庐山》（唐·孟浩然）

> 挂席几千里，名山都未逢。
>
> 泊舟浔阳郭，始见香炉峰。

尝读远公传，永怀尘外踪。

东林精舍近，日暮空闻钟。

C1.《送客之江西》（唐·郑锡）

乘轺奉紫泥，泽国渺天涯。

九派春潮满，孤帆暮雨低。

草深莺断续，花落水东西。

更有高唐处，知君路不迷。

C2.《登快阁》（宋·黄庭坚）

痴儿了却公家事，快阁东西倚晚晴。

落木千山天远大，澄江一道月分明。

朱弦已为佳人绝，青眼聊因美酒横。

万里归船弄长笛，此心吾与白鸥盟。

小专家读书会

篇目1：

我选取的文章题目及级别： _____（A级/B级/C级）	我参加的专家组： _____	我的评价星级： ☆☆☆☆☆
读书会主题：		
专家组成员及观点	我的发言	小组讨论纪要

我的收获与感悟：

篇目2：

我选取的文章题目及级别：_____（A级/B级/C级）	我参加的专家组：_____	我的评价星级：☆☆☆☆☆

读书会主题：

专家组成员及观点	我的发言	小组讨论纪要

我的收获与感悟：

✐ 组内互评量表

评价方面	评价内容	评分	
		教师评分	自我评分
阅读情境 （20分）	1. 专家组组织成立及分工合作情况（10分）		
	2. "小专家读书会"按要求填表及准备充分情况（10分）		
阅读文本 （30分）	1. 选文级别情况（10分）（A级5分；B级3分；C级2分）		
	2. 选文研读，对字、词、句、段及文章中心思想的理解情况（10分）		
	3. 阅读速度达到规定要求的情况（10分）		
阅读认知过程 （50分）	1. 在专家组研讨中提问与交流情况（10分）		
	2. 通过借助阅读工具搜索信息解决小组中阅读疑难问题的情况（10分）		
	3. 在专家组研讨中个人观点表达情况（20分）		
	4. 在"小专家读书会"中阅读讲解与汇报分享情况（10分）		
评价星级	90～100分：☆☆☆☆☆ 80～90分：☆☆☆☆ 70～80分：☆☆☆ 60～70分：☆☆ 60分以下：☆		

（三）主题自读

请根据自己的兴趣和爱好，从下面两个主题中选择一个感兴趣的主题进行阅读。结合主题提示，每2天完成一篇篇目的搜索、阅读和赏析。现在，让我们开始10天的"阅读打卡计划"吧！

❖ 略读任一主题下的2篇【推荐阅读】，理解篇目主要文意，揣摩该主题的含义。

❖ 搜索5篇与选择主题相关的篇目，可以包括古诗词、散文、诗歌、小说选段等多种体裁。

❖ 记录自己阅读古诗词及诗歌的方式，阅读篇幅较长的散文、小说选段等尽量保持在每分钟400字。

❖ 对阅读的篇目中的精彩语句、段落或是打动自己的内容及思想进行赏析。

❖ 将阅读速度、搜索过程、阅读记录、赏析要点等内容填写进"阅读打卡计划记录单"中。

主题 1　只缘身在此山中

庐山，又名匡山、匡庐，位于江西省九江市庐山市境内，庐山以雄、奇、险、秀闻名于世，素有"匡庐奇秀甲天下"之美誉。庐山名胜古迹遍布，千百年来，无数文人墨客、名人志士在此留下了丹青墨迹。有毛泽东写的"天生一个仙人洞，无限风光在险峰"的吕洞宾修仙而居的仙人洞；唐寅《庐山图》中的观音桥；周敦颐写出《爱莲说》的爱莲池等。歌咏庐山的诗词歌赋有4000余首。东晋诗人谢灵运的《登庐山绝顶望诸峤》、南朝诗人鲍照的《望石门》等，是中国最早的山水诗之一。陶渊明一生以庐山为背景进行创作，所开创的田园诗风，影响了其后整个中国诗坛。唐代诗人李白，五次游历庐山，为庐山留下《庐山遥寄卢侍御虚舟》等14首诗歌，尤其《望庐山瀑布》广为流传。宋代诗人苏轼的《题西林壁》："不识庐山真面目，只缘身在此山中"，流传广泛，影响深远。

推荐阅读

1.《登庐山绝顶望诸峤》（晋宋·谢灵运）

> 山行非有期，弥远不能辍。
>
> 但欲掩昏旦，遂复经圆缺。
>
> 扪壁窥龙池，攀枝瞰乳穴。
>
> 积峡忽复启，平途俄已绝。
>
> 峦垅有合沓，往来无踪辙。
>
> 昼夜蔽日月，冬夏共霜雪。

2.《望庐山瀑布》（唐·李白）

> 日照香炉生紫烟，遥看瀑布挂前川。
>
> 飞流直下三千尺，疑是银河落九天。

主题2 星星之火可燎原

江西红色文化闻名中外，井冈山是中国革命的摇篮，南昌是中国人民解放军的诞生地，瑞金是苏维埃中央政府成立的地方，安源是中国工人运动的策源地。中国共产党领导人民群众先后在江西建立大片革命根据地：赣西井冈山革命根据地、中央革命根据地、湘赣革命根据地、赣东北革命根据地等。让我们追随革命先烈的脚步，探寻红色文化的精髓吧。

推荐阅读

1.《清平乐·六盘山》（毛泽东）

> 天高云淡，
>
> 望断南飞雁。
>
> 不到长城非好汉，
>
> 屈指行程二万。
>
> 六盘山上高峰，
>
> 红旗漫卷西风。
>
> 今日长缨在手，
>
> 何时缚住苍龙？

2.《西江月·井冈山》（毛泽东）

> 山下旌旗在望，山头鼓角相闻。敌军围困万千重，我自岿然不动。
>
> 早已森严壁垒，更加众志成城。黄洋界上炮声隆，报道敌军宵遁。

阅读打卡计划

打卡

| | 1 | 2 | 3 | 4 | 5 | 6 | 7 | 8 | 9 | 10 | 11 | 12 | 13 | 14 | 15 |

姓名：_____
年/月：_____
节气：_____
主题：_____
我的评价星级：
☆☆☆☆☆

篇目1：
体裁：
阅读速度：
篇目搜索过程：
篇目阅读过程：
篇目赏析：

篇目2：
体裁：
阅读速度：
篇目搜索过程：
篇目阅读过程：
篇目赏析：

篇目3：
体裁：
阅读速度：
篇目搜索过程：
篇目阅读过程：
篇目赏析：

篇目4：
体裁：
阅读速度：
篇目搜索过程：
篇目阅读过程：
篇目赏析：

篇目5：
体裁：
阅读速度：
篇目搜索过程：
篇目阅读过程：
篇目赏析：

学生自评量表

评价方面	评价内容	评分	
		教师评分	自我评分
阅读情境（30分）	1. 连续坚持每天阅读打卡的情况（10分）		
	2. 合理制定阅读计划并严格、自律地按照阅读计划执行的情况（10分）		
	3. 按要求完成每个篇目"找篇目—读篇目—赏篇目"步骤的情况（10分）		
阅读文本（30分）	1. 查找的篇目与阅读主题相吻合的情况（10分）		
	2. 阅读方式的选择及阅读速度的达成情况（10分）		
	3. 对篇目的理解与鉴赏情况（10分）		
阅读认知过程（40分）	1. 对阅读主题的理解情况（10分）		
	2. 独立、灵活地使用搜索工具查找篇目的情况（10分）		
	3. 对搜索信息进行归纳总结及分析处理的情况（10分）		
	4. 形成积极阅读和自主阅读习惯的情况（10分）		
评价星级	90～100分：☆☆☆☆☆ 80～90分：☆☆☆☆ 70～80分：☆☆☆ 60～70分：☆☆ 60分以下：☆		

书籍推荐

书目1：《地球的红飘带》（魏巍，人民文学出版社）

书目2：《长征：前所未闻的故事》（哈里森·埃文斯·索尔兹伯里，北京联合出版公司）

悦 读 者 思 维

江西是红色文化的发源地，曾经有一批革命志士为了新中国的成立作出了无私的奉献。红色廉政文化是毛泽东等老一辈无产阶级革命家在长期的革命实践中总结出来的宝贵精神财富，值得尊敬与传承。反腐倡廉再次成为当今社会的主旋律，对此你是怎么看的？

我是这样想的：	我还可以这样想：

第十七章

年年春自东南来
——闽南文化

闽南文化起源于福建省泉州，指闽南人创造并一代代传承发展与创新的地区性文化，是源远流长、博大精深的中华文化的一个支系，其分布范围为现在的福建省、中国台湾以及东南亚等地。

闽南文化自秦始皇统一中国后，在福建设置闽中郡，开启了中原文化与闽南土著文化的交流与融合。宋元时期，泉州成为"海上丝绸之路"启航点和东方大港，阿拉伯人与波斯人到泉州经商，带动来了伊斯兰文化，闽南文化得到丰富。从闽南文化的发展轨迹，可以窥见闽南文化是经过一代代闽南人在社会实践中，不断挖掘、弘扬、创造，并吸收采纳了阿拉伯文化、南洋文化、西方文化等外来文化的特质和合理因素，有机地融入了其体系内，孕育、发展起来的，它具有鲜明的地方特色、独特的性格和丰富的内涵，是中华文化的一朵奇葩。

闽南文化是包罗万象的，历史上举世闻名的海上丝绸之路引发中外文化在此互动；闽南文化是开放进取的，明清以来，大量闽南人向海外迁徙，将闽南的民系文化，扩展到中国台湾、东南亚及世界各地。闽南文化又是富有凝聚力的，数百年来，台湾乃至全球的闽南人，无不回乡寻根祭祖。它蕴含着闽南人爱国爱乡、团结统一、自强不息的伟大民族精神，也蕴含着闽南人勇于拼搏和积极开拓的人文精神。

闽南，让常年闯荡在外的游子们牵挂和思念，寄托着他们对家乡的热爱和惦念之情，让我们一同翻开闽南文化的画卷吧，一起感受闽南大地的风情，一起追忆乡愁的味道。

（一）课堂精读

1.《望故乡》（于右任）

于右任的著名爱国诗作《望故乡》发表于1964年11月10日。后于右任先生在台北谢世。晚年在中国台湾的于右任先生非常渴望叶落归根，但终未能如愿。浅浅的海峡，是最大的国殇，最深的乡愁！晚年羁留台湾，于右任身边没有一个亲人，故土之思、黍离之悲，所以才有《望故乡》这刻骨铭心之作。

望故乡
（于右任）

葬我于高山之上兮，望我故乡；故乡不可见兮，永不能忘。

葬我于高山之上兮，望我大陆；大陆不可见兮，只有痛哭。

天苍苍，野茫茫，山之上，国有殇！

诵读 思考

问题1：请查阅工具书掌握下列难点字词的意思：

（1）高山　（2）兮　（3）殇

问题2：这首诗作表达了作者怎样的思想感情？

问题3：前国家总理温家宝曾评价这首诗作为"这是震撼中华民族的词句"，你是如何看待这一评价的？

问题4："天苍苍，野茫茫"，用了怎样的写作手法？诗人的用意是什么？

问题5：台湾海峡形成的原因是什么？是在什么情况下与祖国分离的？又是如何回归的？

学习 单

我的阅读篇目		我的评价星级	☆ ☆ ☆ ☆ ☆
诗中不理解的字词			
发现问题与解决问题		解决问题与收获感悟	
老师的阅读问题/我的阅读问题： 1. 2. 3. 4. 5.		我的答案： 1. 2. 3. 4. 5.	

我打算解决问题的办法：（上网查资料/图书馆查资料/询问家长/其他）	为解决问题做个小计划： 第一步： 第二步： 第三步：	赏析我喜欢的诗句：
我的新疑问： 1. 2. 3.		写下我的读后感受：

2.《乡愁》（余光中）

余光中的代表作《乡愁》家喻户晓，他也因此被称为"乡愁诗人"。余光中的一生是在频繁的弃波和迁徙之中，多次与亲人聚散离合。1971年，20多年没有回过大陆的余光中思乡情切，在台北厦门街的旧居内写下《乡愁》这首诗。诗歌表达了他对故乡恋恋不舍的一份情怀，诗歌中更体现了诗人余光中期待中华民族早日统一的美好愿望。

乡愁
（余光中）

小时候
乡愁是一枚小小的邮票
我在这头
母亲在那头

长大后
乡愁是一张窄窄的船票
我在这头
新娘在那头

后来啊
乡愁是一方矮矮的坟墓
我在外头
母亲呵在里头

而现在
乡愁是一湾浅浅的海峡
我在这头
大陆在那头

诵读 思考

问题1：诗人将乡愁比作了什么？诗人分别为何这样比喻？

问题2：这首诗中表示时光变迁的词语有哪些？

问题3：诗中的"海峡"指的是哪个海峡？

问题4：诗人为何说"海峡"是浅浅的？

问题5：全诗中你最喜欢的是哪一句？为什么？

问题6：你能试着将《乡愁》这首诗翻译成英文吗？

思维 导图

文章题目：＿＿＿＿＿＿＿　　　我的评价星级：☆☆☆☆☆

乡愁

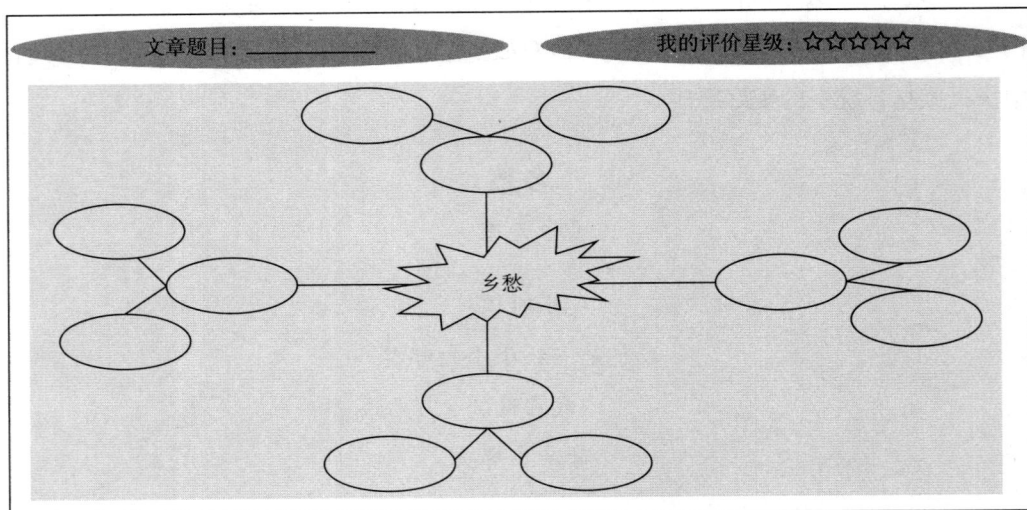

✐ 教师精评量表

评价方面	评价内容	评分	
		教师评分	自我评分
阅读情境 （20分）	1.学习单/故事地图/辩论会/课本剧按要求填表完成的情况（10分）		
	2.完成学习单/故事地图/辩论会/课本剧任务要求的积极主动性（10分）		
阅读文本 （40分）	1.对字、词、句、段的理解情况（10分）		
	2.对文中精彩字、词、句、段的鉴赏情况（10分）		
	3.阅读速度达到规定要求的情况（10分）		
	4.朗读参与情况与背诵完成情况（10分）		
阅读认知过程 （40分）	1.带着问题阅读或在阅读中提出问题的情况（10分）		
	2.借助阅读工具搜索信息解决阅读疑难问题的情况（20分）		
	3.参与教师提问及阅读交流的情况（10分）		
评价星级	90～100分：☆☆☆☆☆		
	80～90分：☆☆☆☆		
	70～80分：☆☆☆		
	60～70分：☆☆		
	60分以下：☆		

（二）小组选读

❖　请快速浏览下面与"闽南文化"相关的6篇【分级阅读】篇目，借助工具书掌握陌生字词。

❖　从A/B/C三个级别中，选择不同级别中自己感兴趣的2篇大声诵读，并与选择相同篇目的同学组成"专家组"，对篇目的精彩语段及中心思想进行研读和讨论，踊跃发表自己的看法。

❖　填写下面的任务单，为召开"小专家读书会"做准备，与全班同学分享交流本组的观点和想法吧！

分级阅读

A1.《游鼓山》（朱德）

鼓山高耸闽江头，面貌威严障福州。

纵有台风声猖獗，从来不敢到闽侯。

A2.《春愁》（清·丘逢甲）

春愁难遣强看山，往事惊心泪欲潸。

四百万人同一哭，去年今日割台湾。

B1.《复台》（南明·郑成功）

开辟荆榛逐荷夷，十年始克复先基。

田横尚有三千客，茹苦间关不忍离。

B2.《七子之歌·台湾》（闻一多）

我们是东海捧出的珍珠一串，

琉球是我的群弟，我就是台湾。

我胸中还氤氲着郑氏的英魂，

精忠的赤血点染了我的家传。

母亲，酷炎的夏日要晒死我了，

赐我个号令，我还能背水一战。

母亲！我要回来，母亲！

C1.《岁月》（三毛）

我们三十岁的时候悲伤二十岁已经不再回来。我们五十岁的年纪怀念三十岁的生日又多么美好。

当我们九十九岁的时候，想到这一生的岁月如此安然度过，可能快乐得如同一个没被抓到的贼一般嘿嘿偷笑。

相信生活和时间。

时间冲淡一切苦痛。

生活不一定创造更新的喜悦。

小孩子只想长大，青年人恨不得赶快长胡子，中年人染头发，高年人最不肯记得年纪。

出生是最明确的一场旅行。死亡难道不是另一场出发？

成长是一种蜕变，失去了旧的，必然因为又来了新的，这就是公平。

孩子和老人，在心灵的领域里，比起其他阶段的人来说，自由得多了。

因为他们相似。

岁月极美，在于它必然的流逝。

春花、秋月、夏日、冬雪。

C2.《春酒》（琦君）

农村的新年，是非常长的。过了元宵灯节，年景尚未完全落幕。还有个家家邀饮春酒的节目，再度引起高潮。在我的感觉里，其气氛之热闹，有时还超过初一至初五那五天新年呢。原因是：新年时，注重迎神拜佛，小孩子们玩儿不许在大厅上、厨房里，生怕撞来撞去，碰碎碗盏。尤其我是女孩子，蒸糕时，脚都不许搁住灶孔边，吃东西不许随便抓。因为许多都是要先供佛与祖先的。说话尤其要小心，要多讨吉利，因此觉得很受拘束。过了元宵，大人们觉得我们都乖乖的，没闯什么祸，佛堂与神位前的供品换下来的堆得满满一大缸，都分给我们撒开地吃了。尤其是家家户户轮流的邀喝春酒，我是母亲的代表，总是一马当先，不请自到，肚子吃得鼓鼓的跟蜜蜂似的，手里还捧一大包回家。

可是说实在的，我家吃的东西多，连北平寄来的金丝蜜枣、巧克力糖都吃过，对于花生、桂圆、松糖等等，已经不稀罕了。那么我最喜欢的是什么呢？乃是母亲在冬至那天就泡的八宝酒，到了喝春酒时，就开出来请大家尝尝。"补气、健脾、明目的哟！"母亲总是得意地说。她又转向我说："但是你呀，就只能舔一指甲缝，小孩子喝多了会流鼻血，太补了。"其实我没等她说完，早已偷偷把手指头伸在杯子里好几回，已经不知舔了多少个指甲缝的八宝酒了。

八宝酒，顾名思义，是八样东西泡的酒，那就是黑枣(不知是南枣还是北枣)、荔枝、桂圆、杏仁、陈皮、枸杞子、薏仁米，再加两粒橄榄。要泡一个月，打开来，酒香加药香，恨不得一口气喝它三大杯。母亲给我在小酒杯底里只倒一点点，我端着、闻着，走来走去，有一次一不小心，跨门槛时跌了一跤，杯子捏在手里，酒却全洒在衣襟上了。抱着小花猫时，它直舔，舔完了就呼呼地睡觉。原来我的小花猫也是个酒仙呢！

我喝完春酒回来，母亲总要闻闻我的嘴巴，问我喝了几杯酒。我总是说："只喝一杯，因为里面没有八宝，不甜呀。"母亲听了很高兴。她自己请邻居来吃春酒，一定给他们每人斟一杯八宝酒。我呢，就在每个人怀里靠一下，用筷子点一下酒，舔一舔，才过瘾。

春酒以外，我家还有一项特别节目，就是喝会酒。凡是村子里有人急需钱用，要起个会，凑齐十二个人，正月里，会首总要请那十一位喝春酒表示酬谢，地点一定借我家的大花厅。酒席是从城里叫来的，和乡下所谓的八盘五、八盘八（就是八个冷盘，五道或八道大碗的热菜）不同，城里酒席称之为"十二碟"（大概是四冷盘、四热炒、四大碗煨炖大菜），是最最讲究的酒席了。所以乡下人如果对人表示感谢，口头话就是"我请你吃十二碟"。因此，我每年正月里，喝完左邻右舍的春酒，就眼巴巴地盼着大花厅里那桌十二碟的大酒席了。

母亲是从不上会的，但总是很乐意把花厅给大家请客，可以添点新春喜气。花匠阿标叔也巴结地把煤气灯玻璃罩擦得亮晶晶的，呼呼呼地点燃了，挂在花厅正中，让大家吃酒时划拳吆喝，格外的兴高采烈。我呢，一定有份坐在会首旁边，得吃得喝。这时，母亲就会捧一瓶她自己泡的八宝酒给大家尝尝助兴。

席散时，会首给每个人分一条印花手帕。母亲和我也各有一条，我就等于得了两条，开心得要命。大家喝了甜美的八宝酒，都问母亲里面泡的是什么宝贝。母亲得意地说了一遍又一遍，高兴得两颊红红的，跟喝过酒似的。其实母亲是滴酒不沾唇的。

不仅是酒，母亲终年勤勤快快的，做这做那，做出新鲜别致的东西，总是分给别人吃，自己却很少吃。人家问她每种材料要放多少，她总是笑眯眯地说："大约摸差不多就是了，我也没有一定分量的。"但她还是一样一样仔细地告诉别人。可见她做什么事，都有个尺度在心中的。她常常说："鞋差分、衣差寸，分分寸寸要留神。"

今年，我也如法炮制，泡了八宝酒，用以供祖后，倒一杯给儿子，告诉他是"分岁酒"，喝下去又长大一岁了。他挑剔地说："你用的是美国货葡萄酒，不是你小时候家乡自己酿的酒呀。"

一句话提醒了我，究竟不是道地家乡味啊。可是叫我到哪儿去找真正的家醅呢？

小专家读书会

篇目1：

我选取的文章题目及级别：＿＿＿＿（A级/B级/C级）	我参加的专家组：＿＿＿	我的评价星级：☆☆☆☆☆

读书会主题：

专家组成员及观点	我的发言	小组讨论纪要

我的收获与感悟：

篇目2：

| 我选取的文章题目及级别：_____（A级/B级/C级） | 我参加的专家组：_____ | 我的评价星级：☆☆☆☆☆ |

读书会主题：

| 专家组成员及观点 | 我的发言 | 小组讨论纪要 |

我的收获与感悟：

✏ 组内互评量表

评价方面	评价内容	评分	
		教师评分	自我评分
阅读情境（20分）	1. 专家组组织成立及分工合作情况（10分）		
	2. "小专家读书会"按要求填表及准备充分情况（10分）		
阅读文本（30分）	1. 选文级别情况（10分）（A级5分；B级3分；C级2分）		
	2. 选文研读，对字、词、句、段及文章中心思想的理解情况（10分）		
	3. 阅读速度达到规定要求的情况（10分）		
阅读认知过程（50分）	1. 在专家组研讨中提问与交流情况（10分）		
	2. 通过借助阅读工具搜索信息解决小组中阅读疑难问题的情况（10分）		
	3. 在专家组研讨中个人观点表达情况（20分）		
	4. 在"小专家读书会"中阅读讲解与汇报分享情况（10分）		
评价星级	90~100分：☆☆☆☆☆ 80~90分：☆☆☆☆ 70~80分：☆☆☆ 60~70分：☆☆ 60分以下：☆		

（三）主题自读

　　请根据自己的兴趣和爱好，从下面两个主题中选择一个感兴趣的主题进行阅读。结合主题提示，每2天完成一篇篇目的搜索、阅读和赏析。现在，让我们开始10天的"阅读打卡计划"吧！

❖ 略读任一主题下的2篇【推荐阅读】，理解篇目主要文意，揣摩该主题的含义。

❖ 搜索5篇与选择主题相关的篇目，可以包括古诗词、散文、诗歌、小说选段等多种体裁。

❖ 记录自己阅读古诗词及诗歌的方式，阅读篇幅较长的散文、小说选段等尽量保持在每分钟400字。

❖ 对阅读的篇目中的精彩语句、段落或是打动自己的内容及思想进行赏析。

❖ 将阅读速度、搜索过程、阅读记录、赏析要点等内容填写进"阅读打卡计划记录单"中。

📖主题1　清茗一盏酬知音

中国的"茶"，古诗词中为"茗"，属福建的茶最为有名。福建是乌龙茶的故乡，有一千年的茶文化历史，是茶文化的发祥地，福建产茶文字记载比《茶经》早300余年，著名的莲花峰及其莲花茶构筑了一道独特的侨乡茶文化风景线。建茶、斗茶在宋元二朝蔚然成风，明清时期，茶叶创新增多，开创乌龙制茶工艺，茶叶贸易渐盛，武夷山的茶山、茶水更加点缀了福建茶的文化底蕴。现代福建茶文化在继承前人的基础上进一步发扬光大，种茶、制茶、售茶、品茶、赛茶等几乎占据了茶乡人的生活内容。制茶讲科学，品茶有文化，构成独特的福建区域人文特征。让我们一起闻着茶香，品清茗，觅知音吧！

推荐阅读

1.《山泉煎茶有怀》（唐·白居易）

坐酌泠泠水，看煎瑟瑟尘。

无由持一碗，寄与爱茶人。

2.《一字至七字诗·茶》（唐·元稹）

茶

香叶，嫩芽，

慕诗客，爱僧家。

碾雕白玉，罗织红纱。

铫煎黄蕊色，碗转曲尘花。

夜后邀陪明月，晨前命对朝霞。

洗尽古今人不倦，将至醉后岂堪夸。

主题2 祖国宝岛耀明珠

闽南文化是海峡两岸闽南人共同创造的优秀的地域文化，海峡两岸闽南人对闽南文化有着强烈的认同感。这种认同感产生了强大的精神力量，使海峡两岸闽南人共同推动着两岸关系朝着祖国统一、民族团结的方向发展，谱写了抵御外侮、维护统一、奋发图强的历史篇章。刘墉、龙应台、林清玄、林语堂、三毛等知名作家用文字让宝岛台湾这颗明珠变得更加璀璨，让海峡两岸人民的感情变得更加深厚。

推荐阅读

1.《自己去成长·自己去成功》（刘墉）

六月二十五号，吃完中饭，我照例躺在沙发上看报，一边用眼角余光注意大门，好迎接放学回家的女儿。

但是突然心头一震，今天不用等女儿了，因为前天我已经把她送进离家三百多哩的集中营。

那不是真的集中营，而是有六十年历史的"草山(Meadowmount)音乐夏令营"。每年暑假有来自世界各地的年轻人，在那儿接受魔鬼训练；世界顶尖大师伊萨帕曼(Itzhal Perlman)、马友友和林昭亮、简明彦都是那里出来的。

音乐营占地二百多英亩，其中散布着由马厩改装成的一栋栋宿舍。屋顶是铁皮的，由于马厩原本不高，硬改成两层，所以伸手就能摸到天花板；加上窗子小得出奇，房间又只容转身，可想而知，夏天大太阳一晒，会有多热。更可怕的是营里的规矩——

早上七点舍监就会像"狱卒"般一间间敲门，不到学生开门出来不停止。七点半得走到几百英尺外的餐厅吃饭；八点半准时，必须回到自己的小房间开始练琴。

舍监整天在走廊里巡查，哪一间没有传出琴声就敲门警告；再不动，则"记点"；只要被记两点，周末就禁足。

我实在搞不懂，我那娇生惯养、自以为是小公主的女儿，为什么非进去不可。

入营之前，我一次又一次问她，是不是算了？暑假在家多舒服，何必去受苦，整整七个礼拜不能回家，平常不准家人探视，电话不通，连电脑都不准带，想家都没法说，多可怜哪！

女儿却想都没想，就一扭头："我要去!"

入营的那天，摄氏三十五度，我偷偷溜进她的房间瞄一眼，就热得满身大汗；出来，我又问她是不是回家算了，她还是扭头说："不回家。"

离开的时候，女儿正排队缴体检表格，直挥手叫我们走。我偷偷看她有没有哭，她居然眼眶都没红，还直说好兴奋。

上了车，慢慢驶离校园，我一直回头，但是那个号称舍不得爸爸妈妈的宝贝女儿，居然背对着我们。

在美国其实有很多这样的"集中营"，有音乐的，体育的，也有文学的、科学的。偏偏"一个愿打、一个愿挨"，就有那么多年轻人，想尽办法进去接受虐待。

从女儿入营这件事，我常想"女大不中留"，也"儿大不中留"，当年儿子入哈佛，送他去，我走的时候直掉眼泪，他不是也没"目送"我离开吗？

他们那么无情，是因为离开父母，兴奋；还是因为眼前有太多要面对的挑战，"受苦的人没有悲观的权利"。

如同我当年，把家一撂，只身来了美国；在机场，连学生都哭，我却没掉眼泪，因为前面的苦难是我要独自承担的。他们还留在家里，过平静的生活，我却成了漂泊者。

但是为什么每个年轻人都要漂泊，都梦想作异乡人，都觉得孤危是一种酷，这是不是一种天生的冲力？

是这冲力，使人类的祖先能由最早的非洲走出来，走到全世界，甚至登上月球，相信有一天会到达火星。

也是这冲力，使一个个王子和公主走出父王的城堡，不理会父母的呼喊，硬是跳上马，绝尘而去。

我常想：父母要留，孩子要走；父母要为他们作主，他们偏偏不听。这表示他们有年轻人的想法，还是该称为反叛？

一个乖乖牌，父母说什么是什么，好好走大人铺好的路，接家里的事业，作个"孝"而且"顺"的孩子，是不是就好？

我也常想：如果我是比尔盖兹的爸爸，知道儿女居然大二要从哈佛辍学，我会不会支持他？如果我是李安的父亲，知道儿子居然要去搞电影，我又会不会阻止？如果我阻止了，还会不会有今天的微软总裁比尔盖兹和大导演李安。

是不是因为孩子年轻，我们就应该让他走出去，找他所想找的，让他们自己去发现；而不是没等他找，就把盖子打开说："来！这就是你要找的东西。"

儿子小时候，我曾经有一段时间扮演强权，什么都帮他安排好。

但是经历了这么多年，看了美国的"自由经济"与民主精神。我发觉每个人都有他的特质、他的优点，以及他走出去自己闯天下、自己去受苦的本能。

最好的教育是让他们这些长处获得充分的发挥。

这本书就是我新教育观下的产物，表面上它与传统教育一样，但潜在的主张是"自由教育"。

我知道国内的家长都逼孩子，我没有唱反调，叫孩子不努力，而是教他们"成功要自己去成功，如同成长要自己去成长"。让他们自己逼自己，而非作个没有电瓶的车子，只等父母师长在后面推。

这两天，每次走过女儿的房间，看到她的公主床，我都想掉眼泪。但我知道自己两尺半的胳臂，已经留不住她人生千万里的行程。

我甚至想，如果每个学校都能像草山(Meadowmount)那样的"集中营"，没有铁丝网、不逼孩子进去，孩子们却都想尽办法考进去，甘心乐意地接受严格的训练，那该多好!

2.《中国人，你为什么不生气》（龙应台）

在昨晚的电视新闻中，有人微笑着说："你把检验不合格的厂商都揭露了，叫这些生意人怎么吃饭?"

我觉得恶心，觉得愤怒。但我生气的对象倒不是这位人士，而是台湾一千八百万懦弱自私的中国人。

我所不能了解的是：中国人，你为什么不生气?

包德甫的《苦海余生》英文原本中有一段他在台湾的经验：他看见一辆车子把小孩撞伤了，一脸的血。过路的人很多。却没有一个人停下来帮助受伤的小孩，或谴责肇事的人。我在美国读到这一段。曾经很肯定地跟朋友说：不可能! 中国人以人情味自许，这种情况简直不可能!

回国一年了，我睁大眼睛，发觉包德甫所描述的不只可能，根本就是每天发生、随地可见的生活常态。在台湾，最容易生存的不是蝉螂，而是"坏人"，因为中国人怕事、自私，只要不杀到他床上去，他宁可闭着眼假寐。

我看见摊贩占据着你家的骑楼，在那儿烧火洗锅，使走廊垢上一层厚厚的油污，腐臭的菜叶塞在墙角。半夜里，吃客喝酒猜拳作乐，吵得鸡犬不宁。

你为什么不生气? 你为什么不跟他说"滚蛋"?

哎呀! 不敢呀! 这些摊贩都是流氓，会动刀子的。

那么为什么不找警察呢?

警察跟摊贩相熟，报了也没有用；到时候若曝了光，那才真惹祸上门了。

所以呢?

所以忍呀! 反正中国人讲忍耐! 你耸耸肩、摇摇头!

在一个法治上轨道的社会里，人是有权利生气的。受折磨的你首先应该双手叉腰，很愤怒地对摊贩说："请你滚蛋!"他们不走，就请警察来。若发觉警察与小贩有勾结——那更严重。这一团怒火应该往上烧，烧到警察肃清纪律为止，烧到摊贩离开你家为止。可是你什么都不做；畏缩地把门窗关上，耸耸肩、摇摇头!

我看见成百的人到淡水河畔去欣赏落日、去钓鱼。我也看见淡水河畔的住家整筐整筐地把恶臭的垃圾往河里倒；厕所的排泄管直接通到河底。河水一涨，污秽气直逼到呼吸里来。

爱河的人，你又为什么不生气?

你为什么没有勇气对那个丢汽水瓶的少年郎大声说："你敢丢我就把你也丢进去？"你静静坐在那儿钓鱼（那已经布满癌细胞的鱼），想着今晚的鱼场，假装没看见那个几百年都化解不了的汽水瓶。你为什么不丢掉鱼竿，站起来，告诉他你很生气？

我看见计程车穿来插去，最后停在右转线上，却没有右转的意思。一整列想右转的车子就停滞下来，造成大阻塞。你坐在方向盘前，叹口气，觉得无奈。

你为什么不生气？

哦！跟计程车可理论不得！报上说，司机都带着扁钻的。

问题不在于他带不带扁钻。问题在于你们这廿个受他阻碍的人没有种推开车门，很果断地让他知道你们不齿他的行为，你们很愤怒！

经过郊区，我闻到刺鼻的化学品燃烧的味道。走近海滩，看见工厂的废料大股大股地流进海里，把海水染成一种奇异的颜色。湾里的小商人焚烧电缆，使湾里生出许多缺少脑子的婴儿。我们的下一代——眼睛明亮、嗓音稚嫩、脸颊透红的下一代，将在化学废料中学游泳，他们的血管里将流着我们连名字都说不出来的毒素——

你又为什么不生气呢？难道一定要等到你自己的手臂也温柔地捧着一个无脑婴儿，你再无言地对天哭泣？

西方人来台湾观光，他们的旅行社频频叮咛：绝对不能吃摊子上的东西，最好也少上餐厅；饮料最好喝瓶装的，但台湾本地出产的也别喝，他们的饮料不保险……

这是美丽宝岛的名誉；但是名誉还真是其次；最重要的是我们自己的健康、我们下一代的健康。一百位交大的学生食物中毒——这真的只是一场笑话吗？中国人的命这么不值钱吗？好不容易总算有几个人生起气来，组织了一个消费者团体。现在却又有"占着茅坑不拉屎"的卫生署、为不知道什么人做说客的立法委员要扼杀这个还没做几桩事的组织。

你怎么能够不生气呢？你怎么还有良心躲在角落里做"沉默的大多数"？你以为你是好人，但是就因为你不生气、你忍耐、你退让，所以摊贩把你的家搞得像个破落大杂院，所以台北的交通一切乌烟瘴气，所以淡水河是条烂肠子；就是因为你不讲话、不骂人、不表示意见，所以你疼爱的娃娃每天吃着、喝着、呼吸着化学毒素，你还在梦想他大学毕业的那一天：你忘了，几年前在南部有许多孕妇，怀胎九月中，她们也闭着眼梦想孩子长大的那一天。却没想到吃了滴滴纯净的沙拉油，孩子生下来是瞎的、黑的！

不要以为你是大学教授。所以作研究比较重要；不要以为你是杀猪的，所以没有人会听你的话；也不要以为你是个学生，不够资格管社会的事。你今天不生气，不站出来说话，明天你——还有我、还有我的下一代。就要成为沉默的牺牲者、受害人！如果你有种、有良心，你现在就去告诉你的公-仆立法委员、告诉卫生署、告诉环保局：你受够了，你很生气！

你一定要很大声地说。

阅读打卡计划

| 打卡 | 1 2 3 | 4 5 6 | 7 8 9 | 10 11 12 | 13 14 15 |

姓名：_____
年/月：_____
节气：_____
主题：_____
我的评价星级：
☆☆☆☆☆

篇目1：	篇目2：	篇目3：	篇目4：	篇目5：
体裁：	体裁：	体裁：	体裁：	体裁：
阅读速度：	阅读速度：	阅读速度：	阅读速度：	阅读速度：
篇目搜索过程：	篇目搜索过程：	篇目搜索过程：	篇目搜索过程：	篇目搜索过程：
篇目阅读过程：	篇目阅读过程：	篇目阅读过程：	篇目阅读过程：	篇目阅读过程：
篇目赏析：	篇目赏析：	篇目赏析：	篇目赏析：	篇目赏析：

学生自评量表

评价方面	评价内容	评分	
		教师评分	自我评分
阅读情境（30分）	1. 连续坚持每天阅读打卡的情况（10分）		
	2. 合理制定阅读计划并严格、自律地按照阅读计划执行的情况（10分）		
	3. 按要求完成每个篇目"找篇目—读篇目—赏篇目"步骤的情况（10分）		
阅读文本（30分）	1. 查找的篇目与阅读主题相吻合的情况（10分）		
	2. 阅读方式的选择及阅读速度的达成情况（10分）		
	3. 对篇目的理解与鉴赏情况（10分）		
阅读认知过程（40分）	1. 对阅读主题的理解情况（10分）		
	2. 独立、灵活地使用搜索工具查找篇目的情况（10分）		
	3. 对搜索信息进行归纳总结及分析处理的情况（10分）		
	4. 形成积极阅读和自主阅读习惯的情况（10分）		
评价星级	90~100分：☆☆☆☆☆ 80~90分：☆☆☆☆ 70~80分：☆☆☆ 60~70分：☆☆ 60分以下：☆		

书籍推荐

书目1：《目送》（龙应台，广西师范大学出版社）

书目2：《三毛典藏全集》（三毛，北京十月文艺出版社）

悦读者思维

　　"台湾问题"可谓是令中国人"头疼"的一个问题。大陆对台湾一直是抱着真诚而宽容的态度，从"和平统一，一国两制"到达成"九二共识"，大陆各界都在做出努力。你如何理解"和平统一"原则？你对待"台湾问题"有哪些自己的想法吗？

我是这样想的：	我还可以这样想：

第十八章

乌衣巷口夕阳斜
——吴文化

"吴韵汉风"是对江苏地域文化的最形象的表达。吴文化是中华文明的最重要组成部分，以今苏南浙北赣北皖中南为代表，泛指吴地古今物质文明和精神文明的所有成果，也是吴越文化的一部分，其以先吴和吴国文化为基础，经战国、秦汉、魏晋南北朝的生长，及隋、唐、宋、元历代发育，至明代形成高峰。吴文化是开创江南古文明的源头，吴泰伯开创的基业是中国古代历史上最长的一个诸侯国家，吴国具有740年的历史，是历史上任何一个诸侯国所不可比拟的。

2500年的历史形成了辉煌灿烂的吴文化，很多吴文化成果在各自的领域独领风骚。对真理的追求要比对真理的占有更为可贵。泰伯浩气存千古，肝胆留人间。世上有"江南文化始泰伯，吴歌如海源金匮（金匮今无锡）"之说。泰伯南下，把周朝的诗歌和无锡地区的土（山）歌结合起来，创造出新的吴歌，促使古老的所谓"荆蛮文化"和北方文化结合而发展成为吴文化。无锡是发祥之地，创出了无数的光辉灿烂的无锡山歌、田歌、村歌、渔歌、圩歌、船歌、情歌等，这都是泰伯及其后人的丰功伟绩。

吴文化是中华文化的一个重要组成部分，而且"个性"非常突出，生命力异常强盛，历史上曾出现长期的繁荣发展，在世界文明史中也占有独特的一页。吴人善于筛选、吸收、融合外来文化的特长，是其成功之本。让我们一起从诗词歌赋中去领略与品味独领风骚的吴文化吧，去体悟吴人的创新与智慧。

（一）课堂精读

1.《次北固山下》（唐·王湾）

　　《次北固山下》是唐代诗人王湾的作品。此诗以准确精练的语言描写了冬末春初时作者在北固山下停泊时所见到青山绿水、潮平岸阔等壮丽之景，抒发了作者深深的思乡之情。开头以对偶句发端，写神驰故里的飘泊羁旅之情怀；次联写"潮平""风正"的江上行船，情景恢弘阔大；三联写拂晓行船的情景，对仗隐含哲理，"形容景物，妙绝千古"，给人积极向上的艺术魅力；尾联见雁思亲，与首联呼应。全诗用笔自然，写景鲜明，情感真切，情景交融，风格壮美，极富韵致，历来广为传诵。

次北固山下
（唐·王湾）

客路青山外，行舟绿水前。

潮平两岸阔，风正一帆悬。

海日生残夜，江春入旧年。

乡书何处达？归雁洛阳边。

诵读 思考：

　　问题1：请查阅工具书掌握下列难点字词的意思：

　　（1）次　（2）客路　（3）风正　（4）悬　（5）残夜

　　问题2：首联中的哪两个词已暗含身在异乡神驰故里的漂泊羁旅之情？

　　问题3："风正一帆悬"体现了什么力学现象？

　　问题4："风正一帆悬"的"悬"字，用得极妙，请简析。

　　问题5：这首诗描绘了哪个季节的景色？从哪些地方可以看出？

　　问题6：这首诗表达了作者怎样的思想感情？哪两句诗集中表达了这种感情？

辩论 会：

　　此诗第二联"潮平两岸阔"，有的版本作"潮平两岸失"，你觉得"阔"与"失"，哪个字更好，为什么？说出你的看法吧！

我的论点：_____

我的阅读篇目：	我的评价星级：☆☆☆☆☆
引发我产生论点的据子或段落：	

我的论点： 分论点1： 分论点2： 分论点3：	预设辩论时间： 分论点1用时： 分论点2用时： 分论点3用时：
文中可支撑论点的依据： 论据1： 论据2： 论据3：	其他补充论据资料来源：
	其他补充论据
我的辩论感受：	我产生的新看法：

2.《苏州园林》（叶圣陶）

《苏州园林》是著名作家叶圣陶的代表作之一。作者从游览者的角度，概括出数量众多、各具匠心的苏州园林共同特点，进而从多方面进行说明。这篇课文像是一把钥匙，打开了苏州园林之美的奥秘之门，让我们一起来探索其中的奥秘吧！

苏州园林
（叶圣陶）

苏州园林据说有一百多处，我到过的不过十多处。其他地方的园林我也到过一些。倘若要我说说总的印象，我觉得苏州园林是我国各地园林的标本，各地园林或多或少都受到苏州园林的影响。因此，谁如果要鉴赏中国的园林，苏州园林就不该错过。

设计者和匠师们因地制宜，自出心裁，修建成功的园林当然各个不同。可是苏州各个园林在不同之中有个共同点，似乎设计者和匠师们一致追求的是：务必使游览者无论站在哪个点上，眼前总是一幅完美的图画。为了达到这个目的，他们讲究亭台轩榭的布局，讲究假山池沼的配合，讲究花草树木的映衬，讲究近景远景的层次。总之，一切都要为构成完美的图画而存在，决不容许有欠美伤美的败笔。他们唯愿游览者得到"如在画图中"的美感，而他们的成绩实现了他们的愿望，游览者来到园里，没有一个不心里想着口头说着"如在画图中"的。

我国的建筑，从古代的宫殿到近代的一般住房，绝大部分是对称的，左边怎么样，右边也怎么样。苏州园林可绝不讲究对称，好像故意避免似的。东边有了一个亭子或者一道回廊，西边决不会来一个同样的亭子或者一道同样的回廊。这是为什么？我想，用图画来比方，对称的建筑是图案画，不是美术画，而园林是美术画，美术画要求自然之趣，是不讲究对称的。

苏州园林里都有假山和池沼。假山的堆叠，可以说是一项艺术而不仅是技术。或者是重峦叠嶂，或者是几座小山配合着竹子花木，全在乎设计者和匠师们生平多阅历，胸中有丘壑，才能使游览者攀登的时候忘却苏州城市，只觉得身在山间。至于池沼，大多引用活水。有些园林池沼宽敞，就把池沼作为全园的中心，其他景物配合着布置。水面假如成河道模样，往往安排桥梁。假如安排两座以上的桥梁，那就一座一个样，决不雷同。池沼或河道的边沿很少砌齐整的石岸，总是高低屈曲任其自然。还在那儿布置几块玲珑的石头，或者种些花草：这也是为了取得从各个角度看都成一幅画的效果。池沼里养着金鱼或各色鲤鱼，夏秋季节荷花或睡莲开放，游览者看"鱼戏莲叶间"，又是入画的一景。

苏州园林栽种和修剪树木也着眼在画意。高树与低树俯仰生姿。落叶树与常绿树相间，花时不同的多种花树相间，这就一年四季不感到寂寞。没有修剪得像宝塔那样的松柏，没有阅兵式似的道旁树：因为依据中国画的审美观点看，这是不足取的。有几个园里有古老的藤萝，盘曲嶙峋的枝干就是一幅好画。开花的时候满眼的珠光宝气，使游览者感到无限的繁华和欢悦，可是没法说出来。

游览苏州园林必然会注意到花墙和廊子。有墙壁隔着，有廊子界着，层次多了，景致就见得深了。可是墙壁上有砖砌的各式镂空图案，廊子是两边无所依傍的，实际是隔而不隔，界而未界，因而更增加了景致的深度。有几个园林还在适当的位置装上一面大镜子，层次就更多了，几乎可以说把整个园林翻了一番。

游览者必然也不会忽略另外一点，就是苏州园林在每一个角落都注意图画美。阶砌旁边栽几丛书带草。墙上蔓延着爬山虎或者蔷薇木香。如果开窗正对着白色墙壁，太单调了，给补上几竿竹子或几棵芭蕉。诸如此类，无非要游览者即使就极小范围的局部看，也能得到美的享受。

苏州园林里的门和窗，图案设计和雕镂琢磨功夫都是工艺美术的上品。大致说来，那些门和窗尽量工细而决不庸俗，即使简朴而别具匠心。四扇，八扇，十二扇，综合起来看，谁都要赞叹这是高度的图案美。摄影家挺喜欢这些门和窗，他们斟酌着光和影，摄成称心满意的照片。

苏州园林与北京的园林不同，极少使用彩绘。梁和柱子以及门窗栏杆大多漆广漆，那是不刺眼的颜色。墙壁白色。有些室内墙壁下半截铺水磨方砖，淡灰色和白色对衬。屋瓦和檐漏一律淡灰色。这些颜色与草木的绿色配合，引起人们安静闲适的感觉。花开时节，更显得各种花明艳照眼。

可以说的当然不止以上写的这些，这里不再多写了。

诵读 思考

问题1：请仔细通读全文，划出文中的生词和难懂的句子，并查阅资料，为这些字词和句子做注释。

问题2：苏州园林的整体特点是什么？文中是从哪几个方面具体说明这个特点的？

问题3：苏州园林占地面积不大，但是都能在有限的空间内创造无穷的景致。请结合选文内容说说设计者和匠师们是怎样做到这一点的？

问题4：文中写道"假山的堆叠，可以说是一项艺术而不仅是技术"，"艺术"与"技术"有什么区别？

问题5：说明文中常用一些说明方法，如下定义、举例子、作比较、打比方、分类别、画图表、列数字、引用等，看看本文用了哪些说明方法，并结合实例说说其作用。

问题6：你从课文中领会到哪些欣赏中国园林的方法？

问题7：写一篇文章，介绍你游玩过的一座园林，200字左右。

思维导图

文章题目：_____　　　　我的评价星级：☆☆☆☆☆

苏州园林

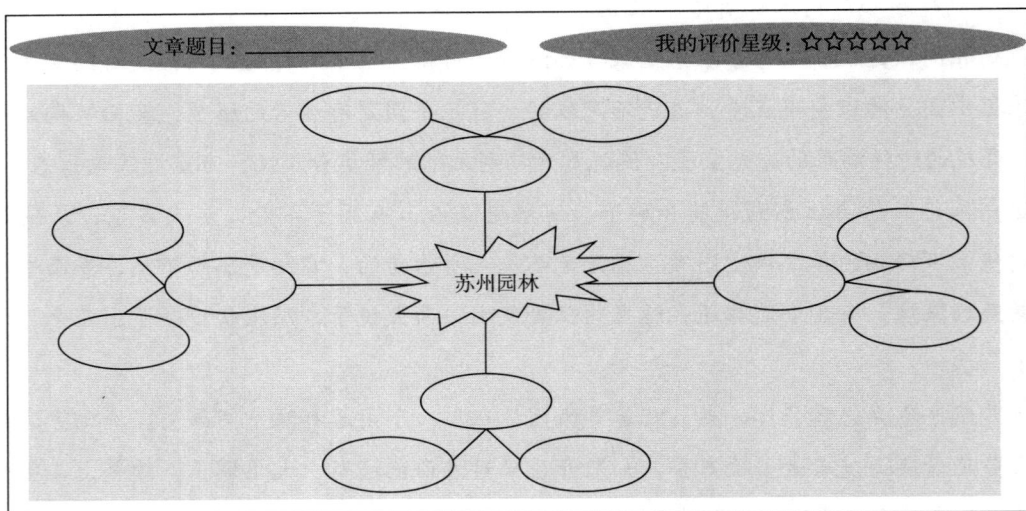

教师精评量表

评价方面	评价内容	评分	
		教师评分	自我评分
阅读情境（20分）	1. 学习单/故事地图/辩论会/课本剧按要求填表完成的情况（10分）		
	2. 完成学习单/故事地图/辩论会/课本剧任务要求的积极主动性（10分）		
阅读文本（40分）	1. 对字、词、句、段的理解情况（10分）		
	2. 对文中精彩字、词、句、段的鉴赏情况（10分）		
	3. 阅读速度达到规定要求的情况（10分）		
	4. 朗读参与情况与背诵完成情况（10分）		
阅读认知过程（40分）	1. 带着问题阅读或在阅读中提出问题的情况（10分）		
	2. 借助阅读工具搜索信息解决阅读疑难问题的情况（20分）		
	3. 参与教师提问及阅读交流的情况（10分）		
评价星级	90～100分：☆☆☆☆☆ 80～90分：☆☆☆☆ 70～80分：☆☆☆ 60～70分：☆☆ 60分以下：☆		

（二）小组选读

❖ 请快速浏览下面与"吴文化"相关的6篇【分级阅读】篇目，借助工具书掌握陌生字词。

❖ 从A/B/C三个级别中，选择不同级别中自己感兴趣的2篇大声诵读，并与选择相同篇目的同学组成"专家组"，对篇目的精彩语段及中心思想进行研读和讨论，踊跃发表自己的看法。

❖ 填写下面的任务单，为召开"小专家读书会"做准备，与全班同学分享交流本组的观点和想法吧！

分级阅读

A1.《芙蓉楼送辛渐》（唐·王昌龄）

> 寒雨连江夜入吴，平明送客楚山孤。
> 洛阳亲友如相问，一片冰心在玉壶。

A2.《泊秦淮》（唐·杜牧）

> 烟笼寒水月笼沙，夜泊秦淮近酒家。
> 商女不知亡国恨，隔江犹唱后庭花。

B1.《送人游吴》（唐·杜荀鹤）

> 君到姑苏见，人家尽枕河。
> 古宫闲地少，水港小桥多。
> 夜市卖菱藕，春船载绮罗。
> 遥知未眠月，乡思在渔歌。

B2.《隋宫》（唐·李商隐）

> 紫泉宫殿锁烟霞，欲取芜城作帝家。
> 玉玺不缘归日角，锦帆应是到天涯。
> 于今腐草无萤火，终古垂杨有暮鸦。
> 地下若逢陈后主，岂宜重问《后庭花》。

C1.《南乡子·登京口北固亭有怀》（宋·辛弃疾）

> 何处望神州？满眼风光北固楼。千古兴亡多少事？悠悠。不尽长江滚滚流。
> 年少万兜鍪，坐断东南战未休。天下英雄谁敌手？曹刘。生子当如孙仲谋。

C2.《桨声灯影里的秦淮河》（朱自清）

一九二三年八月的一晚，我和平伯同游秦淮河；平伯是初泛，我是重来了。我们雇了一只"七板子"，在夕阳已去，皎月方来的时候，便下了船。于是桨声汩——汩，我们开始领略那晃荡着蔷薇色的历史的秦淮河的滋味了。

秦淮河里的船，比北京万牲园，颐和园的船好，比西湖的船好，比扬州瘦西湖的船也好。这几处的船不是觉着笨，就是觉着简陋、局促；都不能引起乘客们的情韵，如秦淮河的船一样。秦淮河的船约略可分为两种：一是大船；一是小船，就是所谓"七板子"。大船舱口阔大，可容二三十人。里面陈设着字画和光洁的红木家具，桌上一律嵌着冰凉的大理石面。窗格雕镂颇细，使人起柔腻之感。窗格里映着红色蓝色的玻璃；玻璃上有精致的花纹，也颇悦人目。"七板子"规模虽不及大船，但那淡蓝色的栏干，空敞的舱，也足系人情思。而最出色处却在它的舱前。舱前是甲板上的一部。上面有弧形的顶，两边用疏疏的栏干支着。里面通常放着两张藤的躺椅。躺下，可以谈天，可以望远，可以顾盼两岸的河房。大船上也有这个，便在小船上更觉清隽罢了。舱前的顶下，一律悬着灯彩；灯的多少，明暗，彩苏的精粗，艳晦，是不一的。但好歹总还你一个灯彩。这灯彩实在是最能钩人的东西。夜幕垂垂地下来时，大小船上都点起灯火。从两重玻璃里映出那辐射着的黄黄的散光，反晕出一片朦胧的烟霭；透过这烟霭，在黯黯的水波里，又逗起缕缕的明漪。在这薄霭和微漪里，听着那悠然的间歇的桨声，谁能不被引入他的美梦去呢？只愁梦太多了，这些大小船儿如何载得起呀？我们这时模模糊糊地谈着明末的秦淮河的艳迹，如《桃花扇》及《板桥杂记》里所载的。我们真神往了。我们仿佛亲见那时华灯映水，画舫凌波的光景了。于是我们的船便成了历史的重载了。我们终于恍然秦淮河的船所以雅丽过于他处，而又有奇异的吸引力的，实在是许多历史的影象使然了。

秦淮河的水是碧阴阴的；看起来厚而不腻，或者是六朝金粉所凝么？我们初上船的时候，天色还未断黑，那漾漾的柔波是这样的恬静，委婉，使我们一面有水阔天空之想，一面又憧憬着纸醉金迷之境了。等到灯火明时，阴阴的变为沉沉了：黯淡的水光，像梦一般；那偶然闪烁着的光芒，就是梦的眼睛了。我们坐在舱前，因了那隆起的顶棚，仿佛总是昂着首向前走着似的；于是飘飘然如御风而行的我们，看着那些自在的湾泊着的船，船里走马灯般的人物，便像是下界一般，迢迢的远了，又像在雾里看花，尽朦朦胧胧的。这时我们已过了利涉桥，望见东关头了。沿路听见断续的歌声：有从沿河的妓楼飘来的，有从河上船里度来的。我们明知那些歌声，只是些因袭的言词，从生涩的歌喉里机械的发出来的；但它们经了夏夜的微风的吹漾和水波的摇拂，袅娜着到我们耳边的时候，已经不单是她们的歌声，而混着微风和河水的密语了。于是我们不得不被牵惹着，震撼着，相与浮沉于这歌声里了。从东关头转弯，不久就到大中桥。大中桥共有三个桥拱，都很阔大，俨然是三座门儿；使我们觉得我们的船和船里的我们，在桥下过去时，真是太无颜色了。桥砖是深褐色，表明它的历史的长久；但都完好无缺，令人太息于古昔工程的坚美。桥上两旁都是木壁的房子，中间应该有街路？这些房子都破旧了，多年烟熏的迹，遮没了当年的美丽。我想象秦淮河的极盛时，在这样宏阔的桥上，特地盖了房子，必然是髹漆得富富丽丽的；晚间必然是灯火通明的。现在却只剩下一片黑沉沉！但是桥上造着房子，毕竟使我们多少可以想见往日的繁华；这也慰情聊胜无了。过了大中桥，便到了灯月交辉，笙歌彻夜的秦淮河；这才是秦淮河的真面目哩。

大中桥外，顿然空阔，和桥内两岸排着密密的人家的大异了。一眼望去，疏疏的林，淡淡的月，衬着蓝蔚的天，颇像荒江野渡光景；那边呢，郁丛丛的，阴森森的，又似乎藏着无边的黑暗：令人几乎不信那是繁华的秦淮河了。但是河中眩晕着的灯光，纵横着的画舫，悠扬着的笛韵，夹着那吱吱的胡琴声，终于使我们认识绿如茵陈酒的秦淮水了。此地天裸露着的多些，故觉夜来的独迟些；从清清的水影里，我们感到的只是薄薄的夜——这正是秦淮河的夜。大中桥外，本来还有一座复成桥，是船夫口中的我们的游踪尽处，或也是秦淮河繁华的尽处了。我的脚曾踏过复成桥的脊，在十三四岁的时候。但是两次游秦淮河，却都不曾见着复成桥的面；明知总在前途的，却常觉得有些虚无缥缈似的。我想，不见倒也好。这时正是盛夏。我们下船后，借着新生的晚凉和河上的微风，暑气已渐渐消散；到了此地，豁然开朗，身子顿然轻了——习习的清风荏苒在面上，手上，衣上，这便又感到了一缕新凉了。南京的日光，大概没有杭州猛烈；西湖的夏夜老是热蓬蓬的，水像沸着一般，秦淮河的水却尽是这样冷冷地绿着。任你人影的憧憧，歌声的扰扰，总像隔着一层薄薄的绿纱面幂似的；它尽是这样静静的，冷冷的绿着。我们出了大中桥，走不上半里路，船夫便将船划到一旁，停了桨由它宕着。他以为那里正是繁华的极点，再过去就是荒凉了；所以让我们多多赏鉴一会儿。他自己却静静地蹲着。他是看惯这光景的了，大约只是一个无可无不可。这无可无不可，无论是升的沉的，总之，都比我们高了。

那时河里闹热极了；船大半泊着，小半在水上穿梭似的来往。停泊着的都在近市的那一边，我们的船自然也夹在其中。因为这边略略的挤，便觉得那边十分的疏了。在每一只船从那边过去时，我们能画出它的轻轻的影和曲曲的波，在我们的心上；这显着是空，且显着是静了。那时处处都是歌声和凄厉的胡琴声，圆润的喉咙，确乎是很少的。但那生涩的，尖脆的调子能使人有少年的，粗率不拘的感觉，也正可快我们的意。况且多少隔开些儿听着，因为想象与渴慕的做美，总觉更有滋味；而竞发的喧嚣，抑扬的不齐，远近的杂沓，和乐器的嘈嘈切切，合成另一意味的谐音，也使我们无所适从，如随着大风而走。这实在因为我们的心枯涩久了，变为脆弱；故偶然润泽一下，便疯狂似的不能自主了。但秦淮河确也腻人。即如船里的人面，无论是和我们一堆儿泊着的，无论是从我们眼前过去的，总是模模糊糊的，甚至渺渺茫茫的；任你张圆了眼睛，揩净了眦垢，也是枉然。这真够人想呢。在我们停泊的地方，灯光原是纷然的；不过这些灯光都是黄而有晕的。黄已经不能明了，再加上了晕，便更不成了。灯愈多，晕就愈甚；在繁星般的黄的交错里，秦淮河仿佛笼上了一团光雾。光芒与雾气腾腾的晕着，什么都只剩了轮廓了；所以人面的详细的曲线，便消失于我们的眼底了。但灯光究竟夺不了那边的月色；灯光是浑的，月色是清的，在浑沌的灯光里，渗入了一派清辉，却真是奇迹！那晚月儿已瘦削了两三分。她晚妆才罢，盈盈的上了柳梢头。天是蓝得可爱，仿佛一汪水似的；月儿便更出落得精神了。岸上原有三株两株的垂杨树，淡淡的影在水里摇曳着。它们那柔细的枝条浴着月光，就像一支支美人的臂膊，交互的缠着，挽着；又像是月儿披着的发。而月儿偶然也从它们的交叉处偷偷窥看我们，大有小姑娘怕羞的样子。岸上另有几株不知名的老树，光光的立着；在月光里照起来，却又俨然是精神矍铄的老人。远处——快到天际线了，才有一两片白云，亮得现出异彩，像美丽的贝壳一般。白云下便是黑黑的一带轮廓；是一条随意画的不规则的曲线。这一段光景，和河中的风味大异了。但灯与月竟能并存着，交融着，使月成了缠绵的月，灯射着渺渺的灵辉；这正是天之所以厚秦淮河，也正是天之所以厚我们了。

这时却遇着了难解的纠纷。秦淮河上原有一种歌妓，是以歌为业的。从前都在茶舫上，唱些大曲之类。每日午后一时起；什么时候止，却忘记了。晚上照样也有一回。也在黄晕的灯光里。我从前过南京时，曾随着朋友去听过两次。因为茶舫里的人脸太多了，觉得不大适意，终于听不出所以然。前年听说歌妓被取缔了，不知怎的，颇涉想了几次——却想不出什么。这次到南京，先到茶舫上去看看，觉得颇是寂寥，令我无端的怅怅了。不料她们却仍在秦淮河里挣扎着，不料她们竟会纠缠到我们，我于是很张皇了。她们也乘着"七板子"，她们总是坐在舱前的。舱前点着石油汽灯，光亮眩人眼目；坐在下面的，自然是纤毫毕见了——引诱客人们的力量，也便在此了。舱里躲着乐工等人，映着汽灯的余辉蠕动着；他们是永远不被注意的。每船的歌妓大约都是二人；天色一黑。她们的船就在大中桥外往来不息的兜生意。无论行着的船，泊着的船，都要来兜揽的。这都是我后来推想出来的。那晚不知怎样，忽然轮着我们的船了。我们的船好好地停着，一只歌舫划向我们来的；渐渐和我们的船并着了。铄铄的灯光逼得我们皱起了眉头；我们的风尘色全给它托出来了，这使我踧踖不安了。那时一个伙计跨过船来，拿着摊开的歌折，就近塞向我的手里，说，"点几出吧"！他跨过来的时候，我们船上似乎有许多眼光跟着。同时相近的别的船上也似乎有许多眼睛炯炯地向我们船上看着。我真窘了！我也装出大方的样子，向歌妓们瞥了一眼，但究竟是不成的！我勉强将那歌折翻了一翻，却不曾看清了几个字；便赶紧递还那伙计，一面不好意思地说，"不要，我们……不要。"他便塞给平伯。平伯掉转头去，摇手说，"不要！"那人还腻着不走。平伯又回过脸来，摇着头道，"不要！"于是那人重到我处。我窘着再拒绝了他。他这才有所不屑似的走了。我的心立刻放下，如释了重负一般。我们就开始自白了。

我说我受了道德律的压迫，拒绝了她们；心里似乎很抱歉的。这所谓抱歉，一面对于她们，一面对于我自己。她们于我们虽然没有很奢的希望；但总有些希望的。我们拒绝了她们，无论理由如何充足，却使她们的希望受了伤；这总有几分不做美了。这是我觉得很怅怅的。至于我自己，更有一种不足之感。我这时被四面的歌声诱惑了，降服了；但是远远的，远远的歌声总仿佛隔着重衣搔痒似的，越搔越搔不着痒处。我于是憧憬着贴耳的妙音了。在歌舫划来时，我的憧憬，变为盼望；我固执地盼望着，有如饥渴。虽然从浅薄的经验里，也能够推知，那贴耳的歌声，将剥去了一切的美妙；但一个平常的人像我的，谁愿凭了理性之力去丑化未来呢？我宁愿自己骗着了。不过我的社会感性是很敏锐的；我的思力能拆穿道德律的西洋镜，而我的感情却终于被它压服着，我于是有所顾忌了，尤其是在众目昭彰的时候。道德律的力，本来是民众赋予的；在民众的面前，自然更显出它的威严了。我这时一面盼望，一面却感到了两重的禁制：一，在通俗的意义上，接近妓者总算一种不正当的行为；二，妓是一种不健全的职业，我们对于她们，应有哀矜勿喜之心，不应赏玩的去听她们的歌。在众目睽睽之下，这两种思想在我心里最为旺盛。她们暂时压倒了我的听歌的盼望，这便成就了我的灰色的拒绝。那时的心实在异常状态中，觉得颇是昏乱。歌舫去了，暂时宁静之后，我的思绪又如潮涌了。两个相反的意思在我心头往复：卖歌和卖淫不同，听歌和狎妓不同，又干道德甚事？——但是，但是，她们既被逼的以歌为业，她们的歌必无艺术味的；况她们的身世，我们究竟该同情的。所以拒绝倒也是正办。但这些意思终于不曾撇开我的听歌的盼望。它力量异常坚强；它总想将别的思绪踏在脚下。从这重重的争斗里，我感到了浓厚的不足之感。这不足之感使我的心盘旋不安，起坐都不安宁了。唉！我承认我是一个自私的人！平伯呢，却与我不同。他引周启明先生的诗，"因为我有妻子，所以我爱一切的女人，因为我有子女，所以我爱一切的孩子。"他的意思可以见了。他因为推及的同情，爱着那些歌妓，并且尊重着她们，所以拒绝了她们。在这种情形下，他自然以为听歌是对于她们的一种侮辱。但他也是想听歌的，虽然不和我一样，所以在他的心中，当然也有一番小小的争斗；争斗的结果，是同情胜了。至于道德律，在他是没有什么的；因为他很有蔑视一切的倾向，民众的力量在他是不大觉着的。这时他的心意的活动比较简单，又比较松弱，故事后还怡然自若；我却不能了。这里平伯又比我高了。

在我们谈话中间，又来了两只歌舫。伙计照前一样的请我们点戏，我们照前一样的拒绝了。我受了三次窘，心里的不安更甚了。清艳的夜景也为之减色。船夫大约因为要赶第二趟生意，催着我们回去；我们无可无不可的答应了。我们渐渐和那些晕黄的灯光远了，只有些月色冷清清的随着我们的归舟。我们的船竟没个伴儿，秦淮河的夜正长哩！到大中桥近处，才遇着一只来船。这是一只载妓的板船，黑漆漆的没有一点光。船头上坐着一个妓女；暗里看出，白地小花的衫子，黑的下衣。她手里拉着胡琴，口里唱着青衫的调子。她唱得响亮而圆转；当她的船箭一般驶过去时，余音还袅袅的在我们耳际，使我们倾听而向往。想不到在弩末的游踪里，还能领略到这样的清歌！这时船过大中桥了，森森的水影，如黑暗张着巨口，要将我们的船吞了下去，我们回顾那渺渺的黄光，不胜依恋之情；我们感到了寂寞了！这一段地方夜色甚浓，又有两头的灯火招邀着；桥外的灯火不用说了，过了桥另有东关头疏疏的灯火。我们忽然仰头看见依人的素月，不觉深悔归来之早了！走过东关头，有一两只大船湾泊着，又有几只船向我们来着。嚣嚣的一阵歌声人语，仿佛笑我们无伴的孤舟哩。东关头转湾，河上的夜色更浓了；临水的妓楼上，时时从帘缝里射出一线一线的灯光；仿佛黑暗从酣睡里眨了一眨眼。我们默然地对着，静听那汩——汩的桨声，几乎要入睡了；朦胧里却温寻着适才的繁华的余味。我那不安的心在静里愈显活跃了！这时我们都有了不足之感，而我的更其浓厚。我们却只不愿回去，于是只能由懊悔而怅惘了。船里便满载着怅惘了。直到利涉桥下，微微嘈杂的人声，才使我豁然一惊；那光景却又不同。右岸的河房里，都大开了窗户，里面亮着晃晃的电灯，电灯的光射到水上，蜿蜒曲折，闪闪不息，正如跳舞着的仙女的臂膊。我们的船已在她的臂膊里了；如睡在摇篮里一样，倦了的我们便又入梦了。那电灯下的人物，只觉像蚂蚁一般，更不去萦念。这是最后的梦；可惜是最短的梦！黑暗重复落在我们面前，我们看见傍岸的空船上一星两星的，枯燥无力又摇摇不定的灯光。我们的梦醒了，我们知道就要上岸了；我们心里充满了幻灭的情思。

1923年10月11日作完，于温州

小专家读书会

篇目1：

我选取的文章题目及级别：＿＿＿＿＿＿（A级/B级/C级）	我参加的专家组：＿＿＿＿＿	我的评价星级：☆☆☆☆☆
读书会主题：		
专家组成员及观点	我的发言	小组讨论纪要

我的收获与感悟：

篇目2：

我选取的文章题目及级别：＿＿＿＿＿＿（A级/B级/C级）	我参加的专家组：＿＿＿＿＿	我的评价星级：☆☆☆☆☆
读书会主题：		
专家组成员及观点	我的发言	小组讨论纪要

我的收获与感悟：

组内互评量表

评价方面	评价内容	评分	
		教师评分	自我评分
阅读情境（20分）	1. 专家组组织成立及分工合作情况（10分）		
	2. "小专家读书会"按要求填表及准备充分情况（10分）		
阅读文本（30分）	1. 选文级别情况（10分）（A级5分；B级3分；C级2分）		
	2. 选文研读，对字、词、句、段及文章中心思想的理解情况（10分）		
	3. 阅读速度达到规定要求的情况（10分）		
阅读认知过程（50分）	1. 在专家组研讨中提问与交流情况（10分）		
	2. 通过借助阅读工具搜索信息解决小组中阅读疑难问题的情况（10分）		
	3. 在专家组研讨中个人观点表达情况（20分）		
	4. 在"小专家读书会"中阅读讲解与汇报分享情况（10分）		
评价星级	90～100分：☆☆☆☆☆ 80～90分：☆☆☆☆ 70～80分：☆☆☆ 60～70分：☆☆ 60分以下：☆		

（三）主题自读

请根据自己的兴趣和爱好，从下面两个主题中选择一个感兴趣的主题进行阅读。结合主题提示，每2天完成一篇篇目的搜索、阅读和赏析。现在，让我们开始10天的"阅读打卡计划"吧！

◇ 略读任一主题下的2篇【推荐阅读】，理解篇目主要文意，揣摩该主题的含义。

◇ 搜索5篇与选择主题相关的篇目，可以包括古诗词、散文、诗歌、小说选段等多种体裁。

◇ 记录自己阅读古诗词及诗歌的方式，阅读篇幅较长的散文、小说选段等尽量保持在每分钟400字。

◇ 对阅读的篇目中的精彩语句、段落或是打动自己的内容及思想进行赏析。

◇ 将阅读速度、搜索过程、阅读记录、赏析要点等内容填写进"阅读打卡计划记录单"中。

主题1 钟山怀抱金陵城

南京，简称"宁"，古称金陵、建康。南京的别称为"石头城"，又被称为石城，这座石头城，吸引着各朝各代的诗人墨客流连此地，感叹世间的变化。南京是六朝文学的中心，李白曾寓居各地，在金陵停留的时间最长，其所作诗歌关于南京的有近200首，题目包含"金陵"的就不下20首，他在

《登梅冈望金陵赠族侄高座寺僧中孚》中写道"钟山抱金陵，霸气昔腾发"。《红楼梦》的作者曹雪芹出生在南京，《红楼梦》中的12个主要女性角色命名为"金陵十二钗"。在这座文学气息浓厚的石头城中，都有哪些动人的故事呢，让我们来读读吧！

推荐阅读

1.《石头城》（唐·刘禹锡）

> 山围故国周遭在，潮打空城寂寞回。
> 淮水东边旧时月，夜深还过女墙来。

2.《香菱学诗》（选自《红楼梦》）

　　且说香菱见过众人之后，吃过晚饭，宝钗等都往贾母处去了，自己便往潇湘馆中来。此时黛玉已好了大半，见香菱也进园来住，自是欢喜。香菱因笑道："我这一进来了，也得了空儿，好歹教给我作诗，就是我的造化了！"黛玉笑道："既要作诗，你就拜我作师。我虽不通，大略也还教得起你。"香菱笑道："果然这样，我就拜你作师。你可不许腻烦的。"黛玉道："什么难事，也值得去学！不过是起承转合，当中承转是两副对子，平声对仄声，虚的对实的，实的对虚的，若是果有了奇句，连平仄虚实不对都使得的。"香菱笑道："怪道我常弄一本旧诗偷空儿看一两首，又有对的极工的，又有不对的，又听见说'一三五不论，二四六分明'。看古人的诗上亦有顺的，亦有二四六上错了的，所以天天疑惑。如今听你一说，原来这些格调规矩竟是末事，只要词句新奇为上。"黛玉道："正是这个道理，词句究竟还是末事，第一立意要紧。若意趣真了，连词句不用修饰，自是好的，这叫做'不以词害意'。"香菱笑道："我只爱陆放翁的诗'重帘不卷留香久，古砚微凹聚墨多'，说的真有趣！"黛玉道："断不可学这样的诗。你们因不知诗，所以见了这浅近的就爱，一入了这个格局，再学不出来的。你只听我说，你若真心要学，我这里有《王摩诘全集》你且把他的五言律读一百首，细心揣摩透熟了，然后再读一二百首老杜的七言律，次再李青莲的七言绝句读一二百首。肚子里先有了这三个人作了底子，然后再把陶渊明、应玚、谢、阮、庾、鲍等人的一看。你又是一个极聪敏伶俐的人，不用一年的工夫，不愁不是诗翁了！"香菱听了，笑道："既这样，好姑娘，你就把这书给我拿出来，我带回去夜里念几首也是好的。"黛玉听说，便命紫鹃将王右丞的五言律拿来，递与香菱，又道："你只看有红圈的都是我选的，有一首念一首。不明白的问你姑娘，或者遇见我，我讲与你就是了。"香菱拿了诗，回至蘅芜苑中，诸事不顾，只向灯下一首一首的读起来。宝钗连催她数次睡觉，她也不睡。宝钗见她这般苦心，只得随她去了。

　　一日，黛玉方梳洗完了，只见香菱笑吟吟地送了书来，又要换杜律。黛玉笑道："共记得多少首？"香菱笑道："凡红圈选的我尽读了。"黛玉道："可领略了些滋味没有？"香菱笑道："领略了些滋味，不知可是不是，说与你听听。"黛玉笑道："正要讲究讨论，方能长进。你且说来我听。"香菱笑道："据我看来，诗的好处，有口里说不出来的意思，想去却是逼真的。有似乎无理的，想去竟是有理有情的。"黛玉笑道："这话有了些意思，但不知你从何处见得？"香菱笑道："我看他《塞上》一首，那一联云：'大漠孤烟直，长河落日圆。'想来烟如何直？日自然是圆的：这'直'字似无理，'圆'字似太俗。合上书一想，倒像是见了这景的。若说再找两个字换这两个，竟再找不出两个字来。再还有'日落江湖白，潮来天地青'：这'白''青'两个字也似无理。想来，必得这两个字才形容得尽，念在嘴里倒像有几千斤重的一个橄榄。还有'渡头余落日，墟里上孤烟'：这'余'字和'上'字，难为他怎么想来！我们那年上京来，那日下晚便湾住船，岸上又没有人，只有几棵树，远远的几家人家做晚饭，那烟竟是碧青，连云直上。谁知我昨日晚上读了这两句，倒像我又到了那个地方去了。"

正说着，宝玉和探春也来了，也都入坐听他讲诗。宝玉笑道："既是这样，也不用看诗。会心处不在多，听你说了这两句，可知'三昧'你已得了。"黛玉笑道："你说他这'上孤烟'好，你还不知他这一句还是套了前人的来。我给你这一句瞧瞧，更比这个淡而现成。"说着便把陶渊明的"暖暖远人村，依依墟里烟"翻了出来，递与香菱。香菱瞧了，点头叹赏，笑道："原来'上'字是从'依依'两个字上化出来的。"宝玉大笑道："你已得了，不用再讲，越发倒学杂了。你就作起来，必是好的。"探春笑道："明儿我补一个柬来，请你入社。"香菱笑道："姑娘何苦打趣我，我不过是心里美慕，才学着玩罢了。"探春黛玉都笑道："谁不是玩？难道我们是认真作诗呢！若说我们认真成了诗，出了这园子，把人的牙还笑倒了呢。"宝玉道："这也算自暴自弃了。前日我在外头和相公们商议画儿，他们听见咱们起诗社，求我把稿子给他们瞧瞧。我就写了几首给他们看看，谁不真心叹服。他们都抄了刻去了。"探春黛玉忙问道："这是真话么？"宝玉笑道："说谎的是那架上的鹦哥。"黛玉探春听说，都道："你真真胡闹！且别说那不成诗，便是成诗，我们的笔墨也不该传到外头去。"宝玉道："这怕什么！古来闺阁中的笔墨不要传出去，如今也没有人知道了。"说着，只见惜春打发了入画来请宝玉，宝玉方去了。香菱又逼着黛玉换出杜律来，又央黛玉探春二人："出个题目，让我诌去，诌了来，替我改正。"黛玉道："昨夜的月最好，我正要诌一首，竟未诌成，你竟作一首来。十四寒的韵，由你爱用那几个字去。"

香菱听了，喜的拿回诗来，又苦思一回作两句诗，又舍不得杜诗，又读两首。如此茶饭无心，坐卧不定。宝钗道："何苦自寻烦恼。都是颦儿引的你，我和他算帐去。你本来呆头呆脑的，再添上这个，越发弄成个呆子了。"香菱笑道："好姑娘，别混我。"一面说，一面作了一首，先与宝钗看。宝钗看了笑道："这个不好，不是这个作法。你别怕臊，只管拿了给他瞧去，看他是怎么说。"香菱听了，便拿了诗找黛玉。黛玉看时，只见写道是：

> 月挂中天夜色寒，清光皎皎影团团。
>
> 诗人助兴常思玩，野客添愁不忍观。
>
> 翡翠楼边悬玉镜，珍珠帘外挂冰盘。

良宵何用烧银烛，晴彩辉煌映画栏。

黛玉笑道："意思却有，只是措词不雅。皆因你看的诗少，被他缚住了。把这首丢开，再作一首，只管放开胆子去作。"

香菱听了，默默的回来，越性连房也不入，只在池边树下，或坐在山石上出神，或蹲在地下抠土，来往的人都诧异。李纨、宝钗、探春、宝玉等听得此信，都远远的站在山坡上瞧看她。只见她皱一回眉，又自己含笑一回。宝钗笑道："这个人定要疯了！昨夜嘟嘟哝哝直闹到五更天才睡下，没一顿饭的工夫天就亮了。我就听见她起来了，忙忙碌碌梳了头就找颦儿去。一回来了，呆了一日，作了一首又不好，这会子自然另作呢。"宝玉笑道："这正是'地灵人杰'，老天生人再不虚赋情性的。我们成日叹说可惜他这么个人竟俗了，谁知到底有今日。可见天地至公。"宝钗笑道："你能够像他这苦心就好了，学什么有个不成的。"宝玉不答。

只见香菱兴兴头头的又往黛玉那边去了。探春笑道："咱们跟了去，看她有些意思没有。"说着，一齐都往潇湘馆来。只见黛玉正拿着诗和她讲究。众人因问黛玉作的如何。黛玉道："自然算难为他了，只是还不好。这一首过于穿凿了，还得另作。"众人因要诗看时，只见作道：

非银非水映窗寒，试看晴空护玉盘。

淡淡梅花香欲染，丝丝柳带露初干。

只疑残粉涂金砌，恍若轻霜抹玉栏。

梦醒西楼人迹绝，余容犹可隔帘看。

宝钗笑道："不像吟月了，月字底下添一个'色'字倒还使得，你看句句倒是月色。这也罢了，原来诗从胡说来，再迟几天就好了。"香菱自为这首妙绝，听如此说，自己扫了兴，不肯丢开手，便要思索起来。因见他姊妹们说笑，便自己走至阶前竹下闲步，挖心搜胆，耳不旁听，目不别视。一时探春隔窗笑说道："菱姑娘，你闲闲罢。"香菱怔怔答道："'闲'字是十五删的，你错了韵了。"众人听了，不觉大笑起来。宝钗道："可真是诗魔了。都是颦儿引的她！"黛玉道："圣人说，'诲人不倦'，她又来问我，我岂有不说之理。"李纨笑道："咱们拉了她往四姑娘房里去，引她瞧瞧画儿，叫她醒一醒才好。"

说着，真个出来拉了她过藕香榭，至暖香坞中。惜春正乏倦，在床上歪着睡午觉，画缯立在壁间，用纱罩着。众人唤醒了惜春，揭纱看时，十停方有了三停。香菱见画上有几个美人，因指着笑道："这一个是我们姑娘，那一个是林姑娘。"探春笑道："凡会作诗的都画在上头，快学罢。"说着，顽笑了一回。

各自散后，香菱满心中还是想诗。至晚间对灯出了一回神，至三更以后上床卧下，两眼鳏鳏，直到五更方才朦胧睡去了。一时天亮，宝钗醒了，听了一听，她安稳睡了，心下想："她翻腾了一夜，不知可作成了？这会子乏了，且别叫她。"正想着，只听香菱从梦中笑道："可是有了，难道这一首还不好？"宝钗听了，又是可叹，又是可笑，连忙唤醒了她，问她："得了什么？你这诚心都通了仙了。学不成诗，还弄出病来呢。"一面说，一面梳洗了，会同姊妹往贾母处来。原来香菱苦志学诗，精血诚聚，日间做不出，忽于梦中得了八句。梳洗已毕，便忙录出来，自己并不知好歹，便拿来又找黛玉。刚到沁芳亭，只见李纨与众姊妹方从王夫人处回来，宝钗正告诉他们说她梦中作诗说梦话。众人正笑，抬头见她来了，便都争着要诗看。

话说香菱见众人正说笑，她便迎上去笑道："你们看这一首。若使得，我便还学；若还不好，我就死了这作诗的心了。"说着，把诗递与黛玉及众人看时，只见写道是：

> 精华欲掩料应难，影自娟娟魄自寒。
>
> 一片砧敲千里白，半轮鸡唱五更残。
>
> 绿蓑江上秋闻笛，红袖楼头夜倚栏。
>
> 博得嫦娥应自问，何缘不使永团圆！

众人看了笑道："这首不但好，而且新巧有意趣。可知俗语说'天下无难事，只怕有心人。'社里一定请你了。"香菱听了心下不信，料着是他们瞒哄自己的话，还只管问黛玉宝钗等。

主题 2　一碧太湖三万顷

太湖，位于长江三角洲的南缘，古称震泽、具区，又名五湖、笠泽，是中国五大淡水湖之一。太湖风光，雄浑清秀，内衔洞庭，外吞长江，太湖号称"三万六千顷，周围八百里"，向子諲在《浣溪沙》中写道"一碧太湖三万顷，屹然相对洞庭山"。各朝各代的诗人赞美太湖之景的诗句众多，让我们一起来读读，观赏太湖壮观的美景吧！

推荐阅读

1.《太湖秋夕》（唐·王昌龄）

> 水宿烟雨寒，洞庭霜落微。
>
> 月明移舟去，夜静魂梦归。
>
> 暗觉海风度，萧萧闻雁飞。

2.《太湖观雪》（元·方回）

> 平生不信有升天，今日临风似欲仙。
>
> 海内百年诗客眼，雪中一叶太湖船。
>
> 绵绵草树渔汀远，续续茅茨野屋偏。
>
> 定是丹青不能画，一浇殊欠酒如泉。

阅读打卡计划

打卡

| 1 | 2 | 3 | 4 | 5 | 6 | 7 | 8 | 9 | 10 | 11 | 12 | 13 | 14 | 15 |

☐ ☐ ☐ ☐ ☐ ☐ ☐ ☐ ☐ ☐ ☐ ☐ ☐ ☐ ☐

姓名：＿＿＿＿＿＿
年/月：＿＿＿＿＿＿
节气：＿＿＿＿＿＿
主题：＿＿＿＿＿＿
我的评价星级：
☆☆☆☆☆

篇目1：
体裁：
阅读速度：
篇目搜索过程：
篇目阅读过程：
篇目赏析：

篇目2：
体裁：
阅读速度：
篇目搜索过程：
篇目阅读过程：
篇目赏析：

篇目3：
体裁：
阅读速度：
篇目搜索过程：
篇目阅读过程：
篇目赏析：

篇目4：
体裁：
阅读速度：
篇目搜索过程：
篇目阅读过程：
篇目赏析：

篇目5：
体裁：
阅读速度：
篇目搜索过程：
篇目阅读过程：
篇目赏析：

学生自评量表

评价方面	评价内容	评分	
		教师评分	自我评分
阅读情境（30分）	1. 连续坚持每天阅读打卡的情况（10分）		
	2. 合理制定阅读计划并严格、自律地按照阅读计划执行的情况（10分）		
	3. 按要求完成每个篇目"找篇目—读篇目—赏篇目"步骤的情况（10分）		
阅读文本（30分）	1. 查找的篇目与阅读主题相吻合的情况（10分）		
	2. 阅读方式的选择及阅读速度的达成情况（10分）		
	3. 对篇目的理解与鉴赏情况（10分）		
阅读认知过程（40分）	1. 对阅读主题的理解情况（10分）		
	2. 独立、灵活地使用搜索工具查找篇目的情况（10分）		
	3. 对搜索信息进行归纳总结及分析处理的情况（10分）		
	4. 形成积极阅读和自主阅读习惯的情况（10分）		
评价星级	90~100分：☆☆☆☆☆ 80~90分：☆☆☆☆ 70~80分：☆☆☆ 60~70分：☆☆ 60分以下：☆		

书籍推荐

书目1：《南京人》（叶兆言，南京大学出版社）

书目2：《丹凤街》（张恨水，中国文史出版社）

悦读者思维

　　《红楼梦》又被称为《石头记》或《金陵十二钗》，这两个别名都与凝聚着六朝烟水气的南京城有关，南京就是《红楼梦》作者曹雪芹的根。那么，曹雪芹为何要写《红楼梦》呢，他想向世人表达什么？

我是这样想的：	我还可以这样想：

第十九章

浙江悠悠海西绿
——越文化

越文化，是指江南地区的于越部落先民留下来的物质文化遗存，泛指今天浙江省的区域文化。越文化历史悠久，其源头起自在距今7000多年前河姆渡文化、马家浜文化、崧泽文化、良渚文化，都是吴越地区史前文化的主要源头。越文化中最富于区域文化特色的一个部分，其间存留着古老于越习俗文化的传统基因，种种越地的民情、礼俗、衣食住行等生活方式及民间信仰，反映出来的是越人的质朴、悍勇和开拓进取的心理特征。

崇尚自然、寄情山水、直抒胸臆、返朴归真，这都是越文化的特征。越地艺术文化在骨子里有其独特的精神气质，宗尚自然可说是它的一大特点，由此而体现出来的那种反朴归真的情趣，同百越文化的基因有着血缘关系。中国山水文学的传统正式形成于六朝，其肇端离不开越地山水。山水代表着物的自然，性灵正意味着人的自然，即情性的自然，而且两者之间常有着紧密的联系，所以发扬性灵也就成了越地艺术文化的传统。

质朴无华的越文化被美丽山水点缀得分外宜人，让我们一同来游山观水吧，解开山水与越地艺术的不解之缘，近距离感受越文化原始、质朴的风貌。

（一）课堂精读

1.《钱塘湖春行》（唐·白居易）

《钱塘湖春行》是唐代诗人白居易的一首描写西湖颇具盛名的七律。此诗通过写西湖早春明媚风光的描绘，抒发了作者早春游湖的喜悦和对钱塘湖风景的喜爱，更表达了作者对于自然之美的热爱之情。尤其是中间四句，细致地描绘了西湖春行所见景物，形象活现，即景寓情，准确生动地表现了自然之物的活泼情趣和雅致闲情。全诗结构谨严，衔接自然，对仗精工，语言浅近，用词准确，气质清新，成为历代吟咏西湖的名篇。

钱塘湖春行
（唐·白居易）

孤山寺北贾亭西，水面初平云脚低。

几处早莺争暖树，谁家新燕啄春泥。

乱花渐欲迷人眼，浅草才能没马蹄。

最爱湖东行不足，绿杨阴里白沙堤。

诵读 思考

问题1：请查阅工具书掌握下列难点字词的意思：

（1）云脚　（2）暖树　（3）啄　（4）乱花　（5）浅草

问题2：这首诗描写了西湖早春的景色，诗中哪些字是紧扣"早"字来写的？

问题3：展开联想和想象，用简明形象的语言描绘出"几处早莺争暖树，谁家新燕啄春泥"所展现的画面。

问题4："几处早莺争暖树，谁家新燕啄春泥"，诗中的莺和燕具有的共同生物特征有哪些？

问题5：诗中直接抒情的是哪两句？抒发了诗人怎样的思想感情？

问题6：在前六句中，诗人已经把西湖春色描绘得十分美好，在结尾处却说自己"最爱"湖东的白沙堤，至于白沙堤怎么可爱，除点明"绿阳阴里"外，诗人未做任何解释，你觉得诗人这样写有什么好处？

辩论 会

诗歌第二联中"几处""谁家"用得极其精妙，有人认为换作"处处""家家"更能突出莺歌燕舞的气氛，你同意这种说法吗？为什么？说出你的看法吧！

我的论点:	
我的阅读篇目:	我的评价星级：☆☆☆☆☆
引发我产生论点的据子或段落:	
我的论点： 分论点1： 分论点2： 分论点3：	预设辩论时间： 分论点1用时： 分论点2用时： 分论点3用时：
文中可支撑论点的依据： 论据1： 论据2： 论据3：	其他补充论据资料来源： 其他补充论据：
我的辩论感受：	我产生的新看法：

2.《登飞来峰》（宋·王安石）

《登飞来峰》是北宋文学家、政治家王安石创作的一首七言绝句。诗的第一句中写峰上古塔之高，写出自己的立足点之高。第二句巧妙地虚写出在高塔上看到的旭日东升的辉煌景象，表现了诗人朝气蓬勃，对前途充满信心。诗的后两句承接前两句写景议论抒情，使诗歌既有生动的形象又有深刻的哲理。古人常有浮云蔽日、邪臣蔽贤的忧虑，而诗人却加上"不畏"二字。表现了诗人在政治上高瞻远瞩，不畏奸邪的勇气和决心。

登飞来峰

（宋·王安石）

飞来山上千寻塔，闻说鸡鸣见日升。

不畏浮云遮望眼，只缘身在最高层。

诵读 思考

问题1：请查阅工具书掌握下列难点字词的意思：

（1）千寻塔　（2）闻说　（3）浮云　（4）望眼　（5）缘

问题2：诗中正面写飞来峰和侧面写飞来峰的诗句分别是哪两句？

问题3："闻说鸡鸣见日升"，一年之中，每一天鸡鸣时间是否相同？太阳升起的时间是否相同？为什么？

问题4：这首诗中，"浮云"一词的寓意是什么？

问题5：请说说"不畏浮云遮望眼，只缘身在最高层"蕴含了怎样的人生哲理？

思维导图

文章题目：_____　　　　我的评价星级：☆☆☆☆☆

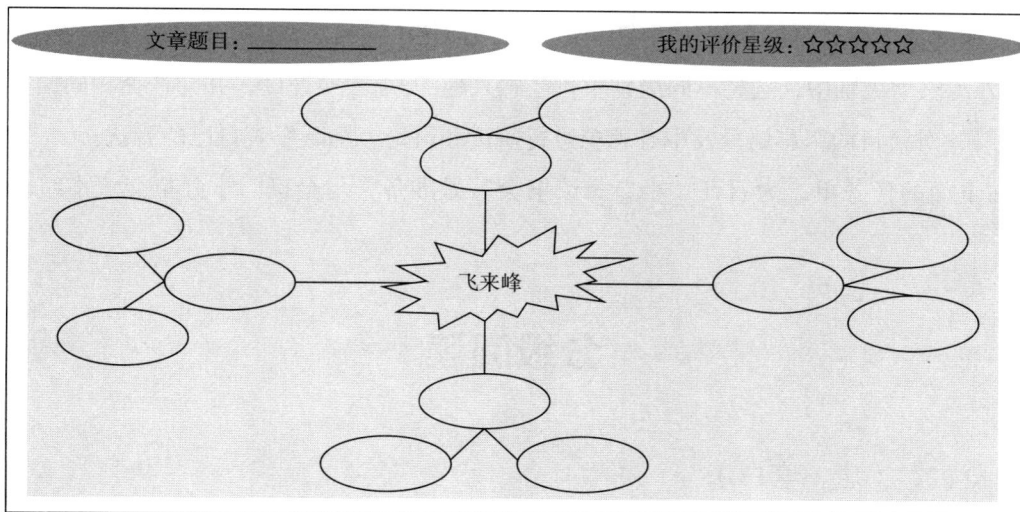

飞来峰

教师精评量表

评价方面	评价内容	评分	
		教师评分	自我评分
阅读情境（20分）	1. 学习单/故事地图/辩论会/课本剧按要求填表完成的情况（10分）		
	2. 完成学习单/故事地图/辩论会/课本剧任务要求的积极主动性（10分）		
阅读文本（40分）	1. 对字、词、句、段的理解情况（10分）		
	2. 对文中精彩字、词、句、段的鉴赏情况（10分）		
	3. 阅读速度达到规定要求的情况（10分）		
	4. 朗读参与情况与背诵完成情况（10分）		
阅读认知过程（40分）	1. 带着问题阅读或在阅读中提出问题的情况（10分）		
	2. 借助阅读工具搜索信息解决阅读疑难问题的情况（20分）		
	3. 参与教师提问及阅读交流的情况（10分）		
评价星级	90～100分：☆☆☆☆☆ 80～90分：☆☆☆☆ 70～80分：☆☆☆ 60～70分：☆☆ 60分以下：☆		

（二）小组选读

◇ 请快速浏览下面与"越文化"相关的6篇【分级阅读】篇目，借助工具书掌握陌生字词。

◇ 从A/B/C三个级别中，选择不同级别中自己感兴趣的2篇大声诵读，并与选择相同篇目的同学组成"专家组"，对篇目的精彩语段及中心思想进行研读和讨论，踊跃发表自己的看法。

◇ 填写下面的任务单，为召开"小专家读书会"做准备，与全班同学分享交流本组的观点和想法吧！

分级阅读

A1.《越中览古》（唐·李白）

> 越王勾践破吴归，义士还家尽锦衣。
> 宫女如花满春殿，只今惟有鹧鸪飞。

A2.《忆江南三首》（其二）（唐·白居易）

> 江南忆，最忆是杭州；山寺月中寻桂子，郡亭枕上看潮头。何日更重游！

B1.《宿桐庐江寄广陵旧游》（唐·孟浩然）

> 山暝闻猿愁，沧江急夜流。
> 风鸣两岸叶，月照一孤舟。
> 建德非吾土，维扬忆旧游。
> 还将两行泪，遥寄海西头。

B2.《绿》（朱自清）

我第二次到仙岩的时候，我惊诧于梅雨潭的绿了。

梅雨潭是一个瀑布潭。仙瀑有三个瀑布，梅雨瀑最低。走到山边，便听见花花花花的声音；抬起头，镶在两条湿湿的黑边儿里的，一带白而发亮的水便呈现于眼前了。

我们先到梅雨亭。梅雨亭正对着那条瀑布；坐在亭边，不必仰头，便可见它的全体了。亭下深深的便是梅雨潭。这个亭踞在突出的一角的岩石上，上下都空空儿的；仿佛一只苍鹰展着翼翅浮在天宇中一般。三面都是山，像半个环儿拥着；人如在井底了。这是一个秋季的薄阴的天气。微微的云在我们顶上流着；岩面与草丛都从润湿中透出几分油油的绿意。而瀑布也似乎分外的响了。那瀑布从上面冲下，仿佛已被扯成大小的几绺；不复是一幅整齐而平滑的布。岩上有许多棱角；瀑流经过时，作急剧的撞击，便飞花碎玉般乱溅着了。那溅着的水花，晶莹而多芒；远望去，像一朵朵小小的白梅，微雨似的纷纷落着。据说，这就是梅雨潭之所以得名了。但我觉得像杨花，格外确切些。轻风起来时，点点随风飘散，那更是杨花了。——这时偶然有几点送入我们温暖的怀里，便倏的钻了进去，再也寻它不着。

梅雨潭闪闪的绿色招引着我们；我们开始追捉她那离合的神光了。揪着草，攀着乱石，小心探身下去，又鞠躬过了一个石穹门，便到了汪汪一碧的潭边了。瀑布在襟袖之间；但我的心中已没有瀑布了。我的心随潭水的绿而摇荡。那醉人的绿呀，仿佛一张极大极大的荷叶铺着，满是奇异的绿呀。我想张开两臂抱住她；但这是怎样一个妄想呀。——站在水边，望到那面，居然觉着有些远呢！这平铺着，厚积着的绿，着实可爱。她松松的皱缬着，像少妇拖着的裙幅；她轻轻的摆弄着，像跳动的初恋的处女的心；她滑滑的明亮着，像涂了"明油"一般，有鸡蛋清那样软，那样嫩，令人想着所曾触过的最嫩的皮肤；她又不杂些儿尘滓，宛然一块温润的碧玉，只清清的一色——但你却看不透她！我曾见过北京什刹海拂地的绿杨，脱不了鹅黄的底子，似乎太淡了。我又曾见过杭州虎跑寺旁高峻而深密的"绿壁"，重叠着无穷的碧草与绿叶的，那又似乎太浓了。其余呢，西湖的波太明了，秦淮河的又太暗了。可爱的，我将什么来比拟你呢？我怎么比拟得出呢？大约潭是很深的、故能蕴蓄着这样奇异的绿；仿佛蔚蓝的天融了一块在里面似的，这才这般的鲜润呀。——那醉人的绿呀！我若能裁你以为带，我将赠给那轻盈的舞女；她必能临风飘举了。我若能挹你以为眼，我将赠给那善歌的盲妹；她必明眸善睐了。我舍不得你；我怎舍得你呢？我用手拍着你，抚摩着你，如同一个十二三岁的小姑娘。我又掬你入口，便是吻着她了。我送你一个名字，我从此叫你"女儿绿"，好么？

我第二次到仙岩的时候，我不禁惊诧于梅雨潭的绿了。

C1.《武陵春·风住尘香花已尽》（宋·李清照）

风住尘香花已尽，日晚倦梳头。物是人非事事休，欲语泪先流。

闻说双溪春尚好，也拟泛轻舟。只恐双溪舴艋舟，载不动许多愁。

C2.《观潮》（宋·周密）

浙江之潮，天下之伟观也。自既望以至十八日为最盛。方其远出海门，仅如银线；既而渐近，则玉城雪岭际天而来，大声如雷霆，震撼激射，吞天沃日，势极雄豪。杨诚斋诗云"海涌银为郭，江横玉系腰"者是也。

每岁京尹出浙江亭教阅水军，艨艟数百，分列两岸；既而尽奔腾分合五阵之势，并有乘骑弄旗标枪舞刀于水面者，如履平地。倏尔黄烟四起，人物略不相睹，水爆轰震，声如崩山。烟消波静，则一舸无迹，仅有"敌船"为火所焚，随波而逝。

吴儿善泅者数百，皆披发文身，手持十幅大彩旗，争先鼓勇，溯迎而上，出没于鲸波万仞中，腾身百变，而旗尾略不沾湿，以此夸能。

江干上下十余里间，珠翠罗绮溢目，车马塞途，饮食百物皆倍穹常时，而僦赁看幕，虽席地不容间也。

小专家读书会

篇目1：

我选取的文章题目及级别：_____（A级/B级/C级）　　我参加的专家组：_____　　我的评价星级：☆☆☆☆☆

读书会主题：

专家组成员及观点	我的发言	小组讨论纪要

我的收获与感悟：

篇目2：

我选取的文章题目及级别：_____（A级/B级/C级）　　我参加的专家组：_____　　我的评价星级：☆☆☆☆☆

读书会主题：

专家组成员及观点	我的发言	小组讨论纪要

我的收获与感悟：

⚙ 组内互评量表

评价方面	评价内容	评分	
		教师评分	自我评分
阅读情境（20分）	1. 专家组组织成立及分工合作情况（10分）		
	2. "小专家读书会"按要求填表及准备充分情况（10分）		
阅读文本（30分）	1. 选文级别情况（10分）（A级5分；B级3分；C级2分）		
	2. 选文研读，对字、词、句、段及文章中心思想的理解情况（10分）		
	3. 阅读速度达到规定要求的情况（10分）		
阅读认知过程（50分）	1. 在专家组研讨中提问与交流情况（10分）		
	2. 通过借助阅读工具搜索信息解决小组中阅读疑难问题的情况（10分）		
	3. 在专家组研讨中个人观点表达情况（20分）		
	4. 在"小专家读书会"中阅读讲解与汇报分享情况（10分）		
评价星级	90～100分：☆☆☆☆☆ 80～90分：☆☆☆☆ 70～80分：☆☆☆ 60～70分：☆☆ 60分以下：☆		

（三）主题自读

请根据自己的兴趣和爱好，从下面两个主题中选择一个感兴趣的主题进行阅读。结合主题提示，每2天完成一篇篇目的搜索、阅读和赏析。现在，让我们开始10天的"阅读打卡计划"吧！

◇ 略读任一主题下的2篇【推荐阅读】，理解篇目主要文意，揣摩该主题的含义。

◇ 搜索5篇与选择主题相关的篇目，可以包括古诗词、散文、诗歌、小说选段等多种体裁。

◇ 记录自己阅读古诗词及诗歌的方式，阅读篇幅较长的散文、小说选段等尽量保持在每分钟400字。

◇ 对阅读的篇目中的精彩语句、段落或是打动自己的内容及思想进行赏析。

◇ 将阅读速度、搜索过程、阅读记录、赏析要点等内容填写进"阅读打卡计划记录单"中。

🎓主题1　残霞夕照西湖好

杭州素有"人间天堂"的美誉，我们谈到杭州，就立刻会想到西湖，西湖三面环山，有孤山、白堤、苏堤、杨公堤、小瀛洲、湖心亭、阮公墩、雷峰塔、宝石山等景物，形成了"一山、二塔、三岛、三堤、五湖"的基本格局。唐代白居易告诉我们："未能抛得杭州去，一半勾留在此湖。"这因杭州的精髓不在城市，而在西湖。2011年，"杭州西湖文化景观"正式列入世界文化遗产名录。西湖到底有多美呢？让我们一起来欣赏诗人笔下的西湖，沉醉在西湖美景的碧波之中吧。

推荐阅读

1.《晓出净慈寺送林子方》（宋·杨万里）

> 毕竟西湖六月中，风光不与四时同。
>
> 接天莲叶无穷碧，映日荷花别样红。

2.《饮湖上，初晴后雨》（宋·苏轼）

> 水光潋滟晴方好，山色空濛雨亦奇。
>
> 欲把西湖比西子，淡妆浓抹总相宜。

主题2　俯首甘为孺子牛

绍兴的地气有着一种特殊的灵气，为什么这么说呢，因为这一个江南水乡孕育了无数位名人，有革命烈士，也有文坛大家，而鲁迅就是其中十分典型的一位。绍兴是一个古色古香的城市，大禹所遗留下来的精神使这个城市多了一份刚毅，一种特殊的力量。越文化就这样孕育产生了，而鲁迅也就在这样浓厚的文化底蕴下慢慢地成长起来，最终成为一代文坛巨匠。革命时期，鲁迅先生曾写下："横眉冷对千夫指，俯首甘为孺子牛"，这是鲁迅先生的志向和立场，今天，这也应该成为我们现代人的志向和立场。让我们带着对越文化的认知，一起走近鲁迅先生吧！

推荐阅读

1.《从百草园到三味书屋》（鲁迅）

我家的后面有一个很大的园，相传叫作百草园。现在是早已并屋子一起卖给朱文公的子孙了，连那最末次的相见也已经隔了七八年，其中似乎确凿只有一些野草；但那时却是我的乐园。

不必说碧绿的菜畦，光滑的石井栏，高大的皂荚树，紫红的桑葚；也不必说鸣蝉在树叶里长吟，肥胖的黄蜂伏在菜花上，轻捷的叫天子(云雀)忽然从草间直窜向云霄里去了。单是周围的短短的泥墙根一带，就有无限趣味。油蛉在这里低唱，蟋蟀们在这里弹琴。翻开断砖来，有时会遇见蜈蚣；还有斑蝥，倘若用手指按住它的脊梁，便会啪的一声，从后窍喷出一阵烟雾。何首乌藤和木莲藤缠络着，木莲有莲房一般的果实，何首乌有臃肿的根。有人说，何首乌根是有像人形的，吃了便可以成仙，我于是常常拔它起来，牵连不断地拔起来，也曾因此弄坏了泥墙，却从来没有见过有一块根像人样。如果不怕刺，还可以摘到覆盆子，像小珊瑚珠攒成的小球，又酸又甜，色味都比桑葚要好得远。

长的草里是不去的，因为相传这园里有一条很大的赤练蛇。

长妈妈曾经讲给我一个故事听：先前，有一个读书人住在古庙里用功，晚间，在院子里纳凉的时候，突然听到有人在叫他。答应着，四面看时，却见一个美女的脸露在墙头上，向他一笑，隐去了。他很高兴；但竟给那走来夜谈的老和尚识破了机关。说他脸上有些妖气，一定遇见"美女蛇"了；这是人首蛇身的怪物，能唤人名，倘一答应，夜间便要来吃这人的肉的。他自然吓得要死，而那老和尚却道无妨，给他一个小盒子，说只要放在枕边，便可高枕而卧。他虽然照样办，却总是睡不着，当然睡不着的。到半夜，果然来了，沙沙沙！门外像是风雨声，他正抖作一团时，却听得豁的一声，一道金光从枕边飞出，外面便什么声音也没有了，那金光也就飞回来，敛在盒子里。后来呢？后来，老和尚说，这是飞蜈蚣，它能吸蛇的脑髓，美女蛇就被它治死了。

结末的教训是：所以倘有陌生的声音叫你的名字，你万不可答应他。

这故事很使我觉得做人之险，夏夜乘凉，往往有些担心，不敢去看墙上，而且极想得到一盒老和尚那样的飞蜈蚣。走到百草园的草丛旁边时，也常常这样想。但直到现在，总还没有得到，但也没有遇见过赤练蛇和美女蛇。叫我名字的陌生声音自然是常有的，然而都不是美女蛇。

冬天的百草园比较的无味；雪一下，可就两样了。拍雪人(将自己的全形印在雪上)和塑雪罗汉。需要人们鉴赏，这是荒园，人迹罕至，所以不相宜，只好来捕鸟。薄薄的雪，是不行的；总须积雪盖了地面一两天，鸟雀们久已无处觅食的时候才好。扫开一块雪，露出地面，用一枝短棒支起一面大的竹筛来，下面撒些秕谷，棒上系一条长绳，人远远地牵着，看鸟雀下来啄食，走到竹筛底下的时候，将绳子一拉，便罩住了。但所得的是麻雀居多，也有白颊的"张飞鸟"，性子很躁，养不过夜的。

这是闰土的父亲所传授的方法，我却不大能用。明明见它们进去了，拉了绳，跑去一看，却什么都没有，费了半天力，捉住的不过三四只。闰土的父亲是小半天便能捕获几十只，装在叉袋里叫着撞着的。我曾经问他得失的缘由，他只静静地笑道：你太性急，来不及等它走到中间去。

我不知道为什么家里的人要将我送进书塾里去了，而且还是全城中称为最严厉的书塾。也许是因为拔何首乌毁了泥墙吧，也许是因为将砖头抛到间壁的梁家去了吧，也许是因为站在石井栏上跳了下来吧……都无从知道。总而言之：我将不能常到百草园了。Ade，我的蟋蟀们！Ade，我的覆盆子们和木莲们！

出门向东，不上半里，走过一道石桥，便是我的先生的家了。从一扇黑油的竹门进去，第三间是书房。中间挂着一块匾道：三味书屋；匾下面是一幅画，画着一只很肥大的梅花鹿伏在古树下。没有孔子牌位，我们便对着那匾和鹿行礼。第一次算是拜孔子，第二次算是拜先生。

第二次行礼时，先生便和蔼地在一旁答礼。他是一个高而瘦的老人，须发都花白了，还戴着大眼镜。我对他很恭敬，因为我早听到，他是本城中极方正，质朴，博学的人。

不知从哪里听来的，东方朔也很渊博，他认识一种虫，名曰"怪哉"，冤气所化，用酒一浇，就消释了。我很想详细地知道这故事，但阿长是不知道的，因为她毕竟不渊博。现在得到机会了，可以问先生。

"先生，'怪哉'这虫，是怎么一回事？……"我上了生书，将要退下来的时候，赶忙问。

"不知道！"他似乎很不高兴，脸上还有怒色了。

我才知道做学生是不应该问这些事的，只要读书，因为他是渊博的宿儒，决不至于不知道，所谓不知道者，乃是不愿意说。年纪比我大的人，往往如此，我遇见过好几回了。

我就只读书，正午习字，晚上对课。先生最初这几天对我很严厉，后来却好起来了，不过给我读的书渐渐加多，对课也渐渐地加上字去，从三言到五言，终于到七言。

三味书屋后面也有一个园，虽然小，但在那里也可以爬上花坛去折蜡梅花，在地上或桂花树上寻蝉蜕。最好的工作是捉了苍蝇喂蚂蚁，静悄悄地没有声音。然而同窗们到园里的太多，太久，可就不行了，先生在书房里便大叫起来：

"人都到哪里去了！"

人们便一个一个陆续走回去；一同回去，也不行的。他有一条戒尺，但是不常用，也有罚跪的规则，但也不常用，普通总不过瞪几眼，大声道："读书！"

于是大家放开喉咙读一阵书，真是人声鼎沸。有念"仁远乎哉我欲仁斯仁至矣"的，有念"笑人齿缺曰狗窦大开"的，有念"上九潜龙勿用"的，有念"厥土下上上错厥贡苞茅橘柚"的……先生自己也念书。后来，我们的声音便低下去，静下去了，只有他还大声朗读着：

"铁如意，指挥倜傥，一坐皆惊呢；金叵罗，颠倒淋漓噫，千杯未醉嗬……"

我疑心这是极好的文章，因为读到这里，他总是微笑起来，而且将头仰起，摇着，向后拗过去，拗过去。

先生读书入神的时候，于我们是很相宜的。有几个便用纸糊的盔甲套在指甲上做戏。我是画画儿，用一种叫作"荆川纸"的，蒙在小说的绣像上一个个描下来，像习字时候的影写一样。读的书多起来，画的画也多起来；书没有读成，画的成绩却不少了，最成片段的是《荡寇志》和《西游记》的绣像，都有一大本。后来，为要钱用，卖给一个有钱的同窗了。他的父亲是开锡箔店的；听说现在自己已经做了店主，而且快要升到绅士的地位了。这东西早已没有了吧。

2.《阿长与山海经》（鲁迅）

长妈妈，已经说过，是一个一向带领着我的女工，说得阔气一点，就是我的保姆。我的母亲和许多别的人都这样称呼她，似乎略带些客气的意思。只有祖母叫她阿长。我平时叫她"阿妈"，连"长"字也不带；但到憎恶她的时候，——例如知道了谋死我那隐鼠的却是她的时候，就叫她阿长。

我们那里没有姓长的；她生得黄胖而矮，"长"也不是形容词。又不是她的名字，记得她自己说过，她的名字是叫作什么姑娘的。什么姑娘，我现在已经忘却了，总之不是长姑娘；也终于不知道她姓什么。记得她也曾告诉过我这个名称的来历：先前的先前，我家有一个女工，身材生得很高大，这就是真阿长。后来她回去了，我那什么姑娘才来补她的缺，然而大家因为叫惯了，没有再改口，于是她从此也就成为长妈妈了。

虽然背地里说人长短不是好事情，但倘使要我说句真心话，我可只得说：我实在不大佩服她。最讨厌的是常喜欢切切察察，向人们低声絮说些什么事。还竖起第二个手指，在空中上下摇动，或者点着对手或自己的鼻尖。我的家里一有些小风波，不知怎的我总疑心和这"切切察察"有些关系。又不许我走动，拔一株草，翻一块石头，就说我顽皮，要告诉我的母亲去了。一到夏天，睡觉时她又伸开两脚两手，在床中间摆成一个"大"字，挤得我没有余地翻身，久睡在一角的席子上，又已经烤得那么热。推她呢，不动；叫她呢，也不闻。

"长妈妈生得那么胖，一定很怕热罢？晚上的睡相，怕不见得很好罢？……"

母亲听到我多回诉苦之后，曾经这样地问过她。我也知道这意思是要她多给我一些空席。她不开口。但到夜里，我热得醒来的时候，却仍然看见满床摆着一个"大"字，一条臂膊还搁在我的颈子上。我想，这实在是无法可想了。

但是她懂得许多规矩；这些规矩，也大概是我所不耐烦的。一年中最高兴的时节，自然要数除夕了。辞岁之后，从长辈得到压岁钱，红纸包着，放在枕边，只要过一宵，便可以随意使用。睡在枕上，看着红包，想到明天买来的小鼓、刀枪、泥人、糖菩萨……。然而她进来，又将一个福橘放在床头了。

"哥儿，你牢牢记住！"她极其郑重地说。"明天是正月初一，清早一睁开眼睛，第一句话就得对我说：'阿妈，恭喜恭喜！'记得么？你要记着，这是一年的运气的事情。不许说别的话！说过之后，还得吃一点福橘。"她又拿起那橘子来在我的眼前摇了两摇，"那么，一年到头，顺顺流流……。"

梦里也记得元旦的，第二天醒得特别早，一醒，就要坐起来。她却立刻伸出臂膊，一把将我按住。我惊异地看她时，只见她惶急地看着我。

她又有所要求似的，摇着我的肩。我忽而记得了——

"阿妈，恭喜……"

"恭喜恭喜！大家恭喜！真聪明！恭喜恭喜！"她于是十分欢喜似的，笑将起来，同时将一点冰冷的东西，塞在我的嘴里。我大吃一惊之后，也就忽而记得，这就是所谓福橘，元旦辟头的磨难，总算已经受完，可以下床玩耍去了。

她教给我的道理还很多，例如说人死了，不该说死掉，必须说"老掉了"；死了人，生了孩子的屋子里，不应该走进去；饭粒落在地上，必须拣起来，最好是吃下去；晒裤子用的竹竿底下，是万不可钻过去的……。此外，现在大抵忘却了，只有元旦的古怪仪式记得最清楚。总之：都是些烦琐之至，至今想起来还觉得非常麻烦的事情。

然而我有一时也对她发生过空前的敬意。她常常对我讲"长毛"。她之所谓"长毛"者，不但洪秀全军，似乎连后来一切土匪强盗都在内，但除却革命党，因为那时还没有。她说得长毛非常可怕，他们的话就听不懂。她说先前长毛进城的时候，我家全都逃到海边去了，只留一个门房和年老的煮饭老妈子看家。后来长毛果然进门来了，那老妈子便叫他们 "大王"，——据说对长毛就应该这样叫，——诉说自己的饥饿。长毛笑道："那么，这东西就给你吃了罢！"将一个圆圆的东西掷了过来，还带着一条小辫子，正是那门房的头。煮饭老妈子从此就骇破了胆，后来一提起，还是立刻面如土色，自己轻轻地拍着胸脯道："阿呀，骇死我了，骇死我了……。"

我那时似乎倒并不怕，因为我觉得这些事和我毫不相干的，我不是一个门房。但她大概也即觉到了，说道："像你似的小孩子，长毛也要掳的，掳去做小长毛。还有好看的姑娘，也要掳。"

"那么，你是不要紧的。"我以为她一定最安全了，既不做门房，又不是小孩子，也生得不好看，况且颈子上还有许多炙疮疤。

"哪里的话？！"她严肃地说。"我们就没有用处？我们也要被掳去。城外有兵来攻的时候，长毛就叫我们脱下裤子，一排一排地站在城墙上，外面的大炮就放不出来；再要放，就炸了！"

这实在是出于我意想之外的，不能不惊异。我一向只以为她满肚子是麻烦的礼节罢了，却不料她还有这样伟大的神力。从此对于她就有了特别的敬意，似乎实在深不可测；夜间的伸开手脚，占领全床，那当然是情有可原的了，倒应该我退让。

这种敬意，虽然也逐渐淡薄起来，但完全消失，大概是在知道她谋害了我的隐鼠之后。那时就极严重地诘问，而且当面叫她阿长。我想我又不真做小长毛，不去攻城，也不放炮，更不怕炮炸，我惧惮她什么呢！

但当我哀悼隐鼠，给它复仇的时候，一面又在渴慕着绘图的《山海经》了。这渴慕是从一个远房的叔祖惹起来的。他是一个胖胖的、和蔼的老人，爱种一点花木，如珠兰、茉莉之类，还有极其少见的，据说从北边带回去的马缨花。他的太太却正相反，什么也莫名其妙，曾将晒衣服的竹竿搁在珠兰的枝条上，枝折了，还要愤愤地咒骂道："死尸！"这老人是个寂寞者，因为无人可谈，就很爱和孩子们往来，有时简直称我们为"小友"。在我们聚族而居的宅子里，只有他书多，而且特别。制艺和试帖诗，自然也是有的；但我却只在他的书斋里，看见过陆玑的《毛诗草木鸟兽虫鱼疏》，还有许多名目很生的书籍。我那时最爱看的是《花镜》，上面有许多图。他说给我听，曾经有过一部绘图的《山海经》，画着人面的兽，九头的蛇，三脚的鸟，生着翅膀的人，没有头而以两乳当作眼睛的怪物，……可惜现在不知道放在哪里了。

很愿意看看这样的图画，但不好意思力逼他去寻找，他是很疏懒的。问别人呢，谁也不肯真实地回答我。压岁钱还有几百文，买罢，又没有好机会。有书买的大街离我家远得很，我一年中只能在正月间去玩一趟，那时候，两家书店都紧紧地关着门。

玩的时候倒是没有什么的，但一坐下，我就记得绘图的《山海经》。

大概是太过于念念不忘了，连阿长也来问《山海经》是怎么一回事。这是我向来没有和她说过的，我知道她并非学者，说了也无益；但既然来问，也就都对她说了。

过了十多天，或者一个月罢，我还记得，是她告假回家以后的四五天，她穿着新的蓝布衫回来了，一见面，就将一包书递给我，高兴地说道：——"哥儿，有画儿的'三哼经'，我给你买来了！"

我似乎遇着了一个霹雳，全体都震悚起来；赶紧去接过来，打开纸包，是四本小小的书，略略一翻，人面的兽，九头的蛇，……果然都在内。

又使我发生新的敬意了，别人不肯做，或不能做的事，她却能够做成功。她确有伟大的神力。谋害隐鼠的怨恨，从此完全消灭了。

这四本书，乃是我最初得到，最为心爱的宝书。

书的模样，到现在还在眼前。可是从还在眼前的模样来说，却是一部刻印都十分粗拙的本子。纸张很黄；图象也很坏，甚至于几乎全用直线凑合，连动物的眼睛也都是长方形的。但那是我最为心爱的宝书，看起来，确是人面的兽；九头的蛇；一脚的牛；袋子似的帝江；没有头而"以乳为目，以脐为口"，还要"执干戚而舞"的刑天。

此后我就更其搜集绘图的书，于是有了石印的《尔雅音图》和《毛诗品物图考》，又有了《点石斋丛画》和《诗画舫》。《山海经》也另买了一部石印的，每卷都有图赞，绿色的画，字是红的，比那木刻的精致得多了。这一部直到前年还在，是缩印的郝懿行疏。木刻的却已经记不清是什么时候失掉了。

我的保姆，长妈妈即阿长，辞了这人世，大概也有了三十年了罢。我终于不知道她的姓名，她的经历；仅知道有一个过继的儿子，她大约是青年守寡的孤孀。

仁厚黑暗的地母呵，愿在你怀里永安她的魂灵！

阅读打卡计划

打卡

| 1 | 2 | 3 | 4 | 5 | 6 | 7 | 8 | 9 | 10 | 11 | 12 | 13 | 14 | 15 |

姓名：＿＿＿＿＿
年/月：＿＿＿＿＿
节气：＿＿＿＿＿
主题：＿＿＿＿＿
我的评价星级：
☆☆☆☆☆

篇目1：	篇目2：	篇目3：	篇目4：	篇目5：
体裁：	体裁：	体裁：	体裁：	体裁：
阅读速度：	阅读速度：	阅读速度：	阅读速度：	阅读速度：
篇目搜索过程：	篇目搜索过程：	篇目搜索过程：	篇目搜索过程：	篇目搜索过程：
篇目阅读过程：	篇目阅读过程：	篇目阅读过程：	篇目阅读过程：	篇目阅读过程：
篇目赏析：	篇目赏析：	篇目赏析：	篇目赏析：	篇目赏析：

🖊 学生自评量表

评价方面	评价内容	评分	
		教师评分	自我评分
阅读情境 （30分）	1. 连续坚持每天阅读打卡的情况（10分）		
	2. 合理制定阅读计划并严格、自律地按照阅读计划执行的情况（10分）		
	3. 按要求完成每个篇目"找篇目—读篇目—赏篇目"步骤的情况（10分）		
阅读文本 （30分）	1. 查找的篇目与阅读主题相吻合的情况（10分）		
	2. 阅读方式的选择及阅读速度的达成情况（10分）		
	3. 对篇目的理解与鉴赏情况（10分）		
阅读认知过程 （40分）	1. 对阅读主题的理解情况（10分）		
	2. 独立、灵活地使用搜索工具查找篇目的情况（10分）		
	3. 对搜索信息进行归纳总结及分析处理的情况（10分）		
	4. 形成积极阅读和自主阅读习惯的情况（10分）		
评价星级	90～100分：☆☆☆☆☆ 80～90分：☆☆☆☆ 70～80分：☆☆☆ 60～70分：☆☆ 60分以下：☆		

📚 书籍推荐

书目1：《G20的杭州故事》（浙江教育出版社）

书目2：《陶庵梦忆·西湖梦寻》(明·张岱，中州古籍出版社)

悦 读 者 思 维

2016年9月，G20峰会在中国杭州举行，这是一次齐聚了全球数十位最有权势领袖的巅峰会议。G20峰会是什么呢？G20此前的举办地都是华盛顿、伦敦、多伦多、圣彼得堡这样的国际城市，这次为何会选择杭州？

我是这样想的：	我还可以这样想：

第二十章

豫园奇秀甲江南
——海派文化

　　"两千年历史看西安，一千年历史看北京，一百年历史看上海。"近代上海在短短一百年的时间迅速崛起，在中国城市发展史上可谓是一奇迹。文化是城市的生命，城市有了文化就有了生命，海派文化就是上海勃勃生气和活力的源泉。上海的文化被称为"海派文化"，是对欧美文化的借鉴。海派文化是吴越文化与西洋文化的融合，它既有吴越文化的古典与雅致，又有国际大都市的现代与时尚，区别于中国其他文化，具有开放而又自成一体的独特风格。

　　海派文化植根于中华传统文化基础上，融汇吴越文化等中国其他地域文化的精华，吸纳一些西方的文化因素，创立了新的富有自己独特个性的文化，其特点是：吸纳百川，善于扬弃，追求卓越，勇于创新。海派文化的基本特征是具有开放性，创造性，扬弃性和多元性。熔铸中西，为我所用，化腐朽为神奇，创风气之先，不闭关自守，不固步自封，不拒绝先进，不排斥时尚，富有创新精神，洋溢着创造的活力，这些都是海派文化呈现给我们的形象。

　　上海文化在外来文明和中国传统文明之间，在精英文化和通俗文化之间呈现出开放的姿态，敢于打破成规，锐意革新，广采博纳，"海纳百川，兼容并蓄"成为海派文化的精髓，让我们一起走进这片传统与现代融合的土地吧！

（一）课堂精读

1.《别云间》（明·夏完淳）

　　《别云间》是明代少年抗清英雄、诗人夏完淳创作的一首五言律诗。此诗起笔叙艰苦卓绝的飘零生涯，承笔发故土沦丧、山河破碎之悲愤慨叹，转笔抒眷念故土、怀恋亲人之深情，结笔盟誓志恢复之决心。既表达了此去誓死不屈的决心，又对行将永别的故乡流露出无限的依恋和深切的感叹。全诗思路流畅清晰，感情跌宕豪壮。格调慷慨豪壮，读来令人荡气回肠。

别云间

（明·夏完淳）

三年羁旅客，今日又南冠。

无限山河泪，谁言天地宽？

已知泉路近，欲别故乡难。

毅魄归来日，灵旗空际看。

诵读 思考

问题1：请查阅工具书掌握下列难点字词的意思：

（1）云间 （2）羁旅 （3）南冠 （4）泉路 （5）毅魄 （6）灵旗

问题2：找出诗中表现国家沦陷的句子并解释其意思。

问题3："已知泉路近，欲别故乡难"，难在何处？

问题4：这首诗和文天祥的《过零丁洋》写作背景相同，都是诗人在被押解途中所作，两首诗在思想感情上有何异同？请你简要分析。

问题5："毅魄归来日，灵旗空际看"，表达了诗人怎样的决心？

思维 导图

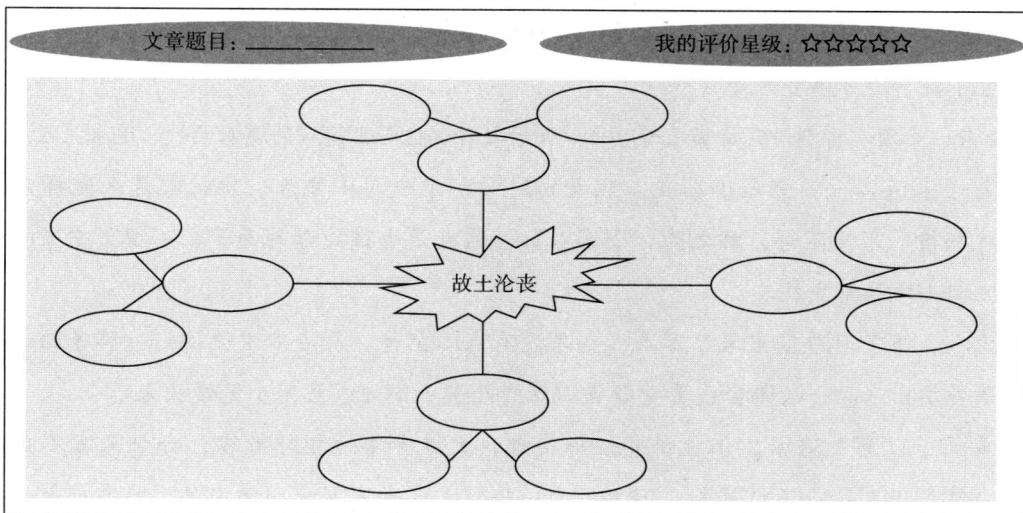

2.《礼在上海》（程乃珊）

《礼在上海》是上海作家程乃珊的作品，程乃珊的许多作品取材于她所熟悉的生活领域，善于通过日常琐事和生活细节的描绘，折射出上海滩上的人情风俗和社会心理。《礼在上海》讲了上海人的待客之礼，从细致的礼仪中，仿佛也能看到上海人的海派天性，看到他们追求生活质量的一面。

礼在上海
（程乃珊）

上海人待客，热情周全。自己平时再节俭，待客却一点儿也不肯马虎。这份南方人少有的豪爽，就叫海派。

只要日子过得去，上海百姓人家总常储备一些待客的糖果干点之类。这些食品，连小孩子都知道是请客人的，绝对碰不得，但可以在招待客人时尝一点。今日说的清茶一杯待客，对老派上海人来讲，是十分不满足的。有客来，清茶一杯之外，怎么着都要装一只盆子出来。记得小时候父母时常会买斤把什锦糖回来，先将那有漂亮玻璃纸、锡纸包的拣出来另外放开，余下的就"赐"给我和哥哥。那拣出来的，就为着装盆子以备待客的不时之需。所谓装盆子，是一种礼待，糖果瓜子之类直接放在桌面上是不礼貌的，也显得很不卫生。上海人家怎么着都会有几只高脚玻璃果盘以待客装盆子用。

老上海人不大会如今日上海人那样开口就问对方企业公司待遇如何？工钿多少？奖金多少……

老上海人还是比较含蓄的。但八卦心理、对他人隐私有兴趣的毛病总是有的。于是，做客时看人家待客盆子的内容，多少可从中估摸一二，满足一下好奇心。因为旧时电话不普及，串门做客大多没有预约，临时着忙突然袭击的，这样摸到的情况就是十分本色真实了。

"唷，罗师母的先生大概蛮赚得动的。那日临时去她屋里厢，照样端出两只盆子，一只糖果一只鸭肫肝，一甜一咸。那点糖果考究来，全部是伟多利的货色……"

"我看现在黄家日脚也不如从前，紧多了。上礼拜去看看黄师母，端出的一盆糖，糖纸都粘牢剥也剥不开，也不晓得放了多少辰光了……"

正因为如此，上海人特别讲究待客之道。当然面子之外，也与上海人的海派天性、追求生活质量有关。

即使小孩子来做客——邻居小朋友、儿女的同学、亲戚的小辈来，哪怕就是来送样东西带个口讯，都要以礼相待，怠慢不得，称之为"小客人"。这也是小孩父母的面子，不留下吃点心，也要带几粒糖果花生回去才算不失礼。

老派上海人，下午时分家里来了客人，如果没有点心招待，那会心里懊恼好一阵子的，哪怕临时卧两只糖水蒲蛋端出来。一般都会去弄堂口点心摊叫几碗小馄饨或几笼小笼馒头来。

上海人要面子、脾气海派，但也讲究经济实惠，太过奢华地招呼待客，会令来客不自在（豪门公馆人家，自然另当别论。不过据知，旧上海豪门公馆也未必家家朱门酒肉臭，日常也是过得普普通通），反而彼此显得生分了。

上海人家待客之道是很考验当家人持家水平的。一般平实人家，桂花飘香时会自制糖桂花封好，待日后在赤豆汤、糖芋艿里调味用。过冬的年糕切好片晒成年糕干，百合也剥好晒成百合干，柠檬上市时切成片用糖水渍好封好。如是一年四季都可以有炒年糕和百合汤、柠檬红茶作待客之用。

老上海人精于核算。也没有办法，在如此高消费城市，世道又不宁，大家都捏紧着铜钿打算着过日子，故而从前老上海人家不如今日上海人，动辄上餐馆。再说那时餐馆也不如现今这么遍布，有品牌的餐馆更少，除非喜庆婚寿，上海人一般是在家里宴请。

所以上海人家几乎家家都会有只圆台面，闲时折叠成半月形倚在晒台上楼梯转角处，一旦要宴请，就被请出来。旧上海居家很少有专门餐厅，一只圆台面一展开，整间房被占得铺铺满满转身不得，待女主人全套陪嫁碗碟给摆出来，再老酒壶当桌一放，喜气自然来了。在家里宴客，忙是忙，但经济得多。更主要是，老派人家喜欢不时请次客闹猛闹猛，相信集会的旺盛人气会给家里带来好运。这其实犹如今天开Party，图个开心好气氛，但菜肴比今日Party要考究得多，只是火灼滚烫现炒好端上桌，不似现今Party除了可乐就是花生米和土豆片。

人说，主雅客来勤。家里有一位能干的主妇，相对总是宾客走动得会多一点。能干的上海主妇凭借着房门口一只煤球炉，照样可以烧出一桌合乎规格的四冷盘八热炒的酒席。

家宴之外，留饭也是老上海人家普遍的待客之道。吃饭时光让客人空着肚子离开是十分让主人不安的，所以一定要留饭。说是便饭，北方人叫"蹭饭"或嚓一餐，上海人则称为"留饭""便饭"，前者很带点被动，有点死皮赖脸（可能我不懂北方方言），而"留饭"，则是十分主动，很有邀留、款待的盛情。确实，留饭是构成海派之礼的基本内容，也是一种最轻松悠闲的百姓社交。一般客人都心领了主人的诚意，但大多还是告辞的。除了实在相熟或者真觉得意犹未尽，谈锋正健，主人一再苦留，一片诚意不是虚留，也就恭敬不如从命了。

说是便饭，其实留的饭，总起码有四菜一汤的：临时炒只蛋，蒸点腊肉香肠，或去弄堂口熟食店斩一碟叉烧或酱鸭，再拷点老酒，还是蛮像样的。

"小菜没啥，饭要吃饱！"

这是老派上海人劝客的常用词。

今日上海人吃饭，其实是吃菜，饭只是象征性地扒几口。旧时上海人，一直视"饭"为十分重要金贵的，连"生计"都称为"吃饭"。小孩更是被从小教育为不可剩饭碗头（碗里饭吃剩），饭要扒吃干净，否则是"罪过"。上海人对"饭"，一直有种尊敬和珍惜。所以，每每为客人盛饭，总要盛得铺铺满满冒尖，还要压一压再盛，这种样子给今天的小白领们见到要笑了：简直是，像吃好了去卖拳头一样。但对上海百姓，那是一种真心好客的表现，希望客人吃得饱饱的离开这里。

上海人海派表现，许多人仅理解为洋腔洋调，其实，上海人有其十分豪爽坦诚的土气，特别在待客上，那是一种如泥土般温暖的土气。

主人，特别是主人家的老人，会频频往客人碗里夹菜，完了还要故意连菜往饭里戳几下，意在菜已到你碗里，可要全部吃光。真正老上海饭桌上，可以讲，全然没有那种拿腔拿调的餐桌礼仪，只是满桌的盛情和好客之风。当然，在宴席上，就是另外一回事了。

说是家里饭桌上没有礼仪，但有的地方也十分讲究：小孩子一定要等大人夹菜，切不可横空越过桌面去那头夹菜；家里最年长的必朝南坐，有重要的客人时小孩子都不能上桌，怕失礼于人。先用完的要用筷子连连向同桌其他人打招呼："慢用，慢用……"其他人则答："用饱，用饱……"

上海人留饭，主要在一份情，而不在菜肴的多少。

俗话"天雨留客"，如吃饭时分外面突降滂沱大雨或突发啥意外情况，那此时更要苦留客人，哪怕临时炒一碗蛋炒饭、泡一碗紫菜虾米汤，或者简单一碗菜汤面，大家都不虚礼了，实实惠惠留下来吃饱肚子，待雨过天晴，告辞谢退，主客双方交情，就此又深了一层。所谓交情，就是这样点点滴滴汇聚而成。

因为素有留饭习俗，一般上海百姓人家，只要日子过得去，总常储有一点儿腊肠、咸肉、虾米、鳗鲞、咸鱼等腌腊及罐头以待要紧要慢之用。后来随着粮食、副食品都要计划供应，这留饭的习俗才渐渐疏淡了，但客套上仍要虚留一下："小菜没有，阿要饭吃了去？"

对方当然也明主人苦衷，那样的年月，除非是有侨汇票或是资本家人家，留饭的礼待几已没有了。现在食品供应丰富，家居也宽敞，有专门餐厅，上海人吃得营养过剩，怕高血压、怕高血糖、怕超体重，从本帮菜吃到潮州菜，法国菜到阿拉伯菜，就是很少再能享受到"留饭"的乐趣，无论是主人还是宾客。

"留饭"，即为便饭，其中不但有情义，也有口舌之福。俗话说：隔灶头饭香。再讲，能留下便饭，即意味着你可是在他人家庭暂成一员，共同进餐，那是一种即兴的非计划内的行为，但一样被另外一个家庭欣然接纳，一起参与。这份交情，既是油盐酱醋炒出来的，更是多次投机的交谈甚至争执所蒸焙而成的，远非觥筹交错的豪筵所能造就的。便饭由串门而起，串门是为了沟通，因为弥笃才会留下来吃饭继续沟通，那份情义，已在吃饭之外了。好多好多年后，宾客彼此都会忆起那弥漫在便饭际的恬淡和温馨。

今天上海人厨房比以往的亭子间都小不了多少，一应设施齐整全。但是，少了那些挂在窗栏上的火腿、咸肉、风鸡，少了那份黔淡的油腥，我们的厨房就显得太干净、太科学，如实验室般少了人间的烟火味。

现今新生代上海人多为"模范家庭"（无饭家庭），三餐都在外面解决，留饭都留在外面餐馆去了。如是，将那份欢乐人气都留在家门外了。就是雨天留客，也只好用方便面、微波食品来便饭。究其原因，都归罪于现代生活节奏快捷。其实，现今女孩子走不进厨房拿不起锅铲，是最主要原因。还有，二代同堂家庭结构的解体，都是造成"模范家庭"的原因。

现代人生活忙碌，没有了阿娘、阿奶、忠心的老保姆的帮忙，已无暇为一位突然造访的友人准备一餐便饭，但我们忘记了，在厨房忙碌为友人准备一顿便饭，原是生活情趣的一部分；最开心的回味无穷的饭局，往往不是在酒家，而是那个雪夜，在友人家一餐临时凑成的便饭桌。

如同滚动向前的列车车轮，不会因为路基一丛摇曳的野菊花或葱郁小草而停止滚动，今天必会变成昨天，昨天必会凝成历史，我们唯有依依向它们告别，我们不必徒劳地留住昨天，但我们要懂得昨天。

诵读 思考

问题1：上海的待客之礼都有哪些？

问题2：从哪些待客之礼中能够看出上海人要面子的海派脾气？

问题3：上海的"留饭习俗"是怎样的？他们会为客人留饭做哪些准备？

问题4：老上海人和现今新生代上海人在待客之礼上有何不同？

问题5：上海是一个因租界而繁荣的现代都市，租界文化对上海市民性格的影响是深远的。通过查阅资料，说一说租界文化的形态和特征，并分析这种文化样态对上海市民性格的影响。

课本剧

请从《礼在上海》中选取一个片段，充分发挥自己的想象力，排演成小剧，展示给同学们吧！

文章题目：_____
课本剧名称：_____
我的评价星级：☆☆☆☆☆

小组角色分工：   小组成员评价星级：
☆☆☆☆☆
☆☆☆☆☆
☆☆☆☆☆
☆☆☆☆☆

故事情节逻辑图

角色对白
_____
_____
_____

服装道具

演出剧照

教师精评量表

评价方面	评价内容	评分	
		教师评分	自我评分
阅读情境（20分）	1. 学习单/故事地图/辩论会/课本剧按要求填表完成的情况（10分）		
	2. 完成学习单/故事地图/辩论会/课本剧任务要求的积极主动性（10分）		
阅读文本（40分）	1. 对字、词、句、段的理解情况（10分）		
	2. 对文中精彩字、词、句、段的鉴赏情况（10分）		
	3. 阅读速度达到规定要求的情况（10分）		
	4. 朗读参与情况与背诵完成情况（10分）		
阅读认知过程（40分）	1. 带着问题阅读或在阅读中提出问题的情况（10分）		
	2. 借助阅读工具搜索信息解决阅读疑难问题的情况（20分）		
	3. 参与教师提问及阅读交流的情况（10分）		
评价星级	90~100分：☆☆☆☆☆		
	80~90分：☆☆☆☆		
	70~80分：☆☆☆		
	60~70分：☆☆		
	60分以下：☆		

（二）小组选读

❖ 请快速浏览下面与"海派文化"相关的6篇【分级阅读】篇目，借助工具书掌握陌生字词。

❖ 从A/B/C三个级别中，选择不同级别中自己感兴趣的2篇大声诵读，并与选择相同篇目的同学组成"专家组"，对篇目的精彩语段及中心思想进行研读和讨论，踊跃发表自己的看法。

❖ 填写下面的任务单，为召开"小专家读书会"做准备，与全班同学分享交流本组的观点和想法吧！

分级阅读

A1.《上海人》（余秋雨）

近代以来，上海人一直是中国一个非常特殊的群落。上海的古迹没有多少好看的，到上海旅行，领受最深的便是熙熙攘攘的上海人。他们有许多心照不宣的生活秩序和内心规范，形成了一整套心理文化方式，说得响亮一点，可以称之为"上海文明"。一个外地人到上海，不管在公共汽车上，在商店里，还是在街道间，很快就会被辨认出来，主要不是由于外貌和语言，而是这种上海文明。

同样，几个上海人到外地去，往往也显得十分触目，即使他们并不一定讲上海话。

一来二去，外地人恼怒了。几乎全国各地，对上海人都没有太好的评价。精明、骄傲、会盘算、能说会道、自由散漫、不厚道、排外、瞧不大起领导、缺少政治热情、没有集体观念、对人冷淡、吝啬、自私、赶时髦、浮滑、好标新立异、琐碎，世俗气……如此等等，加在一起，就是外地人心目中的上海人。

全国有点离不开上海人，又都讨厌着上海人。各地文化科研部门往往缺不了上海人，上海的轻工业产品用起来也不错，上海向国家上缴的资金也极为可观，可是交朋友却千万不要去交上海人。上海人出手不大方，宴会桌上喝不了几杯酒，与他们洽谈点什么却要多动几分脑筋，到他们家去住更是要命，既拥挤不堪又处处讲究。这样的朋友如何交得？

这些年，外地人富起来了，上海人精明到头还是十分穷困。这很让人泄气。去年有一天，在上海的一辆电车上，一个外地人碰碰撞撞干扰了一位上海妇女，像平时每天发生的一样，上海妇女皱一下眉，轻轻嘟囔一句："外地人！"这位外地人一触即发，把历来在上海所受的怨气全都倾泄出来了："我外地人怎么了？要比钱吗？我估量你的存款抵不上我的一个零头；要比文化吗？我的两个儿子都是大学毕业生！"是啊，上海人还有什么可骄傲的呢？听他讲罢，全车的上海人都发出酸涩的笑声。

上海人可以被骂的由头比上面所说的还要多得多。比如，不止一个扰乱了全国的政治恶棍是从上海发迹的，你上海还有什么话说？不太关心政治的上海人便惶惶然不再言语，偶尔只在私底下嘀咕一声："他们哪是上海人？都是外地来的！"但是，究竟有多少地地道道的上海人？真正地道的上海人就是上海郊区的农民，而上海人又瞧不起"乡下人"。

于是，上海人陷入了一种无法自拔的尴尬。这种尴尬远不是自今日起。依我看，上海人始终是中国近代史开始以来最尴尬的一群。

剖视上海人的尴尬，是当代中国文化研究的一个沉重课题。荣格说，文化赋予了一切社会命题以人格意义。透过上海人的文化心理人格，我们或许能看到一些属于全民族的历史课题。

我们这个民族，遇到过的事情太多了，究竟是一种什么契机，撞击出了上海文明？它已紧缠着我们走了好一程，会不会继续连结着我们今后的路程？

上海前些年在徐家汇附近造了一家豪华的国际宾馆，叫华亭宾馆，这个名字起得不错，因为上海古名华亭。明代弘治年间的《上海县志》称：

"上海县旧名华亭，在宋时，番商辐辏，乃以镇名，市舶提举司及榷货场在焉。元至元二十九年，以民物繁庶，始割华亭东北五乡，立县于镇，隶松江府，其名上海者，地居海之上洋也。"

因此，早期的上海人也就是华亭人。但是，这与我们所说的上海文明基本不相干。我认为上海文明的肇始者，是明代进士徐光启，他可算第一个严格意义上的上海人。他的墓，离华亭宾馆很近。两相对应，首尾提挈，概括着无形的上海文明。

A2.《中国游记之上海游记》（节选）（芥川龙之介）

刚刚跨出码头，我们便被几十个黄包车夫团团围住了。这里的"我们"指的是大阪"每日新闻"社的村田君、友住君、"国际通讯"社的琼斯君和我四个人。其实，提起"黄包车夫"这个词，我们日本人脑海中首先想到的绝不是一个脏兮兮的样子，他们精力旺盛，劲头十足，使人产生了一种想要回到江户时代的心情。可是中国的黄包车夫，如果把他们说成是"肮脏"的代名词，这一点都不过分。一眼扫去，无一例外的相貌丑陋。这一群人前后左右把我们围了个水泄不通，一个个丑陋的脑袋高喊着一起向我们伸了过来。一个刚刚上岸的日本妇女感到很害怕，我也难免有些胆怯。当他们之中的一人拉住我的衣袖时，我只好躲到人高马大的琼斯君后面去。

我们冲出黄包车夫的重围以后，上了一辆马车。但车刚刚起步，那匹拉车的马就冒冒失失地撞到街角的墙上。马车夫是一个很年轻的中国人，他看上去很生气，用鞭子"噼噼"地狠狠抽那匹马。马便把鼻子紧贴在墙上，屁股乱撅乱跳。毫无疑问，此时的马车有翻车的危险。就在僵持之间，马路上已经围上来了一大圈人。看来，在上海要是没有豁出性命的准备，是不可以随便坐马车的。

这时，马车又开始走了，来到了架着铁桥的河边。河里密密麻麻地停满了中国的泊船，连水面都看不清楚了。一条轨道沿河而修，几辆绿色的电车，在轨道上滑来滑去。环望四周的建筑，发现都是一些三四层高的红砖房。柏油马路上，西洋人和中国人都在急匆匆地赶路。但是，这些来自世界各地的旅客，在看到头缠红布带的印度警察的手势指挥后，便都规规矩矩的给马车让路了。在交通管理上，如此严密周到，虽然我很想偏袒一下我的祖国，但这种有条不紊绝非日本的东京、大阪等大都市所能看到的。刚才因为黄包车夫和马车而稍生恐惧的我，看到此番景象心情也渐渐地由阴转晴了。

没过多久，马车就停在了一家名为"东亚洋行"的旅馆门前，这就是昔日金玉均被人暗杀的地方。村田君先下了车，给了马车夫几文钱。可是马车夫却迟迟不肯缩回那只已经拿了钱的手，看样子是嫌钱少。不仅如此，马车夫还如连珠炮似的说个不停，一直说得口沫横飞。村田君假装没看到，"噌噌"两步登上台阶，快步向旅馆的大门方向走去，琼斯君和友住君两人也完全不理睬马车夫的滔滔不绝。此时的我却对那个中国人突然暗生了一丝同情之心。但转念一想，在上海，这或许是大家常见的做法，我便也赶紧跟其后迈进了旅馆的大门。我再次回头的时候，发现马车夫已经心平气和地坐在驾驶座上了，就好像什么事情都没有发生过一样。我心里想："既然如此，刚才有什么必要那样大声嚷嚷呢。"

我们被领到一间光线昏暗但装修却很华丽，甚至有点儿古怪的会客室里。看到这个房间的格局，我才明白金玉均为何会在此地被暗杀。别说刺客专门为他而来，在此处就是莫名地被随时从窗外飞进的枪弹击中也是不足为奇的。此时，身着西装的旅馆老板趿着拖鞋"吧嗒吧嗒"地向我们急匆匆走来。他说："真不巧，除了进门的那个房间，已经没有其他空的房间了。"我们去那个房间看了一下，也不知道为什么，里面只有两张床，四周被煤熏得黑乎乎的，窗帘也陈旧了不少，连一把像样的椅子也没有。大概是这位身材剽悍的老板认为，把芥川龙之介安排在这儿的房间里，万一被什么人暗杀，自己就得不偿失了，所以故意想法把我们搪塞走吧。总之，就这么一间空着的屋子，我觉得除了金玉均的幽灵，谁也无法安心住下来。于是我和其他三个人商量了一下，只好去离这儿不远的万岁馆住下。听村田君说，安排我们住这家旅馆，好像是大阪总社泽村君的意见，现在只好辜负泽村君的一片好意了。

B1.《赠邬其山》（鲁迅）

廿年居上海，每日见中华：

有病不求药，无聊才读书。

一阔脸就变，所砍头渐多。

忽而又下野，南无阿弥陀。

B2.《旧上海》（丰子恺）

所谓旧上海，是指抗日战争以前的上海。那时上海除闸北和南市之外，都是租界。洋泾浜（爱多亚路，即今延安路）以北是英租界，以南是法租界，虹口一带是日租界。租界上有好几路电车，都是外国人办的。中国人办的只有南市一路，绕城墙走，叫做华商电车。租界上乘电车，要懂得窍门，否则就被弄得莫名其妙。卖票人要揩油，其方法是这样：

譬如你要乘五站路，上车时给卖票人五分钱，他收了钱，暂时不给你票。等到过了两站，才给你一张三分的票，关照你："第三站上车！"初次乘电车的人就莫名其妙，心想：我明明是第一站上车的，你怎么说我第三站上车？原来他已经揩了两分钱的油。如果你向他论理，他就堂皇地说："大家是中国人，不要让利权外溢呀！"他用此法揩油，眼睛不绝地望着车窗外，看有无查票人上来。因为一经查出，一分钱要罚一百分。他们称查票人为"赤佬"。赤佬也是中国人，但是忠于洋商的。他查出一卖票人揩油，立刻记录了他帽子上的号码，回厂去扣他的工资。有一乡亲初次到上海，有一天我陪她乘电车，买五分钱票子，只给两分钱的。正好一个赤佬上车，问这乡亲哪里上车的，她直说出来，卖票人向她眨眼睛。她又说："你在眨眼睛！"赤佬听见了，就抄了卖票人帽上的号码。

那时候上海没有三轮车，只有黄包车。黄包车只能坐一人，由车夫拉着步行，和从前的抬轿相似。黄包车有"大英照会"和"小照会"两种。小照会的只能在中国地界行走，不得进租界。大英照会的则可在全上海自由通行。这种工人实在是最苦的。因为略犯交通规则，就要吃路警殴打。英租界的路警都是印度人，红布包头，人都喊他们"红头阿三"。法租界的都是安南人，头戴笠子。这些都是黄包车夫的对头，常常给黄包车夫吃"外国火腿"和"五枝雪茄烟"，就是踢一脚，一个耳光。外国人喝醉了酒开汽车，横冲直撞，不顾一切。最吃苦的是黄包车夫。因为他负担重，不易趋避，往往被汽车撞倒。我曾亲眼看见过外国人汽车撞杀黄包车夫，从此不敢在租界上坐黄包车。

旧上海社会生活之险恶，是到处闻名的。我没有到过上海之前，就听人说：上海"打呵欠割舌头"。就是说，你张开嘴巴来打个呵欠，舌头就被人割去。这是极言社会上坏人之多，非万分提高警惕不可。我曾经听人说：有一人在马路上走，看见一个三四岁的孩子跌了一交，没人照管，哇哇地哭。此人良心很好，连忙扶他起来，替他揩眼泪，问他家在哪里，想送他回去。忽然一个女人走来，搂住孩子，在他手上一摸，说："你的金百锁哪里去了！"就拉住那人，咬定是他偷的，定要他赔偿。……是否真有此事，不得而知。总之，人心之险恶可想而知。

扒手是上海的名产。电车中，马路上，到处可以看到"谨防扒手"的标语。住在乡下的人大意惯了，初到上海，往往被扒。我也有一次几乎被扒：我带了两个孩子，在霞飞路阿尔培路口（即今淮海中路陕西南路口）等电车，先向烟纸店兑一块钱，钱包里有一叠钞票露了白。电车到了，我把两个孩子先推上车，自己跟着上去，忽觉一只手伸入了我的衣袋里。我用手臂夹住这只手，那人就被我拖上车子。我连忙向车子里面走，坐了下来，不敢回头去看。电车一到站，此人立刻下车，我偷眼一看，但见其人满脸横肉，迅速地挤入人丛中，不见了。我这种对付办法，是老上海的人教我的：你碰到扒手，但求避免损失，切不可注意看他。否则，他以为你要捉他，定要请你"吃生活"，即跟住你，把你打一顿，或请你吃一刀。

我住在上海多年，只受过这一次虚惊，不曾损失。有一次，和一朋友坐黄包车在南京路上走，忽然弄堂里走出一个人来，把这朋友的铜盆帽抢走。这朋友喊停车捉贼，那贼早已不知去向了。这顶帽子是新买的，值好几块钱呢。又有一次，冬天，一个朋友从乡下出来，寄住在我们学校里。有一天晚上，他看戏回来，身上的皮袍子和丝绵袄都没有了，冻得要死。这叫做"剥猪猡"。那抢帽子叫做"抛顶宫"。

妓女是上海的又一名产。我不曾嫖过妓女，详情全然不知，但听说妓女有"长三"、"幺二"、"野鸡"等类。长三是高等的，野鸡是下等的。她们都集中在四马路一带。门口挂着玻璃灯，上面写着"林黛玉"、"薛宝钗"等字。野鸡则由鸨母伴着，到马路上来拉客。

四马路西藏路一带，傍晚时光，野鸡成群而出，站在马路旁边，物色行人。她们拉住了一个客人，拉进门去，定要他住宿；如果客人不肯住，只要摸出一块钱来送她，她就放你。这叫做"两脚进门，一块出袋"。

我想见识见识，有一天傍晚约了三四个朋友，成群结队，走到西藏路口，但见那些野鸡，油头粉面，奇装异服，向人撒娇卖俏，竟是一群魑魅魍魉，教人害怕。然而竟有那些逐臭之夫，愿意被拉进去度夜。这叫做"打野鸡"。有一次，我在四马路上走，耳边听见轻轻的声音："阿拉姑娘自家身体，自家房子……"回头一看，是一个男子。我快步逃避，他也不追赶。据说这种男子叫做"王八"，是替妓女服务的，但不知是哪一种妓女。总之，四马路是妓女的世界。洁身自好的人，最好不要去。但到四马路青莲阁去吃茶看妓女，倒是安全的。

她们都有老鸨伴着，走上楼来，看见有女客陪着吃茶的，白她一眼，表示醋意；看见单身男子坐着吃茶，就去奉陪，同他说长道短，目的是拉生意。

上海的游戏场，又是一种乌烟瘴气的地方。当时上海有四个游戏场，大的两个：大世界、新世界；小的两个：花世界、小世界。大世界最为著名。出两角钱买一张门票，就可从正午玩到夜半。一进门就是"哈哈镜"，许多凹凸不平的镜子，照见人的身体，有时长得像丝瓜，有时扁得像螃蟹，有时头脚颠倒，有时左右分裂……没有一人不哈哈大笑。里面花样繁多：有京剧场、越剧场、沪剧场、评弹场……有放电影，变戏法，转大轮盘，坐飞船，摸彩，猜谜，还有各种饮食店，还有屋顶花园。总之，应有尽有。乡下出来的人，把游戏场看作桃源仙境。我曾经进去玩过几次，但是后来不敢再去了。为的是怕热手巾。这里面到处有拴着白围裙的人，手里托着一个大盘子，盘子里盛着许多绞紧的热手巾，逢人送一个，硬要他揩，揩过之后，收他一个铜板。有的人拿了这热手巾，先擤一下鼻涕，然后揩面孔，揩项颈，揩上身，然后挖开裤带来揩腰部，恨不得连屁股也揩到。他尽量地利用了这一个铜板。那人收回揩过的手巾，丢在一只桶里，用热水一冲，再绞起来，盛在盘子里，再去到处分送，换取铜板。

这些热手巾里含有众人的鼻涕、眼污、唾沫和汗水，仿佛复合维生素。我努力避免热手巾，然而不行。因为到处都有，走廊里也有，屋顶花园里也有。不得已时，我就送他一个铜板，快步逃开。这热手巾使我不敢再进游戏场去。我由此联想到西湖上庄子里的茶盘：坐西湖船游玩，船家一定引导你去玩庄子。刘庄、宋庄、高庄、蒋庄、唐庄，里面楼台亭阁，各尽其美。然而你一进庄子，就有人拿茶盘来要你请坐喝茶。茶钱起码两角。如果你坐下来喝，他又端出糕果盘来，请用点心。如果你吃了他一粒花生米，就起码得送他四角。每个庄子如此，游客实在吃不消。如果每处吃茶，这茶钱要比船钱贵得多。于是只得看见茶盘就逃。

然而那人在后面喊："客人，茶泡好了！"你逃得快，他就在后面骂人。真是大杀风景！所以我们游惯西湖的人，都怕进庄子去。最好是在白堤、苏堤上的长椅子上闲坐，看看湖光山色，或者到平湖秋月等处吃碗茶，倒很太平安乐。

且说上海的游戏场中，扒手和拐骗别开生面，与众不同。

有一个冬天晚上，我偶然陪朋友到大世界游览，曾亲眼看到一幕。有一个场子里变戏法，许多人打着圈子观看。戏法变完，大家走散的时候，有一个人惊喊起来，原来他的花缎面子灰鼠皮袍子，后面已被剪去一大块。此人身躯高大，袍子又长又宽，被剪去的一块足有二三尺见方，花缎和毛皮都很值钱。这个人屁股头空荡荡地走出游戏场去，后面一片笑声送他。这景象至今还能出现在我眼前。

我的母亲从乡下来。有一天我陪她到游戏场去玩。看见有一个摸彩的摊子，前面有一长凳，我们就在凳上坐着休息一下。看见有一个人走来摸彩，出一角钱，向筒子里摸出一张牌子来："热水瓶一个"。此人就捧着一个崭新的热水瓶，笑嘻嘻地走了。随后又有一个人来，也出一角钱，摸得一只搪瓷面盆，也笑嘻嘻地走了。我母亲看得眼热，也去摸彩。第一摸，一粒糖；第二摸，一块饼干；第三摸，又是一粒糖。三角钱换得了两粒糖和一块饼干，我们就走了。后来，我们兜了一个圈子，又从这摊子面前走过。我看见刚才摸得热水瓶和面盆的那两个人，坐在里面谈笑呢。

当年的上海，外国人称之为"冒险家的乐园"，其内容可想而知。以上我所记述，真不过是皮毛的皮毛而已。我又想起了一个巧妙的骗局，用以结束我这篇记事吧：三马路广西路附近，有两家专卖梨膏的店，贴邻而居，店名都叫做"天晓得"。里面各挂着一轴大画，画着一只大乌龟。这两爿店是兄弟两人所开。他们的父亲发明梨膏，说是化痰止咳的良药，销售甚广，获利颇丰。父亲死后，兄弟两人争夺这爿老店，都说父亲的秘方是传授给我的。争执不休，向上海县告状。官不能断。兄弟二人就到城隍庙发誓："谁说谎谁是乌龟！是真是假天晓得！"于是各人各开一爿店，店名"天晓得"，里面各挂一幅乌龟。上海各报都登载此事，闹得远近闻名。全国各埠都来批发这梨膏。

外路人到上海，一定要买两瓶梨膏回去。兄弟二人的生意兴旺，财源茂盛，都变成富翁了。这兄弟二人打官司，跪城隍庙，表面看来是仇敌，但实际上非常和睦。他们巧妙地想出这骗局来，推销他们的商品，果然大家发财。

C1.《忆上海》（靳以）

我对着这个跳动的菜油灯芯已经呆住了许久，我想对于我曾经先后住过八年的上海引起一些具体的思念和忆恋来；可是我失败了。时间轻轻地流过去，笔尖的墨干了又濡，濡了又干，眼前的一张纸仍然保持它的洁白，不曾留下一丝痕迹。我写，勉强地把笔尖划着纸面；可是要我写些什么呢？首先我就清晰地知道，上海距我所住的地方有几千里的路程，从前只要四天或是五天的时候，就可以顺流而下的，如今我若是起了一个念头，那么我就要应用各种不同的交通工具，花费周游世界的时日，才能达到我的目的。但是这样艰苦的旅程完成之后，对我将一无乐趣，仿佛投火的飞蛾一般，忍受烈焰的焚烧。否则我只得像一个失去了感觉的动物一样，蛰伏着，几乎和死去一般。但是一切是我所企求的么？每个人都可以代我回答出来的。然而要我在这个小市镇里，一切物质文明和精神文明，都要先从我们生活的这个年代数回一百年或是二百年，去遥念那个和世界上任何大都市全不显得逊色的上海，我们往日的记忆，都无凭依了。我先让你们知道我们穿的是土布衫，行路是用自己的两条腿或是把自己一身的分量都加在两个人肩上的"滑竿"，我们看不见火车，连汽车也不大看见（这时常使我想到有一天我们再回到那个繁华的大城里，是不是也同一些乡下人一样，望到汽车就显得不知所措），没有平坦路的，却有无数的老鼠横行，（这些老鼠都能咬婴孩的鼻子！）没有百货店，只有逢三六九的场，卖的也无非是鸡，鸭，老布，陶器，炒米，麦芽糖……

我们过的是简单而朴实的日子，我的心是较自由，较快乐的；可是我总有一份不安的情绪。仿佛我时时都在准备着，一直到那一天，我就可以提了行囊上路。许多人都是如此，许多人也是这样坚信着。从前我们信赖别人，我们不能加以决定的论断，现在我们用自己的力量，所以我们才可以这样说。我都不敢多想，因为怕那过于兴奋的情感使我中夜不眠。

什么使我这样惦记着上海呢？那个嘈杂的城不是在我只住了两三天就引起我的厌烦而加以诅咒么？初去的时节好像连誓也发过了，说是那样的城市再也不能住下去，那些吃大雪茄红涨着脸的买办们，那些凶恶相的流氓地痞们，那些专欺侮乡下人的邮局银行职员老爷们……可是渐渐地我也习惯了，因为知道都是为了钱的缘故，所以人们才那样不和善，假使在自己的一面把钱看得谈了，自然就有许多笑脸从旁偎过来，于是生活就显得并不那样可厌了。几年的日子就在这样的试验中度过，一切可鄙的丑恶的隐去它们的棱角，在这个"建基于金钱和罪恶的大城市"中，我终于也遇到些可爱的人；他们自然不是吸吮他人血肉的家伙们，他们更不是依附在外人势力下的寄生虫，他们也不是油头粉面蓄着波浪式头发的醉生梦死的青年……除开人，那个地方后来也居然能使我安心地住下来了。在嘈杂中我也能安静下来，有时我挤在熙攘的人群中，张大眼睛去观看；到我感到厌烦的时节，我就能一个人躲回我自己的小房子里。市声尽管还喧闹地从窗口流进来，街车的经过虽然还使我的危楼微微震颤着；可是我可以不受一点惊扰，因为我个人已经和这个大城的脉搏相调谐了。

但是它也和我们整个的民族有同一的命运，在三十个月以前遭受无端的危难。虽然如今它包容了更多的居民，显露着畸形的繁荣；火曾在它的四周烧着，飞机曾在上空盘旋，子弹像雨似地落下来，从四方向着四方，掠过这个城的天空，飞滚着火红的炮弹。人并不恐惧，有的还私自祝祷着；好了，一齐毁灭吧，我们不把一根草留给我们的敌人。

它却不曾毁灭，而今它还屹然地巍立着，它是群丑跳梁的场所；可是也有正义的手在开拓光明的路，也有高亢的呼声，引导着百万的大众，为了这一切它才更有力地引着我的眼睛和我的心，从不可见的远处望回去，从没有着落的思念中向着它的那一面。

我想念些什么呢？使我念念不忘的难道是那些仍然得意地过着成功的日子的一些人么？或是那一

座高楼，应该造得成形了，使那个城有了更高的建筑，也许又造了一所更高更大的划破了那被奸污的天空？也许我只是从利禄的一面看，计算着有多少新贵或是由于特殊环境成为百万富翁的人？

这一切的事，有的是我想得到的，有的我不能想到；但是我总可以确定地说上海是在变，向好的方面或是向坏的方面。真是坚定地保持那不变的原质的该是大多数人那一颗火热的心，那只是一颗心，一颗伟大的心。

我看见过它，当无数的青年男女舍弃自身一切的幸福，安逸的日子，终日地劳作，甚至牺牲自己的生命；我又看见过它，当着那一支孤军和那一面旗，最后地点缀着蔚蓝的天空，河的这一面是数不清的企望的头和挥摇的手臂，河的那一面，在炮火的下面，在铁丝网的下面，是年青的人和食品一齐滚进去；我再看见它。

当着节日，招展在天空的，门前的都是大大小小鲜红的国旗，好像把自己的一颗热诚的心从胸膛里掏出高高挑起来，还像说："喂，来吧，试试看，这就是我们的心，我们的意志！"

假使那时候我能跳到半天空我该看到怎么样的一个奇景呵！无数的旗将成为一面大旗，覆在旗下的心，也只有一颗大心；这颗心，一直在经历艰辛的磨折，丢去所有不良的杂质，它是更坚实，更完美的了。在我们的心里，他是一颗遥远的灿烂的星子，不，它是一个太阳；在他们的那一面，它是一个毒癌，不是医药可以生效的，不是应用手术可以割除的，它生根地长着，不动摇，不晦暗，一直等到我最后胜利的一天！

当着那一天到来，朋友们，我将急切地投向你们的怀中：那时我们要说些什么呢？我们是絮絮地述说着几年来的苦辛，还是用为欢乐而充满了泪的眼相互地默望呢？朋友们，时候迫切了，为了免去临时的仓皇，让我们好好想过一下吧。

一九三九年十二月九日

C2.《长恨歌》（节选）（王安忆）

站一个制高点看上海，上海的弄堂是壮观的景象。它是这城市背景一样的东西。街道和楼房凸现在它之上，是一些点和线，而它则是中国画中称为皴法的那类笔触，是将空白填满的。当天黑下来，灯亮起来的时分，这些点和线都是有光的，在那光后面，大片大片的暗，便是上海的弄堂了。那暗看上去几乎是波涛汹涌，几乎要将那几点几线的光推着走似的。它是有体积的，而点和线却是浮在面上的，是为划分这个体积而存在的，是文章里标点一类的东西，断行断句的。那暗是像深渊一样，扔一座山下去，也悄无声息地沉了底。那暗里还像是藏着许多礁石，一不小心就会翻了船的。上海的几点几线的光，全是叫那暗托住的，一托便是几十年。这东方巴黎的璀璨，是以那暗作底铺陈开。一铺便是几十年。

如今，什么都好像旧了似的，一点一点露出了真迹。晨曦一点一点亮起，灯光一点一点熄灭。先是有薄薄的雾，光是平直的光，勾出轮廓，细工笔似的。最先跳出来的是老式弄堂房顶的老虎天窗，它们在晨雾里有一种精致乖巧的模样，那木框窗扇是细雕细作的；那屋披上的瓦是细工细排的；窗台上花盆里的月季花也是细心细养的。然后晒台也出来了，有隔夜的衣衫，滞着不动的，像画上的衣衫；晒台矮墙上的水泥脱落了，露出锈红色的砖，也像是画上的，一笔一画都清晰的。再接着，山墙上的裂纹也现出了，还有点点绿苔，有触手的凉意似的。

第一缕阳光是在山墙上的，这是很美的图画，几乎是绚烂的，又有些荒凉；是新鲜的，又是有年头的。这时候，弄底的水泥地还在晨雾里头，后弄要比前弄的雾更重一些。新式里弄的铁栏杆的阳台上也有了阳光，在落地的长窗上折出了反光。这是比较锐利的一笔，带有揭开帷幕，划开夜与昼的意思。雾终被阳光驱散了，什么都加重了颜色，绿苔原来是黑的，窗框的木头也是发黑的，阳台的黑铁栏杆却是生了黄锈，山墙的裂缝里倒长出绿色的草，飞在天空里的白鸽成了灰鸽。

上海的弄堂是形形种种，声色各异的。它们有时候是那样，有时候是这样，莫衷一是的模样。其实它们是万变不离其宗，形变神不变的，它们是倒过来倒过去最终说的还是那一桩事，千人千面，又万众一心的。那种石库门弄堂是上海弄堂里最有权势之气的一种，它们带有一些深宅大院的遗传，有一副官邸的脸面，它们将森严壁垒全做在一扇门和一堵墙上。一旦开进门去，院子是浅的，客堂也是浅的，三步两步便走穿过去，一道木楼梯挡在了头顶。木楼梯是不打弯的，直抵楼上的闺阁，那二楼的临了街的窗户便流露出了风情。上海东区的新式里弄是放下架子的，门是镂空雕花的矮铁门，楼上有探身的窗还不够，还要做出站脚的阳台，为的是好看街市的风景。院里的夹竹桃伸出墙外来，锁不住的春色的样子。但骨子里头却还是防范的，后门的锁是德国造的弹簧锁，底楼的窗是有铁栅栏的，矮铁门上有着尖锐的角，天井是围在房中央，一副进得来出不去的样子。西区的公寓弄堂是严加防范的，房间都是成套，一扇门关死，一夫当关万夫莫开的架势，墙是隔音的墙，鸡犬声不相闻的。房子和房子是隔着宽阔地，老死不相见的。但这防范也是民主的防范，欧美风的，保护的是做人的自由，其实是想做什么就做什么，谁也拦不住的。那种棚户的杂弄倒是全面敞开的样子，油毛毡的屋顶是漏雨的，板壁墙是不遮风的，门窗是关不严的。这种弄堂的房屋看上去是鳞次栉比，挤挤挨挨，灯光是如豆的一点一点，虽然微弱，却是稠密，一锅粥似的。它们还像是大河一般有着无数的支流，又像是大树一样，枝枝杈杈数也数不清。它们阡陌纵横，是一张大网。它们表面上是袒露的，实际上却神秘莫测，有着曲折的内心。黄昏时分，鸽群盘桓在上海的空中，寻找着各自的巢。屋脊连绵起伏，横看成岭竖成峰的样子。站在制高点上，它们全都连成一片，无边无际的，东南西北有些分不清。它们还是如水漫流，见缝就钻，看上去有些乱，实际上却是错落有致的。它们又辽阔又密实，有些像农人撒播然后丰收的麦田，还有些像原始森林，自生自灭的。它们实在是极其美丽的景象。

上海的弄堂是性感的，有一股肌肤之亲似的。它有着触手的凉和暖，是可感可知，有一些私心的。积着油垢的厨房后窗，是专供老妈子一里一外扯闲篇的；窗边的后门，是供大小姐提着书包上学堂读书，和男先生幽会的；前边大门虽是不常开，开了就是有大事情，是专为贵客走动，贴了婚丧嫁娶的告示的。它总是有一点按捺不住的兴奋，跃跃然的，有点絮叨的。晒台和阳台，还有窗畔，都留着些窃窃私语，夜间的敲门声也是此起彼落。还是要站一个至高点，再找一个好角度：弄堂里横七竖八晾衣竹竿上的衣物，带有点私情的味道；花盆里栽的凤仙花，宝石花和青葱青蒜，也是私情的性质；屋顶上空着的鸽笼，是一颗空着的心；碎了和乱了的瓦片，也是心和身子的象征。那沟壑般的弄底，有的是水泥铺的，有的是石卵拼的。水泥铺的到底有些隔心隔肺，石卵路则手心手背都是肉的感觉。两种弄底的脚步声也是两种，前种是清脆响亮的，后种却是吃进去，闷在肚里的；前种说的是客套，后种是肺腑之言，两种都不是官面文章，都是每日里免不了要说的家常话。上海的后弄更是要钻进人心里去的样子，那里的路面是布着裂纹的，阴沟是溢水的，水上浮着鱼鳞片和老菜叶的，还有灶间的油烟气的。这里是有些脏兮兮，不整洁的，最深最深的那种隐私也裸露出来的，有点不那么规矩的。因此，它便显得有些阴沉。太阳是在午后三点的时候才照进来，不一会儿就夕阳西下了。这一点阳光反给它罩上一层暧昧的色彩，墙是黄黄的，面上的粗砺都凸现起来，沙沙的一层。窗玻璃也是黄的，有着污迹，看上去有一些花的。这时候的阳光是照久了，有些压不住的疲累的，将最后一些沉底的光都逼出来照耀，那光里便有了许多沉积物似的，是黏稠滞重，也是有些不干净的。鸽群是在前边飞的，后弄里飞着的是夕照里的一些尘埃，野猫也是在这里出没的。这是深入肌肤，已经谈不上是亲是近，反有些起腻，暗地里生畏的，却是有一股噬骨的感动。

　　上海弄堂的感动来自于最为日常的情景，这感动不是云水激荡的，而是一点一点累积起来。这是有烟火人气的感动。那一条条一排排的里巷，流动着一些意料之外又情理之中的东西，东西不是什么大东西，但琐琐细细，聚沙也能成塔的。那是和历史这类概念无关，连野史都难称上，只能叫做流言的那种。流言是上海弄堂的又一景观，它几乎是可视可见的，也是从后窗和后门里流露出来。前门和前阳台所流露的则要稍微严正一些，但也是流言。这些流言虽然算不上是历史，却也有着时间的形态，是循序渐进有因有果的。这些流言是贴肤贴肉的，不是故纸堆那样冷淡刻板的，虽然谬误百出，但谬误也是可感可知的谬误。在这城市的街道灯光辉煌的时候，弄堂里通常只在拐角上有一盏灯，带着最寻常的铁罩，罩上生着锈，蒙着灰尘，灯光是昏昏黄黄，下面有一些烟雾般的东西滋生和蔓延，这就是酝酿流言的时候。这是一个晦涩的时刻，有些不清不白的，却是伤人肺腑。鸽群在笼中叽叽哝哝的，好像也在说着私语。街上的光是名正言顺的，可惜刚要流进弄口，便被那暗吃掉了。那种有前客堂和左右厢房里的流言是要老派一些的，带薰衣草的气味的；而带亭子间和拐角楼梯的弄堂房子的流言则是新派的，气味是樟脑丸的气味。无论老派和新派，却都是有一颗诚心的，也称得上是真情的。那全都是用手掬水，掬一捧漏一半地掬满一池，燕子衔泥衔一口掉半口地筑起一巢的，没有半点偷懒和取巧。上海的弄堂真是见不得的情景，它那背阴处的绿苔，其实全是伤口上结的疤一类的，是靠时间抚平的痛处。因它不是名正言顺，便都长在了阴处，长年见不到阳光。爬墙虎倒是正面的，却是时间的帷幕，遮着盖着什么。鸽群飞翔时，望着波涛连天的弄堂的屋瓦，心是一刺刺地疼痛。太阳是从屋顶上喷薄而出，坎坎坷坷的，光是打折的光，这是由无数细碎集合而成的壮观，是由无数耐心集合而成的巨大的力。

小专家读书会

篇目1:

我选取的文章题目及级别:＿＿＿＿＿＿（A级/B级/C级）　　我参加的专家组:＿＿＿＿＿＿　　我的评价星级: ☆☆☆☆☆

读书会主题:

专家组成员及观点	我的发言	小组讨论纪要

我的收获与感悟:

篇目2:

我选取的文章题目及级别:＿＿＿＿＿＿（A级/B级/C级）　　我参加的专家组:＿＿＿＿＿＿　　我的评价星级: ☆☆☆☆☆

读书会主题:

专家组成员及观点	我的发言	小组讨论纪要

我的收获与感悟:

✎ 组内互评量表

评价方面	评价内容	评分	
		教师评分	自我评分
阅读情境 （20分）	1. 专家组组织成立及分工合作情况（10分）		
	2. "小专家读书会"按要求填表及准备充分情况（10分）		
阅读文本 （30分）	1. 选文级别情况（10分）（A级5分；B级3分；C级2分）		
	2. 选文研读，对字、词、句、段及文章中心思想的理解情况（10分）		
	3. 阅读速度达到规定要求的情况（10分）		
阅读认知过程 （50分）	1. 在专家组研讨中提问与交流情况（10分）		
	2. 通过借助阅读工具搜索信息解决小组中阅读疑难问题的情况（10分）		
	3. 在专家组研讨中个人观点表达情况（20分）		
	4. 在"小专家读书会"中阅读讲解与汇报分享情况（10分）		
评价星级	90～100分：☆☆☆☆☆ 80～90分：☆☆☆☆ 70～80分：☆☆☆ 60～70分：☆☆ 60分以下：☆		

（三）主题自读

请根据自己的兴趣和爱好，从下面两个主题中选择一个感兴趣的主题进行阅读。结合主题提示，每2天完成一篇篇目的搜索、阅读和赏析。现在，让我们开始10天的"阅读打卡计划"吧！

◇ 略读任一主题下的2篇【推荐阅读】，理解篇目主要文意，揣摩该主题的含义。

◇ 搜索5篇与选择主题相关的篇目，可以包括古诗词、散文、诗歌、小说选段等多种体裁。

◇ 记录自己阅读古诗词及诗歌的方式，阅读篇幅较长的散文、小说选段等尽量保持在每分钟400字。

◇ 对阅读的篇目中的精彩语句、段落或是打动自己的内容及思想进行赏析。

◇ 将阅读速度、搜索过程、阅读记录、赏析要点等内容填写进"阅读打卡计划记录单"中。

主题1　光影斑驳晓沧桑

弄（lòng）堂，即小巷，是上海和江浙地区特有的民居形式，它是由连排的老房子所构成的，并与石库门建筑有着密切的关系。它代表近代上海城市文化的特征，创造了形形色色风情独具的弄堂文化。

多少故事，多少典故，多少名人，多少记忆，与石库门、与亭子间紧紧地联系在一起。可以说，没有弄堂，就没有上海，更没有上海人，弄堂，见证了上海时代的印记，记录了上海沧桑的发展，它构成了近代上海城市最重要的建筑特色，构成了千万普通上海人最常见的生活空间，构成了近代上海地方文化的最重要的组成部分。让我们一起走进上海弄堂吧，去体味弄堂里的生活味道。

推荐阅读

1.《上海的弄堂》（陈丹妮）

要是一个人到了上海而没有去上海的弄堂走一走，应该要觉得很遗憾。下午时候，趁上班上学的人都还没有回来，随意从上海的商业大街上走进小马路，马上就可以看到梧桐树下有一个个宽敞的入口，门楣上写着什么里，有的在骑楼的下面写着"1902"，里面是一排排两三层楼的房子，毗邻的小阳台里暖暖的全是阳光。深处人家的玻璃窗反射着马路上过去的车子，那就是上海的弄堂了。

整个上海，有超过一半的住地，是弄堂，绝大多数上海人，是住在各种各样的弄堂里。

常常在弄堂的出口，开着一家小烟纸店，小得不能让人置信的店面里，错落有致地陈放着各种日用品，小孩子吃的零食，老太太用的针线，本市邮政用的邮票，各种居家日子里容易突然告缺的东西，应有尽有，人们穿着家常的衣服鞋子，就可以跑出来买。常常有穿着花睡衣来买一包零食的女人，脚趾紧紧夹着踩塌了跟的红拖鞋，在弄堂里人们是不见怪的。小店里的人，常常很警惕，也很热心，他开着一个收音机，整天听主持人说话，也希望来个什么人，听他说说，他日日望着小街上来往的人，弄堂里进出的人，只要有一点点想象力，就能算得上阅人多矣。

走进上海人的弄堂里，才算得上是开始看上海的生活，商业大街、灯红酒绿、人人体面后面的生活。上海人爱面子，走在商店里、饭店里、酒吧里、公园里，个个看上去丰衣足食，可弄堂里就不一样了。平平静静的音乐开着；后门的公共厨房里传出来炖鸡的香气；有阳光的地方，底楼人家拉出了麻绳，把一家人的被子褥子统统拿出来晒着，新洗的衣服散发着香气，花花绿绿的在风里飘，仔细地看，就认出来这是今年大街上时髦的式样；你看见路上头发如瀑的小姐正在后门的水斗上，穿了一件缩了水的旧毛衣，用诗芬在洗头发，太阳下面那湿湿的头发冒出热气来；还有修鞋师傅，坐在弄口，乒乒地敲着一个高跟鞋的细跟，补上一块新橡皮，旁边的小凳子上坐着一个穿得挺周正的女人，光着一只脚等着修鞋，他们一起骂如今鞋子的质量和那卖次品鞋子的奸商。

还有弄堂里的老人，在有太阳的地方坐着说话。老太太总是比较沉默，老先生喜欢有人和他搭话，听他说说从前这里的事情，他最喜欢。

弄堂里总是有一种日常生活的安详实用，还有上海人对它的重视以及喜爱。这就是上海人的生活底色，自从十八世纪在外滩附近有了第一条叫"兴仁里"的上海弄堂，安详实用，不卑不亢，不过分地崇尚新派就在上海人的生活里出现了。

19世纪50年代，由于上海小刀会在老城厢起义，上海人开始往租界逃跑，在租界的外国人为了争到中国难民的钱，按照伦敦工业区的工人住宅的样子，一栋栋、一排排造了八百栋房子，那就是租界弄堂的发端，到1872年，玛意巴建起上海兴仁里，从此，上海人开始了弄堂的生活。

上海是一个大都市，大到就像饭店里大厨子用的桌布一样，五味俱全。从前被外国人划了许多块，一块做法国租界，一块做英国租界，留下一块做上海老城厢，远远的靠工厂区的地方，又有许多人住在为在工厂做事的人开辟出来的区域里，那是从前城市的划分，可在上海人的心里觉得这样区或的划分，好像也划分出了阶级一样，住在不同地方的人，彼此怀着不那么友好的态度，彼此不喜欢认同乡，因此也不怎么来往。这样，上海这地方，有时让人感到像里面还有许多小国家一样，就像欧洲，人看上去都是一样的人，仔细地看，就看出了德国人的板，法国人的媚，波兰人的苦，住在上海不同地域的人，也有着不同的脸相。所以，在上海从小到大住了几十年的人，都不敢说自己是了解上海的，只是了解上海的某一块地方。

从早先的难民木屋，到石库门里弄，到后来的新式里弄房子，像血管一样分布在全上海的九千多处弄堂，差不多洋溢着比较相同的气息。那是上海的中层阶级代代生存的地方。他们是社会中的大多数人，有温饱的生活，可没有大富大贵；有体面，可没有飞黄腾达；经济实用，小心做人，不过分的娱乐，不过分的奢侈，勤勉而满意地支持着自己小康的日子，有进取心，希望自己一年比一年好，可也识时务，懂得离开空中楼阁。他们定定心心地在经济的空间里过着自己的日子，可一眼一眼地瞟着可能有的机会，期望更上一层楼。他们不是那种纯真的人，当然也不太坏。

上海的弄堂总是不会有绝望的情绪的。小小的阳台上晒着家制干菜、刚买来的黄豆，背阴的北面亭子间窗下，挂着自家用上好的鲜肉腌的咸肉，放了花椒的，上面还盖了一张油纸，防止下雨，在风里哗哗地响。窗沿上有人用破脸盆种了不怕冷的宝石花。就是在最动乱的时候，弄堂里的生活还是有序地进行着。这里像世故老人，中庸，世故，遵循着市井的道德观，不喜欢任何激进，可也并不把自己的意见强加于人，只是中规中矩地过自己的日子。

晚上，家家的后门开着烧饭，香气扑鼻，人们回到自己的家里来，乡下姑娘样子的人匆匆进出后门，那是做钟点的保姆最忙的时候。来上海的女孩子，大都很快地胖起来，因为有更多的东西可以吃，和上海女孩子比起来，有一点肿了似的。她们默默地飞快地在后门的公共厨房里干着活，现在的保姆不像从前在这里出入的保姆那样喜欢说话，喜欢搬弄是非了。可她们也不那么会伺候上海人，所以，厨房里精细的事还是主人自己做，切白切肉，调大闸蟹的姜醋蘸料，温绍兴黄酒，然后，女主人用一张大托盘子，送到自家房间里。

去过上海的弄堂，大概再到上海的别处去，会看得懂更多的东西。因为上海的弄堂是整个上海最真实和开放的空间，人们在这里实实在在地生活着，就是上海的美女，也是家常打扮，不在意把家里正穿着的塌跟拖鞋穿出来取信。

2.《石库门前》（冯绍霆）

摊贩们还只是弄堂里的过客。他们带来的只是一声声或则悠长，或则短促的吆喝。真正让弄堂里人气充沛的，是居住在那里的居民。原因之一，自然是人多拥挤。而根本还在于石库门里空间狭小，居民的活动空间不得不从居室延伸到了弄堂里，它几乎成了石库门的公共空间。

现在上海几乎家家都有电视机，一家有两三台也是常有的事，而它20世纪50年代末刚在上海露面时，还是很稀罕的东西。一直到70年代——那时正好是文化大革命——在许多弄堂里它还是属于共享的。一到播送重要新闻，整个弄堂的人都会被集中起来收看，地点大致上就在稍稍宽敞些的场所。于是整条弄堂人头攒动，好不热闹。

如果将时间再往上推30年，那时收音机刚刚开始普及。1940年统计，上海共有18万台收音机。当然，那时半导体还没有，都是电子管的。可以说，几乎条条弄堂都有它们的踪迹。入夜，这家收听京剧，那家播放越剧。尤其夏夜纳凉，坐在弄堂里可以听到收音机里传出各种不同的声音。

要说弄堂是个公共空间，阅报栏是证据之一。那东西解放前就已经有了，解放后大加推广，六七十年代几乎无处无之。道理不用多说，在大讲特讲阶级斗争的时期，人们不得不关心政治，不得不多看报纸，关心一下时事政治。当然，在那个年代，弄堂也是开批判会、斗争会的理想会场。——这当然是特定年代里的景况。时过境迁，现在40岁以下的人根本想象不出那是一种怎么样的场面。

弄堂本质上还是生活的场所。说它是公共空间，在更大程度上也说的是在日常生活的层面上，它是居民们交流的空间。主妇们买菜、倒马桶，熟悉的见面了会亲热地打招呼，更会拉拉家常。先生们出门上班，同邻居碰上了，也会寒暄几句。赋闲在家的，夏天房间里太热，呆不住，也会到弄堂里背阴处凉快凉快，冬天则需要找个向阳的地方晒太阳。于是，一个小型的聚会也就自然而然地形成了。

话题是永远不会枯竭的，从天下大事到今天天气，从不知从哪个角落里觅来的奇闻逸事到只能交头接耳传递的邻居隐私。由此形成的"民间舆论"，其威力丝毫不亚于正式的媒体。从正面理解，那是一种威慑力；负面的，则也是邻里间纠纷的源头之一吧！

这样的场景也会搬到室内。上海弄堂里也流行麻将，除了五六十年代包括文革那段时间，石库门里几乎是处处洗牌声。过去唱主角的，大抵是家庭主妇。上午料理家务，下午空闲了，邀上邻里凑一桌，就可以玩上八圈。兴致高的话，吃了晚饭还可以挑灯夜战。现在，则以老人为主，退休在家，除了领领孙辈，他们大多不喜欢到人多的地方凑热闹。于是，麻将桌就成了他们的天地。这也是石库门里一景。而且他们还有理论，打麻将要动脑动手，可以防老年痴呆、高血压、心脏病，有益身心健康。尽管小麻将也有小彩头，就大多数而言，不过是提高点兴趣而已，无须大惊小怪。至于扑克牌，打的人就多了，从爷爷辈的到孙子辈的，无论在弄堂里，还是石库门的阁楼里都有。

只是这个公共空间里，日复一日地会出现一些很狼狈的场景。1944年有过一部《讨厌地早晨》的电影，里面有一首插曲，令人怀念的金嗓子周璇唱的：

粪车是我们的报销鸡，多少声音跟着它起，

前门叫卖菜，后门叫卖米，

哭声震天是二房东的小弟弟，

双脚乱跳是三层搂的小东西，

只有卖报的呼声比较有点书卷气。

煤球烟熏得眼昏迷，这是厨房里的开锣戏。

旧被面飘扬像国旗，这是晒台上的开幕礼。

自从那年头到年底，天天的早晨总打不破这例，

这样的生活，我过得真有点儿腻。

解放后虽然有所改善，弄堂里的总体格局却没有根本的转变。在这公共空间里，最活跃的当属无忧无虑的小孩子。

弄堂首先是孩子们的游戏场。打弹子、造房子、滚轮子、顶核子、扯铃子、掼结子，这些老上海的弄堂游戏不仅让老上海人怀念，现代人也一样兴趣浓厚。男孩子最喜欢玩"官兵捉强盗"。"强盗"有"强盗窝"，"官兵"要在强盗逃进窝之前抓住他们，否则就无可奈何了。这也是一种斗智斗力的比赛，所以男孩子爱玩。跑得累了，也有轻松点的游戏。打弹子就是一种，几个彩色的玻璃球，三两个小伙伴趴在地上一玩就是半天。飞香烟牌子又是一种。所谓香烟牌子，原先是烟厂为了推销香烟而放在香烟盒里的小画片。收集齐全一套香烟牌子，比如孔子与七十二门徒，比如水浒一百零八将之类，就可以换一件价值不菲的奖品。香烟销路打开了，收藏家们多了一种收藏品，小孩子们也多了一样玩具。女孩子，则大都爱跳橡皮筋，灵巧的双脚可以跳出各种花样。她们还爱玩跳格子，也有叫"造房子"的，甚至连男孩子都会被吸引过来。

说是游戏场，某种程度上也是运动场。弄堂里可以跳山羊，弄一个小皮球就可以踢小足球，20世纪50年代末，乒乓球风行一时，两张凳子，一块铺板，架起来就是一张土制乒乓球台。不少乒乓名将还有过这样的经历呢！

当然，有动也有静，下棋打扑克牌的，弄堂里常常可以看到。而最令人难忘的，是小人书摊。所谓小人书，就是现在的连环画。20世纪30年代时，几乎所有的旧小说，比如《三国演义》、《封神榜》、《水浒》、《七侠五义》，都有这种半图半文的通俗读本。小人书里有忠臣名将还有剑仙、侠盗，有飞剑、有机关埋伏，便受人欢迎。这书摊上只出租，不出售，而且大都是当场看。6个铜子可以看两套。一本书拆成上中下三册，可以收取3倍的租金。

差不多每一个街角，每一个弄堂口，都有这样的书摊。两扇门板上钉些格子，摊开来，所有的书都一览无遗，合起来书不会丢掉，再加几只小凳子，一个街头流动"图书馆"就可以开张了。看书的不光有小孩，还有大人。

现在孩子的条件太好了，有电视机可以看动漫，有电脑可以打游戏，有冰箱可以冷藏各种食品。但是，没有经过弄堂的熏陶。一位过来人不由感叹："让我选择，我宁可不要电视！"这大概是许多做父母的共同心声。

令人怀念的童年。

令人怀念的石库门。

主题2 女性主义新视野

张爱玲以其《金锁记》《倾城之恋》《红玫瑰与白玫瑰》《余韵》《流言》《张看》等小说和散文，在那个"低气压的时代"的上海文坛引起一片哗然，她是一个深受五四新文学教育长大的女作家，她一开始创作就有意识地摆脱新文学的西化腔，自觉在传统民间文学里寻找自己的发展可能，独创了以都市民间文化为主体的海派小说的美学。让我们来一起欣赏她的作品吧，来认识独一无二的"张爱玲文体"。

推荐阅读

1.《到底是上海人》（张爱玲）

一年前回上海来，对于久违了的上海人的第一个印象是白与胖。在香港，广东人十有八九是黝黑瘦小的，印度人还要黑，马来人还要瘦。看惯了他们，上海人显得个个肥白如瓠，像代乳粉的广告。

第二个印象是上海人之"通"。香港的大众文学可以用脍炙人口的公共汽车站牌"如要停车，乃可在此"为代表。上海就不然了。初到上海，我时常由心里惊叹出来："到底是上海人！"我去买肥皂，听见一个小学徒向他的同伴解释："喏，就是'张勋'的'勋'，'功勋'的'勋'，不是'薰风'的'薰'。"《新闻报》上登过一家百货公司的开幕广告，用骈散并行的阳湖派体裁写出切实动人的文字，关于选择礼品不当的危险，结论是："友情所系，讵不大哉！"似乎是讽刺，然而完全是真话，并没有夸大性。

上海人之"通"并不限于文理清顺，世故练达。到处我们可以找到真正的性灵文字。去年的小报上有一首打油诗，作者是谁我已经忘了，可是那首诗我永远忘不了。两个女伶请作者吃了饭，于是他就做诗了："樽前相对两头牌，张女云姑一样佳。塞饱肚皮连赞道：难觅任使踏穿鞋！"多么可爱的，曲折的自我讽嘲！这里面有无可奈何，有容忍与放任——由疲乏而产生的放任，看不起人，也不大看得起自己，然而对于人与己依旧保留着亲切感。更明显地表示那种态度的有一副对联，是我在电车上看见的，用指甲在车窗的黑漆上刮出字来："公婆有理，男女平权。"一向是"公说公有理，婆说婆有理"，由他们去吧！各有各的理。"男女平等"，闹了这些年，平等就平等吧！——又是由疲乏而起的放任。那种满脸油汗的笑，是标准中国幽默的特征。

上海人是传统的中国人加上近代高压生活的磨练，新旧文化种种畸形产物的交流，结果也许是不甚健康的，但是这里有一种奇异的智慧。

谁都说上海人坏，可是坏得有分寸。上海人会奉承，会趋炎附势，会混水里摸鱼，然而，因为他们有处世艺术，他们演得不过火。关于"坏"，别的我不知道，只知道一切的小说都离不了坏人。好人爱听坏人的故事，坏人可不爱听好人的故事。因此我写的故事里没有一个主角是个"完人"。只有一个女孩子可以说是合乎理想的，善良、慈悲、正大，但是，如果她不是长得美的话，只怕她有三分讨人厌。美虽美，也许读者们还是要向她叱道："回到童话里去！"在《白雪公主》与《玻璃鞋》里，她有她的地盘。上海人不那么幼稚。

我为上海人写了一本香港传奇，包括《泥香屑》《一炉香》《二炉香》《茉莉香片》《心经》《琉璃瓦》《封锁》《倾城之恋》七篇。写它的时候，无时无刻不想到上海人，因为我是试着用上海人的观点来察看香港的。只有上海人能够懂得我的文不达意的地方。

我喜欢上海人，我希望上海人喜欢我的书。

2.《倾城之恋》（节选）（张爱玲）

一炮一炮之间，冬晨的银雾渐渐散开，山巅、山洼子里，全岛上的居民都向海面上望去，说"开仗了，开仗了。"谁都不能够相信，然而毕竟是开仗了。流苏孤身留在巴丙顿道，哪里知道什么。等到阿栗从左邻右舍探到了消息，仓皇唤醒了她，外面已经进入酣战阶段。巴丙顿道的附近有一座科学试验馆，屋顶上架着高射炮，流弹不停的飞过来，尖溜溜一声长叫："吱呦呃呃呃呃……"然后"砰"，落下地去。那一声声的"吱呦呃呃呃呃……"撕裂了空气，撕毁了神经。淡蓝的天幕被扯成一条一条，在寒风中籁籁飘动。风里同时飘着无数剪断了的神经尖端。

流苏的屋子是空的，心里是空的，家里没有置办米粮，因此肚子里也是空的。空穴来风，所以她感受恐怖的袭击分外强烈。打电话到跑马地徐家，久久打不通，因为全城装有电话的人没有一个不在打电话，询问哪一区较为安全，做避难的计画。流苏到下午方才接通了，可是那边铃尽管响着，老是没有人来听电话，想必徐先生徐太太已经匆匆出走，迁到平靖一些的地带。流苏没了主意，炮火却逐渐猛烈了。邻近的高射炮成为飞机注意的焦点。飞机蝇蝇地在顶上盘旋，"孜孜孜……"绕了一圈又绕回来，"孜孜……"痛楚地，像牙医的螺旋电器，直挫进灵魂的深处。阿栗抱着她的哭泣着的孩子坐在客室的门槛上，人仿佛入了昏迷状态，左右摇摆着，喃喃唱着呓语似的歌唱，哄着拍着孩子。窗外又是"吱呦呃呃呃呃……"一声，"砰"削去屋檐的一角，沙石哗啦啦落下来。阿栗怪叫一声，跳起身来，抱着孩子就往外跑。流苏在大门口追上了她，一把揪住她问道："你上哪儿去？"阿栗道："这儿登不得了！我我带她到阴沟里去躲一躲。"流苏道："你疯了！你去送死！"阿栗连声道："你放我走！我这孩子就只这么一个死不得的……阴沟里躲一躲……"流苏拼命扯住了她，阿栗将她一推，她跌倒了，阿栗便闯出门去。正在这当口，轰天震地一声响，整个的世界黑了下来，像一只硕大无朋的箱子，拍地关上了盖。数不清的罗愁绮恨，全关在里面了。

　　流苏只道是没有命了，谁知道还活着。一睁眼，只见满地的玻璃屑，满地的太阳影子。她挣扎着爬起身来，去找阿栗，阿栗紧紧搂着孩子，垂着头，把额角抵在门洞子里的水泥墙上，人是震糊涂了。流苏拉了她进来，就听见外面喧嚷着隔壁落了个炸弹，花园里炸出一个大坑。这一次巨响，箱子盖关上了，依旧不得安静。继续的砰砰砰，仿佛在箱子盖上用锤子敲钉，捶不完地捶。从天明捶到天黑，又从天黑捶到天明。

　　柳原叹道："这一炸，炸断了多少故事的尾巴！"流苏也怆然，半晌方道："炸死了你，我的故事就该完了。炸死了我，你的故事还长着呢！"柳原笑道："你打算替我守节么？"他们两人都有点神经失常，无缘无故，齐声大笑。而且一笑便止不住。笑完了，浑身只打颤。

　　卡车在"吱呦吭吭……"的流弹网里到了浅水湾。浅水湾饭店楼下驻扎着军队，他们仍旧住到楼上的老房间里。住定了，方才发现，饭店里储藏虽富，都是留着给兵吃的。除了罐头装的牛乳、牛羊肉、水果之外，还有一麻袋一麻袋的白面包，麸皮面包。分配给客人的，每餐只有两块苏打饼干，或是两块方糖，饿得大家奄奄一息。

　　先两日浅水湾还算平静，后来突然情势一变，渐渐火炽起来。楼上没有掩蔽物，众人容身不得，都来到楼下，守在食堂里，食堂里大开着玻璃门，门前堆着沙袋，英国兵就在那里架起了大炮往外打。海湾里的军舰摸准了炮弹的来源，少不得也一一还敬。隔着棕榈树与喷水池子，子弹穿梭般来往。柳原与流苏跟着大家一同把背贴在大厅的墙上。那幽暗的背景便像古老的波斯地毯，织出各色人物，爵爷、公主、才子、佳人。毯子被挂在竹竿上，迎着风扑打上面的灰尘，拍拍打着，下劲打，打得上面的人走投无路。炮子儿朝这边射来，他们便奔到那边；朝那边射来，便奔到这边。到后来一间敞厅打得千创百孔，墙也坍了一面，逃无可逃，只得坐下地来，听天由命。

　　流苏到了这个地步，反而懊悔她有柳原在身边，一个人仿佛有了两个身体，也就蒙了双重危险。一弹子打不中她，还许打中他，他若是死了，若是残废了，她的处境更是不堪设想。她若是受了伤，为了怕拖累他，也只有横了心求死。就是死了，也没有孤身一个人死得干净爽利。她料着柳原也是这般想。别的她不知道，在这一刹那，她只有他，他也只有她。

　　停战了。困在浅水湾饭店的男女们缓缓向城中走去。过了黄土崖、红土崖，又是红土崖、黄土崖，几乎疑心是走错了道，绕回去了。然而不，先前的路上没有这炸裂的坑，满坑的石子。柳原与流苏很少说话。从前他们坐一截子汽车，也有一席话，现在走上几十里的路，反而无话可说了。偶然有一句话，说了一半，对方每每就知道了下文，没有往下说的必要。柳原道："你瞧，海滩上。"流苏道："是的。"海滩上布满了横七竖八割裂的铁丝网，铁丝网外面，淡白的海水汩汩吞吐淡黄的沙。冬季的晴天也是淡漠的蓝色。野火花的季节已经过去了。流苏道："那堵墙……"柳原道："也没有去看看。"流苏叹了口气道："算了罢。"柳原走得热了起来，把大衣脱下来搁在臂上，臂上也出了汗。流苏道："你怕热，让我给你拿着。"若在往日，柳原绝对不肯，可是他现在不那么绅士风了，竟交了给她。再走了一程子，山渐渐高了起来。不知道是风吹着树呢，还是云影的飘移，青黄的山麓缓缓地暗了下来。细看时，不是风也不是云，是太阳悠悠地移过山头，半边山麓埋在巨大的蓝影子里。山上有几座房屋在燃烧，冒着烟山阴的烟是白的，山阳的是黑烟然而太阳只是悠悠地移过山头。

流苏也想到了柳原，不知道他的船有没有驶出港口，有没有被击沉。可是她想起他便觉得有些渺茫，如同隔世。现在的这一段，与她的过去毫不相干，像无线电的歌，唱了一半，忽然受了恶劣的天气影响，劈劈啪啪炸了起来，炸完了，歌是仍旧要唱下去的，就只怕炸完了，歌已经唱完了，那就没得听了。

第二天，流苏和阿栗母子分着吃完了罐子里的几片饼干，精神渐渐衰弱下来，每一个呼啸着的子弹的碎片便像打在她脸上的耳刮子。街头轰隆轰隆驰来一辆军用卡车，意外地在门前停下了。铃一响，流苏自己去开门，见是柳原，她捉住他的手，紧紧的搂住他的手臂，像阿栗搂住孩子似的。人向前一扑，把头磕在门洞子里的水泥墙上。柳原用另外的一只手托住她的头，急促地道："受了惊吓罢？别着急，别着急。你去收拾点得用的东西，我们到浅水湾去。快点，快点！"流苏跌跌冲冲奔了进去，一面问道："浅水湾那边不要紧么？"柳原道："都说不会在那边上岸的。而且旅馆里吃的方面总不成问题，他们收藏得很丰富。"流苏道："你的船……"柳原道："船没开出去。他们把头等舱的乘客送到了浅水湾饭店。本来昨天就要来接你的，叫不到汽车，公共汽车又挤不上。好容易今天设法弄到了这部卡车。"流苏哪里还定得下心来整理行装，胡乱扎了个小包裹。柳原给了阿栗两个月的工钱，嘱咐她看家，两个人上了车，面朝下并排躺在运货的车厢里，上面蒙着黄绿色油布篷，一路颠簸着，把肘弯与膝盖上的皮都磨破了。

阅读打卡计划

打卡　1　2　3　4　5　6　7　8　9　10　11　12　13　14　15

姓名：＿＿＿＿＿
年/月：＿＿＿＿＿
节气：＿＿＿＿＿
主题：＿＿＿＿＿
我的评价星级：
☆☆☆☆☆

篇目1:	篇目2:	篇目3:	篇目4:	篇目5:
体裁:	体裁:	体裁:	体裁:	体裁:
阅读速度:	阅读速度:	阅读速度:	阅读速度:	阅读速度:
篇目搜索过程:	篇目搜索过程:	篇目搜索过程:	篇目搜索过程:	篇目搜索过程:
篇目阅读过程:	篇目阅读过程:	篇目阅读过程:	篇目阅读过程:	篇目阅读过程:
篇目赏析:	篇目赏析:	篇目赏析:	篇目赏析:	篇目赏析:

✐ 学生自评量表

评价方面	评价内容	评分	
		教师评分	自我评分
阅读情境 （30分）	1. 连续坚持每天阅读打卡的情况（10分）		
	2. 合理制定阅读计划并严格、自律地按照阅读计划执行的情况（10分）		
	3. 按要求完成每个篇目"找篇目—读篇目—赏篇目"步骤的情况（10分）		
阅读文本 （30分）	1. 查找的篇目与阅读主题相吻合的情况（10分）		
	2. 阅读方式的选择及阅读速度的达成情况（10分）		
	3. 对篇目的理解与鉴赏情况（10分）		
阅读认知过程 （40分）	1. 对阅读主题的理解情况（10分）		
	2. 独立、灵活地使用搜索工具查找篇目的情况（10分）		
	3. 对搜索信息进行归纳总结及分析处理的情况（10分）		
	4. 形成积极阅读和自主阅读习惯的情况（10分）		
评价星级	90～100分：☆☆☆☆☆ 80～90分：☆☆☆☆ 70～80分：☆☆☆ 60～70分：☆☆ 60分以下：☆		

☰ 书籍推荐 ≪

书目1：《子夜》（茅盾，译林出版社）

书目2：《老上海，旧时光》（程乃珊，湖南文艺出版社）

悦 读 者 思 维

　　海派文化是大陆一般民众对上海市民文化的俗称，意指开放、活力与创新。近些年来，海派文化处于新旧接轨中，其原有的风范品味已日趋下降，具体表现在城市个性文化的丧失、文化原创力的缺乏、消费文化的泛滥等，你如何看待这种现象？海派文化如何再兴起呢？

我是这样想的：	我还可以这样想：

华夏文化瑰宝代代相传

中国是一个有着辉煌文明的古老国度。从步入文明的门槛之日起，先后经历了夏朝、商朝、西周、东周（春秋、战国）、秦、西汉、东汉、三国、西晋、东晋十六国、南北朝、隋朝、唐朝、五代十国、宋辽夏金、元朝、明朝和清朝等历史时期。在数千年的古代历史上，中华民族以不屈不挠的顽强意志和勇于探索的聪明才智，谱写了波澜壮阔的历史画卷，创造了同期世界历史上极其灿烂的物质文明与精神文明。

同学们，阅读完《悦读天地间——祖国大地上的文字之阔》一书，你是否被祖国美丽的山川大地所震撼，北有黑土森林，南有青山绿水，东有汪洋无垠，西有大漠孤烟，黄山的青松让我们肃然起敬，喧嚣的瀑布令我们慨叹大自然的神工，一山一水一草一木无不令我们动情，日出日落潮涌潮退无不令我动容，难怪一代伟人毛泽东会感慨"江山如此多娇，引无数英雄竞折腰。惜秦皇汉武，略输文采；唐宗宋祖，稍逊风骚"。祖国大地上的一代代中华儿女书写着壮美的历史，也开创着祖国繁荣的未来。

正所谓一方水土养一方人，不同的地域特征形成了不同的地域文化，不同的地域文化影响着这个地域一代代的人们，造就了他们不同的品格。

一望无垠的大草原，洁白的毡房，成群的牛羊，蓝天白云绿草场。草原的肥美培养了草原人善良好客的一面，而无情的戈壁沙漠又把他们训练成勇敢豪迈的战士。

凄凉的秦腔，催人泪下的唢呐，一直回荡在贫瘠与沟壑纵横的黄土地上。三秦文化随着秦始皇的百万强兵早早的就已辐射到了中原各地，豪迈的三秦人世世代代坚定地守护着古老的中原文明。

山西自古就是农耕文化和游牧文化的对撞机，造就了山西人独特的且看似矛盾的性格，他们一方面安土重迁，另一面又开拓进取。

燕赵人由于时常受到北方游牧民的侵扰，经济文化相对中原显得相对落后，也造成了他们内心卑弱的一面，而正是这种卑弱催生了他们慷慨激烈的奋斗抗争，燕赵人会为了心中的目标勇于付出一切，包括生命。

河南是我们炎黄祖先早期活动最为频繁的区域，六朝古都洛阳，八朝古都开封都在河南，这里是3000多年封建王朝的政治中心，也是北丝绸之路东端的起点。

齐鲁文化影响下的山东人，兼具保守与创造两种看似矛盾的性格，而正是这种性格，现代山东人正创造着中国经济史上的另外一个奇迹。

长江以南及浙江，可以看作是吴越文化的中心地带。隋唐之后，中国的经济中心逐渐转移到了这里。从那个时候起，这里一直是中国最繁华富足的地方，如果说上海大家闺秀，那么吴越地方更像是小家碧玉。

"天上九头鸟，地下湖北佬""湖南的骡子和辣椒"，两湖人作为楚人的后裔，传承了他们祖先令人尊敬的性格，倔强不屈，开拓进取。

江西自古人文荟萃，地饶物丰，景色秀美。这里有文坛伟人陶渊明，有明代科学大师宋应星，有冠绝天下的景德镇和茶叶。江西好像一个迷你的中国，集聚了各种各样微缩版的区域文化。

伟大的华夏文明，绚烂多姿，源远流长。中国文化博大精深，兼容并蓄，自古英才辈出，是世界人类文明史上的一颗璀璨明珠，也是世界上唯一延续至今的古老文明。有无数华夏儿女用鲜血和躯体捍卫着祖国和民族的尊严，保护延续着中华文化的血脉传承，也正是他们的这种无私奉献和英勇气概，恰恰反映出了华夏文明那恢弘深沉、刚强无畏的气质。

无论走到哪里，我们都能感受到中国各个地域丰富多彩的传统文化，地域文化的内在，其实是华夏文明的流传。文化的力量世代相传，伴随着时空的发展，渐渐融入到人们的头脑中、血液中、品格中，成为一种文化习惯，这些流传下来的东西便是祖国的瑰宝，需要我们一直传承下去，发扬光大，留与后人。